国家自然科学基金重大项目（41590840）
特大城市群地区城镇化与生态环境耦合机理及胁迫效应系列成果

城市群地区城镇化与生态环境耦合机理及规律

方创琳 等 著

科学出版社
北京

内 容 简 介

城市群是我国经济社会高质量发展的战略核心区，但城市群的高密度集聚和高速度扩张带来了高强度污染和高生态风险，成了生态环境问题突出、亟待治理的“重点区”。

本书重点从理论角度系统分析了城市群地区自然主控要素和人文主控要素的时空变化特征及近远程耦合关系，构建了城镇化与生态环境主控要素的耦合关系模型，集成提出了城镇化库兹涅兹曲线（UKC），揭示了城镇化与生态环境多维耦合曲线为对数二次项复合函数曲线，发现了城镇化与生态环境耦合拐点，进一步揭示了城市群地区城镇化与水资源、土地利用、生态格局、碳排放及能源、环境污染、人口迁移、经济发展、全球化等单要素的近远程耦合机理及规律。

本书可作为各级经济发展与改革、生态环境、城市发展与规划、自然资源管理部门工作人员的参考书，也可作为大专院校和科研机构相关专业研究生教材和科研工作参考用书。

审图号：GS（2020）5232 号

图书在版编目（CIP）数据

城市群地区城镇化与生态环境耦合机理及规律 / 方创琳等著. —北京：科学出版社，2021.7

ISBN 978-7-03-067570-5

Ⅰ. ①城…　Ⅱ. ①方…　Ⅲ. ①城市群-城市化-研究-华北地区 ②城市群-生态环境-环境保护-研究-华北地区　Ⅳ. ①F299.272 ②X321.272

中国版本图书馆 CIP 数据核字（2021）第 003816 号

责任编辑：石　珺　李嘉佳 / 责任校对：何艳萍

责任印制：吴兆东 / 封面设计：蓝正设计

科 学 出 版 社 出版

北京东黄城根北街 16 号

邮政编码：100717

http://www.sciencep.com

北京建宏印刷有限公司 印刷

科学出版社发行　各地新华书店经销

*

2021 年 7 月第　一　版　开本：787 × 1092　1/16

2021 年 7 月第一次印刷　印张：28 3/4

字数：663 000

定价：288.00 元

（如有印装质量问题，我社负责调换）

前言

城市群是国家新型城镇化的主体区和国家经济发展的“重心区”，担当着世界经济重心转移承载地的历史重任。2019 年 12 月，习近平总书记发表于《求是》第 24 期《推动形成优势互补高质量发展的区域经济布局》的重要文章中明确指出，“我国经济发展的空间结构正在发生深刻变化，中心城市和城市群正在成为承载发展要素的主要空间形式”；“加快构建高质量发展的动力系统，增强中心城市和城市群等经济发展优势区域的经济和人口承载能力”；“产业和人口向优势区域集中，形成以城市群为主要形态的增长动力源，进而带动经济总体效率提升，这是经济规律”。但是，城市群的高密度集聚和高速度扩张带来了高强度污染和高生态风险，成了生态环境问题突出、亟待治理的“重点区”。如何协调城市群地区城镇化与生态环境的关系问题，是未来 10 年地球系统科学研究的前沿领域和高优先级的研究主题，也是学术界和政府决策部门普遍关注、亟待解决的一大难点问题，并上升为世界性的战略问题。一系列国际重大科学计划将耦合人与自然系统作为主导研究方向，未来地球计划（Future Earth）将人与自然系统耦合作为科学目标，国际科学理事会（International Council for Science，ICSU）将耦合人与自然系统作为解决全球性问题的突破性举措，联合国《2030 年可持续发展议程》把协调人与自然关系作为全球可持续发展目标。从满足国家战略需求和学科建设角度出发，急需通过多学科交叉、多要素耦合、多模块集成和多情景模拟的综合集成研究，把遵循自然规律的生态环境演变过程和遵循人文规律的城镇化发展过程有机结合起来，揭示城市群地区城镇化与生态环境耦合机理及规律，为提出与生态环境容量相协调的城市群可持续发展方案提供科学支撑。

基于上述国际研究前沿和国家重大战略需求，2015 年国家自然科学基金委员会专门启动了国家自然科学基金重大项目“特大城市群地区城镇化与生态环境耦合机理及胁迫效应”（编号：41590840）的研究，在项目中专门设立了“特大城市群地区城镇化与生态环境交互耦合机理及规律”的课题（编号：41590842）并作为第 2 课题。课题团队通过 5 年的系统研究探索，实地调研了全国十多个典型城市群，并选择京津冀城市群为典型案例，获得了大量的第一手研究资料，采用遥感与地理信息系统（geographic information system，GIS）技术、大数据技术等方法，选取水、土地利用、环境污染、生态系统格局和气候变化五大自然主控要素与人口迁移、经济发展、能源消费、全球化、创新五大人文主控要素，以 1980～2015 年数据为基础，分析了京津冀城市群五大自然主控要素和五大人文主控要素的时空变化特征及耦合关系，构建了城镇化与生态环境耦合关系模型，揭示了京津冀城市群城镇化与生态环境的耦合机理与规律。研究表明，从城镇化与五大自然主控要素耦合关系分析，京津冀城市群城镇化水平与水资源约束强度呈现倒“U”形耦合规律，与建设用地保障程度呈“U”形耦合规律和最低拐点变化规律；城市群综合城镇化与环境污染综合指数呈现多项式正相关耦合规律，城镇化对生态系统格局变化的影响呈现时空衰减规律，对气候变化的影响较弱。从城镇化与五大人文主控要素耦合关系分析，京津冀城市群人口迁移呈现从首都到县市的层递迁移规律及沿“太行山东麓古道”

的空间集聚规律；城镇化与经济发展为耦合的“S”形曲线，产业转型与生态环境质量呈现不规则的“U”形曲线；城镇化与能源消费碳排放呈现指数增长曲线和四类三段耦合理论曲线；城镇化与全球化的耦合关系曲线是一条抛物线，二者耦合协调度呈现出稳步上升态势；城镇化与创新呈现双螺旋结构耦合关系和指数函数曲线，耦合协调度呈稳步上升态势。在自然与人文主控要素耦合关系分析基础上，集成提出了城镇化库兹涅茨曲线，认为城镇化与生态环境多维耦合方程为对数二次项复合函数曲线，中国五大特大城市群生态环境质量好转的拐点大概是城镇化率达到 47%，京津冀城市群拐点大概是城镇化率达到 51%，并且生态环境破坏后的恢复是一个漫长艰难的过程。

本书是国家自然科学基金重大项目第 2 课题全体科研工作者集体研究完成的最终成果。国家自然科学基金重大项目负责人及第 2 课题负责人方创琳负责项目及课题的申请、研究思路的提出、研究框架的总体设计、研究方案与技术路线的具体执行、研究报告的组织编写和统稿。成果编写分工为：前言由方创琳编写；第一章由方创琳、任宇飞编写；第二章由方创琳、刘海猛编写；第三章由鲍超、孙思奥、方创琳编写；第四章由匡文慧编写；第五章由王振波编写；第六章由李广东编写；第七章由戚伟编写；第八章由李广东编写；第九章由马海涛、罗奎、方创琳编写；第十章由马海涛编写。全书由方创琳统稿。

在课题执行过程中，先后召开了 8 次重大项目课题学术年会和专题对接会，组织了 3 次大型实地调研和 20 多次专题调研，编制了 32 份工作简报，先后邀请了 50 多位院士、专家在项目学术年会上现场指导。先后得到国家自然科学基金委员会张朝林副主任、冷疏影处长、刘羽处长、熊巨华处长等各位领导在重大项目立项、执行到结题全过程的耐心指导和帮助，在此向各位领导、各位专家为本课题顺利执行所付出的努力表示最诚挚的谢意！

本书成果在 2021 年 5 月由国家自然科学基金委员会组织的结题验收中，通过现场答辩、专家打分等环节获得了“优秀”成绩，并推荐入选国家自然科学基金委员会优秀成果汇编，同时入选了 2020 年度中国地理科学十大研究进展（地理会发字[2021]08 号）和中国科学院地理科学与资源研究所十大科技进展。

项目结题之年突遇新冠肺炎疫情暴发，所有人一夜之间止步于宅共同抗疫，这也给我们留出了 5 个月时间系统总结课题研究报告，力求使得国内人文地理领域目前为止唯一一个国家自然科学基金重大项目的执行成效得到国内同行认可。但由于重大项目所选的研究主题是世界性难题，国际上目前尚未找到一个标准答案和可行的解决方案，对于中国城市群发展与生态环境耦合机理及规律等难点问题的研究至今尚未达成共识，学术界、政界和新闻界仁者见仁，智者见智，加之时间仓促，能力有限，书中缺点在所难免，恳求广大同仁批评指正！本书在成文过程中，参考了许多专家学者的论著或科研成果，对引用部分文中都一一做了注明，但仍恐有挂一漏万之处，诚请多加包涵。竭诚渴望阅读本书的同仁们提出宝贵意见！期望本书为中国城市群高质量发展和生态环境高水平保护提供科学理论依据！

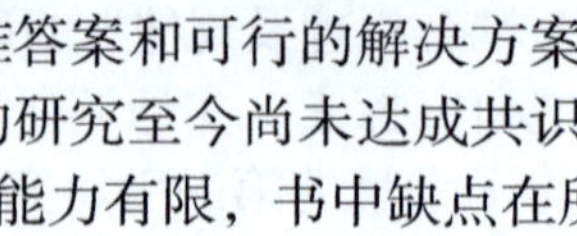

2021 年 6 月于北京奥运科技园区

目　录

第一章　城市群地区城镇化与生态环境近远程耦合关系

从系统论的角度分析，城市群地区城镇化与生态环境之间的耦合关系，不仅表现为系统内部城镇化与生态环境各要素之间的非线性耦合关系（称其为近程耦合关系），而且表现为系统外部城镇化与生态环境各要素之间的非线性耦合关系（称其为远程耦合关系），因此城市群系统城镇化与生态环境内外部各要素之间的非线性耦合关系理论上可称为近远程耦合关系。城市群作为一个开放系统，它的发展不仅受到城市群系统内部（近程）各要素、各城市之间相互作用的影响，还受到来自城市群系统外部（远程）输入要素的影响。因此，探讨城市群地区城镇化与生态环境的近远程耦合关系，揭示近远程变化过程及其影响，对推动城市群可持续发展具有重要的理论价值和现实意义。

第一节　近远程耦合关系的基本内涵与尺度效应

城市群地区城镇化与生态环境之间的非线性耦合关系，表现为近程耦合关系、远程耦合关系和近远程耦合关系三种关系，这三种关系在空间尺度和时间尺度上呈现出极为复杂的耦合过程和耦合效应。从能值代谢的角度揭示这种极为复杂的近远程耦合关系，可为进一步探讨城市群地区城镇化与生态环境的非线性耦合关系提供全新的突破点。

一、城镇化与生态环境近远程耦合关系的基本内涵

（一）近程耦合关系

近程耦合关系是指从区内尺度分析城市群地区城镇化与生态环境各近程要素之间存在的一对一、一对多和多对多的非线性交互胁迫与交互促进关系，其中的近程要素为城市群所在地域范围内产生的一切促使城市发展的要素，包括水资源、土地资源、食物、矿产资源、能源等。

（二）远程耦合关系

远程耦合关系则是从区际尺度分析城市群地区城镇化与生态环境各远程要素之间存在的一对一、一对多和多对多的非线性交互胁迫与交互促进关系，其中的远程要素为由城市群外部输入城市群内部的一切要素和从城市群内部输出到外部区域的一切要素，包括进口水资源量、矿产资源量以及对外贸易量、出口量等。

（三）近远程耦合关系

近远程耦合关系是从尺度耦合的角度分析城市群地区城镇化与生态环境各近程要素和远程要素之间存在的一对一、一对多和多对多的非线性交互胁迫与交互促进关系，其

中尺度耦合是指区内尺度与区际尺度的空间耦合。真正意义上的城市群地区是存在着内外部物流能量输入输出的开放系统，因而存在着极为复杂的内外部要素交互胁迫与交互促进的近远程动态耦合关系（图 1.1）。从城市群地区城镇化与生态环境近远程耦合过程来看，城市群地区本身自给的近程要素为城市群提供了发展基础，外部要素向城市群进一步供给所需远程的物质和能量输入，为城市群经济发展提供了源源不断的动力。近远程要素在城市群城镇化与生态环境系统中进行了物质与能量的交换，交换过程包括生态环境系统为城镇化提供资源保障作用，城镇化系统则产出人口集聚、经济集聚与环境污染等问题，对生态环境系统产生胁迫作用，该过程可以看作城市群的近远程要素代谢过程，这种代谢过程改变着城镇化与生态环境的近远程耦合关系（方创琳和任宇飞，2017）。

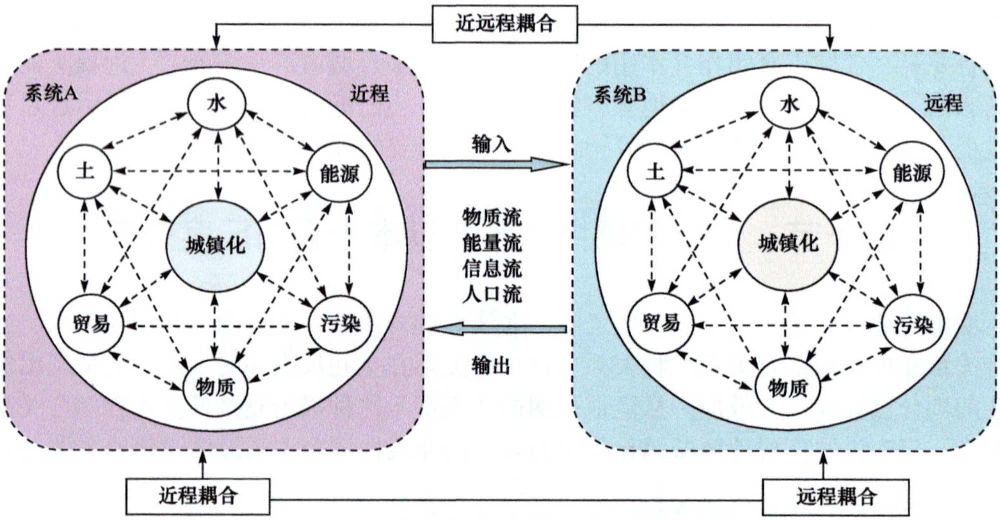

图 1.1　城镇化与生态环境各要素近远程耦合关系理论框架图

城镇化与生态环境近远程耦合研究丰富了传统耦合研究的内涵。一是系统性，将孤立地考察特定地域单元上城镇化与生态环境耦合的研究视角转换为考虑多个耦合系统在嵌套网络结构中所形成的全方位、多层次的复杂联结式耦合系统，突出了研究的系统性和空间整体性。二是层级性，研究尺度突破传统的一元尺度定义方式，不仅将本地的近程耦合系统从“系统间”角度出发，揭示一个地区的耦合系统作为“发送者”，通过要素流对另一个地区作为“接受者”的耦合系统的扰动效应以及接收方对发送方的反馈效应，明确要素流输入对传统耦合系统造成影响的基本态势，还提出探索多个耦合系统间的互动关系。三是科学性，在考察城镇化与生态环境交互胁迫机制上更加综合化，在耦合系统组成要素现有区分基础上识别出近程系统和远程系统，继而对内部主导的近程要素进行精细化的定性和定量分析，弥补了现有单一要素视角对生态环境的作用机制的局限性，进一步提升了城镇化与生态环境耦合研究的科学性。

二、城镇化与生态环境近远程耦合系统的尺度效应

对于城镇化与生态环境近远程耦合关系的研究，自然现象、生态过程、人类事件在

特定尺度上有形式迥然的表现形式，研究者和决策者反映的表象和内涵千差万别，事物间联系机理存在复杂性和不确定性等特点（方创琳等，2016），因此尺度特征研究的重要意义在于在怎样的时间和空间尺度上对地理现象和过程实施观测，以把握地理现象和过程本征尺度或者揭示地理现象和过程随观测尺度变化而表现出变异性的规律（李双成等，2012）。尤其对于不同的交互耦合现象和特征，有其对应的时间、空间尺度，关注和研究与此相关问题的前提在于确定最优的时空尺度特征，使研究者所能感知到的观测尺度同城镇化与生态环境近远程交互耦合现象和过程本征尺度相匹配，以深刻认识城镇化与生态环境近远程交互耦合现象和过程的时空特性。

（一）尺度效应的基本含义

尺度特征是地理学以及生态学的核心概念之一（Gibson et al., 2000；Wu，2004；李小文和王祎婷，2013），近年来逐渐得到城镇化与生态环境耦合研究者的关注。尺度的选择，进行不同尺度特征结果的比较和对尺度重组与地域重构的探讨对研究本身具有极其重要的意义（Taylor，2008；王丰龙和刘云刚，2015；张践祚等 2016）。其深刻反映出人文地理学研究对象在格局、过程和机理的发生、响应、时空分布与交互耦合特性方面对尺度的依存性和敏感性（李双成和蔡运龙，2005；张永姣和方创琳，2015）。从基本含义出发，人文地理学中的尺度特征是自然现象、生态过程、人类事件构成的综合体在时间和空间上的表征，其本质是自然系统与经济社会现象在发生和过程背后所固有的特征或规律，一般被表述为对现实世界维度的划分（大小、范围和等级等）。根据尺度特征能否被研究者所直接感知与察觉，可将尺度的类型与特征划分为不同层次，Roland采用的三分法包括观测尺度（observational scale）、过程尺度（process scale）以及操作尺度（optional scale）（Schulze，2000），Lam 和 Quattrochi（2010）采用的四分法包括制图尺度或地图尺度（cartographic or map scale）、地理尺度（geographic scale）、分辨率（resolution）和运行尺度，李双成和蔡运龙（2005）则将上述类型进行整合，采用二分法初步归纳为本征尺度（intrinsic scale）和非本征尺度（non-intrinsic scale），隐含在事务内部的不宜察觉部分属于自然本质存在的本体论范畴，必须通过一定的观测手段才能够发现和揭示出来，即本征尺度范畴。

（二）城镇化与生态环境近远程耦合的空间尺度效应

空间尺度效应主要探讨某一空间尺度特征下的城镇化要素与生态环境要素在时空压缩和“流”空间作用下，通过跨越不同距离空间的运输与传导，从而对本土和异域人地系统造成的干扰与影响，主要包含以下几种空间类型（表 1.1）。

表 1.1　城镇化与生态环境近远程耦合中的尺度特征

尺度类型	划分依据	尺度表征
空间	空间范围	区域间尺度
	空间周期	远程型、邻域型、近程型
	空间相关	关联型、弱关联型、随机型

续表

尺度类型	划分依据	尺度表征
时间	时间长短	历史尺度、年际尺度、年际以下尺度
	时间特性	周期型、阵发型、随机型
	时间相关	依存型、弱依存型、随机型

在空间范围上，由于不同空间范围上的城镇化具有不同驱动因素与资源环境效应，对生态环境影响的内容与扰动程度也有所差别，因此必须基于传统划分中的全球尺度、国家尺度、省际尺度等，明确研究对象的空间范围，辨识该尺度表征下研究对象的城镇化与生态环境系统的属性特征，随后引入区域间尺度，揭示传统空间尺度难以反映的区域间要素流动带来的本土影响与异域响应。

在空间周期上，本土城镇化与生态环境交互耦合关系是研究的前提与基础，将此类过程主导的城镇化与生态环境交互耦合划分为系统内生型影响过程，定义为近程型空间周期尺度，因时空阻力对本土与异域间要素流动的要素类型、传递方式及交互机理具有显著的约束性、控制性和解释性，在空间周期上将此类过程主导的城镇化与生态环境交互耦合划分为系统外生型影响过程，定义为远程型和邻域型空间周期尺度。

在空间相关上，考虑到城镇化与生态环境系统中部分要素具有空间上的渗透、影响、扩散和传播等特征，如经济要素、社会要素、创新要素等对于空间距离有较强关联性，在交互耦合过程中具有显著的集聚与溢出效应，基于这种认识，增加空间关联型、弱关联型和随机型空间相关尺度，以表达交互耦合对于特定空间存在的附着性和依赖性特征。

（三）城镇化与生态环境近远程耦合的时间尺度效应

时间尺度效应反映了城镇化与生态环境近远程耦合现象发生的顺序性与延续性，是过程发生、发展、衰退等一系列变化的表现。

在时间长短上，由于城镇化与生态环境系统具有随时间更迭不断演化的动态特征，其内部要素在不同的历史时期或时间节点上具有不同的相互作用、循环和动力学过程，因此研究中需要根据科学问题与研究内容，选择适当的时间长度以准确刻画城镇化与生态环境系统曲折、渐进的近远程耦合过程，包含历史尺度、年际尺度和年际以下尺度。

在时间特性上，城镇化与生态环境系统部分要素具有随时间分布特性，不仅包括要素随时间的长期变化、年内季节性变化及日变化，如城镇化系统中的远程旅游要素及生态系统中的远程大气污染要素（蔺雪芹和王岱，2016；唐佳和李君轶，2016），还包括发生时间不固定，表现出偶然发生的阵发型和随机型时间特性，如“一带一路”倡议等政策的引导加速了社会要素与经济要素的流动（邹嘉龄等，2015；陈明星等，2016），包含周期型、阵发型和随机型共三类时间特性尺度。

在时间相关上，城镇化与生态环境系统部分要素同时间具有依存关系，如全社会固定资产投资对于城镇化与生态环境系统具有显著影响，因投资到发挥效应具有周期性，并且效果与时间存在正相关性。其包含依存型、弱依存型、随机型时间相关尺度。

第二节　近远程耦合关系的研究进展与总体评述

目前，国际上对城镇化与生态环境之间的近程耦合关系研究较多，对远程耦合关系的研究刚刚起步，而对近远程耦合关系的研究尚属空白。2013 年 Liu 等首次提出了远程耦合（telecoupling）概念与研究框架（Liu et al., 2013），集成了社会经济和环境系统跨越距离相互影响对当地人地耦合关系的影响，并提出了未来远程耦合需研究的问题，这些问题主要关于远程耦合系统的主控因素、机理及动态演变过程。接着，Liu 等（2015）在 *Science* 发文将远程耦合归为全球可持续发展中的系统集成研究方法，体现了远程耦合研究在未来城市可持续发展研究中的重要性，构建了多尺度耦合模式，强调了远程耦合研究需关注多尺度空间中系统间的对比研究。远程要素的研究主要集中在土地资源（Eakin et al., 2014）、水资源（Deines et al., 2016）、能源、食物等方面，如 Liu 等（2015）认为发展中国家利用本地廉价生态资源将原材料和制成品出口到发达国家的过程增加了本地人类活动对环境的刺激性，将会导致社会不稳定和供当地人生活的生态环境系统服务发生退化。Fang 等（2016）通过远程耦合框架构建了能源系统远程耦合分析系统，分析了中国和欧洲国家间的太阳能源交易对双方人地耦合系统带来的影响，认为这种远程耦合过程将导致中国就业率和税收的上升，但也会造成潜在的污染物和温室气体排放量上升，对于欧洲国家，将会减少城市“热岛”效应和二氧化碳排放。由以上分析可发现，以某一个远程要素（水、土、能源、食物等）为切入点，分析城镇化与生态环境之间的远程耦合关系，提出远程耦合模式，进一步上升为从尺度耦合角度分析城镇化与生态环境之间的近远程耦合关系，提出近远程耦合模式，是未来研究的主要方向。

一、城镇化与生态环境近远程耦合关系的理论进展评述

如今，在经济全球化蓬勃发展的潮流下，食品流、资源流、人口流和信息流具有多尺度形式的跨空间距离式流动，本地（local）生态系统因此会受到远距离的其他地区的影响，Adger 等（2009）提出生态环境的改变与反馈、经济市场的连接促使资源、人口、信息的流动，从而使得社会-环境系统存在着跨越空间距离的网络式结构，该过程进一步加剧了社会-环境系统的脆弱性。在这样的背景下，简单以孤立的国家、地区、城市空间尺度为研究对象，将难以适应信息和物质快速跨层级、跨时空流动背景下人类活动与生态环境交互耦合研究的理论诉求与现实需要。为此，Liu、Kissinger、Duit、Seto、Meyfroidt 等学者在研究中连续提到，今后的人类活动与生态环境可持续发展研究中必须加入全新的“区间尺度”（interregional scale）来描述和归纳新的现象，并认为在现有全球化背景下，世界上任意区域社会-环境系统的可持续发展问题将越来越直接或间接地依赖世界上许多其他的地区（Duit et al., 2010；Kissinger and Rees，2010；Seto et al., 2012；Meyfroidt et al., 2013；Liu et al., 2018）。目前，尽管国内外对人类与环境系统在要素流跨越物理空间条件影响下交互胁迫关系的研究尚未为大众所熟知，但近年来在 *Science* 和 *Proceedings of the National Academy of Sciences* 等国际顶级上发表的相关文章表明，考虑跨越空间和时空距离摩擦条件下要素对人地系统影响的近远程交互胁迫研究是未来国际人地系统研

究的前沿和热点区域。事实上，近远程耦合概念的提出并不是一蹴而就的，而是由远程关联等相关概念与理论的进一步深化发展而来的。从文献梳理情况来看，近远程耦合理论在传统人地耦合理论基础上还包含以下三个方面。

（一）城镇化与生态环境的远程关联关系

"远程关联"（teleconnection）术语发轫于气候科学（climate science），诞生于描述气候的反常现象（climate anomalies），指气候在较远地理空间距离上仍然存在一定相关性的现象，如科学家通过观测和实验发现北半球热带以外地区的大气圈、降水量等问题和南半球厄尔尼诺（El Niño）现象具有显著的远程关联关系（Trenberth et al., 1998）。针对城市可持续发展问题，西方学界普遍认同不能仅仅对地方（place）采取孤立和固定的地理区位视角进行研究，需要探讨和发展具有多层级、跨距离、复杂网络特征的多地理区位综合研究视角和方法，以此反映城市发展问题中信息和物质流促使下形成的复杂的动态变化过程（Sassen，2001）。在这样的思想引导下，国外诸多学者从不同学科视角与研究领域出发，利用隐喻（metaphor）方法从社会-经济系统脆弱性、土地利用变化、经济全球化等角度相继建立了各自研究的理论框架。

Adger 等（2009）从系统脆弱性视角出发，首次提出了全球人口、信息与资源将通过全球经济市场的供需关系重塑人类社会与生态环境系统，使其在要素远程流动下构建成为蜂巢状嵌套网络，其认为基于地方特性的单一视角无法完整地探讨人地关系的脆弱性，尤其是生态环境的脆弱性，在全球经济市场的变化与冲击密不可分的现实背景下，急需通过综合集成和判识行为主体的方式去解决全球化背景下要素远程作用导致的生态环境问题，其建议未来研究应重点关注区间城乡人口高强度流动下引发的环境脆弱性问题。Eakin 等（2009）在研究中明确表示利用气候科学中常用的"远程关联"术语，以隐喻方式描述和捕捉系统外部要素驱动下形成的系统间高度复杂和不确定性的关联机制。其立足和结合空间尺度特性与研究内容，建立了包含三个层次（区域、国家、国际）的远程关联分析框架，对不同尺度的多要素间要素流关联方式和正负反馈效应进行了定性分析。

Seto 等（2012）提出了土地利用领域的远程关联，指城镇化的驱动和响应作用下，远端和本地的区域间人口、商品和服务流动导致本地土地利用发生变化的过程，作者通过归纳和演绎的方法构建了基于远程关联的城市用地变化分析框架，认为多个不同区位（location）的城市化进程将对其他地域单元的土地利用变化产生驱动作用，该驱动作用被分为四类远程关联类型，即多个城市化地区将对远端单个场所（site）土地利用产生影响；单个场所将对多个远端区域的土地利用产生影响；单个场所的城镇化过程将对一个或多个城市或城市边缘地区的土地利用变化造成影响；多个区位发生的城市化过程将对多个远端区域或邻近区域的土地利用造成影响（图 1.2）。

Challies 等（2014）深入思考了经济全球化驱动背景下的人地系统含义，从系统分析方法、复杂人地网络演化、系统脆弱与适应性以及时空尺度角度出发，反思了区间远程关联作用的重要性和独特性，进一步探索了区间尺度上人地系统远程连接的定义与内涵，揭示了经济全球化所产生和引发的可持续发展挑战，认为远程关联是人地关系研究的重要组成部分，对特定尺度上人地系统关系调节和管理具有重要的启示意义。

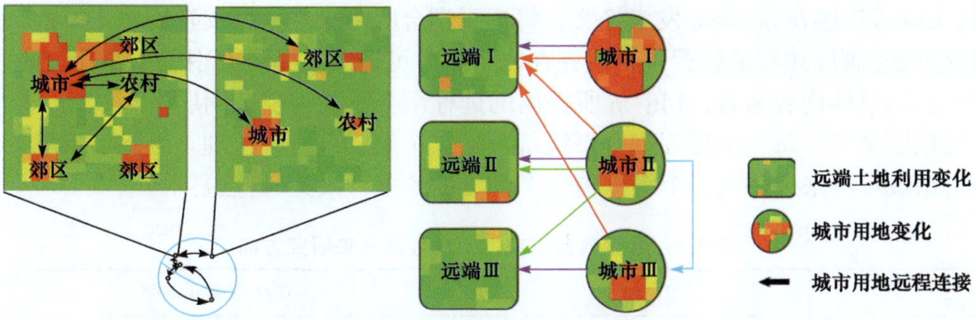

图 1.2 城市土地利用变化的远近程研究概念框架（Seto et al., 2012）

为了修正学术圈对全球贸易作用过度解读的偏激观念。Moser 和 Hart 在 Adger 等提出远程关联理论的基础上进一步提出社会化远程关联(societal teleconnections)研究框架，首先其批判了前期学者在该领域的研究，提出全球化只是远程关联研究问题产生和激发的过程，而不是不同区位产生远程作用的唯一解释，认为远程关联研究应该将研究重点放在研究对象和其结构与功能本身，不能简单强调远程关联现象对人地系统造成的胁迫交互作用，尽量使问题得到简化而不是更加复杂化，提出了基于结构-过程-要素的理论分析框架（Moser and Hart，2015）（图 1.3）。

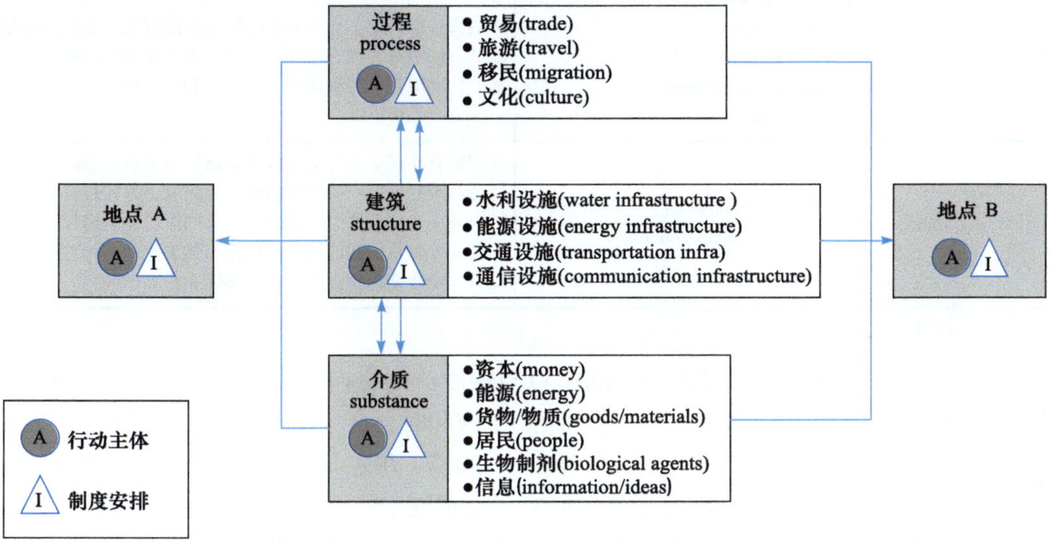

图 1.3 社会化远程连接的主要组成模块示意图（Moser and Hart，2015）

（二）城镇化与生态环境的远程耦合关系

2013 年，Liu 首次提出远程耦合（telecoupling）概念及研究框架（Liu et al., 2013），认为远程耦合是传统人类经济社会活动和自然系统在一定地理位置上相互影响的耦合研究的逻辑拓展和深化。其提出的远程耦合研究框架集成了社会经济要素和环境要素系统跨越空间距离的交互胁迫关系，该系统包含五个基本组成部分，即系统（systems）、流（flows）、中介（agents）、原因（causes）和效应（effects），并提出了未来远程耦合需研究的问题，这些问题主要为远程耦合系统的主控因素、机理及动态演变过程（表 1.2）。

随后，Liu 等连续在 *Science* 发表论文，将远程耦合归为全球可持续发展中重要的系统集成研究方法，高度体现了远程耦合研究在未来城市可持续发展研究中的重要性（Liu et al., 2015）。从具体内容来看，Liu 等所提出的远程耦合系统为复杂的层次型结构，从宏观的系统尺度来说，每一个远程耦合系统都包括三个组成部分（代理、结果、影响）；从微观的组成尺度来说，每一个组件包含多种维度的多种人文-自然要素。

表 1.2　远程耦合研究框架内容及未来研究方向

组件名称	包含内容	今后需解决问题
系统（systems）	发送系统（sending） 接受系统（receiving） 溢出系统（spillover）	远程耦合中的发送、接受、溢出系统的性质和演变原因是什么？系统的空间关系是怎样影响到发送、接受或溢出系统的定位和远程耦合作用力的
流（flows）	物质流或能量流（material/energy） 信息流（information）	远程耦合要素流是怎样在空间和时间上演变的？远程耦合要素流是怎样影响两个系统的？不同的远程要素流间具有怎样的差别
中介（agents）	政府（governments） 劳工（labors） 公司（companies） ……	中介是怎样在空间和时间上变化的？中介是如何影响两个系统？中介为了回应远程耦合效应和动态变化将做出怎样的改变？中介间的社会网络是怎样构成的，它们又是如何维持的
原因（causes）	经济（economic） 政策（political） 技术（technological） 环境（environmental） 文化（cultural）	影响远程耦合动态变化和系统胁迫作用强度的主控因素是哪些？影响远程耦合形式的多种因素中相对来说哪个更重要？这些因素是怎样随着时间影响和变化的
效应（effects）	环境（environmental） 社会经济（socioeconomic）	远程耦合作用是怎样从本地至全球层面实现社会经济和环境可持续发展的？对于可持续发展问题，远程耦合和近程耦合哪一个更重要？时间对于过程的滞后性和后续效应是怎样的？三系统间的相互反馈作用是怎样的？远程耦合效应是怎样改变远程耦合系统的弹性和脆弱性的

资料来源：Liu et al.，2013。

上述系统和组件之间通过跨地区间信息与物质流的交换以及自身内部作用产生互相反馈式的社会及生态冲击效应，当内部作用趋于饱和时会产生溢出效应，继续对第三区域的社会、生态系统造成冲击影响。Liu 和 Wang（2017）在之前提出的远程耦合的基础上进一步对其进行了发展和完善，提出了基于研究对象不同空间距离的邻近耦合（pericoupling）框架和近程耦合（intracoupling）框架，并将其和远程耦合统称为元耦合（metacoupling）框架，在此框架中，三种耦合方式具有相同的内涵，均强调要素流主导下跨越空间距离的人地系统交互胁迫效应，其定义差距主要源于两个及以上的研究对象间相对空间距离所隐含作用机制的差异性。

Eakin 等（2014）从土地利用转型角度出发提出了远程耦合研究框架，其主张本地土地系统越来越受到远端其他地区人类活动和生态环境演替的影响，认为两个具有一定空间距离的人地系统间的反馈作用将在两个系统内部产生新的发展策略和管制模式，未来经济全球化和城镇化过程将进一步推动远程耦合现象的发展。该理论框架致力于描述具有空间距离的两个社会-经济系统（简称系统）在特定行动者的管治和制度安排范围内，通过贸易和外来知识与技术转化等多种方式作用而产生的远程交互胁迫作用，认为：①新技术、新信息和新政策等要素的动态变化将诱导系统 A 对系统 B 产生扰动效应；②强调维系系统间联系的要素流以经济要素为主但不仅限于此，还应包括非经济要素[如物种迁移（人口流动、生物入侵等）、环境要素空间移动（沙尘、火灾、富营养物、碳等）]和非物质的要素流（如信息、知识、灵感和技术）；③各类要素流在传播媒介上也表现出相应的复杂性、多样性和综合性，如人口通过社会网络联系、移民活动、互联网等方式，环境要素流通过生物圈、水文过程、大气循环过程，金融要素通过跨境银行网络和金融机构网络维系系统间远程作用；④系统在要素流动支配下的网络中扮演着重要的节点作用，将决定各类要素流的传播模式与动态连通性（改变性质、增强效应及停止传播等）；⑤从远程耦合最终影响来看，主要包含两方面的负面效应，一方面来自生态环境方面，如碳排放变化、生态用地减少、生物多样性衰退，另一方面来自社会层面，如居民生活成本不断上升、城市宜居性降低、加速人口外迁等（图 1.4）。土地利用转型主要关注该过程在不同空间尺度上引发的土地系统可持续发展问题，如土地利用转型机制与不同系统间正负反馈的耦合关系（Eakin et al., 2014）。

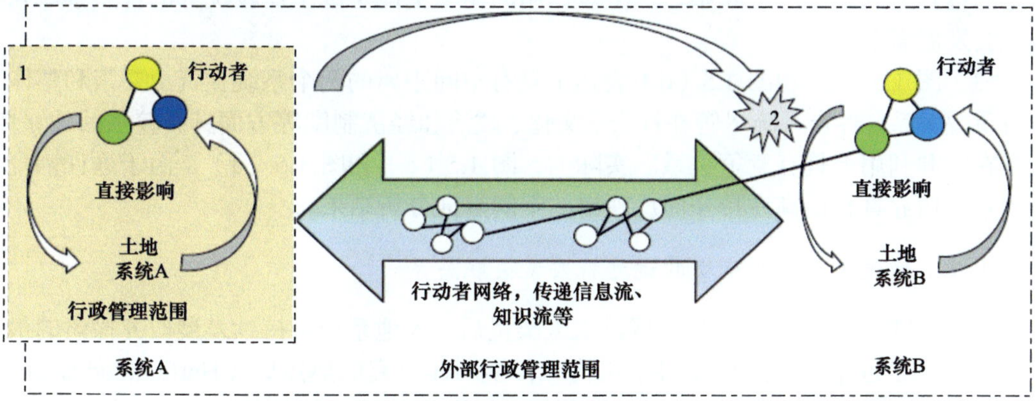

图 1.4　土地利用远程耦合框架图（Eakin et al., 2014）

1 代表行动者 1，2 代表行动者 2

Eakin 等（2017）对其提出的远程耦合框架进行了表述更加精准化的定性分析，进一步提出了普遍意义上两个互为远端的社会-经济系统间存在四种不同的远程耦合模式（图 1.5），该模式在不同历史时期具有不同的表现形式，具有显著的动态性特征和边界模糊缺陷。

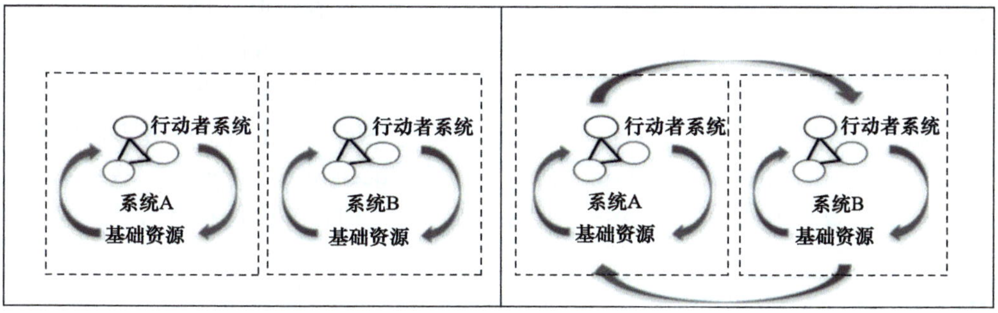

(a) 具有空间距离的系统，其之间没有社会和制度联系 (b) 具有空间距离的系统，其之间有一定的社会和制度联系

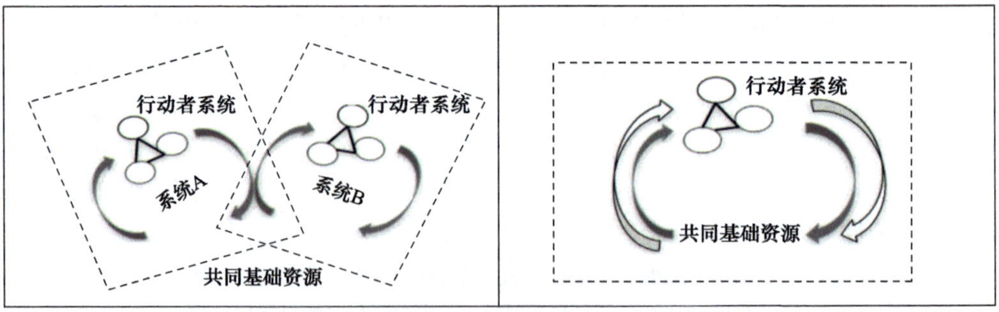

(c) 共享基础资源，其之间没有社会和制度联系　　(d) 共享基础资源和社会结构，但存在不同的制度

图 1.5　Eakin 的远程耦合关系概念框架图（Eakin et al., 2017）

（1）图 1.5（a）表达了具有空间距离的两个系统在经济社会和生态环境的功能与结构上彼此独立，各自与系统边界内的资源产生交互胁迫作用，产生该作用的驱动主体为各自系统的社会、文化、政治和经济制度等。

（2）图 1.5（b）表达了具有空间距离的两个系统在经济社会和生态环境的功能与结构上通过贸易网络等产生联系，产生该作用的驱动主体是基于比较优势的自然禀赋和经济社会发展需求。

（3）图 1.5（c）和图 1.5（d）表达了具有空间距离的两个系统在资源要素和整体上具有重叠关系，各自系统尽管在社会、文化、政治和经济制度等方面具有较强的独立性，但是在资源利用上具有竞争关系。实际上，图 1.5（c）和图 1.5（d）是由于远程耦合分析中系统边界具有模糊性特征而反映出的空间辩证分析结果。

（三）城镇化与生态环境的近远程要素关联关系

要素关联（nexus）分析是全球进入人类世后，人地系统可持续发展研究探索的最前沿领域，也是近年来国际重要科学机构和科学团体研究的热点区（Hatfielddodds et al., 2015；Liu et al., 2015）。全球人口项目（global population project）提出全球超过 90 亿人的人均购买力在 2050 年之前翻倍的目标，该导向下，全球面临着食品缺乏、水资源短缺以及化石燃料消耗的巨大压力，同时也背负着进一步改善人类空间和保护生态环境的历史重任。不仅如此，人类发展还遇见了前所未有的气候变化挑战，尤其是随着人类不同的社会、经济和政治体不断聚拢凝结成为相互紧密关联的利益共同体后，全球气候变化压力越加强烈[①]。为了应对全球气候、环境、社会发展挑战和威胁，2015 年 9 月联合国大会第七十届会议通过了《2030 年可持续发展议程》，在呼吁各国为实现 17 项可持续发展目标努力的同时，还明确了食品、能源和水资源在人类可持续发展过程中起着举足轻重的作用。要素联结理论和分析框架的提出与发展就是为了响应和解决上述全球各类科学计划和相关科学问题，也是运用在全球可持续发展问题中各类研究方法的革新与集成。从其概念与内涵来看，“nexus”源于拉丁语“nectare”，指连接、联系，该词广泛运用在哲学、微观生物学以及经济学领域，解释为处理和解决具有显著差异的多元实

① 见 *Fifth Assessment Report*——IPCC。

体间的联系作用方法。该研究领域“nexus”概念最早发轫于1983年的自然资源科学的食品-能源关联（food-energy nexus）科学研究计划，该项目试图通过集成分析方法解决全球粮食和能源危机（Scott et al., 2015）。目前，要素关联研究在食品、水资源、能源要素相互关联研究中得到了广泛应用。从研究内容来看，要素间关联由简单到复杂角度可分为双要素关联、三要素关联和多要素关联，从要素性质角度可分为自然-自然要素关联、自然-社会经济要素关联以及社会-社会要素关联（表1.3）。

表1.3 要素关联研究案例

<table>
<tr><th>要素关联</th><th>双要素关联</th><th>三要素关联</th><th>多要素关联</th></tr>
<tr><td rowspan="4">自然-自然要素关联</td><td>食品-能源</td><td rowspan="2">食品-能源-水资源</td><td rowspan="4">水资源-食品-能源-气候</td></tr>
<tr><td>食品-水资源</td></tr>
<tr><td>能源-水资源</td><td rowspan="2">水资源-能源-土地资源</td></tr>
<tr><td>食品-生物多样性</td></tr>
<tr><td rowspan="5">自然-社会经济要素关联</td><td>女性角色-水资源</td><td>能源-经济增长-CO_2</td><td>能源-水资源-食品-教育</td></tr>
<tr><td>旅游增长-水安全</td><td>水资源-能源-人口</td><td>食品-能源-水资源-健康</td></tr>
<tr><td>采矿业-水资源</td><td rowspan="3">能源-贫困-气候</td><td rowspan="2">气候变化-水资源-食品-能源-社会正义</td></tr>
<tr><td rowspan="2">可再生能源-经济增长</td></tr>
<tr><td>城市-水资源-能源-气候</td></tr>
<tr><td>社会-社会要素关联</td><td>供水服务-发展模式</td><td colspan="2">城市服务-社会正义-健康-教育</td></tr>
</table>

总体来看，水资源、食品、能源依然是该领域研究重点关注的对象，自然-社会经济要素跨界复杂式关联是未来的研究热点。与传统着眼物质要素间关系研究相比，该理论具有五大优势（Liu et al., 2018）。

（1）提供了研究人地系统可持续发展的新视角。通过定性与定量相结合的分析手段，观测与分析具有正、负向反馈效应的要素交易与流动，方便研究者从促进资源利用效率、降低污染物排放量以及构建一脉相承的政策等角度优化人地系统可持续发展路径。

（2）揭示了要素间协同与共惠效应。尤其对于人口高度密集的城市区域，单个地区资源的高效利用将通过协同与共惠方式对其他地区不同资源利用效率产生提高作用，反之亦然。

（3）识别和探查具有破坏效应的要素贸易与流动。尤其对于具有显著自然禀赋差距地区间贸易所带来的资源分配不公平问题，典型案例为农业生产的地域劳动分工将加剧部分缺水区域的水资源利用效率下降等问题。

（4）及时发现要素关联可能产生的附加负向效应。例如，为了减少全球碳排放量，部分国家和地区推行了生物能源替代化石燃料革新，尽管该举动达到了人们预期的减排效果，但是由于生物能源生产中的高耗水特性，部分国家和地区出现水资源短缺现象。通过要素关联视角，决策者和科研人员可以清晰地在政策制定前发现要素间互动关系，通过统筹通盘考虑，避免上述情况出现。

（5）增强决策者在规划、政策制定与管治中的全局视野。要素关联研究可以进一步阐述与明确要素关系主导下人类经济活动与不同尺度对象间在信息与物质交互过程中所产生的正负效应，尤其是部门间、国家间的互动效应，从而为建设具有弹性和高度可持续性的人地系统提供科学依据与理论支撑。

二、城镇化与生态环境近远程耦合关系的研究方法进展评述

人地系统近远程耦合研究方法主要分为基于地方时空特性的定性分析方法以及基于不同尺度要素嵌套关系刻画的定性分析模型。对于该领域研究来说，选取的研究方法必须在确定系统边界的基础上正确刻画出要素流作用下互为远端人地系统之间的交互胁迫效应，并且进一步识别出要素流发送和接受主体在远程耦合过程中扮演的角色和效应形成机制。由于远程耦合概念提出时间相对较晚，已有文献中的分析方法相对较少，因此在文献综述中注重分析研究视角与科学问题相互交叉领域的已有方法与模型，为今后研究提供参考。

（一）基于地方时空特性的城镇化与生态环境近远程耦合定性分析方法

定性分析方法从西方人类学、政治生态学、传统人文地理学视角出发，通过研究者实地调研获得的一手经验和知识，从本地政治、文化和环境影响等语境渐进（progressive contextualization）角度还原和叙述研究对象的全部变动过程，回答问题如何发生、包含哪些对象、详细演变过程等问题，核心在于强调确定并追溯行动者（actors）在系统间形成的交互胁迫网络中的功能与作用。与运用到远程耦合中的其他研究方法相比，该方法具有在实证研究中根据实地观测需要，灵活设置系统边界和精准定义时空尺度的优点（Friis et al., 2016；Abson et al., 2017），但同时也具备无法完全通过数值描述的方式捕捉和评价远程耦合过程中折射出的环境退化、市场整合以及地缘政治争论等多元化问题。定性分析方法广泛用于土地利用科学领域的远程耦合研究中。其中，Baird 和 Fox（2015）为采用基于访谈调查的定性分析方法对远程耦合领域中的土地变化问题研究提供了重要的启发，其透过政治生态学视角，调查研究了老挝和柬埔寨大尺度空间下土地利用远程耦合关系，建立了自下而上的从地方到全球尺度，土地利用和森林覆被变化与政治经济动态交互的研究分析思路，提出的定性分析方法为深入远程耦合研究、明确物质流及其影响路径提供了定性分析方法论。Friis 等（2017）立足远程耦合理论，通过结合研究者感性观测、半结构化访谈、家庭入户调查、焦点群体讨论等访谈方法构建了基于地方（place based）和过程主导（process oriented）的远程耦合定性分析框架，深入探究了村镇尺度下老挝北部地区香蕉种植用地与不同距离外各类土地远程耦合过程引发的土地利用转型问题，该项研究识别出了不同时空尺度上的四类物质要素流在直接和间接作用下产生的远程耦合模式以及响应的正负反馈机制。Martín López 等（2019）基于远程耦合框架，构建“多尺度依赖影响”（cross scale influence dependence）的人类与生态系统服务耦合分析框架，并通过确定影响生态系统服务的多尺度社会主体、社会主体依赖性以及影响性、行动者之间的内部和跨尺度社会关系等，揭示了人类关系网络对生态系统服务的远程影响。

（二）基于区域间投入产出模型的城镇化与生态环境近远程耦合分析方法

区域间投入产出模型（interregional input output model，IRIO）是利用商品和劳务流动，将区域投入产出模型根据贸易系数连接而成的多区域投入产出模型（Hulu and Hewings，2010）。与地区投入产出模型相比，区域间投入产出模型在反映区域内部各产业之间的经济关联基础上，系统全面地刻画出不同区域、不同产业之间的经济联系（Deng et al., 2015）。基于区域间投入产出模型的远程耦合分析模型通常利用竞争型区域间投入产出模型，首先追踪区域间分行业经济要素转移总量，然后通过计算研究对象分区域分行业水资源、能源、食品消耗系数，最后把某行业转入经济总量乘以转入区该产业要素消耗系数，即可获得该行业转移所带来的要素转移，将所有行业要素消耗转移量加总，即可获得某区域产业转移带来的相应区域要素消耗量的转移（Cazcarro et al., 2013；Guo and Shen，2015；Lin et al., 2017；Yang et al., 2018）。该方法广泛应用于虚拟水贸易、能源、碳排放、土地、粮食贸易、污染物转移、细颗粒物（$PM_{2.5}$）等要素跨区域的远程耦合研究中，但由于数据可得性约束，该方法研究尺度通常为国家或区域空间尺度（Feng et al., 2013；Liang et al., 2014；Zhang et al., 2016；Liu and Wang，2017）。例如，Zhang 等（2019）结合结构路径分析和中国 2010 年多区域投入产出模型，研究了在供应链不同节点上，由北京市最终需求驱动的外部资源流动网络特征，结果发现河北、内蒙古、安徽、江苏以及山东是为北京供应食品、能源等资源要素的主要贡献者。Herzberger 等（2019）利用联合国粮食及农业组织提供的全球区域间农业贸易数据，运用远程关联框架分析了 1991～2016 年全球大豆、玉米和小麦贸易格局，反映了人与自然耦合以及相邻和遥系统之间的相互作用对贸易流动的影响，结果表明国家相邻与否决定了国家内部农产品生产水平和贸易量，国家间空间距离决定了农产品贸易机制的异质性。Ali（2017）利用世界投入产出数据库（World Input-Output Database，WIOD）覆盖 35 个部门和 41 个国家的数据，运用区域间投入产出模型评估了 1995～2009 年全球碳、水和土地足迹的环境压力，并比较了欧盟、经济合作与发展组织、金砖国家和全球其他地区的碳足迹分析结果，结果表明在整个研究期间，欧盟和经济合作与发展组织区域的碳排放、土地利用和水利用均以消费方式为主导，对于金砖国家和世界其他地区，碳排放、土地和水利用则以生产方式为主导。Yao 等（2018）在远程耦合框架下利用区域间投入产出表分析了巴西大豆贸易对中国和美国社会经济和生态环境产生的影响，将宏观经济增长、大豆生产率、其他农作物生产率、政府政策以及农牧业因素作为远程耦合驱动力进行了定量分析，结果表明中国的宏观经济增长促进了巴西和美国的大豆生产和出口，2004～2011 年巴西大豆生产率的强劲增长使得该国成为全球大豆市场的主导，此外巴西还具有强大的溢出效应，即取代美国成为中国市场最大进口国，大大降低了美国大豆产量的总体增长，但是大豆产量的强劲增长也促进了巴西耕地的猛烈扩张。

（三）基于空间计量模型的城镇化与生态环境近远程耦合分析方法

事物之间必将存在关联，而空间距离越近的事物其属性值之间相关性越大（Tobler，1970）。近年来，基于面板数据的空间计量模型的设定和估计方法逐步成熟和明确，因为其能探索和验证各类变量在空间上表现出的跨区“溢出”效应，因此空间面板模型被越来越多地用于分析空间和区域经济与生态环境问题（鲍超等，2016；Li et al., 2018；刘海猛等，2018）。在该领域主要运用到的模型有：①Anselin 等（2008）指出当观测个体之间存在空间上关联效应时，空间面板模型可以包含空间滞后变量（spatial lagged dependant variable）或者误差项服从空间自回归过程（spatial autoregressive）。前者被称为空间滞后模型（spatial lag model，SLM），后者则被称为空间误差模型（spatial error model，SEM）；②Lesage 和 Pace（2009）构建了一个更为广泛的空间面板模型，即空间杜宾模型（spatial Durbin model，SDM），同时包含空间滞后的内生变量和外生变量；③Pace 和 Lesage（2008）还提出了包含空间滞后变量的二值模型（spatial lag Probit model，SAR Probit）以及误差项服从空间自回过程的空间误差二值模型（spatial error Probit model，SEM Probit）。

基于空间计量模型的近远程耦合分析方法广泛应用于多个空间尺度，包括县域单元、地级市单元及省级单元，所研究的要素包括水资源、土地扩展、空气污染等。例如，鲍超等（2016）以河南省地级市 2000～2013 年面板数据为基础，运用空间计量模型，从水资源禀赋、水资源开发利用程度、经济发展水平、城镇化水平、产业结构、用水结构、农业现代化水平、信息化水平等方面入手，对河南省用水效率的影响因素进行分析，结果表明经济发展水平、城镇化发展水平、产业结构优化水平对河南省各地级市用水效率产生显著的正向影响，而且除工业化水平外，空间溢出效应十分明显。Li 等（2018）运用空间二值模型，基于地理分区研究思路，验证了中国城市用地扩张的驱动因素，结果表明社会经济、自然禀赋、交通可达性、区位条件等因素是影响空间扩张的主要因素，同时也验证了研究对象之间存在作用要素的溢出效应。刘海猛等（2018）运用空间自相关分析和三种空间计量模型，分析了京津冀地区分区县 $PM_{2.5}$ 的时空分异特征，对自然与人文影响因素贡献及其空间溢出效应进行系统地甄别和量化，结果表明邻近的其他区县的植被覆盖度与地形起伏度对本地的大气污染有负向消减作用，邻近区县的能源消费会加重本地的大气污染。

（四）基于人地系统代谢分析的城镇化与生态环境近远程耦合分析方法

代谢的概念源于生物学中对于单个有机体及生态学中对于生态系统的研究，是生物体与外界环境间物质和能量的交换以及生物体内物质与能量一切物理化学过程的总和（Niza et al., 2009；Barles，2010）。它包括生物体从外界摄取物质、在体内转变和储存及分解并排出代谢废物至外界的全过程。研究者通过对比城市与生物有机体，将代谢的概念引入城市研究中。城市代谢研究已经历了 50 年的发展历程，研究方法已分化为 2 个主要方向，即能值分析法（emergy analysis）和物质流分析法（material flow analysis）。能值分析法由 Odum 于 20 世纪 80 年代提出，主要内容是将物质能量用单位太阳能进行表示，以单位能值为基准，通过测度资源、产品或劳务形成所需间接或直接利用的太阳能解释代谢流的流动和储存的过程（Odum, 1983）。物质流分析法则从实物质量出发，解释了单位质量（通常为吨）的城市能源、物质以及能量从原始物质转变为城市所需商品与排泄废物的流动特征以及转化效率（Huang et al., 2006；Kennedy et al., 2015）。两种方法都是城市代谢理念的具体实现方法，充分体现城市-生态交互系统间物质和能量的转换过程，但不同物质的物理属性差异，导致物质流分析法很难集成研究不同物质的转化过程，对于城市-生态系统的经济、社会、人口等要素特征的解释能力不足。而能值分析法通过将系统的能量流、货币流、人口流、信息流转换成统一标准能值进行测度分析，综合评价系统结构、功能特征和生态经济效益。

近年来，国内外学者关于城市代谢实证研究的主要区别在于空间尺度以及代谢要素，在空间尺度上分为：①城市尺度（Sun et al., 2016；Athanassiadis et al., 2017）。Barles（2007）对巴黎食物及氮元素进行物质流代谢分析，测算了1801～1914年巴黎食物消费强度，建立了居民消费食物等式，发现氮元素的需求量大幅度提高直到复合化肥的产生与发展，揭示了1869～1913年逐步进步的农业生产技术。②大都市带尺度（Kennedy et al., 2014；Rosado et al., 2014；Wang et al., 2018）。Wang等（2018）采用物质流分析法对台北都市带水泥等要素进行了动态流量分析，证实了社会经济要素对城市要素代谢的影响过程和机理。③国家尺度。Gasparatos和Gadda（2009）采用能值分析法，对日本社会能源消费下经济产出对国家和环境的影响进行研究，发现1979～2003年，能值消费总量显著上升了66.9%，环境压力水平增加93.7%，日本经济发展日益依赖从发展中国家进口能值，这可能会影响到日本经济的能源安全，影响未来的经济可持续发展。④全球尺度。Campbell等（2014）利用能值分析法测定了全球生物能、化学能循环，通过比较工业化社会前后两个时期的元素流循环，分析了全球生态系统结构，并为全球温室气体排放、废弃物排放和可持续发展问题提供了具体的建议。

（五）基于城市生态网络模型的城镇化与生态环境近远程耦合分析方法

2002年Bodini和Bondavall将生态网络分析（ecological network analysis）引入城市-生态系统后，引起了广泛关注，突出其研究对象的空间层次性和异质性是目前该领域研究的重点。该模型深入城市-生态系统构成网络的节点内部，从多系统、多节点间物质与能量的流动层面入手，为识别城市内部功能差异性所带来的生态环境影响提供了分析手段。基于系统学分析思路，将复杂的城市-生态系统表示成由节点和节点之间物质、能量、信息传输所构成的复杂网络，关注于系统元素之间介质的流动。基本出发点源于投入产出分析，即通过对数据进行矩阵计算，研究城市-生态系统的结构、功能以及发展演变规律（Fath and Patten，1999；Tollner et al., 2009；Zorach and Ulanowicz，2010）。在对城市-生态复杂系统研究的应用中，该方法从研究对象系统整体出发，对系统内组分间影响作用进行量化，获取到组分间的直接与间接联系。此外，通过情景方针与模拟的方法，生态网络分析还可以预测系统内部组分间或连接变化所产生的溢出效应（对系统其他组分或整体产生的影响），还通过设定系统整体特性的网络指标，对比系统在不同阶段或不同系统在同一阶段的变化。Ulanowicz等（2014）提出了总系统通过流（total system through flow，TST）、系统优势性A（ascendency）、系统恢复性Φ（resilience）、系统开销O（overhead）、系统冗余R（redundancy）、系统发展承载力C（development capacity）等评价系统整体特性的指标。

目前该模型研究对象多集中于城市-生态系统中的水（Fang and Chen，2015）、能源（Chen and Chen，2015）、化学元素（Small et al., 2014）等资源要素，研究尺度广泛，包括全球（Yang et al., 2012）、国家（Zhang et al., 2015）、城市群与流域（Wang and Chen, 2016）等不同空间尺度。其中，水要素研究以流域尺度为重点，通常通过构建水资源利用系统，以水要素生产消费链为主要过程，利用相应的网络评价指标对水流动过程进行评价（Mao and Yang, 2012）。还有学者基于要素投入产出模型，构建虚拟水生态网络模型，模拟商品传递过程中生产与消费部门之间所负载的全部蓝水、绿水以及灰水资源流动情况。然而，上述研究对象空间尺度多以单一的地域单元为主，较少考虑区域间要素往来构成的生态网络。此后，该模型广泛运用至全球层面，评价了国家、区域之间生产部门生产消费过程中要素的流动过程，阐述了不同情境下城市间经济活动可能引起的生态环境问题。

三、城镇化与生态环境近远程耦合关系的应用进展评述

（一）近远程耦合关系在土地利用中的应用

在土地系统研究中，学界存在普遍性共识，即全球化的深入发展促进了复杂货品供应网络和贸易关系网络的形成，在该网络纽带式的联结作用下，某个国家对商品货物需求模式的变化都将引起具有一定距离的其他地区生产与消费模式的变化，这种模式的变化则是导致土地利用和管理模式发生改变的重要诱因（Lambin and Meyfroidt, 2011；Meyfroidt et al., 2013；Bruckner et al., 2015；Yao et al., 2018；Munroe et al., 2019）。基于上述认知共识，学者从远程耦合和可持续发展角度出发，大量研究从农业用地（Bruckner et al., 2012）、草地（Krausmann et al., 2008）和森林（Liu, 2014；Yao et al., 2018）等不同用地类型方面着手，对全球、区域、城市、乡村等不同空间尺度层面的土地系统在货品供应网络和贸易关系网络远程支配下的演化过程、机理以及生态环境效应进行了研究，从实现人类社会可持续发展、减轻全球气候变化、保障粮食安全角度向政府等机构提供了不同层面的政策建议。从研究方法来看，现有文献以定性分析为主，如建立远程耦合分析框架，实证研究中定量模型运用相对较少，以人地系统物质流代谢分析和土地足迹核算（包括基于全球区域间投入产出模型的贸易隐含土地变化、基于全球实体产业供应链的生命周期评价法、基于上述两者的混合评价模型）为主，总之，不同方法的实质具有相似性，均在审视社会经济与生态环境远程交互耦合的基础上，锁定研究边界，通过分析不同系统在不同尺度、功能组块（如城市层面的经济系统、创新系统、社会系统，生态层面的不同土地利用类型）间存在的物质流、资金流和信息流，刻画与识别人地系统远程耦合的主导因素和最终的影响效应。从具体案例分析如下。

在全球层面，Kastner 等（2014）利用全球 200 个国家和地区 1986～2009 年 450 种农作物和家畜生产的流数据，通过数据与农业用地进行空间匹配，对国家和地区间生产消费引发的农业用地变化进行了实证分析，结果表明在全球层面，尽管用于国内直接消费的农作物保障用地未发生变化，但用于出口商品的农业用地面积增长较快（大于 100 万亩[①]/a），并且对于出口主导国家和进口主导国家而言，土地管理和自然禀赋的异质性对生产率造成的影响基本一致，最后研究结果显示与不断增加和调整农产品贸易体量相比，提高本

① 1 亩≈666.67m^2。

地农产品生产率将更加有效地降低农业用地需求。

在国家尺度，Oberlack 等（2018）以非洲国家塞拉利昂（Sierra Leone）为案例，利用行动者网络模型分析了具有一定空间距离的多中心政府通过经济社会和生态环境过程对各自土地转型以及土地系统可持续性造成的影响，表明政府间互动作用是造成远程耦合可持续发展问题的驱动因素和主导路径。Rulli 等（2019）基于远程耦合关系框架，揭示了全球棕榈油需求攀升与远程土地转换和利用过程的生态环境关联效应，发现全球棕榈油需求增加导致印度尼西亚地区森林覆盖率下降 20%，森林破碎度增加 44%，还加剧了二氧化碳排放以及淡水资源污染。

在城市群尺度，Chen 等（2019）基于远程耦合关系理论框架，对 1995～2015 年中国长江中下游城市群农用地征用补偿平衡政策进行了定量评价，发现农用地征用与补偿政策间已形成平衡关系，但由此形成了农用地向城市建设用转变的两类恶性循环，该过程将导致生态系统退化、农业生产率下降、耕地质量退化等负向溢出效应。

在乡村尺度，Friis 和 Nielsen（2017）以香蕉种植用地飞速扩张的老挝琅南塔省某村为案例，通过实地走访调查的方式对影响香蕉种植用地的近远程社会经济因素进行了追溯与调查，对本地参与种植行动者（actors）的作用进行了分析，结果识别了 4 种在不同空间和时间尺度起主导作用的远程耦合“媒介”，认为远程耦合分析为科研人员提供了启发式的全新视角去探索验证与描述远端因素对本地土地转型的影响，提出土地转型不依赖于特定空间尺度和具体要素相互作用类型。

（二）近远程耦合关系在水资源利用中的应用

解决城市化过程引发的水资源短缺问题是全球可持续发展研究的重要领域。2014 年，全球有 39 亿人居住在城市，到 2050 年这个数字将扩大至 64 亿人，占全球总人口的 66%[①]。可见，高密度的城市人口集聚意味着高强度的水资源需求，为满足人类发展需求，顺应城市化潮流，解决城市化过程中的水资源问题具有重要的现实意义。城镇化与生态环境近远程耦合研究从系统整体角度出发，统筹考虑国家、流域、城市用水网络，为解决上述问题提供了全新视角与强大支撑。目前，城镇化与生态环境近远程耦合在水系统中的应用主要分为两个部分。

一是基于虚拟水理论。虚拟水概念提出的初衷是为了提倡贫水国家和地区可以通过进口水资源密集型的农产品来减少用水赤字，虚拟水自从提出以来，逐渐成为水科学领域研究的热点和相关水问题研究的创新领域。虚拟水是指为了生产商品和服务所需要的水资源总量，对于城市而言，社会经济活动不仅消耗实体水资源，还通过生产与消费贸易商品的形式，消耗了隐含在商品生产过程中“看不见”的水。目前，国内外有关虚拟水的研究主要围绕产品虚拟水核算（Morillo et al., 2015）、区域虚拟水贸易评估（Xu et al., 2015）、虚拟水变化机制分析（Zhao and Chen, 2014）三个方面。大量研究发现，虚拟水资源流动不仅仅从水资源丰富地区流向匮乏地区，而且存在广泛的逆向过程，即从匮乏地区流向富足地区，这样的过程损害了全球水资源分配均衡性，不仅是全球贸易不公

① 见 *The United Nations World Water Development Report* 2015。

平性的集中反映，而且对缺水地区生态环境将产生极其负面的影响（Kumar and Singh，2005；Zhang et al., 2012）。

二是基于Liu等（2013）提出的新兴远程耦合分析框架。强调运用具有连贯性的方法评价跨越距离系统间的社会经济与生态环境联系，通过识别远程耦合系统包含的五个基本组成部分，即系统、流、中介、原因和效应，以及确定系统的三大功能，即发送（sending）、接收（receiving）、溢出（spillover）的方式考察水资源的可持续利用程度与问题。该方法着重于从发送和接收方视角切入，分析与解释水资源跨境运输过程中造成的成本利益，并且避免了将实体水和虚拟水分开考察的缺陷，增加了该研究的整体性、综合性。例如，Deines等（2016）认为远程耦合研究是评价城市水资源供给的不二之选，具有标准化、系统化和弹性化的特点，其基于该框架，分析了跨流域调水工程（inter-basin water transfer projects）对北京市水资源利用压力，揭示了北京市远程水资源供应压力远低于本地水资源供应压力，但是持续不断的输水将对发送方产生社会经济层面的正负向影响，除此之外对气候和物种迁徙也将产生一定作用。Quan等（2016）首先从跨流域调水工程角度出发分析了区域水资源供应和需求错配现象，并提出跨流域调水工程对发送、接收和路过方的区域生态安全和居民福利产生不利影响，其随后采用DPSIR框架对远程耦合框架进行了改善，最后利用改进后的远程耦合框架对中国南水北调中段沿线地区进行了实证分析，得出区域间有效的信息共享是维护生态安全的重要方式，以及生态用水需求指标是量化与调控跨流域调水工程对生态环境安全影响的主要指标。

（三）近远程耦合关系在能源利用中的应用

能源系统的可持续发展问题一直是国内外研究的重点领域（Afgan and Carvalho，2011）。目前，全球能源系统可持续发展研究领域着重解决的方向包括能源安全保障（Ang et al., 2015）、能源可持续性（Fang et al., 2016）和能源-环境可持续性（Uqaili and Harijan，2012）。对于能源领域而言，最大的挑战来自解决能源在地理空间分布上的不均性与世界能源需求的错配关系。人地系统近远程耦合视角为上述问题提供了具有系统性和综合性的解决方案。目前，该领域的主流分析框架有两类。

一是基于传统的能源国际贸易概念框架（Farah and Cima，2013；Tang et al., 2013）。该框架将能源贸易系统区分为供应端、交易端、国家和用户，对国际贸易中商品隐含的能源及其对研究对象社会-环境系统可持续发展影响进行研究，如验证碳外包假说（carbon outsourcing hypothesis）等。研究范围包括宏观层面的经济体和国家，也包括中观尺度的地区与城市。研究对象包括多种要素，如太阳能及多种碳化物。实证中，如Tang等（2013）通过构建能源投入产出表，不仅核算了英国进出口服贸中隐含的化石能源，还计算了不同部门和国家对隐含化石燃料的贡献度，结果发现英国进口隐含的化石能源量不断上升，其能源安全面临较大风险；Xia等（2015）通过构建经扩展的投入产出框架以及运用多主体结构分解方法对中国碳排放强度进行了测算，并对其驱动因素进行了分析，结果表明工业废气排放强度下降和最终需求减少是中国碳排放强度下降的主要原因，工业部门结构变化抑制了能源排放强度的升高趋势。

二是基于新兴的远程耦合分析框架。该框架包含能源发送、接收和非能源系统，视角从个人、组织等微观主体出发，统筹考虑了能源系统远程作用下能源与非能源组成部分（如空气、水资源、动植物等）的响应，着重综合关注具有一定空间距离的能源系统间在要素流作用下所产生的社会经济与生态环境问题。但由于该框架提出时间较晚，目前采用该框架进行实证研究的案例较少。Fang 等（2016）首先从多学科交叉视角出发，采用综合集成与类比的方式构建了能源远程耦合研究框架；其次基于此提出了能源可持续分析方法，该方法重在评估社会经济要素驱动的远程耦合过程对能源可持续发展的提升作用；最后进一步强调远程分析框架为深入和综合研究能源可持续发展问题提供了全新的机会。

第三节　城市群地区城镇化与生态环境近远程耦合关系量化分析

如何从近远程要素能值代谢的角度，借助城市能值代谢方法，定量测算城市群地区城镇化与生态环境近远程要素的耦合代谢效率与代谢强度？如何进一步定量揭示近远程要素代谢能值的环境负荷压力？是本节尝试回答的问题。基于此，这里从理论和实证两个方面出发，以京津冀城市群地区为例，利用城市代谢分析法定量测度城市群系统外部要素与系统内部要素共同作用下的近远程耦合关系，进而分析近远程要素代谢能值对京津冀城市群发展的影响程度和由此带来的环境负荷压力。

一、近远程耦合关系量化的能值代谢方法

（一）京津冀城市群能值代谢分析法

城市代谢研究经历了 50 年的发展历程，其研究方法分为能值分析法（emergy analysis）和物质流分析法（material flow analysis）2 个主要方向。能值分析法由 Odum 于 20 世纪 80 年代提出，主要内容是将物质能量用单位太阳能进行表示，以单位能值为基准，通过测度资源、产品或劳务形成所需间接或直接利用的太阳能解释代谢流的流动和储存的过程（Odum，1983）。物质流分析法则从实物质量出发，解释了单位质量（通常为吨）的城市能源、物质以及能量从原始物质转变为城市所需商品与排泄废物的流动特征以及转化效率（Kennedy et al., 2015）。两种方法都充分体现城市-生态交互系统间物质和能量的转换过程，但由于不同物质的物理属性差异，物质流分析法很难集成研究不同物质的转化过程，对于城市-生态环境系统的经济、社会、人口等要素特征的解释能力不足。而能值分析法通过将系统的能物流、货币流、人口流、信息流转换成统一标准能值进行测度与分析，综合评价系统结构、功能特征和生态经济效益。因此，能值分析法在巴黎（Barles，2007）等特大城市中得到了广泛应用。鉴于此，采用城市代谢能值分析法，借鉴 Kennedy 等（2015）学者的研究成果，定量分析城市群地区人文要素（即人口、经济、社会、全球化、投资、贸易）和自然要素（即水资源、土地资源、能源、生态、环境、气候）之间的近远程耦合关系及能值代谢效率（图 1.6）。

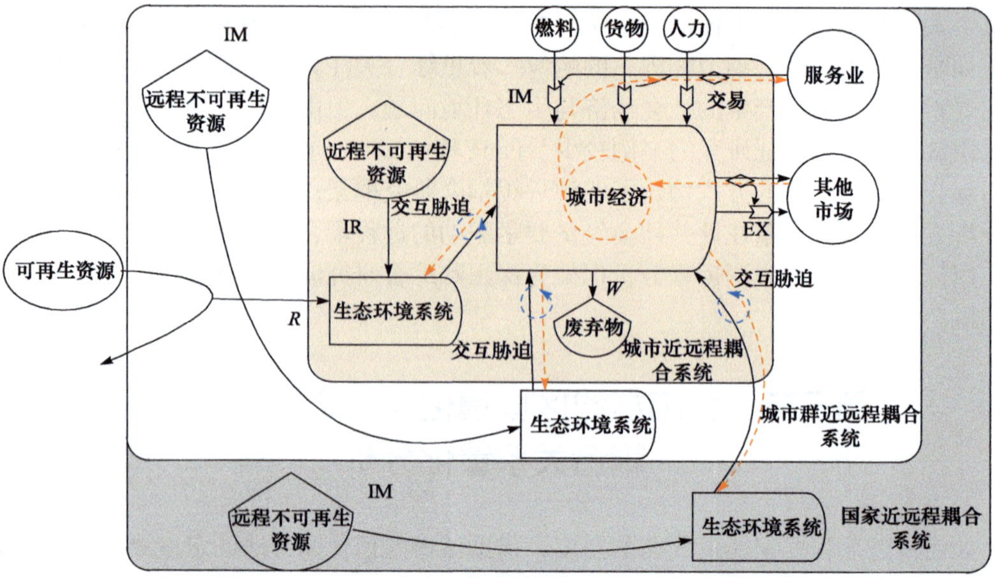

图 1.6　基于城市代谢的城市群地区近远程耦合系统示意图

图中，IM 表示进口资源，IR 表示本地可更新资源，EX 表示输出能值，R 表示可更新自然资源，W 表示废弃物；蓝色箭头表示交互胁迫作用，橙色箭头表示城镇化的反馈胁压力

能值分析法以太阳能为基准衡量所有产品和服务活动的太阳能值（solar emergy），单位为太阳能焦耳（Sej），任何物质与能量都有相对应的转换率（Sej/J）（Brown et al., 2004）。不同代谢流的能量值（E_m）的计算公式为

$$E_m = \sum_i T_i \times E_i \tag{1.1}$$

式中，T_i 为输入 i 的能值转换率；E_i 为资源 i 的具体数目，单位常用克（g）或焦耳（J）表示。根据上述公式，可以获得任何物质、能量以及劳务形成所直接或间接使用的太阳能值。

京津冀城市群地区近远程新陈代谢效率变化的能值测度指标包括结构特征、代谢强度、代谢压力和代谢系统可持续发展水平等，根据资料的可获得性，选取年代谢总量、远程要素依赖度、代谢通量、近程环境承载力和远程环境承载力 5 项指标作为近远程代谢效率评估指标，这些指标描述了城镇化与生态环境近远程耦合代谢过程中投入和产出的能值变化特征，刻画了京津冀城市群地区近远程要素的运转表现（Fang and Ren, 2017）。计算公式如下：

$$U = R + \mathrm{IR} + N + \mathrm{IM} \tag{1.2}$$

$$\mathrm{EER} = (\mathrm{IM} + \mathrm{EX}) / (U + \mathrm{EX} + W) \tag{1.3}$$

$$\mathrm{EG} = U / \mathrm{GDP} \quad \mathrm{EP} = U / P \tag{1.4}$$

$$\mathrm{LELR} = N / (R + \mathrm{IR}) \tag{1.5}$$

$$\mathrm{TELR} = \mathrm{IM} / (R + \mathrm{IR}) \tag{1.6}$$

式（1.2）中，U 为年代谢总量，是系统使用的总能值量，单位为 Sej，由输入城市群地区的近程要素，包括可更新自然资源（R）、本地可更新资源（IR）、本地不可更新资源（N）和远程要素进口资源（IM）之和构成，是城市群地区近远程耦合代谢系统总通量的表征。

式（1.3）中，EER 为远程要素依赖度，也叫能值外向度，主要刻画城市群地区近远程耦合代谢系统对远程要素的依赖程度；EX 为输出能值；W 为废弃物，包括固体废弃物、废水和废气等。

式（1.4）中，EG 为能值货币比，表示能值代谢效率，单位为 Sej /亿元，用来反映城市群地区能值代谢强度，综合反映了财富购买能值的能力（Caviglia-Harris et al., 2009），其值越小越好；EP 为能值人口比，单位为 Sej /人，表示代谢通量，为每个人所拥有的能值量，是人口能值福利的标志，其值的变化可以反映出城市居民物质生活水平的变化情况；GDP 为地区生产总值；P 为人口。

式（1.5）中，LELR 为城市系统近程的环境承载压力，是本地不可更新资源与可更新资源之和的比值，刻画了系统中近程要素能值利用的强弱程度，数值越高表明对该类要素对环境系统造成的压力越大。

式（1.6）中，TELR 为城市系统远程的环境承载压力，是进口资源与可更新资源之和的比值，刻画了系统中远程要素能值利用的强弱程度，数值越高表明该类要素对环境系统造成的压力越大。

（二）京津冀城市群近远程要素代谢指标体系

根据城市能值代谢分析法，构建京津冀城市群地区近远程要素指标体系（表 1.4），依据 Ingwersen（2010）和 Kennedy 等（2014）研究成果确定了不同输入要素和输出要素的能值转换率。近远程要素代谢指标分为代谢输入要素与输出要素，近程输入要素包括可更新自然资源（R）、本地可更新资源（IR）、本地不可更新资源（N），远程输入要素包括系统的进口资源（IM），近程输出要素包括废弃物（W），远程输出要素包括输出能值（EX）。具体来看，可更新自然资源包括自然形成的太阳光能、风能、降雨等可更新资源，本地可更新资源包括人类种植饲养形成的农、肉、水产品以及城市用水总量。不可更新资源包括社会、经济发展所需但不可再生的重要原始物质及能量，如钢材、原油、汽油、水泥等。进口资源综合城市人文要素，从能体现物质流、人力流、资金流、全球化要素出发，选择燃料油、天然气、南水北调水量、外资投入、贸易输入、就业人口净增和旅游外汇总额；输出能值部分（EX）及废弃物（W）主要包括贸易输出和三废能值等。

表 1.4 京津冀城市群地区近远程要素指标体系与能值转换率

要素分类	指标类型	能值项目		单位	能值转换率（Sej/Unit）
近程要素	输入要素	可更新自然资源（R）	太阳光能	J	1
			风能	J	2.45×10^{3}
			降雨（化学能）	J	3.05×10^{4}
			降雨（势能）	J	4.70×10^{4}
			地球循环能	J	5.80×10^{4}

续表

要素分类	指标类型	能值项目		单位	能值转换率（Sej/Unit）
近程要素	输入要素	本地可更新资源（IR）	城市用水总量	g	2.27×10^{4}
			农产品（粮食产量）	J	3.36×10^{5}
			肉产品（肉类产量）	J	3.36×10^{5}
			水产品（水产品产量）	J	3.36×10^{5}
		不可更新资源（N）	表土损失	J	7.4×10^{4}
			钢材	g	3.02×10^{4}
			原煤	J	6.72×10^{4}
			原油	J	5.04×10^{4}
			汽油	J	1.86×10^{5}
			柴油	J	1.86×10^{5}
			燃料油	J	6.25×10^{4}
			电力	J	1.6×10^{5}
			天然气	J	8.06×10^{4}
			水泥	g	2.07×10^{5}
			化肥	g	1.69×10^{7}
	输出要素	废弃物（W）	固体废弃物	g	1.8×10^{9}
			废水	g	6.66×10^{8}
			废气	g	6.66×10^{8}
远程要素	输入要素	进口资源（IM）	燃料油	J	6.25×10^{4}
			天然气	J	8.06×10^{4}
			南水北调水量	g	2.27×10^{4}
			外资投入	\$	9.37×10^{12}
			贸易输入	\$	9.37×10^{12}
			就业人口净增	J	6.74×10^{6}
			旅游外汇总额	\$	1.66×10^{12}
	输出要素	输出能值（EX）	贸易输出	\$	6.34×10^{12}

二、近远程耦合关系的量化结果分析

利用能值代谢分析方法，采用《中国统计年鉴》（1981～2015 年）、《北京统计年鉴》（1981～2015年）、《天津统计年鉴》（1981～2015年）、《河北经济年鉴》（1981～2015年），历年天津市水资源公报（1981～2015年）、河北省气候公报（1981～2015年）、《中国城市统计年鉴》（1981～2015年）、《中国环境统计年鉴》（1981～2015年）和《中国能源统计年鉴》（1981～2015年）及1981～2015年北京市、天津市和河北省的国民经济和社会发展统计公报等数据，计算得到京津冀城市群城镇化与生态环境近远程耦合关系的量化结果如下。

（一）京津冀城市群总代谢能值呈加速上升趋势

1980～2014年京津冀城市群总代谢能值总体上升，但上升幅度在不同阶段具有明显的差异性（图1.7）。其中，1980～2000年总代谢能值略有上升，由1980年的5.32×10^{23}Sej上升至2000年的1.18×10^{24}Sej，年均增长幅度为4.06%，反映出“六五”到“九五”时期，京津冀城市群地区社会经济发展所消耗的能值总量较低且提升幅度较小；2001～2010年总代谢能值快速波动上升，由2001年的1.24×10^{24}Sej上升至2010年的4.75×10^{24}Sej，年均增长幅度为16.09%，反映出“九五”到“十一五”期间，京津冀城市群地区社会经济发展所消耗的能值总量较高且提升幅度较快。在此期间，京津冀城市群地区受快速城镇化发展影响，大批劳动力的涌入与城市建设规模的不断扩大使得10年间所消耗能值总量是过去20年消耗能值总量的1.6倍；2011～2014年总代谢能值缓慢上升，由2011年的5.87×10^{24}Sej上升至2014年的6.44×10^{24}Sej，年均上升幅度为3.14%，反映出“十二五”时期，京津冀城市群地区社会经济发展所消耗的能值总量快速上升趋势得到遏制，

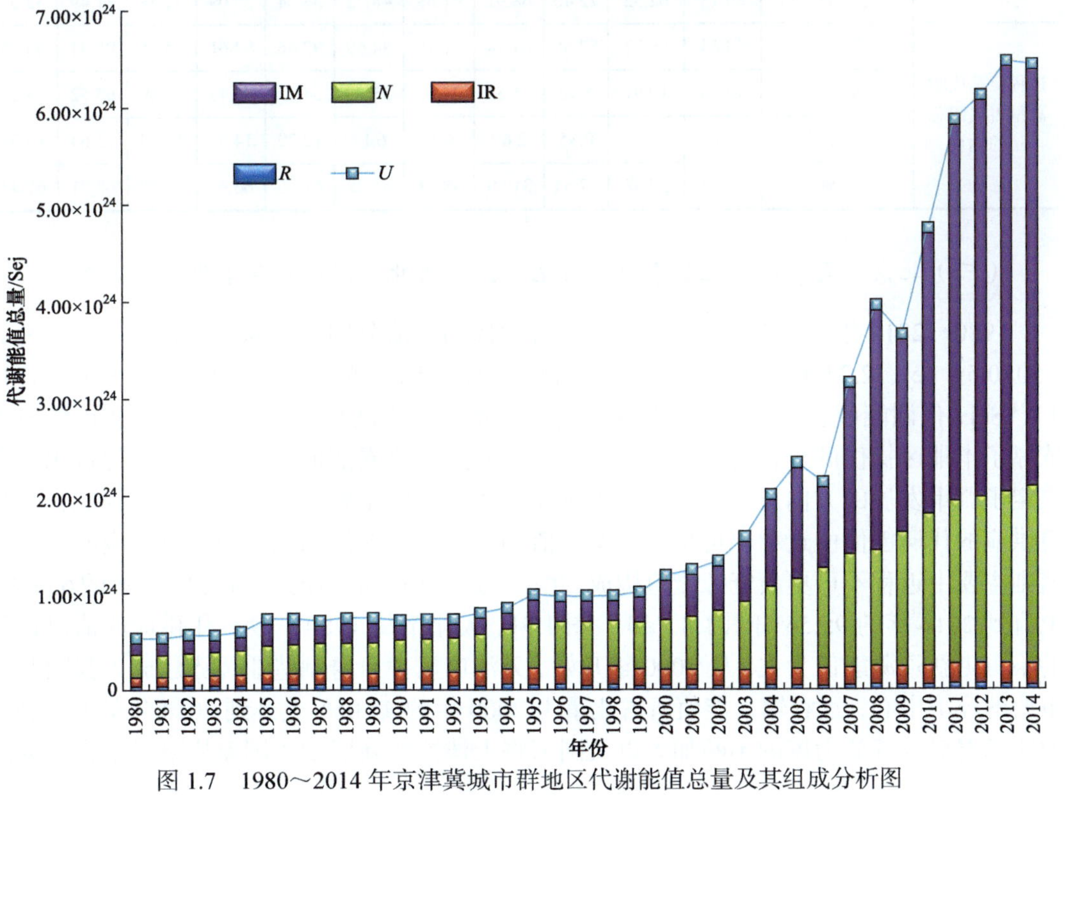

图1.7　1980～2014年京津冀城市群地区代谢能值总量及其组成分析图

其间采取了积极稳妥的城镇化发展策略，明确了各城市功能定位和产业布局，促进了大中小城市协调发展，提升了区域城镇化质量及资源使用效率。

（二）近远程要素能值代谢结构由近程要素占主导转为远程要素占主导

1980～2014 年近程要素不可更新资源（*N*）与远程要素进口资源（IM）的能值所占比重始终较高。其中，1980～2003 年近远程要素能值代谢结构主要由不可更新资源（*N*）与远程要素进口资源（IM）构成，年均比例占 44.77%，而远程要素进口资源能值年均比例占 32.09%；2004～2014 年远程要素进口资源能值所占比例迅速上升，由 2004 年的 47.10%上升至 2014 年的 67.43%，逐渐超越近程要素不可更新资源能值比例，成为近 10 年来近远程要素能值代谢结构的主要部分。而近程要素不可更新资源能值所占比例逐年下降，由 2004 年的 42.17%降至 2014 年的 28.47%。由此看出京津冀城市群地区经历了由近程要素主导逐渐向远程要素主导转变的过程（表 1.5）。

表 1.5　1980～2014 年京津冀城市群地区近远程要素能值代谢能值结构变化表　（单位：%）

项目	地区	1980 年	1985 年	1990 年	1995 年	2000 年	2005 年	2010 年	2011 年	2012 年	2013 年	2014 年
近程要素代谢总量占代谢总量的比重	北京市	36.36	33.03	42.44	35.56	28.82	15.31	7.34	5.39	5.05	4.47	4.44
	天津市	87.37	89.19	91.08	74.46	55.95	44.21	45.75	40.55	37.91	36.48	36.84
	河北省	99.49	99.27	99.15	97.40	96.78	93.83	87.21	85.15	87.45	86.36	86.47
	京津冀城市群	69.13	62.52	72.46	68.91	61.39	48.72	38.04	33.09	32.38	31.49	32.57
远程要素代谢总量占代谢总量的比重	北京市	63.64	66.97	57.56	64.44	71.18	84.69	92.66	94.61	94.95	95.53	95.56
	天津市	12.63	10.81	8.92	25.54	44.05	55.79	54.25	59.45	62.09	63.52	63.16
	河北省	0.51	0.73	0.85	2.60	3.22	6.17	12.79	14.85	12.55	13.64	13.53
	京津冀城市群	30.87	37.48	27.54	31.09	38.61	51.28	61.96	66.91	67.62	68.51	67.43

（三）北京、天津以远程要素代谢占主导，而河北省以近程要素代谢占主导

1980～2014 年，北京市、天津市、河北省的代谢能值分别由 1980 年的 2.43×0.4^{23} Sej、6.50×0.5^{22} Sej、2.24×0.2^{23} Sej 上升到 2014 年的 3.58×0.5^{24} Sej、1.39×0.3^{24} Sej、1.73×0.7^{24} Sej，代谢能值总量和年均增长速度与三省市经济发展程度基本一致。三省市的发展依靠了本地区提供的近程要素能值和购买输入的远程要素能值，系统的近远程资源结构决定了城市发展的方向及水平。北京市供应的代谢能值主要由远程输入能值构成，天津市供应的代谢能值由近程不可更新资源能值和远程输入能值构成，河北省供应的代谢能值则主要由近程不可更新资源能值构成。北京市远程输入能值的比例从 1980 年的 63.64%上升到 2014 年的 95.56%[图 1.8（a），图 1.9]。天津市从 1980～1995 年供应能值以近程的不可更新资源能值为主，从 2000 年开始，天津市发挥自身制造业优势建成为我国北方重要的经济中心，远程输入能值所占比重由 2000 年的 44.05%上升到 2014 年的 63.16%。说明随着对外开放力度的不断加大以及国家将天津滨海新区纳入国家战略以来，以滨海

新区为主体的天津市大力发展第三产业，输入贸易、外资能值得到提升[图 1.8（b），图 1.9]。河北省 1980～2014 年始终以近程要素能值输入占主导地位，2014 年这一比例为 86.74%，

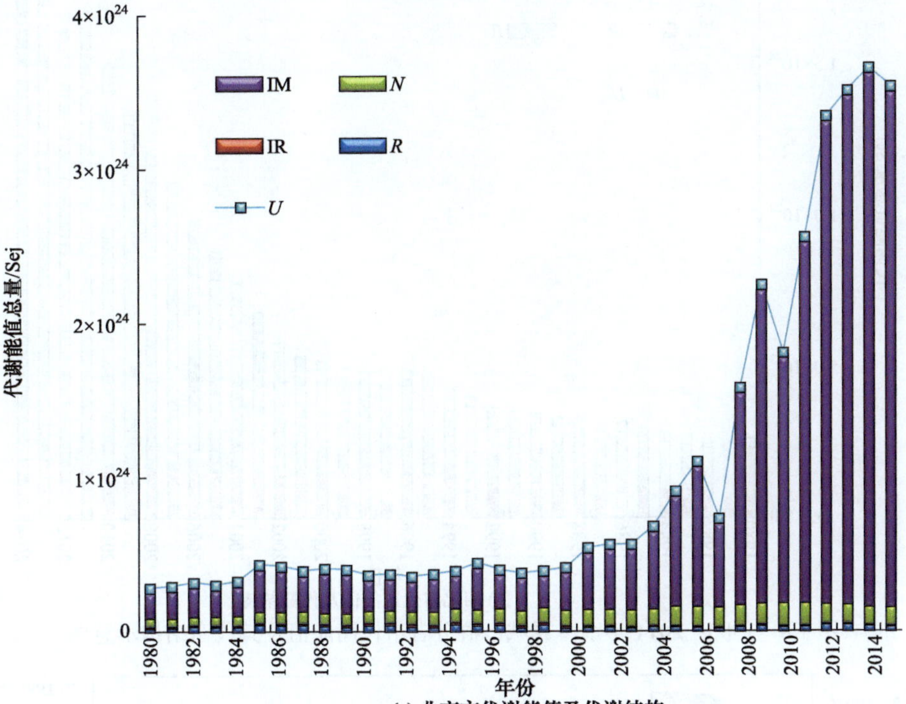

(a) 北京市代谢能值及代谢结构

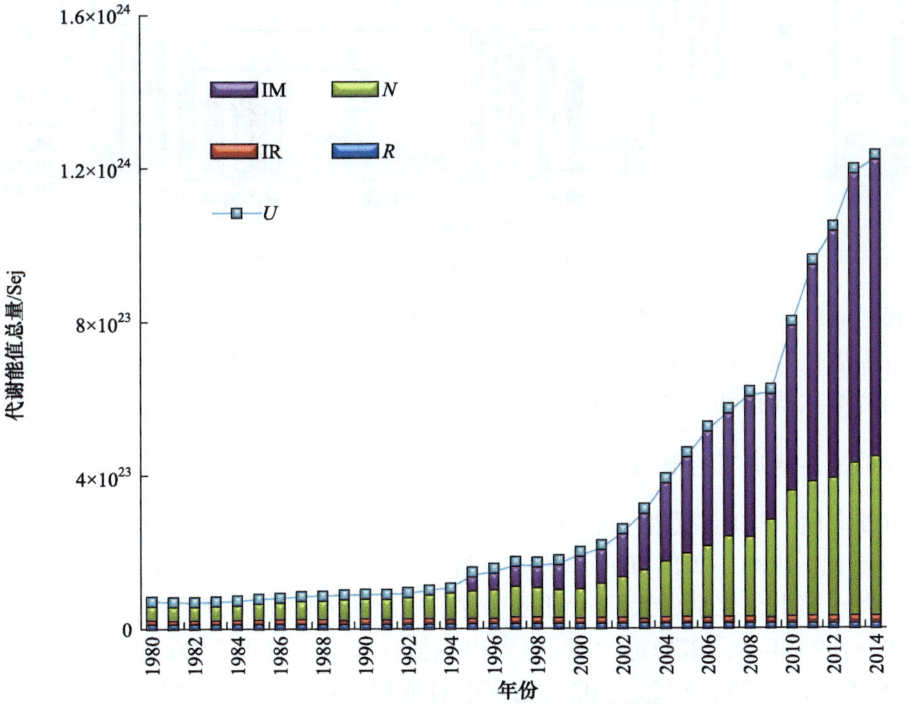

(b) 天津市代谢能值及代谢结构

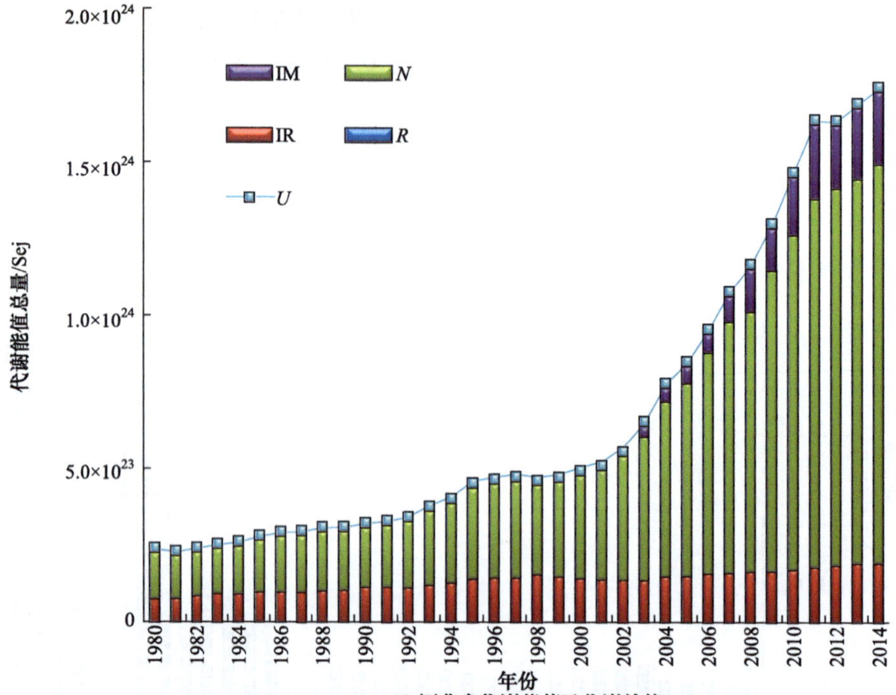

(c) 河北省代谢能值及代谢结构

图 1.8 1980～2014 年京津冀城市群分省市代谢能值及其代谢结构示意图

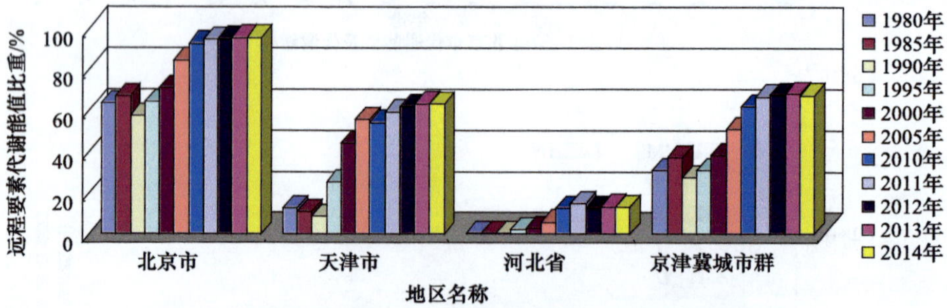

图 1.9 京津冀城市群及各省市远程要素代谢能值比值变化图

尽管远程要素输入能值比例有所提升，但提升幅度不大，比重始终较低，反映了河北省社会经济发展依赖于资源消耗型、环境污染型、劳动密集型的能源、原材料等重化工业，面临着经济结构调整和污染防治的巨大压力[图 1.8（c），图 1.9]。

（四）京津冀城市群能值外向度及对远程要素的依赖程度越大

能值外向度（EER）反映了京津冀城市群地区社会经济发展对远程要素的依赖程度。由图 1.10 看出，1980～2014 年京津冀城市群能值外向度越来越高，对远程要素的依赖程度越来越大。其中，北京、天津、河北三省市的能值外向度可分为 3 个阶段。

1980～1995 年为需求稳定阶段，三省市能值外向度分别由 1980 年的 0.20、0.06、0.01 增加到 1995 年的 0.29、0.12、0.02，北京市对远程要素依存度相对最高，河北省相对最低。三省市经济发展对远程能值需求格局未发生改变，社会经济发展都以自给资源为主；

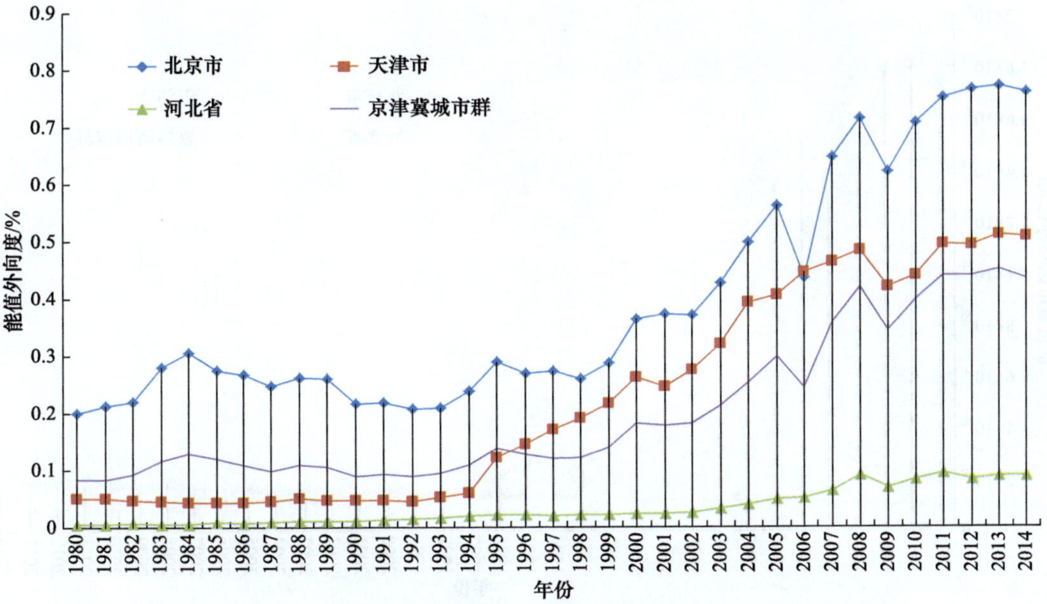

图 1.10　1980～2014 年京津冀城市群分省市能值外向度动态变化示意图

1996～2007 年为相对快速增长阶段，三省市能值外向度分别从 1996 年的 0.26、0.14、0.03 上升到 2007 年的 0.65、0.47、0.08，分别为 1996 年的 2.50 倍、3.36 倍和 2.67 倍。北京市社会经济发展由自给资源为主转为购进资源为主，天津市开始由自给资源为主转为自给资源与购进资源并重，河北省依然对外依存度较低。

2008～2014 年为缓步上升阶段。三省市能值外向度先下降随后缓慢上升，能值外向度分别从 2009 年的 0.64、0.43 和 0.08 上升到 2014 年的 0.77、0.50 和 0.11。北京市在 1980 年后逐渐实现产业结构由“二、三、一”向“三、二、一”的转变，以第三产业为主带动经济发展，以至于逐渐依赖来自远程的资金、服务、劳动力等要素的输入与资金输出，体现出外向型城市代谢模式。天津市是老工业城市，在历史上又是老工商城市，利用改革开放后创造的发展服务业政策与环境，在经济发展过程中逐渐进行结构优化，从能值外向度上体现了天津市现代服务业的提高和工业化的发展，逐渐体现出外向型城市代谢模式。河北省是我国矿产资源大省，也是北京市和天津市的主要能源供应地，资源禀赋的特点使得河北省在很长一段时间内大力发展重工业，在此时期相对的不需要依赖远程要素的输入与输出，能值外向度上始终处于相对较低水平。

（五）京津冀城市群近远程要素能值代谢强度加速下降，经济效率不断提高

通过测度 1980～2014 年京津冀城市群能值代谢强度发现，京津冀城市群近远程要素能值代谢强度由 1980 年的 1.15×10^{21} Sej/亿元下降到 2000 年的 1.18×10^{20} Sej/亿元，再下降到 2010 年的 1.09×10^{20} Sej/亿元，到 2014 年下降到 9.69×10^{19} Sej/亿元（图 1.11），体现出京津冀城市群地区经济效率不断提高。相应地，人均能值量由 1980 年的 7.8×10^{15} Sej 增加到 2000 年的 1.3×10^{16} Sej，再增加到 2010 年的 4.54×10^{16} Sej，到 2014 年增加到 5.83×10^{16} Sej（图 1.12），反映了京津冀城市群地区随着第二产业逐渐向第三产业的转移、

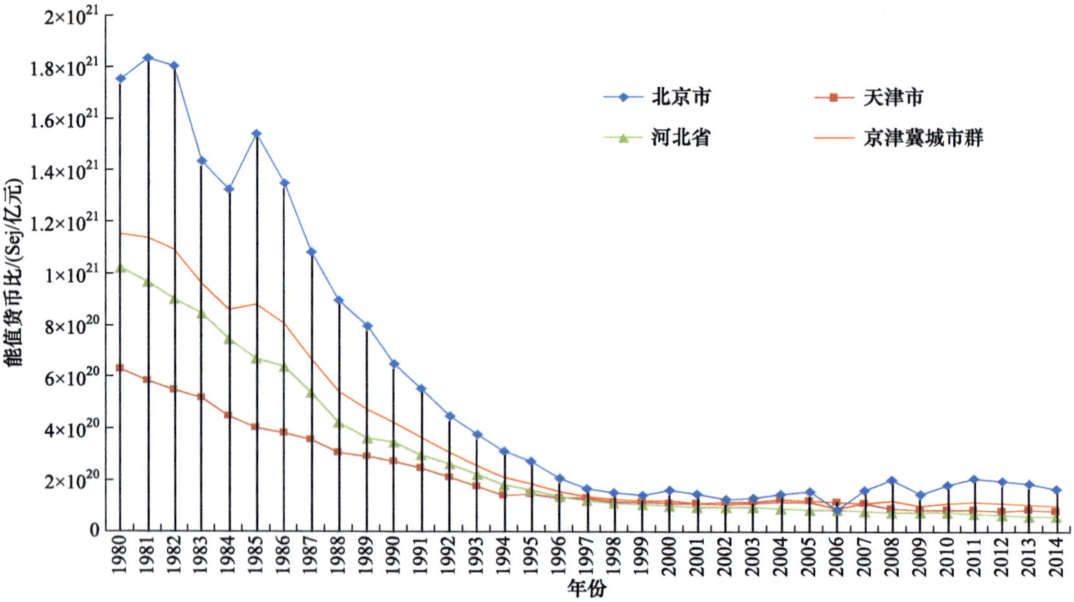

图 1.11 1980～2014 年京津冀城市群地区能值代谢强度变化图

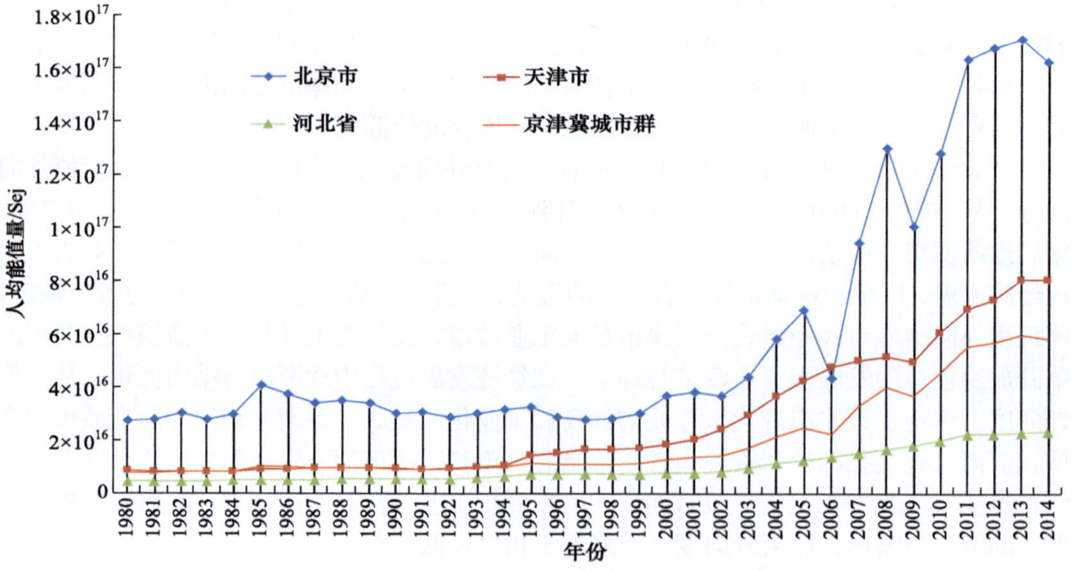

图 1.12 1980～2014 年京津冀城市群地区人均能值变化图

科技的进步，经济效率不断提高，社会福利水平逐步提高，人民生活水平不断改善。

从 1980～2014 年来京津冀城市群分省市近远程要素能值代谢强度分析，北京市、天津市、河北省的近远程要素能值代谢强度都经历了快速下降的过程，说明随着社会生产力提升、科技进步与产业转型，三省市经济效率大幅度提高，但提升幅度呈现出阶段性的时空差异性。1980 年能值代谢强度最高的城市为北京市（1.74×10^{21} Sej/亿元），其次为河北省（1.02×10^{21} Sej/亿元），最后为天津市（6.27×10^{20} Sej/亿元），可以看出，在起始年份北京市的能值代谢强度最大，经济效率较低。北京市在2000年后能值代谢强度出现波动式上升，一方面，随着产业结构的调整，北京市第三产业比重快速提升，远程输入的贸易类能值呈逐年上涨趋势，带动了能值代谢强度的提高；另一方面，奥运会的举办对北京城市代谢系统通量产生了提升作用，但2007～2009年的全球金融危机又对北京城市代谢系统通量产生了负面作用。所以，直到2014年京津冀城市群地区能值代谢强度最高的城市仍为北京市（1.64×10^{20}Sej/亿元），其次为天津市（7.75×10^{19}Sej/亿元）。

（六）京津冀城市群近远程要素能值代谢的环境负荷压力不断增大

1980～2014 年京津冀城市群近程要素与远程要素能值代谢的环境负荷率一直呈上升趋势（图 1.13）。其中，近程要素能值代谢的环境负荷率由 1980 年的 8.30%上升到2014年的43.46%，35年间上升了4倍，年均上升速度为4.99%；远程要素能值代谢的环境负荷率由1980年的4.15%上升为2014年的92.03%，35年间升高了21倍，年均上升速度为 9.54%。可以看出，自 1978 年改革开放以来，京津冀城市群随着城市规模的不断扩张、大量人口流入引发各种生产要素的集聚，远程要素能值代谢的环境负荷率已由 1980年相当于近程要素能值代谢环境负荷率的50%变为2014年的2.12倍，城市面临的环境压力的根源逐渐由本地近程要素转变为远程要素。虽然资金与劳动力等远程要素被视为城市具有经济活力的重要表征，在城镇化发展过程中作用明显，但不可忽视的是，如果不加以调控，不仅加剧了地区间社会经济发展不平衡，更加剧了地区经济发展与生态环境间的矛盾。

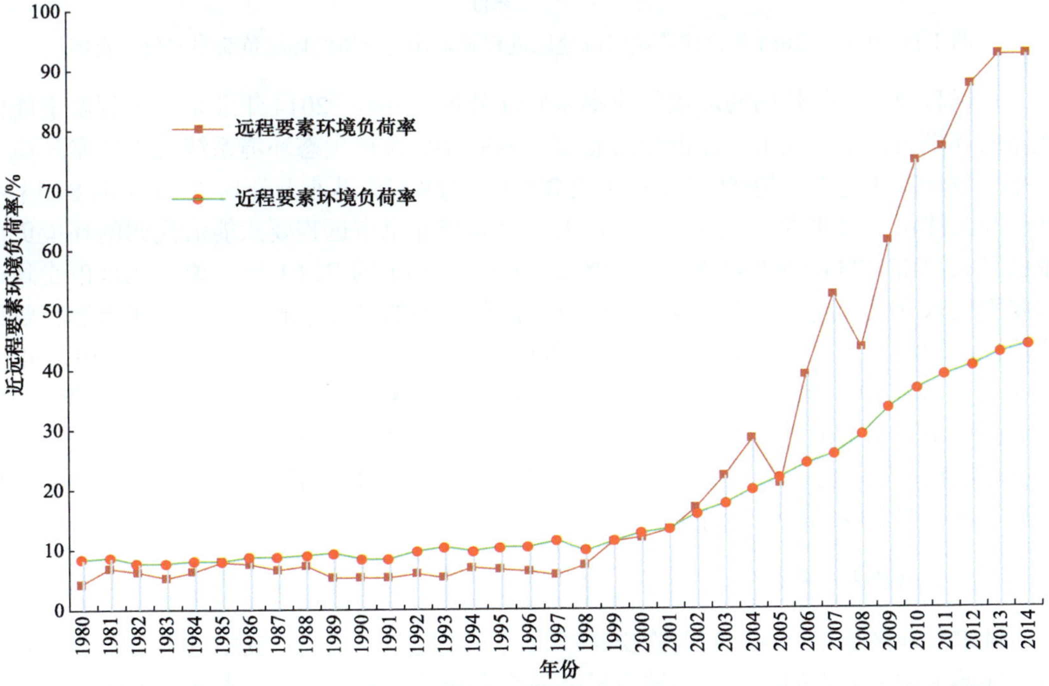

图 1.13　1980～2014 年京津冀城市群地区近远程要素能值代谢的环境负荷率变化示意图

从近程要素能值代谢的环境负荷率差异性分析，1980～2014年北京市近程要素能值代谢的环境负荷率处于较低水平，2006年之前近程要素能值代谢的环境负荷率呈上升趋势，2006 年出现拐点，随之整体上呈下降趋势，说明北京市在社会经济发展过程中通过产业转型和提倡使用清洁能源等方法取得了显著效果，降低了近程要素带来的环境压力（图 1.14）。同期，天津市和河北省近程要素能值代谢的环境负荷率始终呈上涨趋势，分别从 1980 年的 1.66%、1.94%上升到 2014 年的 13.36%、6.67%，由于天津市可再生自然资源和近程可更新资源总量较小，本身生态承载能力有限，近程不可更新资源的大量使用使得天津市近程要素影响下的生态承载力压力较大。河北省近程环境负荷率在 2011 年前呈快速上涨趋势，2011 年受去产能与淘汰落后产能政策影响，能源的使用量以及生产量出现了下降，上升幅度明显放缓。

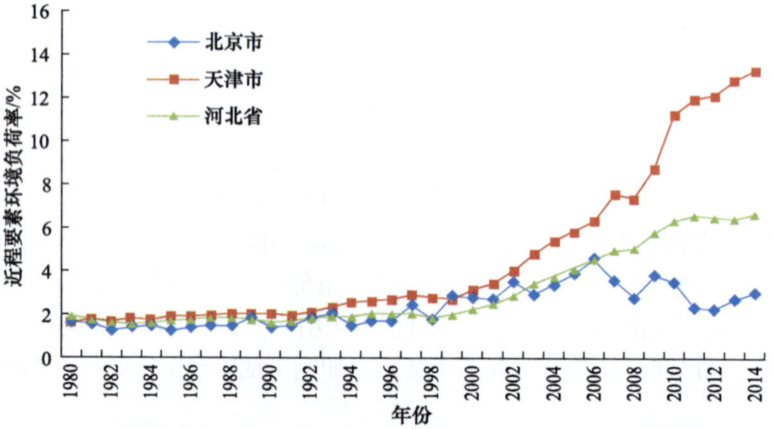

图 1.14 1980～2014 年京津冀城市群地区近程要素代谢能值的环境负荷率变化示意图

从远程要素能值代谢的环境负荷率差异性分析，1980～2014 年北京市远程要素能值代谢的环境负荷率均大于天津市与河北省，2000 年后城市生态环境系统远程要素环境负荷率呈波动式快速上升趋势（图 1.15），由 2000 年的 9.42%迅速上升到 2014 年的 87.13%。并且与天津市和河北省的差距进一步扩大，2014 年北京市远程要素能值代谢的环境负荷率已是天津市（24.62%）的 3.54 倍和河北省（1.20%）的 72.61 倍。说明北京市受到远程要素输入和人口过度集中影响，导致城市面临严峻的环境承载压力。天津市远程要素能值代谢的环境负荷率在 1994 年前保持着稳定，1994 年后提升速度较快，由 1994 年的 0.34%上升到 2014 年的 24.62%，年均增长速度为 23.88%，尽管远程要素能值代谢的环境负荷率小于北京市，但资金和人口的快速流入使得城市同样面临着环境压力风险。河北省环境负荷率受远程要素影响最小，说明河北省现有可更新资源对输入城市的资金和人口等远程要素的承载性相对较高。

（七）结论与讨论

城市群地区是一个近远程要素交叉耦合的开放复杂巨系统，其中近程要素是指城市所在地域范围内产生的一切推动城市经济社会发展的要素，远程要素是指由城市地域范围外输入城市的一切推动城市社会经济性活动的要素。伴随城市群的扩展和对要素资源需求的不断扩大，城市群本身的近程要素越来越无法满足城市群可持续发展的需求，大

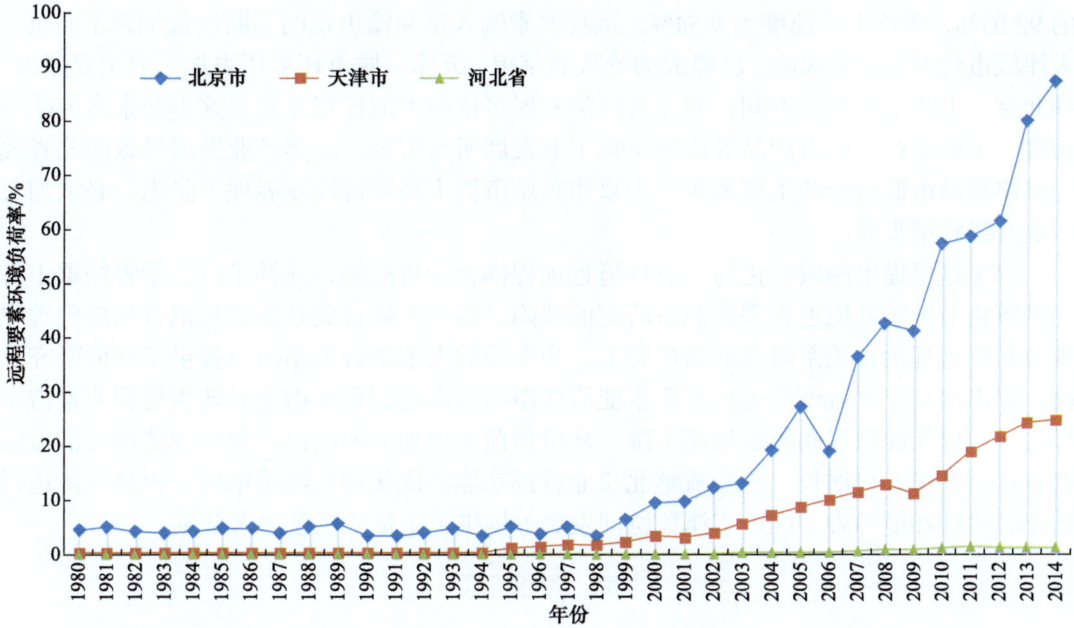

图 1.15 1980～2014 年京津冀城市群地区远程要素代谢能值的环境负荷率变化示意图

量的远程要素不断输入，由此对城市群地区的生态环境造成压力。可从理论上解析城市群地区城镇化与生态环境近远程耦合的基本框架，借助城市代谢能值分析法，以京津冀城市群地区为例，分析 1980～2014 年城镇化与生态环境近远程耦合能值代谢效率及环境压力，得出如下结论。

（1）1980～2014 年京津冀城市群地区总代谢能值呈上升趋势，远程要素能值代谢能值总量取代近程要素占主导地位。远程要素能值代谢占总代谢能值的比重由 1980 年的 30.87%，上升到 2014 年的 67.43%，体现出京津冀城市群地区的能值外向度越来越高，城市发展对远程要素的依赖程度越来越大。其中北京市的远程要素代谢能值占总代谢能值的比重由 1980 年的 63.64%增加到 2014 年的 95.56%，天津市由 12.63%增加到 63.16%；而河北省则由 0.51%增加到 13.53%。北京市和天津市随着城市发展逐渐成为高度依赖于外界能源、资金、人力等远程要素不断输入的外向型城市代谢系统，而河北省属于依赖自身自然资源发展的内向型城市代谢系统。

（2）1980～2014 年京津冀城市群地区近远程要素能值代谢强度加速下降，人均能值量不断上升。近远程要素能值代谢强度由 1980 年的 1.15×10^{21} Sej/亿元下降到 2000 年的 1.18×10^{20} Sej/亿元，再下降到 2014 年的 9.69×10^{19} Sej/亿元，体现出京津冀城市群地区经济效率不断提高。相应地，人均能值量由 1980 年的 7.8×10^{15} Sej/人增加到 2014 年的 5.83×10^{16} Sej/人，反映了京津冀城市群地区社会福利水平逐步提高，人民生活水平不断改善。

（3）1980～2014 年京津冀城市群地区近远程要素能值代谢的环境负荷压力不断加大。近程要素能值代谢的环境负荷率由 1980 年的 8.30%上升到 2014 年的 43.46%，年均上升速度为 4.99%；远程要素能值代谢的环境负荷率由 1980 年的 4.15%上升为 2014 年的 92.03%，年均上升速度为 9.54%。远程要素输入量和输出量的不断增长加剧了北京、天津城市代谢系统的风险，已经成为导致北京市、天津市城市环境压力加大的主要原因。和北京、天津发展模式不同，河北省经济发展多依赖本地近程要素，这类要素多为矿产资源、工业原料、电力产品等能源重化工业发展所需资源，这类产业发展导致河北省成为京津冀城市群污染的主要来源，为京津冀城市群未来可持续发展埋下隐患，必须加大产业升级转型步伐。

（4）这里提出的城镇化与生态环境近远程耦合分析框架，弥补了以往学者侧重于研究城镇化与生态环境近程耦合关系研究的缺陷，将二者耦合关系由近程耦合拓展到远程耦合和近远程耦合关系研究的新视野上，为今后的人地耦合关系研究提供了新的研究思路。提出的京津冀城市群近远程要素能值代谢结构由近程要素占主导转为远程要素占主导的过程以及能值代谢强度加速下降、环境负荷压力加大的结论，为京津冀城市群地区有效控制外来人口增长、逐步疏解北京非首都功能、优化调整经济结构、提高经济运行效率、治理环境污染、推进京津冀协同发展等提供了定量的决策参考依据。

参考文献

鲍超, 陈小杰, 梁广林. 2016. 基于空间计量模型的河南省用水效率影响因素分析. 自然资源学报, 31(7): 1138-1148.

陈明星, 刘卫东, 叶尔肯・吾扎提, 等. 2016. “一带一路”对我国城镇化发展格局的影响. 山地学报, 34(5): 637-644.

方创琳, 任宇飞. 2017. 京津冀城市群地区城镇化与生态环境近远程耦合能值代谢效率及环境压力分析. 中国科学: 地球科学, 47(7): 833-846.

方创琳, 周成虎, 顾朝林, 等. 2016. 特大城市群地区城镇化与生态环境交互耦合效应解析的理论框架及技术路径. 地理学报, 71(4): 531-550.

李双成, 蔡运龙. 2005. 地理尺度转换若干问题的初步探讨. 地理研究, 24(1): 11-18.

李双成, 刘金龙, 张才玉, 等. 2012. 生态系统服务研究动态及地理学研究范式. 地理学报, 66(12): 1618-1630.

李小文, 王祎婷. 2013. 定量遥感尺度效应刍议. 地理学报, 68(9): 1163-1169.

蔺雪芹, 王岱. 2016. 中国城市空气质量时空演化特征及社会经济驱动力. 地理学报, 71(8): 1357-1371.

刘海猛, 黄解军, 朱向东, 等. 2018. 京津冀城市群大气污染的时空特征与影响因素解析. 地理学报, 73(1): 177-191.

唐佳, 李君轶. 2016. 基于微博大数据的西安国内游客日内时间分布模式研究. 人文地理, 31(3): 151-160.

王丰龙, 刘云刚. 2015. 尺度概念的演化与尺度的本质:基于二次抽象的尺度认识论. 人文地理, 30(1): 9-15.

张践祚, 李贵才, 王超. 2016. 尺度重构视角下行政区划演变的动力机制——以广东省为例. 人文地理, 31(2): 74-82.

张永姣, 方创琳. 2015. 地域尺度重组下的我国城市与区域规划体系改革. 人文地理, 30(5): 9-15.

邹嘉龄, 刘春腊, 尹国庆, 等. 2015. 中国与“一带一路”沿线国家贸易格局及其经济贡献. 地理科学进展, 34(5): 598-605.

Abson D J, Fischer J, Leventon J, et al. 2017. Leverage points for sustainability transformation. Ambio, 46: 1-10.

Adger W N, Eakin H, Winkels A. 2009. Nested and teleconnected vulnerabilities to environmental change. Frontiers In Ecology & The Environment, 7: 150-157.

Afgan N H, Carvalho M D G. 2011. Sustainable energy development. Renewable & Sustainable Energy Reviews, 2: 235-286.

Ali Y. 2017.Carbon, water and land use accounting: consumption vs production perspectives. Renewable & Sustainable Energy Reviews, 67: 921-934.

Ang B W, Choong W L, Ng T S. 2015. Energy security: definitions, dimensions and indexes. Renewable & Sustainable Energy Reviews, 42: 1077-1093.

Anselin L, Gallo J L, Jayet H. 2008. Spatial Panel Econometrics. Berlin: Springer Berlin Heidelberg.

Athanassiadis A, Bouillard P, Crawford R H, et al. 2017.Towards a dynamic approach to urban metabolism: Tracing the temporal evolution of brussels' urban metabolism from 1970 to 2010. Journal of Industrial Ecology, 21: 307-319.

Baird I G, Fox J. 2015. How land concessions affect places elsewhere&58; telecoupling, political ecology, and large-scale plantations in southern laos and northeastern cambodia. Land, 4: 436-453.

Barles S. 2007. Feeding the city: Food consumption and flow of nitrogen, Paris, 1801-1914. Science of the Total Environment, 375: 48-58.

Barles S. 2010. Urban metabolism of paris and its region. Journal of Industrial Ecology, 13: 898-913.

Brown M T, Ulgiati S. 2004. Emergy analysis and environment accounting. Encyclopedia of Energy, 2: 329-354.

Bruckner M, Fischer G, Tramberend S, et al.2015. Measuring telecouplings in the global land system: a review and comparative evaluation of land footprint accounting methods. Ecological Economics, 114: 11-21.

Bruckner M, Giljum S, Lutz C, et al. 2012. Materials embodied in international trade-global material extraction and consumption between 1995 and 2005. Global Environmental Change, 22: 568-576.

Campbell D E, Lu H, Lin B L. 2014. Emergy evaluations of the global biogeochemical cycles of six biologically active elements and two compounds. Ecological Modelling, 271: 32-51.

Caviglia-Harris J L, Chambers D, Kahn J R. 2009. Taking the "U" out of kuznets. Ecological Economics, 68(4): 1149-1159.

Cazcarro I, Duarte R, Sánchez C J. 2013. Multiregional input-Output model for the evaluation of Spanish water flows. Environmental Science & Technology, 47: 12275.

Challies E, Newig J, Lenschow A. 2014. What role for social-ecological systems research in governing global teleconnections? Global Environmental Change, 27: 32-40.

Chen S, Chen B. 2015. Urban energy consumption: different insights from energy flow analysis, Input-output analysis and ecological network analysis. Applied Energy, 138: 99-107.

Chen W, Ye X, Li J, et al. 2019. Analyzing requisition-compensation balance of farmland policy in China through telecoupling: A case study in the middle reaches of yangtze river urban agglomerations. Land Use Policy, 83: 134-146.

Deines J M, Liu X, Liu J. 2016. Telecoupling in urban water systems: An examination of Beijing's imported water supply. Water International, 41: 251-270.

Deng G, Ma Y, Li X. 2015. Regional water footprint evaluation and trend analysis of china—based on interregional input-output model. Journal of Cleaner Production, 112: 4674-4682.

Duit A, Galaz V, Eckerberg K, et al. 2010. Governance, complexity, and resilience. Global Environmental Change, 20: 137-139.

Eakin H, Defries R, Kerr S, et al. 2014. Significance of Telecoupling for Exploration of Land-Use Change, Rethinking Global Land Use In An Urban Era. Massachusetts: Mit Press.

Eakin H, Rueda X, Mahanti A. 2017. Transforming governance in telecoupled food systems. Ecology and Society, 22(4): 32-39.

Eakin H, Winkels A, Sendzimir J. 2009. Nested vulnerability: exploring cross-scale linkages and vulnerability teleconnections in mexican and vietnamese coffee systems. Environmental Science & Policy, 12: 398-412.

Fang B, Tan Y, Li C, et al. 2016. Energy sustainability under the framework of telecoupling. Energy, 106: 253-259.

Fang C, Ren Y. 2017. Analysis of emergy-based metabolic efficiency and environmental pressure on the local coupling and telecoupling between urbanization and the eco-environment in the Beijing-Tianjin-Hebei urban agglomeration. Science China Earth Sciences, 60: 1083-1097.

Fang D, Chen B. 2015. Ecological network analysis for a virtual water network. Environmental Science & Technology, 49: 6722-6730.

Farah P D, Cima E. 2013. Energy trade and the WTO: implications for renewable energy and the OPEC cartel. Journal of International Economic Law, 16: 707-740.

Fath B D, Patten B C. 1999. Review of the foundations of network environ analysis. Ecosystems, 2: 167-179.

Feng K, Davis S J, Sun L, et al. 2013. Outsourcing CO_2 within china. Proceedings of The National Academy of Sciences of The United States of America, 110: 11654-11659.

Friis C, Nielsen J. 2017. On the system. boundary choices, implications, and solutions in telecoupling land use change research. Sustainability, 9(6): 1-20.

Friis C, Nielsen J, Otero I, et al. 2016. From teleconnection to telecoupling: taking stock of an emerging framework in land system science. Journal of Land Use Science, 11: 131-153.

Gasparatos A, Gadda T. 2009. Environmental support, energy security and Economic growth in Japan. Energy Policy, 37: 4038-4048.

Gibson C C, Ostrom E, Ahn T K. 2000. The concept of scale and the human dimensions of global change: a survey. Ecological Economics, 32: 217-239.

Guo S, Shen G Q. 2015. Multiregional input-output model for China's farm land and water use. Environmental Science & Technology, 49: 403.

Hatfielddodds S, Schandl H, Adams P D, et al. 2015. Australia is 'free to choose' economic growth and falling environmental pressures. Nature, 527: 49-52.

Herzberger A, Chung M G, Kapsar K, et al. 2019. Telecoupled food trade affects pericoupled trade and intracoupled production. Sustainability, 11(10): 2908-2915.

Huang S L, Lee C L, Chen C W. 2006. Socioeconomic metabolism in Taiwan: Emergy synthesis versus material flow analysis. Resources Conservation & Recycling, 48: 166-196.

Hulu E, Hewings G J D. 2010. The development and use of interregional input-output models for indonesia under conditions of limited information. Review of Urban & Regional Development Studies, 5: 135-153.

Ingwersen W W. 2010. Uncertainty characterization for emergy values. Ecological Modelling, 221(3): 445-452.

Kastner T, Erb K H, Haberl H. 2014. Rapid growth in agricultural trade: effects on global area efficiency and the role of Management. Environmental Research Letters, 9: 034015.

Kennedy C, Stewart I D, Ibrahim N, et al. 2014. Developing a multi-layered indicator set for urban metabolism studies in megacities. Ecological Indicators, 47: 7-15.

Kennedy C A, Stewart I, Facchini A, et al. 2015. Energy and material flows of megacities. Proceedings of the National Academy of Sciences of The United States of America, 112: 5985-5990.

Kissinger M, Rees W E. 2010. An interregional ecological approach for modelling sustainability in a globalizing world—reviewing existing approaches and Emerging directions. Ecological Modelling, 221:

2615-2623.

Krausmann F, Erb K H, Gingrich S, et al. 2008. Global patterns of socioeconomic biomass flows in the year 2000: a comprehensive assessment of supply, consumption and constraints. Ecological Economics, 65: 471-487.

Kumar M D, Singh O P. 2005. Virtual water in global food and water policy making: Is there a need for rethinking? Water Resources Management, 19: 759-789.

Lam N S, Quattrochi D A. 2010. On the issues of scale, resolution, and fractal analysis in the mapping sciences. Professional Geographer, 44: 88-98.

Lambin E F, Meyfroidt P. 2011. Inaugural article by a recently elected academy member: Global land use change, economic globalization, and the looming land scarcity. Proceedings of the National Academy of Sciences of the United States of America, 108: 3465-3472.

Lesage J P, Pace RK. 2009. Introduction to Spatial Econometrics. Boca Raton: CRC Press.

Li G, Sun S, Fang C. 2018. The varying driving forces of urban expansion in China: insights from a spatial-temporal analysis. Landscape & Urban Planning, 174: 63-77.

Liang S, Chao Z, Wang Y, et al. 2014. Virtual atmospheric mercury emission network in China. Environmental Science & Technology, 48: 2807-2815.

Liu J. 2014. Forest sustainability in china and Implications for a telecoupled world. Asia & the Pacific Policy Studies, 1: 230-250.

Liu J. 2017. Integration across a metacoupled world. Ecology and Society, 22(4):29-31.

Liu J, Dou Y, Batistella M, et al. 2018. Spillover systems in a Telecoupled anthropocene: typology, methods, and governance for global sustainability. Current Opinion in Environmental Sustainability, 33: 58-69.

Lin J, Hu Y, Zhao X, et al. 2017. Developing a city-centric global multiregional input-output model(ccg-mrio)to evaluate urban carbon footprints. Energy Policy, 108: 460-466.

Liu J, Hull V, Batistella M, et al. 2013. Framing susaintability in a telecoupled world. Ecology and Society, 36(23): 7870-7885.

Liu J, Mooney H, Hull V, et al. 2015. Sustainability. systems integration for global sustainability. Science, 347(6225): 1258832.

Liu Q, Wang Q. 2017. Sources and flows of china's virtual SO_2 emission transfers embodied in interprovincial trade: a multiregional input–output analysis. Journal of Cleaner Production, 161: 735-747.

Mao X, Yang Z. 2012. Ecological network analysis for virtual water trade system: A case study for the baiyangdian basin in northern china. Ecological Informatics, 10: 17-24.

Martín-López B, Felipe-Lucia M R, Bennett E M, et al. 2019. A novel telecoupling framework to assess social relations across spatial scales for ecosystem services research. Journal of Environmental Management, 241: 251-263.

Meyfroidt P, Lambin E F, Erb K H, et al. 2013. Globalization of land use: Distant drivers of land change and geographic displacement of land use. Current Opinion in Environmental Sustainability, 5: 438-444.

Morillo J G, Díaz J A R, Camacho E, et al. 2015. Linking water footprint accounting with irrigation management in high value crops. Journal of Cleaner Production, 87: 594-602.

Moser S C, Hart J A F. 2015. The long arm of climate change: societal teleconnections and The future of climate change impacts studies. Climatic Change, 129: 13-26.

Munroe D K, Batistella M, Friis C, et al. 2019. Governing flows in telecoupled land systems. Current Opinion in Environmental Sustainability, 38: 53-59.

Niza S, Rosado L, Ferrão P. 2009. Urban metabolism. Journal of Industrial Ecology, 13: 384-405.

Oberlack C, Boillat S, Brönnimann S, et al. 2018. Polycentric governance in telecoupled resource systems: Is the tragedy of The grabbed commons unavoidable? Ecology and Society, 23(1): 16-22.

Odum H T. 1983. System ecology: An introduction. Journal of Range Management, 39(4): 383.

Pace R K, Lesage J P. 2008. Spatial Econometric Models, Prediction. New York: Springer.

Quan Y, Wang C, Yan Y, et al. 2016. Impact of inter - basin water transfer projects on regional ecological security from a telecoupling perspective. Sustainability, 8(2): 162.

Rosado L, Niza S, Ferrão P. 2014. A material flow accounting case study of the lisbon metropolitan area using the urban metabolism analyst model. Journal of Industrial Ecology, 18: 84-101.

Rulli M C, Casirati S, Dell'Angelo J, et al. 2019. Interdependencies and telecoupling of oil palm expansion at the expense of Indonesian rainforest. Renewable And Sustainable Energy Reviews, 105: 499-512.

Sassen S. 2001. The Global City. Princeton: Princeton University Press.

Schulze R. 2000. Transcending scales of space and time in impact studies of climate and climate change on agrohydrological responses. Agriculture Ecosystems & Environment, 82: 185-212.

Scott C A, Kurian M, Jr J L W. 2015. The Water-Energy-Food Nexus: Enhancing Adaptive Capacity To Complex Global Challenges. Belin: Springer.

Seto K C, Reenberg A, Boone C G, et al. 2012. Urban land teleconnections and sustainability. Proceedings of the National Academy of Sciences of The United States of America, 109: 7687-7692.

Small G E, Sterner R W, Finlay J C. 2014. An ecological network analysis of nitrogen cycling in the laurentian great lakes. Ecological Modelling, 293: 150-160.

Sun L, Dong H, Geng Y, et al. 2016. Uncovering driving forces on urban metabolism-A case of shenyang. journal of cleaner production, 114: 171-179.

Tang X, Snowden S, Höök M. 2013. Analysis of energy embodied in the international trade of UK. Energy Policy, 57: 418-428.

Taylor P J. 2008. Is There A Europe of Cities? World Cities and the Limitations of Geographical Scale Analyses. New York: Wiley-Blackwell.

Tobler W R. 1970. A computer movie simulating urban growth in the detroit region. Economic Geography, 46: 234-240.

Tollner E W, Schramski J R, Kazanci C, et al. 2009. Implications of network particle tracking(npt)for ecological model interpretation. Ecological Modelling, 220: 1904-1912.

Trenberth K E, Branstator G W, Karoly D, et al. 1998. Progress during toga in understanding and modeling global teleconnections associated with tropical sea surface temperatures. Journal of Geophysical Research Oceans, 103: 14291-14324.

Ulanowicz R E, Holt R D, Barfield M. 2014. Limits on ecosystem trophic complexity: insights from ecological network analysis. Ecology Letters, 17: 127-136.

Uqaili M A, Harijan K. 2012. Energy, Environment And Sustainable Development. Vienna: Springer Vienna.

Wang S, Chen B. 2016. Energy–water nexus of urban agglomeration based on multiregional input-output tables and ecological network analysis: a case study of the Beijing–Tianjin–Hebei region. Applied Energy, 178: 773-783.

Wang Y, Chen P C, Ma H W, et al. 2018. Socio-economic metabolism of urban construction materials: a case study of the Taipei metropolitan area. Resources, Conservation And Recycling, 128: 563-571.

Wu J.2004. Effects of changing Scale on landscape pattern analysis: scaling relations. Landscape Ecology, 19: 125-138.

Xia Y, Fan Y, Yang C. 2015. Assessing the impact of foreign content in China's exports on the carbon outsourcing hypothesis. Applied Energy, 150: 296-307.

Xu Z, Liu J G, Liu Q Y, et al. 2015. Physical and Virtual water transfers for regional water stress alleviation in

China. Proceedings of The National Academy of Sciences of The United States of America, 112: 1031-1035.

Yang X, Zhang W, Fan J, et al. 2018. Transfers of Embodied $PM_{2.5}$ emissions from and to the north China region based on a multiregional input-output model. Environmental Pollution, 235: 381-393.

Yang Z, Mao X, Zhao X, et al. 2012. Ecological network analysis on global virtual water trade. Environmental Science & Technology, 46: 1796-1803.

Yao G, Hertel T W, Taheripour F. 2018. Economic drivers of telecoupling and Terrestrial carbon fluxes in the global soybean complex. Global Environmental Change, 50: 190-200.

Zhang B, Qiao H, Chen Z M, et al. 2016. Growth in embodied energy transfers via China's domestic trade: evidence from multi-regional input-output analysis. Applied Energy, 184: 1093-1105.

Zhang P, Zhang L, Hao Y, et al. 2019. Understanding the tele-coupling mechanism of urban food-energy-water nexus: critical sources, nodes, and supply chains. Journal of Cleaner Production, 235: 297-307.

Zhang Y, Zheng H, Yang Z, et al. 2015. Multi-regional input-output model and ecological network analysis for regional embodied energy accounting in China. Energy Policy, 86: 651-663.

Zhang Z, Shi M, Hong Y. 2012. Understanding beijing's water challenge: a decomposition analysis of Changes in beijing's water footprint between 1997 and 2007. Environmental Science & Technology, 46: 12373-12380.

Zhao C, Chen B. 2014. Driving force analysis of the agricultural water footprint in China based on the lmdi method. Environmental Science & Technology, 48: 12723-12731.

Zorach A C, Ulanowicz R E. 2010. Quantifying the complexity of flow networks: how many roles are there? Complexity, 8: 68-76.

第二章　城市群地区城镇化与生态环境多维耦合曲线及规律

城市群地区城镇化与生态环境交互耦合机理是一个非常复杂和综合的科学命题。耦合（coupling）这一名词阐释人类与自然之间、不同自然系统之间，不同社会经济系统之间的复杂交互作用和影响过程（Morzillo et al., 2014）。城镇化通过人口增长、经济发展、能源消耗、技术进步和建设用地扩张等对生态环境产生胁迫或促进效应，生态环境又通过人口驱逐、生态承载、资金争夺和政策干预对城市发展产生约束或承载效应。两个系统是一种竞合关系，系统以及要素之间存在不断的时间和空间双维度的正负反馈，进而产生系统整体的涨落与演进（刘海猛等，2019）。在城市群尺度，探讨这种演进在时间维度上是否存在一定规律，能否用函数曲线进行趋势性表达，城镇化发展到一定阶段（阈值），生态环境主控参量是否存在相应的拐点。回答这些问题对预测城镇化或生态环境演化趋势，以及制定城镇化和环境政策具有重要理论和实践意义。基于此，本章在前人研究的基础上，提出了城镇化库兹涅茨曲线，分别以全国 19 个城市群和 5 个国家级特大城市群为实证案例，沿着理论假设-实践检验-规律总结的思路研究表明，城镇化与生态环境耦合曲线方程为对数二次项复合函数曲线，中国特大城市群生态环境质量好转的拐点大概是城镇化率达到 47.4%，并且生态环境破坏后的恢复是一个漫长艰难的过程。基于京津冀城市群数据，得到的城镇化与生态环境多维耦合曲线方程同样是对数二次项复合函数，此时生态环境质量好转的拐点大概是城镇化率达到 51.2%。

第一节　城镇化与生态环境耦合曲线研究进展

一、环境库兹涅茨曲线理论及其扩展

库兹涅茨曲线是 1955 年库兹涅茨提出的经济增长与收入分配不平等间呈倒“U”形关系的假说，他认为在收入水平较低的阶段经济增长与收入分配差距扩大相伴随，然而当收入水平达到一定程度后，经济增长有助于缓解收入分配不平等（Kuznets, 1955）。Beckerman（1992）和 Bhagwati（1993）借鉴库兹涅茨关于收入分配与经济增长关系的著名倒“U”形曲线假说，认为经济增长与环境质量之间也可能存在倒“U”形曲线关系。Panayotou（1993）则首次将环境质量与人均收入间的关系称为环境库兹涅茨曲线（environmental Kuznets curve，EKC）假说。Grossman 和 Krueger（1995）基于经验数据证实了人均 GDP 与污染物排放水平之间存在倒“U”形 EKC。一般情况下，EKC 的经验估计是针对某一环境因变量（环境污染浓度水平、人均污染排放量、单位 GDP 污染物排放量）与人均收入水平的非线性关系做回归分析，模型表示为

$$\ln E_{it} = \alpha_{it} + \beta_1 \ln u_{it} + \beta_2 (\ln u_{it})^2 + \varepsilon_{it} \tag{2.1}$$

式中，i、t 分别为不同的区域和时间；$\ln E_{it}$ 为环境污染指标对数形式；α_{it} 为特定的截面效应；$\ln u_{it}$ 和（$\ln u_{it}$）^{2} 分别为经济发展或人均收入水平对数的一次和二次形式；ε_{it} 为随机扰动项；β_1 为经济发展水平的权系数；β_2 为人均收入水平的权系数。同时，可以计算曲线的拐点：$G=\exp\left[-\beta_1/(2\beta_2)\right]$。

EKC 揭示了环境质量在经济发展不同阶段的演变规律，随着经济水平的提高，环境污染呈现先上升后下降的趋势，即环境质量与人均收入水平呈倒“U”形曲线关系。进入 21 世纪，国际上大量后续的实证研究进一步验证了曲线的存在（Lopez and Mitra，2000；Lindmark，2002；Stern，2004；Kijima et al., 2010；Thompson，2012；Al-Mulali et al., 2015；Wang et al., 2015；Bekhet et al., 2017；Thompson and Jeffords，2017），关于我国 EKC 的相关研究也逐渐发展起来（符淼和黄灼明，2008；朱永彬等，2009；虞依娜和陈丽丽，2012；丁镭，2016）。

Dasgupta 等（2002）对 EKC 理论进行了批判性讨论，认为不同情景下 EKC 的形状是不同的：“新污染”（new toxics）情景认为，尽管一些传统污染物可能有倒“U”形曲线（图 2.1），但正在取代它们的致癌化学物质、二氧化碳等新污染物却没有这种趋势，随着旧的污染物被清理干净，新的污染物就会出现，整体的环境影响不会减少；“逐底竞赛”（race to the bottom）情景认为，发达国家通过将污染生产外包给发展中国家来减少自身排放，但是全球化的压力也可能妨碍发达国家进一步加强环境管制，甚至可能导致以竞争的名义放松管制，污染排放压力一直持续；改进 EKC（revised EKC）情景比较乐观，认为曲线的水平实际上是下降并向左侧移动，因为在工业化早期阶段，增长产生的污染较少，污染在低收入水平就开始下降。

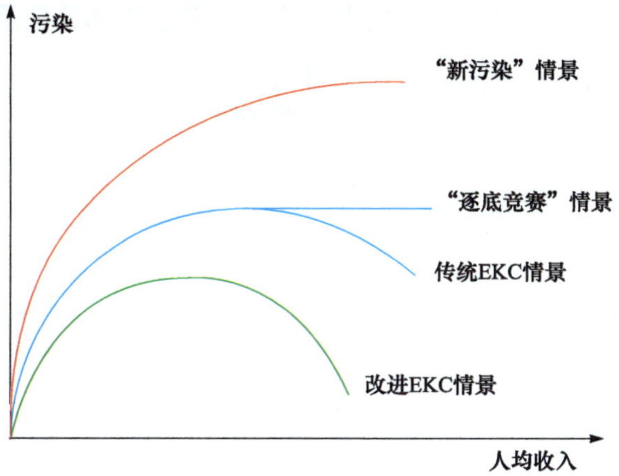

图 2.1　环境库兹涅茨曲线假说及情景示意图

EKC 理论及“先污染后治理”现象在学术界存在广泛争论，并未形成普遍共识。纵观当前的研究，学者们大多从经济增长角度分析其与环境污染之间的关系，把经济增长当作环境污染的唯一解释变量，普遍忽略了其他因素，尤其是城镇化进程对环境污染的影响。由于研究区不一致、所用的数据不一致、指标选择不一致（钟茂初和张学刚，2010），不同学者得到的 EKC 形态多种多样，如倒“U”形、“U”形、“N”形、倒“N”形等（虞依娜和陈丽丽，2012）。需要说明的是，EKC 模型并不是通常意义上的经济学因果关系阐释模型，而是将污染排放量与收入水平、人均 GDP 相联系的描述性模型，是一个趋势性规律，而非精确规律。虽然该理论模型形式简单、指标单一，但因形象地描述了人类活动与环境污染之间的复杂关系而得到广泛应用。

二、城镇化与生态环境耦合的双指数曲线

基于 EKC 理论和城镇化发展阶段理论，方创琳等提出了城镇化与生态环境间的耦合关系曲线是 EKC 和城镇化对数曲线的逻辑复合，并从代数学和几何学推导了这一逻辑复合过程（方创琳等，2008a）。从代数学推导出城镇化与生态环境的耦合函数为

$$z = m - a\left(10^{\frac{y+b}{a}} - p\right)^2 \tag{2.2}$$

式中，z 为生态环境指标；y 为城镇化水平；m 为生态环境阈值；a，b，p 为非负参数。从式（2.2）可以看出城镇化与生态环境的耦合函数为幂函数和指数函数叠加而成的复合函数。从中可以定性分析出城镇化与生态环境间的耦合规律如下：

当 $y < a\times\lg p-b$ 时，生态环境随城镇化的提高逐渐恶化；

当 $y=a\times\lg p-b$ 时，生态环境的恶化程度达到最大阈值 m；

当 $y>a\times\lg p-b$ 时，生态环境随城镇化的提高逐渐好转。

从几何学推导出城镇化与生态环境间的耦合曲线，几何学对城镇化与生态环境间耦合关系曲线的推导基于二者共同的经济坐标轴。分别将倒“U”形 EKC 和对数曲线画在同一个坐标系的第一和第三象限，然后分别从两条曲线上引水平和垂直辅助线向第二象限投射，将经济轴消去后，即在第二象限生成一条城镇化与生态环境耦合的双指数曲线，见图 2.2。不难看出，该曲线被中间的拐点分为两部分，两部分都是指数曲线，前一部分

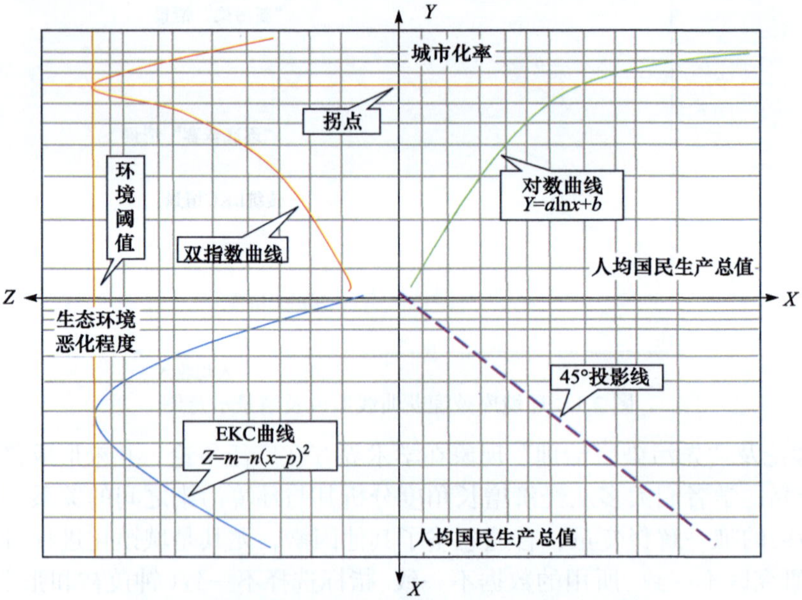

图 2.2　城镇化与生态环境耦合的双指数曲线示意图

单调增，后一部分单调减。拐点前，生态环境恶化程度随城镇化的发展指数增加；拐点后，生态环境的恶化程度随城镇化的发展指数衰减。

按照前面所述的方法将城镇化的过程曲线和城镇化与生态环境的耦合曲线复合，可生成生态环境随时间变化的趋势线。结合三次产业比重的变化，将其分为低水平协调、拮抗、磨合、高水平协调等演化阶段。很多学者通过构建耦合度、协调关联度、耦合协调度等指数来定量化解析这一过程（刘耀彬等，2005）。需要说明的是，城镇化与生态环境的时间过程双指数曲线表述的只是一种大尺度、长时期的一般规律，如果具体到特定区域，曲线的形式不可能如图 2.2 中所示的那样平滑。该曲线受经济周期、气候周期、基础设施建设周期等的影响，更多的是一种波浪式演进，甚至还可能出现逆转。

近年来，乔标、王少剑等学者利用该理论，分别以中国河西走廊和京津冀城市群为例，对城镇化与生态环境交互耦合的规律进行了验证（乔标等，2006；Wang et al.，2014），划分了城镇化与生态环境交互耦合过程。可能会出现的九种基本耦合类型如下：低级协调型、生态主导型、同步协调型、城镇化滞后型、逐步磨合型、城镇化超前型、生态脆弱型、低级磨合型和不可持续型。其中，河西走廊各城市城镇化与生态环境交互耦合的演进过程符合双指数函数的变化规律，其耦合轨迹均呈现出双指数曲线的变化形式；京津冀城市群各个城市的城镇化与生态环境基本符合倒“U”形 EKC，但大多数城市刚刚出现拐点。

基于城镇化与生态环境耦合的双指数曲线，根据耗散结构理论和生态需求理论，方创琳等从理论上分析了城镇化与生态环境交互耦合系统满足的六大基本定律，即耦合裂变律、动态层级律、随机涨落律、非线性协同律、阈值律和预警律（方创琳和杨玉梅，2006），从理论上揭示了城镇化过程与生态环境演变过程之间的交互胁迫和动态耦合关系。

三、城镇化库兹涅茨曲线的理论假设

城镇化是一个非常综合的复杂过程，包含人口迁移、用地扩展、产业升级、出行与消费方式转变等多方面内涵，该过程对水、耕地、能源等资源利用，以及生态环境的演变都具有重要影响。生态环境要素包含了人类在地球上赖以生存的各种自然资源要素，即水要素、土地要素、大气要素、生物要素、能源矿产要素等。城镇化与生态环境的交互耦合即这些子系统以及要素之间非线性关系的总和，是一个典型复杂开放巨系统（钱学森等，1990）。

EKC 理论和双指数曲线规律为探究我国城市群地区是否存在特殊的城镇化与生态环境耦合规律奠定了良好基础。为了研究城镇化与关键生态环境变量间的演变关系，基于经验认知和前人的实证研究，假设城镇化与生态环境质量曲线符合“U”形曲线规律，即随着城镇化率的不断升高，生态环境质量先趋于下降趋势，当城镇化发展到一定阶段时，曲线出现拐点，生态环境质量开始趋于好转。借鉴并发展环境库兹涅茨曲线理论，本节将城镇化率作为表征城镇化进程的变量，选取万元 GDP 水耗、工业废水排放量、人均生态用地、植被指数、$PM_{2.5}$ 浓度、人均碳排放、工业 SO_2 排放量、人均能耗、工业粉尘排放量等主控要素表征生态环境质量的重点方面，构建一个综合的生态环境质量指数（eco-environmental comprehensive index，ECI）。基于原有的 EKC 假设，一方面以城镇化率替代经济增长指标，另一方面在当前注重生态环境质量和环境健康的背景下，以生态环境质量指数代替传统的环境污染指标，从而扩展了原有理论验证范围。将新构建的曲线称为城镇化库兹涅茨曲线（urbanization Kuznets curve，UKC）。

借鉴 EKC 方程，城镇化率（UR）作为生态环境变化的解释变量，构建如下的 UKC 模型，方程表达式为

$$\ln\mathrm{ECI}_{it}=\alpha_{it}+\beta_1\ln\mathrm{UR}_{it}+\beta_2(\ln\mathrm{UR}_{it})^2+\varepsilon_{it} \tag{2.3}$$

式中，i、t 分别为不同的区域和时间；$\ln\mathrm{ECI}_{it}$ 为生态环境质量指数的对数形式；α_{it} 为特定的截面效应；$\ln\mathrm{UR}_{it}$ 和（$\ln\mathrm{UR}_{it}$）^{2} 分别为城镇化水平对数的一次和二次形式；ε_{it} 为模型的随机误差项；同时，可以计算曲线的拐点：

$$G=\exp[-\beta_1/(2\beta_2)] \tag{2.4}$$

在坐标系中对 UKC 进行分类。不同区域的 UKC 也有所差异，所以进一步将 UKC 划分为四种类型（图 2.3）：

"快降快升"类型，是指生态环境质量随城镇化增长先快速下降再快速恢复的过程；

"缓降缓升"类型，是指生态环境质量受城镇化影响不太大，质量缓降而后又恢复的过程；

"快降缓升"类型，是指随城镇化率增长，生态环境质量快速下降，后缓慢回升的过程；

"缓降快升"类型，是指随城镇化率增长，生态环境质量前期受到的负向影响缓慢，到城镇化后期迅速得以改善的过程。

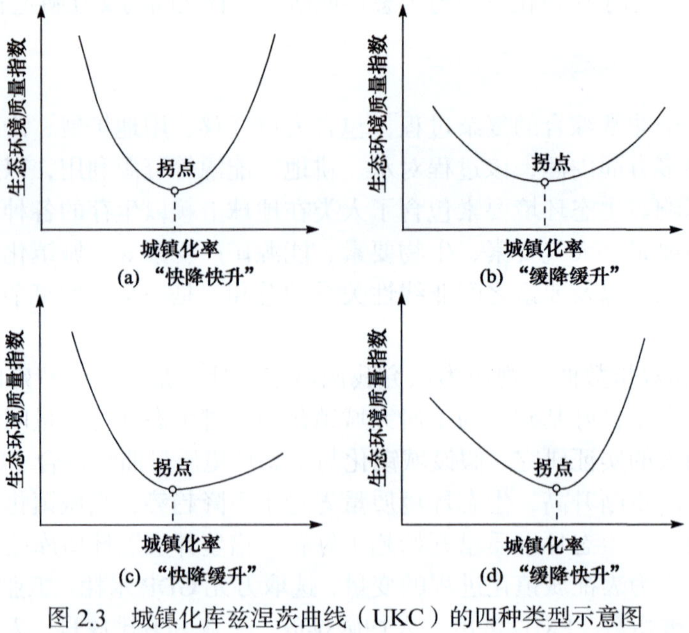

图 2.3　城镇化库兹涅茨曲线（UKC）的四种类型示意图

由于地理区位、制度管理、城市规模、生态环境承载力等方面的差异，不同地区、不同城市或者不同空间尺度下的 UKC 应存在差异。我国城市群尺度的城镇化是否符合

UKC，城镇化发展到一定阶段，生态环境主控参量是否也存在相应的拐点，需要进一步定量计算和验证。

第二节　城市群地区城镇化与生态环境的多维耦合曲线及规律性

城市群是工业化和城镇化发展到高级阶段的产物，是高度一体化和同城化的城市集合体，城市群形成发育过程是一个各城市之间由竞争变为竞合的漫长自然过程，遵循自然发展规律。中国正处在新型城镇化转型发展的新阶段，已进入 21 世纪引领全球城市群发展的新时代，中国城市群研究与建设的经验模式正在被全球城市群建设所效仿和借鉴（方创琳，2018a）。

方创琳等（2018b）从推进国家新型城镇化的政策角度出发，提出构建由五大国家级城市群[京津冀城市群、长江三角洲（简称长三角）城市群、珠江三角洲（简称珠三角）城市群、长江中游城市群、成渝城市群]、九大区域性城市群（哈长城市群、辽中南城市群、山东半岛城市群、海峡西岸城市群、中原城市群、江淮城市群、关中平原城市群、北部湾城市群、天山北坡城市群）和六大地区性城市群（呼包鄂榆城市群、兰西城市群、滇中城市群、黔中城市群、晋中城市群、宁夏沿黄城市群）组成的“5+9+6”的中国城市群空间结构新格局（图 2.4），形成“以轴串群、以群托轴”的轴群式国家新型城镇化发展战略格局。城市群作为未来中国发展的重要增长极和新型城镇化的主体形态，探究

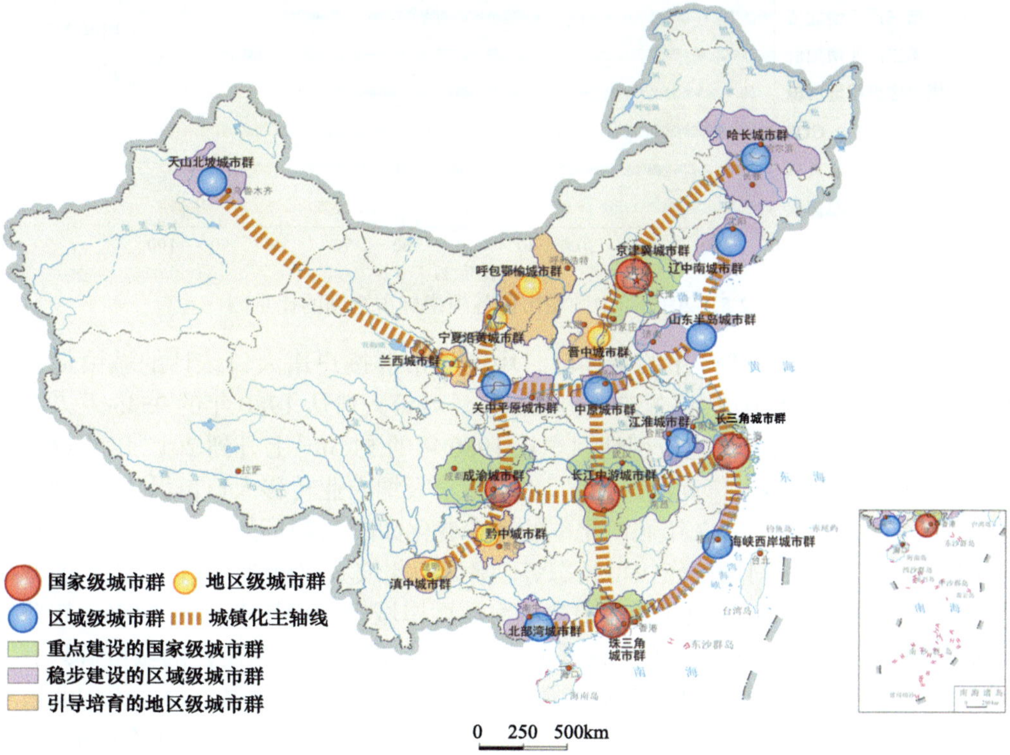

图 2.4　中国城市群“5+9+6”空间组织新格局图

城市群尺度的城镇化与生态环境耦合复合曲线与规律显得格外重要。不同城市群内部的城镇化与生态环境之间的矛盾点有共性也有不同。究竟城市群尺度城镇化与生态环境耦合演化是否有规律可循？能否归纳总结出一般性耦合曲线？针对某些城市群特有的耦合曲线，其内在作用机制如何？这些是本节想要回答的问题。

一、城市群地区城镇化与生态环境演变的基本特征

（一）中国城市群城镇化发展的现状特点

城市群是国家经济发展战略核心区，1980～2017年，根据官方数据统计，中国城市群GDP占全国GDP的比重由75.4%上升到81.26%（图2.5），总人口占全国比例由56.3%上升到77.2%。2017年中国城市群面积占全国的31.40%，人口密度是全国平均水平的2.56倍，城市建设用地面积占全国的71.24%，第二产业增加值占全国的93.42%，第三产业增加值占全国的79.74%，社会消费品零售总额占全国的88.17%，全社会固定资产投资占全国的82.37%，实际利用外资占全国的91.34%，地方财政收入占全国的90.19%，强大的人口与经济吸管效应仍在持续。

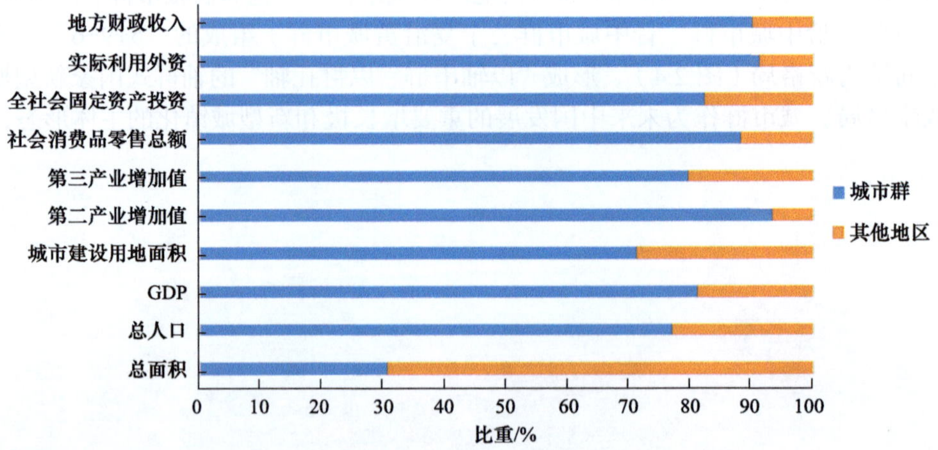

图2.5　2017年中国城市群各项指标占全国的比重图

城市群是国家新型城镇化的主体区，中国城市群按户籍人口统计的城镇化水平从1980年的18%上升到2017年的57%（图2.6），城镇人口从1980年的9545万人上升到2017年的60370万人，人均建设用地面积从1980年的51.5m^2上升到2017年的66.51m^2。城市群是当前我国城镇人口高度集聚区，也是未来吸纳农业转移人口市民化的主要区域。

中国城市群2000～2017年城镇化率的动态变化如图2.7所示。可以看到，所有城市群城镇化率在这18年间均呈较快增长态势。除天山北坡城市群外，其他城市群的城镇化率年均增长均超过1%，城镇化速度最快的海峡西岸城市群增长率达到2.8%。按照城镇化发展阶段划分标准，2000年越过城镇化发展初期阶段进入加速阶段的城市群只有京津冀城市群、长三角城市群、珠三角城市群、辽中南城市群、哈长城市群、天山北坡城市群、呼包鄂榆城市群，而2017年只有北部湾城市群和中原城市群城镇化率还低于40%，珠三角城市群城镇化率最高，达到了85.24%。

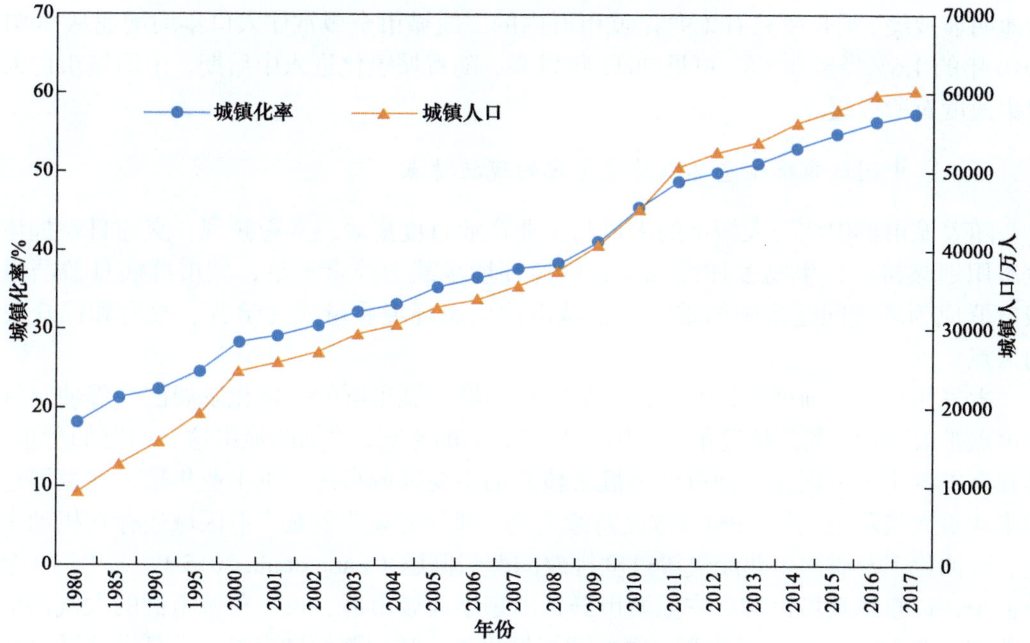

图 2.6 中国城市群城镇化发展变化曲线示意图

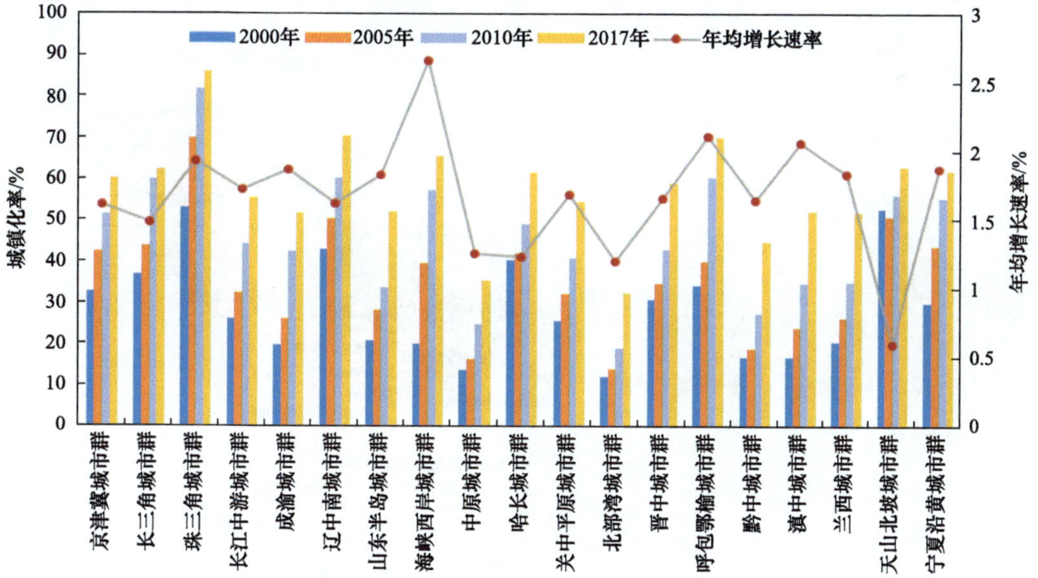

图 2.7 2000～2017 年中国城市群城镇化率的动态变化图

从国际经验看，人口向大城市（群）集聚是普遍规律，特别是在城镇化中后期。根据联合国统计，1950～2015 年，全球 30 万～50 万人口的城市由 129 个增加到 690 个，提高了 4.35 倍，预计到 2030 年增加到 832 个；而 1000 万人及以上人口的城市则从 2 个增加到 29 个，1000 万人及以上人口的城市人口占比则由 0.9%增加到 6.4%，提高了近 6 倍，预计到 2030 年占比达到 8.7%。若以 2010 年为界对城市群内部城市进行分析，2001～2010 年，北京、上海、广州、深圳及天津全域常住人口年均增长 3.3%，2011～2017 年增速明显放缓，增长率只有 1.9%；城市群内的二线城市全域常住人口年均增速从 2001～2010 年的 1.6%降至 0.9%。可见 2011 年以来，随着城镇化进入中后期，中国城市群人口聚集速度有所放缓。

（二）中国城市群生态环境质量变化的现状特点

随着城市群中核心大城市的人口与工业产业过度集聚，雾霾频现，交通日益拥堵，生态用地被挤占，生物多样性减少，资源环境承载力严重不足，城市群病日益凸显，城市群成为环境问题集中的重灾区，城市群生态环境质量成为学者、政府和民众关注的焦点。

大气污染是当前城市群共同面临的突出问题，城市群的一体化发展已经促使空气污染由点扩展到面。尤其是近年来中国大范围爆发的雾霾，更加凸显出这一问题的严重性。雾霾爆发的主要原因是当前以城市群为核心的主要区域高污染重工业集聚，在发展过程中未注重大气环境保护，$PM_{2.5}$ 浓度持续走高。部分雾霾严重城市群区域还存在机动车尾气、石油化工及燃煤工业废气等过度排放的严峻问题（Fang et al., 2015）。全国 19 个城市群中，以京津冀城市群、中原城市群、山东半岛城市群、长三角城市群的大气污染较为严重（图 2.8），滇中城市群、海峡西岸城市群、呼包鄂榆城市群、宁夏沿黄城市群等相对较轻。

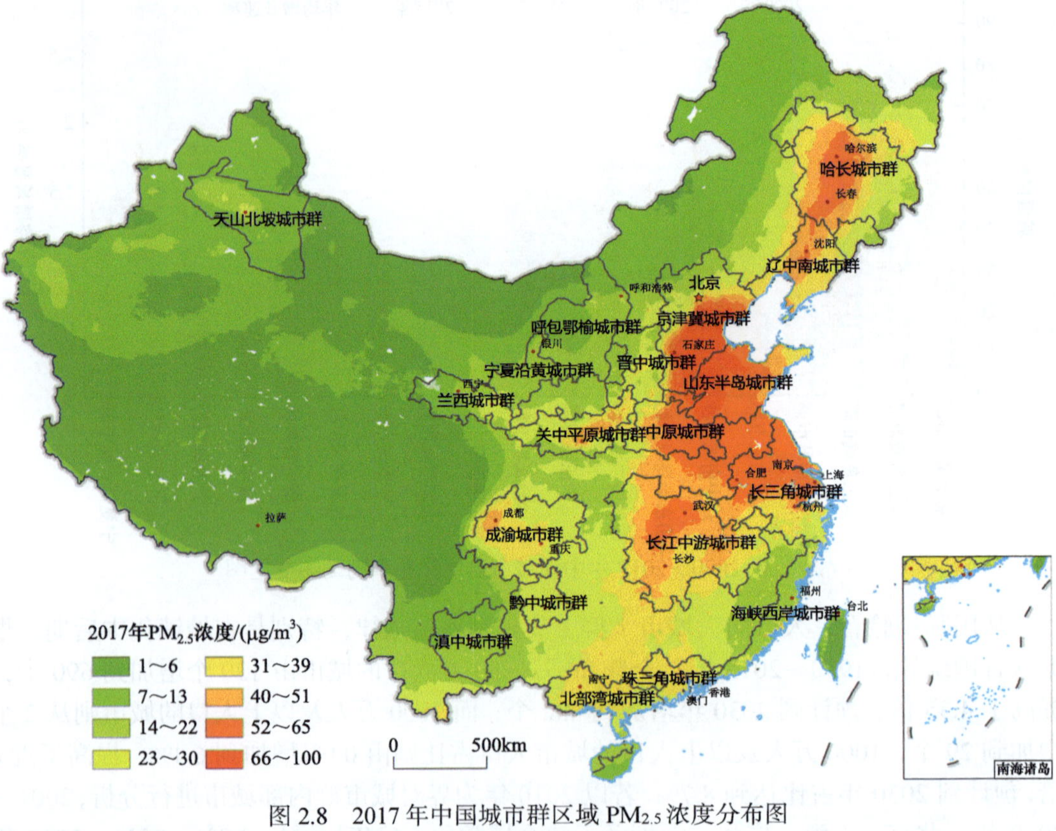

图 2.8　2017 年中国城市群区域 $PM_{2.5}$ 浓度分布图

京津冀城市群是我国大气污染最集中、最严重的区域之一。2017 年常住人口为 1.12 亿人，占全国的 8.14%，GDP 总量 80361 亿元，占全国 9.81%，但同时该区域也是我国环境污染最集中、最严重的区域。大气污染同时导致了酸雨加剧，珠三角城市群和长三角城市群已经成为中国酸雨的高发地区。根据生态环境部发布的《2018 中国生态环境状况公报》，2018 年，全国生态环境质量持续改善。338 个地级及以上城市平均优良天数比例为 79.3%，同比上升 1.3 个百分点；$PM_{2.5}$浓度为 39μg/m^3，同比下降 9.3%。京津冀及周边地区、长三角、汾渭平原 $PM_{2.5}$ 浓度同比分别下降 11.8%、10.2%、10.8%。单位国内生产总值能耗、二氧化碳排放同比分别下降 3.1%、4.0%。

2018 年京津冀及周边地区“2+26”城市平均优良天数比例为 50.5%，同比上升 1.2 个百分点；$PM_{2.5}$浓度为 60μg/m^3，同比下降 11.8%。长三角地区 41 个城市平均优良天数比例为 74.1%，同比上升 2.5 个百分点；$PM_{2.5}$浓度为 44μg/m^3，同比下降 10.2%。汾渭平原 11 个城市平均优良天数比例为 54.3%，同比上升 2.2 个百分点；$PM_{2.5}$浓度为 58μg/m^3，同比下降 10.8%。

2018 年全国酸雨区面积约 53 万 km^2，占国土面积的 5.5%，同比下降 0.9 个百分点；酸雨污染主要分布在长江以南-云贵高原以东地区，长三角城市群、海峡西岸城市群酸雨区较大，总体仍为硫酸型。

水污染是当前城市群面临的又一个严重问题，城市群内主要水域由于监管不到位以及污水排放超标等，均存在着较为严重的水环境跨流域污染问题（王成新等，2014）。

中国各大城市群大多与各大流域相互依存发展，根据《2018 中国生态环境状况公报》，我国的西北诸河和西南诸河水质为优，浙闽片河流、长江和珠江流域水质为良好，黄河、松花江、淮河和辽河流域为轻度污染，海河流域为中度污染。2018 年，全国地表水Ⅰ～Ⅲ类水质断面比例为 71.0%，同比上升 3.1 个百分点；劣Ⅴ类断面比例为 6.7%，同比下降 1.6 个百分点。长江、黄河、珠江、松花江、淮河、海河、辽河七大流域和浙闽片河流、西北诸河、西南诸河的 1613 个水质断面中，Ⅰ～Ⅲ类水质断面比例为 74.3%，同比上升 2.5 个百分点；劣Ⅴ类断面比例为 6.9%，同比下降 1.5 个百分点。

2018 年以地下水含水系统为单元，以潜水为主的浅层地下水和承压水为主的中深层地下水为对象进行检测。全国 10168 个国家级地下水水质监测点中，Ⅰ类水质监测点占 1.9%，Ⅱ类占 9.0%，Ⅲ类占 2.9%，Ⅳ类占 70.7%，Ⅴ类占 15.5%。全国 2833 处浅层地下水监测井水质总体较差。Ⅰ～Ⅲ类水质监测井占 23.9%，Ⅳ类占 29.2%，Ⅴ类占 46.9%。主要超标指标为总硬度、锰、铁、溶解性总固体、“三氮”（亚硝酸盐氮、氨氮和硝酸盐氮）、硫酸盐、氟化物、氯化物等，个别监测点存在砷、六价铬、铅、汞等重（类）金属超标现象。监测的 194 个入海河流断面中，Ⅰ～Ⅲ类断面占 45.9%，劣Ⅴ类断面占 14.9%。

二、生态环境主控变量选取与生态环境质量综合指数构建

为了客观、全面、科学地衡量城市群生态环境质量水平，并便于城镇化系统与生态环境系统两个系统耦合演化特征的分析与规律的把握，在选择具体指标时遵循科学性、系统性、动态性、代表性和可操作性原则，评价指标体系应充分考虑指标量化的难易程度，应具有较强的可测性和可比性，所需数据应容易获得，计算方法容易掌握。指标要

具有可测性、可比性，只有这样的指标体系才具有可操作性。

（一）生态环境主控变量的选择与描述性统计

人类的社会经济发展依托于地球上的生态环境，经济、社会与环境也是全球可持续发展的三大议题。世界银行“世界发展指数”（world development indicators，WDI）是全球最重要的发展指标之一，其中的环境系统包含了乡村环境与土地利用、淡水资源、能源的生产与利用、大气污染、森林及生物多样性、二氧化碳排放、气候变化及恢复力等指标。另一个全球应用广泛的环境指数，即全球环境绩效指数（environmental performance index，EPI）由美国耶鲁大学环境法律与政策中心、哥伦比亚大学国际地球科学信息网中心、欧盟委员会联合研究中心共同推出（图 2.9），其包含了人类环境核心变量（包括空气质量、饮用水与环境卫生设施、水资源、农业、林业、渔业、生物多样性与栖息地、气候与能源和健康影响）。

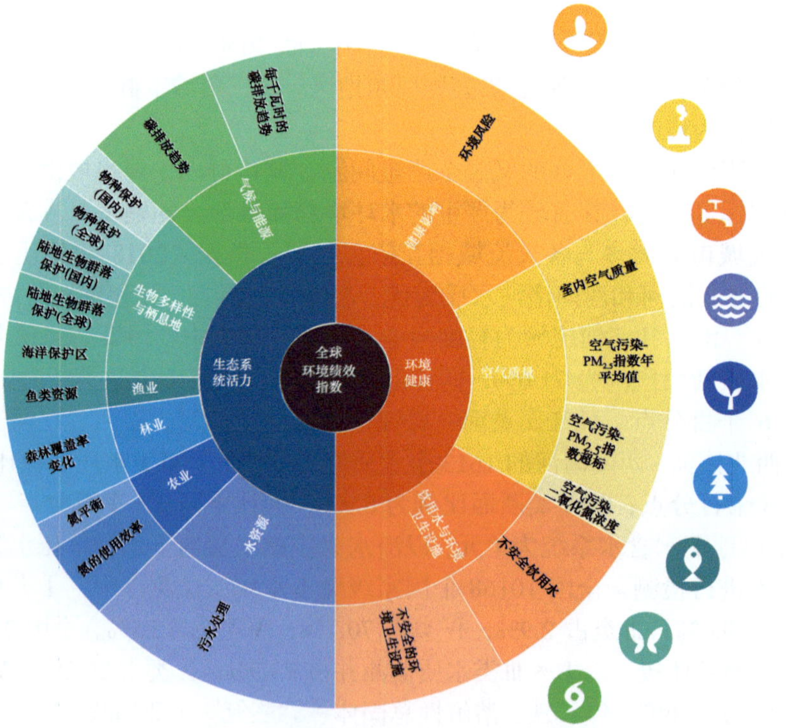

图 2.9 全球环境绩效指数指标体系

借鉴以上国际上的代表性指数，并参考国内相关学者研究（左伟等，2003；欧阳志云等，2000）以及 19 个城市群的实际情况和数据可获取性，最终在水系统、土地系统、大气系统、能源系统四个维度选择了可以反映中国城市群主要生态环境质量的 12 个指标，分别是：人均用水量、万元 GDP 水耗、工业废水排放量、人均耕地面积、人均生态用地面积、植被指数、$PM_{2.5}$浓度、人均碳排放、工业 SO_2 排放量、人均能耗、人均居民生活用电量、工业粉尘排放量，数据的时间跨度为 2000～2017 年，从而构造了一个包含

342 个样本观测量的面板数据集。

万元 GDP 水耗、工业废水排放量、工业 SO_2 排放量、植被指数、人均居民生活用电量、工业粉尘排放量从各个省份及地市的历年统计年鉴、水资源利用统计公报、统计年鉴等获得，其中，工业粉尘主要来自建材、化工、冶金等工业生产过程中，包含了对一次能源和各类金属及非金属矿产的开采、加工、运输和利用。人均能耗根据第九版《中国能源数据手册》（*China Energy Databook*，CED）中的能源数据并结合城市群夜间灯光数据进行校核；人均碳排放根据 *Scientific Data* 中的数据并结合城市群夜间灯光数据进行校核（Chen et al., 2020）；常住总人口和常住城镇人口根据人口普查和人口 1%抽样数据推算；为尽可能消除价格因素对分析结论的影响，GDP 根据中国历年的 GDP 平减指数，以 2000 年为基础年份换算成了不变价。

$PM_{2.5}$ 浓度来自哥伦比亚大学社会经济数据和应用中心，该数据融合了遥感监测、模型模拟和站点实测的数据，原始数据为 1998～2017 年的 0.01°×0.01°的栅格数据，精度可达到 80%以上（van Donkelaar et al., 2016）。耕地面积、生态用地面积根据 2000～2017 年的 Landsat 遥感影像，通过人工目视解译，根据土地利用数据计算得到，其中生态用地包含了森林、草地、水域和其他未利用地。历年稳定夜间灯光数据来自美国国家海洋和大气管理局。

此外，对 $PM_{2.5}$ 浓度、归一化植被指数（normalized difference vegetation index，NDVI）等栅格数据根据城市群行政边界在 ArcGIS10.2 中进行统计平均值；对生态用地、耕地等栅格数据根据城市群行政边界进行统计求和。

中国城市群的城镇化发展水平的时空变动幅度较大，最小值为 12.2%，最大值达到 86.23%，平均值是 41.27%。由生态环境主控变量的描述性统计表（表 2.1）可以看出，各个生态环境主控变量也有很大差异，工业废水排放量、万元 GDP 水耗、人均生态用地面积、人均碳排放等偏离正态分布较大。其中，万元 GDP 水耗最多达到 3589.96 m^3，均值只有 461.30 m^3；人均碳排放最大值 65.95 t，最小值只有 1.14 t；人均生态用地面积最多达到 19234.50 m^2，均值只有 2213.67 m^2。人均能耗和工业二氧化硫排放异常值较多，人均能耗偏大的数值较多，最大值达到 11.70 tce，均值是 2.82 tce；工业 SO_2 排放也是有部分偏大的数值，最大值是 1391.86×10^3 t，均值是 134.26×10^3 t。

表 2.1　生态环境主控变量的描述性统计表

生态环境子系统	指标名称	缩写	单位	极小值	极大值	均值	标准差
水系统	人均用水量	Per_Water	m^3	131.39	492.42	269.25	68.67
	万元 GDP 水耗	GDP_Water	m^3	13.12	3589.96	461.30	406.38
	工业废水排放量	Wastewater	10^3t	12.79	570.58	153.57	105.99
土地系统	人均耕地面积	Per_Farm	m^2	5910.26	284360.10	81522.55	39373.86
	人均生态用地面积	Per_Ecospace	m^2	0.24	19234.50	2213.67	2909.75
	植被指数	NDVI	—	15.70	53.97	38.06	6.74
大气系统	$PM_{2.5}$ 浓度	$PM_{2.5}$	μg/m^3	12.61	98.85	51.66	18.14

续表

生态环境子系统	指标名称	缩写	单位	极小值	极大值	均值	标准差
大气系统	人均碳排放	Per_Carbon	t	1.14	65.95	26.63	14.03
	工业 SO_2 排放量	SO_2	10^3t	5.70	1391.86	134.26	88.45
能矿系统	人均能耗	Per_Energy	tce	0.35	11.70	2.82	2.01
	人均居民生活用电量	Per_Electricity	kW · h	113.86	1267.88	476.87	219.76
	工业粉尘排放量	Dust	10^3t	4.28	210.31	42.97	38.62

（二）生态环境质量指数的构建

生态环境质量指数是反映被评价区域生态环境质量状况的一系列指数的综合，相比较单独的环境污染指数，更能反映区域生态环境的总体状况。从水系统、土地系统、大气系统、能源系统四个子系统出发，根据指标选取原则，并借鉴当前国内外学者的相关研究（Wang et al., 2014；刘耀彬等，2005），选取万元 GDP 水耗、工业废水排放量、人均生态用地面积、植被指数、$PM_{2.5}$ 浓度、人均碳排放、工业 SO_2 排放量、人均能耗、工业粉尘排放量等 12 个主控要素表征生态环境质量的重点方面，构建生态环境质量指数（eco-environmental comprehensive index，ECI）。其中正向指标有 3 个，负向指标有 9 个（表 2.2）。

表 2.2　生态环境综合指数评价指标体系及权重

系统层	子系统层	指标层	作用方向	熵值法权重	层次分析法权重	综合权重
生态环境质量	水系统	人均用水量	负	0.09	0.07	0.08
		万元 GDP 水耗	负	0.08	0.08	0.08
		工业废水排放量	负	0.09	0.09	0.09
	土地系统	人均耕地面积	正	0.07	0.05	0.06
		人均生态用地面积	正	0.11	0.09	0.1
		植被指数	正	0.08	0.1	0.09
	大气系统	$PM_{2.5}$ 浓度	负	0.07	0.11	0.09
		人均碳排放	负	0.07	0.09	0.08
		工业 SO_2 排放量	负	0.09	0.07	0.08
	能源系统	人均能耗	负	0.09	0.13	0.11
		人均居民生活用电量	负	0.07	0.07	0.07
		工业粉尘排放量	负	0.09	0.05	0.07

指标权重是每个指标在整个指标体系中的相对重要性的数量表示。权重确定合理与否对综合评价结果和评价质量将产生决定性的影响。目前确定权重的方法很多，如层次

分析法、德尔菲法、模糊评价法、人工神经网络、主成分分析法、因子分析法、熵值法等。本书将定量与定性相结合，采用了熵值法和层次分析法分别计算指标权重，然后取两个结果的平均值作为综合权重。

三、城市群地区城镇化与生态环境主控变量的相关性分析

采用中国城市群 2000～2017 年的城镇化与生态环境系统原始数据，选取部分主控变量进行初步的相关性趋势拟合，对城镇化与生态环境动态演化的整体规律和区域差异进行识别，为后续耦合曲线的构造和检验奠定基础。

（一）中国城市群城镇化与水主控要素的相关性分析

人类发展与城镇的兴衰与水息息相关，城镇化与水资源的开发利用、水污染状况等密不可分（刘海猛等，2014），但在城市群尺度两者之间存在怎么的耦合关系？国外学者针对经济增长与水资源利用之间的倒“U”形关系对某一特定区域做过检验（Duarte et al., 2013；Katz，2015）。国内学者也有相关研究，张陈俊等（2012）利用 1998～2012 年中国省际面板数据模型，整体和分组检验不同类别用水量与经济增长的关系，发现倒“U”形形态普遍存在，且发达地区拐点值大于欠发达地区；贾绍凤等（2004）总结了发达国家工业用水随经济发展的变化存在着一个由上升转而下降的转折点，工业用水下降点对应的人均 GDP 的币值是 3700～17000 美元。Sun 等（2019）基于 EKC 假设探讨了中国省级经济发展和水资源利用的关系，发现人均用水量和部门用水的时间变化呈 EKC。

分析城市群尺度城镇化与工业废水排放量之间的关系。如图 2.10 所示，中国东部地区的城市群，如京津冀、长三角、山东半岛、海峡西岸等城市群其城镇化与工业废水排放之间已经出现拐点，呈现倒“U”形演化趋势。而中西部的部分城市群，如中原城市群、天山北坡城市群、晋中城市群、呼包鄂榆城市群等在 2000 年以来，随着城镇化进程的加快，工业废水排放量仍然呈上升趋势。

从城镇化与万元 GDP 水耗的相关性分析，如图 2.11 所示。可以看到，不同城市群的单位 GDP 用水量有很大差异，山东半岛城市群万元 GDP 水耗只有 53 m^3，而长江中游城市群万元 GDP 水耗高达 635 m^3。但好的趋势是，2000～2017 年以来，所有城市群的万元 GDP 水耗均有不同程度下降。说明尽管大部分城市群的城镇化处于加速阶段，但在第二、第三产业比重逐步增加、绿色循环经济理念的指导下，企业清洁生产、节能降耗、再生水的重复利用率不断上升，生活生产用水效率也在不断提升。城镇化的推进加快了水资源管理体制的完善升级，推动了水资源税改革和取水许可制度的建立。

（二）中国城市群城镇化与土地主控要素的相关性分析

生态用地的占比是土地生态环境的关键变量，这里的生态用地是指森林、草地、水域和其他未利用地。生态用地具有水源涵养、土壤保持、防风固沙、洪水调蓄、河岸防护、气候调节、环境净化、生物多样性保护等生态功能，是一个地区国土生态环境质量好坏的“晴雨表”（喻锋等，2015）。随着我国经济社会发展和城镇化加速，生产建设对土地的需求日益旺盛，原有生态用地被挤占，许多具有特殊生态价值的土地丧失生态功能，使原本就十

分脆弱的生态系统日趋恶化，最终造成诸多环境问题。而这种问题在城市群地区更加明显。

通过对不同城市群的城镇化与人均生态用地面积的相关性进行分析，如图 2.12 所示，在 2000～2017 年，大部分城市群随着城镇化率的提升，人均生态用地面积呈减少趋势，北部湾城市群和哈长城市群的人均生态用地面积呈现“U”形，这与这两个城市群近年来人口有所减少有关。天山北坡城市群的人均生态用地面积呈现倒“U”形趋势，值得

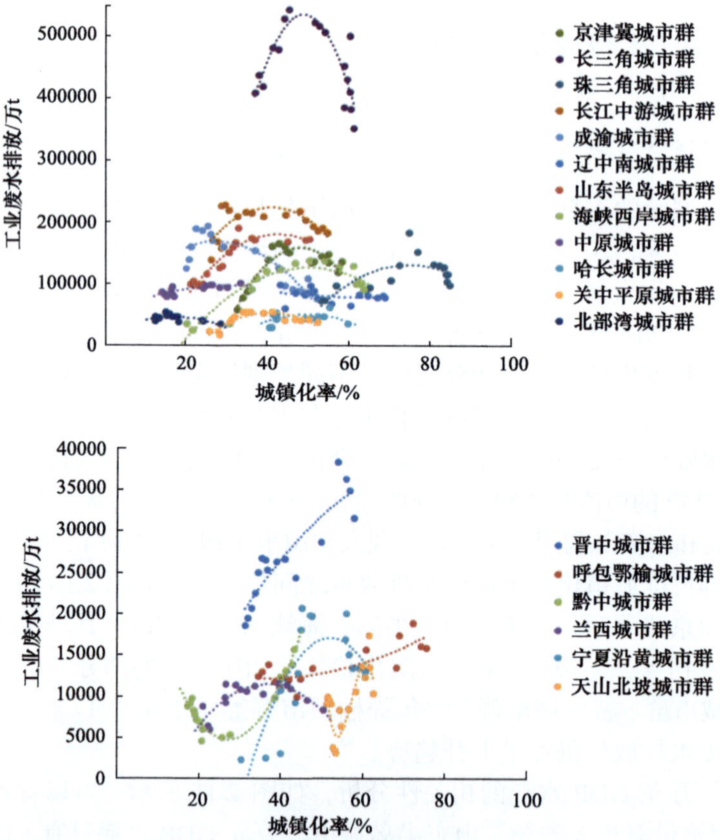

图 2.10 中国城市群城镇化与工业废水排放量相关性分析图

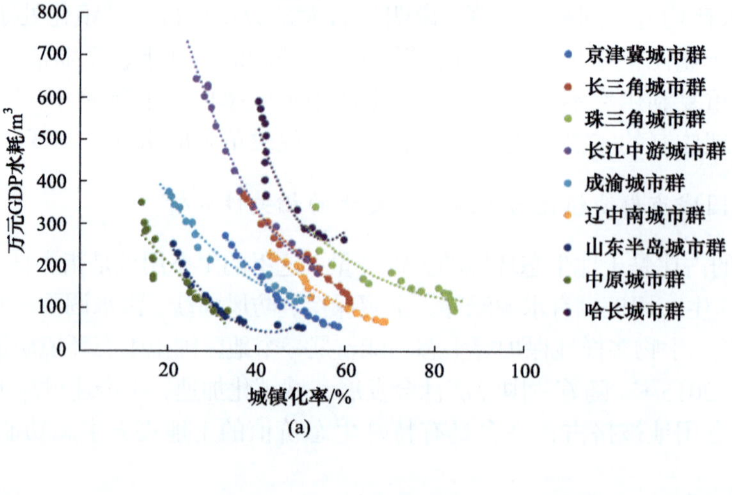

(a)

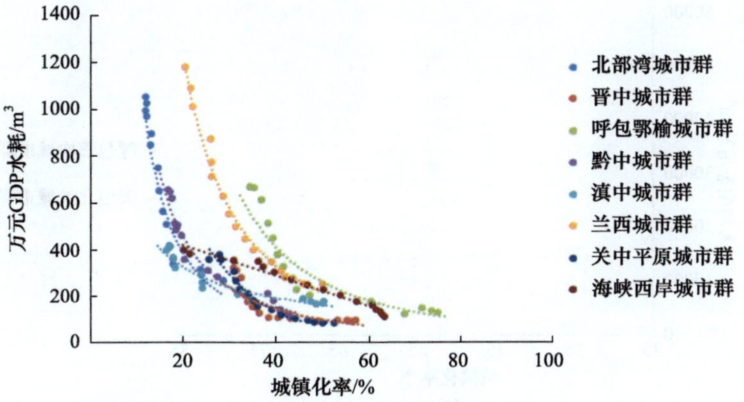

(b)

图 2.11 中国部分城市群城镇化与万元 GDP 水耗的相关性分析图

警惕。从人均生态用地面积比较来看，国家级五大城市群人均生态用地面积相对较少，长三角城市群、成渝城市群、京津冀城市群、珠三角城市群的人均生态用地面积均小于 1000m²。中西部城市群的人均生态用地面积基本都达到 3000m² 以上，其中，呼包鄂榆城市群和天山北坡城市群的人均生态用地面积均超过了 10000m²。

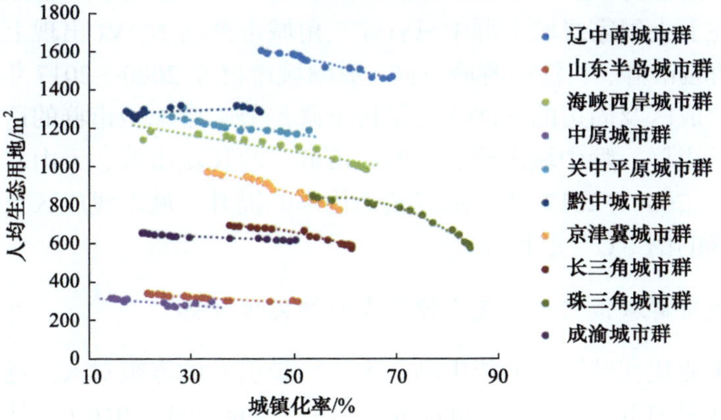

(a)

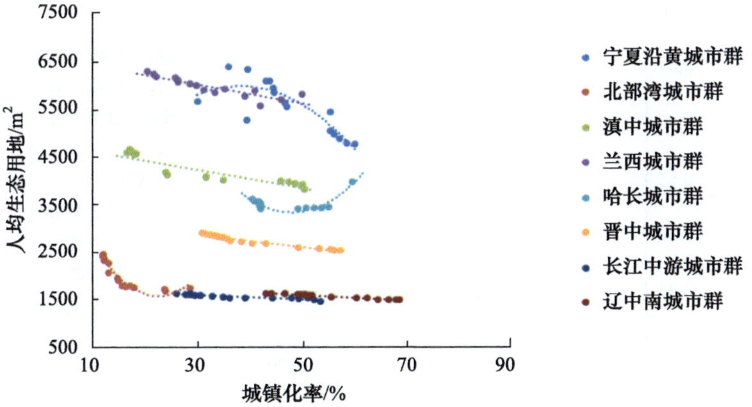

(b)

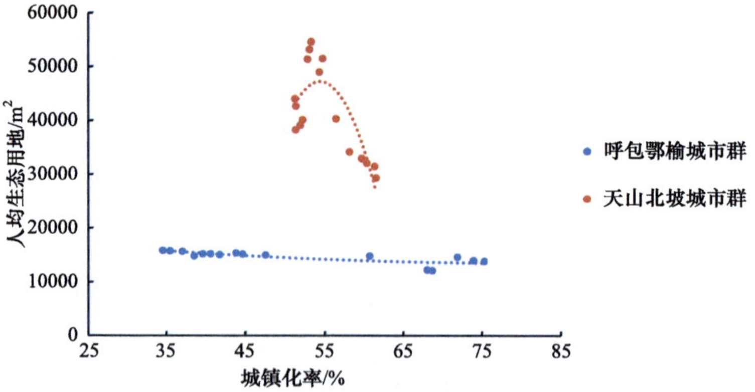

(c)

图 2.12　中国城市群城镇化与人均生态用地面积的相关性分析图

NDVI 与绿化覆盖率等指标也是反映城市地区土地生态环境的关键变量，这里首先选取城市建成区及其周边郊区的范围，根据经验判断和谷歌地图的实点验证，选取夜间灯光指数>42 的区域作为城市及城乡接合部区域，利用 NDVI 年最大值计算该城镇化影响最大的区域内 NDVI 的变化。

随着城镇化率的提升，大部分城市群核心区域的 NDVI 呈现下降趋势，如图 2.13 所示。具体来看，在五大国家级城市群中只有珠三角城市群的 NDVI 出现上升态势，京津冀城市群、长三角城市群、长江中游城市群、成渝城市群在 2000～2017 年，随着城镇化率的提升，城市建成区及周边的 NDVI 均呈现下降趋势。中原城市群的这种下降趋势更加显著。北部湾城市群、黔中城市群、兰西城市群、哈长城市群、天山北坡城市群、宁夏沿黄城市群，在 2000～2017 年，随着城镇化率的提升，城市建成区及周边的 NDVI 呈现先上升后下降的倒“U”形趋势。

（三）中国城市群城镇化与大气主控要素的相关性分析

大气污染是工业化和城镇化的伴生品，大气污染引发的雾霾对人体健康、气候环境与城市可持续发展影响重大（Lelieveld et al., 2015；Fang et al., 2016）。伴随着近年来中

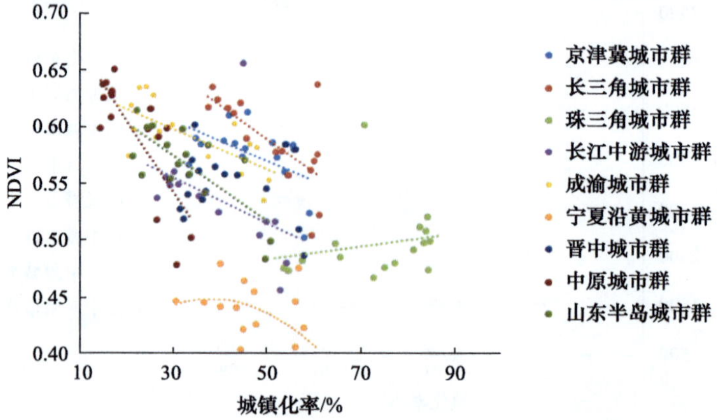

(a)

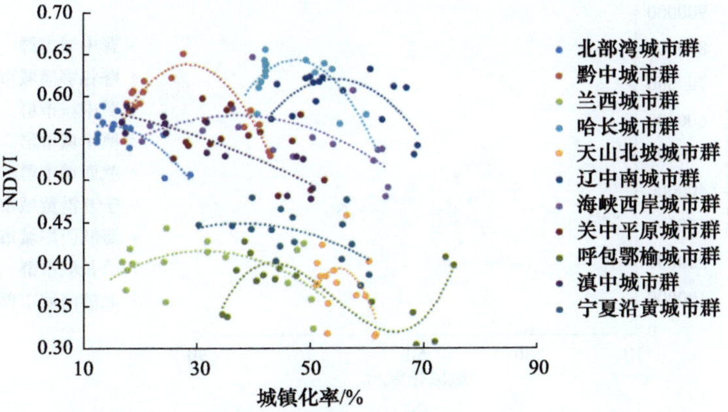

(b)

图 2.13　中国城市群城镇化与 NDVI 的相关性分析图

国快速城镇化和工业化进程，雾霾天气频发，每年有 120 万～160 万人因大气污染而过早死亡（Matus et al., 2012；Yang et al., 2013），空气质量恶化的经济成本达到每年中国 GDP 的 1%～8%（Heck and Hirschberg，2011；Crane and Mao，2015）。当前对经济发展与大气污染的 EKC 关系研究较多，针对城镇化与大气污染的 EKC 检验相对缺乏（丁镭，2016），李茜等（2013）运用 2001～2010 年 237 个地级以上城市的面板数据，研究城镇化进程中环境空气主要污染物的关系，发现我国城市空气质量与经济发展之间的关系并不完全符合倒“U”形曲线，不同污染物类型具有不同的演化规律。

二氧化硫会在空气中形成“硫酸盐气溶胶”，它是酸雨、灰霾的主要元凶之一。发电和供暖燃煤所释放的大量二氧化硫，是二氧化硫排放量的主要贡献者。从全国尺度来看，2007 年是中国二氧化硫排放量的顶峰，排放量达到 36.6Mt/a，此后逐年下降。如图 2.14 所示，分析中国城市群尺度城镇化与工业二氧化硫排放的相关性，在 2000～2017 年，大部分城市群工业二氧化硫排放也已达到拐点，城镇化与工业二氧化硫相关曲线呈倒“U”形，海峡西岸城市群和滇中城市群呈倒“N”形。由于煤炭是二氧化硫的重要来源，近年来工业二氧化硫排放量的下降与中国大力推行产业结构、能源结构转型以及煤炭烟气的脱硫技术密不可分（Li et al., 2017）。

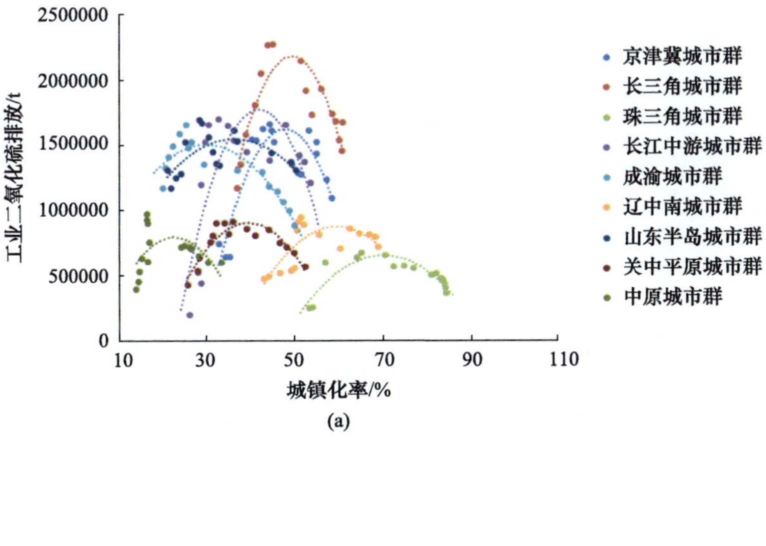

(a)

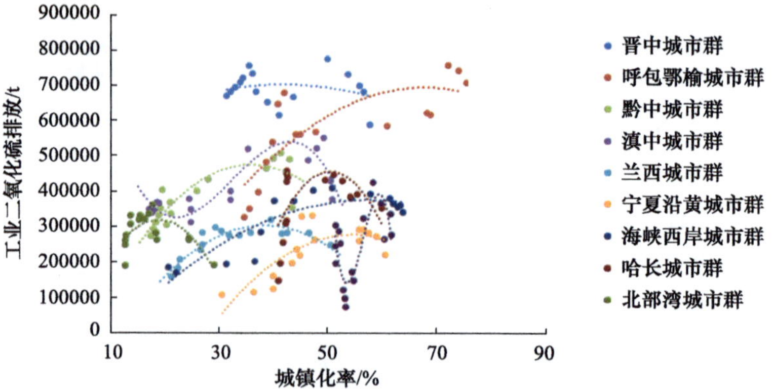

(b)

图 2.14　中国部分城市群城镇化与工业二氧化硫排放的相关性分析图

基于散点图很难发现城镇化率与 $PM_{2.5}$ 浓度有明显的相关性，如图 2.15 所示。这可能与选取的时间序列不够长有关。按照发达国家经验，从更长的历史发展阶段来看，城镇化的发展对 $PM_{2.5}$ 浓度是有显著作用的，城镇化发展进程通过改变人们的生活方式、生产方式及其发生的地点，使得人口、产业、不透水地表等集中分布，城镇化的经济和人口发展模式（或人类活动强度模式）对城市空气质量产生较为显著的影响（韩立建，2018）。不同城市群 $PM_{2.5}$ 浓度相差较大，$PM_{2.5}$ 浓度相对较高的城市群有山东半岛城市群、中原城市群、京津冀城市群、长三角城市群、辽中南城市群；$PM_{2.5}$ 浓度相对较低的城市群有滇中城市群、黔中城市群、海峡西岸城市群、天山北坡城市群。2000～2017 年 $PM_{2.5}$ 浓度年际变动较大的有山东半岛城市群、中原城市群、宁夏沿黄城市群、珠三角城市群、京津冀城市群；年际变动较小的有哈长城市群、天山北坡城市群、北部湾城市群、黔中城市群等。

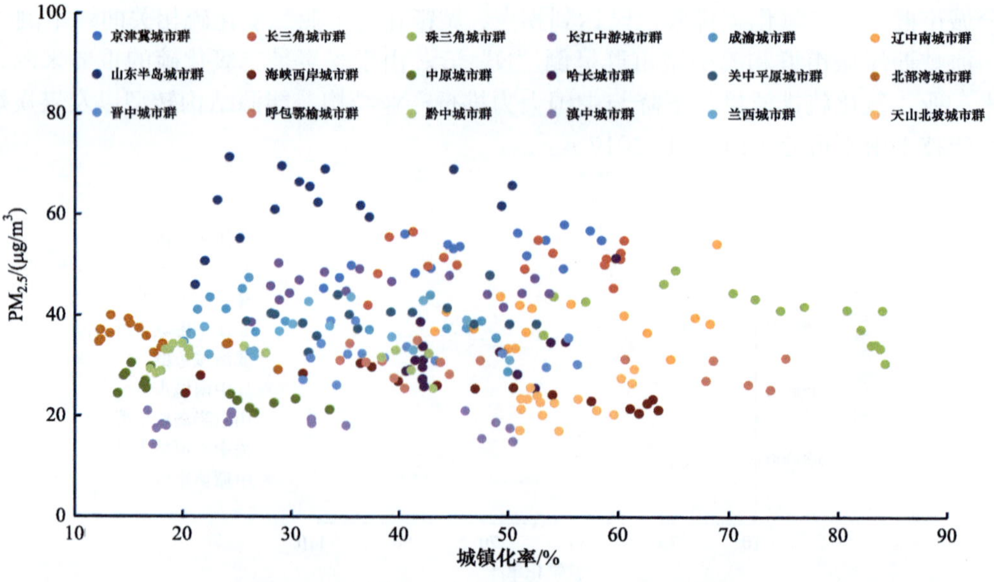

图 2.15　中国城市群的城镇化与 $PM_{2.5}$ 浓度散点图

城镇化、经济发展与碳排放之间关系的研究是当前热点。伴随着城镇化进程的快速推进，化石能源消费剧烈增加，工业污染迅速蔓延，生态环境日益恶化。在全球环境问题中，气候变化已成为当前关注的焦点，而温室气体排放是全球变暖的主要推动力，同时 CO_2 是最主要的温室气体。据相关研究表明，工业革命以来，世界城镇化水平和 CO_2 排放量一直保持着同步上升的趋势。例如，1960 年世界城镇化率为 32.77%，大气中 CO_2 浓度为 316.91ppm①；到 2011 年世界城镇化率为 52%，CO_2 浓度上升到了 391.65ppm。

研究表明，大气中 CO_2 浓度迅速增加是由各国城镇化、工业化进程带来的大量化石能源燃烧、工业生产和土地利用方式转变而引起的。在人为 CO_2 排放中，化石能源消费排放量约占 87%，工业生产（特别是水泥生产）排放量占约 4%，土地利用方式转变排放量约占 9%。从本质上来说，城镇化进程主要通过人口集散、产业发展和空间扩张等手段影响 CO_2 排放，它首先通过以上手段刺激能源消费，使能源消费量迅速增加，进而排放了大量的 CO_2（Liu et al., 2015）。

1995～2018 年，中国能源消费 CO_2 排放量稳步上升，从总量上来看，具体表现为 CO_2 排放量从 1995 年的 28.55 亿 t 上升到 2018 年的约 100 亿 t。根据研究机构碳简报（Carbon Brief）的统计数据推算，2018 年中国排放碳排放总量达 100 亿 t，比 2017 年增长 2.3%，其中煤炭消费排放为 73 亿 t、石油消费排放 15 亿 t、水泥生产排放 7 亿 t、天然气排放 5 亿 t。虽然整体排放增长，但是随着经济结构和能源结构的转型，2018 年中国碳排放强度（每单位 GDP 二氧化碳排放）下降 4.0%。其实从 2012 年开始，我国的 CO_2 排放量增长趋势有所缓和，CO_2 排放年增长率逐步下降，这可能得益于我国节能减排政策的制定及实施，这种政策效应随着时间的推移而逐步得到显现。对于城市群尺度的碳排放强度，研究显示已经从 1995 年的 4.3 t/万元降低到 2013 年的 2 t/万元（Wang et al., 2019）。

对于人均碳排放强度似乎并不是非常乐观。如图 2.16 所示，对于京津冀城市群、珠三角城市群、长江中游城市群、辽中南城市群、中原城市群、哈长城市群、山东半岛城市群，城镇化与人均碳排放基本呈倒“U”形曲线，人均碳排放的拐点值均在 14 t/人以下。其他城市群的城镇化与人均碳排放基本呈正向的线性关系，即随着城镇化率的升高，

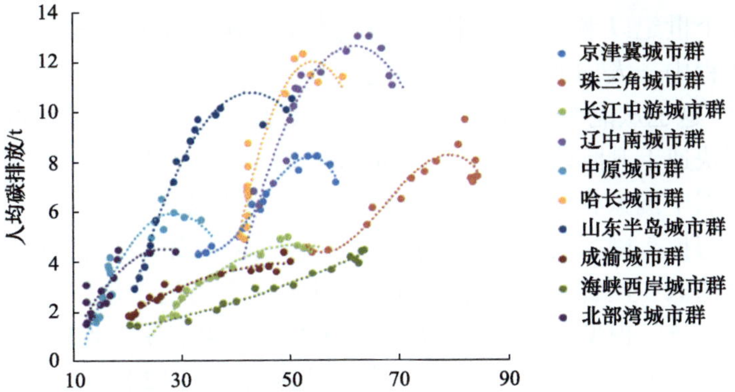

(a)

① 1ppm=10^{-6}。

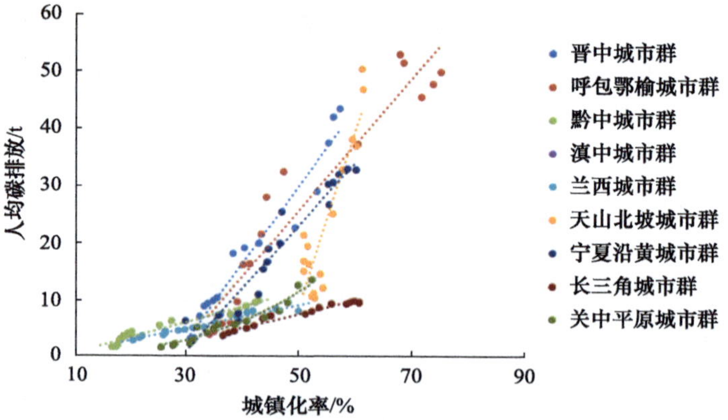

(b)

图 2.16 中国部分城市群城镇化与人均碳排放的线性相关趋势图

人均碳排放还是呈递增的趋势。其中，长三角城市群、成渝城市群、海峡西岸城市群、关中平原城市群、北部湾城市群、滇中城市群、兰西城市群等的人均碳排放尚未到达14 t/人；而中西部地区的城市群，包括晋中城市群、呼包鄂榆城市群、天山北坡城市群和宁夏沿黄城市群的人均碳排放已经超过 30 t/人。这几个城市群如何尽快达到碳排放的拐点，需要重点进行关注和研究。

（四）中国城市群城镇化与能源主控要素的相关性分析

能源影响着城镇化发展的水平和速度，决定了城市发展方向和趋势，人口、产业和土地的城镇化过程皆严重依赖于能源，中国城镇的能源消费占到城乡总消费量的 80%以上。城镇化过程中的能源消费可以看作一个包含了工业、建筑业、交通仓储业、居民生活等不同能源利用部门的复杂系统。

城镇化与能源消费两个系统均是在政府、企业、公众三大主体交互耦合作用下不断演化发展的（刘小平等，2006；卢奇等，2003）。在人类社会整体逐步进入城市时代的今天，三大主体通过彼此的相互协同与竞争作用构成了城镇化-能源消费系统演化的主要驱动机制。近半个世纪以来，发达国家城镇化率增长速度逐渐放缓，目前基本达到 75%以上，在这一进程中，人均能源消费量呈先上升，后水平波动，再下降的趋势，近似呈倒“U”形曲线，这也从能源消费角度验证了 EKC 理论。发展中国家的人均能源消费和城镇化率均处于快速上升阶段（倒“U”形曲线的前半段），人均能源消费量均在 3000kg 以下。与其他发展中国家相比，在城镇化程度相同的情况下中国的人均能源消费偏高；相同时期内中国与拉美国家的人均能源消费相近。针对城镇化与能源消费的 EKC 检验，郝宇等（2014）选取中国省级人均能源消费量和人均电力消费量作为环境压力的代理指标，用空间计量经济学模型对 EKC 进行实证研究，结果表明人均能源/电力消费与人均 GDP 间存在倒“N”形的 EKC 关系；王子敏和范从来（2012）通过利用 2000～2009 年我国的省级面板数据，建立时间和空间双固定效应的面板空间杜宾模型，发现我国存在一条“U”形的城镇化能耗库兹涅茨曲线，该曲线的转折点出现在城镇化率约为 24%的阶段。中国城市群城镇化与能源消费的相关性如图 2.17 所示。

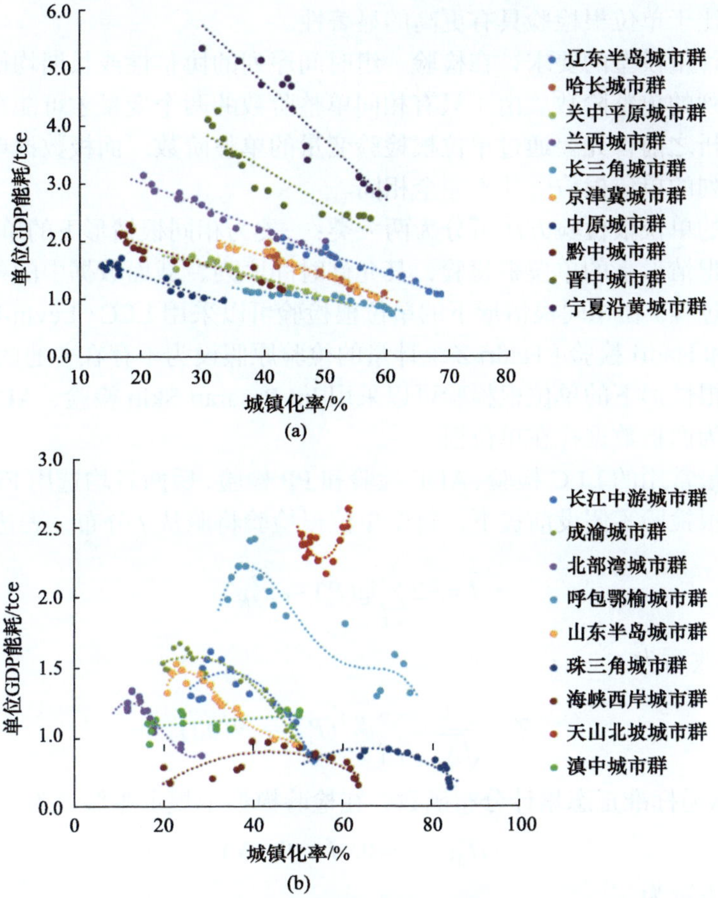

图 2.17　中国部分城市群城镇化与能源消费强度的非线性相关趋势图

由图 2.17 看出，辽东半岛城市群、哈长城市群、关中平原城市群、兰西城市群、长三角城市群、中原城市群、黔中城市群、晋中城市群、宁夏沿黄城市群，2000～2017 年，城镇化与能源消费强度大致呈负相关，即随着城镇化的发展，单位 GDP 能耗强度呈下降的趋势。其中兰西城市群、晋中城市群和宁夏沿黄城市群的能源消费强度要远高于其他城市群。长江中游城市群、成渝城市群、北部湾城市群、呼包鄂榆城市群、山东半岛城市群、珠三角城市群、海峡西岸城市群，2000～2017 年，随着城镇化的发展，单位 GDP 能耗强度基本呈现先上升后下降的趋势。此外，天山北坡城市群呈现“U”形演化曲线，滇中城市群随着城镇化率升高，能耗强度缓慢上升。

四、城市群地区城镇化与生态环境耦合曲线的检验方法

（一）面板数据的单位根检验

为了避免伪回归，确保估计结果的有效性，必须对各面板序列的平稳性进行检验。单位根检验（unit root test）即迪基-富勒（Dickey Fuller，DF）检验，是在数据平稳性检验中经常用到的一种方法。Maddala 和 Wu（1991）以及 Choi（2001）通过在单位根检验中引入 p 值，把单位根检验进行了扩展。面板单位根检验（panel unit root test）在时间

序列检验上相比于单位根检验具有更高的显著性。

根据面板计量模型的要求，在检验一组时间序列的协整性或长期均衡关系之前应首先检验时间序列的单整阶数。由于只有相同单整阶数的两个变量才可能存在协整关系，因此，协整分析之前首先要通过单位根检验变量的单整阶数。面板数据单位根检验方法与普通的单序列的单位根检验并不完全相同。

面板数据的单位根检验方法可分为两大类：一类为相同根情形下的单位根检验过程；另一类为不同根情形下的单位根检验，其允许时间序列、截面数据中的各截面序列具有不同的单位根过程。在相同根情形下的单位根检验可以采用 LLC（Levin-Lin-Chu）检验、Breitung 检验和 Hadri 检验（Hadri Z 统计量的检验原假设为不存在普通的单位根过程），其对应的不同根情形下的单位根检验可以采用 Im Pesaran Skin 检验、ADF 检验和 PP 检验，其原假设为面板数据存在单位根。

本节选择最常用的 LLC 检验、ADF 检验和 PP 检验，后两者均选用 Fisher Chi-square 形式，在单位根检验零假设前提下，每个单位根检验将服从 I 分布，表达式如下：

$$I=-2\sum_{i=1}^{N}\lg(P_i)\to x_{2N}^2 \tag{2.5}$$

式（2.5）可以改写为

$$Z=\frac{1}{\sqrt{N_{i=1}}}\sum_{i=1}^{N}\phi^{-1}(P_i)\to N(0,1) \tag{2.6}$$

式中，ϕ^{-1} 表示逆标准正态累计分布函数，在检验模型中规定零假设为

$$H_0:\ \alpha_i=0,\ i\in(0,\ N) \tag{2.7}$$

备择假设表示为

$$H_1:\begin{cases}\alpha_i=0, & i=1,2,\cdots,\ N_i\\ \alpha_i<0, & i=N+1,\ N+2,\cdots,\ N\end{cases} \tag{2.8}$$

在 EViews8.0 中，以软件提供的多种检验得出更稳健的面板单位根检验结果，选择包括个体截距和趋势项，各种方法下对原假设的检验结果如表 2.3 所示。可以看到，只有 lnGDP_Water、lnPer_Farm、lnNDVI、$\ln PM_{2.5}$、lnPer_Carbon、lnPer_Electricity 的原始序列（level）是平稳的，对于各个变量进行一阶差分变化（first difference），然后再做检验，发现此时所有变量序列均通过检验是平稳的。

表 2.3 城镇化与各个生态环境时间序列变量的面板单位根检验

变量	LLC 检验		Fisher-ADF 检验	
	原始序列	一阶差分变化	原始序列	一阶差分变化
lnUR	0.998	−4.273***	9.94863	49.726***
lnUR2	15.6646	−2.67***	2.96483	35.574**
lnUR3	35.5741	−4.182***	2.480	34.293*
lnPer_Water	−2.027**	−12.005***	18.1058	146.434***
lnGDP_Water	−9.146***	−4.418***	64.173***	55.216***

续表

变量	LLC 检验		Fisher-ADF 检验	
	原始序列	一阶差分变化	原始序列	一阶差分变化
lnWastewater	0.889	−8.212***	35.681*	88.570***
lnPer_Farm	−8.050***	−9.126***	58.609***	103.957***
lnPer_Ecospace	−2.729***	−5.760***	13.620	68.651***
lnNDVI	−6.210***	−11.839***	67.517***	134.902***
$lnPM_{2.5}$	−9.703***	−15.858***	129.350***	191.557***
lnPer_Carbon	−8.180***	−0.934	67.135***	65.156***
$lnSO_2$	7.178	−5.068***	19.049	48.799***
lnPer_Energy	−2.225**	−6.885***	24.178	92.814***
lnPer_Electricity	−11.208***	−7.749***	113.748***	98.951***
lnDust	2.315	−8.131***	7.651	91.134***

***、**、*分别表示在 1 %、 5 %、10%水平上显著。

（二）面板数据的协整检验

上述模型检验过程显示，本研究的面板数据分别服从带截距项和趋势项的零阶单整、一阶单整过程。虽然部分时间序列变量是非平稳的一阶单整序列，但它们可能存在某种平稳的线性组合，这个线性组合反映了变量之间长期稳定的均衡关系，即协整关系。本书中各个模型虽不能严格满足所有变量同阶协整的条件，但仍满足更适用于多变量协整情况中的宽限条件（谢里等，2011）：①多变量回归时，被解释变量的单整阶数要小于等于解释变量的单整阶数；②解释变量之间要单整阶数相同；③只有一个被解释变量和一个解释变量时，两者的单整阶数要相同。此外，如果面板数据的不平稳，应用最小二乘法可能导致估计偏误，因此，必须进行协整检验。

为了检测城镇化水平与各个生态环境主控变量的长期稳定相关关系，采用建立在 Engle 和 Granger 二步法检验基础上的 Pedroni 协整检验法和 Kao 协整检验法。前者以协整方程的回归残差为基础，通过构造多个统计量来检验面板变量之间的协整关系，在小样本（即时间跨度<20）情况下，Panel ADF Statistic 和 Group ADF Statistic 统计量是最有效力的。这也是在进行 Pedroni 协整检验时选择这两个统计量的主要原因（赵文军和于津平，2012）。Pedroni 面板协整检验服从如下回归方程（Al-Mulali et al., 2013）：

$$y_{it} = \alpha_i + \beta_{1i}x_{1i,t} + \beta_{2i}x_{2i,t} + \cdots + \beta_{Mi}x_{Mi,t} + e_{it} \tag{2.9}$$

式中，i 和 t 分别为区域和时间序列内的观测数；M 为自变量个数；β_{1i}，β_{2i}，⋯，β_{Mi} 为斜率；α_i 为截距项。在检验模型中规定零假设为数据不具协整性，那么残差 e_{it} 将服从 I（1）分布。为了检测 e_{it} 是否服从 I（1）分布，须做以下回归分析：

$$e_{it} = \rho_i e_{it-1} + \mu_{it} \tag{2.10}$$

检验结果显示拒绝了面板协整检验的原假设 H_0：不存在协整关系，因此认为表 2.4 中给出的中国城市群城镇化水平与水、土、气、能等主控变量之间存在长期稳定的协整关系。

表 2.4 面板数据的协整检验结果

变量系统	Pedroni 检验统计量		Kao 检验统计量
	Panel ADF	Group ADF	ADF-KAO
lnPer_Water、lnUR、lnUR2、lnUR3	−5.248***	−3.969***	−4.645***
lnGDP_Water、lnUR、lnUR2、lnUR3	−5.110***	−3.438***	−4.209***
lnWastewater、lnUR、lnUR2、lnUR3	−3.725***	−3.496***	−1.059
lnPer_Farm、lnUR、lnUR2、lnUR3	−5.858***	−6.138***	−5.869***
lnPer_Ecospace、lnUR、lnUR2、lnUR3	−4.871***	−5.117***	−2.999***
lnNDVI、lnUR、lnUR2、lnUR3	−6.084***	−6.602***	−6.896***
$\ln PM_{2.5}$、lnUR、lnUR2、lnUR3	−8.918***	−10.924***	−9.085***
lnPer_Carbon、lnUR、lnUR2、lnUR3	−8.648***	−7.543***	−3.545***
$\ln SO_2$、lnUR、lnUR2、lnUR3	−5.070***	−3.828***	−2.568***
lnPer_Energy、lnUR、lnUR2、lnUR3	−5.842***	−5.958***	−2.073**
lnPer_Electricity、lnUR、lnUR2、lnUR3	−9.950***	−10.545***	−4.137***
lnDust、lnUR、lnUR2、lnUR3	−4.842***	−2.776***	−1.943**

***表示在 1%的显著水平下拒绝原假设，而接受备择假设，**表示在 5%的显著水平下拒绝原假设，而接受备择假设。
注：表中各种检验法的原假设是各变量之间不存在协整关系。

（三）面板回归模型构建

固定效应更适合研究样本之间的区别，而随机效应适合由样本来推断总体特征。由于针对 19 个城市群地区，不需要再去推断其他非城市群地区或全国的情况，因此，选定固定效应模型更合适。同时由于 19 个城市群之间差异性较大，相比时间固定效应模型，更适合选择个体固定效应模型。此外，由于各个变量数量值差异很大，为使数据更符合正态分布并消除模型异方差性，在回归分析前对方程的自变量和因变量同时做对数处理。具体模型设定为

$$\ln Y_{it} = \beta_0 + \alpha_i + \beta_1 \ln UR_{it} + \beta_2 \left(\ln UR_{it}\right)^2 + \beta_3 \left(\ln UR_{it}\right)^3 + \varepsilon_{it} \tag{2.11}$$

式中，Y_{it} 为第 i 个城市第 t 年的生态环境指标；β_0 和 α_i 分别为均值截距项和个体截距项，并且满足 $\sum\alpha_i = 0$，$i=1,2\cdots$，N，$t=1,2,\cdots$，T（N 为截面个体成员的个数，T 为样本观测时期数）；UR_{it} 表示第 i 个城市第 t 年的城镇化率；β_1、β_2 和 β_3 为待估参数；ε_{it} 为模型的随机误差项。

待估参数取值不同会导致不同的曲线形态，通过对模型（2.11）求变量 Y 的一阶导数和二阶导数，可以获得用生态环境主控变量发生转折的拐点，总共有 7 种情况，包括水平直线、单调递减、单调递增、“U”形曲线、倒“U”形曲线、倒“N”形曲线、“N”形曲线，具体介绍参见图 2.18 和表 2.5。

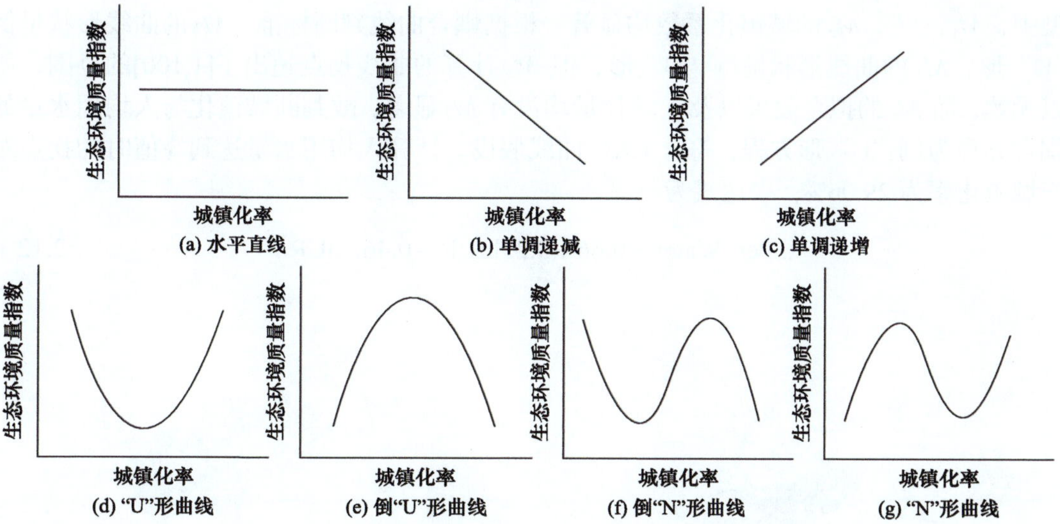

图 2.18　城镇化与生态环境主控变量耦合曲线形状类型

表 2.5　城镇化库兹涅茨曲线形状判断及拐点计算

种类	β_1	β_2	β_3	曲线形状	拐点计算
1	$\beta_1=0$	$\beta_2=0$	$\beta_3=0$	水平直线	不存在拐点
2	$\beta_1<0$	$\beta_2=0$	$\beta_3=0$	单调递减	不存在拐点
3	$\beta_1>0$	$\beta_2=0$	$\beta_3=0$	单调递增	不存在拐点
4	$\beta_1<0$	$\beta_2>0$	$\beta_3=0$	"U"形曲线	一个拐点：$-\beta_1/2\beta_2$
5	$\beta_1>0$	$\beta_2<0$	$\beta_3=0$	倒"U"形曲线	一个拐点：$-\beta_1/2\beta_2$
6	$\beta_1<0$	$\beta_2>0$	$\beta_3<0$	倒"N"形曲线	拐点 1 $[-\beta_2-(\beta_2^2-3\beta_1\beta_2)^{1/2}]/3\beta_3$ 拐点 2 $[-\beta_2+(\beta_2^2-3\beta_1\beta_2)^{1/2}]/3\beta_3$
7	$\beta_1>0$	$\beta_2<0$	$\beta_3>0$	"N"形曲线	拐点 1 $[-\beta_2-(\beta_2^2-3\beta_1\beta_2)^{1/2}]/3\beta_3$ 拐点 2 $[-\beta_2+(\beta_2^2-3\beta_1\beta_2)^{1/2}]/3\beta_3$

五、城市群地区城镇化与生态环境要素多维耦合曲线检验

（一）城镇化与水主控要素的耦合曲线检验

通过中国城市群 2000～2017 年平均万元 GDP 水耗分布图，可看到东部沿海地区的城市群万元 GDP 水耗要比中西部地区的城市群低很多，天山北坡城市群和宁夏沿黄城市群的万元 GDP 水耗甚至要比东部部分城市群高 10 倍（图 2.19）。在 EViews8.0 平台中使用个体固定效应面板模型，分别对人均用水量、万元 GDP 水耗、工业废水排放量与城镇化的回归模型进行估计，M_1 表示线性模型，M_2 表示模型含有城镇化率的二次项，M_3 表示模型含有城镇化率的三次项，结果见表 2.6。可知城镇化与人均用水量的三个模

型中，M_1、M_2、M_3 的城镇化系数均显著，根据耦合曲线判断标准，M_2 的曲线形状呈倒“U”形，M_3 的曲线形状呈倒“N”形，但 M_3 计算的曲线拐点超出了[1,100]的范围，所以无效，而 M_1 的拟合效果以及 F 统计量均没有 M_2 显著，故判断城镇化与人均用水量的耦合方程为倒“U”形方程，符合 UKC 曲线假设，计算人均用水量达到峰值时的拐点对应城镇化率为 29.06%，表达式为

$$\ln\text{Per\_Water} = 0.66 + 3.25\ln\text{UR} - 0.46\left(\ln\text{UR}\right)^2 \tag{2.12}$$

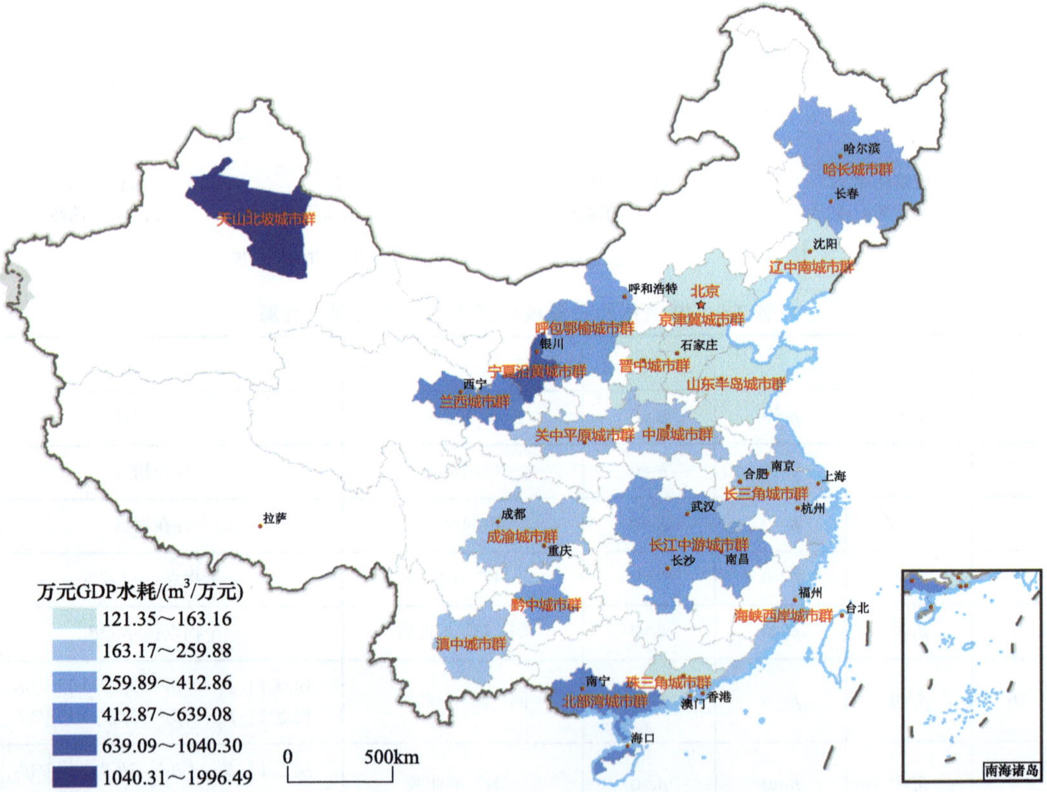

图 2.19 中国城市群 2000～2017 年平均万元 GDP 水耗分布图

城镇化与工业废水排放量的三个模型中，M_1 和 M_2 的城镇化系数显著，根据耦合曲线判断标准，M_2 的曲线形状呈倒“U”形，当城镇化率达到 54.16%，曲线出现极大值拐点，工业废水排放量排放达到最大值，可判断城镇化与工业废水排放量耦合方程为城镇化与万元 GDP 水耗的估计模型中，三个模型的城镇化系数均显著，根据耦合曲线判断标准，M_3 的曲线形状呈倒“N”形，但计算的曲线拐点超出了[1,100]的范围是没有意义的，M_2 的曲线形状呈倒“U”形，虽然较显著但计算的曲线拐点是 3.59%，这在城市群地区也是无意义的。因此采用 M_1 的结果，即耦合曲线呈单调递减态势，斜率为 1.62，方程式为

$$\ln\text{Wastewater} = -17.51 + 18.52\ln\text{UR} - 2.13(\ln\text{UR})^2 \tag{2.13}$$

$$\ln\text{GDP\_Water} = 11.49 - 1.62\ln\text{UR} \tag{2.14}$$

表 2.6　中国城市群城镇化与水资源的耦合曲线检验结果

变量	lnPer_Water			lnGDP_Water			lnWastewater		
	M_1	M_2	M_3	M_1	M_2	M_3	M_1	M_2	M_3
lnUR	−0.33***	3.25***	−31.01***	−1.62***	0.93*	−14.24***	−0.43***	18.52***	−12.21
lnUR2		−0.46***	8.96***		−0.36***	4.04***		−2.13***	5.79
lnUR3			−0.86***			−0.42***			−0.83
C	6.81***	0.66*	41.65***	11.49***	7.08***	24.27***	5.66***	−17.51***	11.19
调整后 R^2	0.927	0.946	0.949	0.934	0.939	0.941	0.746	0.790	0.792
F 统计量	215***	264***	278***	228***	163***	232***	68***	68***	67***
曲线形态	单调递减	倒“U”形	倒“N”形	单调递减	倒“U”形	倒“N”形	单调递减	倒“U”形	不显著
城镇化水平拐点/%	—	29.06	无效	—	3.59	无效	—	54.16	—

***、**和*分别表示 1%、5%和 10%水平下显著。

注：M_1 表示线性模型；M_2 表示模型含有城镇化率的二次项；M_3 表示模型含有城镇化率的三次项。

（二）城镇化与土地主控要素的耦合曲线检验

在 EViews 平台中使用个体固定效应面板模型，分别对人均耕地面积、人均生态用地面积、植被指数与城镇化的回归模型进行估计，M_1 表示线性模型，M_2 表示模型含有城镇化率的二次项，M_3 表示模型含有城镇化率的三次项，结果见表 2.7。通过人均耕地面积与城镇化的回归模型结果，可以看到城镇化与耕地面积的三个模型的系数均通过显著性检验，根据耦合曲线的判断标准，M_2 中城镇化与耕地面积呈倒“U”形趋势，拐点是 17.28%，但当前大部分城市群的城镇化率均超过了该值，M_3 的曲线形状呈倒“N”形，但计算的曲线拐点超出了[1,100]的范围，所以无意义。可判断城镇化与用水总量的耦合方程为单调递减的线性方程：

表 2.7　中国城市群城镇化与土地主控要素的耦合曲线检验

变量	lnPer_Farm			lnPer_Ecospace			lnNDVI		
	M_1	M_2	M_3	M_1	M_2	M_3	M_1	M_2	M_3
lnUR	−0.03***	0.12***	−1.02***	−0.18***	0.28*	−13.25***	−0.12***	0.08	0.35
lnUR2		−0.02***	0.31***		−0.06***	3.86***		−0.03	−0.10
lnUR3			−0.03***			−0.37***			0.01
C	10.75***	10.49***	11.79***	8.18***	7.38***	22.71***	−0.22***	−0.56**	−0.86
调整后 R^2	0.999	0.999	0.999	0.996	0.996	0.997	0.87	0.87	0.87
F 统计量	34320***	33854***	33229***	5071**	4927***	6725***	107***	102***	97***
曲线形态	单调递减	倒“U”形	倒“N”形	单调递减	倒“U”形	倒“N”形	单调递减	不显著	不显著
城镇化水平拐点/%	—	17.28	无效	—	8.75	无效	—	—	—

***、**和*分别表示 1%、5%和 10%水平下显著。

注：M_1 表示线性模型；M_2 表示模型含有城镇化率的二次项；M_3 表示模型含有城镇化率的三次项。

$$\ln Per\_Farm = 10.75 - 0.03\ln UR \tag{2.15}$$

对人均生态用地面积与城镇化进行曲线估计，可以看到三个模型的估计系数均通过了显著性检验，根据判断标准，M_2的曲线形状呈倒“U”形，M_3的曲线形状呈倒“N”形，然而计算的倒“N”曲线的两个拐点均超出了[1,100]的范围，拐点没有实际意义，M_2的曲线在 8.75%就达到了拐点，这在城市群地区也没有意义。故判断城镇化与生态用地面积的耦合曲线呈单调递减的线性关系，M_1模型曲线的方程表达式为

$$\ln Per\_Ecospace = 8.18 - 0.18\ln UR_{it} \tag{2.16}$$

对植被指数与城镇化的回归模型进行估计，发现M_2和M_3的系数估计均不显著，只有M_1的系数为负数，在 1%水平下显著，故判断城镇化与植被覆盖指数的耦合曲线呈单调递减的线性关系，M_1模型曲线的方程表达式为

$$\ln NDVI = -0.22 - 0.12\ln UP \tag{2.17}$$

（三）城镇化与大气污染主控要素的耦合曲线检验

使用个体固定效应面板数据模型，对 $PM_{2.5}$浓度、人均碳排放、工业 SO_2排放量与城镇化的回归模型分别进行估计，结果见表 2.8。可知 $PM_{2.5}$浓度与城镇化模型中M_1和M_2的回归系数和F统计量显著。根据耦合曲线判断标准，判断城镇化与 $PM_{2.5}$浓度的耦合曲线呈倒“U”形，符合 UKC 假设，方程表达式为

$$\ln PM_{2.5} = 1.26 + 1.44\ln UR - 0.16(\ln UR)^2 \tag{2.18}$$

表 2.8　中国城市群城镇化与大气污染主控要素的耦合曲线检验

变量	$\ln PM_{2.5}$			lnPer_Carbon			$\ln SO_2$		
	M_1	M_2	M_3	M_1	M_2	M_3	M_1	M_2	M_3
lnUR	-0.03^{**}	1.44^{**}	−2.92	0.51^{***}	−0.01	5.23	0.31^{***}	16.72^{***}	−4.03
$\ln UR^2$		-0.16^{*}	0.91		0.21^{**}	−1.31		-2.26^{***}	1.13
$\ln UR^3$			−0.09			0.14			−0.09
C	3.69^{***}	1.26^{***}	−43.21	0.54^{***}	−0.91	−6.85	11.78^{***}	14.54^{***}	17.42
调整后 R^2	0.94	0.939	0.946	0.933	0.935	0.935	0.847	0.877	0.848
F统计量	241^{***}	252^{***}	242^{***}	228^{***}	219^{***}	208^{***}	89^{***}	95^{***}	81^{***}
曲线形态	单调递减	倒“U”形	不显著	单调递增	不显著	不显著	单调递增	倒“U”形	不显著
城镇化水平拐点/%	—	44.67	—	—	—	—	—	40.50	—

***、**和*分别表示 1%、5%和 10%水平下显著。

注：M_1表示线性模型；M_2表示模型含有城镇化率的二次项；M_3表示模型含有城镇化率的三次项。

不同城市群的碳排放强度差异很大，南方城市群的人均碳排放要普遍小于北方的城市群。2000～2017 年人均碳排放量超过 10 t 的城市群有呼包鄂榆城市群、晋中城市群、天山北坡城市群、宁夏沿黄城市群、辽中南城市群（图 2.20）。针对中国城市群城镇化

与人均碳排放的耦合曲线检验，在 EViews8.0 平台中运行固定效应面板模型，分别用上述三个模型对碳排放与城镇化的回归模型进行估计。可知三个模型的回归系数均是显著的，根据耦合曲线的判断标准，由于 M_2 和 M_3 的系数估计均不显著，故判断目前中国城市群城镇化与碳排放的耦合曲线呈单调递增的线性关系，M_1 线性模型的方程表达式为

$$\ln\text{Per\_Carbon} = 0.54 + 0.51\ln\text{UR} \tag{2.19}$$

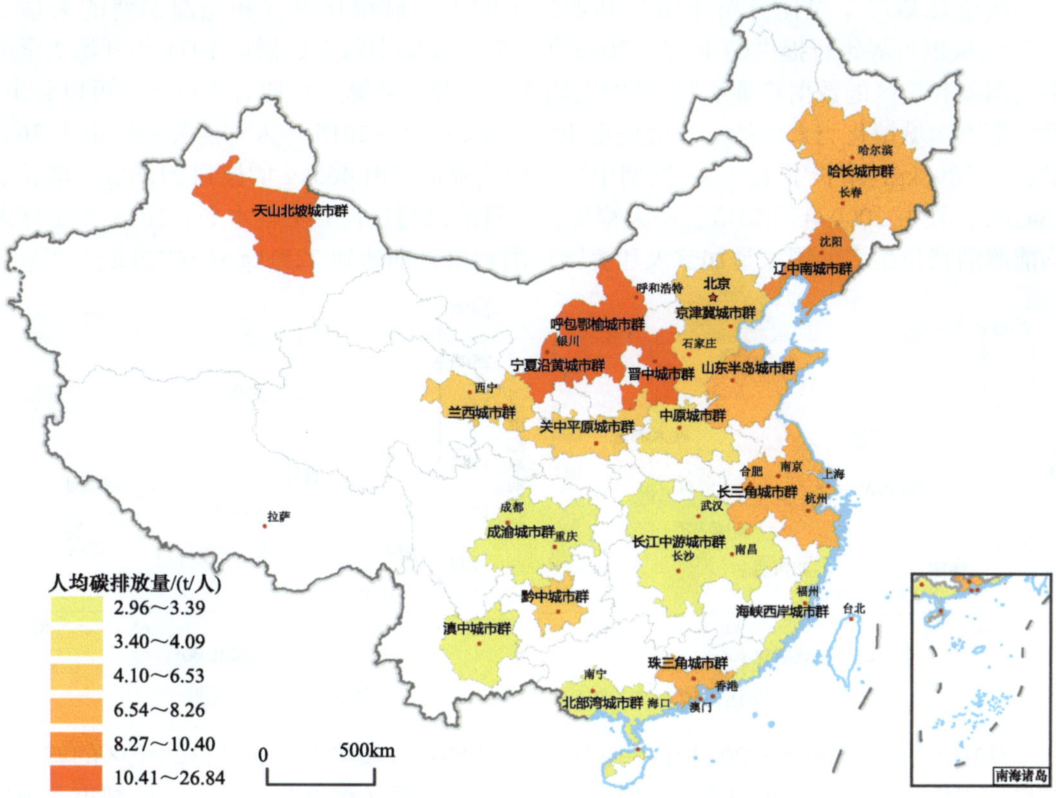

图 2.20 中国城市群 2000～2017 年每年人均碳排放分布图

在工业二氧化硫排放与城镇化进行回归的三个模型中，只有 M_1 和 M_2 显著。判断城镇化与工业 SO_2 排放量的耦合曲线呈倒“U”形，当城镇化率达到 40.5%，曲线出现极大值拐点，工业二氧化硫排放达最大值。曲线方程表达式为

$$\ln SO_2 = 14.54 + 16.72\ln\text{UR} - 2.26(\ln\text{UR})^2 \tag{2.20}$$

2007 年左右全球经济衰退，中国粗放型工业基本到达顶峰，之后中国经济结构开始逐渐转型，政府更加注重环保，大力支持绿色工业发展如清洁能源产业，有排放的工厂企业被要求安装并使用脱硫装置。因此，多种因素共同造成二氧化硫排放降低。其他学者研究表明，全国面板数据检验城镇化与 SO_2 的耦合曲线，同样符合倒“U”形，只是拐点为 42.36%，比城市群地区略微滞后 2 个百分点（杜江和刘渝，2008）。这也验证了本书估计的可信性。

（四）城镇化与能源主控要素的耦合曲线检验

从更宏观视角分析，将城镇化和能源消费看作两个子系统，那么它们共同构成了一个新的城镇化-能源消费系统，这无疑也是一个复杂的开放巨系统。能源作为城镇化的物质基础，一方面推动了城市向高级有序的形式演化，另一方面作为系统的输出形式，也会带来 CO_2、SO_2、氮氧化物等的超量排放，产生负向的生态环境效应。

从全球角度来对比分析中国与其他国家的人口城镇化进程和能源消费的关系。图 2.21 根据世界银行提供的 1960～2015 年（部分发展中国家数据从 1971 年开始）全球不同国家和地区的数据整理绘制，其中人均能源消费为换算成石油后的当量[①]。可以看出，世界范围内城镇化与人均能源消费呈正比例关系，1971～2015 年人均能源消费由 1336kg 增长到 1898kg，增长了 42.1%；同期中国人均能源消费由 465kg 增长到 2159kg，增长了 364.3%，其中 2000 年开始增长率大幅提升，目前已超过世界平均水平。2015 年全球人均能源消费量最多的国家是加拿大和美国，消费量分别达到 7251kg 和 6772kg。

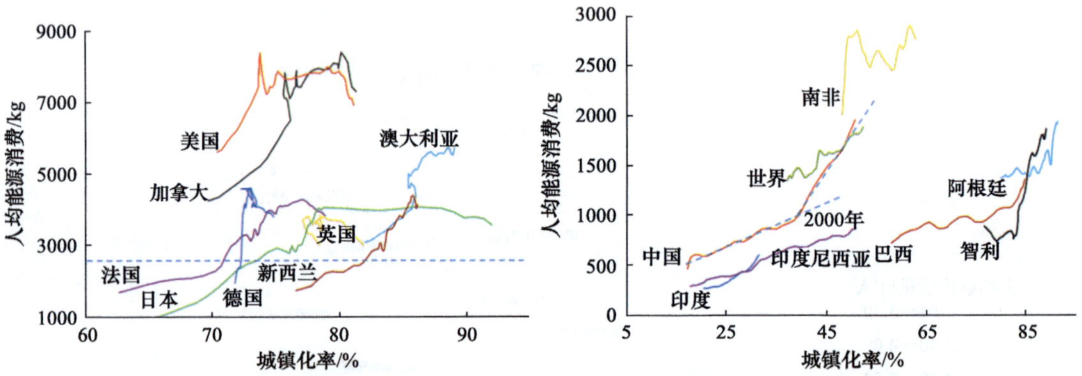

图 2.21 发达国家与发展中国家城镇化与人均能源消费的关系图

从中国城市群 2000～2017 年平均万元 GDP 能耗分布来看，越往西北地区的城市群其能耗强度越高，这与我国不同区域发展阶段也有关系（图 2.22）。对全国城市群地区城镇化与单位 GDP 能源消费的耦合曲线进行检验，将模型设定为三种形式，M_1 表示线性模型；M_2 表示模型含有城镇化率的二次项；M_3 表示模型含有城镇化率的三次项。

通过固定效应面板模型，对人均能源消费与城镇化的回归模型进行估计，结果见表 2.9。可看到在三个模型中，M_1 和 M_2 模型的城镇化系数均在 5%水平下显著。根据耦合曲线的判断标准，M_2 的曲线形状呈"U"形，曲线在城镇化率达到 22.60%时出现拐点，人均能耗开始上升，这与国家尺度城镇化与能源消费的经验规律趋于一致，城镇化初期（城镇化率 20%～30%）人均能耗开始升高，从发达国家经验看城镇化水平达到 75%以上的后期阶段时会再次出现回落拐点，这在中国城市群经验数据中还没出现。实证研究的曲线方程表达式为

$$\text{lnPer\_Energy} = -0.61 - 1.43\text{lnUR} + 0.23(\text{lnUR})^2 \quad (2.21)$$

① 数据来源：http://data.worldbank.org/。

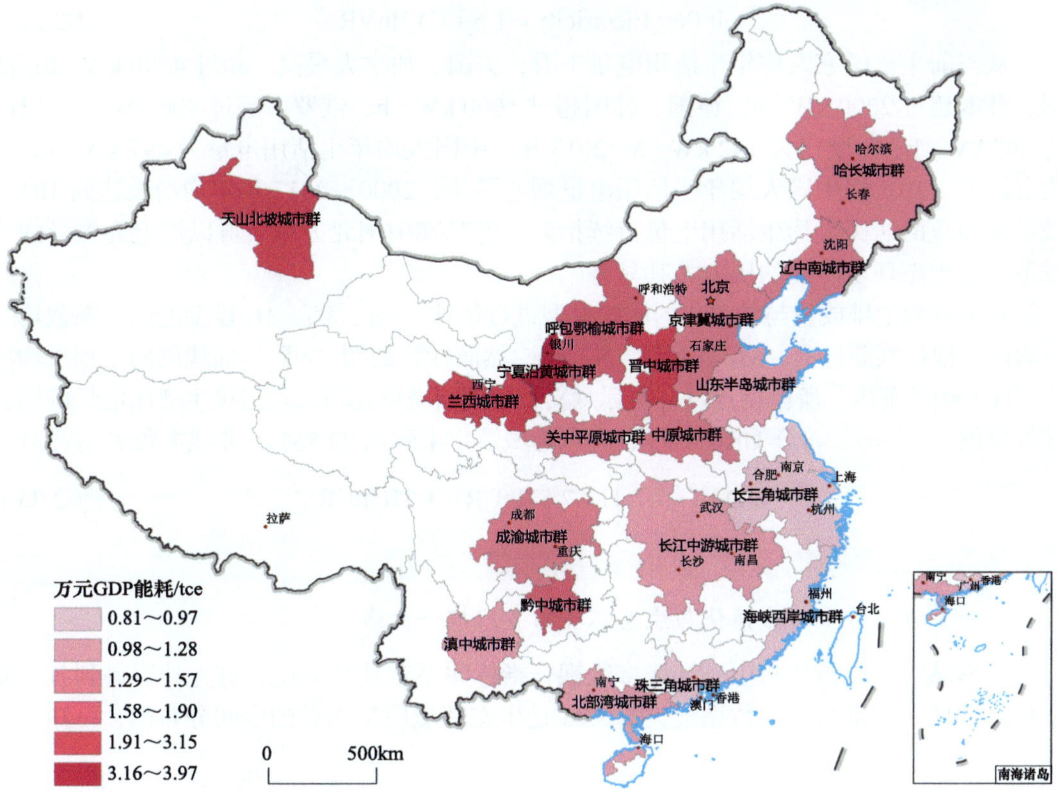

图 2.22 中国城市群 2000～2017 年平均万元 GDP 能耗分布图

表 2.9 中国城市群城镇化与能源主控要素的耦合曲线检验

变量	ln Per_Energy			ln Per_Electricity			ln Dust		
	M_1	M_2	M_3	M_1	M_2	M_3	M_1	M_2	M_3
UR	0.51***	−1.43***	−3.74	1.23***	0.82	84.55***	−1.44***	7.63***	−41.63*
UR2		0.23***	1.18		0.24	−31.12***		−1.18***	11.42***
UR3			−0.13*			3.15***			−1.42***
C	2.32***	−0.61***	4.91*	1.70***	3.26	−98.44***	8.54***	−7.66***	48.77***
调整后 R_2	0.931	0.932	0.923	0.827	0.825	0.866	0.934	0.945	0.943
F 统计量	189***	199***	191***	89***	87***	85***	142***	151***	145***
曲线形态	单调递减	"U" 形	不显著	单调递增	不显著	倒 "N" 形	单调递减	倒 "U" 形	倒 "N" 形
城镇化水平拐点/%	—	22.6	—	—	—	无效	—	24.95	无效

***和*表示 1%和 10%水平下显著。

注：M_1 表示线性模型；M_2 表示模型含有城镇化率的二次项；M_3 表示模型含有城镇化率的三次项。

对人均居民生活用电量与城镇化的回归模型进行估计，M_1 和 M_3 模型的回归系数均是显著的，根据判断标准，M_3 呈现倒"N"形，然而计算的倒"N"形曲线的两个拐点均超出了[1,100]的范围，所以拐点没有实际意义，故判断城镇化与人均居民生活用电量的耦合曲线呈单调递增趋势，直线斜率为 1.17，即城镇化率每提高 1%，人均居民生活用电量将升高 1.17%，曲线方程表达式为

$$\ln Per\_Electricity = 1.6 + 1.17\ln VR \tag{2.22}$$

从当前主要国家人均年生活用电量来看，美国、加拿大最高，超过 4500 kW · h；法国、日本超过 2000 kW · h；德国、韩国超过 1000 kW · h；俄罗斯超过 900 kW · h；巴西为 462 kW · h；印度仅为 142 kW · h。2017 年，中国人均年生活用电量为 497 kW · h，约为美国的 1/10，但中国人均年生活用电量增速最快，2000～2017 年年均增长达到 10%。城镇化导致的居民人均生活用电量持续抬升，尤其在中国北方城市群以煤电为主导的背景下，对生态环境产生的压力尤其显著。

对工业粉尘排放量与城镇化的回归模型进行估计，M_1、M_2、M_3 模型的回归系数均是显著的，根据判断标准，M_3 呈现倒“N”形，然而计算的倒“N”形曲线的两个拐点均超出了[1,100]的范围，所以拐点没有实际意义，故判断城镇化与人均居民生活用电量的耦合曲线呈倒“U”形，符合 UKC 假设，拐点为城镇化率到达 22.86%，曲线方程表达式为

$$\ln Dust = -7.41 + 7.57\ln UR - 1.21(\ln UR)^2 \tag{2.23}$$

六、城市群地区城镇化与生态环境的多维耦合曲线分析

（一）中国城市群城镇化与生态环境的多维耦合曲线

根据城市群城镇化与生态环境多维耦合指标体系和计算方法，首先计算得到各个城市群生态环境质量指数的数据集，图 2.23 是生态环境质量指数的空间分布图，可知宁夏

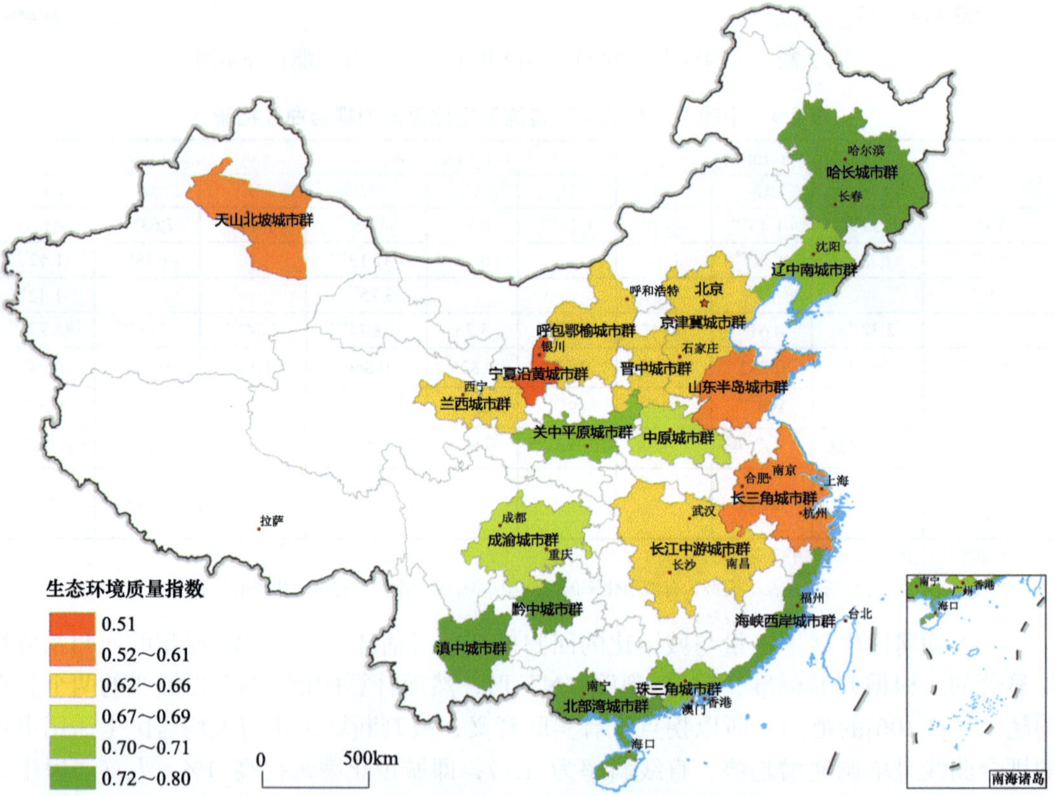

图 2.23 中国城市群生态环境质量指数分布图

沿黄城市群、天山北坡城市群、山东半岛城市群、长三角城市群的生态环境质量相对较差，南方地区和东北地区城市群生态环境质量相对较好。对各个城市群的 ECI 与城镇化进行耦合曲线检验，将模型设定为如下三种形式，分别表示线性模型，含有城镇化率的二次项模型，含有城镇化率的三次项模型：

$$\ln\mathrm{ECI}_{it} = \beta_0 + \alpha_i + \beta_1 \ln\mathrm{UR}_{it} + \varepsilon_{it} \quad (2.24)$$

$$\ln\mathrm{ECI}_{it} = \beta_0 + \alpha_i + \beta_1 \ln\mathrm{UR}_{it} + \beta_2 (\ln\mathrm{UR}_{it})^2 + \varepsilon_{it} \quad (2.25)$$

$$\ln\mathrm{ECI}_{it} = \beta_0 + \alpha_i + \beta_1 \ln\mathrm{UR}_{it} + \beta_2 (\ln\mathrm{UR}_{it})^2 + \beta_3 (\ln\mathrm{UR}_{it})^3 + \varepsilon_{it} \quad (2.26)$$

在 Eviews8.0 软件中使用个体固定效应面板模型，对生态环境质量指数与城镇化的回归模型进行估计，结果见表 2.10。可知在三个模型中，只有 M_1 模型中的城镇化系数在 5%水平下显著。根据曲线趋势和拐点判断标准，中国城市群在 2000～2017 年，随着城镇化率的提升，生态环境质量呈下降趋势，且城镇化率每提高 1%，生态环境质量指数将降低 0.02%，两者的协同变动弹性不大。实证研究的方程表达式为

$$\ln\mathrm{ECI}_{it} = 0.75 - 0.02 \ln\mathrm{UR}_{it} \quad (2.27)$$

表 2.10 中国城市群城镇化与生态环境质量指数耦合趋势检验

变量	M_1	M_2	M_3
lnUR	–0.02***	0.09	0.35
lnUR2		–0.02*	–0.09
lnUR3			0.01
C	0.75***	0.11***	0.25
调整后 R^2	0.905	0.906	0.906
F 统计量	153***	147***	140***
曲线形态	单调递减	倒“U”形（不显著）	倒“N”形（不显著）
城镇化水平拐点/%	—	—	—

***和*表示 1%和 10%水平下显著。

注：M_1 表示线性模型；M_2 表示模型含有城镇化率的二次项；M_3 表示模型含有城镇化率的三次项。

城镇化与生态环境不同维度主控要素的耦合曲线大多是非线性的，然而基于固定效应面板模型得到的中国城市群城镇化与生态环境的耦合曲线为斜率较小的单调递减方程，这很可能是由于我国不同城市群城镇化发展阶段不同、生态环境本底差异大等，模型结果对样本的差异性进行了抹平。倘若基于这个结果笼统的归纳我国城市群地区随着城镇化发展生态环境质量趋于降低是不科学的。因此，基于方程最简和拟合最优两个原则，进一步将中国各个城市群城镇化与生态环境质量指数进行分别拟合（表 2.11，图 2.24），根据已有的时序数据判断不同城市群各自的演化曲线形式，并以此计算相应的曲线拐点或直线斜率值。图中每个小方格的横轴代表城镇化率（单位为%），纵轴代表生态环境综合质量指数，为方便曲线趋势的可视化表达，图中标注尽可能简化。从图（2.24）和表（2.11）中可知，中国所有城市群中：

表 2.11 中国城市群城镇化与生态环境质量指数拟合曲线类型及拐点值

拟合曲线类型	城市群名称	拐点值/%	斜率值
"U" 形	京津冀城市群	49.53	—
	长三角城市群	48.25	—
	珠三角城市群	69.75	—
	长江中游城市群	41.67	—
	成渝城市群	28.75	—
	山东半岛城市群	44.83	—
	海峡西岸城市群	56.12	—
	关中平原城市群	42.68	—
倒 "U" 形	晋中城市群	42.77	—
	天山北坡城市群	54.12	—
单调递减	中原城市群	—	−0.0020
	滇中城市群	—	−0.0012
	呼包鄂榆城市群	—	−0.0027
	辽中南城市群	—	−0.0006
单调递增	北部湾城市群	—	0.0017
	兰西城市群	—	0.0011
	宁夏沿黄城市群	—	0.0025
"N" 形	黔中城市群	（25.7，38.2）	—
	哈长城市群	（44.8，56.5）	—
倒 "N" 形	中国城市群平均值	（39.3，50.6）	—

1）拟合曲线呈现"U"形的有 8 个。基本都是发育比较好，经济水平比较高的城市群，说明至少有 42%的城市群城镇化与生态环境耦合曲线符合 UKC 曲线，但这些 U 形曲线的拐点各不相同。例如，成渝城市群城镇化率到 28.75%就出现拐点，而珠三角城市群城镇化率到 69.75%才出现拐点。

2）拟合曲线呈现倒"U"形的有 2 个。分别是晋中城市群和天山北坡城市群。这种态势需要引起高度关注，随着城镇化进程的推进，这两个城市群的生态环境质量呈现先改善后恶化的趋势，这与当地的气候条件、自然资源禀赋有关，还是与当地的发展政策或产业类型有关，有待深入分析。

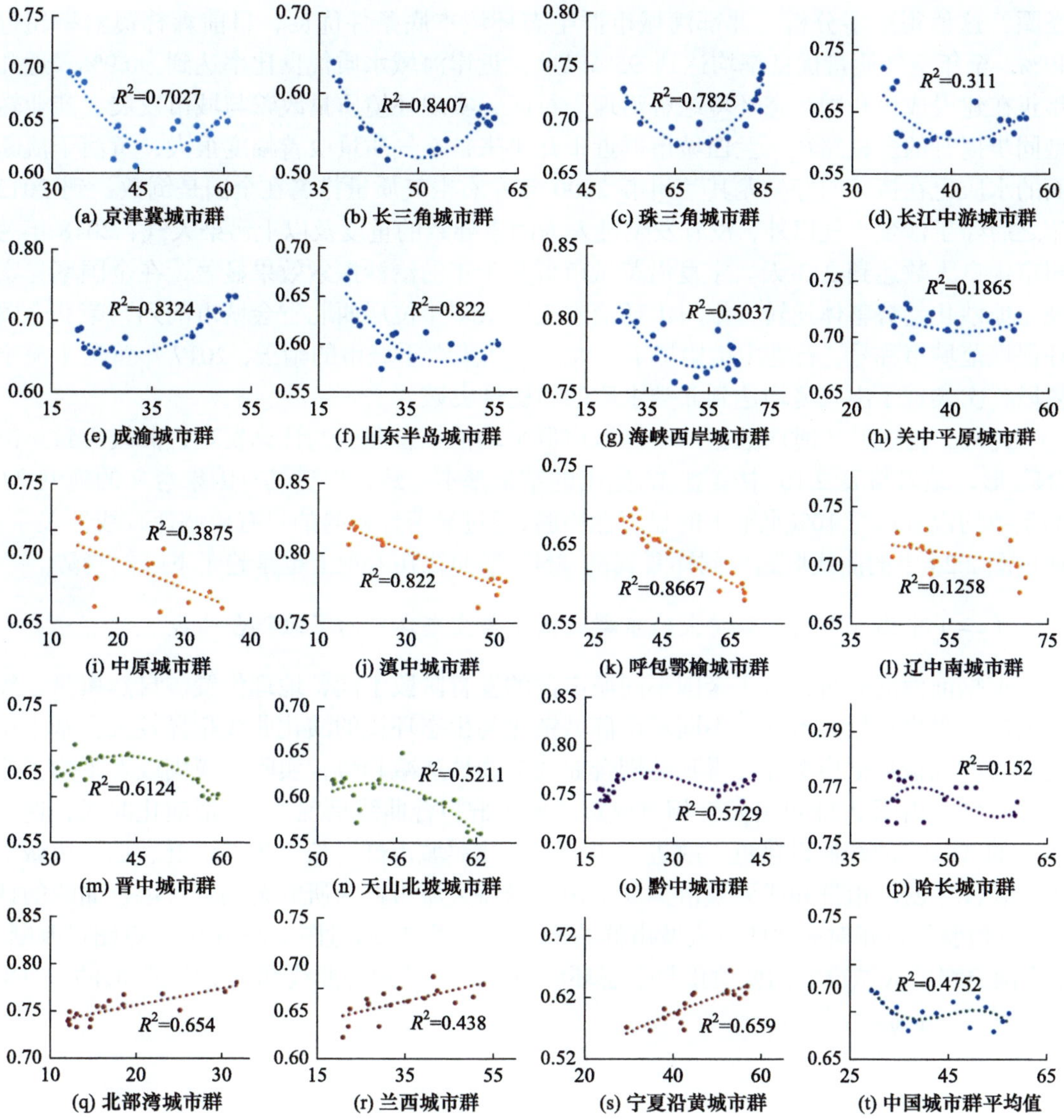

图 2.24　中国城市群城镇化与生态环境质量指数拟合曲线图

横轴为城镇化率（%），纵轴为生态环境质量指数

3）拟合曲线呈现单调递减的城市群有 4 个。即 2000～2017 年，这四个城市群随着城镇化发展，生态环境质量综合水平是呈现下降趋势的，其中，呼包鄂榆城市群下降趋势最显著，主要与 4 个城市群发展阶段相关，相信随着高质量城镇化与产业转型升级的步调加快，生态环境质量将会陆续出现拐点。

4）拟合曲线呈现“N”形的城市群有 2 个。包括黔中城市群和哈长城市群，说明近 20 年这两个城市群生态环境质量波动较大，但近几年生态环境质量呈现升高趋势。

5）拟合曲线呈现单调递增的有 3 个。分别是北部湾城市群、兰西城市群、宁夏沿黄城市群。这三个城市群是 2000 年之前就已经越过拐点，还是相对摆脱了先污染后治理的怪圈？这值得更多分析。北部湾城市群生态环境本底条件优良，目前森林覆盖率超过49%，全年空气质量优良率均达到 95%以上，近岸海域水质优良比率达到 90.9%，近几年正在建设成为我国生态环境综合治理先行区，实现环境质量改善与城市发展、产业转型同步提升的多赢路径。兰西城市群近十几年来，空气质量改善幅度很大，黄河干流断面的水质也在持续向好。尤其兰州市 2000 年左右空气质量排名在全国是倒数，到 2013 年之后除了沙尘天气以外，没有发生过人为因素导致的重度及以上污染天气，2018 年兰州市优良天数达到 213 天。宁夏沿黄城市群几十年的治沙探索效果显著，在全国率先实现土地沙化趋势整体逆转，银川市环境空气质量多年位居西北省会城市前列，荣获全国环保模范城市称号，石嘴山市摘掉了十大空气污染严重城市的帽子，2017 年黄河干流宁夏段首次实现了出入境均达到Ⅱ类水质的历史性突破。

此外，通过基于时序数据的中国城市群平均值拟合曲线的计算发现，曲线大致呈倒“N”形，结果与表 2.10 中模型 M_3 给出的结果基本一致，但更具有因果意义的模型 M_3 的系数均没有通过 10%水平下的显著性检验,通过显著性检验的只有单调递减线性关系。通过图 2.24 中的曲线形式也同样看到倒“N”形曲线在宏观上也是趋于下降的趋势。

（二）中国 5 个国家级特大城市群城镇化与生态环境的多维耦合曲线

根据前面的分析，由于全国不同城市群的发育阶段不同，地理位置、自然禀赋、经济发展水平也有较大差异，不同城市群城镇化与生态环境的演化曲线相异较大。基于所有城市群面板数据模型计算得到的耦合曲线为线性递减趋势，实际上模糊或者平均了这种差异性。由图 2.24 可见发育相对成熟的城市群拟合曲线呈现“U”形演化曲线，这与本书的 UKC 曲线假设接近。故进一步选取京津冀城市群、长三角城市群、珠三角城市群、长江中游城市群和成渝城市群 5 个国家级特大城市群为研究案例进行耦合曲线的计算，以检验发育相对成熟的特大城市群的耦合曲线规律。通过图 2.25 中的散点图可判断，5 个国家级特大城市群的城镇化与生态环境质量相关性拟合曲线都是呈“U”形的，但生

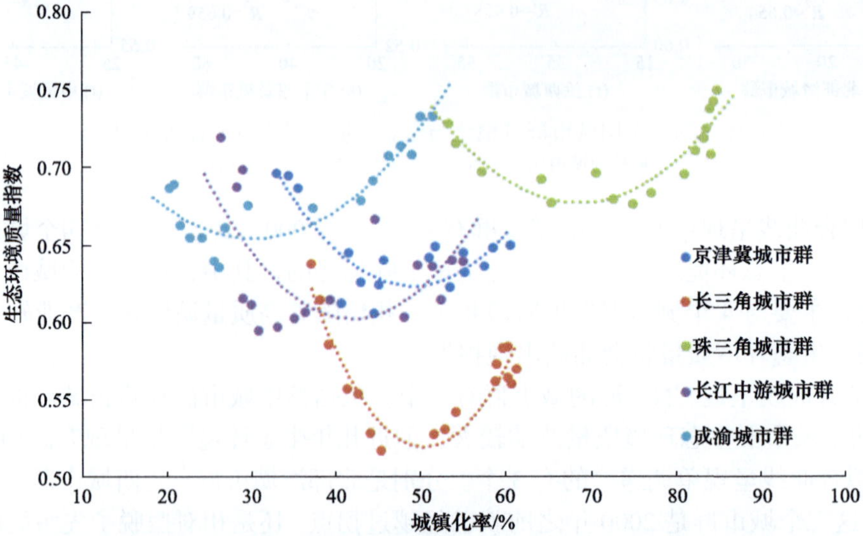

图 2.25 中国 5 个国家级特大城市群城镇化与生态环境质量相关性分析图

态环境质量高低不同，拐点出现的时期也有差异。

对 5 个国家级特大城市群城镇化与生态环境综合指数 ECI 进行曲线模型检验，将模型设定为表示线性模型、含有城镇化率的二次项模型、含有城镇化率的三次项模型三种形式：

$$\ln \text{ECI}_{it} = \beta_0 + \alpha_i + \beta_1 \ln \text{UR}_{it} + \varepsilon_{it} \tag{2.28}$$

$$\ln \text{ECI}_{it} = \beta_0 + \alpha_i + \beta_1 \ln \text{UR}_{it} + \beta_2 \left(\ln \text{UR}_{it}\right)^2 + \varepsilon_{it} \tag{2.29}$$

$$\ln \text{ECI}_{it} = \beta_0 + \alpha_i + \beta_1 \ln \text{UR}_{it} + \beta_2 \left(\ln \text{UR}_{it}\right)^2 + \beta_3 \left(\ln \text{UR}_{it}\right)^3 + \varepsilon_{it} \tag{2.30}$$

使用个体固定效应面板模型，对生态环境质量指数与城镇化的回归模型进行估计，结果见表 2.12。可知在三个模型中，只有 M_2 模型中的城镇化系数在 5%水平下显著。根据曲线趋势和拐点的判断标准，5 个国家级特大城市群在 2000～2017 年，随着城镇化率的提升，生态环境质量呈现先下降后上升的“U”形演化趋势。这符合 UKC 曲线假设，并且属于“快下缓上”类型。曲线的方程为

$$\ln \text{ECI} = 3.06 - 1.90 \ln \text{UR} + 0.25 (\ln \text{UR})^2 \tag{2.31}$$

或者将方程左边化为 ECI 的原始形式，即

$$\text{ECI} = e^{3.06 - 1.9 \ln \text{UR} + 0.25 (\ln \text{UR})^2} \tag{2.32}$$

表 2.12　5 个国家级特大城市群城镇化与生态环境质量综合指数耦合趋势检验

变量	M_1	M_2	M_3
lnUR	−0.002	-1.90^{***}	5.49
lnUR2		0.25^{***}	−1.48
lnUR3			0.13
C	-0.43^{***}	3.06^{***}	−7.17
调整后 R^2	0.722	0.832	0.75
F 统计量	42^{***}	48^{***}	43^{***}
曲线形态	单调递减（不显著）	“U”形	“N”形（不显著）
城镇化水平拐点/%	—	47.4	—

***表示 1%水平下显著。

注：M_1 表示线性模型；M_2 表示模型含有城镇化率的二次项；M_3 表示模型含有城镇化率的三次项。

由于曲线方程（2.32）为包含对数和二次项的复合函数（简称对数二次项复合函数），将该函数附带的经验值在坐标系中进行描点，如图 2.26 所示，5 个国家级特大城市群整体的演化规律是，随着城镇化率的提高生态环境质量出现幅度较大的下降，大约在城镇化率达到 47.4%时出现拐点，生态环境质量开始比较平稳提升。进一步，为了探讨更简化的耦合曲线表达形式，在横轴是城镇化率，纵轴是生态环境综合指数的坐标系中对经验值进行再一次拟合，分别用线性函数、对数函数、幂函数、反比例函数、S 形函数、二次函数、指数函数、三次函数、复合函数、Logistic 函数等进行运算。各种函数表达形式如下：

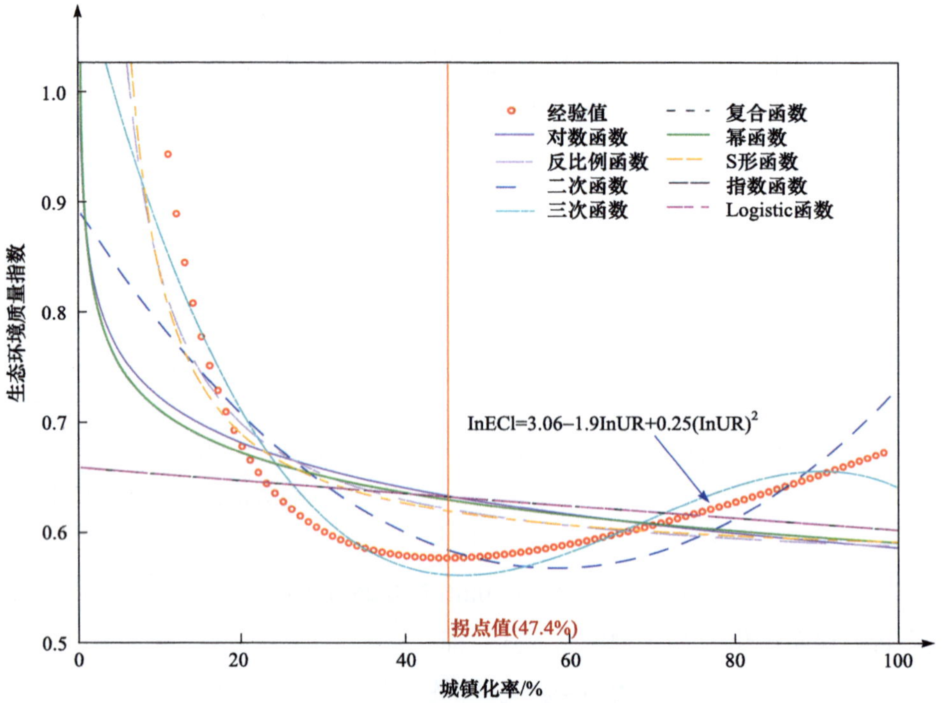

图 2.26　5 个国家级特大城市群城镇化与生态环境的对数二次项复合函数图

线性函数，方程为 $y=b_0+(b_1\times x)$ 的模型；

对数函数，方程为 $y=b_0+(b_1\times\ln(x))$ 的模型；

幂函数，方程式为 $y=b_0\times(x\hat{}b_1)$ 或 $\ln(y)=\ln(b_0)+(b_1\times\ln(x))$ 的模型；

反比例函数，方程为 $y=b_0+(b_1/x)$ 的模型；

S 形函数，方程式为 $y=e\hat{}(b_0+(b_1/x))$ 或 $\ln(y)=b_0+(b_1/x)$ 的模型；

二次函数，方程为 $y=b_0+(b_1\times x)+(b_2\times x\hat{}2)$ 的模型；

指数函数，方程为 $y=b_0\times(e\hat{}(b_1\times x))$ 或 $\ln(y)=\ln(b_0)+(b_1\times x)$ 的模型。

三次函数，方程为 $y=b_0+(b_1\times t)+(b_2\times x\hat{}2)+(b_3\times x\hat{}3)$ 的模型；

复合函数，方程式为 $y=b_0\times(b_1\hat{}x)$ 或 $\ln(y)=\ln(b_0)+(\ln(b_1)\times x)$ 的模型；

Logistic 函数，方程式为 $y=1/(1/u+(b_0\times(b_1\hat{}x)))$ 或 $\ln(1/y-1/u)=\ln(b_0)+(\ln(b_1)\times x)$ 的模型，其中 u 是上界值；

幂函数，方程式为 $y=e\hat{}(b_0+(b_1\times x))$ 或 $\ln(y)=b_0+(b_1\times x)$ 的模型；

通过图 2.26 以及函数的拟合优度进行判断，上面各个类型函数的拟合效果并不是很理想。因此，尝试使用分段函数进行精细拟合，以城镇化率 47.4%为分段点，左端的一半通过代入上述各类型的函数，发现拟合度最高的函数是反比例函数，R^2 达到 0.984（F=1751）；右端拟合度最高的函数是二次函数，R^2 达到 0.998（F=16835）。具体的表达式如下：

$$\begin{cases}ECI_1=0.423+5.39/UR,\ UR\in(0.47];\ (\text{反比例函数})\\ ECI_2=0.597-0.0015\times UR+0.000024\times UR^2,\ UR\in(47,100);\ (\text{二次函数})\end{cases} \quad (2.33)$$

通过二次函数式，可看到 UR^2 的系数非常小，说明分段函数的后半段，作为抛物线的一段，其开口非常大，换句话说，UR∈（47,100）这段函数，ECI 的值增加的很缓慢。这与城镇化中后期人与自然复杂的正负反馈关系分不开，生态环境破坏后的恢复是一个漫长艰难的过程，从函数曲线来看，这种上升幅度有限。目前中国城镇化正处在艰难转型时期，生态环境承载能力趋于饱和，生态环境质量在公众、企业、政府等多利益主体博弈下已经很难恢复到城镇化初级阶段时的状态。

第三节　京津冀城市群城镇化与生态环境的多维耦合曲线及检验

京津冀城市群是典型的特大城市群，作为中国经济核心区和体现国家竞争力的重要区域，其协同发展已上升到国家战略。京津冀城市群包括北京、天津和河北省石家庄、保定、沧州、承德、邯郸、衡水、廊坊、秦皇岛、唐山、邢台、张家口 13 个地级以上城市，总面积 21.72 万 km^2，占全国总面积的 2.26%，2017 年常住人口为 1.12 亿，占全国的 8.14%，GDP 总量 80361 亿元，占全国 9.81%，但同时该区域也是我国环境污染最集中、最严重的区域。2017 年和 2018 年全国空气质量最差的十个城市中京津冀地区分别占 6 个和 7 个，且冬季频频出现空气质量指数“爆表”现象（AQI>500）。《京津冀协同发展规划纲要》中指出要在生态环境协同治理方面率先突破，京津冀城市群的生态环境问题成为当前政府、学界、公众和媒体普遍关注的焦点（Fang et al., 2017；王振波等，2018）。在京津冀城市群范围内，城镇化系统与生态环境系统是否协调发展？京津冀协同发展背景下，城镇化与生态环境质量之间存在怎样的耦合曲线？不同生态环境主控变量是否存在不同的演化拐点？这是本节需要解决的问题。

一、京津冀城市群城镇化与生态环境主控变量的相关性分析

参考城镇化与生态环境指标遴选的思路和原则，京津冀城市群生态环境质量通过水系统、土地系统、大气系统、能源系统四个子系统进行考量，选择 12 个指标分别是：人均用水量、万元 GDP 水耗、工业废水排放量、人均耕地面积、人均生态用地面积、植被指数、$PM_{2.5}$ 浓度、人均碳排放、工业 SO_2 排放量、人均能耗、人均居民生活用电量、工业粉尘排放量，数据时间跨度为 2000～2017 年，数据空间尺度为城市（北京市、天津市和河北省的 11 个地级城市），从而构造了一个包含 234 个样本观测量的面板数据集。

在对城镇化与生态环境主控变量的具体耦合曲线关系进行检验之前，首先在坐标系中做出两者之间散点图（图 2.27），直观地对城镇化与每个主控变量的相关关系进行分析，以给出初步的判断。可以看出城镇化与各个主控要素之间的关系各有特点，总体来看，河北省的 11 个地级市与北京、天津两个城市之间城镇化发展阶段差距较大，北京和天津的城镇化率在 65%～85%，河北各地市城镇化率在 20%～63%。图中也给出了每个主控变量箱型图，可帮助分析变量的变动幅度、均值、中位数以及数据离散程度。

分每个要素来看，城镇化与用水的关系近些年整体是呈下降趋势，不管是人均用水还是单位 GDP 用水均呈下降态势；工业废水排放量随着城镇化进程的变化仅从散点图中表现得不明显；人均耕地面积可看出有减少趋势，但人均生态用地面积从散点图中看不

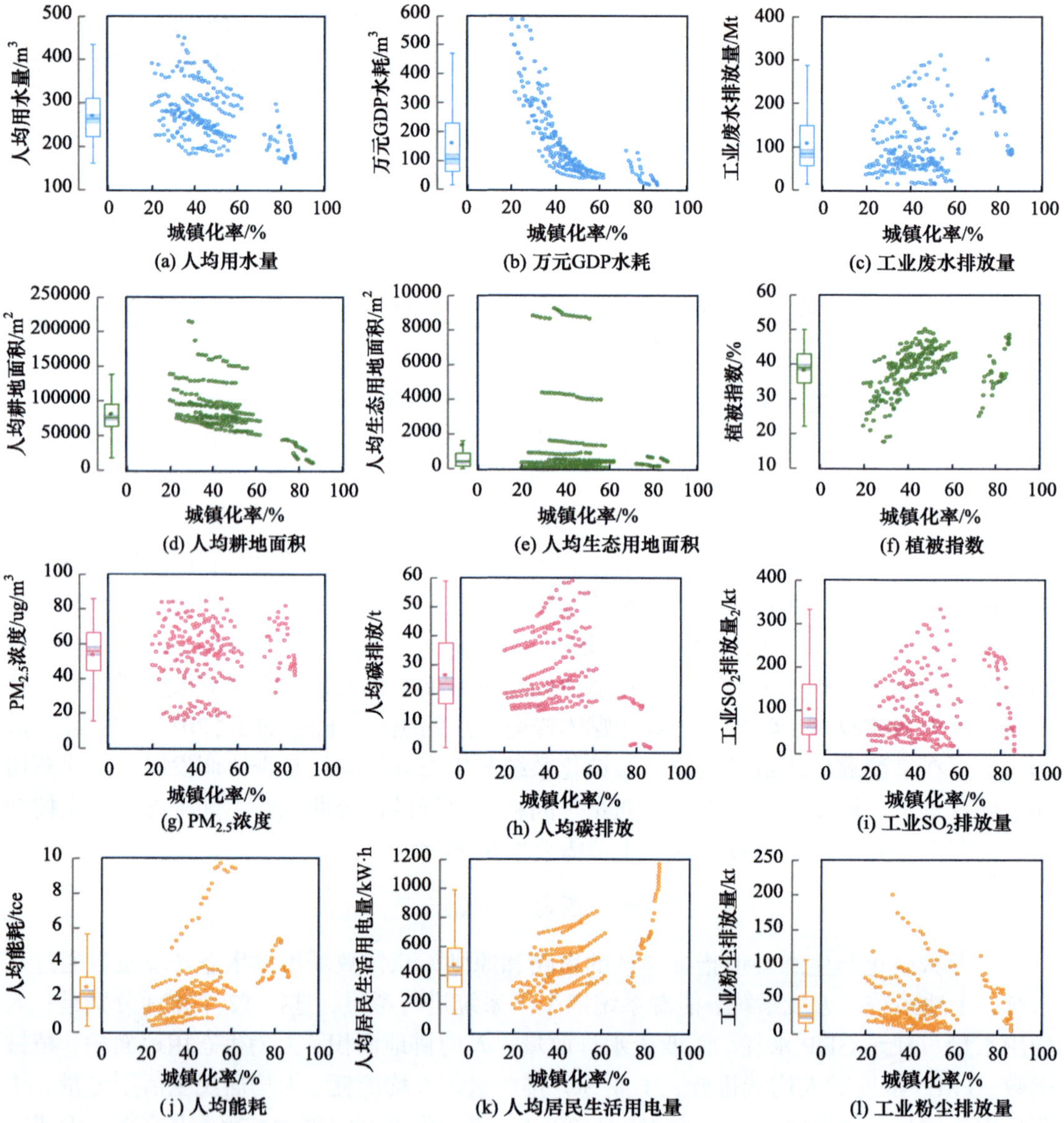

图 2.27　京津冀城市群城镇化与生态环境主控要素的相关性图谱

出明显趋势；植被指数随着城镇化提升呈现升高的趋势；$PM_{2.5}$仅从图中看不出明显的线性关系；工业 SO_2 排放量与城镇化的关系，河北省的城市出现倒“U”形曲线关系，北京、天津在研究时段基本处于下降趋势；人均碳排放在大多数城市中还是处于上升趋势，但近几年有明显放缓；人均能耗整体随着城镇化进程呈上升态势，唐山的人均能耗远远超过其他城市，值得注意的是大部分城市近几年似乎出现了拐点；人均生活用电量基本处于上升趋势；工业粉尘排放量在研究时段内基本处于下降态势。

二、京津冀城市群城镇化与生态环境要素多维耦合曲线检验

基于单位根和协整检验方法，对京津冀城市群的数据进行检验，发现城镇化水平与

水、土、气、能等系统变量经过一次差分变换后，存在长期稳定的协整关系。可进一步运用面板数据模型对城镇化与生态环境主控变量的耦合曲线进行检验。

固定效应更适合研究样本之间的区别，而随机效应适合由样本来推断总体特征。由于本研究就是针对京津冀城市群 13 个城市，不需要再去推断其他地区或全国情况，因此，选定固定效应模型更合适。同时由于 13 个城市之间差异性较大，相比时间固定效应模型，本研究更适合选择个体固定效应模型。此外，由于各个变量数量值差异很大，为使数据更符合正态分布并消除模型异方差性，在回归分析前对方程的自变量和因变量同时做对数处理。具体模型设定为

$$\ln Y_{it} = \beta_0 + \alpha_i + \beta_1 \ln \mathrm{UR}_{it} + \beta_2 (\ln \mathrm{UR}_{it})^2 + \beta_3 (\ln \mathrm{UR}_{it})^3 + \varepsilon_{it} \tag{2.34}$$

式中，Y_{it} 为第 i 个城市第 t 年的生态环境指标；β_0 和 α_i 分别为均值截距项和个体截距项，并且满足$\sum\alpha_i=0$，$i=1$，2，…，N，$t=1$，2，…，T（N 为截面个体成员的个数，T 为样本观测时期数），UR_{it} 表示第 i 个城市第 t 年的城镇化率，β_1、β_2 和 β_3 为待估参数，ε_{it} 为模型的随机误差项。

（一）城镇化与水生态环境主控要素的耦合曲线检验

京津冀城市群水资源短缺，当前人均水资源量仅为全国人均水资源量的 1/9。地下水超采严重，海河流域水资源开发利用的强度已达到 106%，远远超过了世界公认的安全警戒线 40%。随着快速城镇化与工业化的发展，京津冀成为全国水污染严重区域，所在的海河流域在全国河流地表水水系中水质最差，劣Ⅴ类水占比在全国主要流域中最高，污染最为严重，治理迫在眉睫。水生态环境问题是京津冀协同发展突出的制约问题，不仅严重影响生态系统整体的安全，而且制约着经济社会的可持续发展（鲍超和邹建军，2018；孙思奥等，2019）。

选取人均用水量、万元 GDP 水耗和工业废水排放量三个指标反映京津冀城市群地区水资源和水环境变化状况。针对京津冀城市群城镇化与人均用水量的 UKC 检验，将模型设定为如下三种形式，分别表示线性模型，含有城镇化率的二次项模型，含有城镇化率的三次项模型：

$$\ln \mathrm{Per\_Water}_{it} = \beta_0 + \alpha_i + \beta_1 \ln \mathrm{UR}_{it} + \varepsilon_{it} \tag{2.35}$$

$$\ln \mathrm{Per\_Water}_{it} = \beta_0 + \alpha_i + \beta_1 \ln \mathrm{UR}_{it} + \beta_2 (\ln \mathrm{UR}_{it})^2 + \varepsilon_{it} \tag{2.36}$$

$$\ln \mathrm{Per\_Water}_{it} = \beta_0 + \alpha_i + \beta_1 \ln \mathrm{UR}_{it} + \beta_2 (\ln \mathrm{UR}_{it})^2 + \beta_3 (\ln \mathrm{UR}_{it})^3 + \varepsilon_{it} \tag{2.37}$$

针对城镇化与万元 GDP 水耗的 UKC 检验，将模型设定为如下三种形式，分别表示线性模型，含有城镇化率的二次项模型，含有城镇化率的三次项模型：

$$\ln \mathrm{GDP\_Water}_{it} = \beta_0 + \alpha_i + \beta_1 \ln \mathrm{UR}_{it} + \varepsilon_{it} \tag{2.38}$$

$$\ln \mathrm{GDP\_Water}_{it} = \beta_0 + \alpha_i + \beta_1 \ln \mathrm{UR}_{it} + \beta_2 (\ln \mathrm{UR}_{it})^2 + \varepsilon_{it} \tag{2.39}$$

$$\ln \mathrm{GDP\_Water}_{it} = \beta_0 + \alpha_i + \beta_1 \ln \mathrm{UR}_{it} + \beta_2 (\ln \mathrm{UR}_{it})^2 + \beta_3 (\ln \mathrm{UR}_{it})^3 + \varepsilon_{it} \tag{2.40}$$

针对城镇化与工业废水排放量的 UKC 检验，将模型设定为如下三种形式，分别表示线性模型，含有城镇化率的二次项模型，含有城镇化率的三次项模型：

$$\ln \text{Wastewater}_{it} = \beta_0 + \alpha_i + \beta_1 \ln \text{UR}_{it} + \varepsilon_{it} \tag{2.41}$$

$$\ln \text{Wastewater}_{it} = \beta_0 + \alpha_i + \beta_1 \ln \text{UR}_{it} + \beta_2 \left(\ln \text{UR}_{it}\right)^2 + \varepsilon_{it} \tag{2.42}$$

$$\ln \text{Wastewater}_{it} = \beta_0 + \alpha_i + \beta_1 \ln \text{UR}_{it} + \beta_2 \left(\ln \text{UR}_{it}\right)^2 + \beta_3 \left(\ln \text{UR}_{it}\right)^3 + \varepsilon_{it} \tag{2.43}$$

在 Eviews8.0 平台中使用个体固定效应面板模型，分别对人均用水量、单位 GDP 水耗和工业废水排放量与城镇化率的回归模型进行估计，结果见表 2.13。可知城镇化与人均用水量的三个模型中，M_1、M_2、M_3 的城镇化系数均是显著，根据耦合曲线判断标准，M_2 的曲线形状呈倒“U”形，M_3 的曲线形状呈“N”形，但 M_3 计算的曲线拐点超出了[1,100]的范围，所以无效，而 M_1 的拟合效果以及 F 统计量均没有 M_2 显著，故判断城镇化与人均用水量的耦合方程为倒“U”形方程，符合 UKC 曲线假设，计算人均用水量达到峰值时的拐点对应城镇化率为 27.48%，表达式为

$$\ln \text{Per\_Water} = 0.73 + 3.13 \ln \text{UR} - 0.47 \left(\ln \text{UR}\right)^2 \tag{2.44}$$

表 2.13　京津冀城市群城镇化与水生态环境主控要素的耦合曲线检验

变量	lnPer_Water			lnGDP_Water			lnWastewater		
	M_1	M_2	M_3	M_1	M_2	M_3	M_1	M_2	M_3
lnUR	−0.33***	3.13***	−31.01***	−2.88***	12.79***	−121.21***	−0.37***	17.28***	−12.99
lnUR2		−0.47***	8.96***		−2.17***	34.92***		−2.22***	5.79
lnUR3			−0.86***			−3.41***			−0.74
C	6.81***	0.73*	41.65***	15.59***	−12.33***	148.53***	5.85***	−23.82***	11.32
调整后 R^2	0.918	0.941	0.947	0.924	0.939	0.955	0.727	0.768	0.771
F 统计量	202***	267***	279***	218***	259***	334***	48***	58***	55***
曲线形态	单调递减	倒“U”形	倒“N”形	单调递减	倒“U”形	倒“N”形	单调递减	倒“U”形	不显著
城镇化水平拐点/%	—	27.48	无效	—	19.02	无效	—	49.21	—

***和*分别表示 1%和 10%水平下显著。

注：M_1 表示线性模型；M_2 表示模型含有城镇化率的二次项；M_3 表示模型含有城镇化率的三次项。

城镇化与单位 GDP 耗水量的估计模型中，三个模型的城镇化系数均显著，根据耦合曲线形状的判断标准，虽然 M_3 的拟合效果最好，曲线形状呈倒“N”形，但计算的曲线拐点超出了[1,100]的范围，故判断城镇化与单位 GDP 耗水量的耦合曲线为倒“U”形，符合 UKC 曲线假设，计算人均用水量达到拐点对应城镇化率为 19.02%，方程表达式为

$$\ln \text{GDP\_Water} = -12.33 + 12.79 \ln \text{UR} - 2.17 \left(\ln \text{UR}\right)^2 \tag{2.45}$$

城镇化与工业废水排放的估计模型中，M_1 和 M_2 两个模型系数均显著，根据耦合曲线形状的判断标准，曲线形状呈倒“U”形，符合 UKC 曲线假设，计算工业废水排放达

到峰值时的拐点对应城镇化率为 49.21%，方程表达式为

$$\ln Wastewater = -23.82 + 17.28\ln UR - 2.22\left(\ln UR\right)^2 \tag{2.46}$$

（二）城镇化与土地主控要素的耦合曲线检验

选取人均耕地面积、人均生态用地面积和植被指数三个指标反映京津冀城市群土地覆被状况与生态用地空间的变化状况。京津冀城市群快速城镇化过程，不仅占用大量耕地资源，还导致生态用地的数量和质量的下降（王静等，2017）。本书的生态用地是指森林、草地、水域和其他未利用地，但从植被覆盖度来说，京津冀地区重要地理国情监测显示，2002～2013 年京津冀地区植被覆盖状况总体上轻微变好，植被覆盖度均值增加 6.44%，但这主要是河北的张家口、承德地区植被覆盖状况改善的贡献，北京市六环以内植被覆盖度均值从 40%下降到 25%；南部的保定、石家庄、邢台、唐山、邯郸等地植被覆盖状况呈现较大退化[①]。对于城镇化与生态用地的演化关系，学者们对京津唐、长三角等区域做过一些案例研究（彭建等，2015），然而具体两者是否存在一定的耦合关系，是否符合库兹涅茨曲线，很少有学者探讨。

针对城镇化与人均耕地面积的关系检验，将模型设定为如下三种形式，分别表示线性模型，含有城镇化率的二次项模型，含有城镇化率的三次项模型。

$$\ln Per\_Farm_{it} = \beta_0 + \alpha_i + \beta_1 \ln UR_{it} + \varepsilon_{it} \tag{2.47}$$

$$\ln Per\_Farm_{it} = \beta_0 + \alpha_i + \beta_1 \ln UR_{it} + \beta_2\left(\ln UR_{it}\right)^2 + \varepsilon_{it} \tag{2.48}$$

$$\ln Per\_Farm_{it} = \beta_0 + \alpha_i + \beta_1 \ln UR_{it} + \beta_2\left(\ln UR_{it}\right)^2 + \beta_3\left(\ln UR_{it}\right)^3 + \varepsilon_{it} \tag{2.49}$$

针对城镇化与人均生态用地面积的演化关系检验，将模型设定为如下三种形式，分别表示线性模型，含有城镇化率的二次项模型，含有城镇化率的三次项模型：

$$\ln Per\_Ecospace_{it} = \beta_0 + \alpha_i + \beta_1 \ln UR_{it} + \varepsilon_{it} \tag{2.50}$$

$$\ln Per\_Ecospace_{it} = \beta_0 + \alpha_i + \beta_1 \ln UR_{it} + \beta_2\left(\ln UR_{it}\right)^2 + \varepsilon_{it} \tag{2.51}$$

$$\ln Per\_Ecospace_{it} = \beta_0 + \alpha_i + \beta_1 \ln UR_{it} + \beta_2\left(\ln UR_{it}\right)^2 + \beta_3\left(\ln UR_{it}\right)^3 + \varepsilon_{it} \tag{2.52}$$

针对城镇化与植被指数的演化关系检验，将模型设定为如下三种形式，分别表示线性模型，含有城镇化率的二次项模型，含有城镇化率的三次项模型：

$$\ln NDVI_{it} = \beta_0 + \alpha_i + \beta_1 \ln UR_{it} + \varepsilon_{it} \tag{2.53}$$

$$\ln NDVI_{it} = \beta_0 + \alpha_i + \beta_1 \ln UR_{it} + \beta_2\left(\ln UR_{it}\right)^2 + \varepsilon_{it} \tag{2.54}$$

$$\ln NDVI_{it} = \beta_0 + \alpha_i + \beta_1 \ln UR_{it} + \beta_2\left(\ln UR_{it}\right)^2 + \beta_3\left(\ln UR_{it}\right)^3 + \varepsilon_{it} \tag{2.55}$$

在 Eviews8.0 平台中使用固定效应面板模型，对人均耕地面积与城镇化的回归模型进行估计，结果见表 2.14。可以看到城镇化与人均耕地面积的三个模型 F 统计量均显著，且回归系数也都显著，根据耦合曲线判断标准，M_3 的曲线形状呈倒“N”形，但计算的

① 国家基础地理信息中心：http://www.ngcc.cn/article/cs/201509/20150900006911.shtml.

曲线拐点超出了[1,100]的范围，所以无意义。M_2 模型显示曲线形状呈倒“U”形，计算人均耕地面积出现拐点时对应城镇化率为 31.16%，方程表达式为

$$\ln\text{Per\_Farm} = 5.14 + 3.65\ln\text{UR} - 0.53(\ln\text{UR})^2 \tag{2.56}$$

表 2.14 京津冀城市群城镇化与土地主控要素的耦合曲线检验

变量	lnPer_Farm			lnPer_Ecospace			lnNDVI		
	M_1	M_2	M_3	M_1	M_2	M_3	M_1	M_2	M_3
lnUR	−0.25***	3.65***	−65.35***	−0.31***	3.47***	−73.67***	1.33***	1.16*	3.61
lnUR2		−0.53***	18.56***		−0.52***	20.83***		−0.13	−0.76
lnUR3			−1.75***			−1.96***			0.06
C	12.11***	5.14***	87.98***	7.15***	0.41***	93.02***	3.00***	0.51	−2.44
调整后 R^2	0.973	0.978	0.988	0.989	0.991	0.991	0.583	0.599	0.597
F-统计量	665***	749***	1353***	1735***	1852***	1898***	26***	25***	24***
曲线形态	单调递减	倒“U”形	倒“N”形	单调递减	倒“U”形	倒“N”形	单调递增	不显著	不显著
城镇化水平拐点/%	—	31.16	无效	—	27.4	无效	—	—	—

***和*分别表示 1%和 10%水平下显著。

注：M_1 表示线性模型；M_2 表示模型含有城镇化率的二次项；M_3 表示模型含有城镇化率的三次项。

城镇化与人均生态用地面积的估计模型中，三个模型的城镇化系数均显著，但 M_3 的拟合曲线计算的拐点超出了[1,100]的范围，故判断城镇化与人均生态用地面积的耦合曲线为倒“U”形，计算人均生态用地面积达到峰值时的拐点对应城镇化率为 27.4%，方程表达式为

$$\ln\text{Per\_Ecospace} = 0.41 + 3.47\ln\text{UR} - 0.52(\ln\text{UR})^2 \tag{2.57}$$

城镇化与植被指数的估计模型中，只有 M_1 线性模型的城镇化系数显著，M_2 与 M_3 模型的系数在 10%水平下均不显著。因此，判断城镇化与植被指数呈单调递增的线性关系，直线斜率为 1.33，即城镇化率每升高 1%，植被指数将增加 1.33%，方程表达式为

$$\ln\text{NDVI} = 3.00 + 1.33\ln\text{UR} \tag{2.58}$$

（三）城镇化与大气生态环境主控要素的耦合曲线检验

京津冀城市群及周边区域的大气污染问题由来已久，进入 21 世纪后呈现爆发式增长。2000～2014 年来京津冀城市群 $PM_{2.5}$、PM_{10} 等大气污染整体呈上升趋势，季节上呈秋冬高、春夏低，空间上呈东南高、西北低的特点，2014～2019 年整体上呈下降趋势，而臭氧浓度则一直呈上升趋势（刘海猛等，2018；赵辉等，2020）。《大气污染防治行动计划》要求，京津冀地区到 2017 年 $PM_{2.5}$ 年均浓度要比 2013 年下降 25%，若按照这个治理进度，京津冀城市群估计将在 2030 年左右才能达到 35μg/m³ 的国家标准。京津冀城市群及周边区域，2015～2017 年空气质量达标的地区几乎没有（根据 2012 年我国发布的《环境空气质量指数（AQI）技术规定（试行）》，$PM_{2.5}$ 年均浓度不超过 35μg/m³，

空气质量达标）；有一多半地区 $PM_{2.5}$ 浓度大于 75μg/m^3，空气质量为污染等级。另外，京津冀城市群及周边区域的大气污染秋冬季要比春夏季更为严重。2018 年，京津冀“2+26”城市逐步开始执行最新二氧化硫、氮氧化物、颗粒物和挥发性有机物特别排放限值。京津冀城市群城镇化与大气生态环境耦合曲线是否已经达到拐点？未来演化趋势如何？

针对城镇化与 $PM_{2.5}$ 浓度的曲线检验，将模型设定为如下三种形式，分别表示线性模型，含有城镇化率的二次项模型，含有城镇化率的三次项模型：

$$\ln PM_{2.5it}=\beta_0+\alpha_i+\beta_1\ln UR_{it}+\varepsilon_{it} \tag{2.59}$$

$$\ln PM_{2.5it}=\beta_0+\alpha_i+\beta_1\ln UR_{it}+\beta_2\left(\ln UR_{it}\right)^2+\varepsilon_{it} \tag{2.60}$$

$$\ln PM_{2.5it}=\beta_0+\alpha_i+\beta_1\ln UR_{it}+\beta_2\left(\ln UR_{it}\right)^2+\beta_3\left(\ln UR_{it}\right)^3+\varepsilon_{it} \tag{2.61}$$

针对京津冀城市群地区城镇化与人均碳排放的曲线检验，将模型设定为如下三种形式，分别表示线性模型，含有城镇化率的二次项模型，含有城镇化率的三次项模型：

$$\ln Per\_Carbon_{it}=\beta_0+\alpha_i+\beta_1\ln UR_{it}+\varepsilon_{it} \tag{2.62}$$

$$\ln Per\_Carbon_{it}=\beta_0+\alpha_i+\beta_1\ln UR_{it}+\beta_2\left(\ln UR_{it}\right)^2+\varepsilon_{it} \tag{2.63}$$

$$\ln Per\_Carbon_{it}=\beta_0+\alpha_i+\beta_1\ln UR_{it}+\beta_2\left(\ln UR_{it}\right)^2+\beta_3\left(\ln UR_{it}\right)^3+\varepsilon_{it} \tag{2.64}$$

针对城镇化与工业 SO_2 排放量的曲线检验，将模型设定为如下三种形式，分别表示线性模型，含有城镇化率的二次项模型，含有城镇化率的三次项模型：

$$\ln SO_{2it}=\beta_0+\alpha_i+\beta_1\ln UR_{it}+\varepsilon_{it} \tag{2.65}$$

$$\ln SO_{2it}=\beta_0+\alpha_i+\beta_1\ln UR_{it}+\beta_2\left(\ln UR_{it}\right)^2+\varepsilon_{it} \tag{2.66}$$

$$\ln SO_{2it}=\beta_0+\alpha_i+\beta_1\ln UR_{it}+\beta_2\left(\ln UR_{it}\right)^2+\beta_3\left(\ln UR_{it}\right)^3+\varepsilon_{it} \tag{2.67}$$

在 Eviews8.0 平台中使用个体固定效应面板数据模型，对 $PM_{2.5}$ 浓度、人均碳排放、工业 SO_2 排放量与城镇化的回归模型进行估计，结果见表 2.15。可以看到 $PM_{2.5}$ 浓度与城镇化进行回归的三个模型中，回归系数和 F 统计量均显著。根据耦合曲线判断标准，M_3 的曲线形状呈“N”形，然而计算的曲线拐点超出了[1,100]的范围，没有意义；故判断城镇化与 $PM_{2.5}$ 浓度的耦合曲线呈倒“U”形，符合 UKC 假设，方程表达式为

$$\ln PM_{2.5}=0.53+1.74\ln UR-0.22\left(\ln UR\right)^2 \tag{2.68}$$

表 2.15　京津冀城市群城镇化与大气生态环境主控要素的耦合曲线检验

变量	$\ln PM_{2.5}$			lnPer_Carbon			$\ln SO_2$		
	M_1	M_2	M_3	M_1	M_2	M_3	M_1	M_2	M_3
lnUR	0.139***	1.74***	31.099**	0.35***	0.84**	−60.68***	−0.38**	25.84***	−64.43
lnUR2		−0.22**	−8.348**		−0.09*	16.96***		−3.58***	21.35**
lnUR3			0.746**			−1.56***			−2.29***
C	3.377***	0.53***	−34.72**	1.745***	0.86*	74.72***	5.77***	−40.95***	67.41*
调整后 R^2	0.934	0.936	0.939	0.988	0.988	0.993	0.605	0.719	0.727

续表

变量	$lnPM_{2.5}$			lnPer_Carbon			$lnSO_2$		
	M_1	M_2	M_3	M_1	M_2	M_3	M_1	M_2	M_3
F 统计量	251^{***}	244^{***}	242^{***}	1610^{***}	1493^{***}	2410^{***}	28^{***}	44^{***}	42^{***}
曲线形态	单调递增	倒“U”形	“N”形	单调递增	倒“U”形	倒“N”形	单调递减	倒“U”形	“N”形
城镇化水平拐点/%	—	50.53	无效	—	75.31	无效	—	36.78	不显著

***、**和*分别表示 1%、5%和 10%水平下显著。

注：M_1 表示线性模型；M_2 表示模型含有城镇化率的二次项；M_3 表示模型含有城镇化率的三次项。

对人均碳排放与城镇化的回归模型进行估计，三个模型的回归系数均是显著的，根据判断标准，M_2 的曲线形状呈倒“U”形，M_3 呈倒“N”形，然而计算的倒“N”曲线的两个拐点均超出了[1,100]的范围，所以拐点没有实际意义，故判断城镇化与人均碳排放的耦合曲线呈倒“U”形，当城镇化率达到 75.31%，曲线出现极大值拐点，人均碳排放达到最大值，M_2 模型曲线的方程表达式为

$$\text{lnPer\_Carbon} = 0.86 + 0.84\text{lnUR} - 0.09(\text{lnUR})^2 \qquad (2.69)$$

可以看到在工业 SO_2 排放量与城镇化进行回归的三个模型中，只有 M_1 和 M_2 显著。根据判断标准，M_2 的曲线形状呈倒“U”形，符合 UKC 假设，故判断城镇化与工业 SO_2 排放量的耦合曲线呈倒“U”形，当城镇化率达到 36.78%，曲线出现极大值拐点，工业 SO_2 排放量达到最大值，曲线的方程表达式为

$$\text{lnSO}_2 = -40.95 + 25.84\text{lnUR} - 3.58(\text{lnUR})^2 \qquad (2.70)$$

其他学者研究表明，全国面板数据检验城镇化与工业 SO_2 排放量的耦合曲线，同样符合倒“U”形，只是拐点为 42.36%，比京津冀地区略微滞后大约 5 个百分点（杜江和刘渝，2008）。这也验证了本书估计的可信性。

（四）城镇化与能源主控要素的耦合曲线检验

城镇化发展加剧了城市对能源的消耗，进而加剧了能源供需不平衡，这种不平衡已经成为限制城镇化发展的重要因素（王朝等，2018）。在能源结构方面，除北京、天津外，华北地区煤炭在能源消费结构中占比近 90%，远超全国平均水平。京津冀区域耗煤量巨大，煤炭消费量占全国 8.7%。靠近山西、内蒙古等产煤区，煤炭价格较为低廉且运输方便，工业结构不合理以及烧煤取暖等多重因素导致京津冀地区的煤炭消耗大幅高于其他地区。京津冀各城市自 2013 年起逐渐推行“煤改气”、“煤改电”和燃煤脱硫等举措，煤炭消耗量已从 2013 年的 3.9 亿 t 下降到 2018 年的 3 亿 t，下降了 23%。已有研究表明京津冀区域经济增长与天然气、电力等清洁能源消费之间存在正向关系，常住人口城镇化发展对河北省的煤炭、石油、电力等其他能源消费具有反向影响（王风云和苏烨琴，2018）；京津冀城市群能源消费与碳排放存在双向因果关系，但经济增长与能源消费、经济增长与碳排放存在单向因果关系（王仲瑀，2017）。

在此基础上选取人均能耗、人均居民生活用电量和工业粉尘排放量三个指标反映京津冀城市群能源的消耗情况。对京津冀城市群城镇化与人均能源消费的耦合曲线检验将模型设定为如下三种形式，分别表示线性模型、含有城镇化率的二次项模型、含有城镇化率的三次项模型：

$$\text{lnPer\_Energy}_{it} = \beta_0 + \alpha_i + \beta_1 \text{lnUR}_{it} + \varepsilon_{it} \tag{2.71}$$

$$\text{lnPer\_Energy}_{it} = \beta_0 + \alpha_i + \beta_1 \text{lnUR}_{it} + \beta_2 \left(\text{lnUR}_{it}\right)^2 + \varepsilon_{it} \tag{2.72}$$

$$\text{lnPer\_Energy}_{it} = \beta_0 + \alpha_i + \beta_1 \text{lnUR}_{it} + \beta_2 \left(\text{lnUR}_{it}\right)^2 + \beta_3 \left(\text{lnUR}_{it}\right)^3 + \varepsilon_{it} \tag{2.73}$$

针对京津冀城市群城镇化与人均居民生活用电量的耦合曲线检验，将模型设定为如下三种形式，分别表示线性模型、含有城镇化率的二次项模型、含有城镇化率的三次项模型：

$$\text{lnPer\_Electricity}_{it} = \beta_0 + \alpha_i + \beta_1 \text{lnUR}_{it} + \varepsilon_{it} \tag{2.74}$$

$$\text{lnPer\_Electricity}_{it} = \beta_0 + \alpha_i + \beta_1 \text{lnUR}_{it} + \beta_2 \left(\text{lnUR}_{it}\right)^2 + \varepsilon_{it} \tag{2.75}$$

$$\text{lnPer\_Electricity}_{it} = \beta_0 + \alpha_i + \beta_1 \text{lnUR}_{it} + \beta_2 \left(\text{lnUR}_{it}\right)^2 + \beta_3 \left(\text{lnUR}_{it}\right)^3 + \varepsilon_{it} \tag{2.76}$$

针对城镇化与工业粉尘排放量的耦合曲线检验，将模型设定为如下三种形式，分别表示线性模型、含有城镇化率的二次项模型、含有城镇化率的三次项模型：

$$\text{lnDust}_{it} = \beta_0 + \alpha_i + \beta_1 \text{lnUR}_{it} + \varepsilon_{it} \tag{2.77}$$

$$\text{lnDust}_{it} = \beta_0 + \alpha_i + \beta_1 \text{lnUR}_{it} + \beta_2 \left(\text{lnUR}_{it}\right)^2 + \varepsilon_{it} \tag{2.78}$$

$$\text{lnDust}_{it} = \beta_0 + \alpha_i + \beta_1 \text{lnUR}_{it} + \beta_2 \left(\text{lnUR}_{it}\right)^2 + \beta_3 \left(\text{lnUR}_{it}\right)^3 + \varepsilon_{it} \tag{2.79}$$

在 Eviews8.0 平台中使用个体固定效应面板模型，对人均能耗、人均居民生活用电量和工业粉尘排放量与城镇化的回归参数进行估计，结果见表 2.16。

表 2.16　京津冀城市群城镇化与能源主控要素的耦合曲线检验

变量	lnPer_Energy			lnPer_Electricity			lnDust		
	M_1	M_2	M_3	M_1	M_2	M_3	M_1	M_2	M_3
UR	0.81***	−0.92***	0.46	1.17***	0.34	93.32***	−1.37***	7.57***	−41.76**
UR2		0.13***	−0.07		0.11	−25.62***		−1.21***	12.41**
UR3			0.02			2.36***			−1.25**
C	−2.34***	−0.14***	−1.21	1.60***	3.07	−108.53***	8.54***	−7.41***	51.82**
调整后 R^2	0.956	0.956	0.956	0.804	0.804	0.836	0.887	0.901	0.902
F 统计量	393***	366***	340***	74***	69***	80***	142***	151***	145***
曲线形态	单调递增	“U” 形	不显著	单调递增	不显著	“N” 形	单调递减	倒 “U” 形	倒 “N” 形
城镇化水平拐点/%	—	33	—	—	—	无效	—	22.86	无效

***和**分别表示 1%和 5%水平下显著。

注：M_1 表示线性模型；M_2 表示模型含有城镇化率的二次项；M_3 表示模型含有城镇化率的三次项。

可以看到在人均能耗与城镇化关系的三个模型中，只有 M_1 和 M_2 的城镇化系数在 5% 水平下显著。根据判断标准，M_2 的曲线形状呈“U”形，不符合 UKC 假设，当城镇化率达到 33%，曲线出现拐点，人均能耗又开始增多，这与世界发达国家城镇化与人均能源消费的耦合曲线呈倒“U”形的经验规律有所不同，主要原因是目前京津冀区域的发展阶段决定，何时会出现第二个拐点，曲线变为倒“N”形，是政府部门应关注的重点。本书实证研究的曲线方程表达式为

$$\ln Per\_Energy = -0.14 - 0.92\ln UR + 0.13(\ln UR)^2 \quad (2.80)$$

对人均居民生活用电量与城镇化的回归模型进行估计，M_1 和 M_3 模型的回归系数均是显著的，根据判断标准，M_3 呈现“N”形，然而计算的“N”形曲线的两个拐点均超出了[1,100]的范围，所以拐点没有实际意义，故判断城镇化与人均居民生活用电量的耦合曲线呈单调递增趋势，直线斜率为 1.17，即城镇化率每提高 1%，人均居民生活用电量将升高 1.17%，曲线方程表达式为

$$\ln Per\_Electricity = 1.60 + 1.17\ln UR \quad (2.81)$$

对工业粉尘排放量与城镇化的回归模型进行估计，M_1、M_2、M_3 模型的回归系数均是显著的，根据判断标准，M_3 呈现倒“N”形，然而计算的倒“N”形曲线的两个拐点均超出了[1,100]的范围，所以拐点没有实际意义，故判断城镇化与人均居民生活用电量的耦合曲线呈倒“U”形，符合 UKC 假设，拐点为城镇化率达 22.86%，曲线方程表达式为

$$\ln Dust = -7.41 + 7.57\ln UR - 1.21(\ln UR)^2 \quad (2.82)$$

三、京津冀城市群城镇化与生态环境主控要素的耦合曲线和拐点

前面运用固定效应面板模型，分别以人均用水量、万元 GDP 水耗、工业废水排放量、人均耕地面积、人均生态用地面积、植被指数、$PM_{2.5}$ 浓度、人均碳排放、工业 SO_2 排放量、人均能耗、人均居民生活用电量、工业粉尘排放量生态环境系统的 12 个主控要素作为因变量，以城镇化率及其二次、三次形式作为自变量建立回归方程，对京津冀城市群的 UKC 曲线进行检验。将模型估计结果进行汇总，可以得到京津冀城市群城镇化与生态环境耦合曲线与拐点（表 2.17）。可以看到，大部分变量符合 UKC 假设，即存在不同维度的生态环境质量随着城镇化进程先变差后改善的过程。但同时也存在研究时段内呈线性演变趋势或先变好再变差的过程。

表 2.17 京津冀城市群城镇化与生态环境主控要素耦合曲线和拐点集

生态环境子系统	指标名称	曲线形态	城镇化拐点/%	直线斜率
水系统	人均用水量	倒“U”形	27.48	—
	万元 GDP 水耗	倒“U”形	19.02	—
	工业废水排放量	倒“U”形	49.21	—
土地系统	人均耕地面积	倒“U”形	31.16	—
	人均生态用地面积	倒“U”形	27.4	—
	植被指数	单调递增	—	1.33

续表

生态环境子系统	指标名称	曲线形态	城镇化拐点/%	直线斜率
大气系统	$PM_{2.5}$浓度	倒“U”形	50.53	—
	人均碳排放	倒“U”形	75.31	—
	工业 SO_2 排放量	倒“U”形	36.78	—
能源系统	人均能耗	“U”形	33	—
	人均居民生活用电量	单调递增	—	1.17
	工业粉尘排放量	倒“U”形	22.86	—

将多维度的城镇化与生态环境主控要素耦合曲线在坐标系中进行展示，图 2.28 给出了相应的耦合曲线示意图。在 12 个主控变量中有 2 个是线性关系，10 个是非线性的“U”形或倒“U”形关系。其中 2 个线性关系中，植被指数与城镇化的关系呈单调递增的态

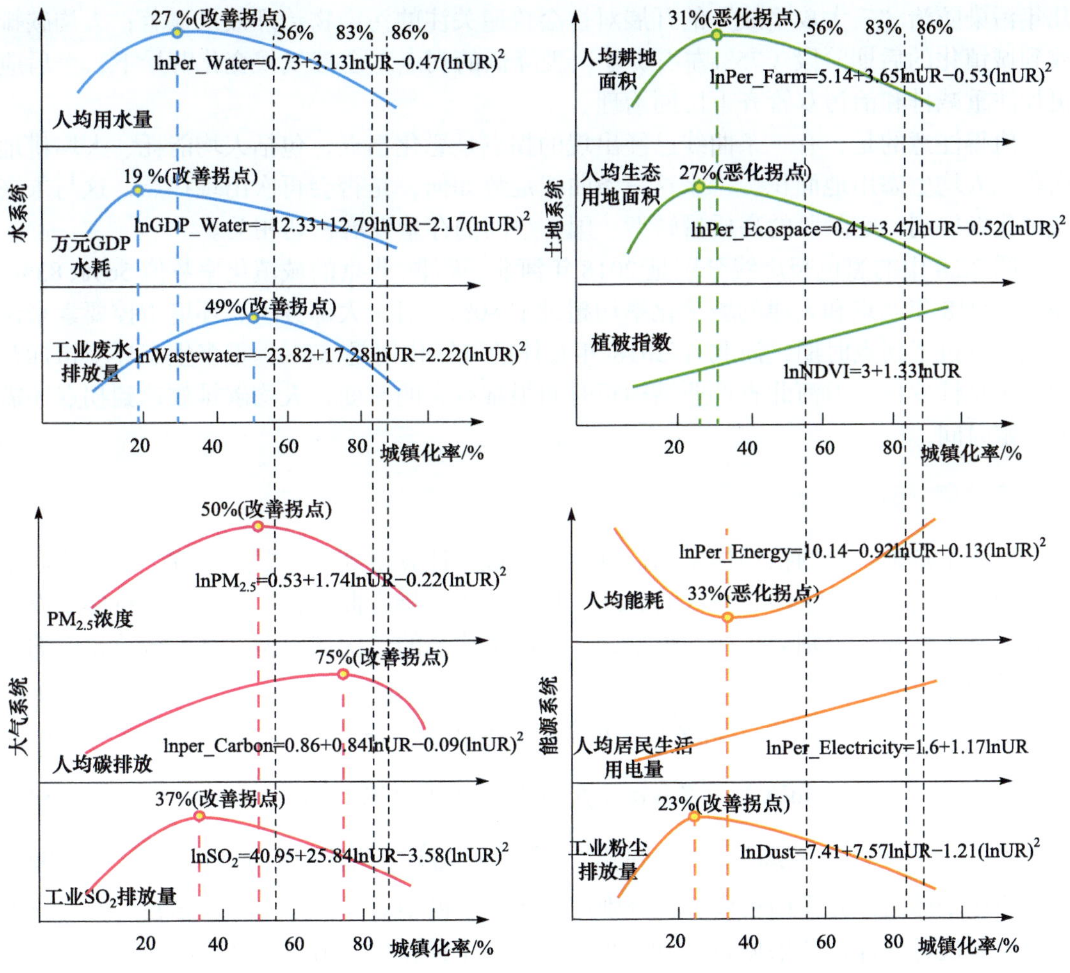

图 2.28　2018 年京津冀城市群城镇化与生态环境要素多维耦合曲线及拐点图

黑色竖虚线分别是 2018 年河北、天津、北京的城镇化率数值 56%、83%、86%，UR 表示城镇化率

势，斜率为 1.33，即城镇化率每提高一个百分点，植被指数将增加 1.33%；人均居民生活用电与城镇化的关系也呈单调递增的态势，斜率为 1.17，即城镇化率每提高一个百分点，人均居民生活用电将增加 1.17%，这佐证了城镇化会导致居民生活方式转变，进而直接导致了用电量的增加的前人研究结论。

由图 2.28 看出，10 个非线性耦合曲线中，有 4 个曲线的拐点发生在城镇化率达到 30%之前，即城镇化还处在初始阶段，相应的生态环境主控变量就开始出现演化拐点，万元 GDP 水耗、人均用水量在城镇化率 19%和 27%时即达到最大值，可能的原因是京津冀地区实行节水灌溉技术和工业用水的循环利用比较早以及北京人口的迅速膨胀。工业粉尘排放量、工业 SO_2 排放量分别在城镇化率 23%和 37%时即达到最大值，可见我国城镇化快速爬升初期就开始注重工业三废排放的治理，在城市群地区的成效已经显现。工业废水排放量、$PM_{2.5}$ 浓度是在城镇化快速上升的中期（50%前后）出现改善的拐点，这与近些年国家和地方政府相继出台针对性的“大气十条”“水十条”①等环境污染联防联控政策密切相关，虽然相比工业粉尘排放量、工业 SO_2 排放量的拐点要滞后很多，但几年污染防治“三大攻坚战”的开展对社会普遍关注的污染物治理效果显著；人均碳排放到城镇化的后期阶段（75%左右）才出现降低的拐点，全球气候变化背景下，今后应更加注重减排和治污双管齐下协同治理。

值得注意的是，有三条曲线已经出现的拐点是恶化拐点，包括人均能耗、人均耕地面积、人均生态用地面积，未来这三条曲线走势如何，是否会再次出现拐点，这与未来城镇化发展到一定阶段的高质量转型、国土空间的存量发展密切相关。

图 2.28 中的黑色竖虚线分别是 2018 年河北、天津、北京的城镇化率数值 56%、83%、86%。2018 年北京和天津的城镇化率均超过了 80%，对于大部分生态环境主控要素来说已经均越过了拐点时期，河北省 2018 年整体的城镇化率是 56%，很多生态环境指标开始趋于良性发展，但河北省产业结构短时间很难有大的改变，人均碳排放达到拐点还需要一定时间。

四、京津冀城市群城镇化与生态环境的多维耦合曲线分析

根据本章第一节的指标体系和计算方法，首先计算得到京津冀城市群生态环境质量指数的数据集，针对京津冀地区的 ECI 与城镇化进行耦合曲线检验，同样，将模型设定为如下三种形式，分别表示线性模型，含有城镇化率的二次项模型，含有城镇化率的三次项模型：

$$\ln \mathrm{ECI}_{it} = \beta_0 + \alpha_i + \beta_1 \ln \mathrm{UR}_{it} + \varepsilon_{it} \tag{2.83}$$

$$\ln \mathrm{ECI}_{it} = \beta_0 + \alpha_i + \beta_1 \ln \mathrm{UR}_{it} + \beta_2 \left(\ln \mathrm{UR}_{it}\right)^2 + \varepsilon_{it} \tag{2.84}$$

$$\ln \mathrm{ECI}_{it} = \beta_0 + \alpha_i + \beta_1 \ln \mathrm{UR}_{it} + \beta_2 \left(\ln \mathrm{UR}_{it}\right)^2 + \beta_3 \left(\ln \mathrm{UR}_{it}\right)^3 + \varepsilon_{it} \tag{2.85}$$

使用个体固定效应面板模型，分别用上述三个模型对生态环境综合指数与城镇化的回归模型进行估计，结果见表 2.18。可以看到三个模型中，M_1 和 M_2 的回归系数在 5%

① “大气十条”即《大气污染防治行动计划》，“水十条”即《水污染防治行动计划》。

的水平下是显著的，M_3的回归系数不显著。根据判断标准，M_2的曲线形状呈“U”形，进而计算的“U”形曲线的拐点是城镇化率为 51.2%，这比五大城市群的整体规律延后了 4 个百分点，故判断京津冀城镇化与 ECI 的耦合复合曲线呈先下降后上升的“U”形关系，M_2模型曲线的方程表达式为

$$\ln ECI = 2.230 - 1.879\ln UR + 0.238(\ln UR)^2 \tag{2.86}$$

或者将方程左边化为 ECI 的原始形式，即

$$ECI = e^{2.230-1.879\ln UR+0.238(\ln UR)^2} \tag{2.87}$$

表 2.18　京津冀城市群城镇化与生态环境质量指数的耦合曲线检验

变量	M_1	M_2	M_3
lnUR	0.085***	−1.879***	6.639
lnUR2	—	0.238***	−2.055*
lnUR3	—	—	0.211**
C	−0.878***	2.230***	−7.731***
调整后 R^2	0.911	0.924	0.926
F统计量	183***	204***	196***
曲线形态	单调递增	“U” 形	不显著
城镇化水平拐点/%	—	51.2	—

***、**和*分别表示 1%、5%和 10%水平下显著。

注：M_1表示线性模型；M_2表示模型含有城镇化率的二次项；M_3表示模型含有城镇化率的三次项。

由于曲线方程（2.87）为包含对数和二次项的复合函数，为了更直观地对曲线演化态势进行判断，将该函数附带的经验值在坐标系中进行描点（图 2.29）。可以看到，京津冀城市群整体的演化规律是，随着城镇化率的提高生态环境质量首先出现快速的下降，大约在城镇化率达到 51.2%时出现拐点，生态环境质量开始缓慢的比较平稳的提升。这符合本章第一节中的 UKC 曲线假设，并且属于“快下缓上”的“U”形曲线类型。

为探讨更简化的耦合曲线表达形式，在横轴是城镇化率（UR），纵轴是生态环境质量指数（ECI）的坐标系中对经验值再次拟合，分别用线性函数、指数函数、增长函数、对数函数、反向函数、二次函数、三次函数、S 形函数、Logistic 函数等运算。最终发现单一函数拟合效果并不理想，考虑使用分段函数进行耦合规律表达，将曲线拐点 UR=51.2%作为断点值，分别计算两段函数的最佳表达式，R^2 均超过 0.97，结果如下：

$$\begin{cases} ECI_1 = 1.282 \times UR^{-0.272},\ UR \in (0,51];(\text{幂函数}) \\ ECL_2 = 0.482 - 0.00088 \times UR + 0.00001 \times UR^2,\ UR \in (51,100);(\text{二次函数}) \end{cases} \tag{2.88}$$

可以看到，该曲线可分解为一个幂函数和二次函数的形式。二次函数式中的 UR^2 的系数非常小，说明分段函数的后半段，作为抛物线的一段，其开口非常大，换句话说，UR∈（51,100）这段函数，ECI 的值增加的很缓慢。这与京津冀城市群城镇化中后期人与

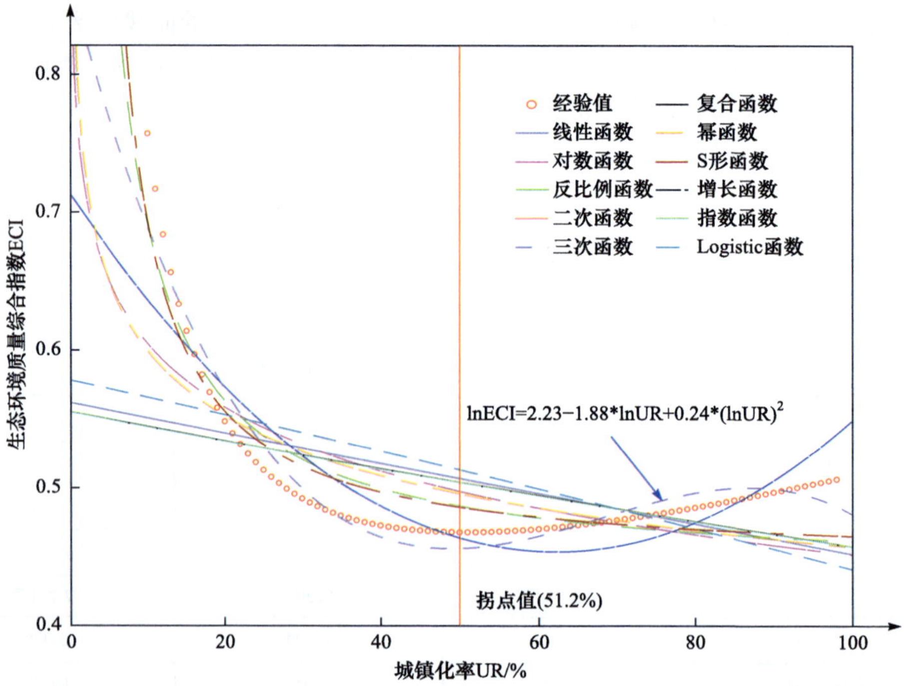

图 2.29　京津冀城市群城镇化与生态环境的对数二次项复合函数图

自然复杂的正负反馈关系分不开，生态环境破坏后的恢复是一个漫长的过程，而且仅从函数曲线来看，这种恢复已经难以还原到生态环境系统的初始状态。

五、主要结论与相关讨论

（一）主要结论

本章梳理总结了经典的环境库兹涅茨曲线理论、城镇化与生态环境耦合的双指数曲线规律，进而以城镇化为主要参考系，以生态环境质量指数（ECI）代替传统的环境污染指标，提出了城镇化库兹涅茨曲线为“U”形曲线的假设，并将其分为四种子类型。然后，在水系统、土地系统、大气系统、能源系统四个维度选择了可以反映中国城市群主要生态环境质量的 12 个指标作为表征生态环境质量的序参量（主控变量）。分别以中国 19 个城市群、5 个国家级特大城市群和京津冀城市群为实证案例，运用面板模型进行规律探索和分析，最终刻画出特大城市群尺度的城镇化与生态环境多维耦合曲线以及典型案例京津冀城市群的城镇化与生态环境多维耦合曲线，初步生成了京津冀城市群城镇化与生态环境主控要素的耦合曲线及拐点，在特大城市群尺度，验证了城镇化库兹涅茨曲线的存在。主要结论如下。

1）通过分析中国 19 个城市群城镇化与生态环境主控要素的演化关系，发现由于发育阶段不同、自然本底的不同，不同城市群的城镇化与生态环境演化曲线表现有所不同。根据各个城市群 2000～2017 年的演化趋势，京津冀、长三角、珠三角、辽中南、山东半岛、海峡西岸等东部区域的城市群其城镇化与人均用水量、工业废水排放、人均能源消费、人均碳排放、工业粉尘排放之间已经出现拐点，呈现倒“U”形演化趋势。而中西部的部分城市群，如中原城市群、天山北坡城市群、晋中城市群、呼包鄂榆城市群等2000年以来，随着城镇化进程，工业废水排放、人均碳排放仍然呈上升趋势。大部分城市群的城镇化与万元GDP水耗、人均耕地面积、人均能源消费、人均生态用地面积呈负相关，即随着城镇化的发展，这几个指标呈下降的趋势。

2）基于全国19个城市群的整体样本数据，对城镇化与生态环境质量指数耦合复合曲线进行检验，结果显示两者呈线性关系，中国城市群在2000～2017年，随着城镇化率的提升，生态环境质量呈现下降趋势，且城镇化率每提高1%，ECI将降低0.02%，这与不同城市群间的区域变动差异相互抵消有关；将各个城市群城镇化与生态环境质量指数进行分别拟合发现，有8个城市群的拟合曲线呈“U”形，2个呈现倒“U”形，4个呈现单调递减，3个呈现单调递增，2个呈现“N”形。

3）基于5个国家级特大城市群数据，运用固定效应面板数据模型，得到城镇化与生态环境质量综合指数的多维耦合曲线方程为包含对数和二次项的复合函数，表达式为 $\ln ECI = 3.06 - 1.9\ln UR + 0.25(\ln UR)^2$，该曲线也可以分解成包含一个反比例函数和二次函数的分段函数。根据这一函数曲线，中国特大城市群地区生态环境质量好转的拐点大概是城镇化率达到47.4%，符合UKC曲线假设，且属于“快降缓升”的“U”形曲线类型，说明生态环境破坏后的恢复可能是一个漫长的过程，中国城镇化正处在艰难转型时期，生态环境承载能力趋于饱和，生态环境质量在多主体博弈下已经很难恢复到城镇化初级阶段时的状态。

4）基于京津冀城市群的面板数据，得到城镇化与生态环境多维耦合曲线方程为包含对数和二次项的复合函数，表达式为 $\ln ECI = 2.23 - 1.88\ln UR + 0.24(\ln UR)^2$，该曲线也可以分解成包含一个幂函数和二次函数的分段函数，京津冀城市群地区生态环境质量好转的拐点大概是城镇化率达到51.2%，符合城镇化库兹涅茨“U”形曲线假设。分不同要素来看，该地区的植被指数、人均生活用电与城镇化率的关系呈单调递增的态势，城镇化率每提高一个百分点，植被指数、人均生活用电将分别增加1.33%、1.17%。京津冀城市群地区的万元GDP水耗、人均用水量、工业粉尘排放量、工业 SO_2 排放量、工业废水排放量、$PM_{2.5}$ 浓度和人均碳排放符合倒“U”形的环境库兹涅茨曲线，曲线的极大值拐点分别对应的城镇化率是19.02%、27.4%、22.86%、36.78%、49.21%、50.53%和75.31%。人均能耗、人均耕地面积、人均生态用地面积已经出现的拐点为恶化拐点。北京和天津目前已经均越过拐点时期，河北2018年城镇化率是56%，很多指标开始趋于良性发展，但人均碳排放达到拐点还需要一定时间。

（二）相关讨论

本章以5个国家级特大城市群和京津冀城市群为实证案例，得到了两条城镇化与生态环境耦合的复合曲线，两条曲线在趋势上是一致的，都是“快降缓升”的“U”形曲线。这与双指数曲线规律既有相似又有不同，相似的是都是随着城镇化发展，生态环境质量先恶化后好转，不同的是恶化与好转的相对速度两个曲线是不同的，双指数曲线在达到拐点后，生态环境质量呈指数型快速好转；本章研究得到的对数二次项多维耦合曲线，在达到拐点后，生态环境质量呈缓慢好转趋势。之所以出现这个不同，主要是双指数曲线基于自上而下的理论推导产生，是反映城镇化全过程的规律；对数二次项多维耦合曲线是基于中国城市群的面板数据，自下而上推演出来的，反映了当前一个发展阶段中国城市群城镇化与生态环境的耦合规律。因此两条曲线并不矛盾。

本章对不同生态环境主控变量以及加权求和的ECI分别做了曲线拟合和UKC检验，结果表明不同生态环境要素与城镇化的耦合曲线是不一样的，因此最终得到的城镇化与ECI 耦合的多维曲线只能反映比较宏观的演化趋势，若增加水质污染、土壤污染等其他环境变量，或者改变计算综合指数的指标权重，耦合曲线方程的系数和拐点很可能也随之变动。另外，根据发达国家经验，城镇化的完整演进是一个百年尺度的历史过程，本章实证研究的时间序列仅有 18 年，虽然使用了面板数据，试图用空间换时间的方式一定程度上弥补这一不足，但得到的耦合曲线规律性仍然存在局限，相应得到的拐点仅为有限数据样本下的参考值，有待今后补充更长时间序列和更丰富的指标数据，对耦合曲线进行修订。

本章首先提出了 UKC 为“U”形曲线的假设，从城市群尺度出发，验证了城镇化与生态环境之间的演化规律。但是这一规律曲线，是否适用于其他尺度或者其他国家，有待今后更多的实证验证。此外，影响生态环境质量变化的因素有很多，除了城镇化，还有宏观的气候变化、经济与能源结构转变、地方文化习俗、科技进步、公民环保意识等很多因素共同决定，不同因素之间也存在交互影响。因此，未来研究城镇化与生态环境之间复杂耦合机理，既要从系统整体视角出发把握宏观规律，又要去抓变量间的主要矛盾与反馈关系。随着当前城镇化与社会的信息化、智能化逐渐交融，在探究耦合规律与机理时，要更多的注意因果变量间的中介效应、时滞效应、空间远程效应等问题。

参考文献

鲍超, 邹建军. 2018. 基于人水关系的京津冀城市群水资源安全格局评价. 生态学报, 38(12): 4180-4191.

丁镭. 2016. 中国城市化与空气环境的相互作用关系及 EKC 检验. 北京: 中国地质大学博士学位论文.

杜江, 刘渝. 2008. 城镇化与环境污染:中国省际面板数据的实证研究. 长江流域资源与环境, (6): 825-830.

方创琳, 鲍超, 马海涛. 2018a. 中国城市群发展报告 2016 . 北京: 科学出版社.

方创琳, 鲍超, 乔标. 2008a. 城市化过程及其生态环境效应. 北京: 科学出版社.

方创琳, 刘晓丽, 蔺雪芹. 2008b. 中国城镇化发展阶段的修正及规律性分析. 干旱区地理, 31(4): 512-523.

方创琳, 王振波, 马海涛. 2018b. 中国城市群形成发育规律的理论认知与地理学贡献. 地理学报, 73(4): 651-665.

方创琳, 杨玉梅. 2006. 城镇化与生态环境交互耦合系统的基本定律. 干旱区地理, 29(1): 1-8.

方创琳, 周成虎, 顾朝林, 等. 2016. 特大城市群地区城镇化与生态环境交互耦合效应解析的理论框架及技术路线. 地理学报, 71(4): 531-550.

符淼, 黄灼明. 2008. 我国经济发展阶段和环境污染的库兹涅茨关系. 中国工业经济, (6): 35-43.

韩立建. 2018. 城镇化与 $PM_{2.5}$ 时空格局演变及其影响因素的研究进展. 地理科学进展, 37(8): 1011-1021.

郝宇, 廖华, 魏一鸣. 2014. 中国能源消费和电力消费的环境库兹涅茨曲线: 基于面板数据空间计量模型的分析. 1: 134-151.

贾绍凤, 张士锋, 杨红, 等. 2004. 工业用水与经济发展的关系——用水库兹涅茨曲线. 自然资源学报,

19(3): 279-284.
李茜，宋金平，张建辉，等. 2013. 中国城镇化对环境空气质量影响的演化规律研究. 环境科学学报，33(9): 2402-2411.
刘海猛，方创琳，黄解军，等. 2018. 京津冀城市群大气污染的时空特征与影响因素解析. 地理学报，73(1): 177-191.
刘海猛，方创琳，李咏红. 2019. 城镇化与生态环境“耦合魔方”的基本概念及框架. 地理学报，74(8): 1489-1507.
刘海猛，石培基，杨雪梅，等. 2014. 人水系统的自组织演化模拟与实证.自然资源学报，29(4): 709-718.
刘小平，黎夏，叶嘉安. 2006. 基于多智能体系统的空间决策行为及土地利用格局演变的模拟. 中国科学 D 辑：地球科学，36(11): 1027-1036.
刘耀彬，李仁东，宋学锋. 2005. 中国城镇化与生态环境耦合度分析. 自然资源学报，20 (1): 105-112.
卢奇，顾培亮，邱世明. 2003. 组合预测模型在我国能源消费系统中的建构及应用. 系统工程理论与实践，23(3): 24-30.
欧阳志云，王效科，苗鸿. 2000. 中国生态环境敏感性及其区域差异规律研究. 生态学报，20(1): 10-13.
彭建，吕慧玲，马晶，等. 2015. 基于阈值分割的京津唐城市群生态用地多源遥感识别. 生态学杂志，34 (1): 204-211.
钱学森，于景元，戴汝为. 1990. 一个科学新领域——开放的复杂巨系统及其方法论. 自然杂志，(1): 3-10.
乔标，方创琳，黄金川. 2006. 干旱区城镇化与生态环境交互耦合的规律性及其验证. 生态学报，26(7): 2183-2190.
孙思奥，郑翔益，刘海猛. 2019. 京津冀城市群虚拟水贸易的近远程分析. 地理学报，74(12): 2631-2645.
王朝，李伟峰，海霞，等. 2018. 京津冀城市群能源供需与城镇化的关系模式. 生态学报，38(12): 4257-4267.
王成新，崔学刚，王雪芹. 2014. 新型城镇化背景下中国“城市群病”现象探析. 城市发展研究，21(10): 12-17.
王风云，苏烨琴. 2018. 京津冀能源消费结构变化及其影响因素. 城市问题，(8): 59-67.
王静，周伟奇，许开鹏，等. 2017. 京津冀地区城镇化对植被覆盖度及景观格局的影响. 生态学报，37 (21): 1-11.
王振波，梁龙武，方创琳，等. 2018. 京津冀特大城市群生态安全格局时空演变特征及其影响因素.生态学报，38(12): 4132-4144.
王仲瑀. 2017. 京津冀地区能源消费、碳排放与经济增长关系实证研究. 工业技术经济，36(1): 82-92.
王子敏，范从来. 2012. 城镇化与能源消耗间关系实证研究. 城市问题，(8): 8-14.
谢里，隋杨，张娅. 2011. 人民币汇率与商品出口结构——基于中国省际数据的经验研. 投资研究，(8): 38-50.
虞依娜，陈丽丽. 2012. 中国环境库兹涅茨曲线研究进展. 生态环境学报，21(12): 2018-2023.
喻锋，李晓波，张丽君，等. 2015. 中国生态用地研究：内涵、分类与时空格局. 生态学报，35(14): 4931-4943.
张陈俊，章恒全，陈其勇，等. 2012. 用水量与经济增长关系的实证研究. 资源科学，37(11): 2228-2239.
赵辉，郑有飞，张誉馨，等. 2020. 京津冀大气污染的时空分布与人口暴露. 环境科学学报，40(1): 1-12.
赵文军，于津平. 2012. 贸易开放、FDI 与中国工业经济增长方式——基于 30 个工业行业数据的实证研究. 经济研究，47 (8): 18-31.
钟茂初，张学刚. 2010. 环境库兹涅茨曲线理论及研究的批评综论. 中国人口 · 资源与环境，20(2): 62-67.
朱永彬，王铮，庞丽，等. 2009. 基于经济模拟的中国能源消费与碳排放高峰预测. 地理学报，64(8): 935-944.

左伟, 周慧珍, 王桥. 2003. 区域生态安全评价指标体系选取的概念框架研究. 土壤, 35(1): 2-7.

Al-Mulali U, Fereidouni H G, Lee J Y M, et al. 2013. Exploring the relationship between urbanization, energy consumption, and CO_2 emission in MENA countries. Renewable & Sustainable Energy Reviews, 23(4): 107-112.

Al-Mulali U, Weng-Wai C, Sheau-Ting L, et al. 2015. Investigating the environmental kuznets curve (EKC)hypothesis by utilizing the ecological footprint as an indicator of environmental degradation. Ecological Indicators, 48: 315-323.

Beckerman W. 1992. Economic growth and the environment: Whose growth? whose environment?. World development, 20(4): 481-496.

Bekhet H A, Matar A, Yasmin T. 2017. CO_2 emissions, energy consumption, economic growth, and financial development in GCC countries: Dynamic simultaneous equation models. Renewable & Sustainable Energy Reviews, 70: 117-132.

Bhagwati J. 1993.The Case for free trade. Scientific American, 269(5): 42-49.

Chen J, Gao M, Cheng S, et al. 2020. County-level CO_2 emissions and sequestration in China during 1997-2017. Scientific Data, 7(1): 1-12.

Choi I. 2001. Unit root tests for panel data. Journal of International Money & Finance, 20(2): 249-272.

Crane K, Mao Z. 2015. Costs of Selected Policies to Address Air Pollution in China. RAND Corporation.

Dasgupta S, Laplante B, Wang H, et al. 2002. Confronting the environmental Kuznets curve. Journal of Economic Perspectives, 16(1): 147-168.

Duarte R, Pinilla V, Serrano A. 2013. Is there an environmental Kuznets curve for water use? A panel smooth transition regression approach. Economic Modelling, 31(38): 518-527.

Fang C, Liu H, Li G. 2016. International progress and evaluation on interactive coupling effects between urbanization and the eco-environment. Journal of Geographical Sciences, 26(8): 1081-1116.

Fang C, Liu H, Li G, et al. 2015. Estimating the impact of urbanization on air quality in China using spatial regression models. Sustainability, 7(11): 15570-15592.

Fang C, Zhou C, Gu C, et al. 2017. A proposal for the theoretical analysis of the interactive coupled effects between urbanization and the eco-environment in mega-urban agglomerations. Journal of Geographical Sciences, 27(12): 1431-1449.

Grossman G M, Krueger A B. 1995. Economic growth and the environment. Quarterly Journal of Economics, 110(2): 353-377.

Heck T, Hirschberg S. 2011. China: economic impacts of air pollution in the country. Encyclopedia of Environmental Health, 1: 625-640.

Katz D. 2015. Water use and economic growth: reconsidering the environmental kuznets curve relationship. Journal of Cleaner Production, 88: 205-213.

Kijima M, Nishide K, Ohyama A. 2010. Economic models for the environmental Kuznets curve: a survey. Journal of Economic Dynamics & Control, 34(7): 1187-1201.

Kuznets S. 1955. Economic Growth and Income Inequality. Economia Internazionale, 45(1): 1-28.

Lelieveld J, Evans J S, Fnais M, et al. 2015. The contribution of outdoor air pollution sources to premature mortality on a global scale. Nature, 525(7569): 367-371.

Li C, Mclinden C, Fioletov V, et al. 2017. India is overtaking China as the world's largest emitter of anthropogenic sulfur dioxide. Scientific Reports, 7(1): 1-7.

Lindmark M. 2002. An EKC-pattern in historical perspective: Carbon dioxide emissions, technology, fuel prices and growth in sweden 1870-1997. Ecological Economics, 42(1-2): 333-347.

Liu H, Fang C, Fang K. 2020. Coupled human and natural cube: A novel framework for analyzing the multiple interactions between humans and nature. Journal of Geographical Sciences, 30(3): 355-377.

Liu Z, Guan D, Wei W, et al. 2015. Reduced carbon emission estimates from fossil fuel combustion and cement production in China. Nature, 524(7565): 335-338.

Lopez R, Mitra S. 2000. Corruption, pollution, and the Kuznets environment curve. Journal of Environmental Economics and Management, 40(2): 137-150.

Maddala G S, Wu S. 1991. A comparative study of unit root tests with panel data and a new simple test. Oxford Bulletin of Economics and statistics, 61(S1): 631-652.

Matus K, Nam K M, Selin N E, et al. 2012. Health damages from air pollution in China. Global Environmental Change, 22(1): 55-66.

Morzillo A T, de Beurs K M, Martin-Mikle C J. 2014. A conceptual framework to evaluate human-wildlife interactions within coupled human and natural systems. Ecology and Society, 19(3): 1-15.

Panayotou T. 1993. Empirical tests and policy analysis of environmental degradation at different stage of economic development. Geneva: International Labour Organization.

Shan Y, Guan D, Zheng H, et al. 2018. China CO_2 emission accounts 1997–2015. Scientific Data, 5: 170201.

Stern D I. 2004. The rise and fall of the environmental Kuznets curve. World development, 32(8): 1419-1439.

Sun S, Bao C, Fang C. 2019. Freshwater use in China: Relations to economic development and natural water resources availability. International Journal of Water Resources Development, 36(4): 738-756.

Thompson A. 2012. Water abundance and an EKC for water pollution. Economics Letters, 117(2): 423-425.

Thompson A, Jeffords C. 2017. Virtual water and an EKC for water pollution. Water Resources Management, 31(3): 1061-1066.

van Donkelaar A, Martin R V, Brauer M, et al. 2016. Global estimates of fine particulate matter using a combined geophysical-statistical method with information from satellites, models, and monitors. Environmental Science & Technology, 50(7): 3762-3772.

Wang L, Zhou D, Wang Y, et al. 2015. An empirical study of the environmental Kuznets curve for environmental quality in Gansu Province. Ecological Indicators, 56: 96-105.

Wang S, Fang C, Sun L, et al. 2019. Decarbonizing China's urban agglomerations. Annals of the American Association of Geographers, 109(1): 266-285.

Wang S, Ma H, Zhao Y. 2014. Exploring the relationship between urbanization and the eco-environment—A case study of Beijing–Tianjin–Hebei region. Ecological Indicators, 45(5): 171-183.

Yang G, Wang Y, Zeng Y, et al. 2013. Rapid health transition in China, 1990-2010: findings from the global burden of disease study 2010. Lancet, 381(9882): 1987-2015.

第三章　城市群地区城镇化与水资源耦合机理及规律

水资源是城市群地区高质量发展和生态环境高水平保护的关键要素，认清京津冀城市群城镇化与水资源耦合机理与规律，对京津冀城市群可持续发展具有非常重要的现实意义。本章以2000～2014年的人口、经济和水资源数据为基础，分析了京津冀城市群水资源及其开发利用的时空变化特征，构建了城镇化水平与水资源利用的耦合关系模型，分析了京津冀城市群城镇化与水资源各项指标之间的耦合关系，采用定性与定量相结合的方法揭示了京津冀城市群城镇化水平与水资源利用的耦合机理与规律。研究表明，京津冀城市群水资源总量和用水总量均呈减少趋势，人均和地均水资源总量都很低，属于严重缺水地区，水资源和用水的空间分布极不均衡，地下水超采严重，水资源开发利用率极高，用水效率不断上升，工农业用水比重逐年下降，生活与生态用水比重逐年上升。城镇化与水资源利用之间存在着正负双向反馈循环机制，在城镇化水平不断提高的同时，用水总量逐年减少，已进入胁迫零增长或负增长耦合阶段，城市群地区城镇化水平与水资源总量、用水总量、农业用水量、工业用水量、生活用水量、用水效率、人均用水水平等各种用水指标之间存在着不同程度的对数曲线耦合关系，水资源约束强度已基本越过倒"U"形曲线的最大拐点，与城镇化系统总体进入中后期磨合适应阶段。该研究为京津冀城市群"以水定城镇化速度、以水定城市群发展规模"，推动京津冀高质量协同发展和南水北调适度调水提供了决策依据，为研究同类城市群城镇化和水资源利用的耦合关系及规律、走节水型城市群发展道路等提供了重要的借鉴和示范。

第一节　城市群地区水资源及其利用的时空演变特征

城市群地区水资源及其利用的时空演变特征包括水资源总量的时空变化特征、人均与地均水资源量的时空变化特征、用水总量与用水结构的时空变化特征、水资源开发利用率和用水效率的时空变化特征等，摸清水资源及其开发利用变化的时空分布特点，有助于揭示城市群地区城镇化与水资源利用的耦合机理及规律。

一、城市群地区水资源总量的时空变化特征

（一）京津冀城市群水资源量总体减少

京津冀城市群2000～2014年多年平均水资源量为181.71亿m^3。其中，地表水资源量为75.44亿m^3，地下水资源量为141.91亿m^3，仅占全国的0.7%。

1. 京津冀三省市水资源总量

从分省市看，2000～2014年，北京市平均水资源量为22.44亿m^3，多年平均地表水

资源量和地下水资源量分别为 8.35 亿 m^3、16.51 亿 m^3；水资源总量多在 16 亿～26 亿 m^3 波动，只有 2012 年突破为 39.50 亿 m^3。天津市平均水资源量为 12.43 亿 m^3，多年平均地表水资源量和地下水资源量分别为 8.64 亿 m^3、4.56 亿 m^3；水资源总量约 10 亿 m^3，但 2000～2003 年仅为 3 亿～6 亿 m^3，2012 年增长到 32.92 亿 m^3。河北省平均水资源量为 145.84 亿 m^3，多年平均地表水资源量和地下水资源量分别为 58.46 亿 m^3、120.84 亿 m^3；水资源总量多在 85 亿～175 亿 m^3 波动，只有 2012 年水资源总量突然增加到 235.53 亿 m^3。

2. 京津冀各地市水资源总量

从各城市来看，2000～2014 年，除北京市、天津市外，石家庄市多年平均水资源总量为 17.49 亿 m^3，其中地表水资源 5.87 亿 m^3，地下水资源 15.24 亿 m^3；唐山市多年水资源量为 19.63 亿 m^3，地表水资源量为 6.38 亿 m^3，地下水资源量为 16.78 亿 m^3；秦皇岛市多年平均水资源量为 12.98 亿 m^3，其中地表水资源量为 8.08 亿 m^3，地下水资源量为 8.29 亿 m^3；邯郸市平均水资源总量为 11.22 亿 m^3，地表水资源量为 3.47 亿 m^3，地下水资源量为 10.56 亿 m^3；邢台市多年平均水资源量为 10.80 亿 m^3，地表水资源量为 2.72 亿 m^3，地下水资源量 10.10 亿 m^3；保定市平均水资源总量为 19.13 亿 m^3，其中地表水资源量 5.92 亿 m^3，地下水资源量 18.11 亿 m^3；张家口市多年平均水资源量为 18.28 亿 m^3，地表水资源量为 15.32 亿 m^3，地下水资源量为 12.22 亿 m^3；承德市平均水资源总量为 14.58 亿 m^3，地表水资源量为 5.43 亿 m^3，地下水资源量为 12.55 亿 m^3；沧州市多年平均水资源总量为 9.95 亿 m^3，地表水资源量为 4.15 亿 m^3，地下水资源量为 6.22 亿 m^3；廊坊市多年平均水资源总量为 6.01 亿 m^3，地表水资源量为 0.82 亿 m^3，地下水资源量为 5.36 亿 m^3；衡水市多年水资源总量为 5.78 亿 m^3，其中地表水资源量为 0.31 亿 m^3，地下水资源量为 5.71 亿 m^3。各城市每年水资源量波动变化较大，其中 2000 年和 2014 年水资源量见表 3.1。

表 3.1 京津冀城市群水资源情况 （单位：亿 m^3）

地区	2000 年水资源总量	2000 年地表水资源量	2000 年地下水资源量	2014 年水资源总量	2014 年地表水资源量	2014 年地下水资源量
北京市	16.86	6.34	15.18	20.30	6.45	13.80
天津市	3.15	0.62	2.75	11.37	8.33	3.67
石家庄市	22.00	11.16	16.90	9.56	3.20	8.10
唐山市	19.63	4.28	17.87	28.89	8.13	25.86
秦皇岛市	6.18	3.00	4.64	26.09	14.40	18.96
邯郸市	13.20	4.72	11.83	10.83	3.88	9.71
邢台市	10.60	2.62	10.11	13.86	3.43	13.22
保定市	8.10	2.34	7.96	14.92	6.03	13.76
张家口市	10.85	9.14	7.48	25.30	21.32	17.44
承德市	14.18	5.18	12.08	15.12	5.52	12.88

续表

地区	2000 年水资源总量	2000 年地表水资源量	2000 年地下水资源量	2014 年水资源总量	2014 年地表水资源量	2014 年地下水资源量
沧州市	3.56	1.42	2.14	15.12	6.05	9.07
廊坊市	2.92	0.28	2.76	3.63	0.35	3.43
衡水市	3.18	0.13	3.21	8.72	0.37	8.80
京津冀城市群	134.41	51.24	114.91	203.69	87.44	158.70

3. 京津冀城市群水资源总量在减少

从时间变化来看（图 3.1），京津冀城市群 1956～2014 年多年平均水资源量为 240.22 亿 m^3，而 1956～2000 年京津冀城市群多年平均水资源量为 257.70 亿 m^3，但 2001～2014 年多年平均水资源量却降为 181.71 亿 m^3，减少了约 30%（鲍超和贺东梅，2017）。

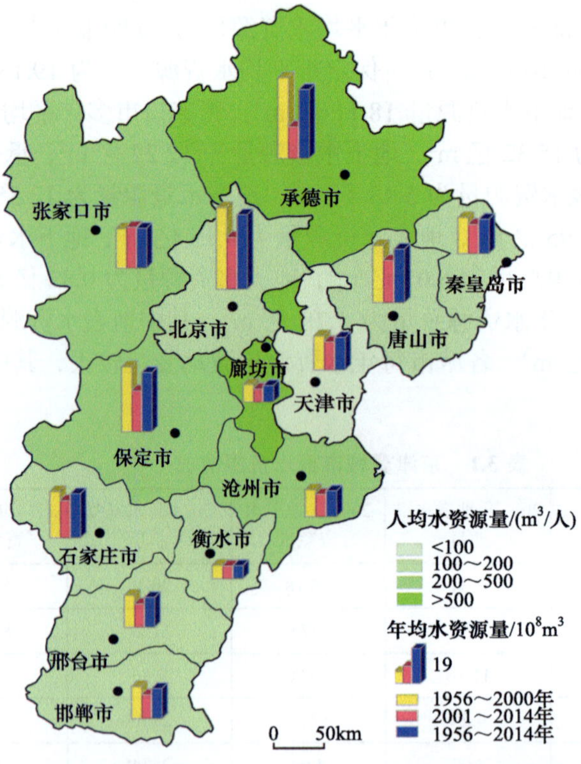

图 3.1　京津冀城市群多年平均水资源量空间变化图

从 2000～2014 年逐年变化数据看，水资源总量在这 15 年间呈波动上升的趋势。京津冀城市群各城市中，北京市、天津市、秦皇岛市、沧州市和衡水市水资源总量处于增加的状态，其中北京市、天津市和衡水市增加趋势明显；石家庄市、邯郸市、邢台市、保定市、张家口市、承德市、唐山市和廊坊市水资源总量总体上呈下降趋势。

（二）京津冀城市群水资源总量空间分布不均衡

京津冀城市群各城市水资源总量差异较大，空间分布不均。根据 2014 年各城市的水资源总量的分布情况，将京津冀城市群各城市分为三类（表 3.2）。

表 3.2 2014 年京津冀城市群水资源总量分类

类型	2014 年水资源总量/亿 m^3	城市
高水资源总量型	>20	北京市、唐山市、秦皇岛市、张家口市
中水资源总量型	10～20	天津市、邯郸市、邢台市、保定市、承德市、沧州市
低水资源总量型	<10	石家庄市、廊坊市、衡水市

第一类，高水资源总量型，即水资源总量在 20 亿 m^3 以上，包括北京市、唐山市、秦皇岛市、张家口市；

第二类，中水资源总量型，即水资源总量在 10 亿～20 亿 m^3 的城市，包括天津市、邯郸市、邢台市、保定市、承德市、沧州市；

第三类，低水资源总量型，即水资源总量在 10 亿 m^3 以下，包括石家庄市、廊坊市、衡水市。

唐山市、秦皇岛市和张家口市作为大型水库的主要径流区和水源涵养地（陆大道，2015），水资源总量较为丰富；而石家庄市、廊坊市和衡水市水资源短缺严重，为了城市的发展，出现了严重的水资源超采现象。

二、城市群人均和地均水资源量的时空变化特征

（一）京津冀城市群人均和地均水资源量均低，属于极度缺水地区

2014 年，京津冀城市群人均水资源量为 262m^3，三省市中河北省人均水资源量最大，为 294m^3，不足全国人均水资源量的 15%；北京市和天津市的人均水资源量分别为 94m^3 和 75m^3，不足全国人均水资源量的 5%；而其他大部分城市人均水资源量都低于 500m^3，属于极度缺水地区。京津冀城市群地均水资源量（水资源量折合地表径流深）为 114mm，不到全国平均水平的一半，而各城市地均水资源量大多在 150mm 以下（图 3.2），低于水资源维系良好生态系统的临界值。

（二）京津冀城市群人均和地均水资源量在波动中呈缓慢上升趋势

京津冀城市群人均水资源量 2000～2002 年从 168m^3 下降至 134m^3，2004 年上升到 232m^3，2006 年下降到 200m^3，2008 年增加到 239m^3，2010 年，波动下降到 208m^3，2011～2014 年从 232m^3 波动增加到 262 亿 m^3。

地均水资源量（水资源量折合地表径流深），2000～2002 年从 70.77mm 减少到 52mm，2004 年增加到 102mm，2005～2011 年在 85mm～110mm 波动，2012 年上升到 181mm，2014 年又下降到 114mm。根据京津冀城市群人均和地均水资源量的波动变化情况（图 3.3）可以看出人均和地均水资源量的波动趋势大致相同。

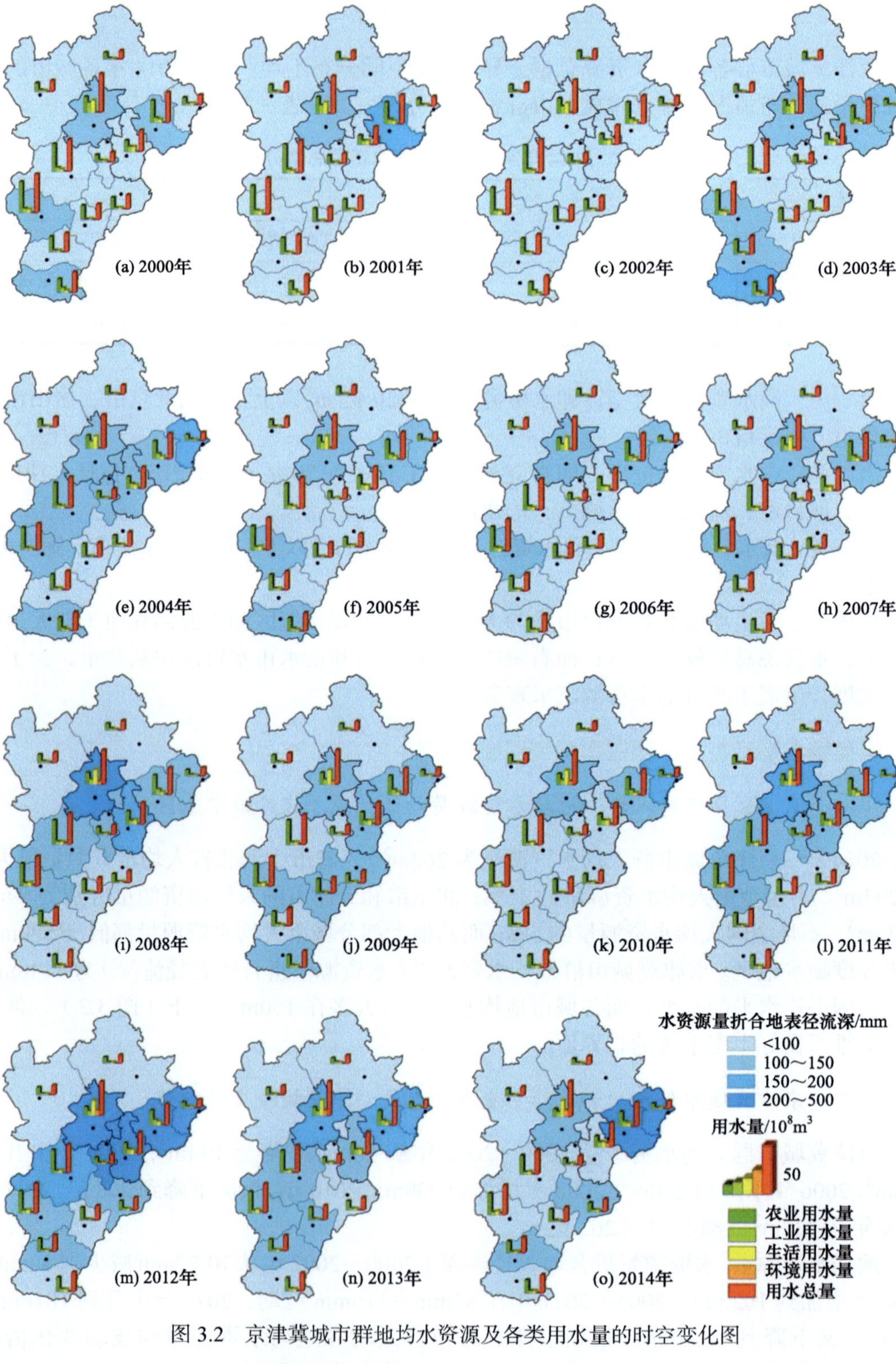

图 3.2 京津冀城市群地均水资源及各类用水量的时空变化图

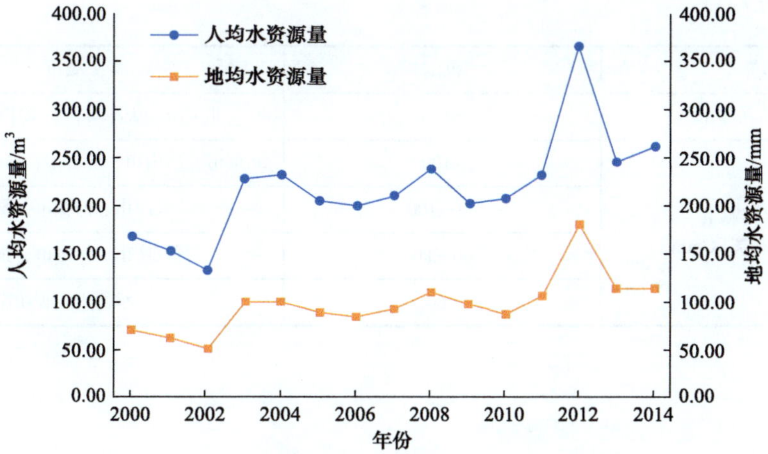

图 3.3　京津冀城市群人均和地均水资源量变化情况

（三）京津冀城市群人均和地均水资源量在空间分布不均且不匹配

京津冀城市群各城市人均和地均水资源量差异较大，2014 年，北京市人均水资源量为 94m^3，地均水资源量为 124mm；天津市人均水资源为 75m^3，地均水资源量为 99mm；石家庄市人均水资源量为 90m^3，地均水资源量为 68mm；唐山市人均水资源量为 372m^3，地均水资源量为 219mm；秦皇岛市人均水资源量为 854m^3，地均水资源量为 336mm；邯郸市人均水资源量为 115m^3，地均水资源量为 90mm；邢台市人均水资源量为 191m^3，地均水资源量为 112mm；保定市人均水资源量为 130m^3，地均水资源量为 67mm；张家口市人均水资源量为 574m^3，地均水资源量为 69mm；承德市人均水资源量为 430m^3，地均水资源量为 38mm；沧州市人均水资源量为 205m^3，地均水资源量为 108mm；廊坊市人均水资源量为 80m^3，地均水资源量为 57mm；衡水市人均水资源量为 197m^3，地均水资源量 99mm。

根据 2014 年的数据对城市进行分类（表 3.3）。人均水资源量大于 500m^3 的有秦皇岛市和张家口市；在 200m^3～500m^3，有唐山市、承德市和沧州市；处于 100m^3～200m^3 的，为邯郸市、邢台市、保定市和衡水市；在 100m^3 以下的，为北京市、天津市、石家庄市和廊坊市。地均水资源量（折合径流深）在 100mm 以上的有北京市、唐山市、邢台市和沧州市、秦皇岛市；处于 80mm～100mm 的有天津市、邯郸市和衡水市；处于 60mm～80mm 的有石家庄市、保定市和张家口市；低于 60mm 的有承德市和廊坊市。京津冀城市群人均和地均水资源量在空间上不匹配，如北京市和天津市人均水资源量小但地均水资源量较大，而张家口市人均水资源量大但地均水资源量较小。

表 3.3　京津冀城市群人均和地均水资源量分类

指标	范围	城市
人均水资源量/m^3	>500	秦皇岛市、张家口市
	200～500	唐山市、承德市、沧州市
	100～200	邯郸市、邢台市、保定市、衡水市

续表

指标	范围	城市
人均水资源量/m^3	<100	北京市、天津市、石家庄市、廊坊市
地均水资源量（折合地表径流深/mm）	>100	北京市、唐山市、邢台市、沧州市、秦皇岛市
	80～100	天津市、邯郸市、衡水市
	60～80	石家庄市、保定市、张家口市
	<60	承德市、廊坊市

三、城市群用水总量的时空变化特征

（一）京津冀城市群用水总量呈减少趋势

京津冀城市群的用水总量从2000年的282.35亿m^3减少到2014年的250.03亿m^3，减少了32.32亿m^3，呈现较为明显的下降趋势（图3.4）。农业用水和工业用水处于下降趋势：农业用水从198.72亿m^3，下降到2014年的152.91亿m^3，下降了45.81亿m^3，减水效果明显；工业用水从2000年的44.33亿m^3，不断下降到2014年的35.81亿m^3，减少了8.52亿m^3（吴健等，2014）。生活用水和环境用水呈不断增加的态势：生活用水2000年为29.87亿m^3，2014年为45.95亿m^3，增加了53.83%；环境用水2014年为13.64亿m^3，较2000年的0.62亿m^3，增加了21倍。

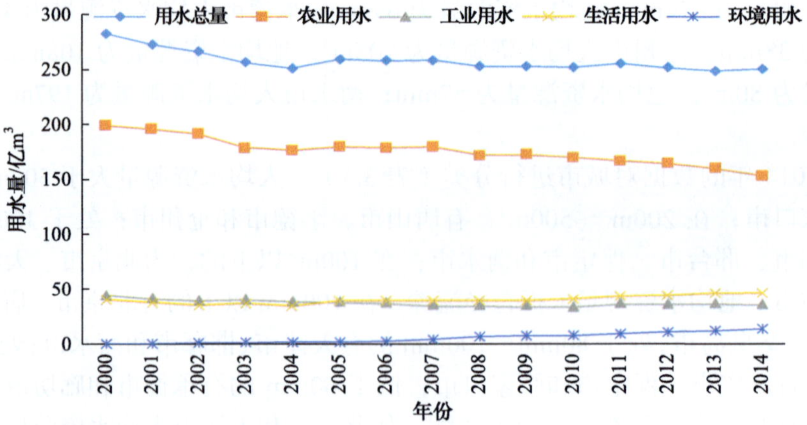

图3.4 京津冀城市群2000～2014年用水总量变化

（二）京津冀城市群用水总量空间分布不均衡

京津冀城市群用水总量空间分布不均衡（图3.2）。北京市用水总量最多，2014年为37.50亿m^3，与用水总量最少的秦皇岛市相差28.95亿m^3。为了更直观地看出京津冀城市群用水总量的空间分布差异，根据2014年京津冀城市群各城市的用水总量，将其划分为不同的类型（表3.4）。其中，秦皇岛市和承德市用水总量在10亿m^3以下，属于低用水总量；张家口市、廊坊市和沧州市用水总量处于 10 亿～20 亿 m^3，属于较低用水总量；衡水市、邢台市、邯郸市用水总量在 15 亿～20 亿 m^3，属于中用水总量；保定市、唐山市和天津市处于 25 亿～30 亿 m^3，为较高用水总量；石家庄市和北京市用水总量超过 30 亿 m^3，属于高用水总量。

表 3.4 京津冀城市群各城市用水总量情况分类

类型	用水总量/亿 m^3	城市
低用水总量	<10	秦皇岛市、承德市
较低用水总量	10～15	张家口市、廊坊市、沧州市
中用水总量	15～20	衡水市、邢台市、邯郸市
较高用水总量	25～30	保定市、唐山市、天津市
高用水总量	>30	石家庄市、北京市

（三）京津冀城市群各城市用水总量呈减少态势

京津冀城市群各城市除天津市的用水总量略有增长外，其他各城市用水总量均处于下降趋势（表 3.5）。根据 2014 年用水总量的下降幅度将各城市的用水总量分为快速下降型、中速下降型、缓慢下降型、缓慢波动型和缓慢增长型。石家庄市、唐山市、秦皇岛市和保定市用水总量下降速度较快，下降幅度大于 15%，属于快速下降型；邯郸市、邢台市和张家口市用水总量下降幅度在 10%～15%，属于中速下降型；北京市、沧州市和衡水市用水总量下降速度较慢，下降幅度较小，属于缓慢下降型；承德市和廊坊市用水总量呈缓慢波动型；天津市用水总量则处于缓慢上升的态势，主要是因为在新一轮工业大发展的背景下工业用水缓慢增长，且人们生活水平在提高，生活用水也在缓慢提升。

表 3.5 京津冀城市群各城市用水总量下降类型表

类型	用水总量下降幅度	城市
快速下降型	>15%	石家庄市、唐山市、秦皇岛市、保定市
中速下降型	10%～15%	邯郸市、邢台市、张家口市
缓慢下降型	5%～10%	北京市、沧州市、衡水市
缓慢波动型	0～5%	承德市、廊坊市
缓慢增长型	<0	天津市

四、城市群用水结构的时空变化特征

（一）京津冀城市群用水结构不断优化，工农业用水比重下降，生活生态用水比重上升

由于京津冀城市群各城市水资源约束强度较大，只有通过有效的水资源管理来不断减轻水资源对社会经济系统的约束力，这就迫使产业结构和用水结构均向“理想的优化状态”转变，最终使促各城市用水结构差异也趋于均衡。

1. 工农业用水比重逐步下降

京津冀城市群农业用水在用水总量中所占比重2000～2007年稳定在70%左右，2007年以后逐步下降到2014年的61.1%；工业用水占用水总量比重从2000年的15.7%波动下降至2009年的13.3%，2010～2013年又升至14.4%，2014年降至14.0%，总体下降了1.7个百分点。

2. 生活生态用水比重不断上升

生活用水占用水总量的比重2000～2004年保持在14%左右，之后逐年增加到2014年的18.4%，较2000年增加了4.2个百分点。环境用水在用水总量中所占比重从2000年的0.2%波动上涨到2014年的5.5%，总体上升了5.3个百分点。通过优化产业结构、推广节水技术、提高水资源重复利用率，农业用水和工业用水不断下降。但随着人们生活水平的提高，各类生活用水量不断增加，由于环境保护的需求，环境用水也在逐年增加，造成生活用水和环境用水的比重不断上升。

（二）京津冀城市群用水结构空间差异较大，农业用水主导型区域多

京津冀城市群各城市用水结构整体空间差异较大。从京津冀城市群各城市2000～2014年用水结构变化可将其综合划分为3种类型。

1. 生活用水主导型

该类型主要为北京市。北京市农业、工业、生活、环境用水各占比重从2000年的41：26：32：1变为2014年的22：14：45：19，农业用水所占比重变小，工业用水比重下降快，生活用水所占比重不断增加，逐渐居主导地位。

2. 工业和生活用水主导型

该类型主要为天津市。其天津市农业、工业、生活、环境用水所占比重从2000年的52：24：23：1变为2014年的44：20：20：16，农业用水所占比重降至50%以下，工业和生活用水比重接近。

3. 农业用水主导型

河北省11个城市农业用水起主导作用。该类型城市又可进一步划分为3类：第一类包括廊坊、唐山、秦皇岛、承德4市，农业用水比重从2000年的70%以上下降至2014年的60%以上，而工业和生活用水比重均在15%～20%变动；第二类包括石家庄、保定、沧州、张家口、邯郸、邢台6市，农业用水比重多从2000年的80%以上下降至2014年的70%以上，而工业和生活用水比重均在10%～15%变动；三是衡水市，农业用水比重从2000年的90%下降至2014年的84%，而工业和生活用水比重均在10%以下变动。

五、城市群水资源开发利用率的时空变化特征

（一）京津冀城市群水资源开发利用率极高且波动性大

京津冀城市群2014年水资源总量为203.69亿m^3，其中地表水工程供水量为64.11

亿 m³，地下水开采量为 167.03 亿 m³，而总用水量已经达到了 250.03 亿 m³，远远超过了水资源总量，水资源开发利用率高达 123%，远远超过国际公认的 40%的水资源开发生态警戒线。京津冀城市群及各城市 2000～2014 年水资源开发利用率（以当年用水量占水资源总量的比重计算）均呈现波动式的变化，总体上均有降低的趋势，但水资源开发利用率多在 70%以上（图 3.5）。而且除张家口市、承德市、秦皇岛市外，其他

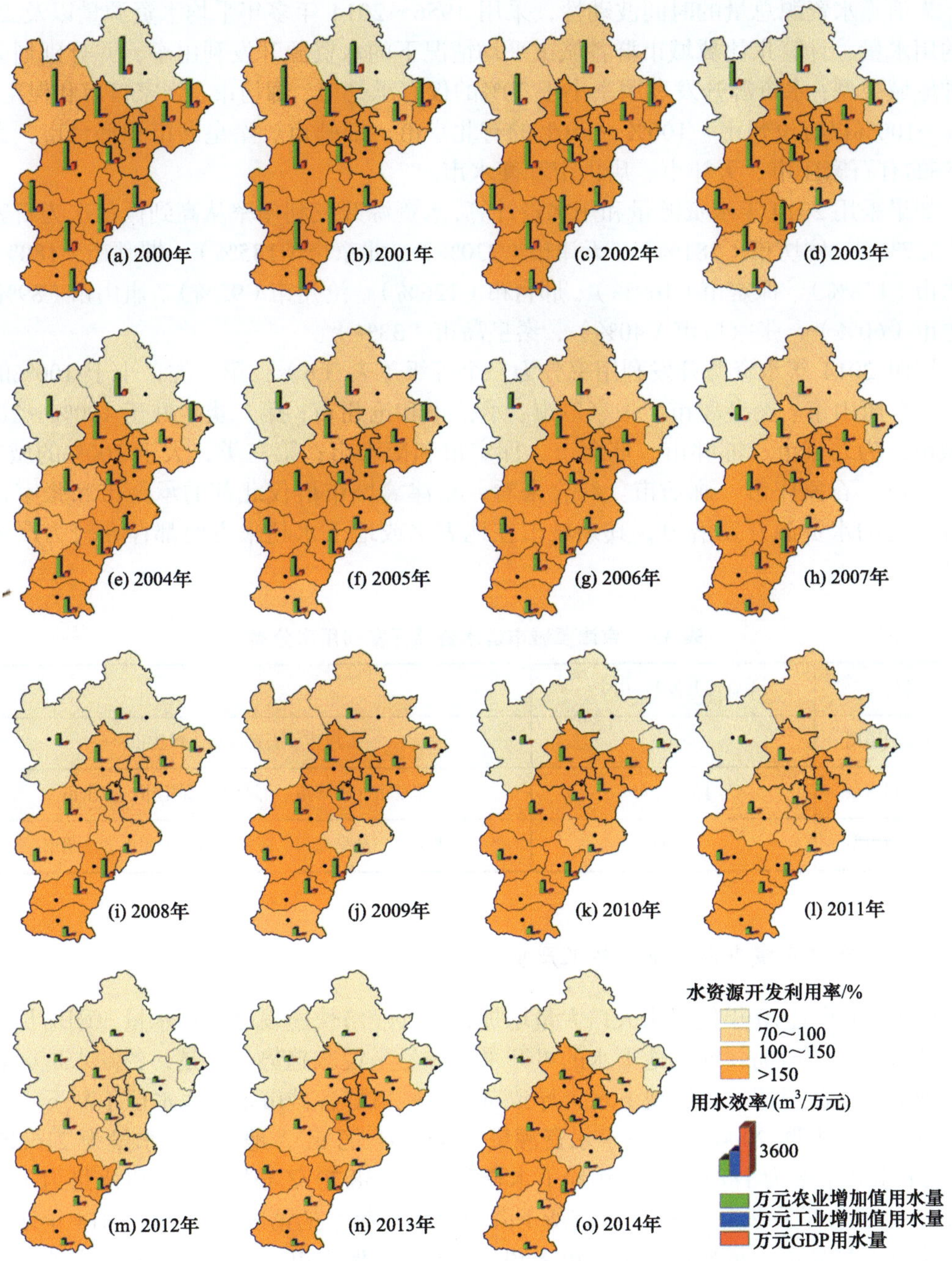

图 3.5　京津冀城市群水资源开发利用率及用水效率的时空变化图

城市绝大多数年份均超过了 100%，主要原因是用水量中重复利用水量和中水回用量有所提高，更重要的是严重超采深层地下水，导致实际用水量超过了可利用的水资源总量。

（二）京津冀城市群水资源开发利用率空间差异较大

为消除水资源总量的时间波动性，采用 1956～2014 年多年平均水资源量以及 2014 年的用水量，计算京津冀城市群各城市平均情况下的水资源开发利用率，并分别划分为四种地域类型：水资源开发利用率小于 70%的仅有承德市、廊坊市、张家口市和保定市，70%～100%仅有沧州市，100%～150%的有北京市、邯郸市、秦皇岛市和邢台市，大于 150%的有石家庄市、天津市、唐山市和衡水市。

如果采用 2014 年水资源量和用水量计算，水资源开发利用率从高到低依次为石家庄市（327%）、廊坊市（281%）、天津市（230%）、北京市（185%）、邯郸市（180%）、衡水市（178%）、保定市（169%）、邢台市（126%）、沧州市（92%）、唐山市（89%）、承德市（60%）、张家口市（40%）、秦皇岛市（33%）。

按照 2014 年水资源开发利用率分为三个等级（表 3.6）：第一类，小于 100%的城市，仅有唐山市、秦皇岛市、张家口市、承德市和沧州市；第二类，处于 100%～200%的城市，为北京市、邯郸市、邢台市、保定市和衡水市；第三类，大于 200%的城市，有天津市、石家庄市、廊坊市。综合来看，京津冀城市群仅北部的承德市和张家口市还有一定的水资源开发潜力，其余城市在地表水或地下水超采方面都存在较为严重的问题。

表 3.6 京津冀城市群水资源开发利用率分类

类型	水资源开发利用率/%	城市
高开发利用型	>200	天津市、石家庄市、廊坊市
中开发利用型	100～200	北京市、邯郸市、邢台市、保定市、衡水市
低开发利用型	<100	唐山市、秦皇岛市、张家口市、承德市、沧州市

（三）京津冀城市群地下水超采严重

由于 20 世纪 70 年代以来人口大量增加，社会经济快速发展，用水量急剧增长，地下水开采量迅速增加，导致地下水的可开采资源量呈锐减趋势。于是，各缺水地区相继超采地下水，甚至超采深层地下水，导致京津冀城市群各城市地下水水位不断下降。

京津冀城市群 2000 年地下水水资源量为 114.91 亿 m^3，地下水供水量为 216.29 亿 m^3，地下水开采率为 188%；2014 年地下水资源量为 158.70 亿 m^3，地下水供水量为 167.03 亿 m^3，地下水开采率为 105%，虽有所下降但仍出现超采的情况。各城市 2014 年地下水开采率仅秦皇岛市、承德市、沧州市未超过 100%，保定市、廊坊市和衡水市地下水超采严重，地下水开采率已近超过 150%。京津冀城市群的地下水严重超采造成地下水位大面积持续下降，致使地面沉陷，造成大面积地下水降落漏斗。

六、城市群用水效率的时空变化特点

（一）京津冀城市群用水效率快速提升

2000～2014 年，京津冀城市群的用水效率提升速度较快（图 3.5）。由于产业结构的优化、节水技术的普及等，万元 GDP 用水量从 2000 年的 229.23m^3/万元，下降到 2014 年的 37.82m^3/万元，下降了 83.50%（经济数据均以 2000 年为基准换算为可比价格，下同）；万元农业增加值用水量 2014 年为 406.41m^3/万元，较 2000 年的 1811.71m^3/万元，下降了 77.57%，主要是因为农作物种植结构减少，喷滴灌技术的大面积推广；京津冀城市群工业结构不断调整，工业用水重复利用率逐渐增加，工业用水效率不断提高，万元工业增加值用水量从 2000 年的 121.02m^3/万元，逐年减少到 2014 年的 14.53m^3/万元，下降了 87.99%。

（二）京津冀城市群用水效率差距显著

京津冀城市群用水效率存在显著的区域差异（图 3.5）。从 2014 年的数据来看（表 3.7），北京市和天津市万元 GDP 用水量已经达到高水平，而衡水市和邢台市仍处于低效用水的状况。大体上城镇化进程快的城市用水效率高，而城镇化发展相对落后的城市，用水效率相对较低。根据 2014 年京津冀城市群万元 GDP 用水，将 13 个地市分为五类。

第一类，高效用水型，即万元 GDP 用水量小于 20m^3/万元，为北京市、天津市；第二类，较高效用水型，万元 GDP 用水量在 20～50m^3/万元，为唐山市、沧州市、廊坊市；第三类，中效用水型，万元 GDP 用水量在 50～70m^3/万元，为石家庄市、邯郸市、承德市；第四类，较低效用水型，万元 GDP 用水量处于 70～90m^3/万元，为秦皇岛市、保定市、张家口市；第五类，低效用水型，万元 GDP 用水量大于 100m^3/万元，为邢台市、衡水市。

表 3.7 京津冀城市群各地市用水效率分类

类型	万元 GDP 用水量/（m^3/万元）	城市
高效用水型	<20	北京市、天津市
较高效用水型	20～50	唐山市、沧州市、廊坊市
中效用水型	50～70	石家庄市、邯郸市、承德市
较低效用水型	70～90	秦皇岛市、保定市、张家口市
低效用水型	>100	邢台市、衡水市

第二节　城市群地区城镇化与水资源利用的耦合机理及规律

城镇化水平与水资源利用的耦合关系及规律，是研究水资源约束下京津冀城市群城镇可持续发展的基础。为此，在阐述城镇化与水资源利用耦合机理及理论规律的基础上，以 2000～2014 年数据作为基础，构建城镇化水平与水资源利用的耦合关系模型，对这一时期京津冀城市群城镇化发展水平与用水总量、用水结构、用水效率和人均用水水平的耦合关系进行量化分析，进而揭示城市群地区城镇化与水资源利用的耦合规律。

一、城市群地区城镇化与水资源利用耦合关系及规律的理论解释

（一）城镇化与水资源利用耦合关系的理论模型

鲍超和方创琳（2006）曾在国内外关于用水总量、城镇化水平分别与经济发展水平的量化关系基础上，建立了用水总量与城镇化水平的对数约束模型，揭示了城镇化与水资源利用的量化关系与耦合规律。关于城镇化与经济发展水平之间的关系，国内外学者进行了大量的研究。周一星（1995）对 1977 年世界 157 个国家和地区的资料进行统计分析后发现，城镇化水平与经济增长之间的关系既不符合线性相关，也不符合双曲线模式，而是对数曲线关系，一般表示为

$$Y = c + d\ln Z \tag{3.1}$$

式中，Y 为城镇化水平（%）；Z 为人均 GDP（元/人）；c，d 为拟合参数。

关于水资源利用与经济发展水平之间的关系，国内外学者也进行了一定研究。宋建军等（2004）根据 50 年间全国 GDP 指数与年用水量数据，经过相关分析得出用水总量与经济发展水平呈幂函数关系，一般表示为

$$X = gZ^f \tag{3.2}$$

式中，X 为用水总量（万 m^3）；Z 为人均 GDP（元/人）；g，f 为拟合参数。对公式两边取对数，得

$$\ln X = \ln g + f\ln Z \tag{3.3}$$

通过消去经济变量 $\ln Z$，可得

$$Y = a + b\ln X \tag{3.4}$$

此即用水自由增长条件下城镇化水平（Y）与用水总量（X）之间的对数曲线模型（a，b 为拟合参数，且 $b>0$）。通过该对数曲线模型可以发现，城镇化水平每上升一个固定的单位，需要增加的用水量将越来越多。而一旦用于社会经济发展的新鲜取水量接近于水资源合理开发利用的极限 W（一般为水资源总量的 40%），则新鲜取水量的增长就会碰上“刚性约束”，这时就需要迫使用水总量实现零增长或负增长（图 3.6）。

而在迫使用水总量实现零增长或负增长的过程中，城镇化水平与用水总量之间的对数增长关系会逐渐减弱，模型不能通过显著性检验，城镇化水平与用水总量的关系模型

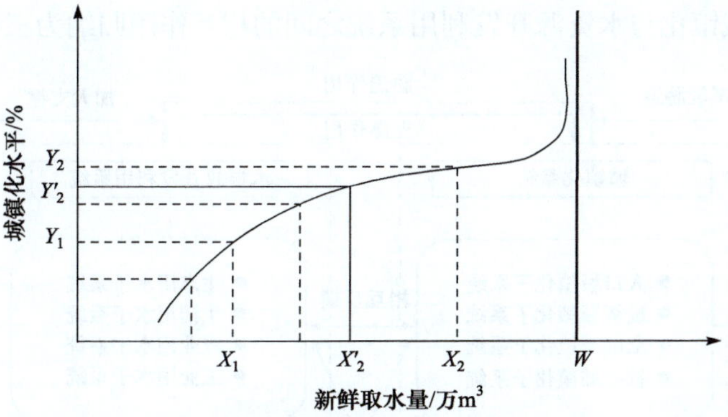

图 3.6 城镇化与水资源利用的约束关系示意图（方创琳等，2008）

X 为不同时间的新鲜取水量数值，Y 为取水量对应的城镇化水平数值，W 为一个地区新鲜取水的上限

不再表现为对数关系模式。一旦用水总量出现负增长，在某段时间内，城镇化水平与用水总量的对数关系模型虽然能通过显著性检验，但回归系数 b 为负数，说明城镇化水平与用水总量的关系发生了根本性变化。因此在具体计算时，如果数据时间系列不够长，或者所选的时间系列刚好都是用水零增长或负增长阶段的数据，则需要进行具体的分析。理论上来讲，对于普遍缺水的城市群地区，用水总量随城镇化水平的提升呈对数约束曲线增长规律，即城市群地区的用水增长随城镇化水平的提升总体上可分三大阶段。

1. 用水自由增长阶段

城镇化初期阶段（城镇化水平小于 10%甚至 30%时），水资源开发利用率离极限阈值较远，城镇化水平与用水总量呈对数曲线自由增长。

2. 用水约束增长阶段

城镇化中期加速阶段，水资源开发利用率逼近极限阈值，用水增长与城镇化发展均受到水资源总量的约束，对数增长曲线逐渐偏离。

3. 用水零增长或负增长阶段

城镇化发展后期，水资源开发利用接近极限甚至超过阈值，用水出现零增长或负增长。一种可能是城镇化发展受到了更严格的水资源约束，迫使走上了节水型城镇化道路；另一种可能是城镇化模式转型后，用水效率提高确实实现了用水自由负增长，水资源约束自动解除。

（二）城市群地区城镇化与水资源利用的耦合机理

城镇化与水资源利用之间存在着相互作用与反馈的机制（鲍超和方创琳，2010；方创琳等，2008）。一方面，城镇化引起用水总量、用水结构、用水效率等发生变化，并对这种变化产生胁迫与优化作用；另一方面，水资源开发利用对城镇化具有支撑和约束作用，在水资源短缺地区可以成为城镇化速度和规模的重要决定因素。理论上，城镇化与水资源利用的变化在时间上具有可定量模拟的普适性规律（方创琳等，2008）。鲍超和方创琳（2010）将城镇化与水资源开发利用系统之间的相互作用归纳为三种机制（图 3.7）。

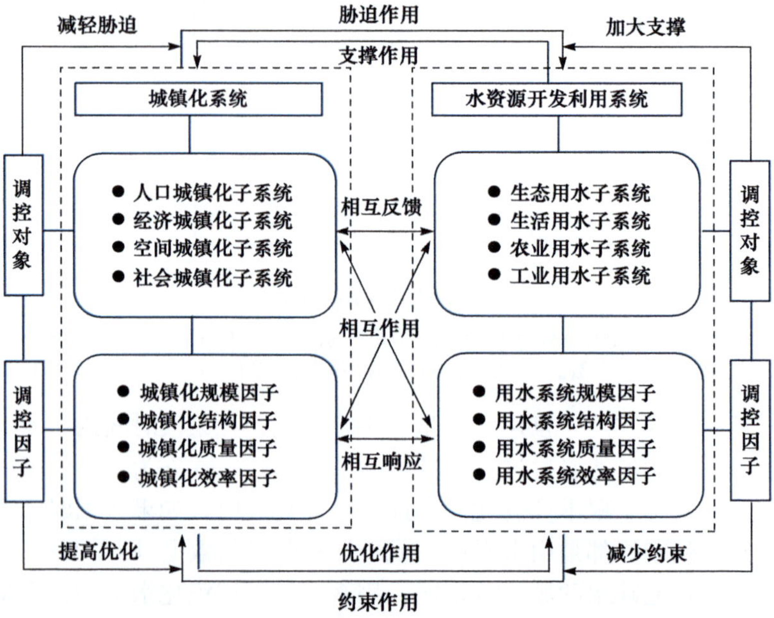

图 3.7　城镇化与水资源开发利用的耦合机理（鲍超和方创琳，2010）

1. 负反馈循环机制

城镇化发展可以胁迫水资源开发利用系统，水资源开发利用系统受到胁迫后可以约束城镇化发展，进而减轻对水资源开发利用系统的胁迫，在二者之间形成负反馈循环机制。

2. 正反馈循环机制

水资源开发利用可以支撑城镇化发展，城镇化发展后可以优化水资源开发利用系统并进一步提高对城镇化发展的支撑能力，进而在二者之间形成正反馈循环机制。

3. 双向反馈循环机制

由前两种正负反馈循环机制交互结合而形成的更为复杂的多种作用机制。因此，在协调城镇化与水资源开发利用系统之间的关系时，应遵循二者之间的响应与反馈机制，选择城镇化与水资源开发利用系统的规模、结构、质量、效率等关键要素作为调控因子。通过对城镇化子系统以及生态用水、生活用水、农业用水、工业用水子系统之间的双向和多向调控，减少城镇化对水资源开发利用系统的胁迫作用，提高城镇化对水资源开发利用系统的优化功能；减轻水资源开发利用系统对城镇化的约束作用，加强水资源开发利用系统对城镇化的支撑能力。

二、城市群用水总量与城镇化水平的耦合关系及胁迫负增长规律

（一）京津冀城市群城镇化水平提高的同时，总用水量减少

京津冀城市群及各城市 2000～2014 年城镇化水平和用水总量变化情况见图 3.8。其中，城市群城镇化水平从 2000 年的 39.17%上升至 2014 年为 62.51%，增长了 23.34 个百分点，而用水总量从 2000 年的 282.35 亿 m^3 减少到 2014 年的 250.03 亿 m^3，减少了 32.32 亿 m^3。从河北省各地级市来看，城镇化发展差异较大，且均处于城镇化快速发展阶段，用水总量各市差异也较大。

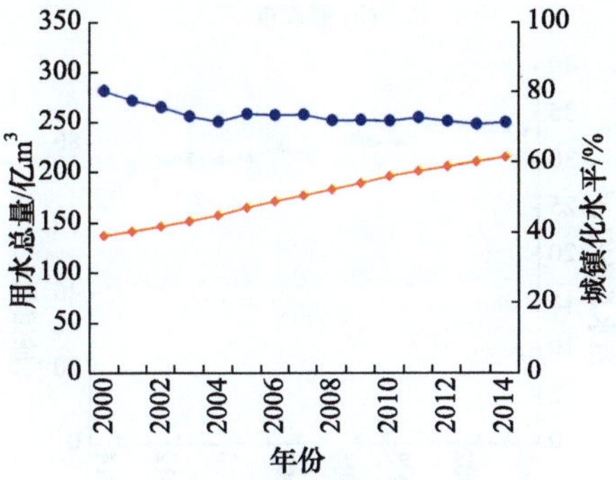

(a) 京津冀城市群

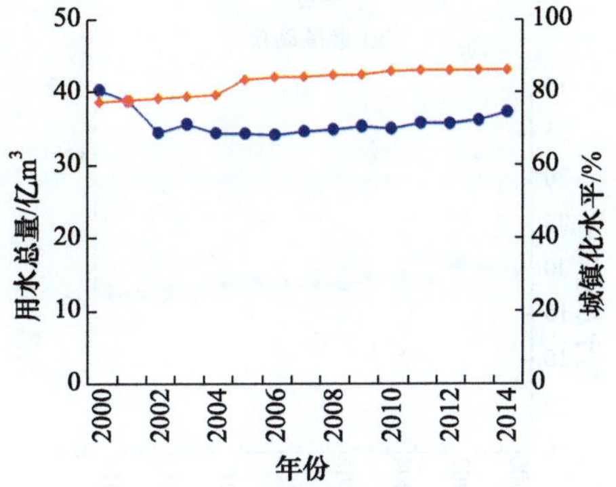

(b) 北京市

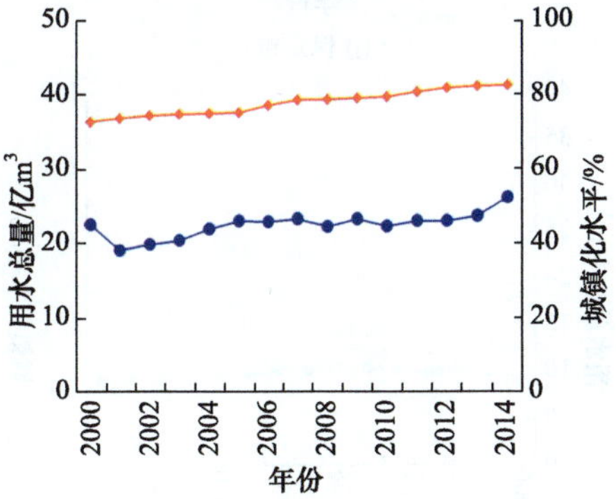

(c) 天津市

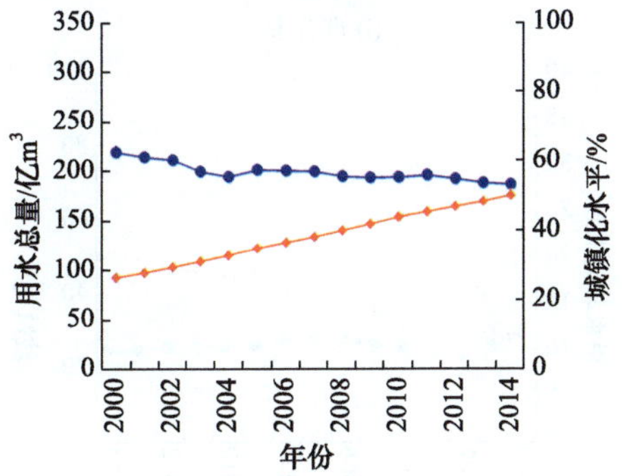

(d) 河北省

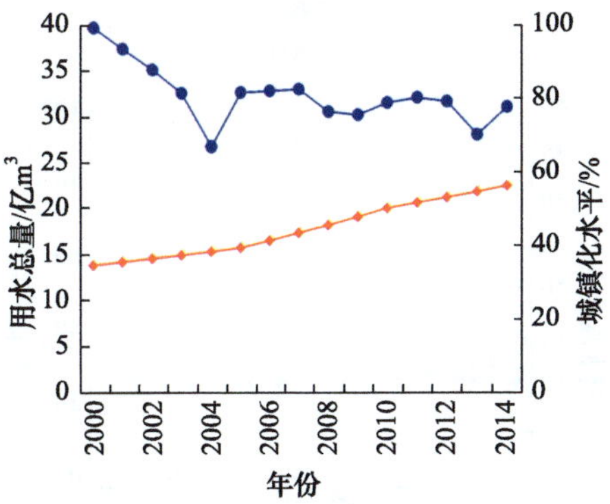

(e) 石家庄市

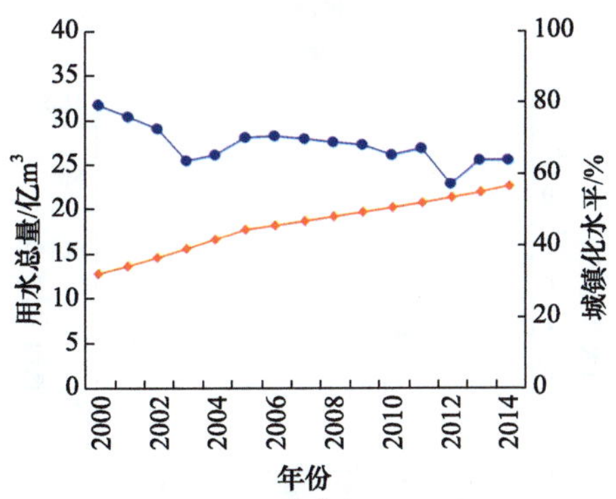

(f) 唐山市

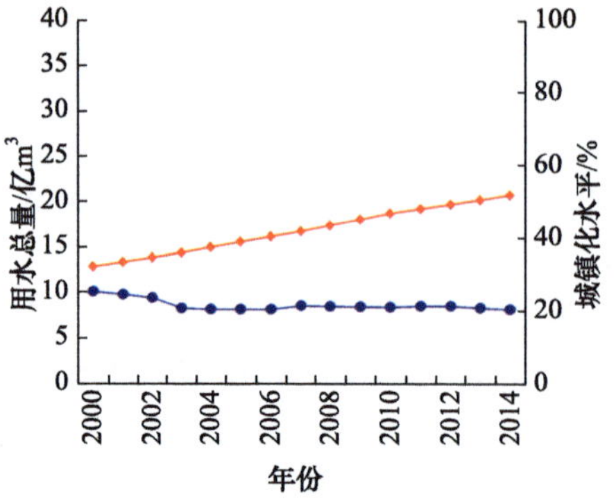

(g) 秦皇岛市

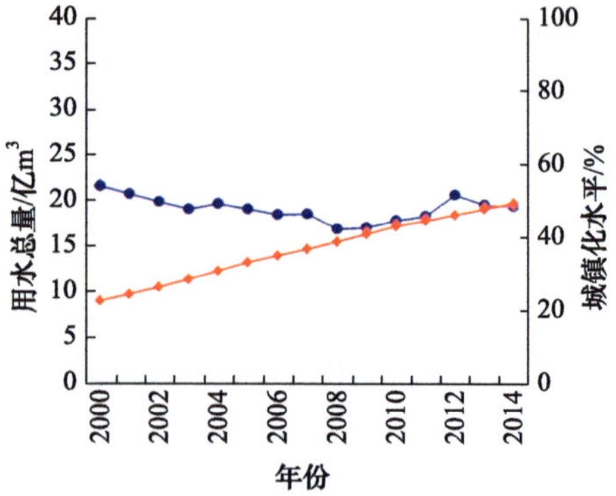

(h) 邯郸市

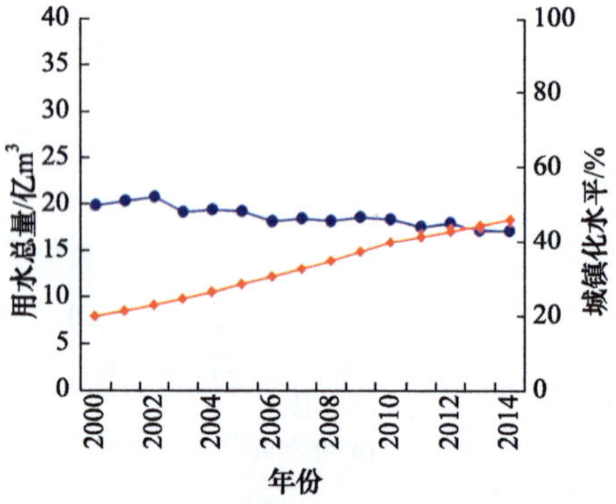

(i) 邢台市

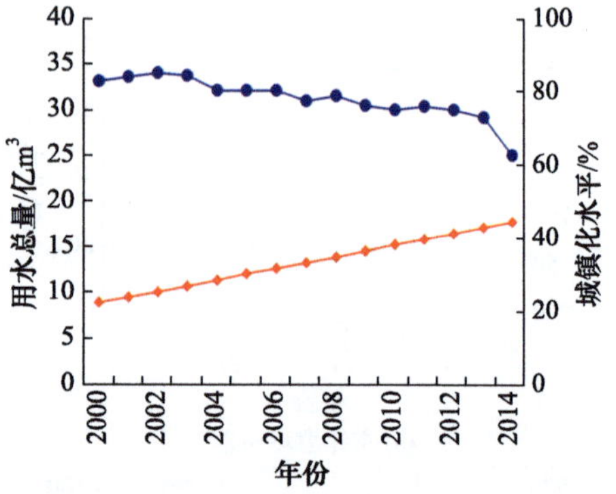

(j) 保定市

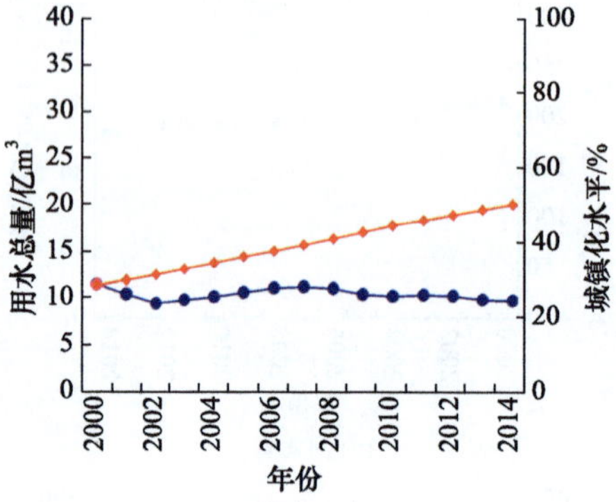

(k) 张家口市

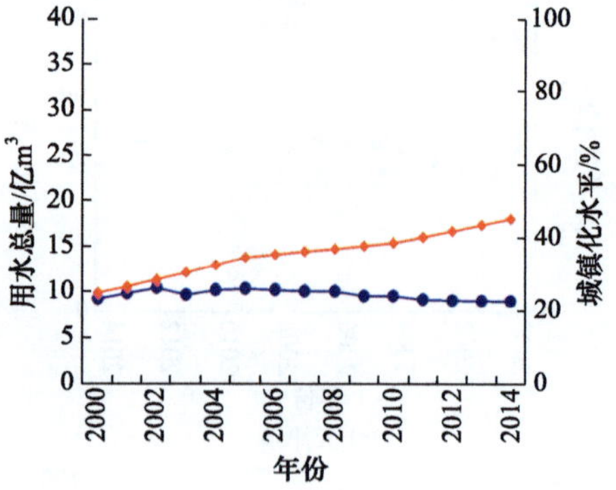

(l) 承德市

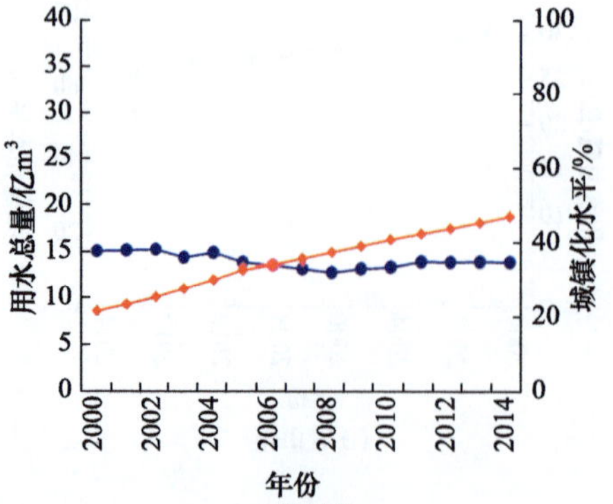

(m) 沧州市

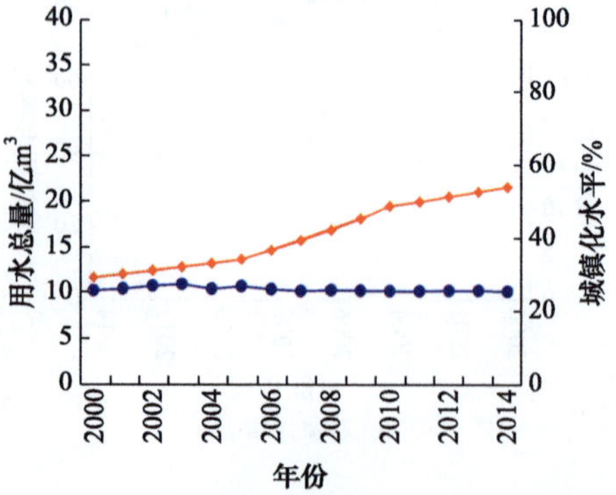

(n) 廊坊市

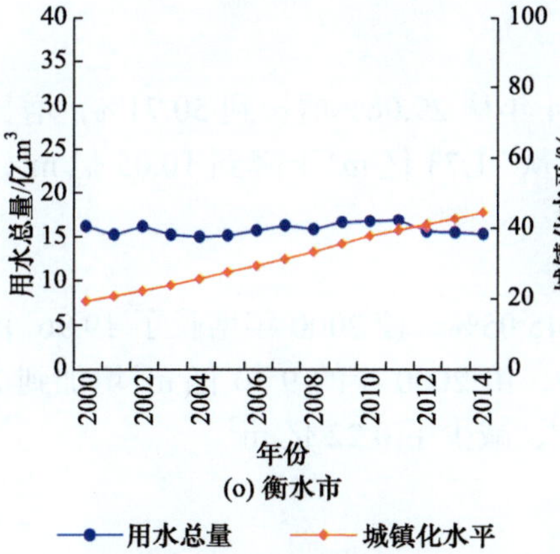

图 3.8 2000～2014 年京津冀城市群城镇化水平与用水总量的时空变化图

1. 石家庄市

城镇化水平 2014 年为 56.68%，较 2000 年增长了 21.63 个百分点；用水总量虽有所波动，但总体上呈快速下降的趋势，从 2000 年的 39.91 亿 m^3 减少到 2014 年的 31.30 亿 m^3，下降了 21.6%。

2. 唐山市

城镇化水平从 2000 年的 32.18%增长到 2014 年的 56.73%，增长了 24.55 个百分点；用水总量快速下降，2014 年用水总量为 25.64 亿 m^3，较 2000 年减少了 6.02 亿 m^3，下降了 19.01%。

3. 秦皇岛市

城镇化水平 2000～2014 年从 33.68%上升到 52.69%，增长了 19.01 个百分点；用水总量从 10.47 亿 m^3 下降到 8.55 亿 m^3，下降了 18.34%，呈快速下降的趋势。

4. 邯郸市

城镇化水平 2014 年为 49.68%，较 2000 年的 23.42%上升了 26.26 个百分点，处于城镇化快速发展阶段；用水总量 2000～2008 年逐年下降，2008 年以后有所上升，但总体上减少了 2.14 亿 m^3，下降了 10%。

5. 邢台市

城镇化水平从 2000 年的 20.04%，增长到 2014 年 46.08%，增长了 26.04 个百分点；用水总量呈下降趋势，从 19.75 亿 m^3 减少到 17.40 亿 m^3，下降了 11.90%。

6. 保定市

城镇化水平 2014 年为 45.97%，较 2000 年的 23.11%增长了 22.86 个百分点；用水总量较大，但处于快速下降的趋势，从 2000 年的 33.16 亿 m^3，减少到 2014 年的 25.24 亿 m^3，下降了 23.88%。

7. 张家口市

城镇化水平 2000～2014 年从 29.06%增长到 50.71%，增长了 21.65 个百分点；用水总量少仍呈波动下降趋势，从 11.73 亿 m^3 下降到 10.05 亿 m^3，下降了 14.32%。

8. 承德市

城镇化水平 2014 年为 45.05%，较 2000 年增长了 19.96 个百分点；用水总量略有波动，呈先增长后下降的趋势，由 2000 年的 9.30 亿 m^3 增加到 2002 年的 10.54 亿 m^3，再下降到 2014 年的 9.08 亿 m^3，减少了 0.22 亿 m^3。

9. 沧州市

城镇化水平由 2000 年的 21.62%，增长到 2014 年的 46.90%，增长了 25.28 个百分点；用水总量 2000～2008 年处于不断下降趋势，2009～2014 年略有上升，但总体上呈缓慢下降的趋势：从 2000 年的 15.02 亿 m^3，下降到 2014 年的 13.90 亿 m^3，下降了 7%。

10. 廊坊市

2014 年城镇化水平为 53.63%，较 2000 年的 30.24%增加了 23.39 个百分点；用水总量 2000 年为 10.28 亿 m^3，2014 年为 10.18 亿 m^3，总体变化较为平稳。

11. 衡水市

2000～2014 年城镇化水平从 19.91%增长到 44.81%，增加了 24.90 个百分点；用水总量呈缓慢的波动下降，从 2000 年的 16.28 亿 m^3 减少到 2014 年的 15.50 亿 m^3，下降了 0.78 亿 m^3。

（二）京津冀城市群城镇化水平与用水总量的耦合类型

根据 2000～2014 年京津冀城市群城镇化水平和用水总量变化情况，将 13 个城市分为三类：城镇化水平和用水总量一升一降型、同步上升型、缓慢波动型。

1. 一升一降型

即随着城镇化水平的不断提高，用水总量呈下降趋势，包括北京市、石家庄市、唐山市、秦皇岛市、邯郸市、邢台市、保定市、张家口市、沧州市、衡水市 10 个城市。这些城市又可根据用水总量的减少幅度进一步分为三类。

（1）快速下降型，为石家庄市、唐山市、秦皇岛市、保定市。石家庄市和保定市用水总量下降是因为农业用水和工业用水均处于下降的态势，根本原因一是水资源短缺采取了地下水保护措施，逐步关停自备井，二是产业结构的优化，农业、工业所占比重下降，三是大力推行节约用水，建立节水型社会等一系列措施成果显著；唐山市和秦皇岛市用水总量下降主要是农业用水的下降，当地的发展受水资源短缺的影响，产业结构的优化、耕地的减少以及节水技术的推广，都导致了农业用水的减少。

（2）中速下降型，为邯郸市、邢台市、张家口市。张家口市和邢台市用水总量减少都是因为农业用水的减少，根本原因是水资源供求紧张以及水利工程的修建和农业节水技术的推广，使农业用水不断减少；邯郸市用水总量减少主要表现在工业用水的下降，根本原因是产业结构的优化以及万元工业增加值用水量的减少。

（3）缓慢下降型，为北京市、沧州市、衡水市。北京市用水总量在2000～2006年不断下降，但在2007～2014年又不断上升，主要是2000～2006年农业用水和工业用水快速下降，导致用水量逐年减少，2007～2014年由于生活用水不断增加，用水总量也在不断增加；根本原因一是水资源短缺，供水量不足，二是北京市已经进入城镇化稳步发展的阶段，产业结构不断优化，用水效率不断提高，导致农业用水和工业用水减少，但是大量外来人口的涌入以及生活水平的提高，使得生活用水不断提高。沧州市和衡水市用水总量下降主要是因为农业用水的下降，根本原因是农业用水在用水总量中占主导地位，近年农地类型的改变以及农业节水技术的普及使农业用水不断减少。

2. 同步上升型

即随着城镇化进程的不断推进，用水总量呈缓慢增长趋势，主要为天津市。用水总量缓慢增长的主要原因是2000～2007年农业用水缓慢增长，2008～2015年农业用水虽在减少，但工业用水、生活用水在缓慢增加，根本原因一是工业发达，工业增加值较快增长，导致工业用水的比重较大；二是外来人口的涌入以及生活水平的不断提高，使生活用水不断增加。

3. 缓慢波动型

即随着城镇化水平的提高，用水总量呈缓慢波动的状态，包括承德市和廊坊市。主要是因为承德和廊坊均处于城镇化快速发展，使社会经济发展关键时期，虽然产业结构优化、耕地减少及农业节水技术普及，使农业用水在缓慢下降，但由于社会发展的需求，人们生活条件的改善，工业用水和生活用水仍波动上升。

（三）京津冀城市群城镇化水平与用水总量耦合的对数曲线规律

采用2000～2014年京津冀城市群及各城市城镇化水平与用水总量数据，作出二者的散点分布图（图3.9），可以明显发现各城市基本都存在着图3.6中所示的最终刚性约束现象，即京津冀城市群水资源开发利用与城镇化已进入零增长或负增长耦合发展阶段。

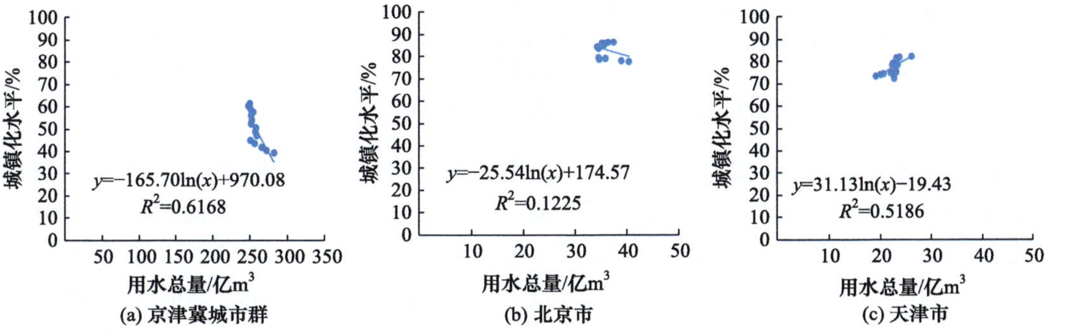

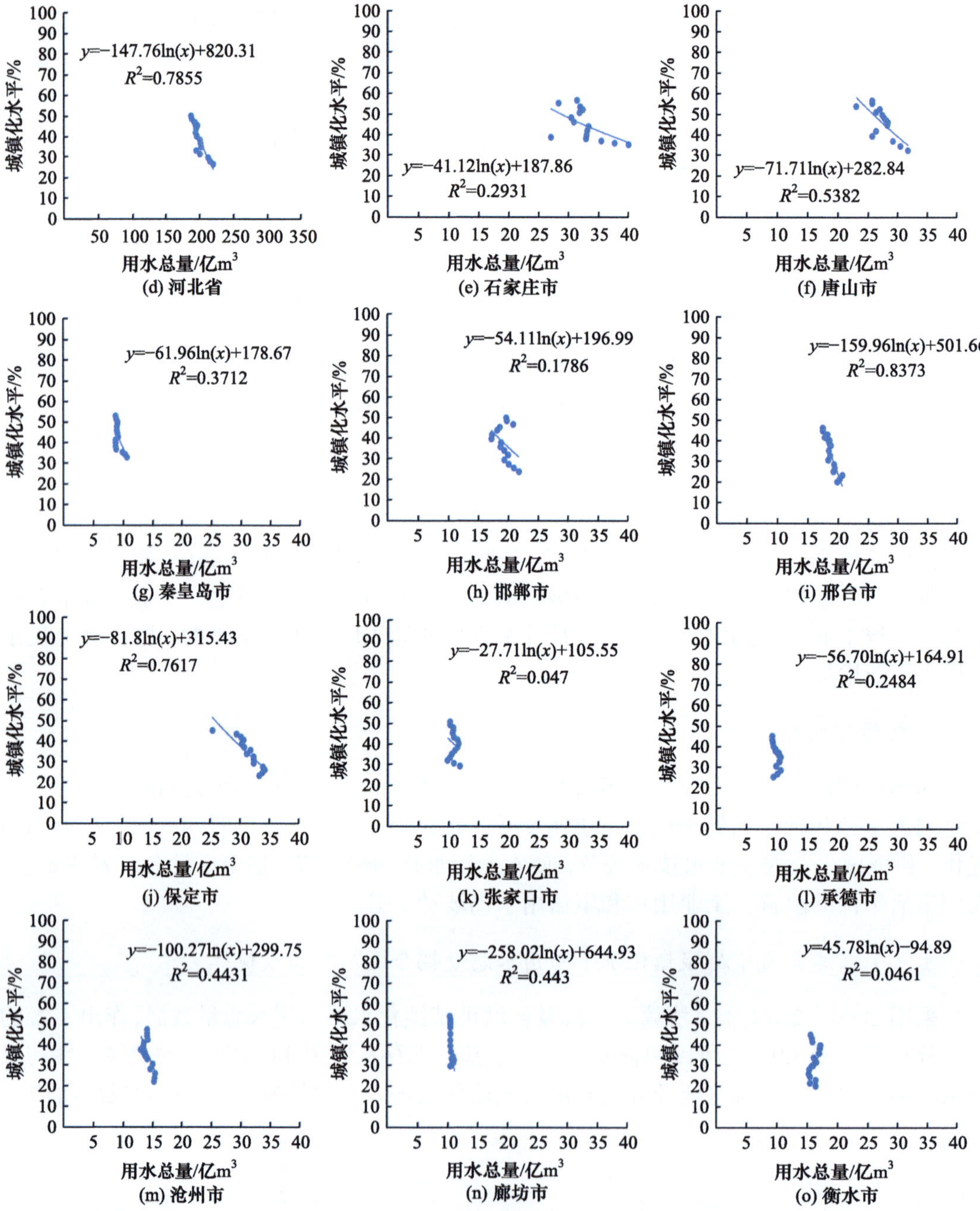

图 3.9　京津冀城市群城镇化与用水总量拟合关系图

通过对数回归分析，得出城镇化水平与用水总量的对数关系模型（表 3.8），可知京津冀城市群各城市的对数相关关系有所差异。从相关系数的绝对值来看，邢台市（0.915）>河北省（0.887）>保定市（0.873）>京津冀城市群（0.785）>唐山市（0.733）>天津市（0.720）>廊坊市（0.666）>沧州市（0.658）>秦皇岛市（0.609）>石家庄市（0.541）>承德市（0.498）>邯郸市（0.423）>北京市（0.351）>张家口市（0.217）>衡水市（0.214），说明城镇化水平与用水总量的对数关系的密切程度大小为：邢台市>河北省>保定市>京津冀城市群>唐山市>天津市>廊坊市>沧州市>秦皇岛市>石家庄市>承德市>邯郸市>北京市>张家口市>衡水市；从回归系数看，京津冀城市群中仅天津市和衡水市为正相关，其他各城市均为负增长，说明京津冀城市群的城镇化水平与用水总量对数曲线关系发生了根本性变化，不再表现为用水总量随城镇化水平的提高而增长，而是在水资源总量刚性约束下，经过适应性调整，用水总量随城镇化水平的提高而保持相对稳定或呈对数曲线下降。

表 3.8　京津冀城市群及各城市城镇化水平（y）与用水总量（x）的对数关系模型

地区	相关关系函数	R	Sig.	显著性
京津冀城市群	y=–165.70ln$x$+970.08	–0.785	0.001	显著
北京市	y=–25.54ln$x$+174.57	–0.351	0.201	较显著
天津市	y=31.13ln$x$–19.43	0.720	0.002	显著
河北省	y=–147.76ln$x$+820.31	–0.887	0.000	显著
石家庄市	y=–41.12ln$x$+187.86	–0.541	0.037	较显著
唐山市	y=–71.71ln$x$+282.84	–0.733	0.002	显著
秦皇岛市	y=–61.96ln$x$+178.67	–0.609	0.016	较显著
邯郸市	y=–54.11ln$x$+196.99	–0.423	0.117	不显著
邢台市	y=–159.96ln$x$+501.66	–0.915	0.000	显著
保定市	y=–81.81ln$x$+315.43	–0.873	0.000	显著
张家口市	y=–27.71ln$x$+105.55	–0.217	0.438	不显著
承德市	y=–56.70ln$x$+164.91	–0.498	0.059	不显著
沧州市	y=–100.27ln$x$+299.75	–0.658	0.007	显著
廊坊市	y=–258.022ln$x$+644.93	–0.666	0.007	显著
衡水市	y=45.78ln$x$–94.89	0.214	0.442	不显著

三、城市群城镇化水平与各类用水量的耦合关系曲线及规律

（一）京津冀城市群农业用水与城镇化水平耦合的对数关系曲线

京津冀城市群农业用水呈波动下降的趋势（图 3.10），从 2000 年的 198.72 亿 m^3，下降到 2014 年的 152.91 亿 m^3，下降了 23.05%。从分省市来看，北京市农业用水 2000～2001 年从 16.49 亿 m^3 增加到 17.40 亿 m^3，2001 年以后不断下降到 2014 年的 8.20 亿 m^3，下降了近一半；天津市农业用水呈缓慢波动的态势，2000～2001 年从 11.91 亿 m^3 下降到 9.97 亿 m^3，2001～2005 年不断上升到 13.78 亿 m^3，2005～2009 年均在 14 亿 m^3 上下波动，2009～2014 年在 12 亿 m^3 上下波动；河北省农业用水从 2000 年的 170.32 亿 m^3，不断下降到 2014 年的 133.31 亿 m^3，下降了 21.73%。

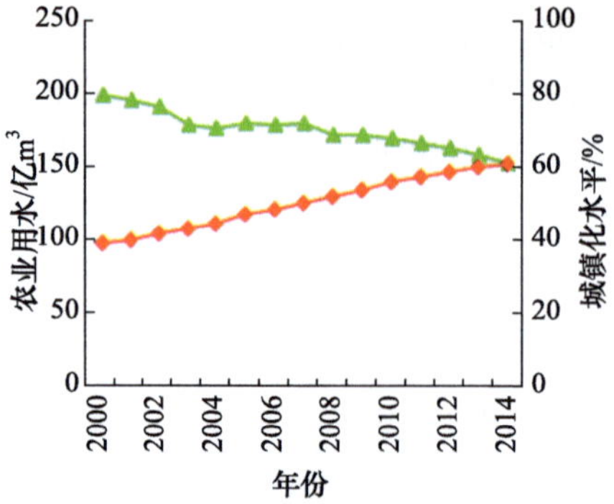

(a) 京津冀城市群

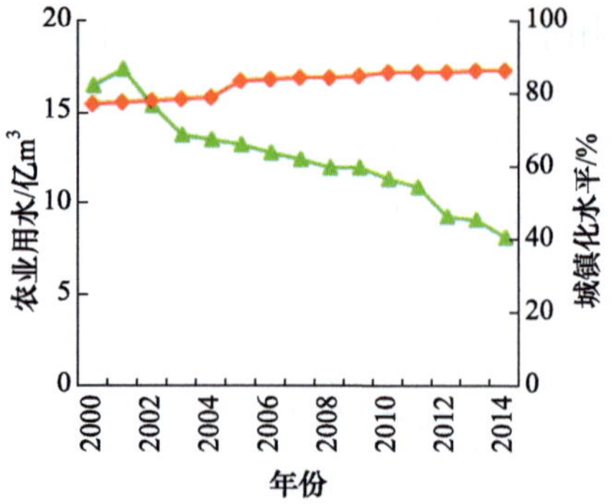

(b) 北京市

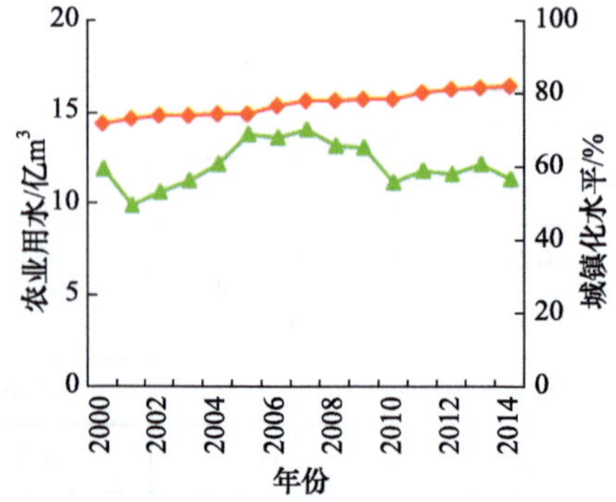

(c) 天津市

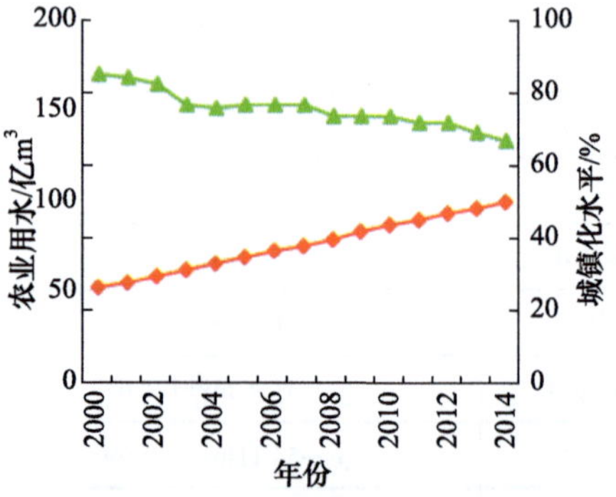

(d) 河北省

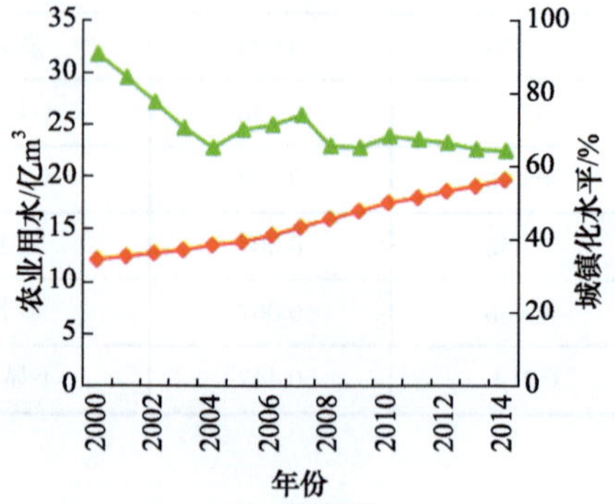

(e) 石家庄市

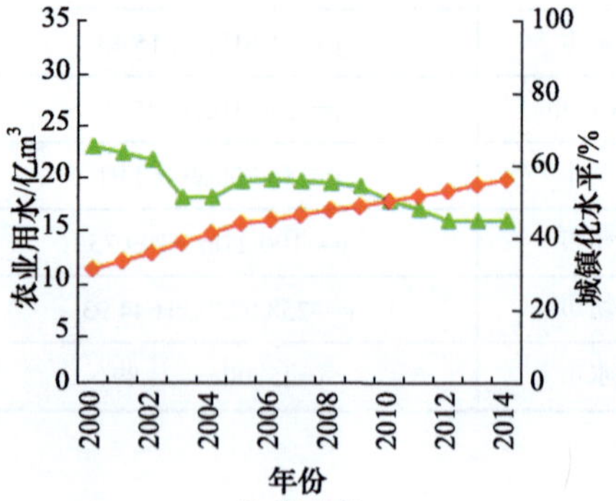

(f) 唐山市

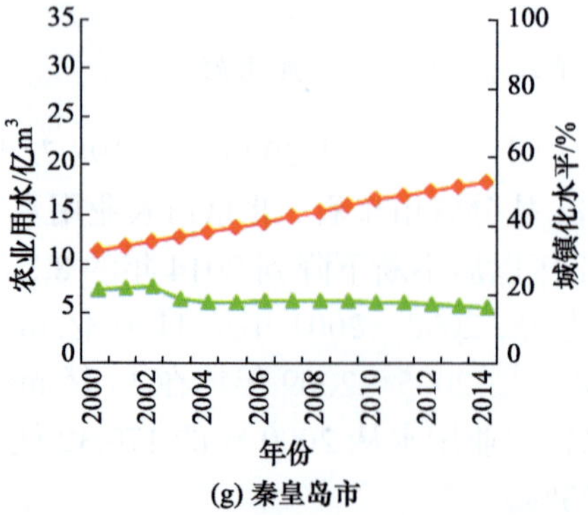

(g) 秦皇岛市

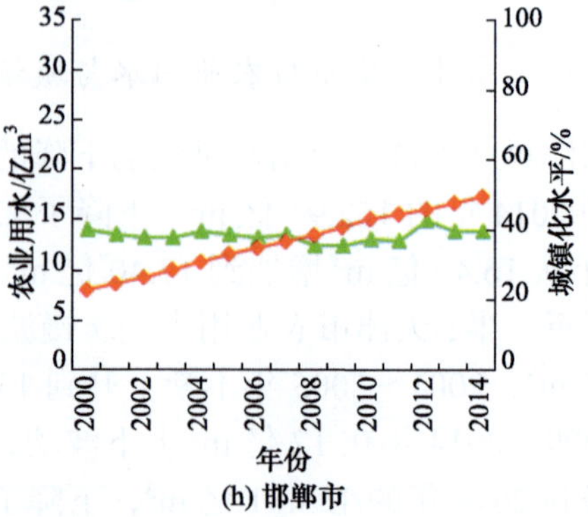

(h) 邯郸市

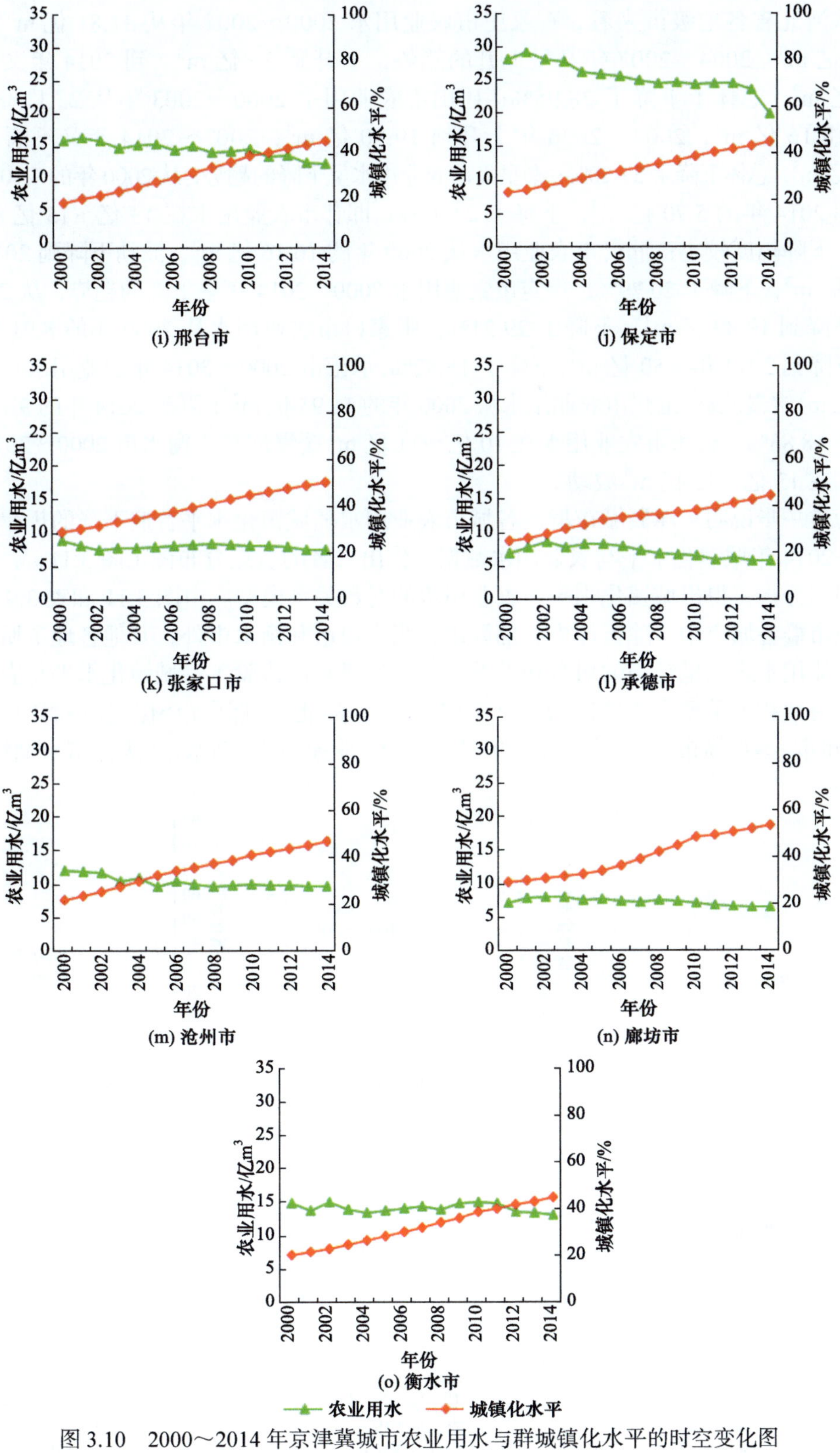

图 3.10 2000～2014 年京津冀城市农业用水与群城镇化水平的时空变化图

从河北省各地级市来看，石家庄市农业用水 2000～2004 年从 31.81 亿 m^3 下降到 22.90 亿 m^3，2004～2007 年又呈上升的趋势，上升到 26 亿 m^3，到 2014 年又下降到 22.6 亿 m^3，总体上下降了 28.95%；唐山市农业用水 2000～2003 年从 23.11 亿 m^3 下降到 18.16 亿 m^3，2004～2006 年上升到 19.80 亿 m^3，2007～2014 年又不断下降到 15.83 亿 m^3，总体下降了 31.50%；秦皇岛市农业用水呈下降的趋势，从 2000 年的 7.40 亿 m^3，下降到 2014 年的 5.70 亿 m^3，下降了 22.97%；邯郸市农业用水在 13 亿～15 亿 m^3 缓慢波动，下降幅度较小；邢台市农业用水从 2000 年的 16.16 亿 m^3，波动下降到 2014 年的 12.80 亿 m^3，下降了 20.79%；保定市农业用水 2000～2014 年呈下降的趋势，从 28.00 亿 m^3，下降到 19.82 亿 m^3，下降了 29.21%；张家口市农业用水从 2000 年的 8.91 亿 m^3，不断下降到 2014 年 7.50 亿 m^3，下降了 15.82%；承德市 2000～2014 年农业用水在 9 亿～10.5 亿 m^3 缓慢波动；沧州市农业用水从 2000 年的 11.95 亿 m^3 下降到 2014 年的 9.7 亿 m^3，下降了 18.83%；廊坊市农业用水在 10 亿～11 亿 m^3 缓慢波动；衡水市 2000～2014 年农业用水在 13 亿～15 亿 m^3 波动。

为进一步说明京津冀城市群及各城市农业用水随城镇化水平普遍下降的规律，采用 2000～2014 年城镇化水平与农业用水数据，作出二者的散点分布图（图 3.11），并进行对数回归分析，得出城镇化水平与农业用水的对数关系模型。由图 3.11 和表 3.9 看出京津冀城市群各城市中，除天津市、邯郸市、张家口市和衡水市外，其他各地市城镇化水平与农业用水之间呈较强的对数相关关系（通过显著性检验）。城镇化水平与农业用水之间的对数相关关系大小依次为：京津冀城市群>河北省>邢台市>保定市>唐山市>北京市>沧州市>秦皇岛市>廊坊市>承德市>石家庄市>张家口市>衡水市>天津市>邯郸市。从

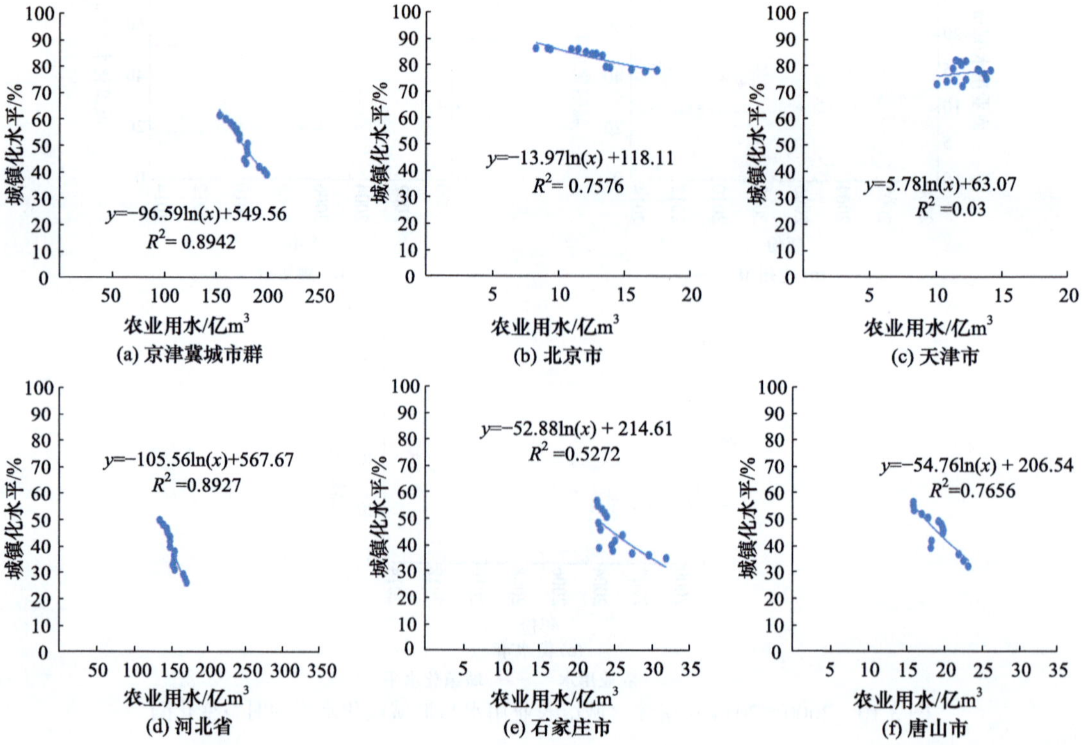

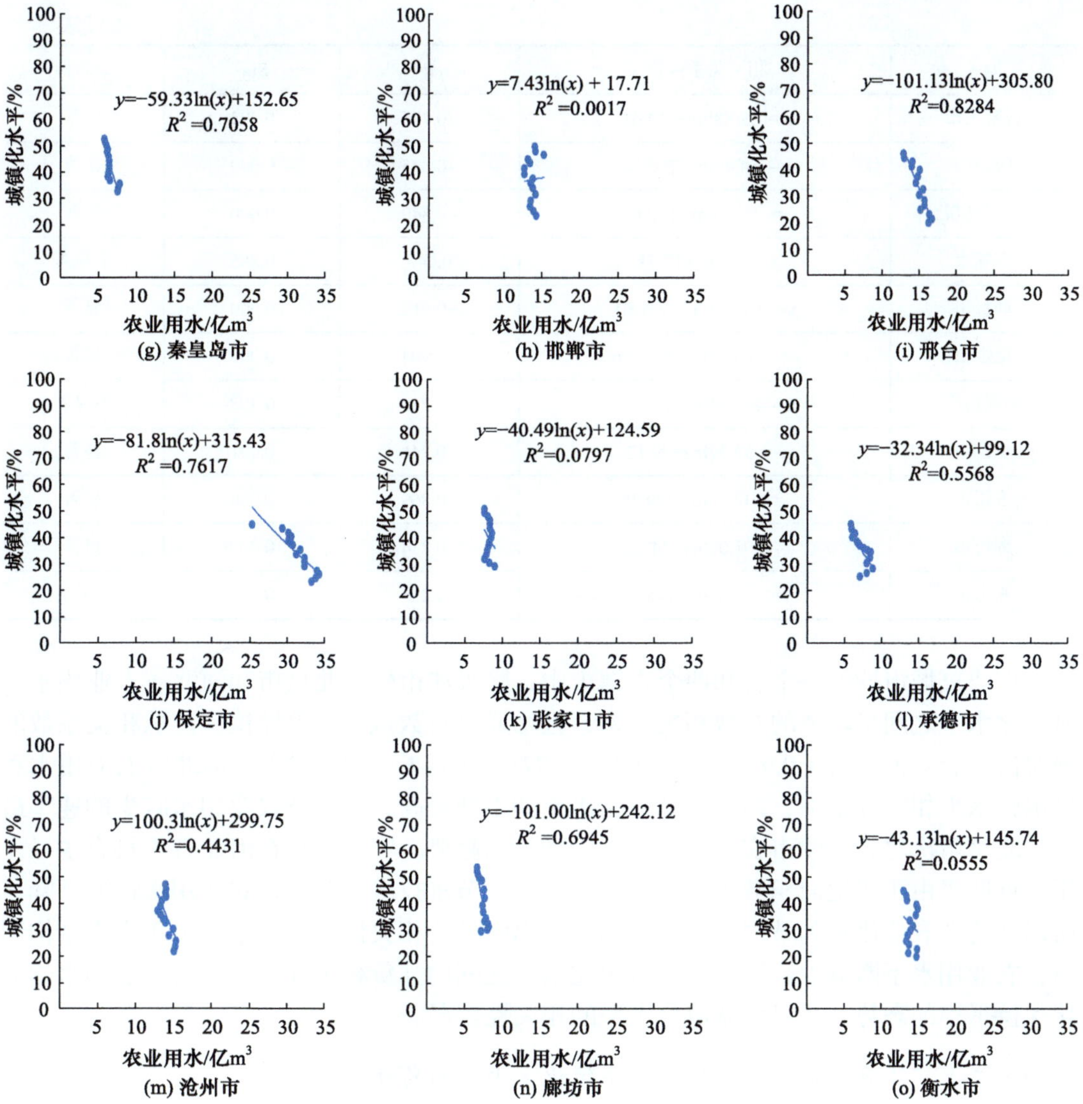

图 3.11　京津冀城市群城镇化水平与农业用水的拟合关系

相关关系函数看出，除天津市和邯郸市是正相关关系，随城镇化水平的提高，农业用水量有所上升；其余城市均为负相关关系，随着城镇化水平提高，农业用水量不断下降。

表 3.9　京津冀城市群及各城市城镇化水平（y）与农业用水（x）的关系模型

地区	相关关系函数	R	Sig.	显著性
京津冀城市群	y=−96.59ln$x$+549.56	−0.946	0.000	显著
北京市	y=−13.97ln$x$+118.11	0.871	0.000	显著
天津市	y=5.78ln$x$+63.07	0.173	0.537	不显著
河北省	y=−105.56ln$x$+567.67	0.945	0.000	显著

续表

地区	相关关系函数	R	Sig.	显著性
石家庄市	y=−52.88ln$x$+214.61	−0.726	0.002	显著
唐山市	y=−54.76ln$x$+206.54	−0.875	0.000	显著
秦皇岛市	y=−59.33ln$x$+152.65	−0.840	0.000	显著
邯郸市	y=7.43ln$x$+17.71	0.045	0.885	不显著
邢台市	y=−101.13ln$x$+305.80	−0.910	0.000	显著
保定市	y=−68.644ln$x$+255.396	−0.904	0.000	显著
张家口市	y=−40.494ln$x$+124.59	−0.283	0.308	不显著
承德市	y=−32.34ln$x$+99.12	−0.746	0.001	显著
沧州市	y=−100.3ln$x$+299.75	−0.869	0.000	显著
廊坊市	y=−101.00ln$x$+242.12	−0.834	0.000	显著
衡水市	y=−43.13ln$x$+145.74	−0.235	0.398	不显著

京津冀城市群的一个省和两个直辖市中，除天津市外，北京市和河北省农业用水与城镇化水平之间呈较强的对数相关关系，且均通过对数拟合显著性检验。从相关系数的绝对值来看：河北省（0.945）>北京市（0.871）>天津市（0.173），河北省农业用水和城镇化水平相关性最强，即随着城镇化水平的不断提高，河北省农业用水减少的速率最大，北京市次之，天津市农业用水则处于增长的趋势。农业用水在河北省中具有主导作用，近些年由于耕地面积减少、种植结构变化、节水技术推广等，农业用水快速下降，所以河北省农业用水和城镇化水平之间表现出强的负相关性；而北京市由于用水结构调整，农业用水不断减少，造成其与城镇化水平之间的强负相关性；天津市农业用水的变化保持平稳的态势，所以和城镇化水平的相关性较弱。

（二）京津冀城市群工业用水与城镇化水平之间的耦合关系

京津冀城市群工业用水呈下降趋势（图 3.12），从 2000 年的 44.33 亿 m^3 下降到 2014 年的 34.81 亿 m^3，下降了 21.48%。其中，北京市农业用水从 2000 年的 10.52 亿 m^3，

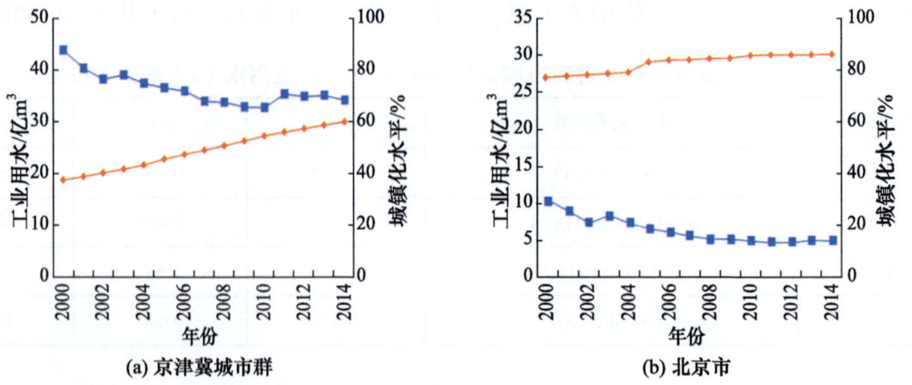

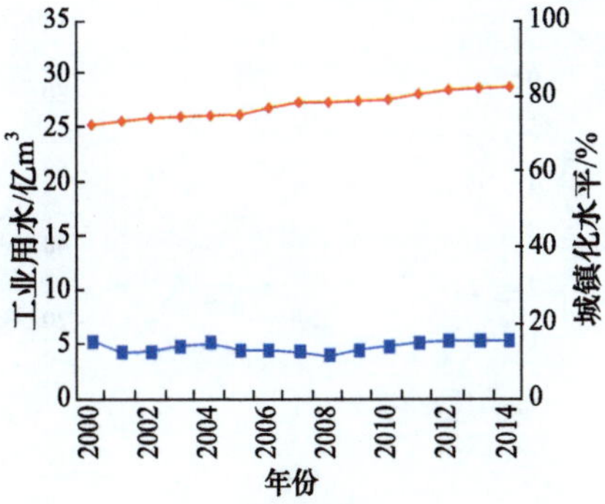

(c) 天津市

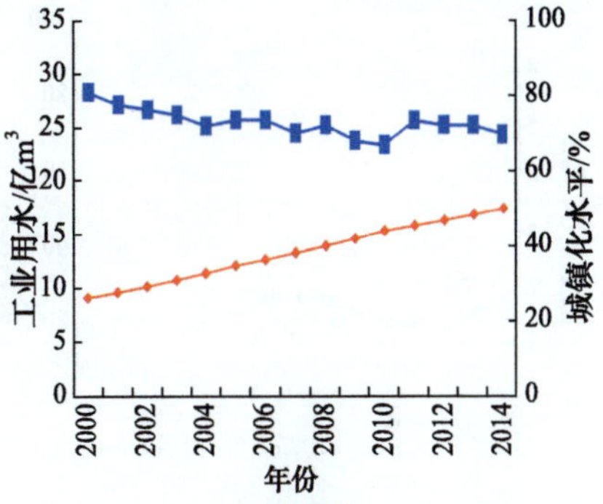

(d) 河北省

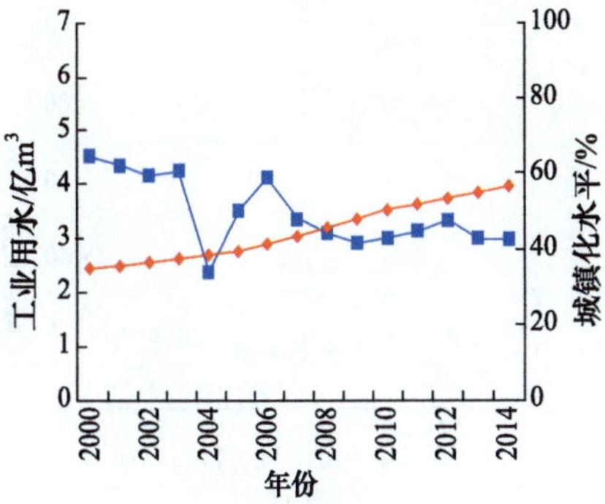

(e) 石家庄市

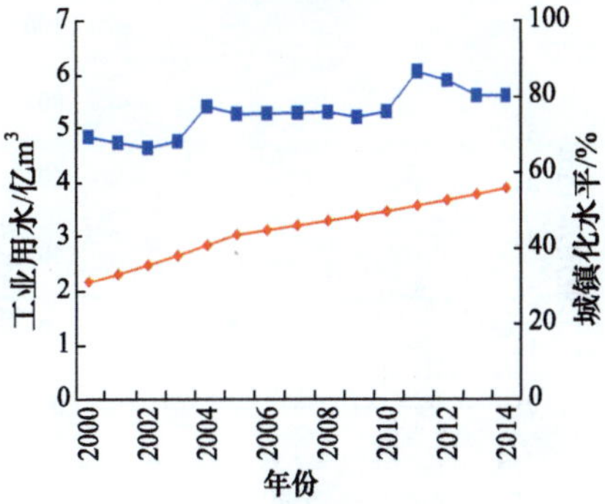

(f) 唐山市

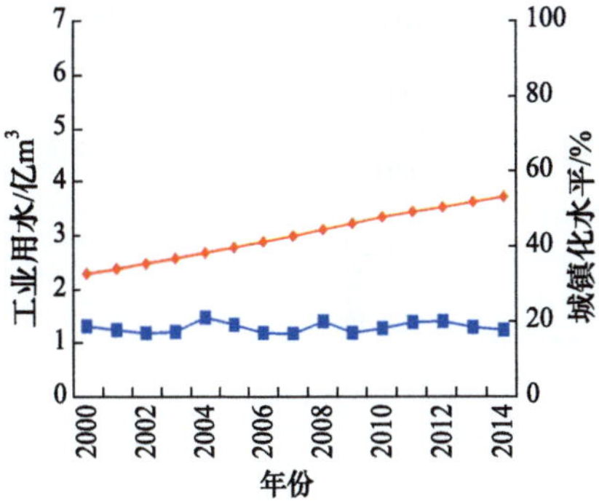

(g) 秦皇岛市

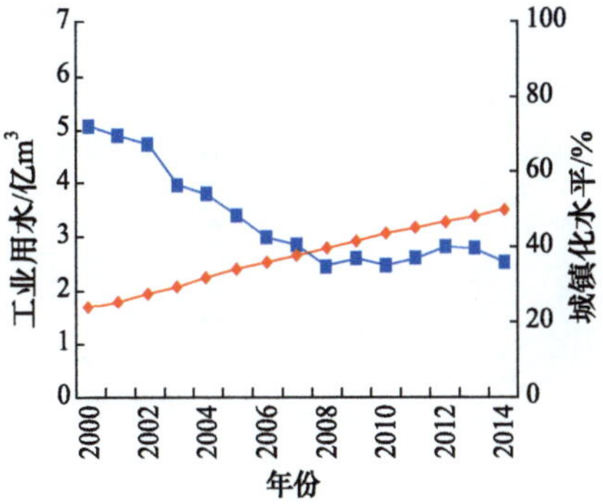

(h) 邯郸市

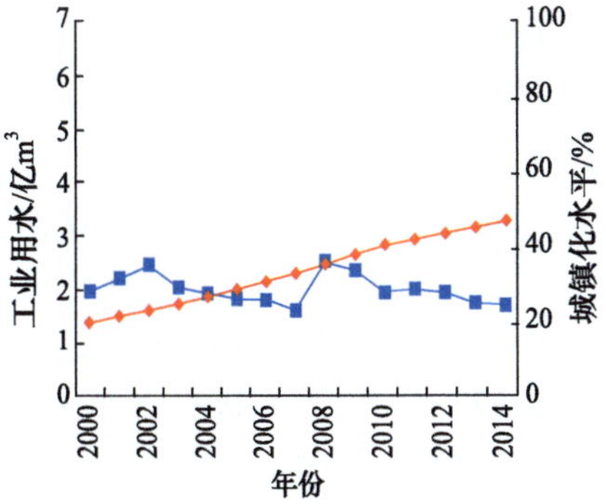

(i) 邢台市

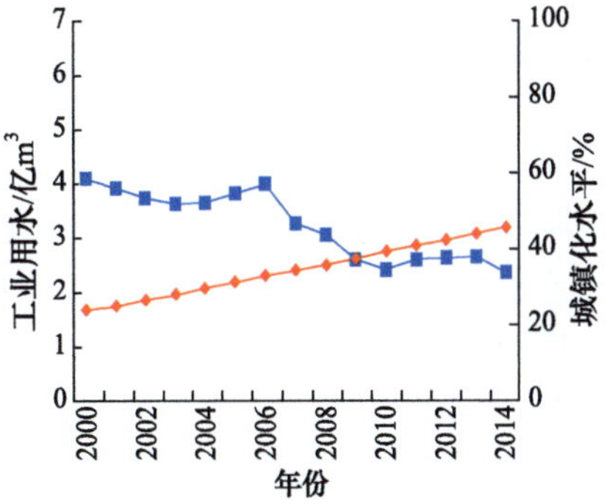

(j) 保定市

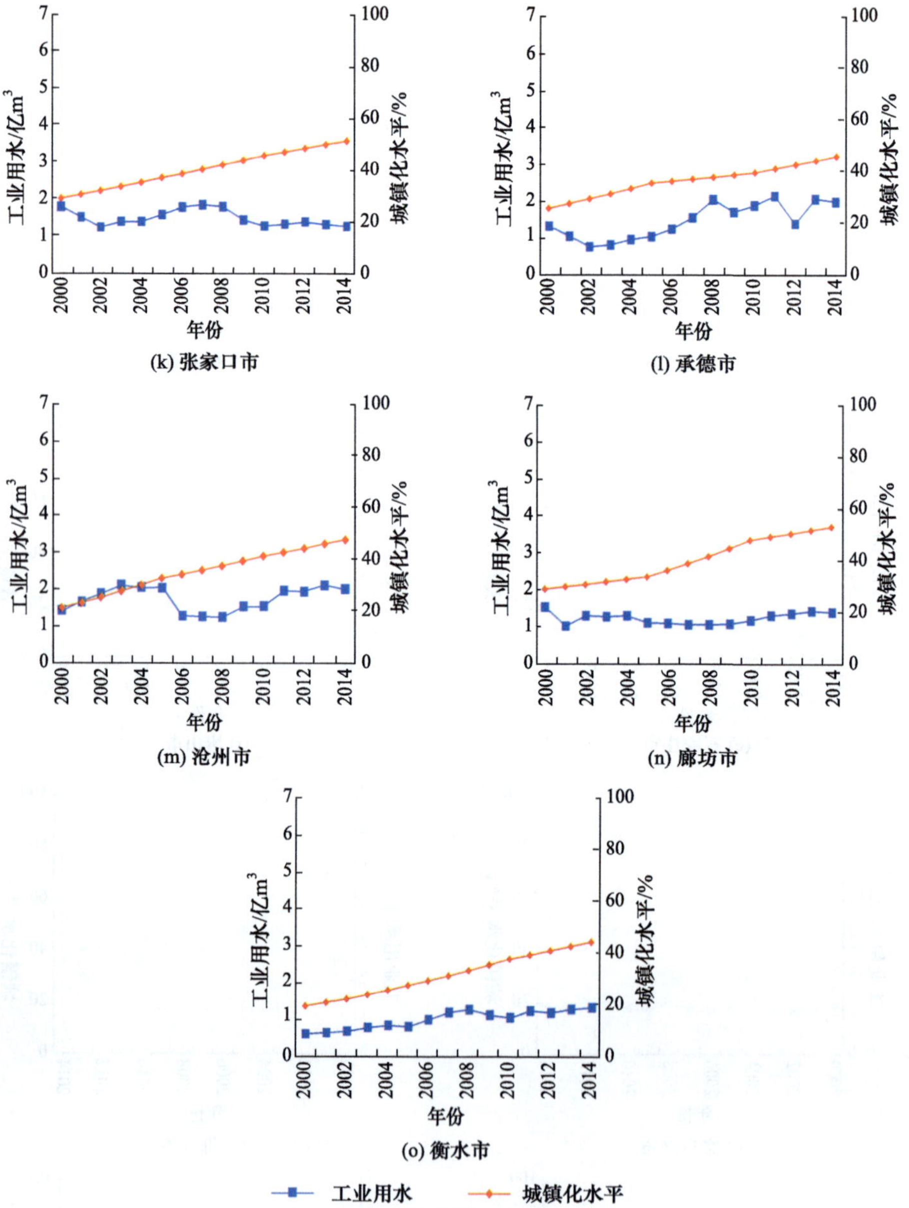

图 3.12 京津冀城市群工业用水与城镇化水平的时空变化图

不断下降到 2014 年的 5.1 亿 m^3，下降了 51.52%；天津工业用水在 4 亿～5.50 亿 m^3 缓慢波动，下降态势不明显；河北省工业用水从 2000 年的 28.46 亿 m^3，波动下降到 2014 年的 24.35 亿 m^3，总体上下降了 14.44%。而河北省各地级市工业用水变化情况不同：

石家庄市工业用水 2000～2003 年从 4.52 亿 m^3 缓慢下降到 4.24 亿 m^3，2004 年快速下降到 2.38 亿 m^3，到 2006 年上升到 4.14 亿 m^3，2007～2014 年不断波动到 3 亿 m^3；唐山市工业用水 2000～2004 年在 4.80 亿 m^3 上下波动，2005～2010 年在 5.3 亿 m^3 上下波动，2011～2014 年在 6 亿 m^3 上下波动，总体上呈上升的趋势；秦皇岛市工业用水在 1.3 亿 m^3 上下缓慢波动，变化态势不明显；邯郸市工业用水从 2000 年的 5.03 亿 m^3 波动下降到 2014 年的 2.50 亿 m^3，下降了 50.306%；邢台市工业用水呈缓慢波动的趋势，2000～2002 年从 1.95 亿 m^3 上升到 2.43 亿 m^3，2003～2007 年下降到 1.61 亿 m^3，2008 年上升到 2.51 亿 m^3，2009～2014 年波动下降到 1.70 亿 m^3；保定市工业用水从 2000 年的 4.05 亿 m^3 下降到 2014 年的 2.32 亿 m^3，下降了 42.72%；张家口市工业用水从 2000 年的 1.75 亿 m^3，下降到 2002 年的 1.22 亿 m^3，再增加到 2007 年的 1.80 亿 m^3，2010 年下降到 1.25 亿 m^3，2012 年增加到 1.36 亿 m^3，2014 年下降到 1.25 亿 m^3，整体上下降了 28.57%；承德市工业用水从 2000 年的 1.27 亿 m^3 下降到 2002 年的 0.73 亿 m^3，2008 年上升到 1.97 亿 m^3，2009～2011 年从 1.65 亿 m^3 上升到 2.05 亿 m^3，2012～2014 年从 1.33 亿 m^3 增加到 1.90 亿 m^3，总体呈缓慢波动的态势；沧州市工业用水 2000～2003 年从 1.44 亿 m^3 增加到 2.11 亿 m^3，2004～2008 年下降到 1.27 亿 m^3，2009～2012 年增加到 1.93 亿 m^3，到 2014 年下降到 2 亿 m^3；廊坊市 2000～2014 年工业用水在 1.3 亿 m^3 上下缓慢波动；衡水市工业用水从 2000 年的 0.65 亿 m^3 波动增加到 2014 年的 1.35 亿 m^3，上升了 107.69%。

对京津冀城市群及各城市城镇化水平与工业用水进行散点图分析和对数相关分析，发现二者的耦合规律总体上不明显，结果见图 3.13 和表 3.10。

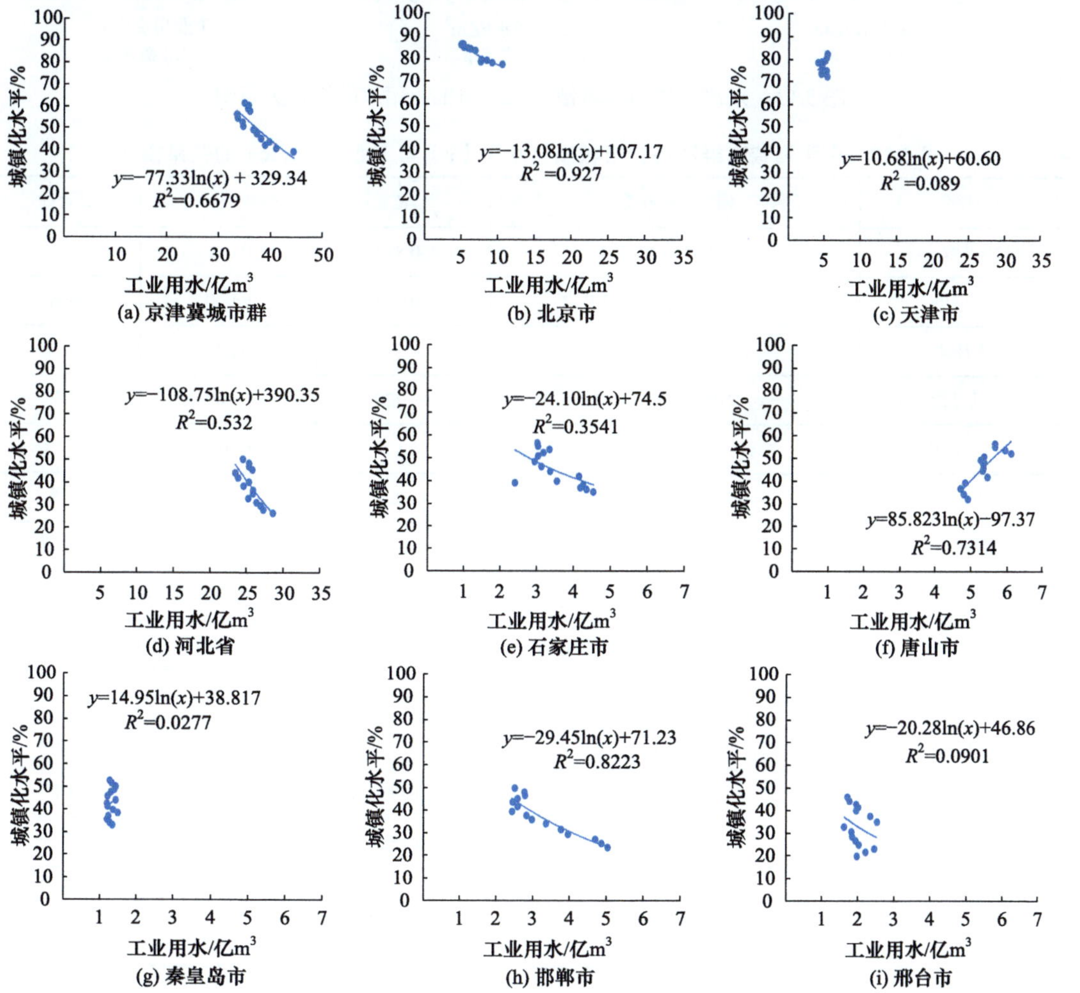

(a) 京津冀城市群　(b) 北京市　(c) 天津市

(d) 河北省　(e) 石家庄市　(f) 唐山市

(g) 秦皇岛市　(h) 邯郸市　(i) 邢台市

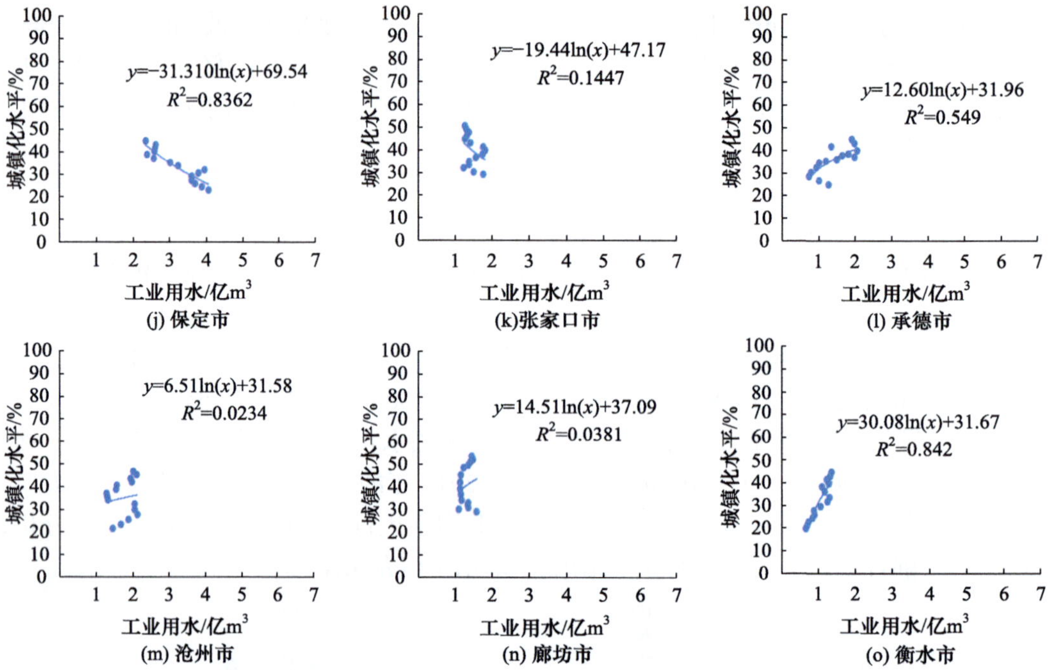

图 3.13　京津冀城市群城镇化水平与工业用水的拟合关系图

表 3.10　京津冀城市群及各城市城镇化水平（y）与工业用水（x）的关系模型

地区	相关关系函数	R	Sig.	显著性
京津冀城市群	y=−77.33ln$x$+319.34	−0.817	0.000	显著
北京市	y=−13.08ln$x$+107.17	−0.963	0.000	显著
天津市	y=10.68ln$x$+60.60	−0.298	0.280	不显著
河北省	y=−108.75ln$x$+390.35	−0.729	0.002	显著
石家庄市	y=−24.10ln$x$+74.50	−0.595	0.019	较显著
唐山市	y=85.823ln$x$−97.37	0.855	0.000	显著
秦皇岛市	y=14.95ln$x$+38.82	0.167	0.553	不显著
邯郸市	y=−29.45ln$x$+71.23	−0.907	0.000	显著
邢台市	y=−20.28ln$x$+46.86	−0.300	0.277	不显著
保定市	y=−31.31ln$x$+69.54	−0.914	0.000	显著
张家口市	y=−19.44ln$x$+47.17	−0.381	0.162	不显著
承德市	y=12.60ln$x$+31.96	0.741	0.002	显著
沧州市	y=6.51ln$x$+31.58	0.152	0.596	不显著
廊坊市	y=14.51ln$x$+37.09	0.195	0.486	不显著
衡水市	y=30.08ln$x$+31.67	0.918	0.000	显著

从图 3.13 可以看出，京津冀城市群各城市城镇化水平和工业用水的对数曲线有一定差距。京津冀城市群、北京市、石家庄市、唐山市、邯郸市、保定市、承德市、衡水市表现出较强的对数相关关系，并通过对数关系显著性检验；而天津市、秦皇岛市、邢台市、张家口市、沧州市和廊坊市城镇化水平和工业用水之间的对数相关关系较弱，且没有通过对数拟合的显著性检验。从相关系数上看：北京市>衡水市>保定市>邯郸市>唐山市>京津冀城市群>承德市>河北省>石家庄市>张家口市>邢台市>天津市>廊坊市>秦皇岛市>沧州市；根据回归系数可以看出，北京市、河北省、石家庄市、邯郸市、邢台市、保定市、张家口市城镇化水平和工业用水之间的关系是负相关的，即随着城镇化进程的不断推进，工业用水不断减少；而天津市、唐山市、秦皇岛市、承德市、沧州市、廊坊市、衡水市城镇化水平与工业用水之间相关关系均呈正相关，即随着城镇化水平不断提高，工业用水量呈现稳定的上升态势。

（三）京津冀城市群生活用水与城镇化水平之间的耦合关系

京津冀城市群生活用水 2000～2003 年从 39.87 亿 m^3 下降到 34.76 亿 m^3，2004～2014 年上升到 45.95 亿 m^3，总体上上升了 15.25%。北京市生活用水与京津冀城市群变化态势相吻合，2000～2003 年从 12.96 亿 m^3 下降到 10.83 亿 m^3，2004～2014 年上升到 17.00 亿 m^3，总体上升了 23.76%；天津市 2000～2012 年生活用水在 4 亿～5.5 亿 m^3 波动，变化态势不明显；河北省生活用水 2000～2004 年从 21.69 亿 m^3 下降到 17.70 亿 m^3，2005～2008 年，从 21.78 亿 m^3 下降到 19.67 亿 m^3，2009～2014 年从 20.14 亿 m^3 增加到 23.70 亿 m^3，总体呈增加趋势。河北省各地级市生活用水总体均呈上升趋势：石家庄市生活用水 2000～2003 年在 3.60 亿 m^3 上下波动，2004 年突然下降到 1.68 亿 m^3，2005～2007 年从 4.20 亿 m^3 下降到 3.14 亿 m^3，2008～2014 年从 3.71 亿 m^3 增加到 4 亿 m^3；唐山市生活用水呈“W”形变化，2000～2004 年从 3.66 亿 m^3 下降到 2.60 亿 m^3，2005～2006 年增加到 3.14 亿 m^3，2007～2008 年从 2.91 亿 m^3 下降到 2.68 亿 m^3，2009～2014 年从 2.69 亿 m^3 上升到 3.77 亿 m^3；秦皇岛市生活用水 2000～2002 年从 1.74 亿 m^3 下降到 0.88 亿 m^3，之后波动上升到 2014 年的 1.35 亿 m^3；邯郸市生活用水从 2000 年的 2.48 亿 m^3 下降到 2003 的 1.85 亿 m^3，2004～2007 年从 1.88 亿 m^3 增加到 2.21 亿 m^3，2008～2009 年在 2.02 亿 m^3 左右，2011 年增加到 2.61 亿 m^3，2012～2014 年不断下降到 2.50 亿 m^3；邢台市生活用水 2000～2003 年从 1.5 亿 m^3 增加到 1.95 亿 m^3，2004～2008 年不断减少到 1.37 亿 m^3，2009～2014 年又不断增加到 1.90 亿 m^3；保定市生活用水从 2000 年的 2.42 亿 m^3 波动上升到 2014 年的 2.91 亿 m^3；张家口市生活用水在 1.10 亿 m^3 上下波动，增加态势不明显；承德市生活用水从 2000 年的 0.89 亿 m^3 缓慢波动上升到 2014 年的 1.30 亿 m^3；沧州市生活用水 2000～2005 年从 1.63 亿 m^3 增加到 2.11 亿 m^3，2006～2009 年不断下降到 1.59 亿 m^3，2010～2014 年不断上升到 1.85 亿 m^3；廊坊市 2000～2014 年生活用水在 1.60 亿 m^3 上下缓慢波动；衡水市 2000～2014 年生活用水在 0.95 亿 m^3 上下缓慢波动（图 3.14）。

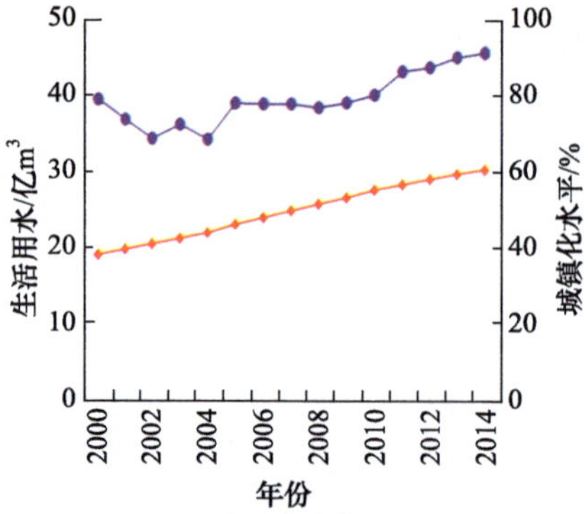

(a) 京津冀城市群

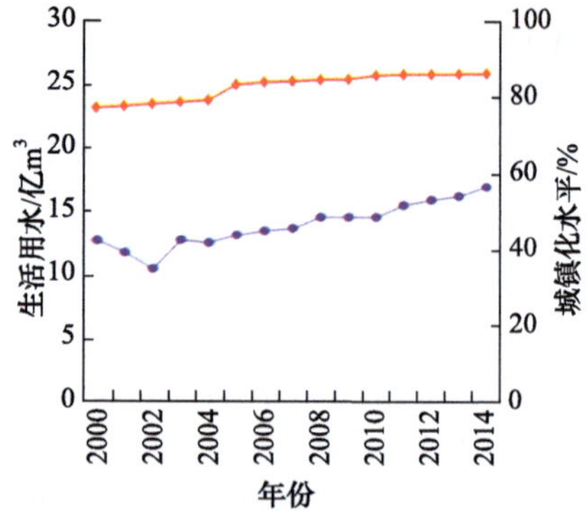

(b) 北京市

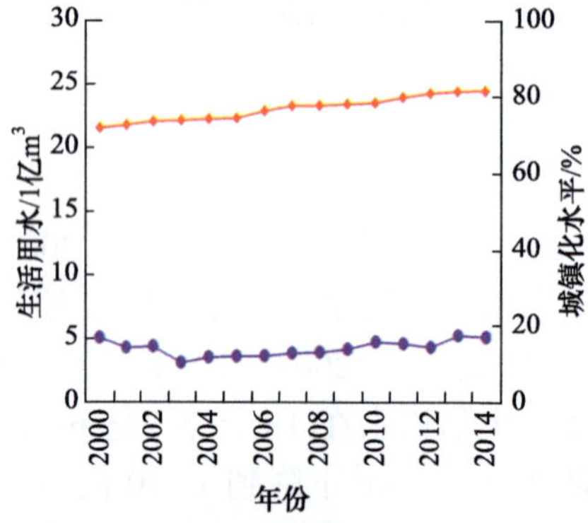

(c) 天津市

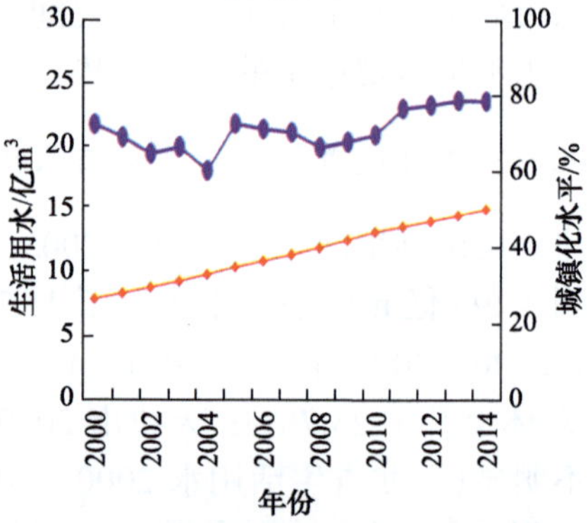

(d) 河北省

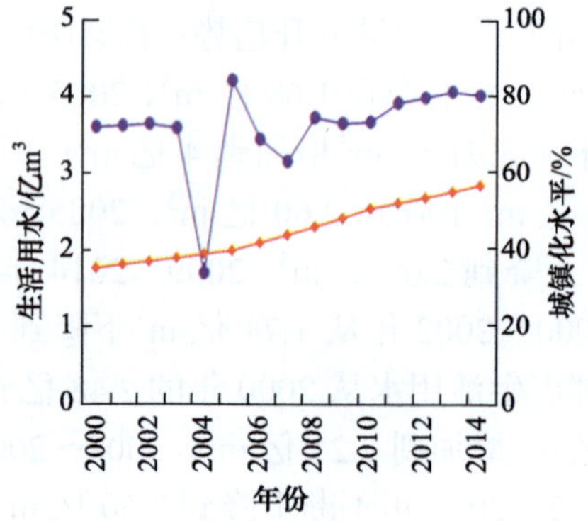

(e) 石家庄市

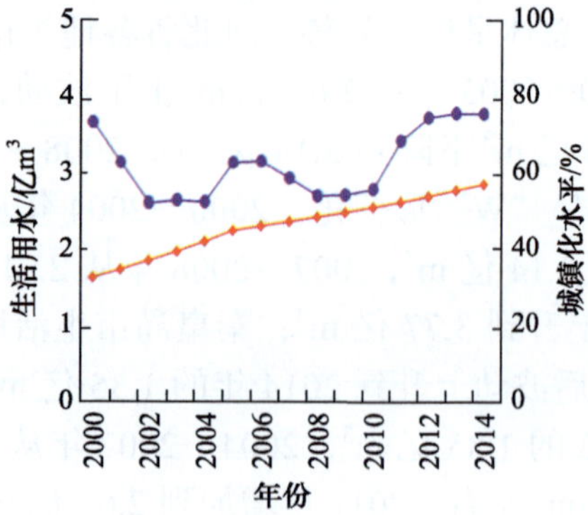

(f) 唐山市

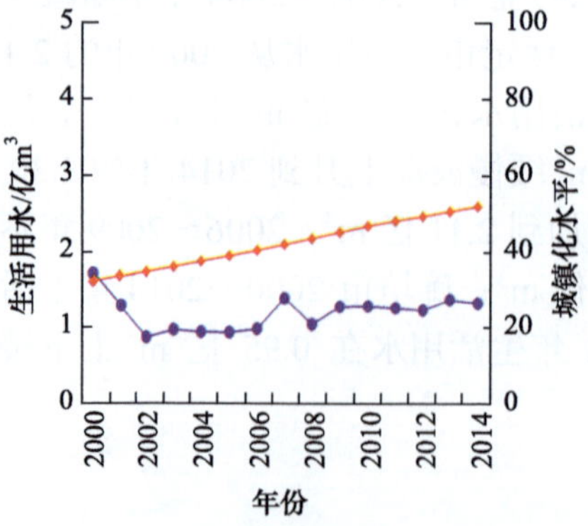

(g) 秦皇岛市

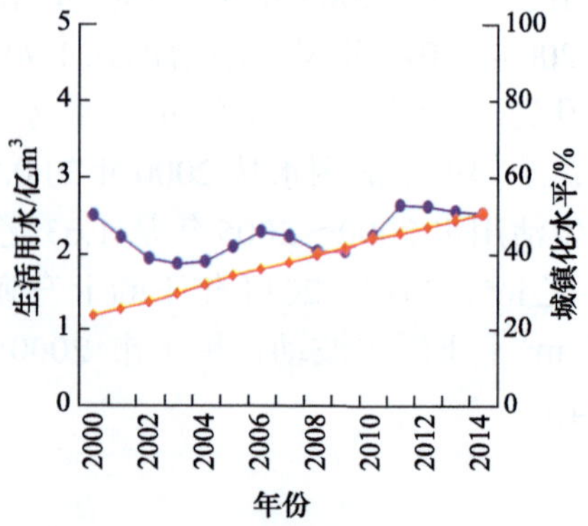

(h) 邯郸市

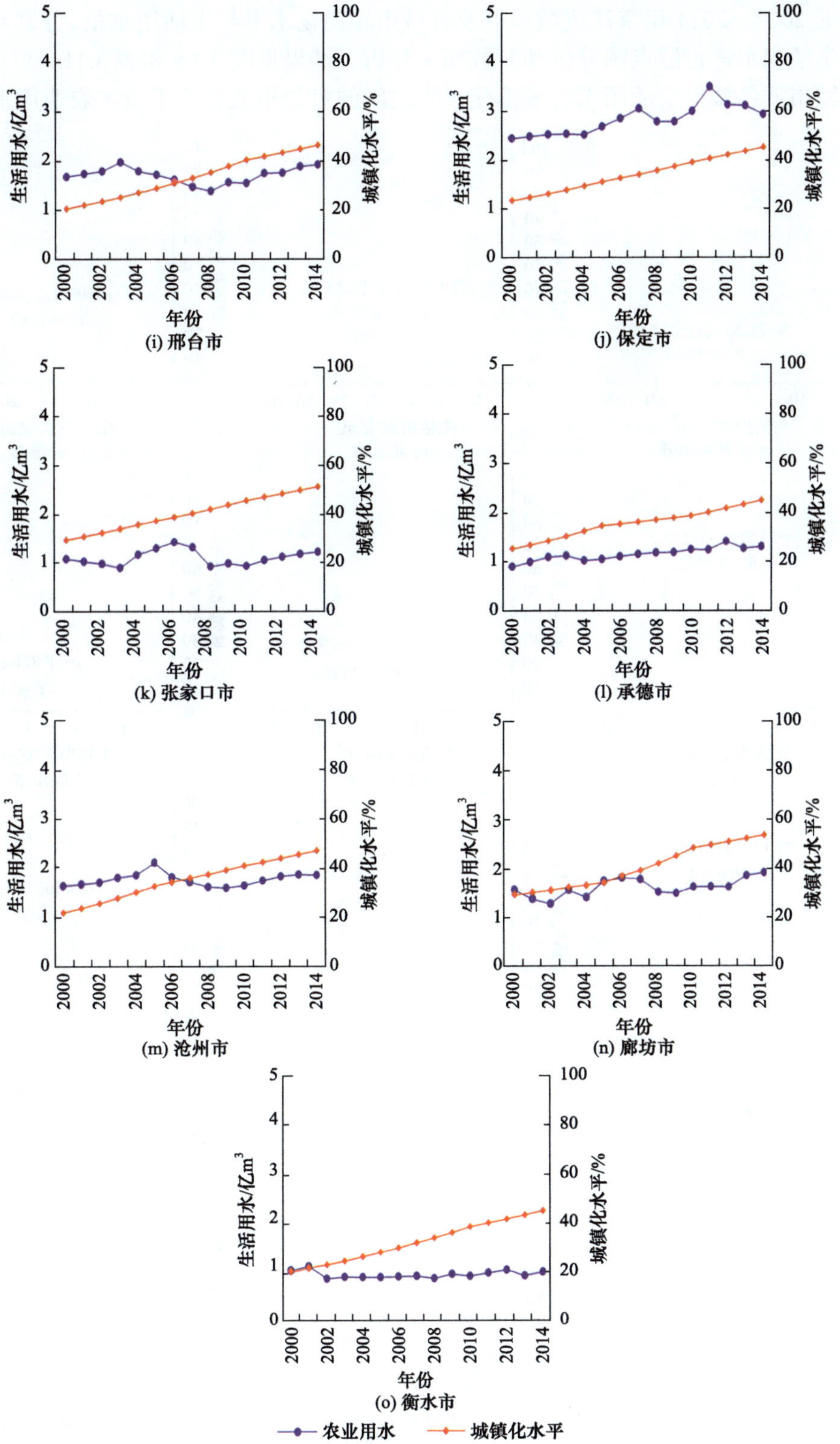

图 3.14 2000～2004 年京津冀城市群生活用水与城镇化水平的时空变化图

根据 2000～2014 年京津冀城市群及各城市城镇化水平与生活用水量，分别对城镇化水平与生活用水进行散点图分析和对数相关分析，结果见图 3.15 和表 3.11。可以看出，京津冀城市群各城市生活用水与城镇化水平之间的对数相关关系不及工农业用水与城镇

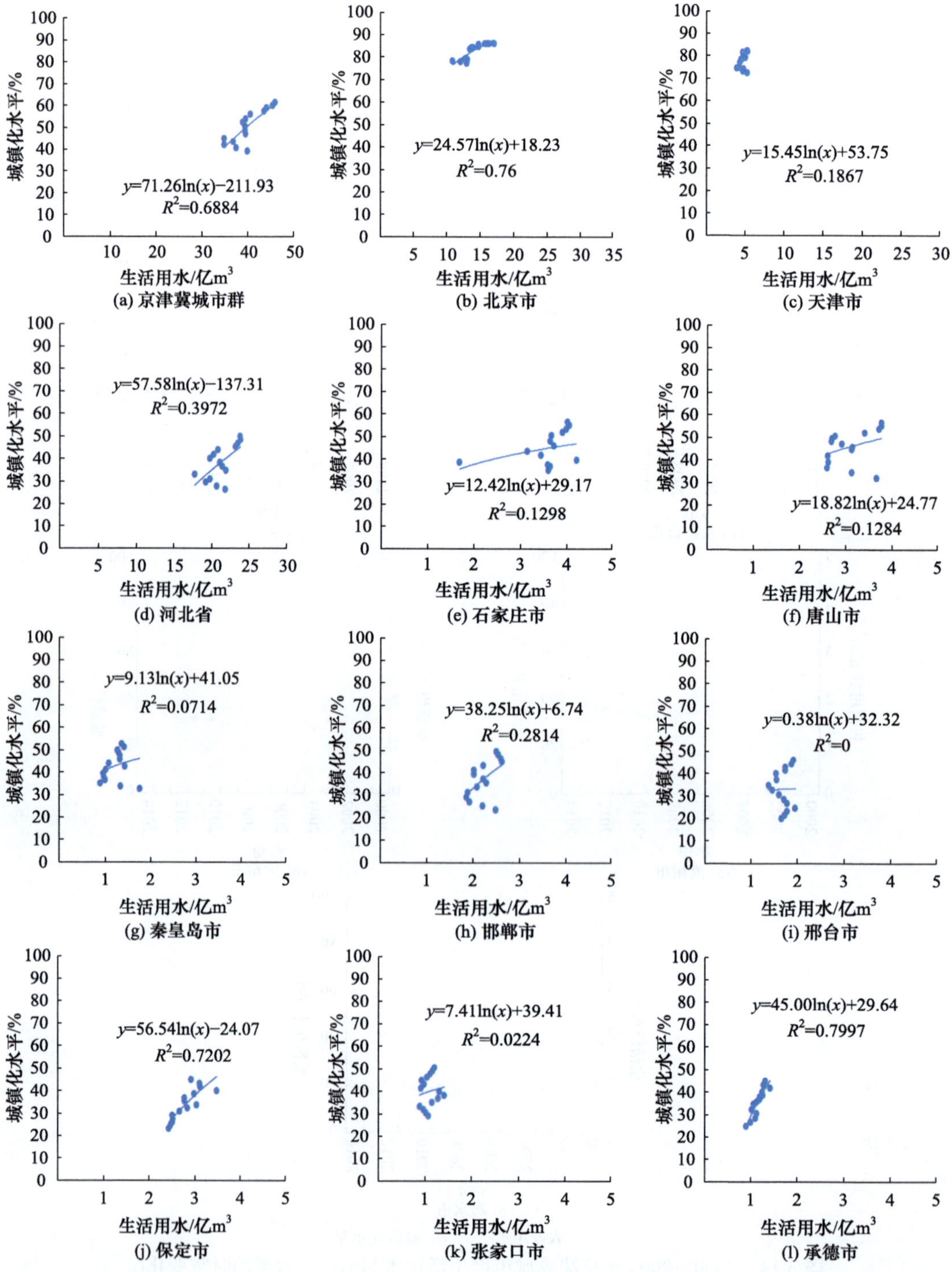

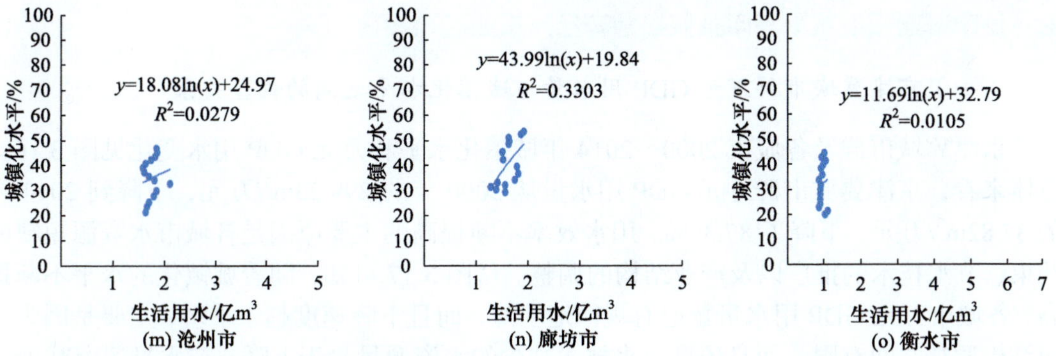

图 3.15　京津冀城市群城镇化水平与生活用水拟合关系图

化水平之间的相关关系那么明显。从相关系数的绝对值来看，生活用水与城镇化水平的相关关系大小依次为：承德市>北京市>保定市>京津冀城市群>河北省>廊坊市>邯郸市>天津市>石家庄市>唐山市>秦皇岛市>沧州市>张家口市>衡水市>邢台市。从对数函数看出，随着城镇化水平的提升，各城市生活用水量的变化情况：北京市>京津冀城市群>天津市>石家庄市>保定市>唐山市>承德市>邯郸市>廊坊市>秦皇岛市>张家口市>沧州市>衡水市>邢台市。生活用水增长速度快主要是因为外来人口增加以及生活条件的不断改善所致。而生活用水增长速度较慢主要是因为城市生活节水水平较高等因素综合作用。

表 3.11　京津冀城市群及各城市城镇化水平（y）与生活用水量（x）的关系模型

地区	相关关系函数	R	Sig.	显著性
京津冀城市群	y=71.26ln$x$−211.93	0.829	0.000	显著
北京市	y=24.57ln$x$+18.23	0.872	0.000	显著
天津市	y=15.45ln$x$+53.75	0.432	0.108	不显著
河北省	y=57.58ln$x$−137.31	0.630	0.012	较显著
石家庄市	y=12.42ln$x$+29.17	0.361	0.187	不显著
唐山市	y=18.82ln$x$+24.77	0.358	0.190	不显著
秦皇岛市	y=9.13ln$x$+41.05	0.266	0.336	不显著
邯郸市	y=38.25ln$x$+6.74	0.530	0.042	较显著
邢台市	y=0.38ln$x$+32.12	0.000	0.988	不显著
保定市	y=56.54ln$x$−24.067	0.849	0.000	显著
张家口市	y=7.41ln$x$+39.41	0.148	0.594	不显著
承德市	y=45.00ln$x$+29.64	0.894	0.000	显著
沧州市	y=18.08ln$x$+24.97	0.167	0.552	不显著
廊坊市	y=43.99ln$x$+19.84	0.574	0.025	较显著
衡水市	y=11.69ln$x$+32.79	0.100	0.717	不显著

四、城市群城镇化水平与用水效率的耦合关系曲线及规律

（一）京津冀城市群万元 GDP 用水量与城镇化水平之间的耦合关系

京津冀城市群及各城市 2000～2014 年城镇化水平和万元 GDP 用水变化见图 3.16。总体来看，京津冀城市群万元 GDP 用水量从 2000 年的 299.23m^3/万元，下降到 2014 年的 37.82m^3/万元，下降了 87.36%。用水效率不断提高的主要原因是各城市水资源短缺的约束、节水技术的推广以及产业结构的调整。从图 3.17 可知，随着城镇化的水平不断提高，各城市万元 GDP 用水量普遍有规律地下降，而且下降速度趋于平缓，主要是因为产业结构调整空间有限，而且依靠节水技术减少的水资源量趋于下降，节水量逐渐减少。

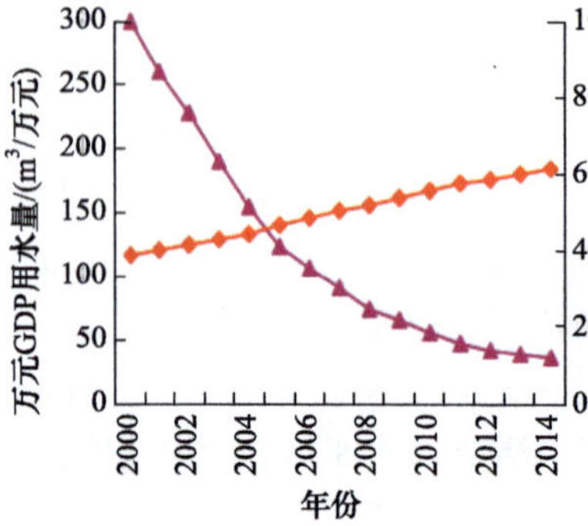

(a) 京津冀城市群

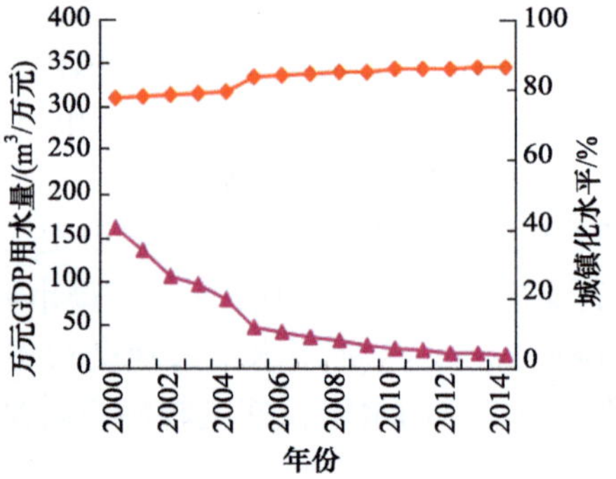

(b) 北京市

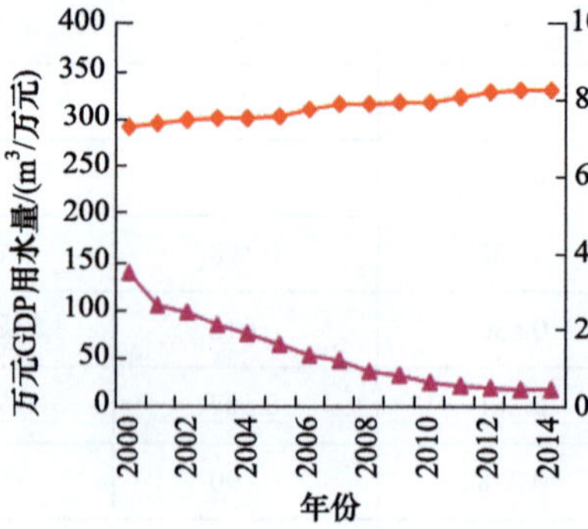

(c) 天津市

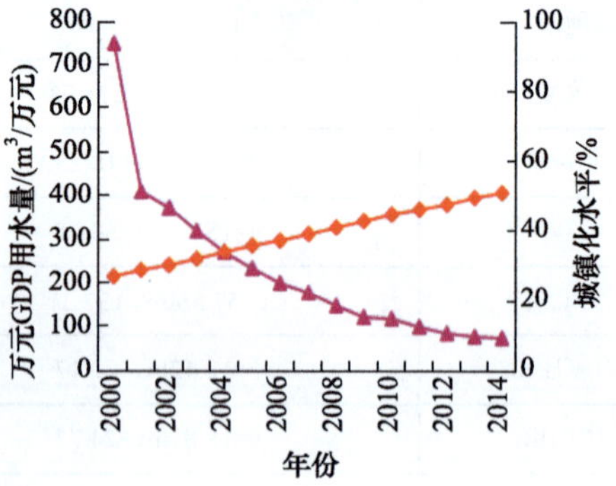

(d) 河北省

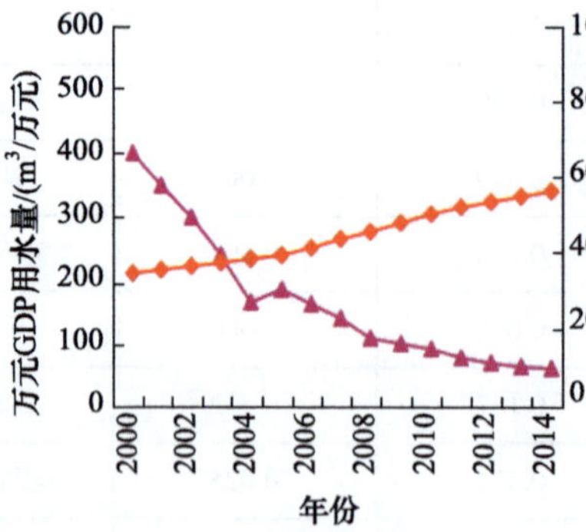

(e) 石家庄市

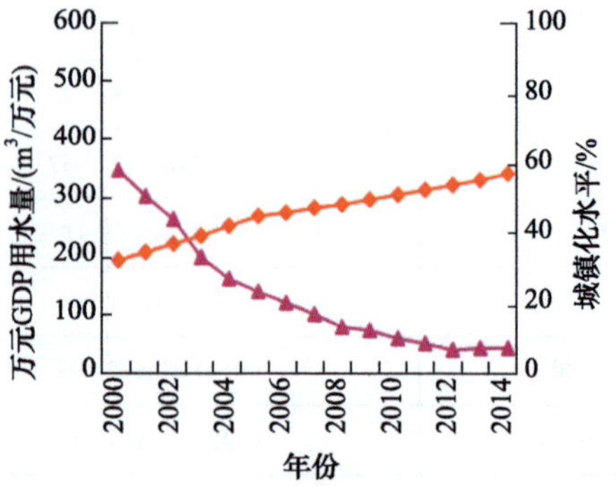

(f) 唐山市

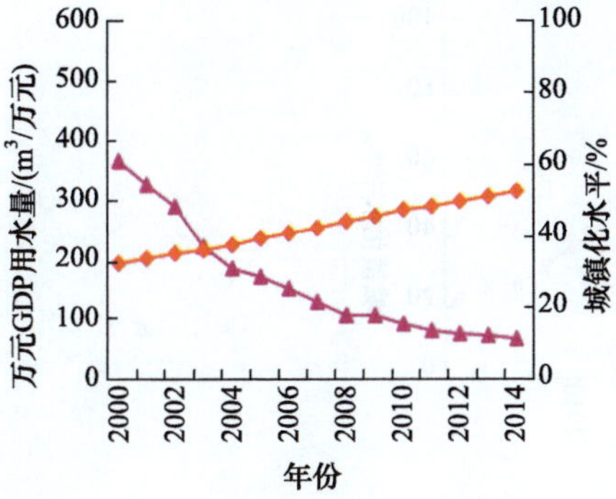

(g) 秦皇岛市

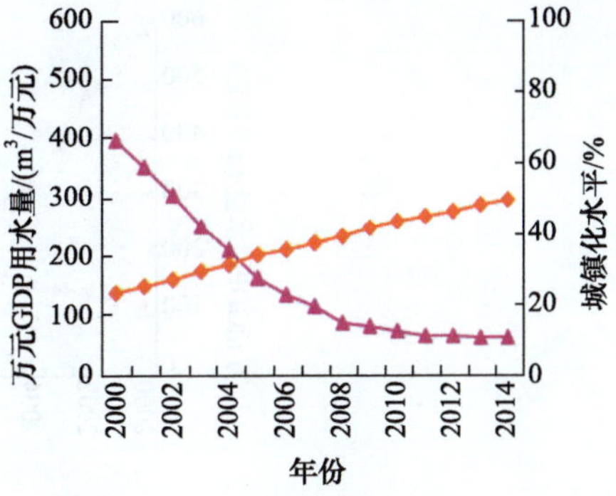

(h) 邯郸市

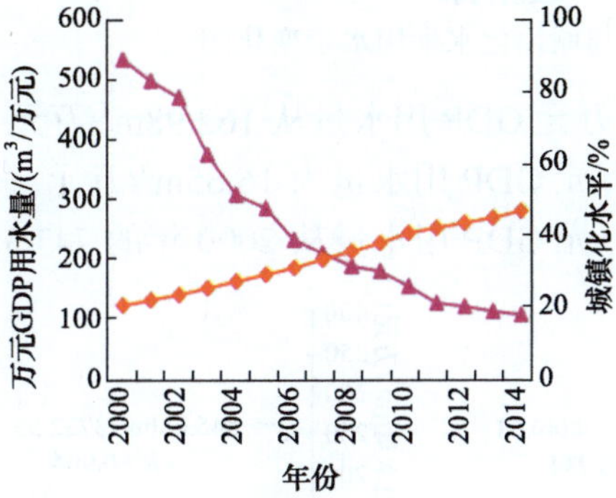

(i) 邢台市

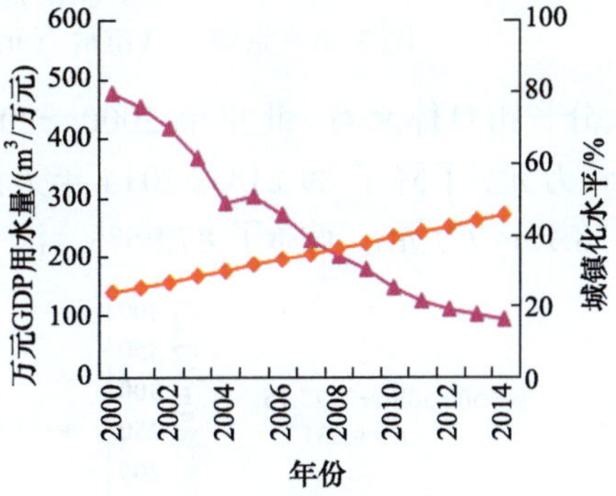

(j) 保定市

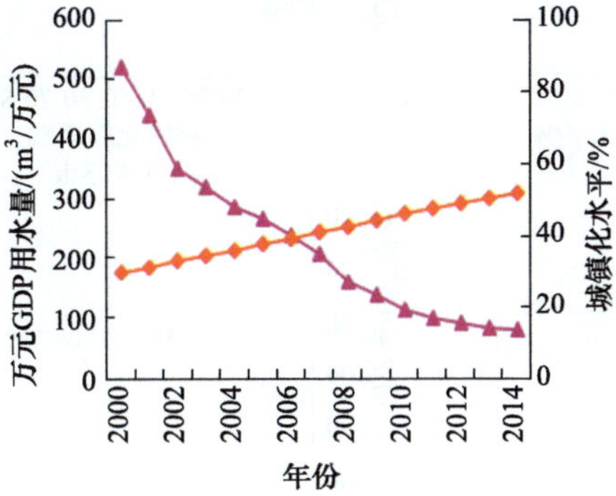

(k) 张家口市

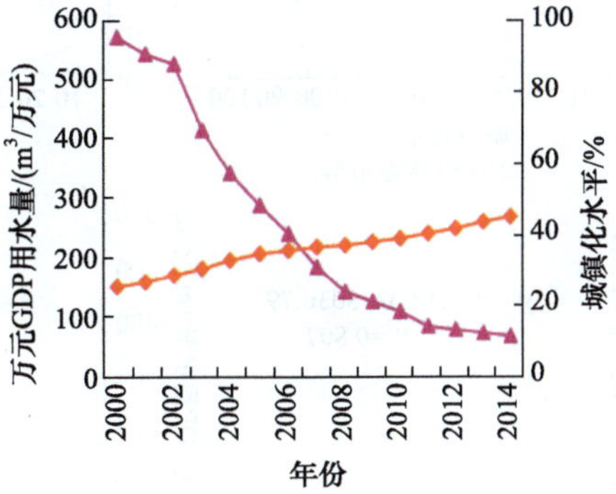

(l) 承德市

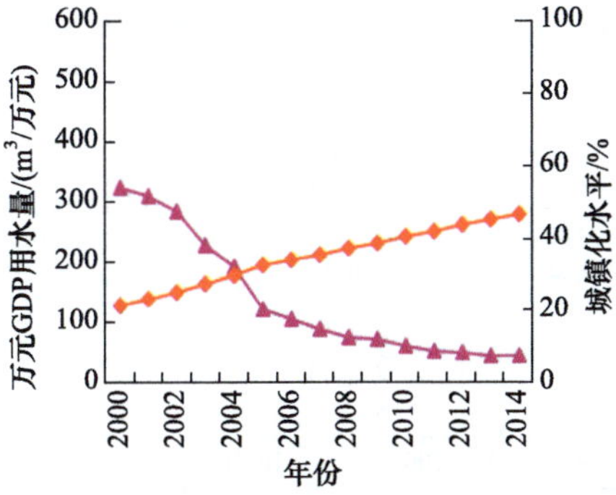

(m) 沧州市

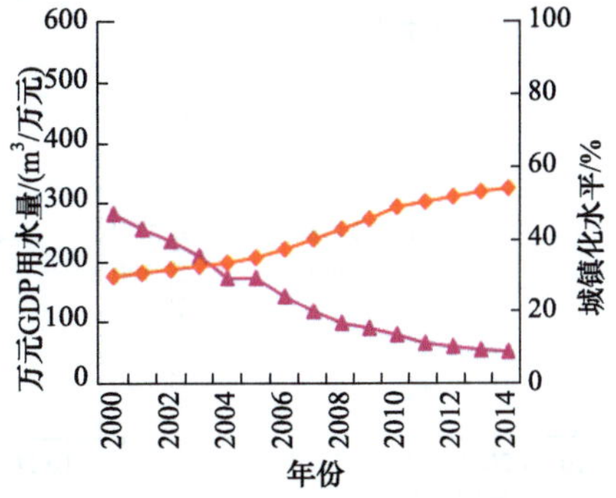

(n) 廊坊市

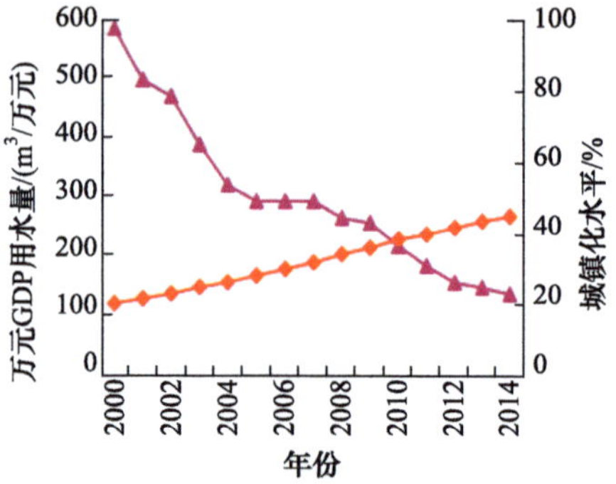

(o) 衡水市

万元GDP用水　城镇化水平

图 3.16　京津冀城市群万元 GDP 与城镇化水平用水量变化图

从分省市具体来看，北京市 2000～2014 年万元 GDP 用水量从 162.98m^3/万元下降到 17.58m^3/万元，下降了 89.21%。2014 年天津市万元 GDP 用水量为 16.65m^3/万元，较 2000 年的 138.12m^3/万元，下降了 87.95%。河北省万元 GDP 用水量从 2000 年的 743.35m^3/万

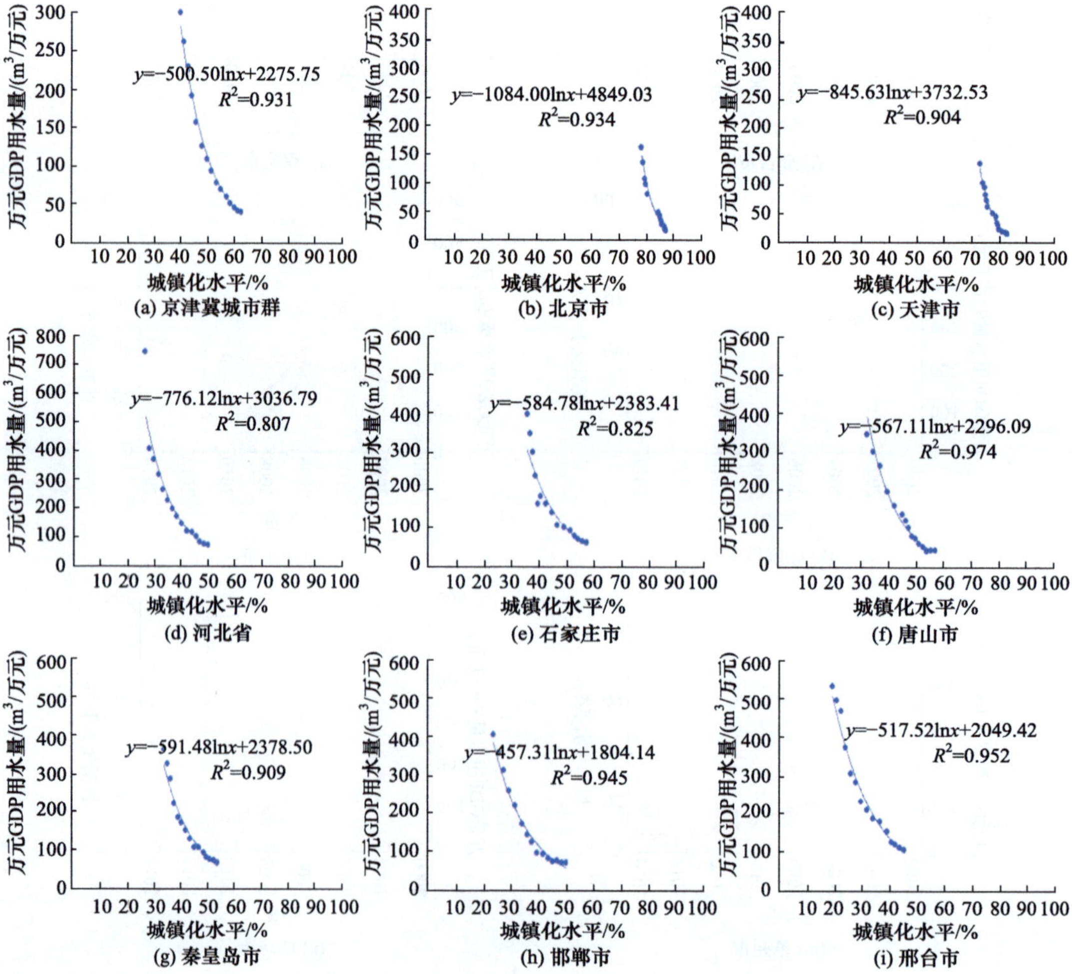

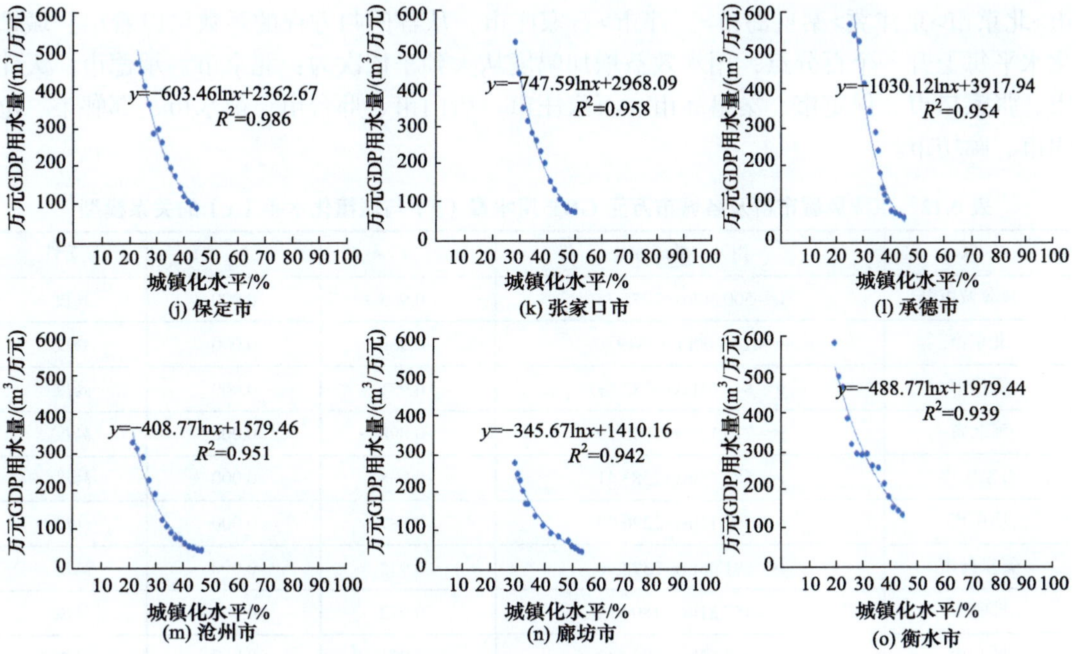

图 3.17 京津冀城市群万元 GDP 用水量与城镇化水平拟合关系

元，下降到 2014 年的 65.75m³/万元，下降了 91.15%。

从河北省各城市具体来看，石家庄市 2000～2014 年万元 GDP 用水量从 397.89m³/万元下降到 61.37m³/万元，下降了 84.58%。唐山市万元 GDP 用水量 2014 年为 41.19m³/万元，较 2000 年的 345.99m³/万元，下降了 88.10%。秦皇岛市万元 GDP 用水量从 2000 年的 366.77m³/万元下降到 2014 年的 71.24m³/万元，下降了 80.58%。邯郸市 2000～2014 年万元 GDP 用水量从 398.97m³/万元减少到 63.31m³/万元，下降了 84.13%。邢台市万元 GDP 用水量 2014 年为 104.31m³/万元，较 2000 年的 533.30m³/万元，下降了 80.44%。保定市万元 GDP 用水量从 2000 年的 472.27m³/万元减少到 2014 年的 91.52m³/万元，下降了 80.62%。张家口市 2000～2014 年万元 GDP 用水量从 518.22m³/万元减少到 73.98m³/，下降了 85.72%。承德市 2014 年万元 GDP 用水量为 570.35m³/万元，较 2000 年的 67.63m³/万元，下降了 88.14%。沧州市万元 GDP 用水量从 2000 年的 325.68m³/万元，下降到 2014 年的 44.36m³/万元，下降了 86.38%。廊坊市 2000～2014 年万元 GDP 用水量从 278.84m³/万元减少到 49.53m³/万元，下降了 82.24%。衡水市 2014 年万元 GDP 用水量为 136.08m³/万元，较 2000 年的 585.24m³/万元下降了 76.75%。

为进一步说明京津冀城市群及各城市用水效益随城镇化水平的增长规律，采用 2000～2014 年城镇化水平与用水效益数据，进行散点图分析和对数回归分析，得出城镇化水平与用水效益的关系模型（图 3.17 和表 3.12）。从中可以看出，京津冀城市群及各城市城镇化水平与用水效率之间的相关关系高度显著，对数曲线耦合规律明显。万元 GDP 用水量随城镇化水平呈对数减少（均通过显著性检验），即用水效率与城镇化水平的对数相关关系为正相关。从相关系数的绝对值来看，城镇化水平与用水效率关系的密切程度大小为：保定市>唐山市>张家口市>承德市>邢台市>沧州市>邯郸市>廊坊市>衡水市>北京市>京津冀>秦皇岛市>天津市>石家庄市。从各回归方程的系数可以看出，城镇化水平每上升一个百分点，用水效益增加幅度从大到小依次为：北京市、承德市、天津市、张家口市、保定市、秦皇岛市、石家庄市、唐山市、邢台市、衡水市、邯郸市、沧州市、廊坊市。

表 3.12 京津冀城市群及各城市万元 GDP 用水量（y）与城镇化水平（x）的关系模型

地区	相关关系函数	R	Sig.	显著性
京津冀城市群	$y=-500.50\ln x+2275.75$	−0.965	0.000	高度
北京市	$y=-1084.00\ln x+4849.03$	−0.966	0.000	高度
天津市	$y=-845.63\ln x+3732.53$	−0.951	0.000	高度
河北省	$y=-776.12\ln x+3036.79$	−0.898	0.000	高度
石家庄市	$y=-584.78\ln x+2383.41$	−0.908	0.000	高度
唐山市	$y=-567.11\ln x+2296.09$	−0.987	0.000	高度
秦皇岛市	$y=-591.48\ln x+2378.50$	−0.953	0.000	高度
邯郸市	$y=-457.31\ln x+1804.14$	−0.972	0.000	高度
邢台市	$y=-517.52\ln x+2049.42$	−0.976	0.000	高度
保定市	$y=-603.46\ln x+2362.67$	−0.993	0.000	高度
张家口市	$y=-747.59\ln x+2968.09$	−0.979	0.000	高度
承德市	$y=-1030.12\ln x+3917.94$	−0.977	0.000	高度
沧州市	$y=-408.77\ln x+1579.46$	−0.975	0.000	高度
廊坊市	$y=-345.67\ln x+1410.16$	−0.971	0.000	高度
衡水市	$y=-488.77\ln x+1979.44$	−0.969	0.000	高度

（二）京津冀城市群万元农业增加值用水量与城镇化水平的耦合关系

京津冀城市群及各城市 2000～2014 年城镇化水平和万元农业增加值用水量变化见图 3.18。从总体上看，2000～2014 年京津冀城市群万元农业增加值用水量不断下降，从 1811.71m^3/万元下降到 406.41m^3/万元，下降了 1405.30m^3/万元，下降幅度为 77.57%。按万元农业增加值用水量的下降幅度对京津冀城市群农业用水效率进行分类（表 3.13）：第一类，快速下降型，下降幅度大于 79%，为秦皇岛市、张家口市、承德市、沧州市；第二类，中速下降型，下降幅度在 72%～79%，为石家庄市、唐山市、邯郸市、邢台市、衡水市；第三类，低速下降型，下降幅度在 72%以下，为北京市、天津市、保定市、廊坊市。

表 3.13 京津冀城市群农业用水效率变化分类

类型	万元农业增加值用水量下降幅度	城市
快速下降型	>79%	秦皇岛市、张家口市、承德市、沧州市
中速下降型	72%～79%	石家庄市、唐山市、邯郸市、邢台市、衡水市
低速下降型	<72%	北京市、天津市、保定市、廊坊市

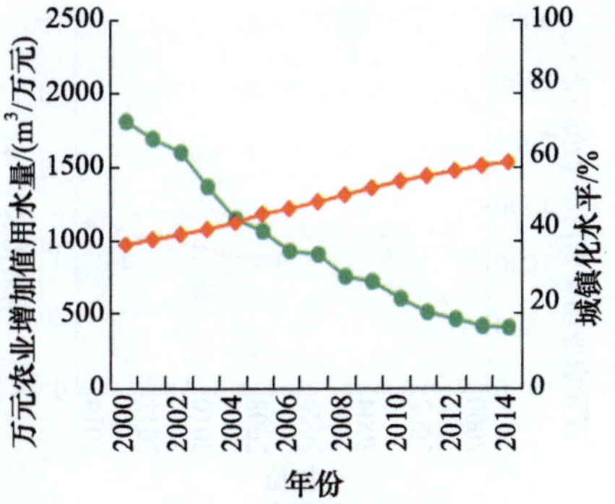

(a) 京津冀城市群

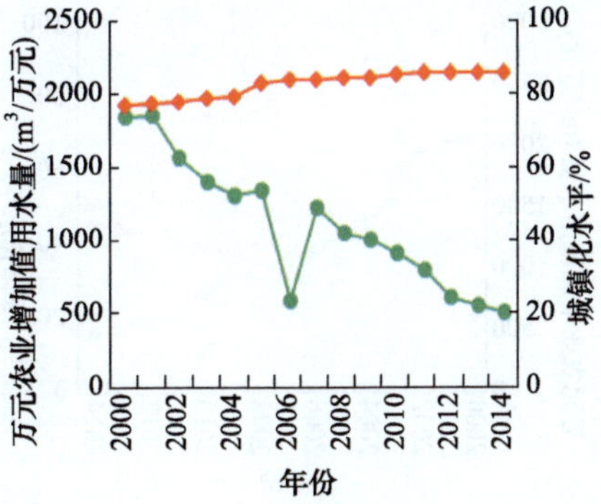

(b) 北京市

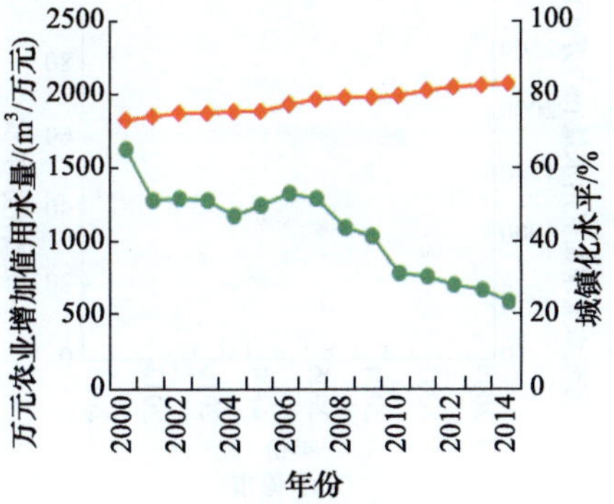

(c) 天津市

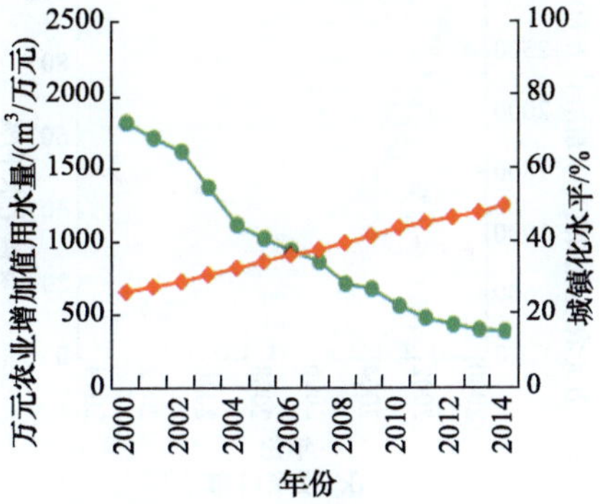

(d) 河北省

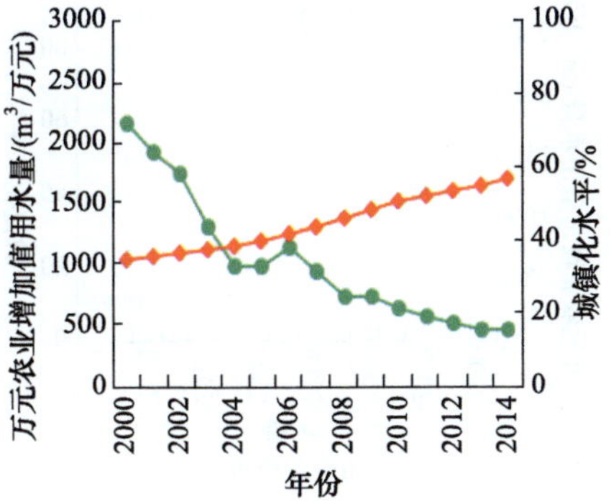

(e) 石家庄市

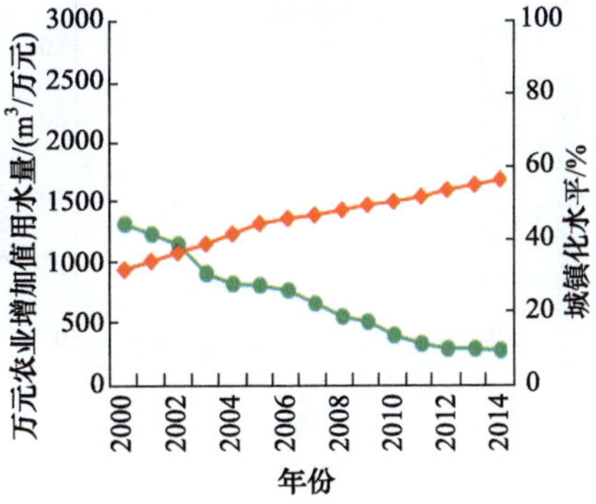

(f) 唐山市

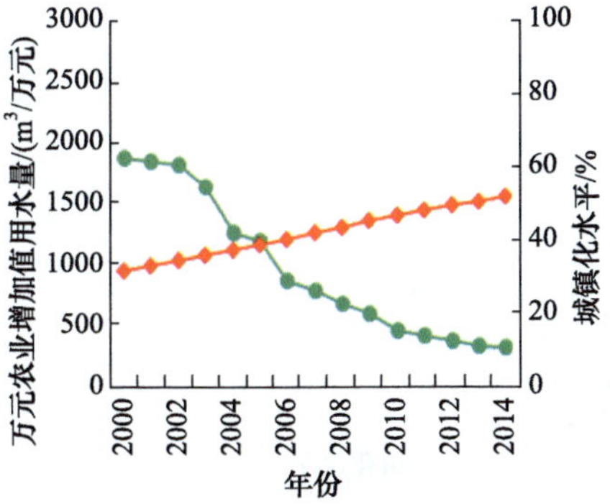

(g) 秦皇岛市

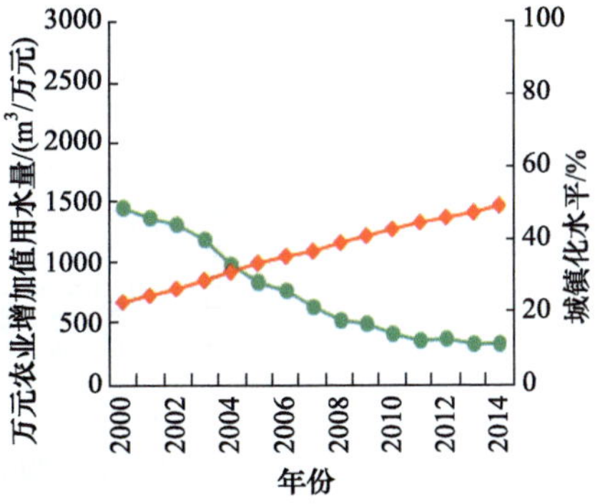

(h) 邯郸市

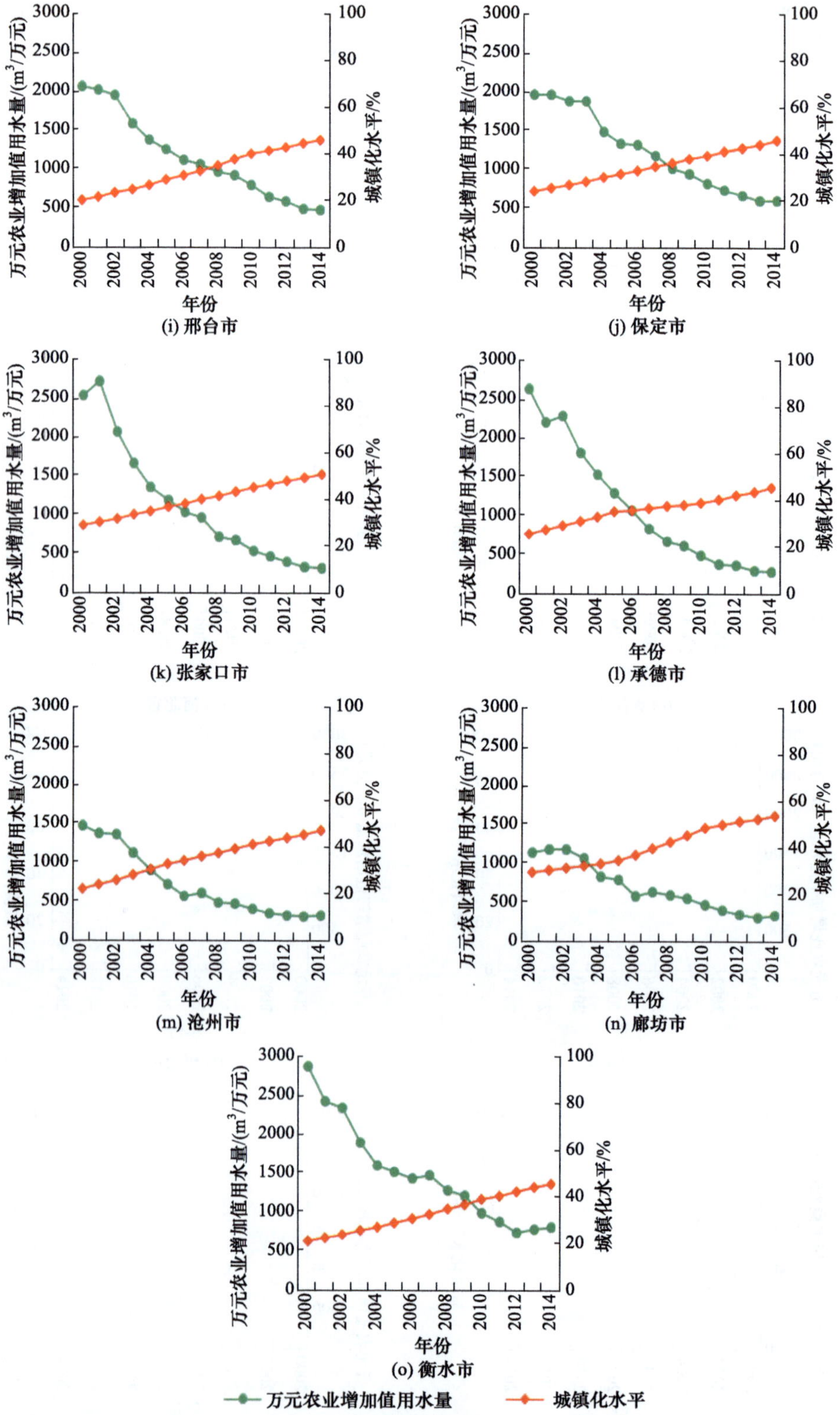

图 3.18 京津冀城市群万元农业增加值用水量与城镇化水平的变化图

从分省市具体来看，北京市万元农业增加值用水量2000年为1847.92m^3/万元，2001年上升到1869.91m^3/万元，2003～2006年不断下降到599.20m^3/万元，2007上升到1231.49m^3/万元，然后不断下降到2014年的515.72m^3/万元，总体呈下降的趋势，下降幅度为72.1%；天津市万元农业增加值用水量2000～2004年从1614.68m^3/万元下降到1160.43m^3/万元，2006年增加到1317.85m^3/万元，2007～2014年不断下降到565.73m^3/万元，下降了65.0%；2000～2014年河北省万元工业增加值用水量不断下降，从1823.82m^3/万元下降到392.86m^3/万元，下降了1430.96m^3/万元，下降幅度为78.5%。

从河北省各城市具体来看，石家庄市万元农业增加值用水量2000年为2171.77m^3/万元，不断下降到2005年的991.42m^3/万元，2006年增加到1137.98m^3/万元，到2014年下降到462.83m^3/万元，整体下降了78.7%；唐山市万元农业增加值用水量从2000年的1336.27m^3/万元，不断下降到2014年的462.83m^3/万元，下降了873.44m^3/万元，下降幅度为65.4%；秦皇岛市万元农业增加值用水量2000年为1893.17m^3/万元，2014年下降到326.46m^3/万元，下降了1566.71m^3/万元，下降幅度为82.8%；2000～2014年邯郸市万元农业增加值用水量不断下降，从1484.67m^3/万元下降到347.31m^3/万元，下降了1137.36m^3/万元，下降幅度为76.6%；邢台市万元农业增加值用水量不断下降，从2000年的2061.49m^3/万元下降到468.18m^3/万元，下降了1593.31m^3/万元，下降幅度为77.3%；保定市万元农业增加值用水量从2000年的1945.04m^3/万元不断下降到2014年的568.56m^3/万元，下降了1376.48m^3/万元，下降幅度为70.8%；张家口市万元农业增加值用水量，2000～2001年从2552.05m^3/万元增加到2736.08m^3/万元，2002～2014年不断下降到312.72m^3/万元，总体下降了87.7%；承德市万元农业增加值用水量2000年为2620.95m^3/万元，2014年下降到256.98m^3/万元，下降过程虽由波动，但波动不大，总体下降了90.2%；沧州市万元农业增加值用水量，从2000年的1472.20m^3/万元，下降到2013年的296.33m^3/万元，2014年增加到319.19m^3/万元，总体下降了78.3%；廊坊市万元农业增加值用水量，2000～2002年从1127.57m^3/万元增加到11766.31m^3/万元，2003～2013年不断下降到296.33m^3/万元，2014年增加到319.19m^3/万元，总体呈下降趋势，下降幅度为71.7%；衡水市万元农业增加值用水量，从2000年的2847.82m^3/万元下降到2012年的710.87m^3/万元，2013～2014年增加到780.78m^3/万元，总体下降了72.6%。

为进一步说明京津冀城市群及各城市农业用水效率普遍随城镇化水平的增长规律，采用2000～2014年数据，进行散点图分析和对数回归分析，得出城镇化水平与万元农业增加值用水量的关系模型（图3.19和表3.14）。从中可以看出，京津冀城市群及各城市城

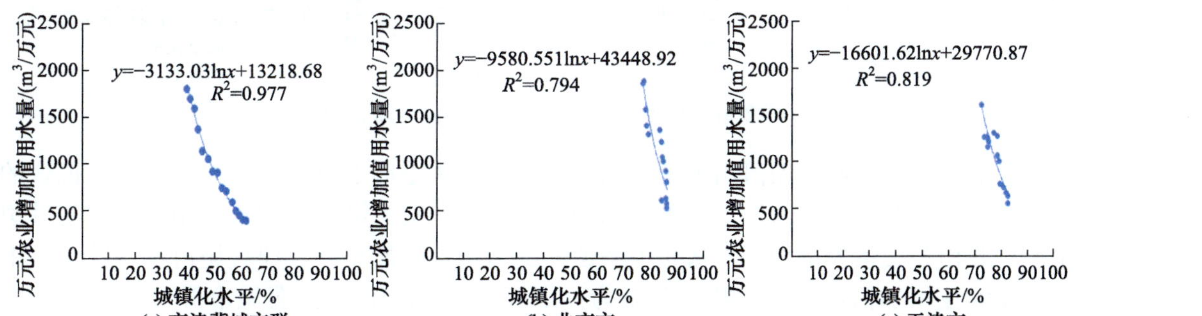

(a) 京津冀城市群　(b) 北京市　(c) 天津市

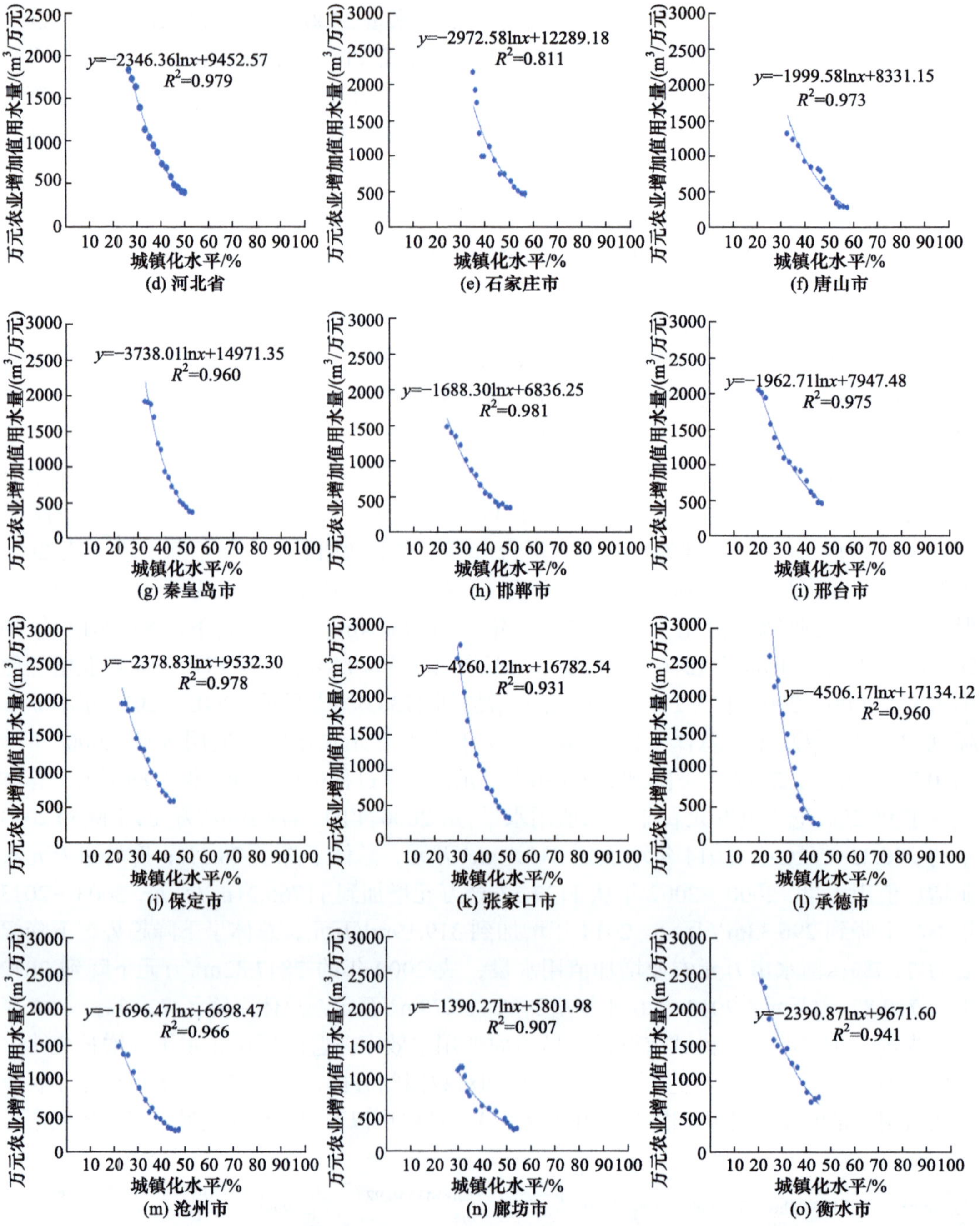

图 3.19 京津冀城市群万元农业增加值用水量与城镇化水平拟合关系

镇化水平与万元农业增加值用水量之间的对数相关关系高度显著，且均通过对数拟合的显著性检验。万元农业增加值用水量随城镇化水平呈对数减少，即农业用水效率与城镇化水平的相关关系为正相关。从相关系数的绝对值可以看出，京津冀城市群城镇化水平与万元农业增加值用水量的相关关系为：邯郸市>保定市>京津冀城市群>邢台市>唐山市>沧州市>秦皇岛市>承德市>衡水市>张家口市>廊坊市>天津市>石家庄市>北京市。从回归系数可以看出，随着城镇化水平的提高，万元农业增加值用水量在减少，农业用水效率在提高，城镇化水平每提高一个百分点，京津冀城市群各城市农业用水效率提升幅度由大到小依次为：北京市、天津市、承德市、张家口市、秦皇岛市、京津冀城市群、石家庄市、衡水市、保定市、唐山市、邢台市、沧州市、邯郸市、廊坊市。

表 3.14　京津冀城市群及各城市万元农业增加值用水量（y）与城镇化水平（x）的关系模型

地区	相关关系函数	R	Sig.	显著性
京津冀城市群	y=−3133.03ln$x$+13218.68	−0.988	0.000	高度
北京市	y=−9580.55ln$x$+43448.92	−0.891	0.000	高度
天津市	y=−16601.62ln$x$+29770.87	−0.905	0.000	高度
河北省	y=−2346.36ln$x$+9452.57	−0.989	0.000	高度
石家庄市	y=−2972.58ln$x$+12289.18	−0.901	0.000	高度
唐山市	y=−1999.58ln$x$+8331.15	−0.986	0.000	高度
秦皇岛市	y=−3738.01ln$x$+14971.35	−0.980	0.000	高度
邯郸市	y=−1688.30ln$x$+6836.25	−0.990	0.000	高度
邢台市	y=−1962.71ln$x$+7947.48	−0.987	0.000	高度
保定市	y=−2378.83ln$x$+9532.30	−0.989	0.000	高度
张家口市	y=−4260.12ln$x$+16782.54	−0.965	0.000	高度
承德市	y=−4506.17ln$x$+17134.12	−0.980	0.000	高度
沧州市	y=−1696.47ln$x$+6698.47	−0.983	0.000	高度
廊坊市	y=−1390.27ln$x$+5801.98	−0.952	0.000	高度
衡水市	y=−2390.87ln$x$+9671.60	−0.970	0.000	高度

（三）京津冀城市群万元工业增加值用水量与城镇化水平的耦合关系

京津冀城市群及各城市 2000～2014 年城镇化水平和万元工业增加值用水量变化见图 3.20。从总体上看，2000～2014 年京津冀城市群万元工业增加值用水量不断下降，从

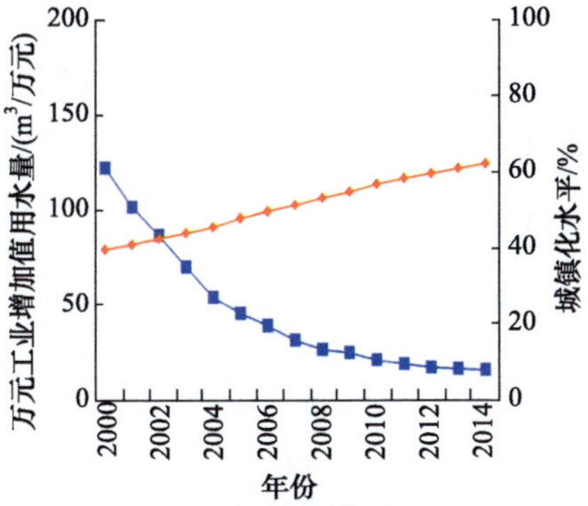

(a) 京津冀城市群

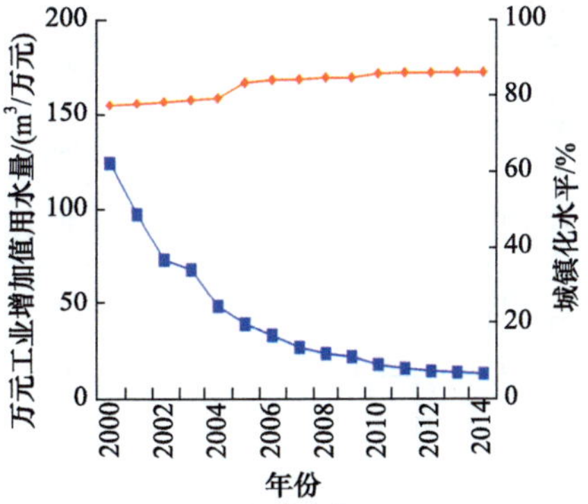

(b) 北京市

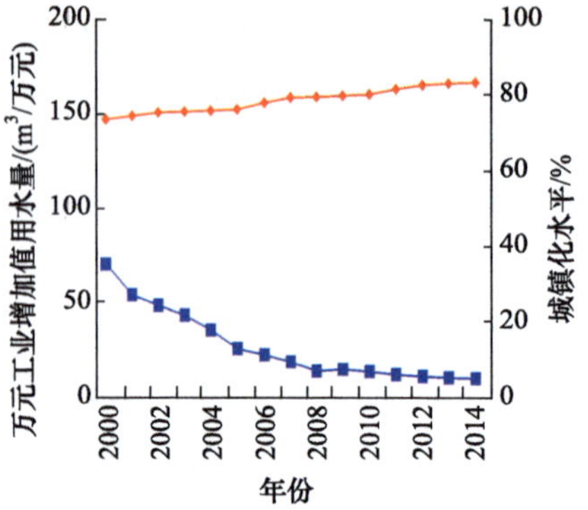

(c) 天津市

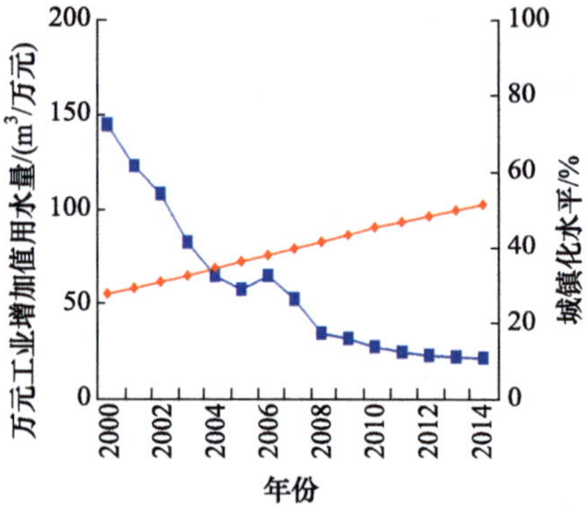

(d) 河北省

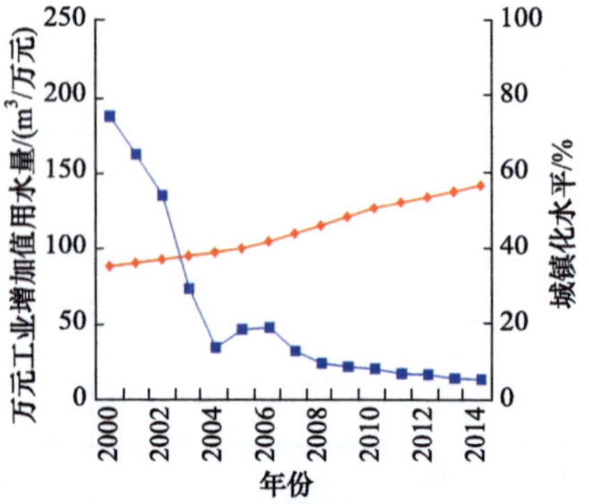

(e) 石家庄市

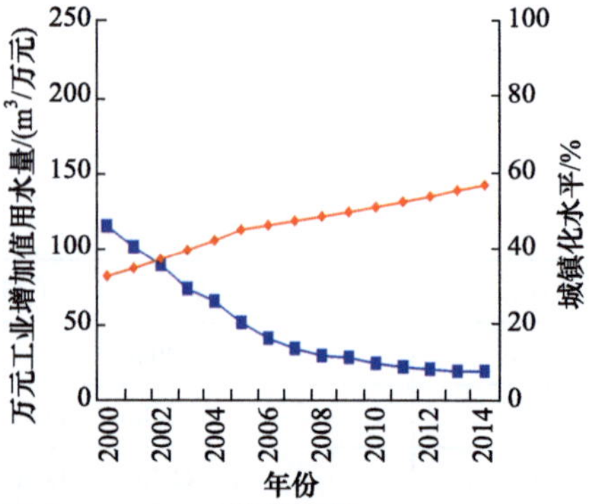

(f) 唐山市

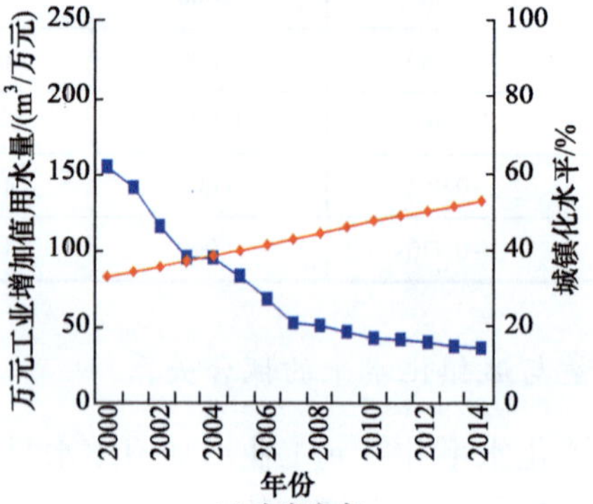

(g) 秦皇岛市

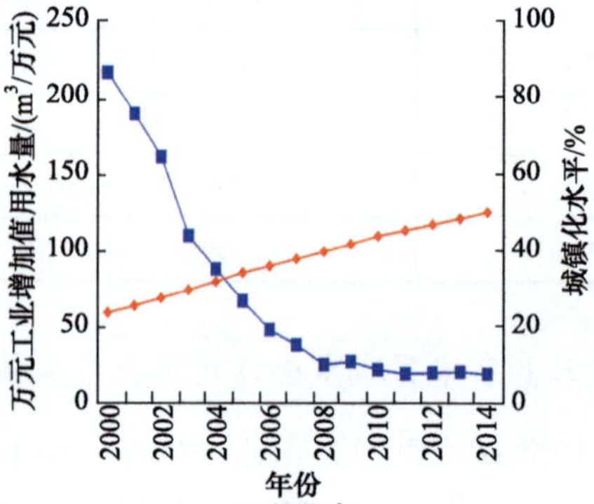

(h) 邯郸市

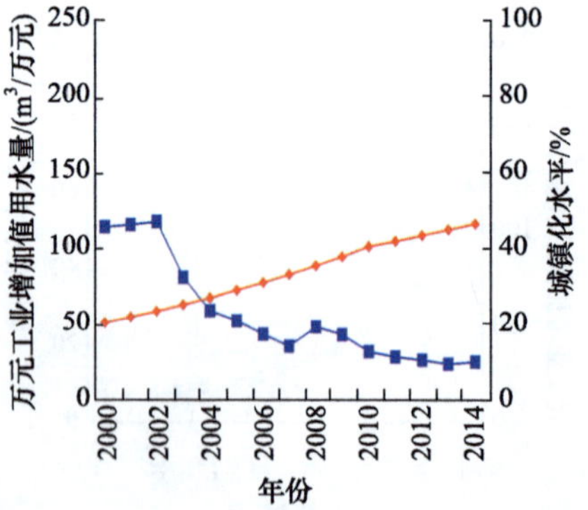

(i) 邢台市

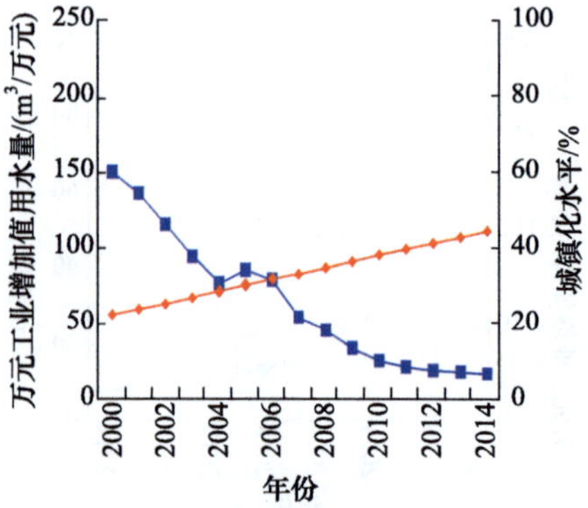

(j) 保定市

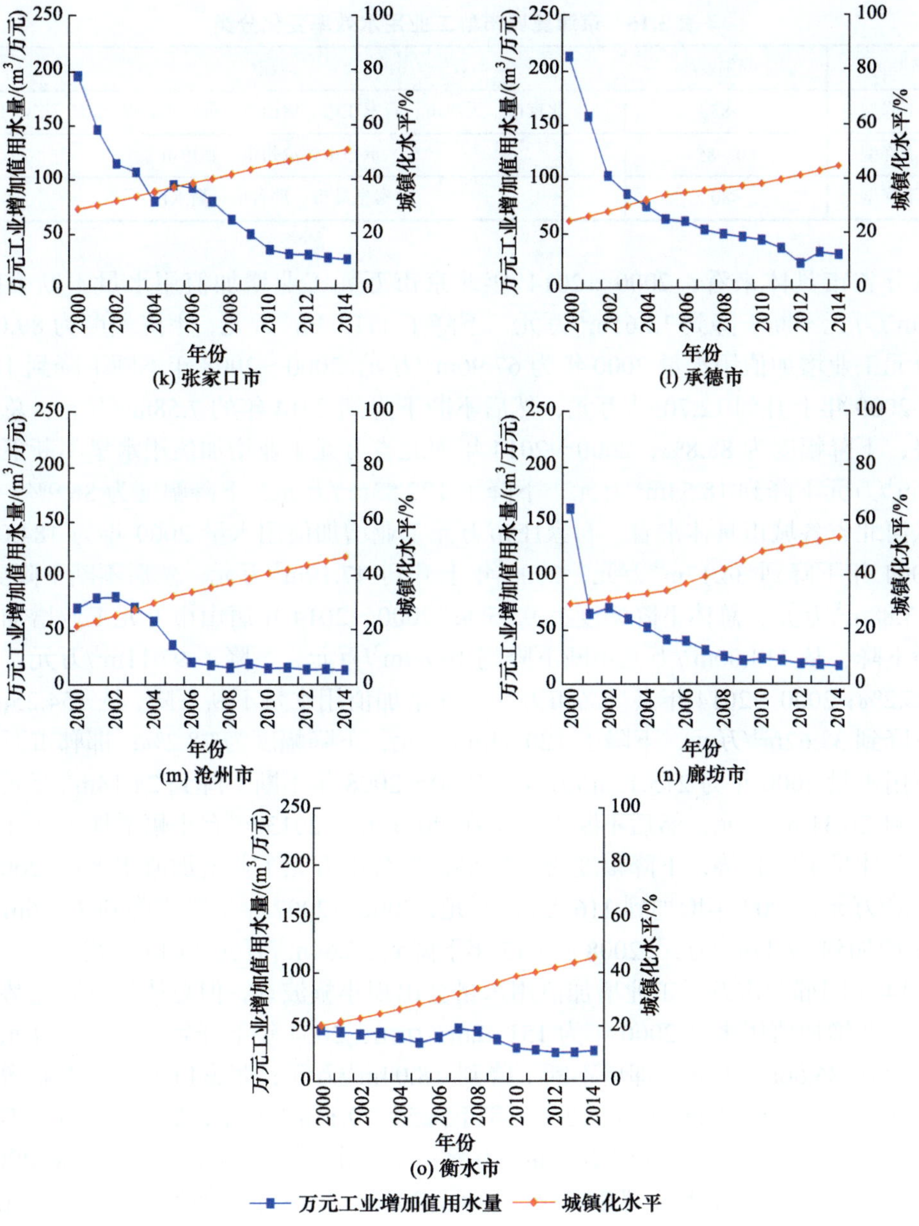

图 3.20　京津冀城市群万元工业增加值用水量与城镇化水平的时空变化图

121.02m^3/万元下降到 14.53m^3/万元，下降了 106.49m^3/万元，下降幅度为 88.0%；根据万元工业增加值用水量的下降幅度对京津冀城市群工业用水效率进行分类（表 3.15）：北京市、天津市、石家庄市、唐山市、邯郸市、保定市、张家口市下降幅度在 85%以上，为快速下降型；承德市、沧州市、廊坊市下降幅度在 80%～85%，为中速下降型；秦皇岛市、邢台市、衡水市下降幅度在 80%以下，为低速下降型。

表 3.15 京津冀城市群工业用水效率变化分类

类型	下降幅度/%	城市
快速下降型	>85	北京市、天津市、石家庄市、唐山市、邯郸市、保定市、张家口市
中速下降型	80～85	承德市、沧州市、廊坊市
低速下降型	<80	秦皇岛市、邢台市、衡水市

从分省市具体来看，2000～2014 年北京市万元工业增加值用水量不断下降，从 124.64m^3/万元不断下降到 13.61m^3/万元，下降了 111.03m^3/万元，下降幅度为 89.0%；天津市万元工业增加值用水量 2000 年为 67.96m^3/万元，2000～2008 年不断下降到 11.96m^3/万元，2009 年上升到 12.70m^3/万元，然后不断下降到 2014 年的 7.58m^3/万元，总体呈下降趋势，下降幅度为 88.8%；2000～2014 年河北省万元工业增加值用水量不断下降，从 141.37m^3/万元下降到 18.54m^3/万元，下降了 122.83m^3/万元，下降幅度为 86.9%。

从河北省各城市具体来看，石家庄市万元工业增加值用水量 2000 年为 184.07m^3/万元，2004 年下降到 34.17m^3/万元，2006 年上升到 47.19m^3/万元，然后不断下降到 2014 年的 13.88m^3/万元，总体下降幅度为 92.5%；2000～2014 年唐山市万元工业增加值用水量不断下降，从 114.00m^3/万元不断下降到 16.89m^3/万元，下降了 97.11m^3/万元，下降幅度为 85.2%；2000～2014 年秦皇岛市万元工业增加值用水量不断下降，从 154.25m^3/万元不断下降到 33.62m^3/万元，下降了 120.63m^3/万元，下降幅度为 78.2%；邯郸市万元工业增加值用水量 2000 年为 215.15m^3/万元，2000～2008 年不断下降到 24.18m^3/万元，2009 年上升到 26.31m^3/万元，然后不断下降（在 2011 年、2013 年有小幅增加）到 18.18m^3/万元，总体呈下降趋势，下降幅度为 91.6%；邢台市万元工业增加值用水量 2000 年为 112.87m^3/万元，2002 年增加到 116.23m^3/万元，2002～2007 年不断下降到 34.36m^3/万元，2008 年增加到 47.47m^3/万元，2008～2013 年下降到 22.64m^3/万元，2014 年增加到 24.23m^3/万元，14 年间邢台市万元工业增加值用水量会出现小幅波动，但总体呈下降趋势；保定市万元工业增加值用水量 2000 年为 151.22m^3/万元，2004 年下降到 78.35m^3/万元，2005 年又增加到 86.66m^3/万元，即后不断下降到 18.04m^3/万元；张家口市万元工业增加值用水量 2000 年为 193.81m^3/万元，2004 年下降到 79.16m^3/万元，2004～2005 年增加到 94.24m^3/万元，即后不断下降到 26.28m^3/万元；承德市万元工业增加值用水量 2000 年为 213.06m^3/万元，2012 年下降到 24.08m^3/万元，2012～2013 年增加到 34.32m^3/万元，2014 年下降到 32.25m^3/万元；沧州市万元工业增加值用水量 2000 年为 70.68m^3/万元，2003 年增加到 80.39m^3/万元，然后不断下降到 13.62m^3/万元（其间 2009 年有小幅增加）；2000～2014 年廊坊市万元工业增加值用水量快速下降，从 160.56m^3/万元不断下降到 16.50m^3/万元，下降了 144.06m^3/万元，下降幅度为 90.0%；衡水市万元工业增加值用水量 2000 年为 44.93m^3/万元，2000～2005 年下降到 37.75m^3/万元，到 2007 年又增加到 47.65m^3/万元，2007～2012 年下降到 25.60m^3/万元，2014 年小幅度上升到 27.42m^3/万元。

根据 2000～2014 年的城镇化水平与万元工业增加值用水量，分别求出京津冀城市群及各城市城镇化水平与万元工业增加值用水量的关系模型（图 3.21 和表 3.16）。从中可以看出，京津冀城市群及各城市城镇化水平与工业用水效率之间的相关关系高度显著，且均通过显著性检验。从相关系数的绝对值可以看出，京津冀城市群万元工业增加值用水量与城镇化进程的相关关系大小依次为：唐山市>保定市>秦皇岛市>张家口市>邯郸市>京津冀城市群>北京市>沧州市>邢台市>承德市>天津市>石家庄市>衡水市>廊坊市。从相关关系函数可以看出，万元工业增加值用水量随城镇化水平呈对数减少，即工业用水效率与城镇化水平的相关关系为正相关，随着城镇化水平的不断提高，工业用水效率提升速度由大到小依次为：北京市、天津市、石家庄市、承德市、邯郸市、张家口市、秦皇岛市、京津冀城市群、保定市、唐山市、廊坊市、邢台市、沧州市、衡水市。

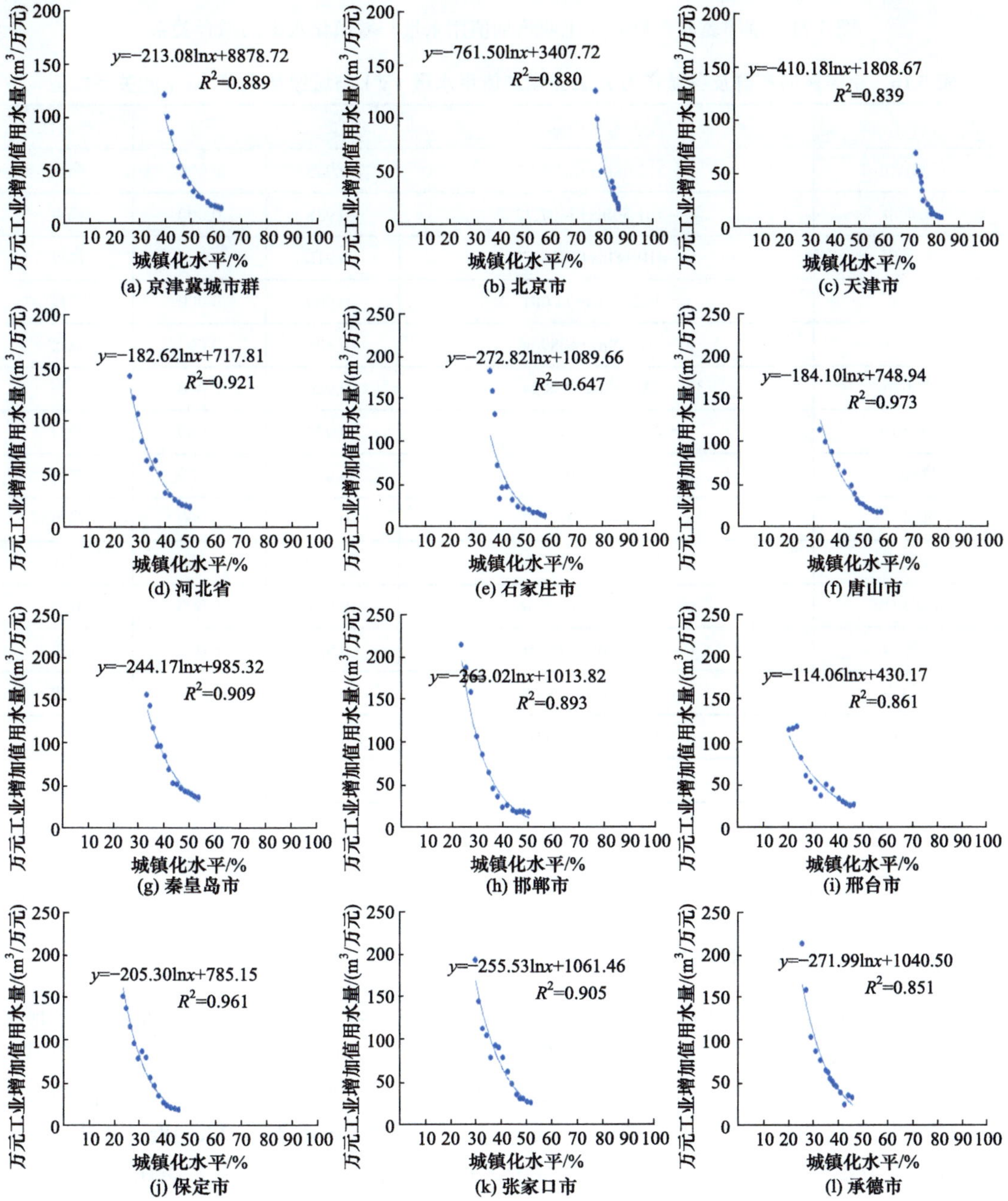

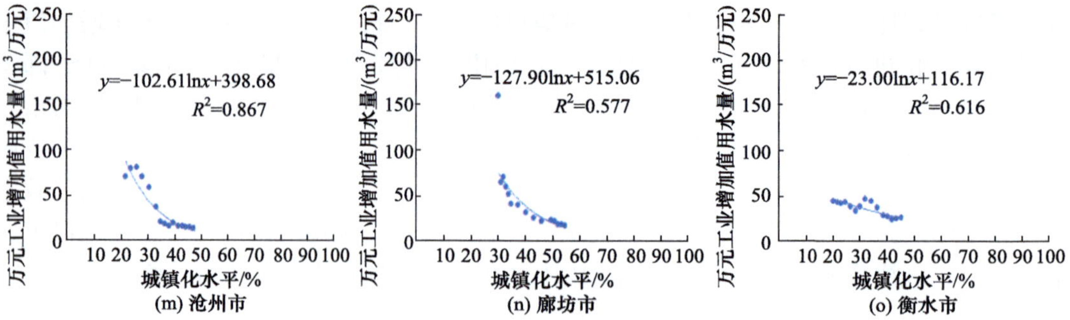

图 3.21 京津冀城市群万元工业增加值用水量与城镇化水平的拟合关系

表 3.16 京津冀城市群及各城市万元工业增加值用水量（y）与城镇化水平（x）的关系模型

地区	相关关系函数	R	Sig.	显著性
京津冀城市群	y=–213.08ln$x$+8878.72	–0.943	0.000	高度
北京市	y=–761.50ln$x$+3407.72	–0.938	0.000	高度
天津市	y=–410.18ln$x$+1808.67	–0.916	0.000	高度
河北省	y=–182.62ln$x$+717.81	–0.960	0.000	高度
石家庄市	y=–272.82ln$x$+1089.66	–0.804	0.000	高度
唐山市	y=–184.10ln$x$+748.94	–0.986	0.000	高度
秦皇岛市	y=–244.17ln$x$+985.32	–0.953	0.000	高度
邯郸市	y=–263.02ln$x$+1013.82	–0.946	0.000	高度
邢台市	y=–114.06ln$x$+450.17	–0.928	0.000	高度
保定市	y=–205.30ln$x$+785.15	–0.980	0.000	高度
张家口市	y=–255.53ln$x$+1016.46	–0.951	0.000	高度
承德市	y=–271.99ln$x$+1040.50	–0.922	0.000	高度
沧州市	y=–102.61ln$x$+398.68	–0.931	0.000	高度
廊坊市	y=–127.90ln$x$+515.06	–0.760	0.001	高度
衡水市	y=–23.00ln$x$+116.17	–0.785	0.001	高度

五、城市群城镇化水平与人均用水水平的耦合关系曲线及规律

（一）京津冀城市群人均综合用水量变化情况

人均用水水平可用人均综合用水量来反映。人均综合用水量是一个全面反映区域用水水平的综合性指标，是个相对稳定的参数。京津冀城市群及各城市 2000～2014 年城镇化水平和人均综合用水量变化见图 3.22。从总体上看，京津冀城市群人均综合用水量呈下降趋势，从 2000 年的 321.57m³/（人 · a），下降到 2014 年的 226.38m³/（人 · a），下降了 29.60%。根据 2014 年京津冀各城市人均综合用水量，对城市人居用水水平进行

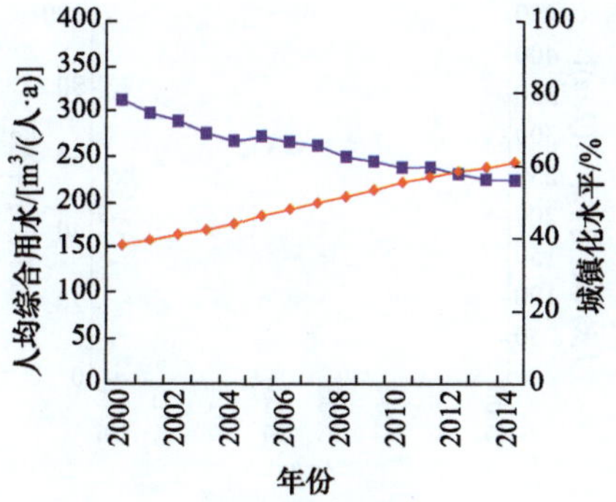

(a) 京津冀城市群

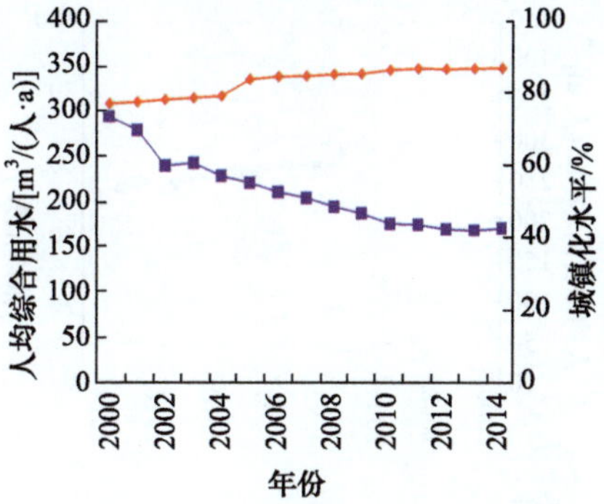

(b) 北京市

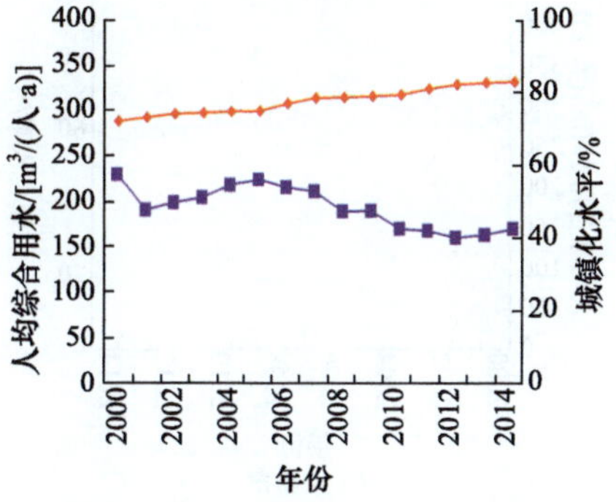

(c) 天津市

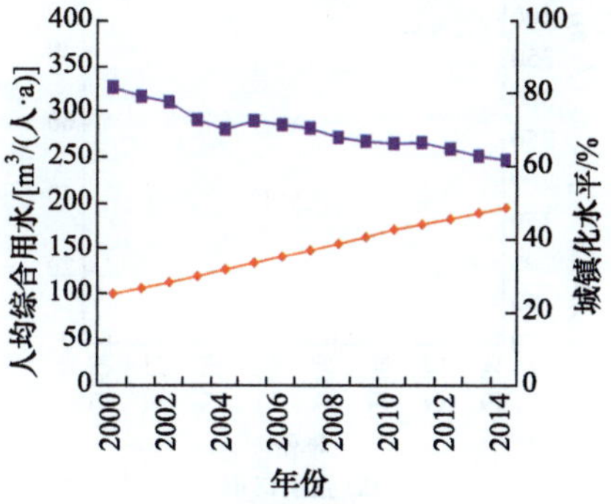

(d) 河北省

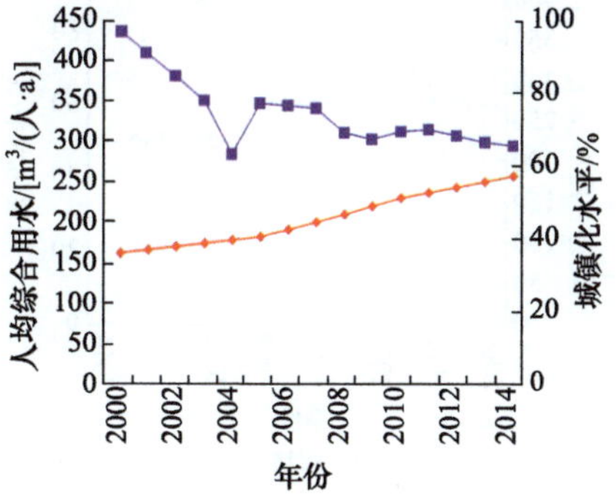

(e) 石家庄市

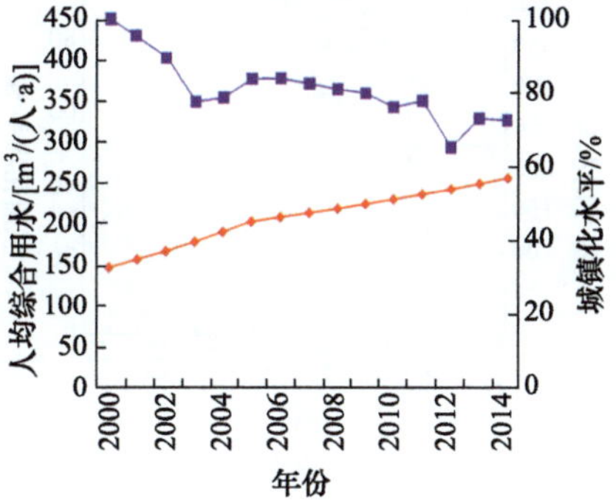

(f) 唐山市

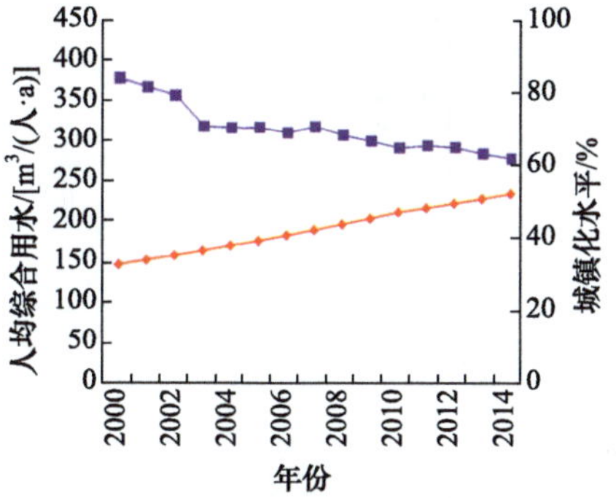

(g) 秦皇岛市

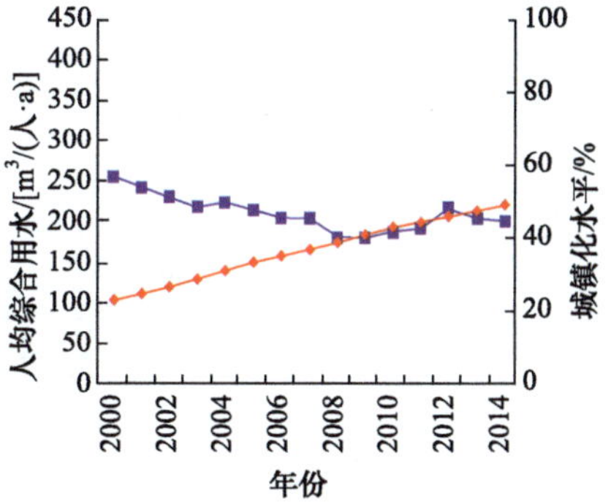

(h) 邯郸市

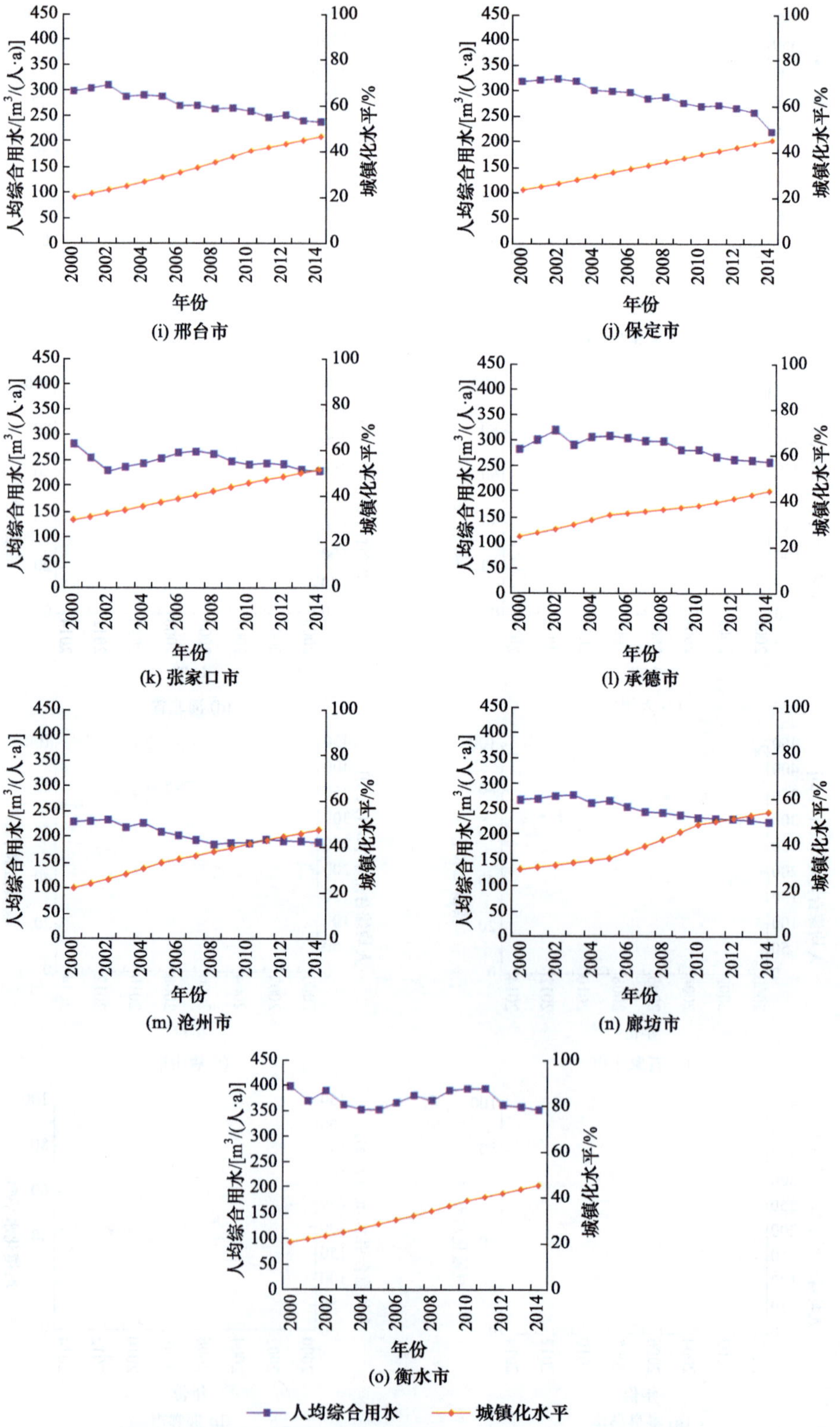

图 3.22 京津冀城市群城镇化水平与人均综合用水时空变化图

分类（表 3.17）：北京市、天津市、沧州市人均综合用水量在 200m³/（人 · a）以下，属于高人均用水水平；邯郸市、邢台市、保定市、张家口市、廊坊市人均综合用水量处于 200～250m³/（人 · a），属于中等人均用水水平；石家庄市、秦皇岛市、承德市人均综合用水量处于 250～300m³/（人 · a），属于低人均用水水平；唐山市、衡水市人均综合用水量在 300m³/（人 · a）以上，属于超低人均用水水平。京津冀城市群各城市的人均综合用水量总体上均处于下降的态势，但是各个城市的情况不同，人均综合用水量的下降率也各不相同：北京市>石家庄市>秦皇岛市>保定市>唐山市>天津市>邯郸市>邢台市>张家口市>承德市>廊坊市>衡水市。

表 3.17　京津冀城市群各地市人均综合用水量分类概况

类型	人均综合用水量/[m³/（人 · a）]	城市
高人均用水水平	<200	北京市、天津市、沧州市
中等人均用水水平	200～250	邯郸市、邢台市、保定市、张家口市、廊坊市
低人均用水水平	250～300	石家庄市、秦皇岛市、承德市
超低人均用水水平	>300	唐山市、衡水市

从分省市具体来看，北京市人均综合用水量 2014 年为 174.29m³/（人 · a），较 2000 年的 296.27m³/（人 · a），下降了 41.17%。天津市 2000～2014 年人均综合用水总量从 2000 年的 226.16m³/（人 · a）降到 2001 年的 190.63m³/（人 · a），2001～2005 年不断上升到 221.48m³/（人 · a），2005 年以后又处于逐步下降的趋势，下降到 2014 年的 172.62m³/（人 · a）；天津市人均综合用水总量总体上处于下降的趋势，下降了 23.67%。河北省人均综合用水总量 2000～2014 年从 328.88m³/（人 · a），减少到 252.63m³/（人 · a），下降了 23.18%。

从河北省各城市具体来看，石家庄市人均综合用水总量从 2000 年的 431.90m³/（人 · a），波动下降到 2014 年的 295.51m³/（人 · a），总体下降了 31.57%。唐山市人均综合用水总量呈波动下降的态势，2014 年为 330.61m³/（人 · a），较 2000 年的 449.68m³/（人 · a），下降了 25.48%。秦皇岛市 2000～2014 年人均综合用水总量呈下降的趋势，从 380.08m³/（人 · a）下降到 279.79m³/（人 · a），下降了 26.39%。邯郸市人均综合用水量 2000～2009 年不断下降，但 2010～2012 年又处于上升的态势，2013～2014 年重归下降趋势，总体上从 2000 年的 258.00m³/（人 · a）下降到 2014 年的 207.97m³/（人 · a），减少了 19.39%。邢台市 2000～2014 年人均综合用水总量呈波动下降的趋势，从 297.22m³/（人 · a）下降到 239.80m³/（人 · a），下降率为 19.32%。保定市人均综合用水量 2000～2003 年呈缓慢增加的趋势，2004 年以后呈波动下降的趋势，从 2000 年的 316.72m³/（人 · a）减少到 2014 年的 219.96m³/（人 · a），下降了 30.55%。张家口市人均综合用水量，2000～2002 年从 279.87m³/（人 · a）减少到 228.44m³/（人 · a），2003～2007 年呈上升趋势，增加到 266.26m³/（人 · a），2008～2014 年呈下降趋势，减少到 228.08m³/（人 · a），总体下降了 18.51%。承德市人均综合用水量呈缓慢波动下降的态势，从 2000 年的 279.73m³/（人 · a）下降到 2014 年的 258.06m³/（人 · a），下降了 7.75%。沧州市人均综合用水量从 2000 年的 226.30m^3/（人 · a），下降到 2014 年的 188.34m^3/（人 · a），减少了 16.77%。廊坊市 2000～2014 年人均综合用水量，从 268.27m^3/（人 · a）波动下降到 225.22m^3/（人 · a），下降了 16.05%。衡水市人均综合用水量呈缓慢波动，从 2000 年的 394.05m^3/（人 · a），波动下降到 2014 年的 351.97m^3/（人 · a），下降了 10.68%。

（二）京津冀城市群及各城市人均用水水平与城镇化水平的耦合关系

根据 2000～2014 年的城镇化水平与人均综合用水量，分别求出京津冀及各城市城镇化水平与人均用水量的关系模型（表 3.18 和图 3.23）。可以看出，除张家口市、衡水市外，其余各城市人均用水量与城镇化水平之间表现出较强的相关性，且通过对数拟合的显著性检验。从回归方程的系数可以看出，京津冀城市群各城市人均用水量与城镇化水平之间均为负相关，说明京津冀城市群人均用水水平随城镇化进程普遍呈对数曲线下降规律，而且城镇化水平每增加一个百分点，人均综合用水量的下降幅度为：北京市>天津市>石家庄市>唐山市>秦皇岛市>保定市>廊坊市>邢台市>邯郸市>承德市>沧州市>张家口市>衡水市。

表 3.18 京津冀城市群及各城市人均用水量（y）与城镇化水平（x）的关系模型

地区	相关关系函数	R	Sig.	显著性
京津冀城市群	$y=-171.71\ln x+933.42$	−0.982	0.000	高度
北京市	$y=-90.77\ln x+4150.36$	−0.946	0.000	高度
天津市	$y=-396.93\ln x+1919.91$	−0.802	0.000	高度
河北省	$y=-104.87\ln x+665.07$	−0.970	0.000	高度
石家庄市	$y=-194.31\ln x+1071.14$	−0.764	0.001	高度
唐山市	$y=-187.77\ln x+1083.46$	−0.867	0.000	高度
秦皇岛市	$y=-179.60\ln x+989.30$	−0.931	0.000	高度
邯郸市	$y=-65.06\ln x+450.30$	−0.797	0.000	高度
邢台市	$y=-77.30\ln x+540.05$	−0.964	0.000	高度
保定市	$y=-122.82\ln x+716.60$	−0.934	0.000	高度
张家口市	$y=-35.98\ln x+379.88$	−0.431	0.108	不显著
承德市	$y=-63.41\ln x+510.22$	−0.653	0.008	高度
沧州市	$y=-63.24\ln x+426.78$	−0.917	0.000	高度
廊坊市	$y=-82.20\ln x+553.32$	−0.973	0.000	高度
衡水市	$y=-9.88\ln x+404.80$	−0.167	0.553	不显著

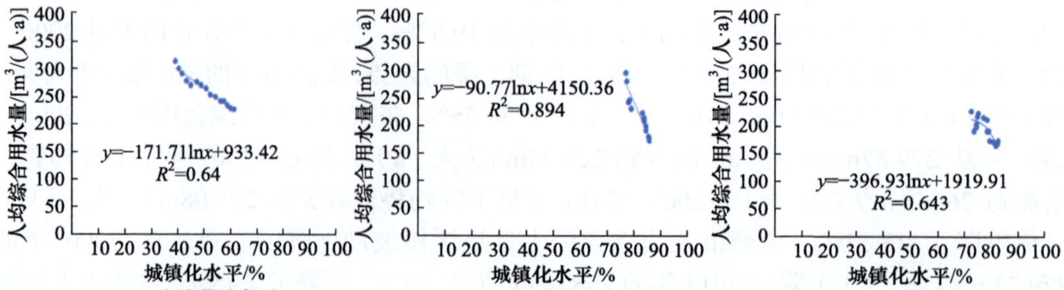

(a) 京津冀城市群 (b) 北京市 (c) 天津市

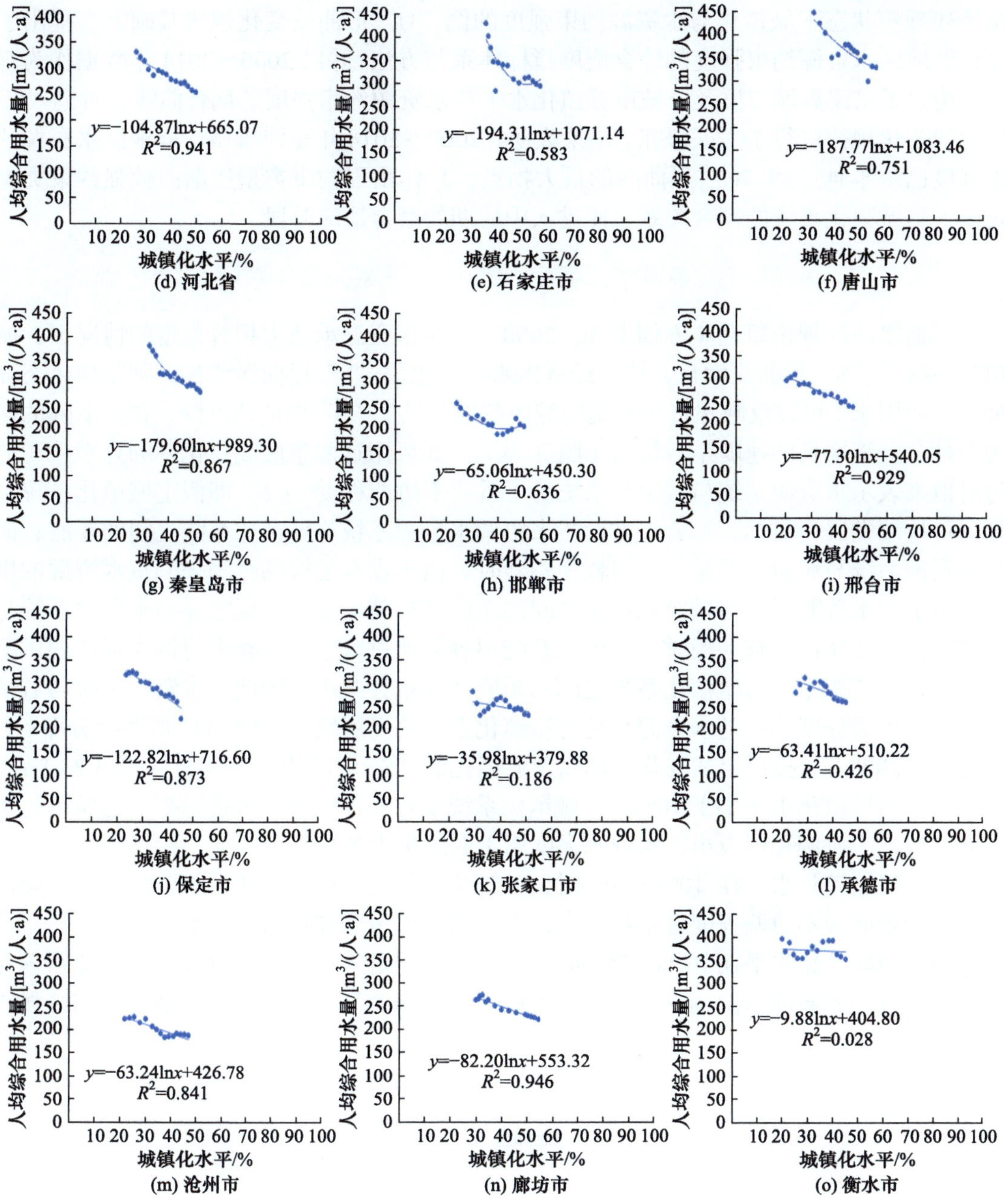

图 3.23 京津冀城市群人均综合用水量与城镇化水平的拟合关系

第三节 城市群地区城镇化与水资源约束强度的耦合机理及规律

水资源约束强度是反映人水之间矛盾关系或不协调程度的综合性指标（鲍超和方创琳，2008；Bao and Zou，2018）。研究城镇化水平与水资源约束强度的耦合规律，可以为科学认识京津冀城市群城镇化与水资源利用的矛盾与协调状况提供基础。为此，在理论阐述理想状态下城镇化与水资源约束强度的倒“U”形曲线变化规律基础上，提出了城市群地区水资源约束强度的综合测度指标体系与方法，并以2000～2014年数据作为基础，构建了京津冀城市群及分城市城镇化水平与水资源约束强度的耦合曲线，对倒“U”形曲线变化规律进行了实证研究。结果表明，2000～2014年京津冀城市群地区水资源约束强度已基本越过倒“U”形曲线的最大拐点，总体由强约束类型逐渐向较强约束类型转变，与城镇化系统的耦合关系总体进入中后期的磨合适应阶段。

一、理想状态下城镇化与水资源约束强度的倒“U”形曲线变化规律

根据之前的理论研究（方创琳等，2008），在水资源承载力相对稳定的情况下，城镇化系统呈“S”形曲线增长，社会经济用水随之也呈“S”形曲线增长，则留给生态环境系统的用水（可以反映水资源系统的健康状况）呈反“S”形曲线下降，并且下降的速度与社会经济增长的速度是对称的（图3.24）。如果用这两条曲线变化率的算术乘积的绝对值来表示水资源系统与城镇化系统的矛盾或不协调程度（u），即假定城镇化系统总是以可持续发展为目标，总会想方设法来协调水资源系统与城镇化系统之间的矛盾；而当水资源系统与城镇化系统变化都较为剧烈时，由于没有足够的时间来调整水资源的供给和需求，水资源系统与城镇化系统之间的矛盾冲突就会加剧；反之，当水资源系统与城镇化系统变化都比较平稳时，城镇化系统很容易通过自适应调整来协调水资源的供给和需求，水资源系统与城镇化系统之间的矛盾冲突就会减小。因此，水资源系统与城镇化系统的矛盾程度（u）随水资源系统与城镇化系统的发展轨迹呈倒“U”形曲线分布（方创琳等，2008）。按照上述变化规律以及城镇化的“S”形变化规律可知（图3.25）：

（1）当城镇化水平小于10%时，城镇化系统变化非常缓慢，水资源系统与城镇化系统的矛盾或不协调程度极小，水资源强度属于弱约束类型。

（2）当城镇化水平在10%～30%时，城镇化系统变化逐渐加快，水资源系统与城镇化系统的矛盾或不协调程度也不断增大，水资源强度属于较强约束类型。

（3）当城镇化水平在30%～50%时，城镇化系统进入加速发展阶段，水资源系统与城镇化系统的矛盾或不协调程度迅速增到最大，水资源强度由强约束类型增加到极强约束类型。

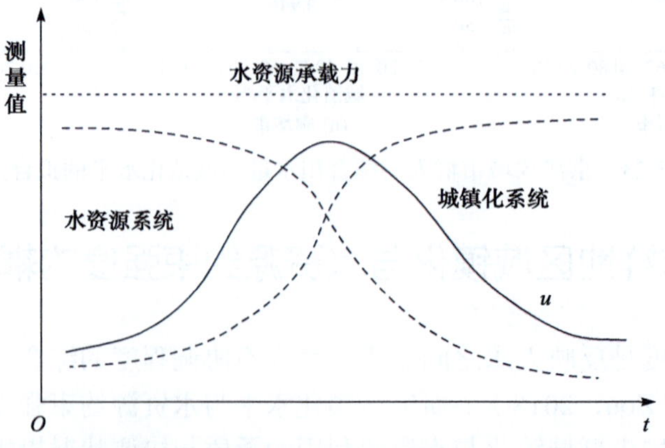

图3.24 摩擦系数（u）随时间（t）变化规律（方创琳等，2008）

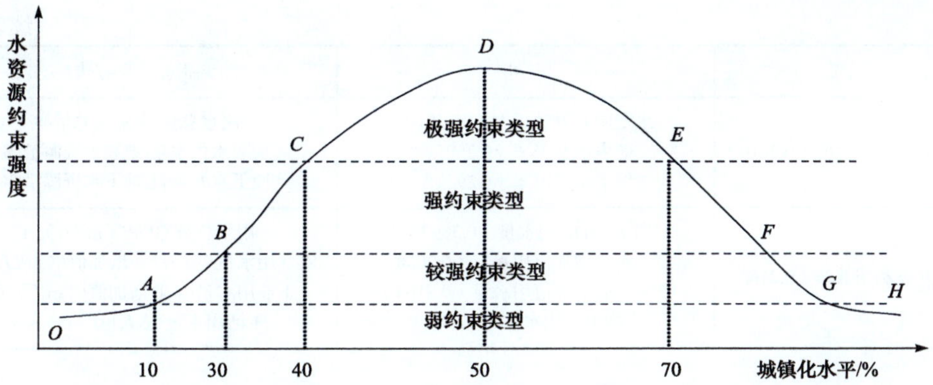

图 3.25　水资源约束强度随城镇化发展阶段的变化规律（方创琳等，2008）

图中字母表示阶段，*A* 表示城镇化 10%的时点，*B* 表示城镇化 30%的时点，以此类推

（4）当城镇化水平在 50%～70%时，城镇化系统的加速发展逐渐趋缓，水资源系统与城镇化系统的矛盾或不协调程度逐渐减小，水资源强度由极强约束类型降为强约束类型。

（5）当城镇化水平超过 70%以后，城镇化和社会经济发展逐渐进入成熟阶段，变化非常平稳，因此水资源系统与城镇化系统最终趋于协调发展，矛盾或不协调程度也逐渐趋近于零，水资源强度由较强约束类型降为弱约束类型。

上述变化规律是在一种理想的发展模式下取得的，即水资源系统与城镇化系统（或社会经济系统）的发展在任意时刻都是以可持续为目标。现实生活中水资源系统与城镇化系统的矛盾或不协调程度（u）可能不呈规则的倒“U”形曲线分布，而且各种水资源约束强度类型出现最大拐点的时间或对应的城镇化水平，还主要受水资源承载力的阈值大小影响。但随着可持续发展理念的逐步渗透，水资源系统与城镇化系统的矛盾或不协调程度（u），在大的时间尺度上仍然会呈现出各种不规则的倒“U”形曲线分布规律。

二、水资源约束强度的综合测度方法

（一）水资源约束强度综合测度指标体系

遵循科学性与可比性、综合性与主导性、系统性与层次性、动态性与稳定性、针对性与可行性等相结合的原则，重点考虑水资源的自然属性及社会属性之间的交互作用与相互影响（鲍超和邹建军，2018），从水资源本底条件、水资源开发利用程度、水资源开发利用效率三个方面选取 9 个指标构成水资源约束强度的综合测度指标体系（表 3.19）。其中，水资源本底条件越差，水资源开发利用程度越高，水资源开发利用效率越低，最终会使水资源约束强度越高。

表 3.19　水资源约束强度的综合测度指标体系及权重

准则层	指标层	指标计算方法
水资源本底条件（0.4830）	人均水资源量（0.5000） 水资源总量折合地表径流深（0.5000）	水资源总量/总人口/（m^3/人） 水资源总量/国土面积/mm

续表

准则层	指标层	指标计算方法
水资源开发利用程度（0.3010）	水资源开发利用率（0.4481） 地表水开采率（0.2595） 地下水开采率（0.2924）	用水总量/水资源总量/% 地表水供水量/地表水资源量/% 地下水开采量/地下水资源量/%
水资源开发利用效率（0.2160）	万元 GDP 用水量（0.3697） 万元农业增加值用水量（0.2058） 万元工业增加值用水量（0.2163） 人均生活用水量（0.2082）	用水总量/GDP/（m^3/万元） 农业用水量/第一产业增加值/（m^3/万元） 工业用水量/工业增加值/（m^3/万元） 生活用水量/总人口/（m^3/人）

（二）水资源约束强度分级标准与阈值

为了能够对水资源约束强度综合指数及准则层的综合指数进行合理分级，以 0.2 为极差将各类综合指数分为极强约束、强约束、较强约束、弱约束、极弱约束 5 级（表 3.20）。为了使评价结果在时间、空间尺度上均具有可比性并且更具有现实指导意义，通过参考国内外相关文献、国内外发达国家和地区的发展经验、全国平均水平，同时根据样本数据分布特点及经验值，最终确定了 9 个具体指标对应水资源约束强度综合指数分级标准的阈值（表 3.20）。例如，某研究单元的具体指标人均水资源量在 500～1000 m^3，则其对应的准则层水资源本底条件综合指数在 0.2～0.4，其对应的目标层水资源约束强度综合指数在 0.8～0.6，其对应的水资源约束强度类型为强约束。当然，由于该研究单元的其他指标如水资源总量折合地表径流深不一定在 40～70 mm，因而会提升或降低最终的水资源约束强度综合指数。而该研究单元最终属于哪一类型，需要构建数学模型进行综合评价。其他具体指标的情况类似。

表 3.20 水资源约束强度指标的分级标准与阈值

水资源约束强度类型	极强约束	强约束	较强约束	弱约束	极弱约束	
水资源约束强度综合指数	1	0.8	0.6	0.4	0.2	0
水资源本底条件	0	0.2	0.4	0.6	0.8	1
水资源开发利用程度	1	0.8	0.6	0.4	0.2	0
水资源开发利用效率	0	0.2	0.4	0.6	0.8	1
人均水资源量①	0	500	1000	1700	2200	3000
水资源总量折合地表径流深②	0	40	70	100	150	200
水资源开发利用率③	150	100	70	40	20	0
地表水开采率③	100	80	60	40	20	0
地下水开采率③	100	80	60	40	20	0
万元 GDP 用水量④	2000	1500	1000	500	250	0
万元农业增加值用水量④	10000	5000	2000	1000	500	0
万元工业增加值用水量④	1000	500	200	100	50	0
人均生活用水量④	100	80	60	40	20	0

①参考文献：Pedro-Monzonís et al.，2015；Falkenmark et al.，1989；贾绍凤等，2002；②参考文献：鲍超和贺东梅，2017；吴佩林，2005；③参考文献：Pedro-Monzonís et al.，2015；EEA，2005；贾绍凤等，2002；④根据发达国家和地区经验。

（三）熵技术支持下的层次分析法

层次分析法是一种常用的定性与定量相结合的确定指标权重的方法（Ho，2008）。其主要步骤是将要解析的复杂问题分解为若干层次，由专家和决策者对同一层次各指标两两比较重要程度构造判断矩阵，利用各判断矩阵的特征向量来确定该层指标对上层指标的贡献度，最终得到基层指标对总目标而言的赋权结果（Ho，2008）。采用层次分析法识别问题的系统性强，但在专家咨询时容易产生循环而不满足传递性原理，导致部分信息丢失，因此采用熵技术法对权重系数进行修正（鲍超和方创琳，2008）。具体方法如下。

首先，$A=\left\{a_{ij}\right\}_{n\times n}$ 为根据同层次两两元素相对重要性构造的判断矩阵。对判断矩阵 A 按列作归一化处理后得矩阵 $B=\left\{b_{ij}\right\}_{n\times n}$

$$b_{ij}=a_{ij}\Big/\sum_{i=1}^{n}a_{ij} \tag{3.5}$$

其次，计算第 j 项指标的熵值 e_j，

$$e_j=-\frac{1}{\ln(n)}\sum_{i=1}^{n}b_{ij}\times\ln(b_{ij}) \tag{3.6}$$

计算第 j 项指标的冗余度 g_j：

$$g_j=1-e_j \tag{3.7}$$

计算第 j 项指标的信息权重 v_j：

$$v_j=g_j\Big/\sum_{j=1}^{n}g_j \tag{3.8}$$

则第 j 项指标的熵化权重 r_j 为

$$r_j=v_jp_j\Bigg/\left(\sum_{j=1}^{n}v_jp_j\right) \tag{3.9}$$

式中，p_j 为层次分析法得出的 j 项指标权重。

（四）多目标模糊隶属度函数标准化法

为了解决各具体指标量纲不同而难以加权综合的问题，需要对各具体指标的属性值进行标准化。常用的标准化方法有离差标准化（max-min normalization）、标准差标准化（z-score normalization）、比例标准化（ratio normalization），且各有优劣（Pollesch and Daleb，2016）。在应用上述方法时，由于只考虑到样本数据，标准化后的数值仅在样本数据所在的时空范围内具有相对可比性；而且当样本数据中某项指标的差异较大时，标准化结果可能与定性认识相差较远。例如，若对京津冀城市群历年分地级行政单元人均水资源量进行离差标准化，则标准化值为 0 和 1 仅能说明在京津冀城市群该时段范围内人均水资源量相对最低和最高，而不能说明其实际人均水资源量究竟是高是低。而且，当某一行政单元的人均水资源量相对很大时，其他行政单元的标准化值都会接近于 0，而实际

上其他行政单元的人均水资源量也存在明显差异。为此，构建了多目标模糊隶属度函数标准化方法（鲍超和邹建军，2018）。

设指标集为$W=\{w_1,w_2,\cdots,w_j\}$，评语集为$H=\{h_1,h_2,h_3,h_4,h_5\}$，结合表 3.20 中水资源约束强度综合指数分级标准，令h_1：极强约束，h_2：强约束，h_3：较强约束，h_4：弱约束，h_5：极弱约束，h_1、h_2、h_3、h_4、h_5所对应的水资源约束强度综合指数区间分别为$[k_1,k_2)$、$[k_2,k_3)$、$[k_3,k_4)$、$[k_4,k_5)$、$[k_5,k_6]$。显然，$k_1=0$，$k_2=0.2$，$k_3=0.4$，$k_4=0.6$，$k_5=0.8$，$k_6=1$。对于任意指标j，假设水资源约束强度综合指数阈值k_1、k_2、k_3、k_4、k_5、k_6对应指标的标准值分别为u_1、u_2、u_3、u_4、u_5、u_6。

对于正向指标，其隶属度公式为

$$s_{\lambda_{ij}}=\begin{cases} k_1 & x_{\lambda_{ij}}<u_1 \\ \dfrac{k_{n+1}-k_n}{u_{n+1}-u_n}\times(x_{\lambda_{ij}}-u_n)+k_n & u_n\leqslant x_{\lambda_{ij}}\leqslant u_{n+1}\ (1\leqslant n\leqslant 5) \\ k_6 & x_{\lambda_{ij}}>u_6 \end{cases} \tag{3.10}$$

对于逆向指标，其隶属度公式为

$$s_{\lambda_{ij}}=\begin{cases} k_1 & x_{\lambda_{ij}}>u_1 \\ \dfrac{k_{n+1}-k_n}{u_n-u_{n+1}}\times(u_n-x_{\lambda_{ij}})+k_n & u_{n+1}\leqslant x_{\lambda_{ij}}\leqslant u_n\ (1\leqslant n\leqslant 5) \\ k_6 & x_{\lambda_{ij}}<u_6 \end{cases} \tag{3.11}$$

式中，$s_{\lambda_{ij}}$为第λ年i研究区域第j项指标的标准化值或隶属度；$x_{\lambda_{ij}}$为第λ年i研究区域第j项指标的实际值。

（五）综合指数集成

根据各具体指标的熵化权重和标准化值，利用加权法可分别计算准则层、目标层的综合指数。限于篇幅，仅列出目标层的计算公式。

$$F_{\lambda_i}=\sum_{k=1}^{m}\sum_{j=1}^{n}\left(s_k^l\times s_j^k\times s_{\lambda_{ij}}\right) \tag{3.12}$$

式中，F_{λ_i}为第λ年i研究区域的水资源约束强度综合指数；s_j^k为指标相对于准则层的熵化权重；s_k^l为准则层对目标层的熵化权重；m、n分别为准则层和指标层里相应评价指标个数。

三、京津冀城市群城镇化与水资源约束强度的耦合规律实证

（一）京津冀城市群水资源约束强度随时间的变化规律

采用 2000～2014 年数据，对京津冀城市群水资源约束强度进行实证测度，结果表明，从时间变化来看，整个京津冀城市群的水资源本底条件绝大多数年份均属于强约束类型，水资源开发利用程度属于极强约束类型，水资源开发利用效率由弱约束过渡到极弱约束

类型，最终综合导致水资源约束强度总体属于强约束类型（图 3.26）。同时，由于水资源略有增加、用水受到总量控制、用水效率也逐步提高，京津冀城市群虽然人口和经济增长较快，但水资源总体向较强约束类型转变。

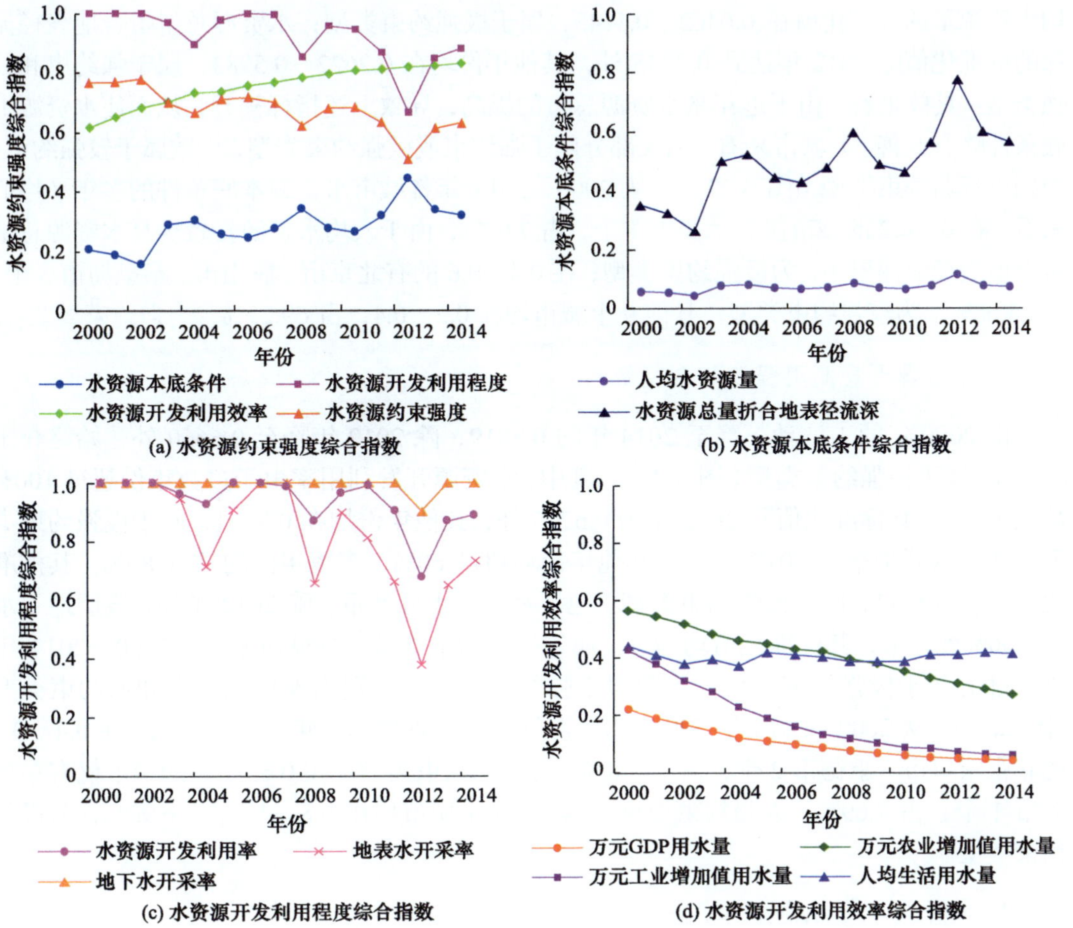

图 3.26　京津冀城市群水资源约束强度及各指标随时间变化规律图

1. 水资源约束强度综合指数

由 2000 年的 0.7676 波动下降至 2014 年的 0.6310，除 2012 年达 0.5086 外，始终介于 0.6～0.8，总体属于强约束类型（图 3.26）。其中，水资源本底条件对水资源约束强度综合指数的决定作用最大，但由于近年来水资源总量略有增加、用水受到总量控制、用水效率也逐步提高，京津冀城市群虽然人口和经济增长较快，但水资源总体向较强约束类型转变。分城市来看，2000～2014 年绝大部分也属于强约束或较强约束类型，少数属于极强约束类型，个别出现弱约束类型，总体表现为南部城市高而北部城市低且随着时间的推移普遍降低的格局（图 3.27）。从 2000～2014 年各城市水资源约束强度综合指数的多年平均值来看，仅有秦皇岛市和张家口市在 0.4～0.6，占 15.38%，为水资源较强约束类型；其他 11 个城市均在 0.6～0.8，占 84.62%，为水资源强约束类型，地域一致性特点比较突出。

2. 水资源本底条件综合指数

由 2000 年的 0.2050 波动上升至 2014 年的 0.3196，除 2001 年和 2002 年稍低于 0.2、2012 年稍高于 0.4 外，其他年份都介于 0.2～0.4，属于强约束类型（图 3.26）。其中，人均水资源量的标准化值在 0.0462～0.1145，属于极强约束类型；水资源总量折合地表径流深的标准化值除 2012 年达到 0.7735 外，其他年份均在 0.2622～0.5983，属于强约束和较强类型。具体来看，由于近年来水资源总量的提高，导致上述指标提升，从而使水资源本底条件略有改善。分城市来看，绝大部分属于强约束或极强约束类型，少数属于较强约束，个别出现弱约束类型（图 3.27）。从 2000～2014 年各城市水资源本底条件的多年平均值来看，在 0～0.2 的城市仅有承德市 1 个，占 7.69%，由于人均水资源量较少且水资源总量折合地表径流深更小，为极强约束类型；在 0.4～0.6 的有北京市、唐山市、秦皇岛市 3 个，占 23.08%，为较强约束类型；其他 9 个城市均在 0.2～0.4，占 69.23%，为强约束类型。

3. 水资源开发利用程度综合指数

由 2000 年的 1 波动下降至 2014 年的 0.8819，除 2012 年降至 0.6660 外，始终介于 0.8～1，属于极强约束类型（图 3.26）。其中，水资源开发利用率由于多数年份超过 100%甚至 150%，其标准化值除 2012 年为 0.6775 外，其他年份均在 0.8～1，属于极强约束类型；地表水开采率除 2012 年外，其他年份均超过 60%，多数年份均超过 80%，其标准化值也在 0.8～1，属于极强约束类型；地下水超采十分严重，除 2012 年外，浅层地下水均 100%被开采，其标准化值均为 1，属于极强约束类型。分城市来看，2000～2014 年绝大部分属于极强约束类型，少数属于强约束类型，个别出现较强约束和弱约束类型（图 3.27）。从 2000～2014 年各城市水资源开发利用程度的多年平均值来看，在 0.4～0.6 的有张家口市、承德市 2 个，占 15.38%，为较强约束类型；在 0.6～0.8 的城市仅有秦皇岛市 1 个，占 7.69%，为强约束类型；其他 10 个城市均在 0.8～1，占 76.92%，为极强约束类型。

4. 水资源开发利用效率综合指数

由 2000 年的 0.6176 逐步上升至 2014 年的 0.8293，由弱约束过渡到极弱约束类型（图 3.26）。其中，万元 GDP 用水量由 0.2211 逐步下降至 0.0407（其对应的用水效率由 0.7789 上升至 0.9593），逐步达到国际先进水平；万元农业增加值用水量由 0.5648 逐步下降至 0.2715（其对应的用水效率由 0.4352 上升至 0.7285），由国际较低水平上升到较高水平；万元工业增加值用水量由 0.4277 逐步下降至 0.0608（其对应的用水效率由 0.5723 上升至 0.9392），由国际较低水平上升到先进水平；人均生活用水量在 0.4 左右波动（其对应的用水效率在 0.6 左右波动），总体属于中等水平。分城市来看，2000～2014 年绝大部分属于弱约束或极弱约束类型，少数属于较强约束类型，个别出现强约束类型（图 3.27）。从 2000～2014 年各城市水资源开发利用效率的多年平均值来看，在 0.4～0.6 的城市仅有保定市 1 个，占 7.69%，为较强约束类型；在 0.8～1 的有承德市、廊坊市、秦皇岛市 3 个，占 23.08%，为极弱约束类型；其他 9 个城市均在 0.6～0.8，占 69.23%，为弱约束类型。

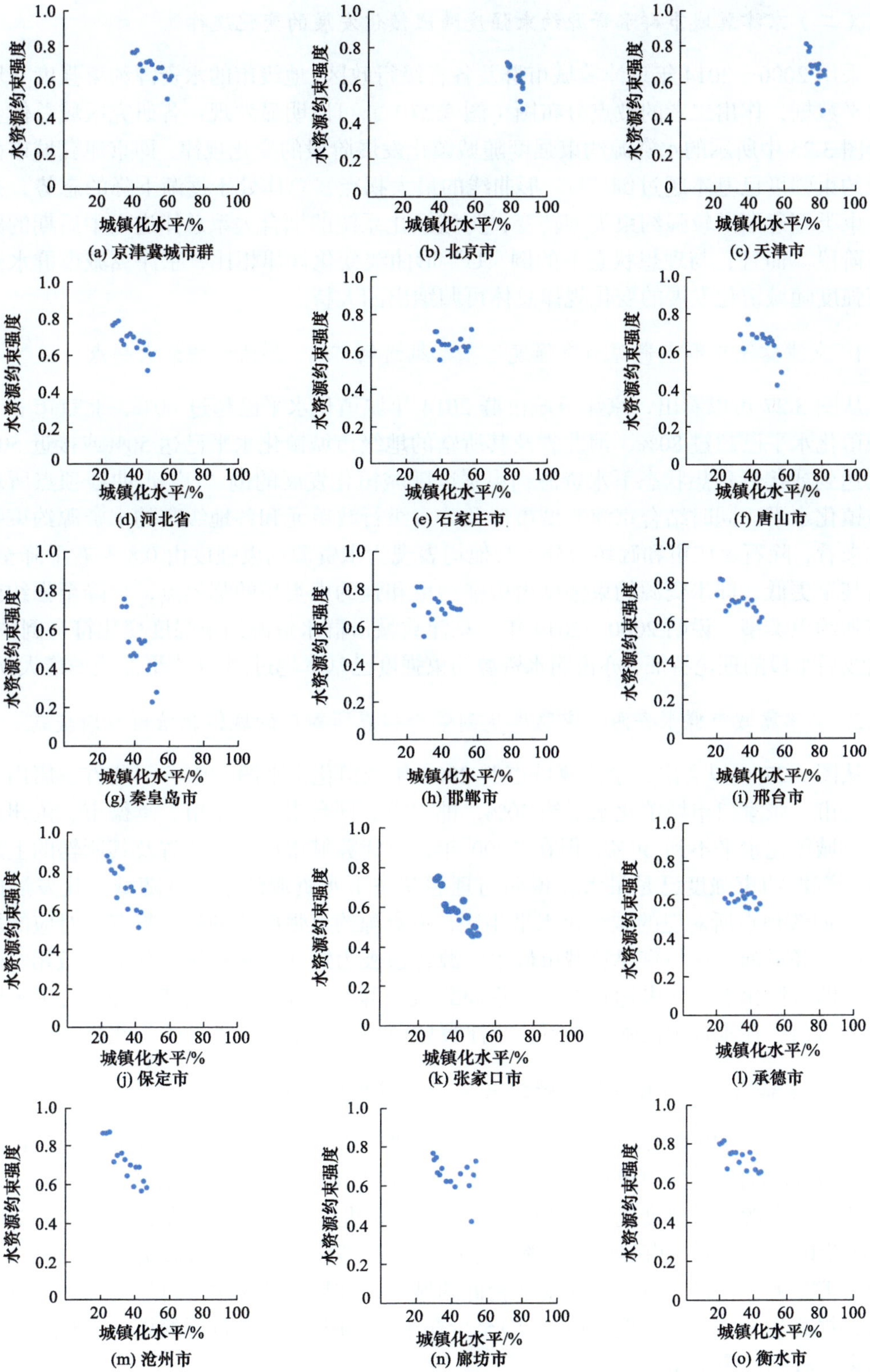

图 3.27 京津冀城市群水资源约束强度随城镇化发展变化规律图

（二）京津冀城市群水资源约束强度随城镇化发展的变化规律

采用2000～2014年京津冀城市群及各省级行政区、地级市的水资源约束强度与城镇化水平数据，作出二者的散点分布图（图3.27），可以明显发现：各研究区域总体上都符合图3.25中所示的水资源约束强度随城镇化发展阶段的变化规律，即京津冀城市群水资源约束强度已基本越过倒“U”形曲线的最大拐点，总体处于逐渐下降的态势，并由强约束类型逐渐向较强约束类型转变，与城镇化系统的耦合关系总体进入中后期的磨合适应阶段。而且，与理想状态下的倒“U”形曲线变化规律相比，京津冀城市群水资源约束强度随城镇化发展的变化规律总体可归纳出四大特点。

1. 京津冀城市群水资源约束强度已基本越过倒“U”形曲线的最大拐点

从图3.27可以看出，京津冀城市群2014年城镇化水平已超过60%，北京市和天津市城镇化水平已超过80%，河北省及其所辖的地级市城镇化水平已达50%或接近50%，均已达到或接近理想状态下水资源约束强度随城镇化发展的倒“U”形曲线顶点所对应的城镇化水平。同时结合京津冀城市群及分省级行政单元和各地级市的水资源约束强度变化来看，除石家庄市和廊坊市外，其他均表现为水资源约束强度由0.8左右下降至0.6左右甚至更低，即水资源约束强度由极强约束和强约束类型的临界点，下降至强约束甚至较强约束类型。说明2000～2014年，京津冀城市群水资源约束强度变化符合倒“U”形曲线后半段的理论特征，亦说明水资源约束强度已基本越过倒“U”形曲线的最大拐点。

2. 京津冀城市群水资源约束强度达到最大拐点所对应的城镇化阶段有所提前

从图3.27可以看出，京津冀城市群2000年城镇化水平约40%，河北省、唐山市、秦皇岛市、张家口市城镇化水平约30%，邯郸市、邢台市、保定市、承德市、沧州市、衡水市城镇化水平不到30%。但在2000年，京津冀城市群、河北省及其所辖的上述地级市水资源约束强度已是最大，说明与理想状态下水资源约束强度随城镇化发展的倒“U”形曲线顶点所对应的城镇化水平相比，水资源约束强度达到最大拐点所对应的城镇化阶段已经提前。这与京津冀城市群水资源普遍极为短缺、水资源承载力阈值相对较小有关，即城镇化水平还未达到50%，京津冀城市群水资源开发利用就已经超过了水资源承载力阈值，在水资源极强约束下，京津冀城市群不得不提前进行适应性调整。

3. 京津冀城市群水资源属于强约束和较强约束类型的阶段仍将持续

从图3.27可以看出，京津冀城市群、河北省及其所辖大部分地级市在城镇化水平20%～40%的阶段，水资源约束强度就已经属于强约束类型，城镇化水平到了50%～60%的阶段，水资源约束强度仍然属于强约束类型；而北京市和天津市在城镇化水平70%～80%的阶段，水资源约束强度一直都属于强约束类型向较强约束过渡类型。可见，京津冀城市群，尤其是河北省城镇化水平较低的城市，如果城镇化水平每年提高一个百分点左右，提高到80%至少需要20年，即至少在未来20年内，水资源约束强度将长期属于强约束和较强约束类型。

4. 京津冀城市群个别城市水资源约束强度随城镇化发展出现了小幅波动

在2000～2014年，石家庄市和廊坊市的水资源约束强度大体出现了正“U”形曲线变化（图3.27）。其中，石家庄市的城镇化水平由35%提升到57%，而水资源约束强度由0.7104波动下降至2008年的0.6099，然后波动上升至2014年的0.7219；廊坊市的城镇化水平由29%提升到54%，而水资源约束强度由2000年的0.7667波动下降至2008年的0.5944，然后波动上升至2014年的0.7292。但总体上，这两个城市一直属于水资源强约束类型。由于采用的数据时间系列较短，理论上还不能判断目前处于倒“U”形曲线的左侧还是右侧。但从石家庄市和廊坊市水资源长期超采的现实情况以及整个京津冀城市群的联动发展趋势来看，随着水资源管理的不断完善以及用水总量控制制度的加强，石家庄市和廊坊市的水资源约束强度也会呈下降趋势，并逐渐向较强约束类型过渡。

第四节 城市群地区地下水变化及其与城镇化的耦合规律

京津冀城市群属于资源型缺水地区，1980～2018年平均人均水资源量仅为188m^3，不足全国人均水资源量的1/9，是我国水资源匮乏最严重的地区之一。长期以来，随着城镇化的推进与社会经济的发展，京津冀城市群水资源供需矛盾极度突出，高强度用水导致地表水断流、地下水严重超采。随着南水北调工程的推进、用水结构的调整与用水效率的提高，北京市、天津市、河北省总用水量呈现出略微减少趋势，地下水下降趋势逐步被遏制。本节探讨京津冀城市群地区地下水位的时空变化规律以及城镇化与地下水的耦合特征，应用区域趋势分析方法进行城市群地区地下水位及水位变化率的趋势评估，为深入理解区域地下水资源现状与问题、人为因素对地下水资源的影响，制定地下水保护与管理政策提供依据。

一、京津冀城市群地下水位的时空变化特征

本研究采用的地下水位数据来源于《海河流域平原区浅层地下水超采量估算》（贾绍凤等，2016）。该研究在收集整理海河流域平原区浅层多种来源地下水位数据的基础上，利用Arc GIS技术，矢量化华北平原地下水可持续利用图集，得到1959年、1984年和2005年地下水等水位图，并在《中国地质环境监测地下水位年鉴》2005～2013年及2005年地下水位数据的基础上，计算地下水位的时段变化率，推算出2005～2013年地下水等水位。并利用华北平原地下水演变机制与调控项目地下水位数据，对以上估算的地下水位进行了检验，验证了推算地下水位分布的可靠性。在推算的海河流域平原区历年1km×1km地下水位的基础上，进行京津冀城市群在海河流域平原地区地下水位时空特征分析。由于数据的不可获得性，京津冀城市群非平原区不在本研究范围内。京津冀城市群海河流域平原区域各城市1959年、1984年、2005年、2013年的地下水位见图3.28。总体而言，京津冀城市群地下水位空间差异较大，其时空演变特征如下。

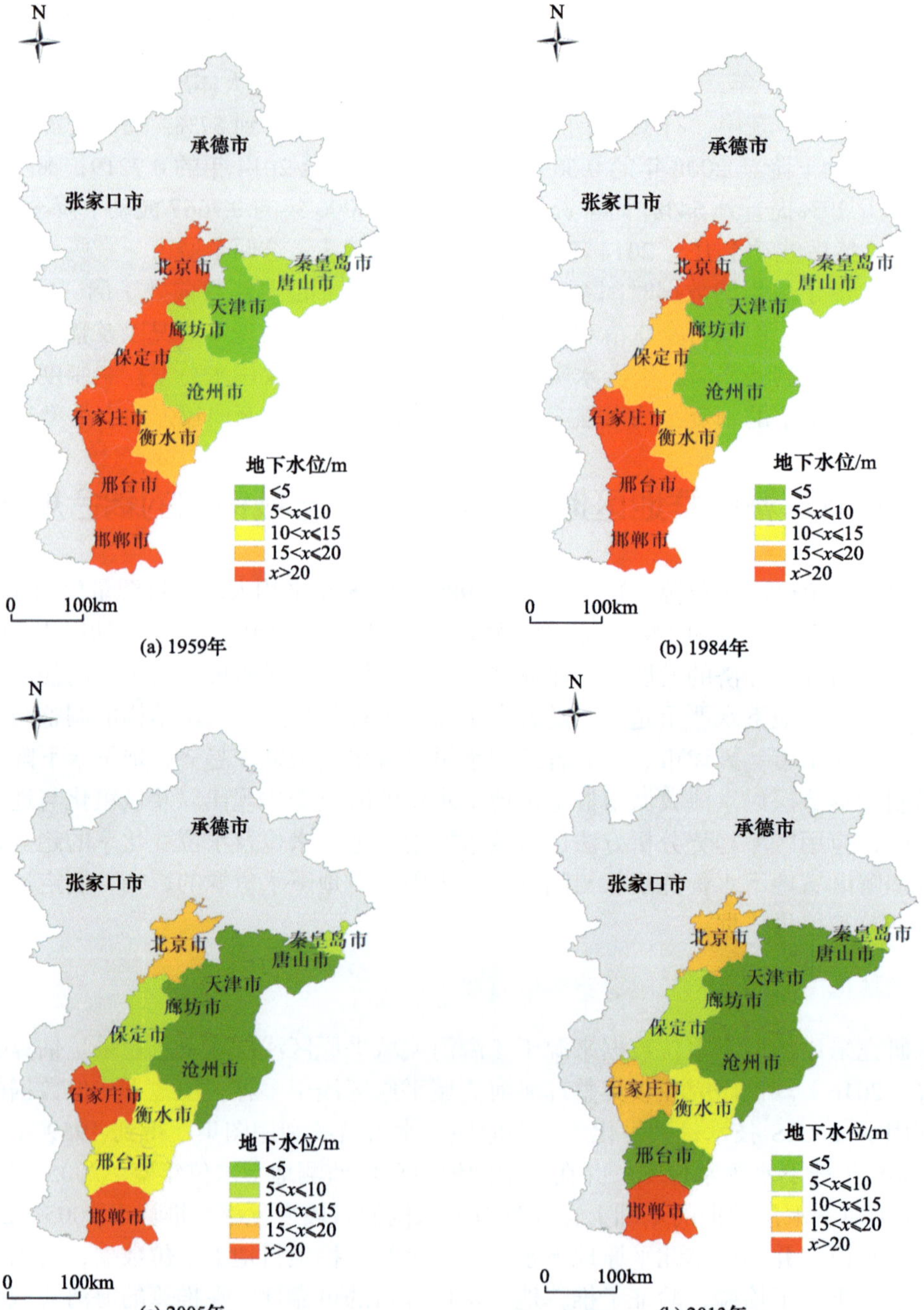

图 3.28　京津冀城市群海河流域平原区域地下水位图（地级市）

1. 京津冀城市群地下水位西南高，东北低

海河流域上游地区地下水位较高，下游地区地下水位较低，这与区域的地势高低有一定关系。1959 年，邯郸市、邢台市、石家庄市、保定市、北京市的地下水位均高于海平面 20m 以上，而沧州市、廊坊市、天津市、唐山市、秦皇岛市的地下水位均在海平面

5m 以下。2005～2013 年该区域上游地区水位下降明显，地下水位的空间差异还与区域地下水超采紧密相关。

2. 京津冀城市群地下水位总体呈逐步下降趋势

1959 年各城市平均地下水位在海平面以上 3.2～50.3m；1984 年平均地下水位在 2.7～43.8m；2005 年平均地下水位降到 1.6～28.6m；2013 年平均地下水位进一步降到 1.4～25.5m。可见，京津冀地下水位呈现出逐步下降的趋势。各城市地下水位随时间变化的曲线见图 3.29。

由于地下水用量逐年增多，多数城市的地下水位在波动中逐步下降，例如，北京市的平均地下水位由 1959 年的 33.7m 下降到 2013 年的 16.6m，天津市的平均地下水位有 1959 年的 3.2m 下降到 2013 年的 1.4m，石家庄市的平均地下水位由 1959 年的 51.8m 下降到 2013 年的 20.8m。少数城市（包括沧州市、廊坊市、衡水市）的地下水位在后期呈现出显著上升的趋势。

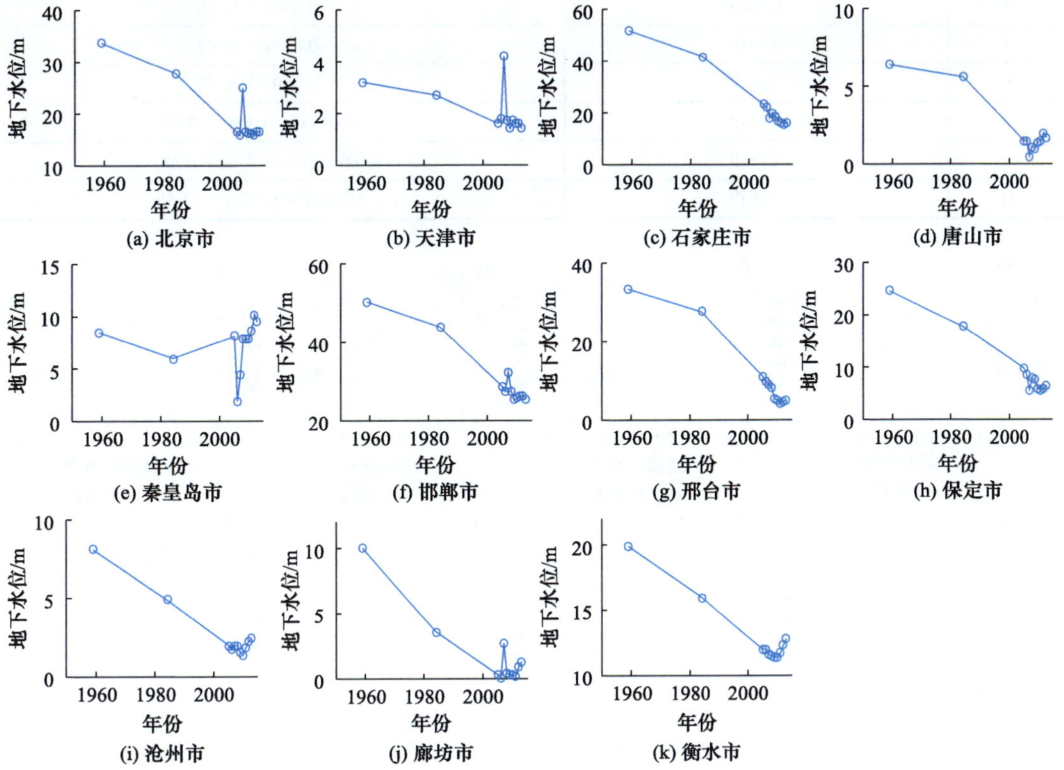

图 3.29 京津冀城市群海河流域平原城市地下水位变化图

二、城市群城镇化与地下水位的耦合规律

京津冀城市群海河流域平原区域各城市城镇化率与地下水位的耦合规律分别用线性与二次函数来描述。线性函数用于表征地下水位随着城镇化进程单调上升或下降的特征，二次函数用于表征地下水位随着城镇化进程先下降后上升的过程（即环境库伦涅茨曲线）。如果拟合的二次函数的二次项系数统计不显著或二次曲线的拐点不在城镇化率的

范围内，则用线性函数来表征地下水位与城镇化率的关系。各城市拟合的线性或二次函数方程见表 3.21。各城市拟合得到的线性或二次函数曲线见图 3.30。

根据线性与二次函数拟合结果，北京、天津、石家庄、邯郸、邢台、保定 6 个城市的地下水位随着城镇化率的增长表现出下降的规律。唐山、秦皇岛、沧州、廊坊、衡水 5 个城市的地下水位随着城镇化率的增长呈现出先下降后回升的规律。

表 3.21　京津冀城市群海河流域平原城市地下水位与城镇化率耦合关系数学表达式

序号	城市	线性或二次函数关系数学表达式
1	北京市	$y = -0.419x + 52.94$
2	天津市	$y = -0.079x + 8.17$
3	石家庄市	$y = -0.735x + 53.88$
4	唐山市	$y = 0.0112x^2 - 1.055x + 25.94$
5	秦皇岛市	$y = 0.01175x^2 - 1.152x + 23.18$
6	邯郸市	$y = -0.584x + 51.50$
7	邢台市	$y = -0.687x + 32.63$
8	保定市	$y = -0.369x + 20.77$
9	沧州市	$y = 0.0047x^2 - 0.338x + 7.83$
10	廊坊市	$y = 0.0032x^2 - 0.276x + 6.58$
11	衡水市	$y = 0.0059x^2 - 0.376x + 17.65$

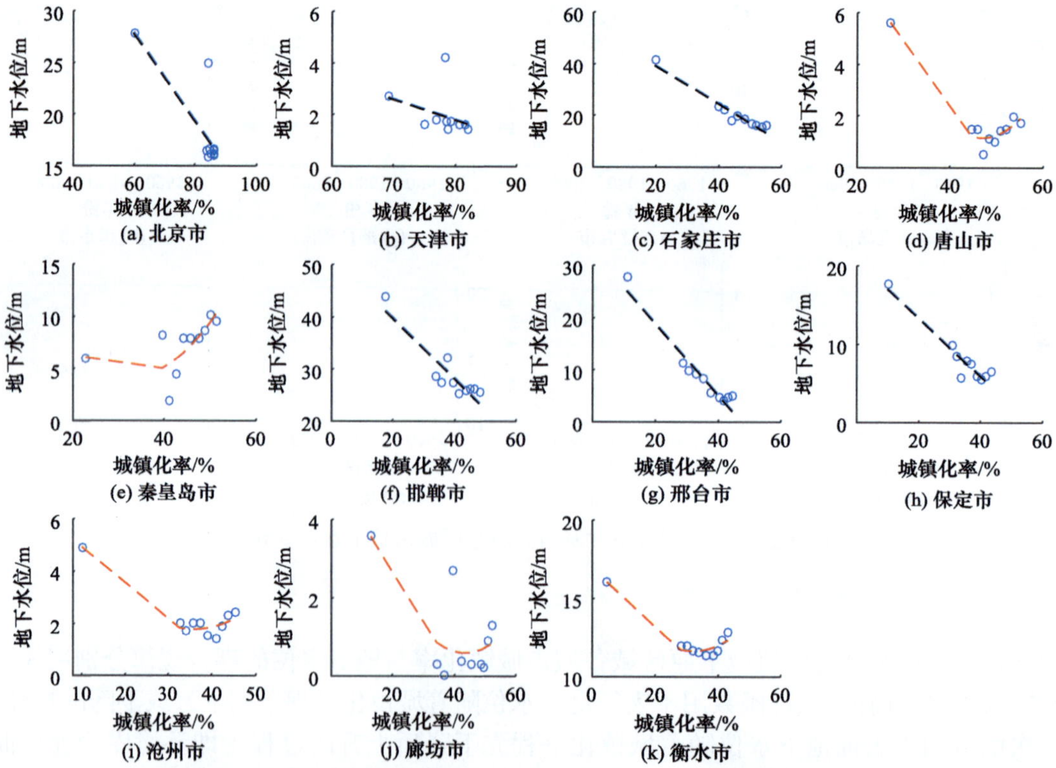

图 3.30　京津冀城市群海河流域平原城市地下水位与城镇化率耦合规律图

三、城市群地下水位的变化趋势分析

由于缺乏多年连续地下水位数据，应用区域 Kendall 趋势检验方法用空间数据弥补时间序列上的缺乏，并引入空间相关系数修正空间相关对趋势结果的影响，进行地下水位与地下水位年变化率的区域趋势分析。

在县区级尺度对地下水位数据进行区域趋势分析。京津冀城市群海河流域平原区域包括北京市 15 个区、天津市 16 个区、河北省 127 个县。这 158 个区县 1959 年、1984 年、2005 年、2013 年的地下水位数据由插值得到的 1km×1km 地下水位平均得到（由于前期数据时间间隔较长，年尺度 2006～2013 年的地下水位数据主要反映的是年际之间的随机波动变化，在此未考虑）。地下水位数据虽然覆盖年限较长，但数据序列长度较短（仅 4 个），单个区县的趋势分析结果易统计不显著，而区域趋势分析有助于加强趋势检测统计结果的显著性。另外，除了地下水位变化趋势，本研究还分析区域地下水位年变化率的趋势，用于反映该区域地下水年超采量变化的趋势。图 3.31 给出了研究区域各县区三个时间段（即 1959～1984 年、1984～2005 年、2005～2013 年）地下水位的年均下降速率，图 3.32 给出了京津冀城市群海河流域平原县级单元地下水位与地下水位年均下降率箱型图。

采用 Mann-Kendall 方法（Kendall，1975；Mann，1945）和区域 Kendall 方法（Helsel and Frans，2006），研究地下水位与地下水位年平均变化率数据系列的区域趋势。区域趋势检验结果表明，在区域水资源供需矛盾长期突出的大背景下，京津冀城市群海河流域平原地区的地下水长期超采，地下水位持续下降，在 1959～2013 年，研究区域的地下水位平均下降了 15.4 m。1959～1984 年，研究区域的平均地下水位年均下降量为 0.21 m。1984～2005 年，由于经济社会的加速发展与人口的加速增长，研究区域的平均地下水位年均下降量为 0.38m。2005～2013 年，研究区域的平均地下水位年均下降量稍微减缓为 0.28m。最后一个研究时段地下水位年均下降速率的减缓可由京津冀区域实施的一系列水

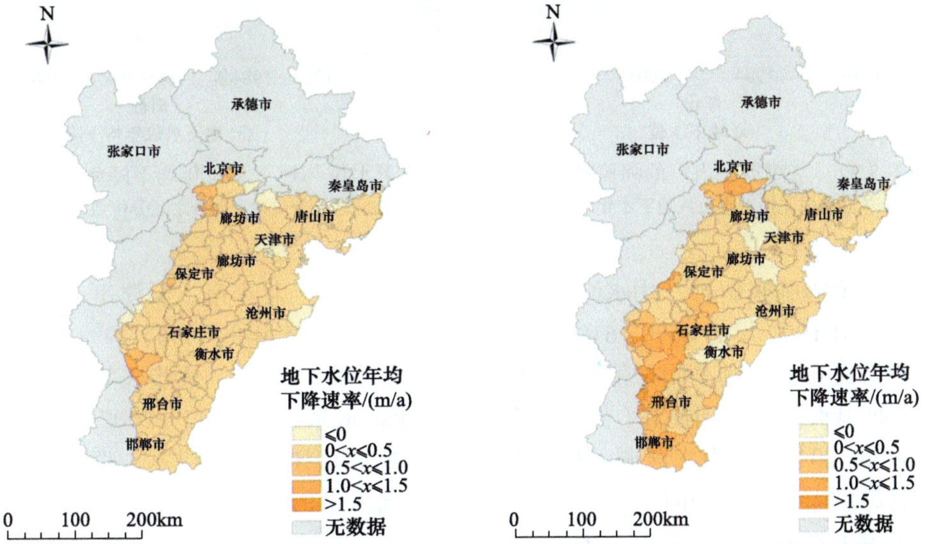

(a) 1959～1984年地下水位年均下降速率

(b) 1984～2005年地下水位年均下降速率

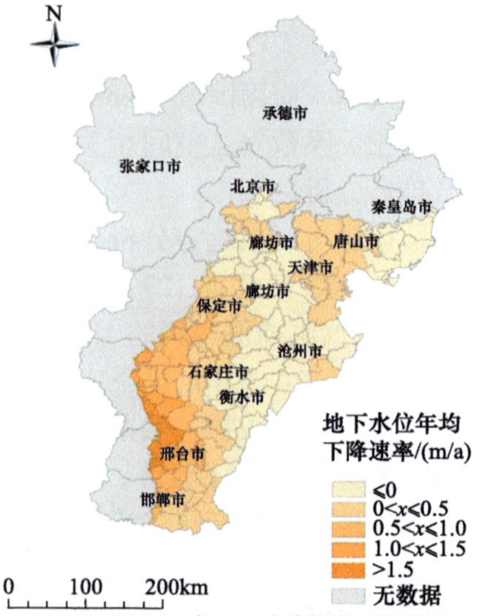

(c) 2005～2013年地下水位年均下降速率

图 3.31　京津冀城市群海河流域平原县区级地下水位年均下降速率图

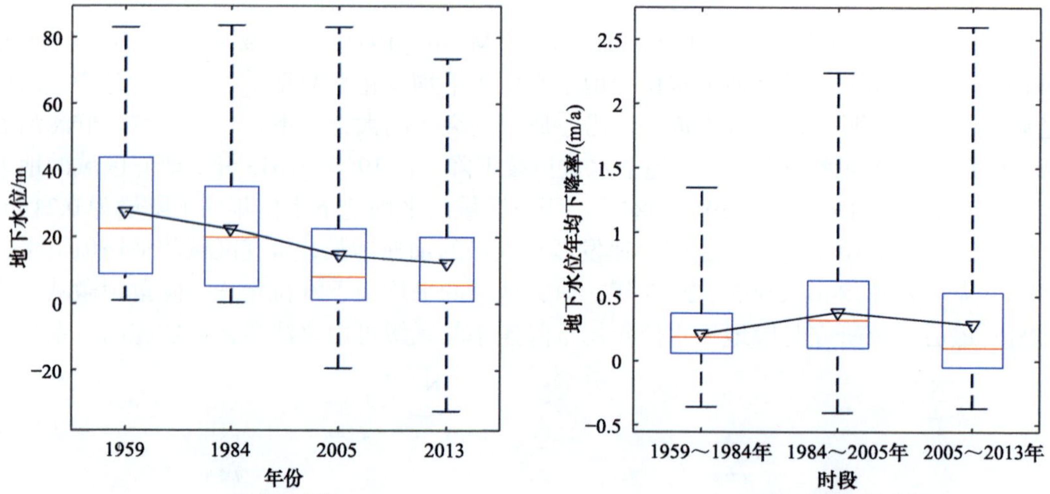

(a) 地下水位　　(b) 地下水位年均下降率

图 3.32　京津冀城市群海河流域平原县级单元地下水位与地下水位年均下降率箱型图

箱型图描绘了各县域单元地下水位或地下水年均下降率数值的中值、四分之一分位数、四分之三分位数、最小值、最大值，白色三角形代表均值

资源管理政策措施来解释。用水结构发生了巨大的改变，北京市、天津市、河北省的农业用水占比由 1997 年的 45%、61%、79%分别减少到 2015 年的 17%、49%、72%。北京市和天津市颁布了鼓励高附加值与资源低耗型产业发展的政策，逐步关闭了高耗水工业企业，工业用水效率得到提高，例如，北京的工业耗水系数在 1997～2007 年下降了 65%（Zhang et al., 2012）。南水北调工程自 2008 年开始向京津冀区域供水，直接减缓了该区域的水资源供需压力。同时，北京与天津虚拟水输入量的逐步增多也减少了该地区的直接用水压力（Zhang et al., 2012；Zhao et al., 2010）。

参考文献

白万平. 2005. 经济时间序列模型——方法与应用. 北京：中国商务出版社.
鲍超，方创琳. 2006. 河西走廊城镇化与水资源利用关系的量化研究. 自然资源学报, 21(2): 301-310.
鲍超，方创琳. 2008. 干旱区水资源对城市化约束强度的时空变化分析. 地理学报, 63(11): 1140-1150.
鲍超，方创琳. 2010. 城镇化与水资源开发利用的互动机理及调控模式. 城市发展研究, 17(12): 19-23.
鲍超，贺东梅. 2017. 京津冀城市群水资源开发利用的时空特征与政策启示. 地理科学进展, 36(1):58-67.
鲍超，邹建军. 2018. 基于人水关系的京津冀城市群水资源安全格局评价. 生态学报, 38(12): 4180-4191.
陈雄兵，张宗成. 2008. 再议 Granger 因果检验. 数量经济技术经济研究, (1): 154-160.
方创琳. 2014. 中国城市群研究取得的重要进展与未来发展方向. 地理学报, 69(8): 1130-1144.
方创琳，鲍超，乔标. 2008. 城镇化过程与生态环境效应. 北京：科学出版社.
封志明，刘登伟. 2006. 京津冀地区水资源供需平衡及其水资源承载力.自然资源学报, 21(5): 689-699.
高铁梅. 2016. 计量经济分析方法与建模(第三版). 北京：清华大学出版社.
顾朝林，辛章平. 2014. 国外城市群水资源开发模式及其对我国的启示. 城市问题, (10): 36-42.
贾绍凤，李媛媛，吕爱锋.2016. 海河流域平原区浅层地下水超采量估算，南水北调与水利科技, 14(4): 26-33.
贾绍凤，张军岩，张士锋. 2002. 区域水资源压力指数与水资源安全评价指标体系. 地理科学进展, 21(6): 538-545.
李孟颖，陈介山. 2015. 京津冀地区面向人居环境之水安全格局初探. 安全与环境学报, 15(3): 347-355.
李子奈，叶阿忠. 2000. 高等计量经济学. 北京：清华大学出版社.
刘登伟. 2010. 京津冀大都市圈水资源短缺风险评价. 水利发展研究, 10(1): 20-24.
刘瑜洁，刘俊国，赵旭，等. 2016. 京津冀水资源脆弱性评价. 水土保持通报, 36(3): 211-218.
陆大道. 2015. 京津冀城市群功能定位及协同发展. 地理科学进展, 34(3): 265-270.
宋建军，张庆杰，刘颖秋. 2004. 2020 年我国水资源保障程度分析及对策建议. 中国水利, (9): 14-17.
吴健，昌敦虎，孙嘉轩. 2014. 京津冀一体化进程中的水环境保护策略. 环境保护, 42 (17): 34-37.
吴佩林. 2005. 我国区域发展的水资源压力分析. 西北农林科技大学学报：自然科学版, 33(10): 143-149.
肖金成，李娟，马燕坤. 2015. 京津冀城市群的功能定位与合作. 经济研究参考, (2): 15-28.
袁方，王汉生. 1997. 社会研究方法教程. 北京：北京大学出版社.
张书云. 2009. Granger 因果检验用法探讨. 数理统计与管理, 28 (2): 244-251.
周一星. 1995. 城市地理学. 北京：商务印书馆.
Bao C, Zou J. 2018.Analysis of spatiotemporal changes of the human-water relationship using water resources constraint intensity index in Northwest China . Ecological Indicators, 84: 119-129.
European Environment Agency(EEA). 2005.The European environment - state and outlook 2005. European Environmental Agency, Copenhagen.
Falkenmark M, Lundqvist J, Widstrand C. 1989.Macro-scale water scarcity requires micro-scale approaches. Natural Resources Forum, (13): 258-267.
Granger C W J.1988. Causality, cointegration, and control . Journal of Economic Dynamics and Control, 12 (2～3): 551-559.
Helsel D R, Frans L M. 2006.Regional Kendall test for trend. Environmental Science and Technology, 303(13): 236-1425.
Ho W. 2008.Integrated analytic hierarchy process and its applications - A literature review. European Journal of Operational Research, 186(1): 211-228.
Kendall M G. 1975. Rank Correlation Methods. fourth ed. London: Charles Griffin.

Mann H B. 1945. Non-parametric tests against trend. Econometrica, 13(3): 245-249.

Pedro-Monzonís M, Solera A, Ferrer J, et al. 2015. A review of water scarcity and drought indexes in water resources planning and management. Journal of Hydrology, (527): 482-493.

Pollesch N L, Daleb V H.2016. Normalization in sustainability assessment: Methods and implications. Ecological Economics, 130: 195-208.

Zhang Z, Shi M, Yang H. 2012.Understanding Beijing's water challenge: a decomposition analysis of changes in Beijing's water footprint between 1997-2007. Environmental Science and Technology, 46(22): 12373-12380.

Zhao X, Yang H , Yang, Z, et al. 2010.Applying the IO method to account for water footprint and virtual water trade in the Haihe river basin in China. Environmental Science and Technology, 44(23): 9150-9156.

第四章 城市群地区城镇化与土地利用变化机理及规律

当前全球城镇化水平快速提升，城市群发育发展进程与城市快速扩展加速了自然生态用地向人工建设用地的转换（Kuang et al., 2014；刘纪远等，2002）。城市群是我国新型城镇化战略实施的主体区和经济发展的核心区，其持续健康协调发展对于社会经济的可持续发展具有重要作用（方创琳等，2016）。如何准确获取城市群地区及其城市不同尺度土地利用/覆盖变化信息，提高城市群地区下垫面状况的动态监测，以满足城市群规划以及城市精细化管理的应用需求，提高城市群地区土地集约利用水平以及区域协调发展能力，成为当前城市群及其城镇化问题研究的重要内容（方创琳，2014）。本章基于遥感影像、土地利用数据以及社会经济等数据资料，以京津冀城市群为例，通过分析城镇化水平与城乡建设用地、耕地及生态用地数量之间相关关系，揭示了城市群地区城镇化与土地利用变化的时空耦合关系与基本规律。研究表明，1980～2018 年京津冀城市群城镇化水平由 24.88%增加到 66.44%，城镇化水平每提高 1%，城乡建设用地约增加 169.00 km^2，耕地约减少 299.50 km^2，自然生态用地约减少 62.79 km^2，城镇化水平与城乡建设用地总量呈正相关的指数耦合关系，与耕地和自然生态用地总量呈负相关的多项式耦合关系。本研究也进一步揭示了城市群地区城镇化水平变化的“S”形曲线规律、城镇化与城乡建设用地保障程度之间的“U”形曲线变化规律、城乡建设用地保障程度最低拐点的变化规律和城镇化水平每提高 1%的用地增减的变化规律。

第一节 城市群土地利用变化时空格局和区域差异特征

京津冀城市群土地利用呈现显著的时空差异特征与时空模式(匡文慧,2012)。1980～2018 年土地利用程度总体呈现上升趋势,1980～1990 年土地利用变化处于最慢的变化时段，各类用地面积略有变化；1990～1995 年在快速经济发展的驱动下，土地利用变化呈现一定程度的加速趋势；1995～2000 年由于国家严格的耕地保护政策的影响，土地利用变化速度变缓；21 世纪初 5 年我国进入了新一轮的经济高速发展期，受城市群地区高速的城市扩展、重大工程建设等的影响，土地利用处于近 38 年来最快的变化时期。

一、城市群地区土地利用变化制图

城市群地区土地利用制图数据源主要包括 MODIS 遥感图像、DMSP-OLS 及 VIIRS DNB、Landsat TM/ETM+及 Landsat8 OLI 系列影像、GF-2 Google Earth 影像数据等。此外，1980～2018 年城市群土地利用来源于本研究组基于 Landsat 系列影像通过人工数字化解译获得的数据集；行政边界等基础地理信息数据来源于国家基础地理信息中心；社会经济统计数据来源于历年中国及北京市、天津市、河北省的统计年鉴。

（一）京津冀城市群土地利用现状制图

基于京津冀城市群 1990～2018 年 Landsat8 OLI 系列影像、HJ-1A、ZY-3 等遥感影像数据，解译提取京津冀城市群土地利用/覆盖数据，并进行时空序列制图（图 4.1）。结果表明：1980 年以来，京津冀城市群土地利用变化特征主要表现为人工建设用地（城

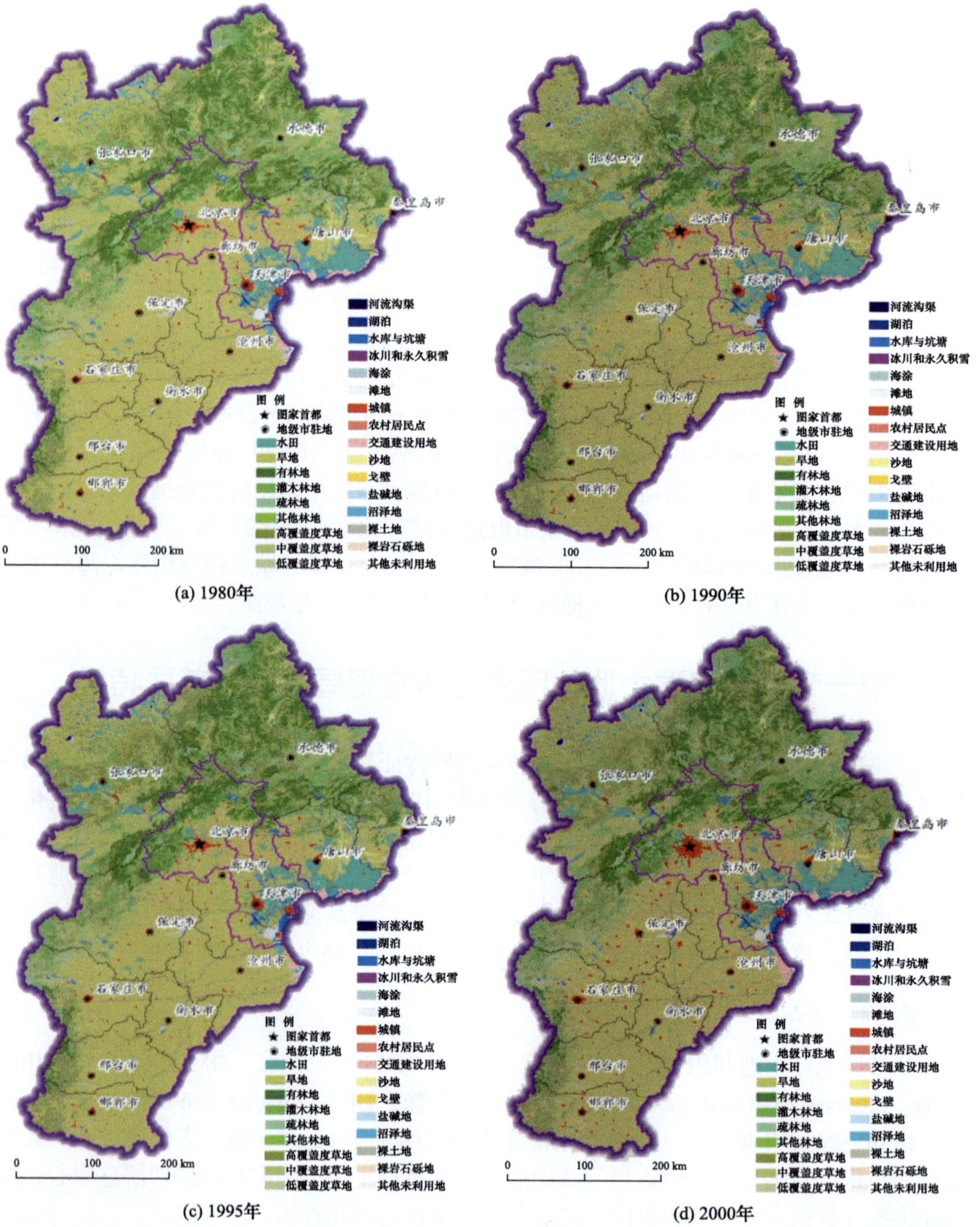

(a) 1980年

(b) 1990年

(c) 1995年

(d) 2000年

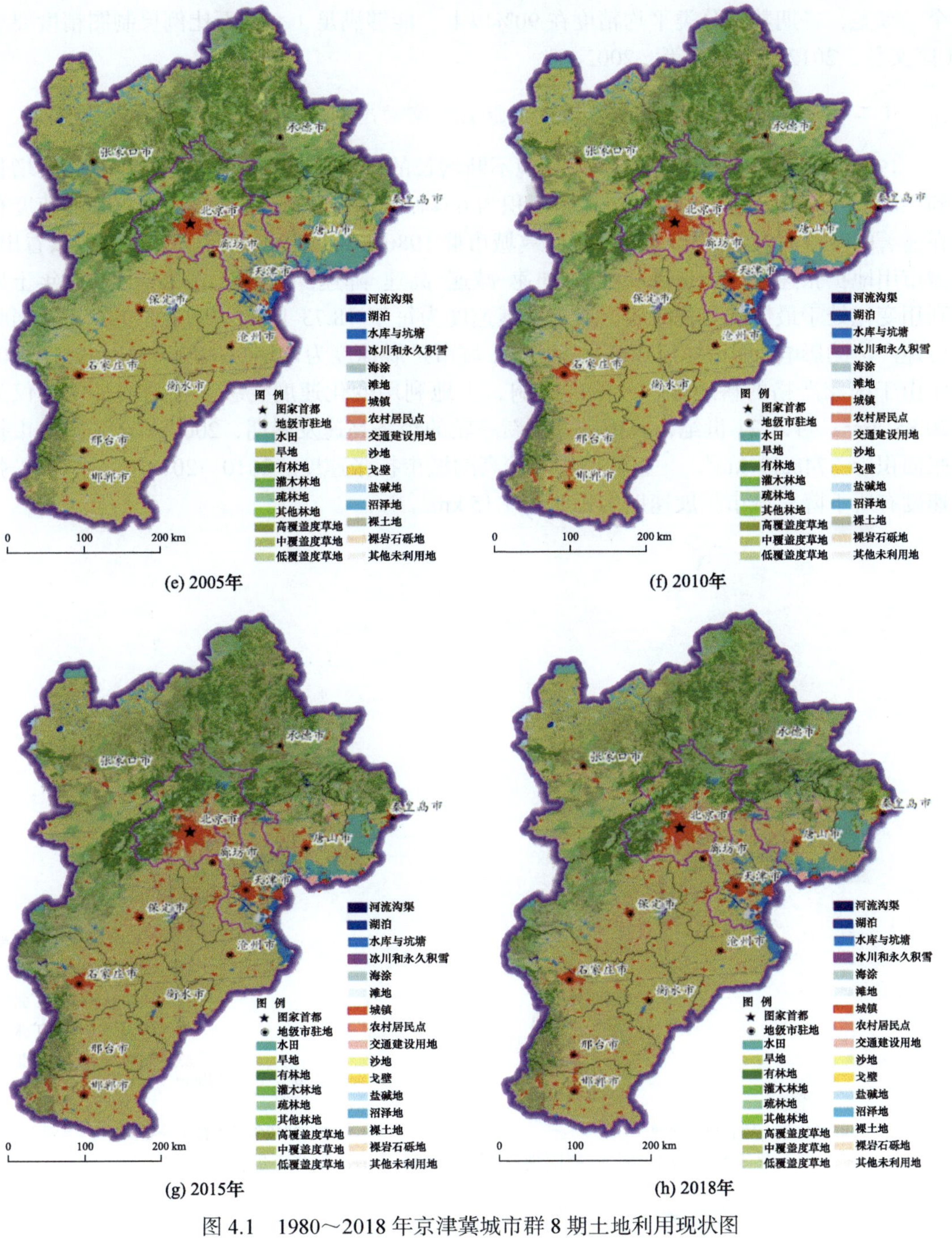

(e) 2005年 (f) 2010年

(g) 2015年 (h) 2018年

图 4.1　1980～2018 年京津冀城市群 8 期土地利用现状图

镇、乡村建设用地及工矿交通用地）持续增加、耕地面积持续减少，区域内土地利用/覆盖由自然生态用地（耕地、草地）逐步向人工建设用地持续转换。

1980～2018 年京津冀城市群土地利用变化数据集，按照统一的规范标准人工数字化解译获取，共包括耕地、林地、草地、水域、城乡建设用地及未利用地 6 个一级类和 25

个二级类，各期数据分类平均精度在 90%以上，能够满足 1∶10 万比例尺制图精度要求（匡文慧，2012；刘纪远等，2002）。

（二）近 38 年京津冀城市群城市扩张的时空动态制图

1980～2018 年城市建成区面积呈现不断增长的趋势，从 1980 年的 1944.27 km^2 增长到 2018 年的 8689.01 km^2，城市扩张面积为 6744.74 km^2，但其增长幅度和扩张的速度存在显著的时空差异特征。从图 4.2 京津冀城市群 1980～2018 年城市扩张分布图可以看出，城市用地扩张速度总体呈现“慢速-加速-减速-高速-降速”的特征，1980～1990 年土地利用变化处于最慢的变化时段，城市扩展速度为每年 18.73 km^2；1990～1995 年受当时房地产热的影响，城市扩展速度显著增强，城市扩展速度为每年 257.49 km^2；1995～2000 年由于国家严格的耕地保护政策的影响，土地利用变化速度变缓，年均增长速率仅为 20.85 km^2；进入 21 世纪，我国进入了新一轮的经济高速发展期，2000～2010 年城市扩张面积为 3748.49 km^2，一直保持相对较高的城市扩张速度。2010～2018 年，城市扩张速度有所下降，城市扩展速度为每年 177.15 km^2。

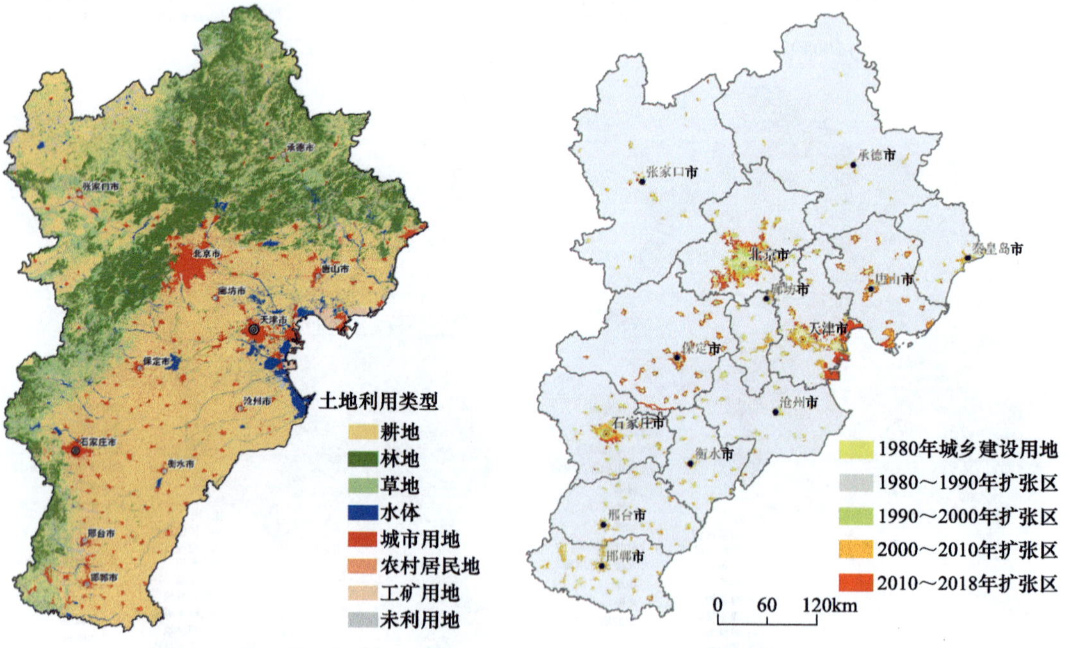

(a) 2018年土地利用现状图　　(b) 1980～2018年城市扩张分布图

图 4.2　2018 年土地利用现状图和 1980～2018 年城市扩张分布图

二、城市群地区土地利用变化与类型转换特征

（一）1980～2018 年京津冀城市群土地利用时空变化总体特征

基于 1980～2018 年京津冀城市群土地利用变化总体特征（图 4.3），城市群地区土地利用类型中耕地面积最大，其次为林地。1980～2018 年，区域内整体各类型土地利用面积比例结构没有根本性改变，总体上土地利用程度呈现阶段性提升。受城乡建设和城

市扩张的影响，耕地由 1980 年的 112192.52 km² 减少到 2018 年的 102957.22 km²，总计减少了 9235.30 km²。草地由 1980 年的 35687.48 km² 减少到 2018 年的 33299.82 km²，总计减少了 2387.66 km²。由于京津风沙源造林工程、北京市园林绿化工程等的大规模实施，导致林地面积由 1980 年的 44570.33 km² 增加到 2018 年的 44797.79 km²，总计增加了 227.46 km²。城乡建设用地面积显著增加，由 1980 年的 14715.03 km² 增加到 2018 年的 27949.22 km²，总计增加了 13234.19 km²。

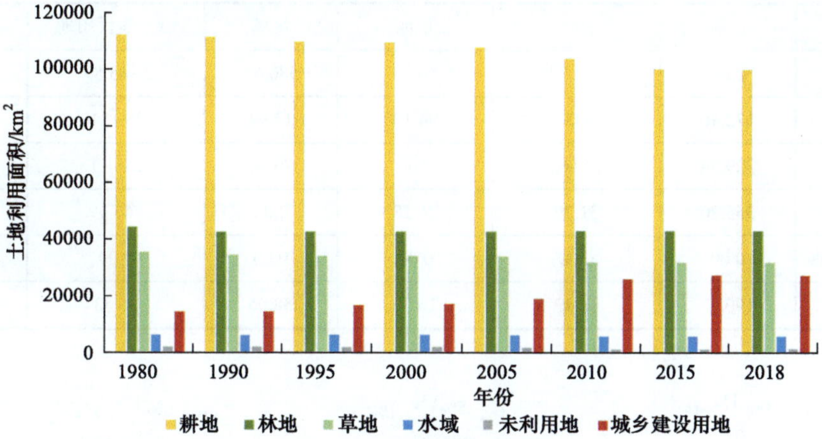

图 4.3　1980～2018 年京津冀城市群土地利用现状图

2018 年京津冀城市群建乡设用地面积约占 13%，较 1980 年的 7%提升了近 6 个百分点。其中，城镇建设用地自 1980 年的 1%扩张到 2018 年的 4%，城市群地区北京市、天津市及石家庄市、保定市、廊坊市、秦皇岛市等快速向外蔓延，导致这些城市沿着边缘地带、交通轴线以及新的组团斑块迅速扩张。特别是在北京市及天津市市辖区内，土地利用各类型面积较 1980 年具有显著的变化；其他地级市、区、县和镇等土地利用状况也均有一定程度的变化（图 4.4）。

从不同土地利用类型面积比例变化来看，区域内城镇和农村建设用地面积分别从 1980 年的 1%和 5%增长到了 2018 年的 5%和 7%，这些变化主要集中于城市群东南部地区，两者覆盖密度明显增加。耕地作为京津冀城市群主要土地利用类型，其占比自 1980 年的 51%降低至 2018 年的 46%，其降低了 5 个百分点，其变化主要发生于 1990 年以后。此外，区域内林地数量基本维持在 21%，水域及湿地土地利用类型面积比例变化不大，维持在 3%；而草地面积呈现一定程度的减少，较 1980 年的 17%减少到了 15%（图 4.4）。

（二）1980～2018 年京津冀城市群土地利用转换特征

1980～2018 年京津冀城市群土地利用动态变化类型主要集中在城乡建设用地、耕地、草地及水域（表 4.1）。其中，土地利用类型之间转换以耕地的转出和城乡建设用地的转入为主要类型。1980～1995 年，耕地、草地与未利用地面积减少，林地、水域与城乡建设用地增加，耕地与水域、林地、城乡建设用地之间的转换最为突出；1995～2000 年，耕地、林地与未利用地面积减少，草地、水域与城乡建设用地增加，耕地与水域及城乡建设用地之间的转换突出，受城市扩张的影响，大量耕地被占用导致部分优质农田流失；21 世纪初 5 年，除城乡建设用地、林地增加外，其余用地类型面积减少，其中以耕地的转出最为突出，城镇化步入快速发展时期；2005～2010 年，城市群土地利用除城乡建设用地增加外，其他耕地、林地、草地、水域与未利用地面积均减少；2010～2018 年，建设用地持续增加，大面积的耕地转为城乡建设用地。

表 4.1　1980～2018 年京津冀城市群地区土地利用转换特征统计

地类	耕地	林地	草地	水域	城乡建设用地	未利用地
耕地	0.00	277.77	30.35	580.65	5913.89	66.36
林地	172.40	0.00	94.10	12.94	199.11	1.16
草地	329.54	140.65	0.00	76.84	288.11	5.59
水域	355.26	31.79	26.28	0.00	866.99	111.99
城乡建设用地	0.00	0.00	0.00	0.00	0.00	0.00
未利用地	190.57	11.49	16.03	58.05	95.53	0.00

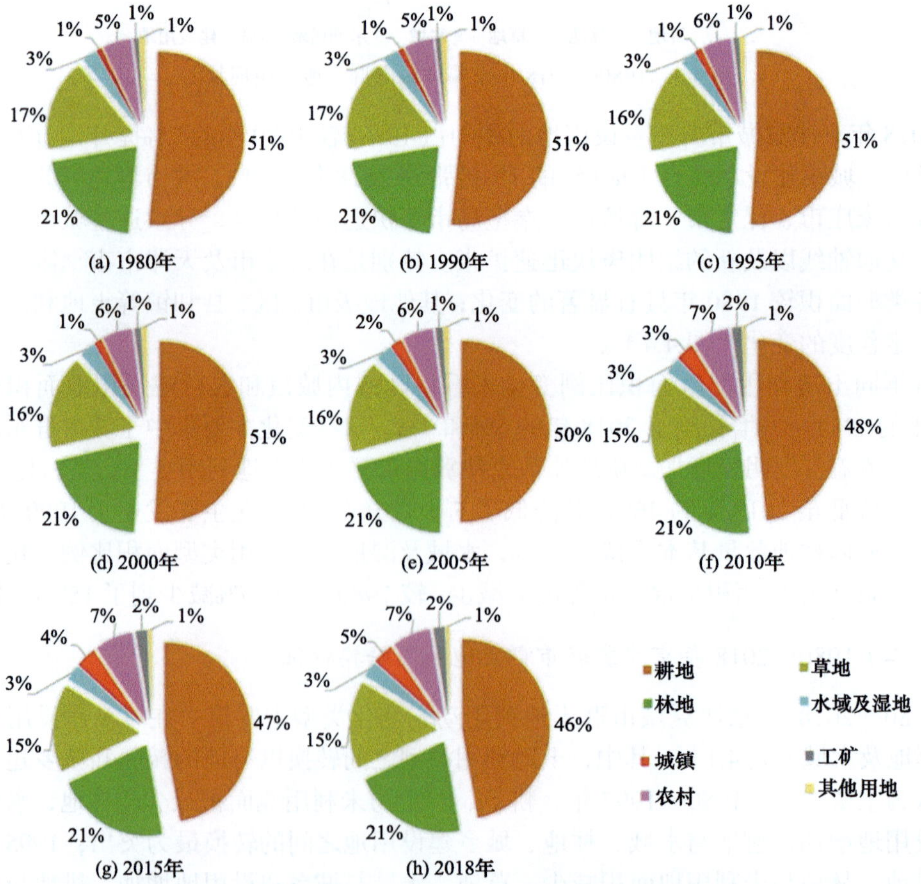

图 4.4　1980～2018 年不同时期土地利用类型面积比例统计图

（三）1980～2018年京津冀城市群新增城市用地的结构变化特征

1980～2018 年京津冀新增城市用地即城市空间扩展主要占用土地利用类型依次为耕地、农村居民点和独立工矿用地、林地、草地、水域和未利用地（图 4.5）。对新增城市用地的土地利用结构进行统计分析表明，新增城市用地中占用耕地面积最多，为 2782.26 km^2，其次为农村居民点和独立工矿用地，向城市用地的转化面积为 956.15 km^2，分别占新增城市用地的 69.89%和 26.21%；林地、草地、水域和未利用地向城市用地转移面积很小，仅有 198.85 km^2。从城市扩张的不同阶段来看，新增城市用地占用耕地面积比例呈现逐渐下降趋势，从 1980～1990 年的 93.77%下降到 2010～2018 年的 61.56%；农村居民点和独立工矿用地对新增城市用地的贡献在 1980～1990 年最低，快速的城镇化和工业化使城市原有建成区与周边工矿业用地联系更加紧密，城市用地规模迅速扩大，2000 年以后对城市扩张的贡献率维持在 27%以上，农村居民点和独立工矿用地逐渐成为新增城市用地的重要来源；林地和草地被占用的比例有所上升。值得注意的是天津市、唐山市等沿海城市填海造陆增加的城市用地面积占新增城市用地的 8%。

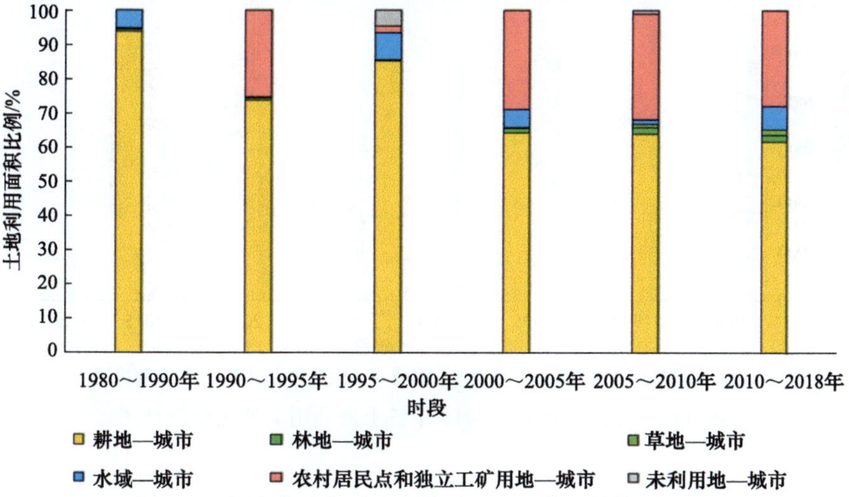

图 4.5 京津冀城市群城市扩展的用地来源结构变化图

三、城市群地区城市土地利用变化的地域差异特征

（一）京津冀城市群土地利用变化的区域差异特征

京津冀城市群地区涉及的北京市、天津市和河北省各地区之间土地利用变化差异非常显著。北京市土地利用类型以耕地、林地和城乡建设用地为主，1980～2018 年，北京市城乡建设用地面积持续增长，由 1980 年 1471.81 km^2 增至 2018 年的 3691.77 km^2；耕地面积持续减少，由 1980 年的 5860.37 km^2 减少到 2018 年的 3956.05 km^2；同时草地和水域面积均发生不同程度的缩减（图 4.6）。天津市土地利用类型中，耕地所占比例面积最大，其次为城乡建设用地，1980～2018 年天津市土地利用各类型面积比例结构未发生明显改变（图 4.7）。1980 年以来，城乡建设用地面积呈现大幅增加，到 2018 年共计增加 1253.12 km^2，同时耕地面积有所减少，相比于 1980 年的 7105.15 km^2，减少了 489.01

km²。河北省耕地面积占河北省总面积的 54%，1980～2018 年耕地面积持续减少，总计减少了 7578.50 km²。草地、水域及未利用地面积也呈现不同程度的缩减；林地面积减少了 1320.45 km²，城乡建设用地面积增加了 9604.52 km²（图 4.8）。

（二）京津冀城市群地区耕地变化的区域差异特征

伴随着京津冀城市群快速的城市化和工业化进程，1980～2018 年该区耕地面积持续减少，共减少 11665.01 km²。耕地面积减少最为显著的地区包括北京市以及河北省的石家庄市、邢台市和邯郸市（图 4.9），这些地区耕地减少面积均超过 1000 km²。耕地面积减少的速度在 2000 年显著增强。进入 21 世纪，京津冀城市群耕地面积共减少 9402.86 km²。其中，北京市市域共减少了 3597.50 km²，速度为 199.86 km²/a；天津市以 30.77 km²/a 的速度减少了 553.86 km²；河北省以 291.75 km²/a 的速度减少了 5251.50 km²。

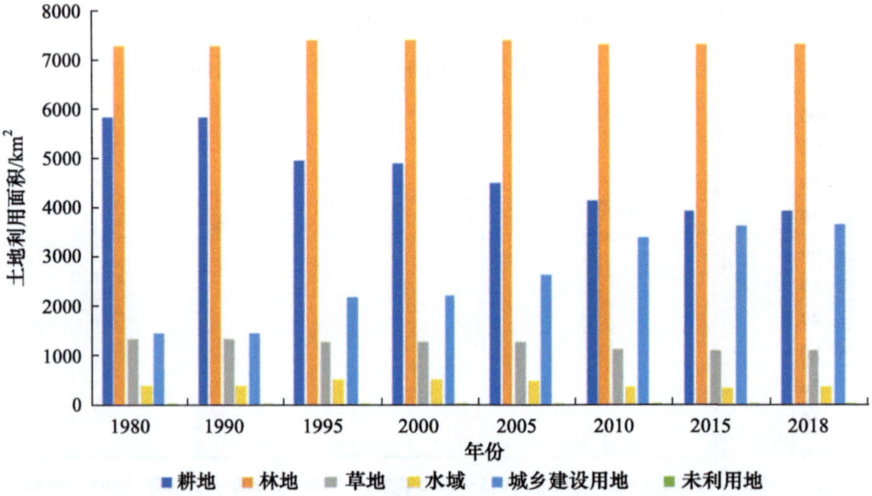

图 4.6 北京市 1980～2018 年各土地利用类型面积统计图

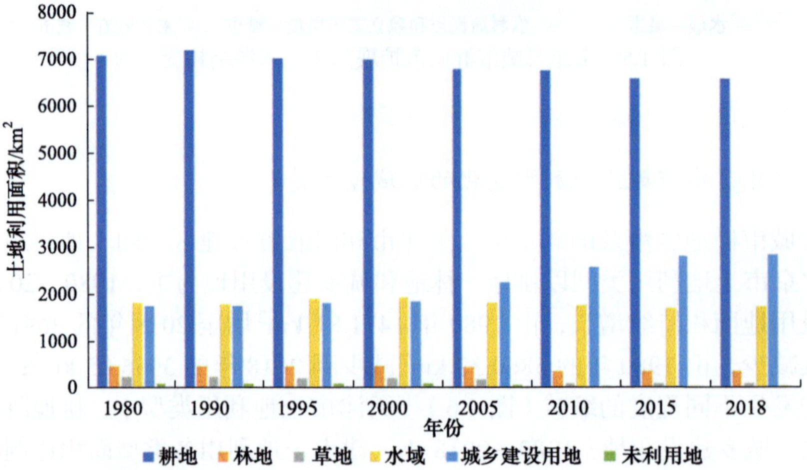

图 4.7 天津市 1980～2018 年各土地利用类型面积统计图

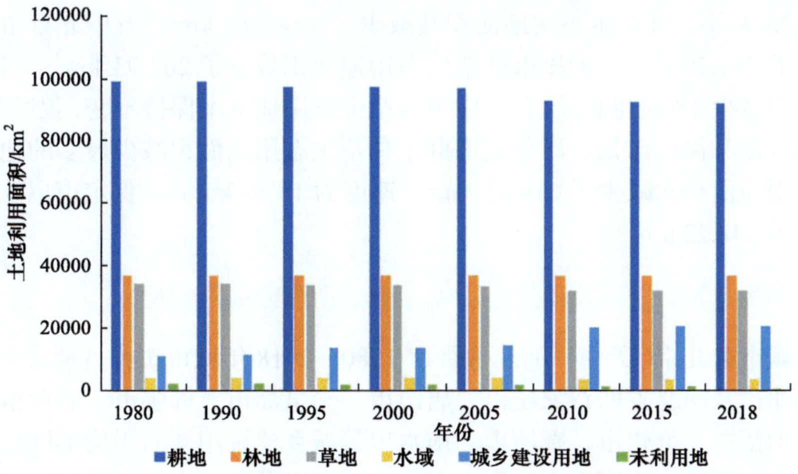

图 4.8 河北省 1980～2018 年各土地利用类型面积统计图

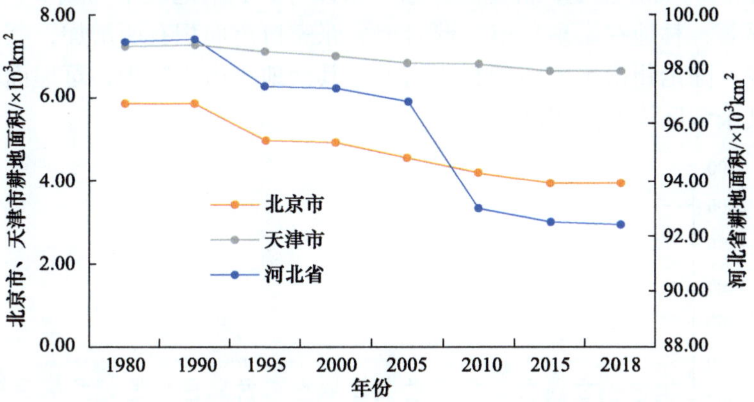

图 4.9 京津冀城市群 1980～2018 年耕地面积变化统计图

（三）京津冀城市群地区林草生态用地的区域差异特征

京津冀城市群地区 1980～2018 年林草生态用地变化区域差异明显（图 4.10），

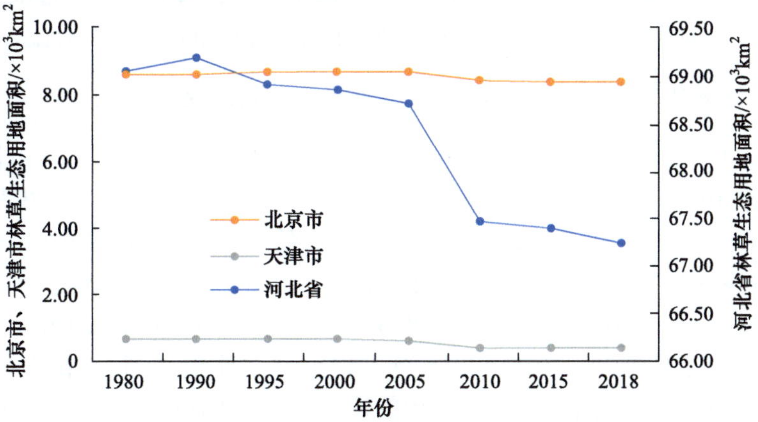

图 4.10 京津冀城市群 1980～2018 年林草生态用地面积变化统计图

1980～2018 年，林草生态用地面积共减少了 2347.71 km^2，其中北京市林草生态用地面积减少了 276.30 km^2；天津市林草生态用地面积减少了 264.93 km^2；河北省林草生态用地总面积减少 1806.48 km^2。石家庄市林草生态用地基本保持不变，仅减少 8.36 km^2。河北省张家口市和保定市是京津冀城市群中林草生态用地面积减少最多的地区。张家口市林草生态用地面积共减少了 619.91 km^2，速度为 16.31 km^2/a；保定市以 9.16 km^2/a 的速度共减少了 348.22 km^2。

四、京津冀城市群地区京津和河北地级城市间土地利用变化分析

京津冀城市群北京、天津和河北地级市 1980～2018 年城市扩张特征表明（图 4.11），北京市、天津市及河北省的石家庄市、唐山市、秦皇岛市、邯郸市、邢台市、保定市、张家口市、承德市、沧州市、廊坊市、衡水市等城乡建设用地面积均不同程度的增加，其中北京市、保定市、石家庄市、唐山市、邯郸市以及天津市增加显著，城乡建设用地面积扩张均在 1000 km^2 以上；耕地除张家口市以外，其余地级市均减少，北京市耕地面积减少最为显著；林地在秦皇岛市、邢台市、张家口市面积有所增加，其余地市均出现不同程度减少；除沧州市水域面积有所增加，其余地级市均减少；草地面积仅在承德市出现增长，其余地区均不同程度减少。

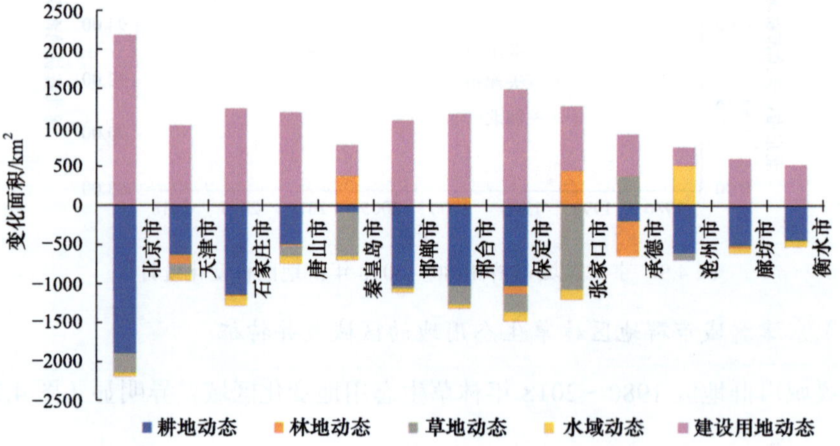

图 4.11　京津冀城市群 1980～2018 年京津和河北地级城市土地利用动态变化图

（一）京津冀城市群京津和河北地级城市市域的耕地变化比较

基于北京市、天津市和河北省地市级城市统计分析，超大城市北京市耕地减少速度最快的时期是 1990～1995 年，速度为 176.42 km^2/a。天津市耕地减少最快的时期是 2000～2005 年，速度为 209.05 km^2/a（表 4.2）。石家庄市 2005～2010 年耕地减少最为突出，耕地减少速度为 797.36 km^2/a；保定市、唐山市、邯郸市和邢台市耕地减少速度分别为 571.35 km^2/a、310.27 km^2/a、575.80 km^2/a 和 725.00 km^2/a。2010 年以来，相较于上一阶段耕地面积有所缩减。2010～2015 年，保定市、邯郸市、邢台市以及大城市承德市此阶段的耕地减少速度显著下降。而天津市的耕地面积减少速度有所增加。2015～2018 年，各个城市地区的耕地减少速度均下降。除北京市耕地减小速度为 12.50 km^2/a，其余各市

耕地减少速度均在 10 km²/a 以下。其中承德市、秦皇岛市变化速度不足 1 km²/a。

表 4.2 京津冀城市群京津和河北地级市的耕地动态变化速度统计表 （单位：km²/a）

城市	1980～1990 年	1990～1995 年	1995～2000 年	2000～2005 年	2005～2010 年	2010～2015 年	2015～2018 年
北京市	−0.76	−176.42	−11.33	−76.12	−72.37	−42.86	−12.50
天津市	69.60	−178.89	−33.54	−209.05	−34.72	−165.58	−1.29
石家庄市	−25.38	−279.76	30.49	−59.47	−797.36	−31.61	−7.08
保定市	−20.87	−376.15	−22.35	−15.40	−571.35	−43.29	−6.83
唐山市	41.26	20.83	−8.10	−118.38	−310.27	−81.70	−2.55
邯郸市	−13.08	−281.74	−17.11	−94.86	−575.80	−58.91	−8.87
邢台市	−28.21	−195.36	−8.54	−50.37	−725.00	−45.58	−9.31
沧州市	−38.56	−449.06	−8.89	−27.18	−84.65	−41.14	−3.62
张家口市	−42.17	41.11	11.93	68.54	−89.58	−11.59	−8.11
承德市	−18.21	3.48	4.15	−19.11	−183.50	−5.67	−0.48
秦皇岛市	−10.57	69.57	1.26	−49.95	−88.39	−12.75	−0.18
廊坊市	3.81	−126.43	−13.64	−56.72	−274.45	−43.45	−2.42
衡水市	−10.66	−140.42	−7.53	−22.76	−244.38	−34.56	−1.06

（二）京津冀城市群京津和河北地级市市域的城乡建设用地变化

基于北京市、天津市和河北省地市级城市统计分析（表 4.3），北京市城乡建设用地在 1990～1995 年以 719.99 km²/a 速度加速扩张；天津市和石家庄市步入 21 世纪后，城乡建设用地扩张速度急剧增加，其中天津市在 21 世纪初 5 年扩张速度达 405.83 km²/a；石家庄市则在 2005～2010a，城乡建设用地扩张速度增长至 855.85 km²/a。2010～2015 年，北京市和天津市城乡建设用地扩张速度较 2000～2010 年大幅下降，但仍在 200 km²/a 以上。此阶段石家庄市城乡建设用地扩张速度为 32.58 km²/a，较 2005～2010 年的 855.85 km²/a 呈显著下降。除沧州市，其余各市在 2005～2010 年均处于城乡建设用地加速扩张状态。2010 年以后，一些特大城市城乡建设用地仍然快速扩张，但此阶段城乡建设用地扩张速度显著下降。除秦皇岛市，其余各市在 2000 年后均处于城乡建设用地加速扩张阶段，其中城乡建设用地增长速度最快时期为 2005～2010 年。2015 年以后，除张家口市外其余各市建设用地扩张速度几乎在 5 km²/a 以下。

表 4.3　京津冀城市群京津和河北地级城市的城乡建设用地动态变化速度统计表　（单位：km^2/a）

城市	1980～1990年	1990～1995年	1995～2000年	2000～2005年	2005～2010年	2010～2015年	2015～2018年
北京市	−0.69	719.99	56.94	411.38	746.87	250.79	10.59
天津市	4.56	61.50	25.26	405.83	319.31	228.57	2.71
石家庄市	−3.20	284.13	17.41	47.20	855.85	32.58	8.42
保定市	−4.20	365.85	30.67	95.02	963.61	48.54	10.26
唐山市	104.85	105.51	11.64	157.94	853.23	71.81	2.67
邯郸市	−2.80	291.59	18.13	93.72	630.51	62.11	8.57
邢台市	−2.33	207.38	11.20	47.30	780.06	47.60	9.75
沧州市	−4.57	568.98	13.75	22.75	−406.67	45.94	4.76
张家口市	−1.86	31.98	0.69	29.00	751.26	25.81	11.25
承德市	−1.13	7.62	0.54	11.10	510.03	12.16	0.50
秦皇岛市	−4.57	568.98	13.75	22.75	−406.67	45.94	0.18
廊坊市	−1.50	39.31	3.67	48.74	287.60	26.64	5.20
衡水市	0.84	145.70	18.78	65.18	329.84	46.32	1.06

（三）京津冀城市群京津和河北地市市域的林草生态用地变化

基于北京市、天津市和河北省地市级城市统计分析，各城市之间林草生态用地在1980～2018年呈现显著的时空差异特征（表4.4）。总体上，1980～1990年、2010～2015年和 2015～2018 年三个时段林地和草地的变化速度较小，土地利用基本保持稳定。1990～2010年各市林地和草地类型的面积变化剧烈。林地的变化主要集中在2005～2010年，张家口市、秦皇岛市林地面积增加，增加速度分别为401.87 km^2/a 和434.60 km^2/a。北京、天津、保定和承德等市域林地面积减少。其中衡水市林地基本保持稳定状态，仅在2005～2015年出现小面积的变化。草地的变化表现为各市域草地面积大都在减少。承德市草地用地类型在2005～2010年以419.58km^2/a的速度增加，也是这一时期草地增长速度最快的地级市。

表 4.4　京津冀城市群京津和河北地级城市的林草生态用地变化速度统计表　（单位：km^2/a）

类型	城市	1980～1990年	1990～1995年	1995～2000年	2000～2005年	2005～2010年	2010～2015年	2015～2018年
林地	北京市	12.26	120.36	−0.56	−10.41	−88.82	−8.23	−0.42
	天津市	−1.64	−0.60	−0.44	−18.91	−94.98	−1.94	−0.10
	石家庄市	−7.80	20.58	−37.88	24.72	−24.57	−0.40	−0.21
	保定市	−4.32	13.34	−1.14	0.62	−100.10	−3.06	−0.13
	唐山市	2.50	−4.20	0.15	−12.76	5.65	−7.16	−0.03

续表

类型	城市	1980～1990 年	1990～1995 年	1995～2000 年	2000～2005 年	2005～2010 年	2010～2015 年	2015～2018 年
林地	邯郸市	1.50	0.55	−0.04	1.20	3.39	−2.49	0.00
	邢台市	−0.62	1.42	−0.27	4.86	94.79	−1.80	0.00
	沧州市	−0.03	5.34	−0.03	1.89	−3.71	−2.98	−0.26
	张家口市	−21.76	61.77	−38.41	−2.94	401.87	−0.85	−1.13
	承德市	−40.12	27.19	−0.77	11.60	−457.33	−5.84	0.00
	秦皇岛市	−4.36	−45.05	−3.16	3.25	434.60	−11.13	0.00
	廊坊市	−1.59	−22.99	−0.01	−0.89	3.09	−1.74	−0.22
	衡水市	0.00	0.00	0.00	0.00	0.20	−0.78	0.00
草地	北京市	1.41	−69.14	0.06	1.56	−160.30	−20.55	−0.10
	天津市	−0.25	−21.04	3.26	−30.60	−94.96	−0.62	0.00
	石家庄市	−6.67	4.46	−16.56	−17.08	43.91	−0.74	−1.21
	保定市	−9.51	−10.40	0.51	−13.08	−224.19	−2.57	−1.61
	唐山市	2.00	−29.79	−0.19	−6.97	−85.25	−2.48	0.17
	邯郸市	−0.21	−6.84	0.01	−7.28	−13.22	−0.66	0.00
	邢台市	−4.03	−18.72	1.14	−5.22	−231.19	0.38	−0.65
	沧州市	−0.13	−77.58	−0.53	0.00	−1.49	0.01	0.00
	张家口市	−23.73	−113.33	37.76	−75.38	−919.88	−7.42	−2.32
	承德市	−6.29	−34.20	2.29	−1.99	419.58	−1.35	−0.02
	秦皇岛市	−6.68	−56.76	1.19	−17.83	−487.75	−4.56	0.00
	廊坊市	−0.17	−3.31	−1.45	−3.23	−1.61	−1.01	0.00
	衡水市	0.17	0.00	0.00	0.00	0.24	0.00	0.00

第二节　城市群地区城镇化与土地利用变化的耦合关系

京津冀城市群城镇化水平由 1980 年的 24.88%增加到 2018 年的 65.87%。随着城市群地区社会经济的发展以及城乡人口的流动，城市群地区城镇化进程加速了城市空间的快速向外扩张，同时驱动着土地利用的剧烈变化。由此，城市群地区城镇化与土地利用变化之间具有高度的时空耦合特征，本节定量揭示京津冀城市群城镇化与土地利用变化之间的耦合关系。

一、京津冀城市群城乡建设用地的时空变化过程

京津冀城市群地区城乡建设用地变化呈现缓慢增长后加速、再降速的过程（图 4.12）。

1980～2018 年京津冀城市群城乡建设用地共增长了 13234.19 km²，北京市、天津市、石家庄市、唐山市、邯郸市和廊坊市城乡建设用地扩张面积占该地区城乡建设用地扩张面积的 71.76%。其中，北京市、天津市两直辖市是该地区城乡建设用地扩张面积最大的 2 个城市，其中北京市城乡建设用地增长了 3691.77 km²；天津市城乡建设用地增加了 1253.12 km²。此外，河北省邯郸市、石家庄市、唐山市和廊坊市城乡建设用地增长面积也较大，均在 300 km² 以上（图 4.13）。

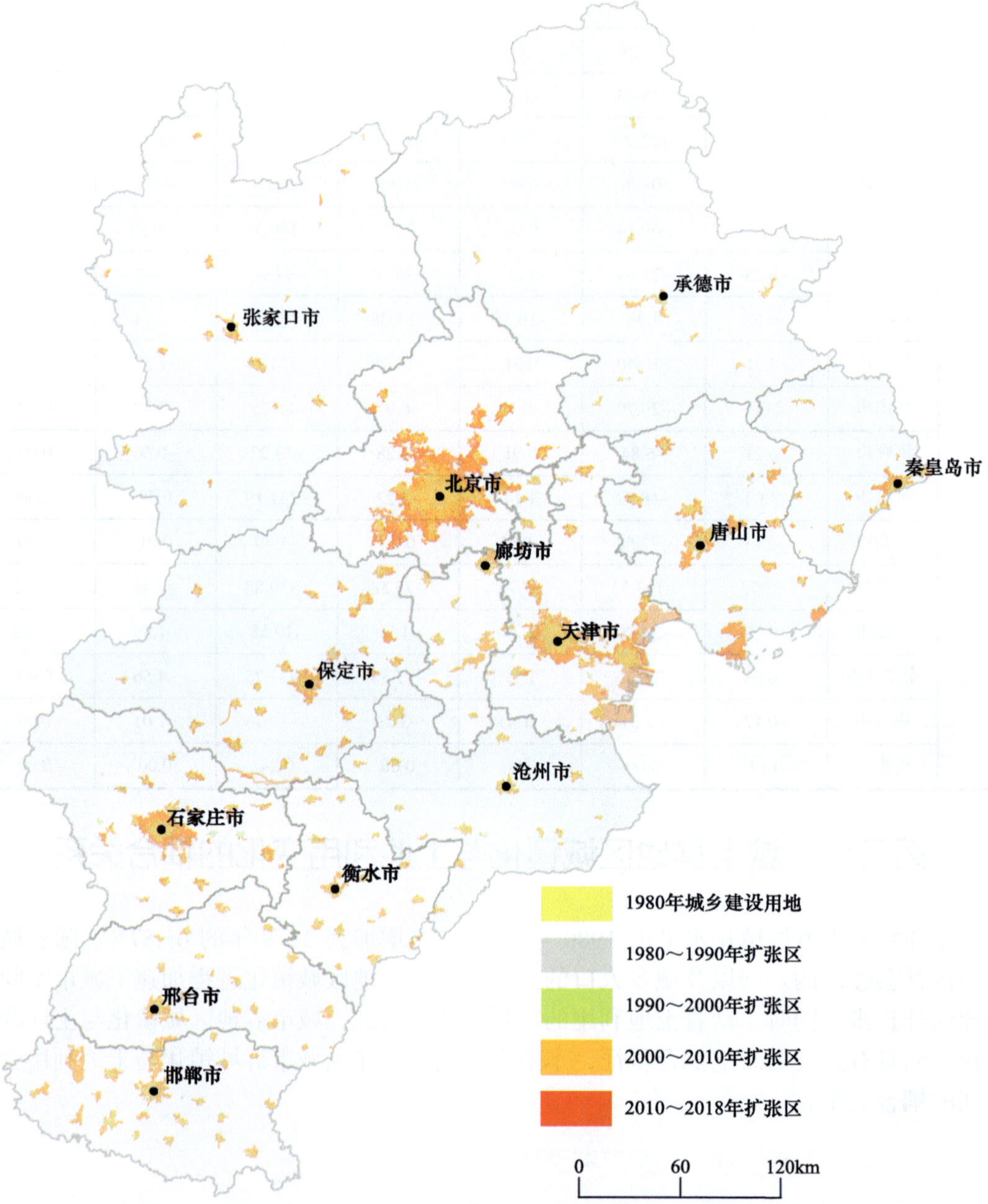

图 4.12　1980～2018 年北京市、天津市和河北省城乡建设用地变化图

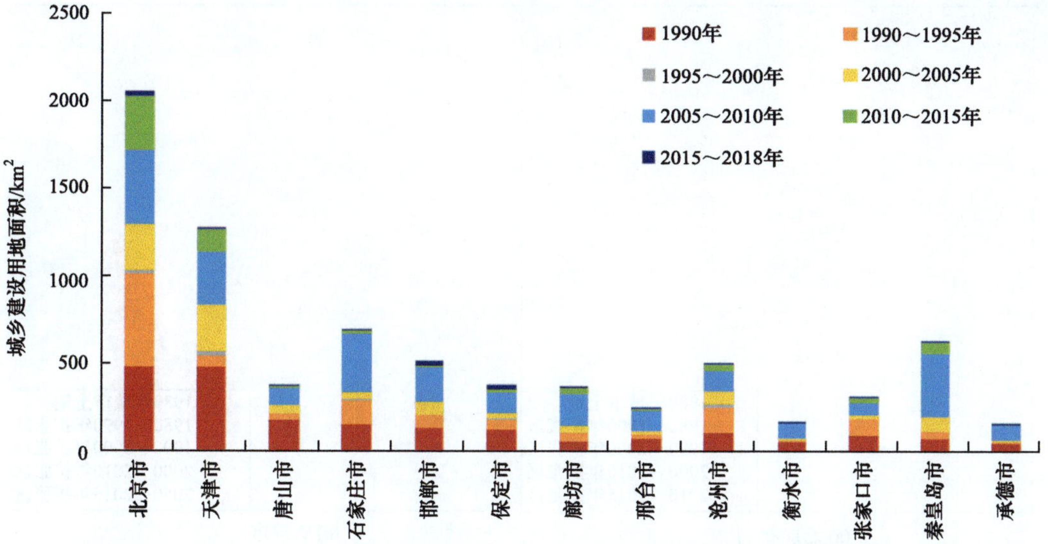

图 4.13 1990～2018 年北京市、天津市和河北省各地级市城乡建设用地面积变化图

二、京津冀城市群城市扩张时空过程

京津冀城市群经历了快速的城市扩张过程，从 1980 年的 1944.27 km^2 增长到 2018 年的 8689.01 km^2，城市扩张面积为 6744.74 km^2，但其增长幅度和扩张的速度存在显著的时空差异特征。1980～2018 年，北京市、天津市是城市扩张面积最大的城市。北京市共增加 2183.36 km^2，扩张速度为 57.46 km^2/a；天津以 19.92 km^2 的速度扩张了 756.91 km^2。河北省城市总扩张面积为 3804.47 km^2，城市扩张速度为 100.12 km^2/a；邯郸市、石家庄市、唐山市和廊坊市城市扩张面积均在 100 km^2 以上（图 4.14，图 4.15）。

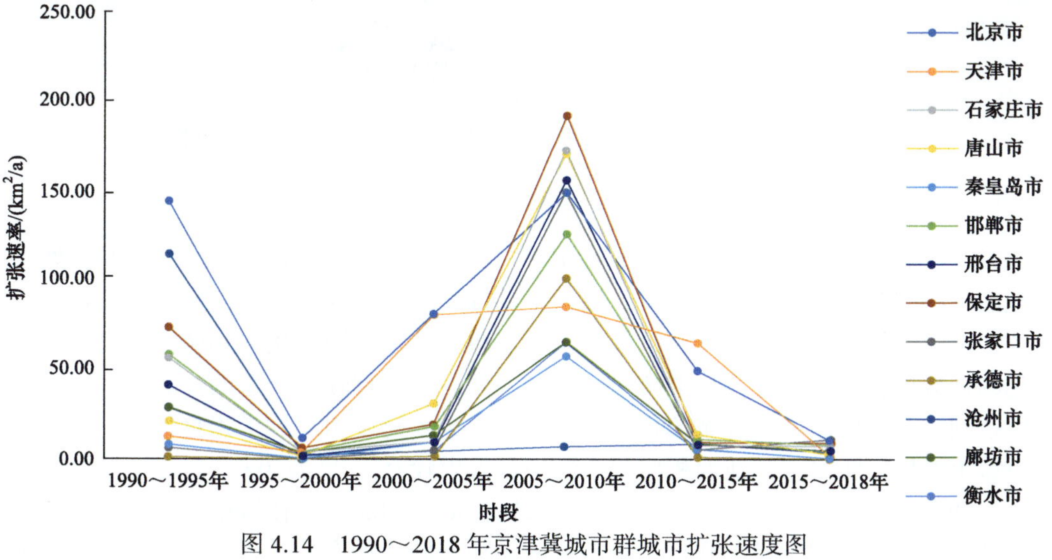

图 4.14 1990～2018 年京津冀城市群城市扩张速度图

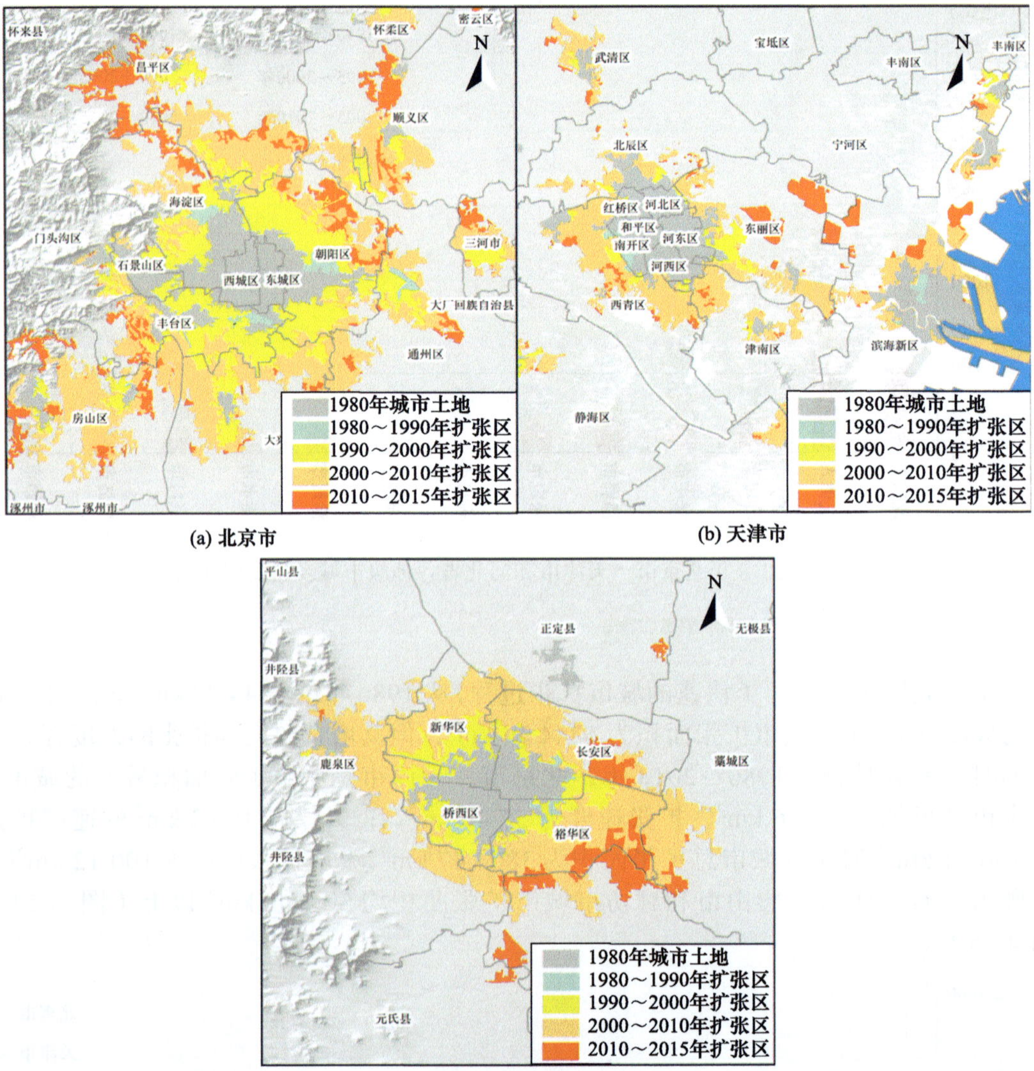

(a) 北京市

(b) 天津市

(c) 石家庄市

图 4.15　1980～2015 年北京市、天津市和石家庄市城市空间扩展图

三、京津冀城市群城镇化与土地利用的耦合关系

以京津冀城市群区域内各城市城镇化率与城乡建设用地面积、耕地面积及自然生态用地面积的交互耦合关系进行分析，揭示了其耦合关系（刘法威等，2014；王亚华等，2017；李秋颖等，2015）。拟合结果表明，京津冀城市群城镇化率和城乡建设用地面积变化的指数拟合效果较好，其中 R^2 为 0.963，两者间呈现较为显著的指数关系。在城镇化率达到饱和程度前，随着城镇化的加速发展，城乡建设用地的扩张趋势逐渐增大。京津冀城市群城镇化率和耕地面积应用线性拟合效果较好，R^2 为 0.951；京津冀城市区城镇化率和自然生态用地应用线性拟合效果较好，R^2 为 0.856，在城镇化率达饱和前，随着城镇化的加速发展，耕地和自然生态用地会随着城镇化率的升高，相应地出现耕地和自然生态用地面积的减少。

（一）城镇化水平与城乡建设用地的指数耦合关系

通过指数模型对京津冀城市群地区、河北省、北京市及天津市的城乡建设用地进行拟合，拟合结果见图 4.16，1980～2018 年，京津冀城市群城乡建设用地从 14715.03 km^2 增加到 28001.56 km^2，城乡建设用地变化趋势与城镇化率呈正相关关系，城镇化率每提高 1%，城乡建设用地增加约 169.00 km^2；北京市城乡建设用地变化趋势与城镇化率表现为指数形式的正相关关系，城镇化速率逐渐加快，城镇化率提高 1%，城乡建设用地增加约 53.99 km^2；天津市城乡建设用地变化趋势与城镇化率表现为线性的正相关关系，城镇化速率保持相对稳定，城镇化率提高 1%，城乡建设用地增加约 57.13 km^2；河北省城乡建设用地变化趋势与城镇化率表现为线性的正相关关系，城镇化速率保持相对稳定，城镇化率提高 1%，城乡建设用地增加约 102.33 km^2。

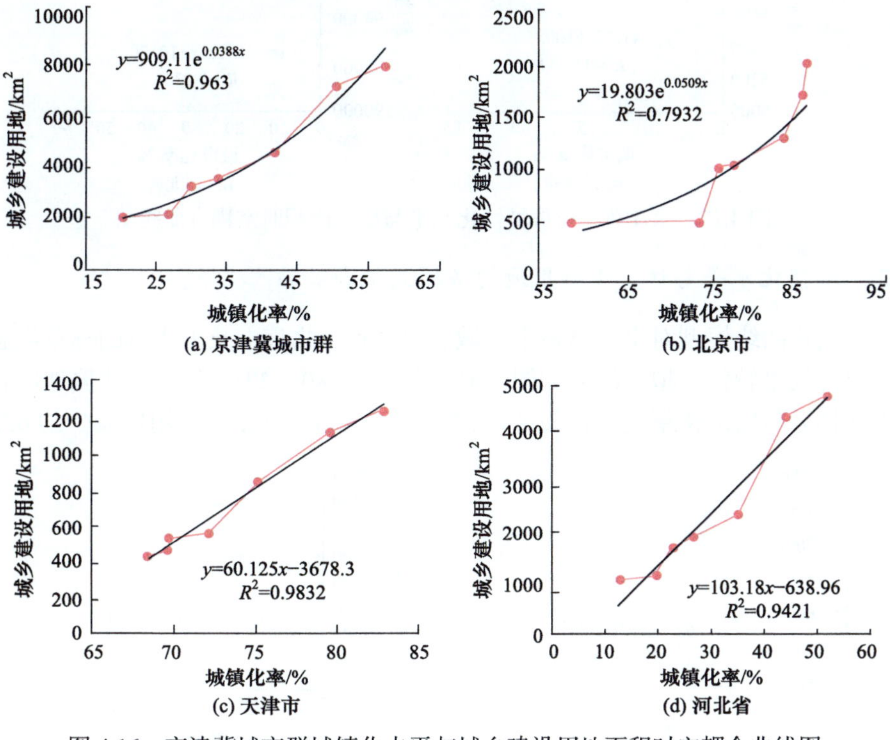

图 4.16　京津冀城市群城镇化水平与城乡建设用地面积时空耦合曲线图

（二）城镇化水平与耕地的多项式耦合关系

通过多项式曲线模型对京津冀城市群地区、河北省、北京市及天津市的城镇化水平和耕地之间进行拟合，拟合效果较佳。拟合结果如图 4.17 所示，1980～2018 年，京津冀城市群地区耕地面积从 112192.52 km^2 减少到 100067.14 km^2，耕地面积变化的趋势与城镇化率呈负相关关系，城镇化率提高 1%，耕地面积减少约 299.50 km^2；北京市城镇化率与耕地变化呈负相关关系，城镇化率提高 1%，耕地面积减少约 140.88 km^2；天津市城镇化率与耕地变化呈负相关关系，城镇化率提高 1%，耕地面积减少约 55.87 km^2；河北省城镇化率与耕地变化呈负相关关系，城镇化率提高 1%，耕地面积减少约 187.72 km^2。

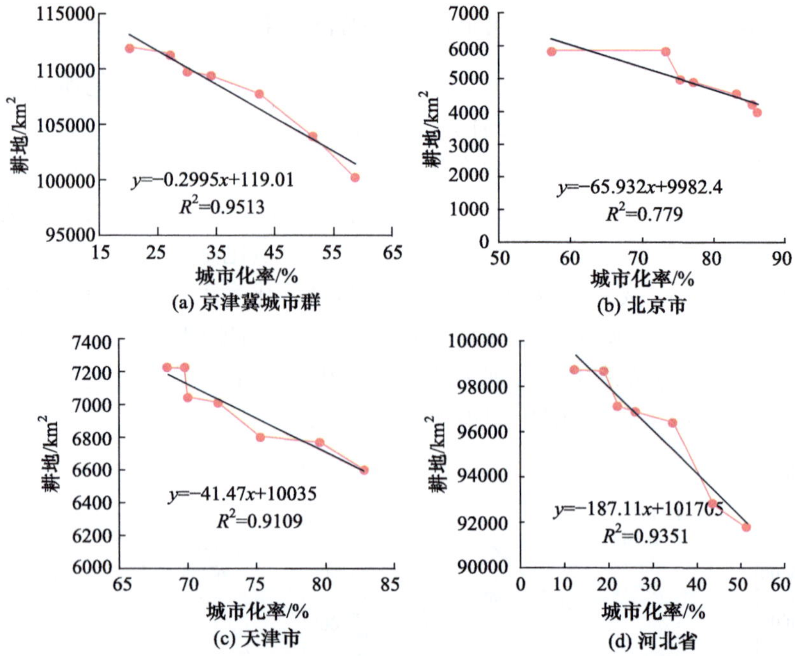

图 4.17　京津冀城市群城镇化水平与耕地面积时空耦合曲线图

（三）城镇化水平与林草生态用地的多项式耦合关系

通过多项式曲线模型对京津冀整个区域、河北省、北京市及天津市的林草生态用地进行拟合，拟合效果较佳。拟合结果如图 4.18 所示，1980～2018 年，京津冀地区林草生态用地变化的趋势与城镇化率呈负相关关系，城镇化率提高 1%，生态用地减少约 62.79 km^2；

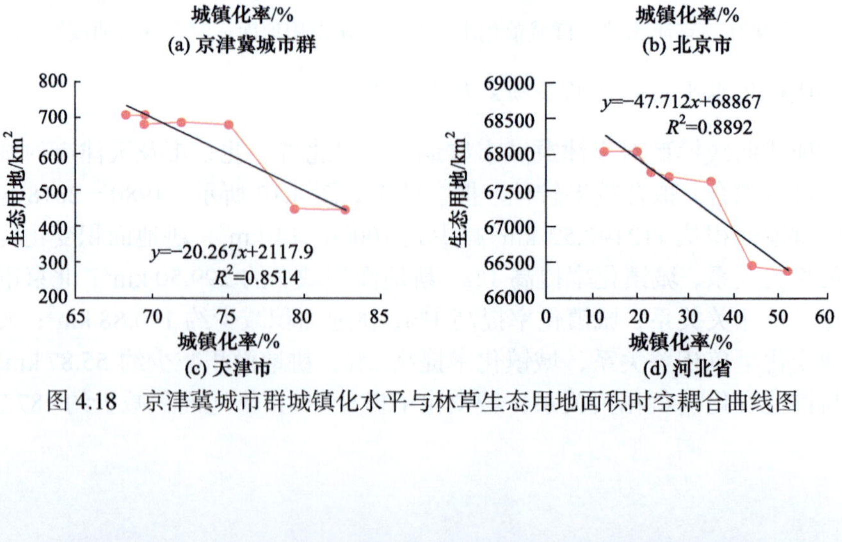

图 4.18　京津冀城市群城镇化水平与林草生态用地面积时空耦合曲线图

北京市林草生态用地变化的趋势与城镇化率呈负相关关系，城镇化率提高 1%，生态用地减少约 8.20 km^2，天津市林草生态用地变化的趋势与城镇化率呈负相关关系，城镇化率提高 1%，生态用地减少约 18.27 km^2；河北省林草生态用地变化的趋势与城镇化率呈负相关关系，城镇化率提高 1%，生态用地减少约 46.92 km^2。

（四）市域尺度城镇化水平与城乡建设用地、耕地和生态用地的耦合关系

通过指数耦合模型和多项式曲线耦合模型对石家庄市、保定市、唐山市、邯郸市、邢台市、沧州市、张家口市、承德市、秦皇岛市、廊坊市及衡水市的城乡建设用地、耕地和林草生态用地进行拟合（图 4.19）。城镇化率与城乡建设用地指数拟合效果较佳，R^2 呈现平均拟合度在 0.92 以上；城镇化与耕地、林草生态用地平均拟合度在 0.78 以上。唐山市作为城镇化发展较快的城市，1980 年城镇化率为 26.04%，随着城乡建设用地迅速扩张，平均每提升 1 个百分点的城镇化率需 17.93 km^2 的城乡建设用地的需求；同时可能占用耕地 16.39 km^2；占用林草生态用地 4.44 km^2。秦皇岛市 1980～2018 年，城镇化水平由 19.82% 提升到 59.42%，耕地面积由 2928.14 km^2 减少到 2846.58 km^2，城乡建设用地增加了 194.22 km^2，城镇化率每提高 1 个百分点，城乡建设用地将扩张约 5.00 km^2，

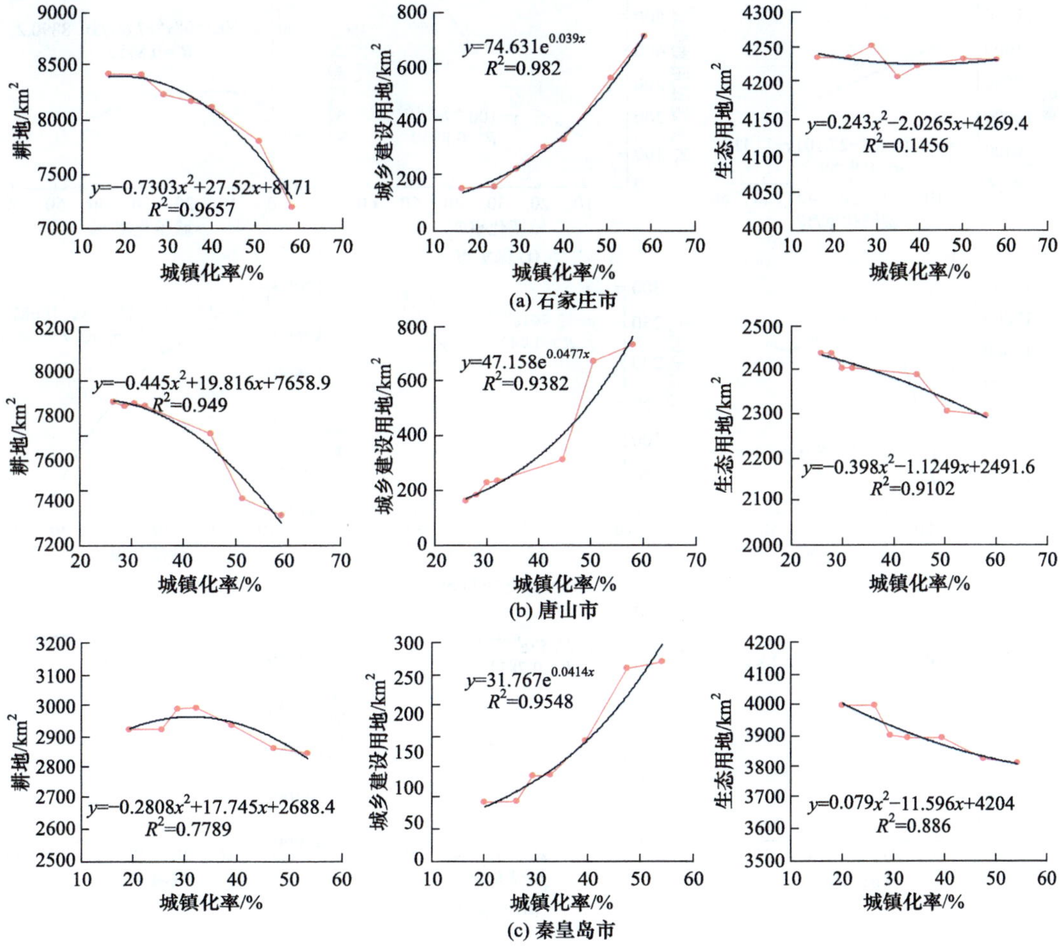

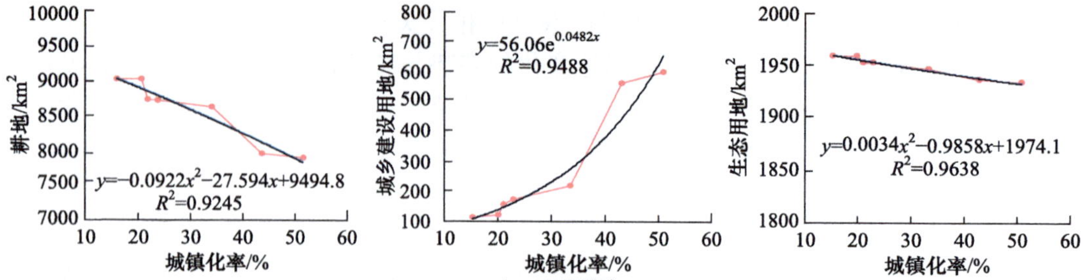

(d) 邯郸市

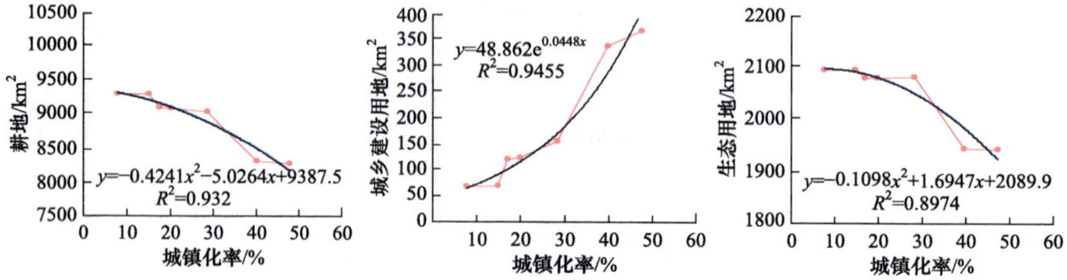

(e) 邢台市

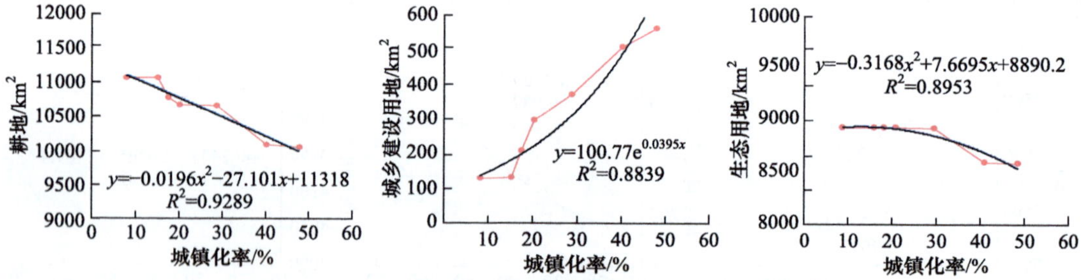

(f) 保定市

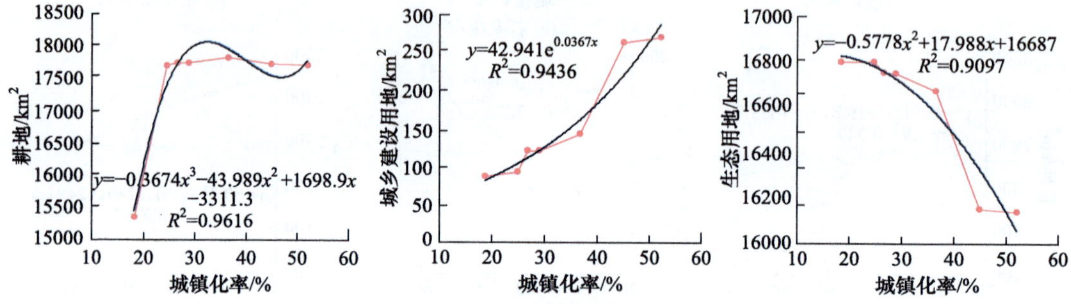

(g) 张家口市

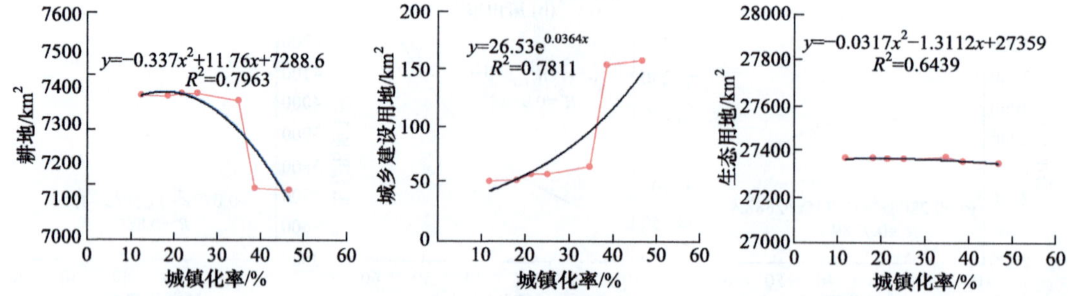

(h) 承德市

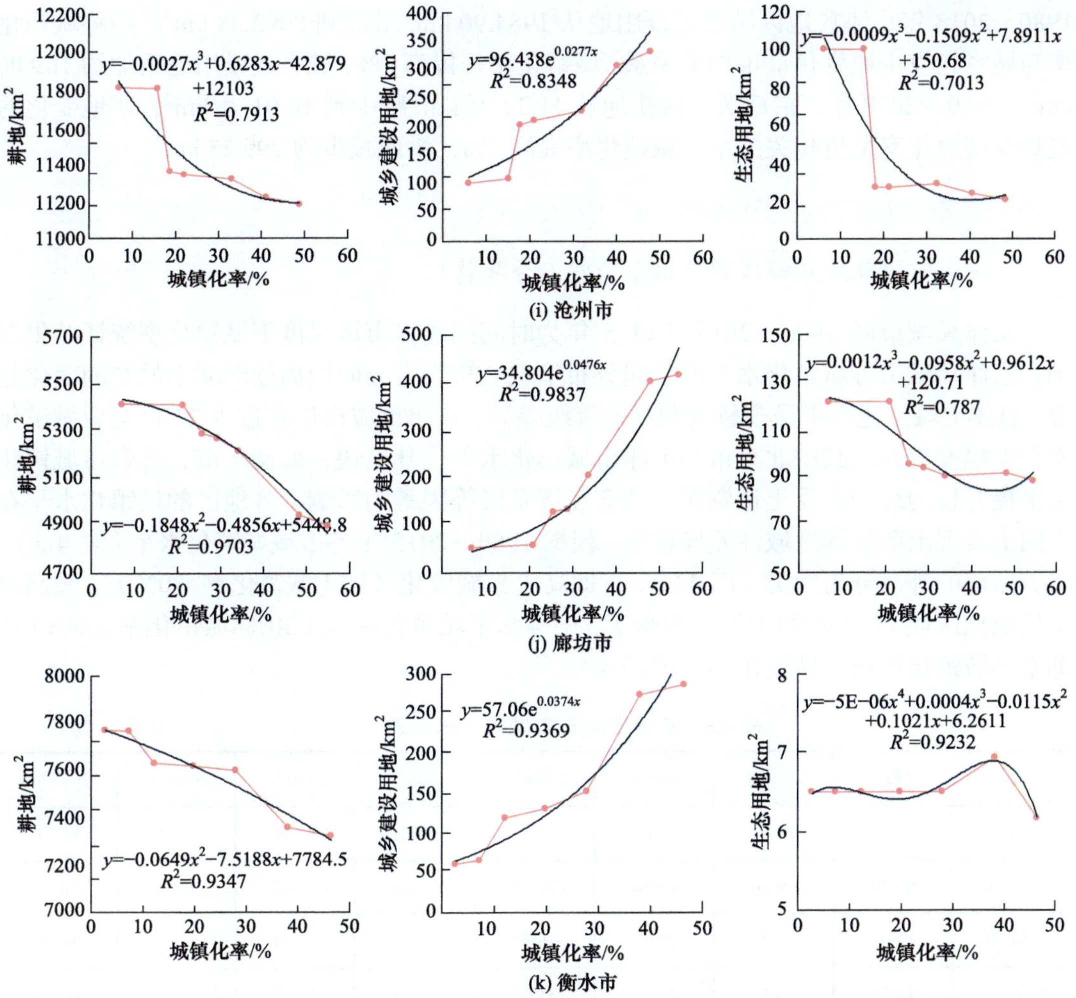

图 4.19 京津冀城市群市域城镇化率与土地利用的耦合曲线图

耕地面积和自然生态用地面积分别减少 2.37 km^2 和 5.48 km^2。保定市 1980 年城镇化率为 7.37%，城乡建设用地扩张 434.01 km^2，耕地面积减少 1011.38 km^2，自然生态用地面积减少 345.18 km^2，城镇化率提升至 2018 年的 53.49%。衡水市城镇化率从 1980 年的 2.76% 升高到 2018 年的 52.06%，城镇化率每提高 1%，城乡建设用地扩张面积约 5.19 km^2，占用耕地约 10.32 km^2；占用自然生态用地约 0.01 km^2。

第三节 城市群地区城镇化与土地利用变化时空耦合规律

通过对京津冀地区的城镇化率与各类用地面积的耦合关系分析，通过指数曲线模型和多项式曲线模型对城乡建设用地、耕地和自然生态用地进行城镇化耦合规律分析，城镇化率与城乡建设用地、耕地及自然生态用地的平均拟合度较好。1980～2018 年，京津冀地区常住人口从 6779 万人增加到 11029 万人，城镇化率从 24.88%增加到 66.44%。

1980～2018 年京津冀地区城镇建设用地从 1984.90 km^2 增加到 8092.38 km^2，趋势城镇化率与城乡建设用地变化呈正相关关系，城镇化率每提高 1%，城乡建设用地增加约 169.00 km^2。1980～2018 年，京津冀地区耕地从 11.22 万 km^2 减少到 10.01 万 km^2，耕地变化的趋势与城镇化率呈负相关关系，城镇化率提高 1%，耕地减少约 299.25 km^2。

一、京津冀城市群城镇化发展的"S"形曲线规律

（一）京津冀城市群城镇化水平的空间分异特征

京津冀城市群 1990～2015 年以 5 年为时间间隔将市域尺度下城镇化率统计结果制图，京津冀城市群城镇化水平的空间分布呈现北京为中心向四周逐渐减小的空间变化趋势。总体上城镇化水平呈现较为明显的等级差异，京津冀城市群在进入 21 世纪后城镇化水平大幅度提升，其中北京市和天津市城镇化水平提升更快，而衡水市、邢台市城镇化水平提升较为缓慢。受土地资源、社会经济发展等因素的影响，各地区的城镇化水平在空间上表现出明显的地域性差异特征。根据 1980～2015 年各市域城镇化水平（表 4.5），将城镇化的等级分为四类（图 4.20），即高水平城镇化区域（城镇化率≥80%）、较高水平城镇化区域（60%≤城镇化率<80%）、中等水平城镇化区域（30%≤城镇化率<60%）和低水平城镇化区域（城镇化率<30%）。

表 4.5　京津冀城市群城镇化水平表　　（单位：%）

城市	1980 年	1990 年	1995 年	2000 年	2005 年	2010 年	2015 年	2018 年
北京市	57.62	73.44	75.63	77.55	83.62	85.96	86.50	86.51
天津市	68.34	69.56	69.56	71.99	75.08	79.44	82.64	83.15
河北省	12.68	19.21	22.39	26.33	34.84	43.94	51.61	56.97
石家庄市	16.19	23.65	28.79	35.05	39.78	50.62	58.30	63.16
唐山市	26.04	28.12	30.08	32.18	44.72	50.82	58.31	61.64
秦皇岛市	19.82	26.12	29.22	32.68	39.51	47.51	54.07	59.42
邯郸市	15.73	20.43	21.53	23.42	33.88	43.44	51.38	56.87
邢台市	7.83	15.00	17.34	20.04	28.58	40.02	47.73	52.91
保定市	7.37	13.26	17.51	23.11	30.82	38.77	46.67	53.49
张家口市	18.60	24.89	26.90	29.07	36.82	45.16	52.20	57.24
承德市	11.90	18.18	21.36	25.09	34.70	38.67	46.80	52.07
沧州市	6.45	15.53	18.33	21.62	32.61	40.83	48.56	53.64
廊坊市	7.15	21.33	25.94	29.34	34.18	48.53	55.00	60.01
衡水市	2.76	7.37	12.33	19.91	27.97	38.19	46.64	52.06

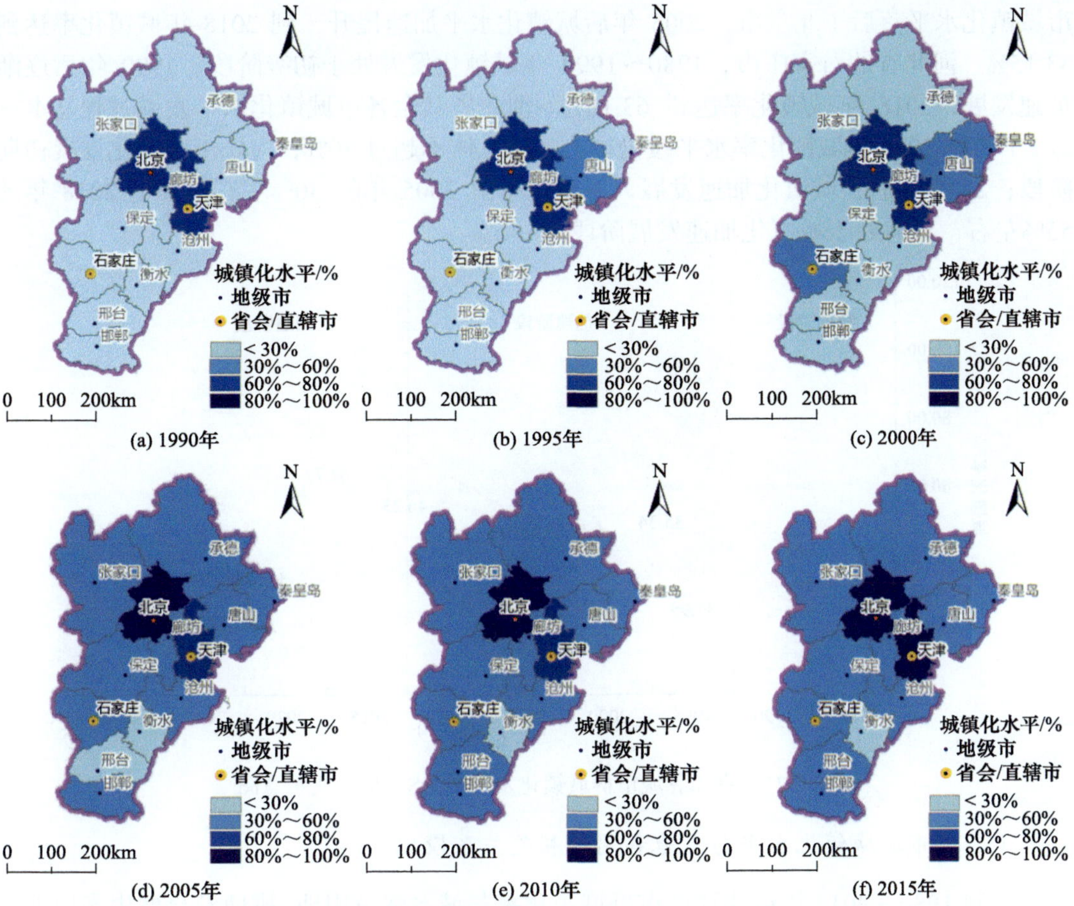

图 4.20 京津冀城市群城镇化水平的空间分异图

高水平城镇化区域包括北京市、天津市 2 个直辖市，作为我国政治和文化中心的北京市发展水平早在 1990 年就已超过 50%；到 2015 年，北京市和天津市已处于高水平城镇化区域。同时地区生产总值为京津冀城市群中最为领先的两地，城镇化进程与经济发展相协调。

较高水平城镇化区域为沿渤海的廊坊市、唐山市和秦皇岛市以及作为河北省会的石家庄市。城镇化水平提升主要依托于首都功能圈的辐射发展。这些地区的发展较早自 1995 年起城镇化水平显著提升，现阶段城镇化水平在 58%～64%。

其余各市城镇化水平发展起步较晚，1990～2000 年城镇化水平较低，并且年均变化速度缓慢，与该地区城乡建设用地变化趋势相一致，处于水平较低的缓慢发展过程。2000～2015 年的 10 年，各市相继步入中等发展水平，城乡建设用地大范围扩张且城镇化速度加快。

（二）京津冀城市群城镇化水平变化的“S”形曲线规律

1980～2018 年京津冀城市群城镇化率从 31.85%上升至 66.44%，总体处于城镇化发展的稳定阶段（图 4.21）。其中，北京市城镇化水平最高，2018 年达到 86.51%，天津市城镇化水平落后于北京市，2005 年后城镇化水平加速提升，到 2018 年城镇化率达到 83.15%。河北省的石家庄市，1980～1990 年城镇化发展处于初级阶段，1990 年后逐渐加速发展，2018 年城镇化率达到 63.16%。河北省其余各市城镇化水平发展过程基本一致，1980～2005 年城镇化率水平缓慢提升，但总体不超过 30%，均处于城镇化发展初期阶段；2005 年后，城镇化加速发展，城镇化率由 2005 年的 30%左右提升至 2018 年的 55%左右，目前处于城镇化加速发展阶段。

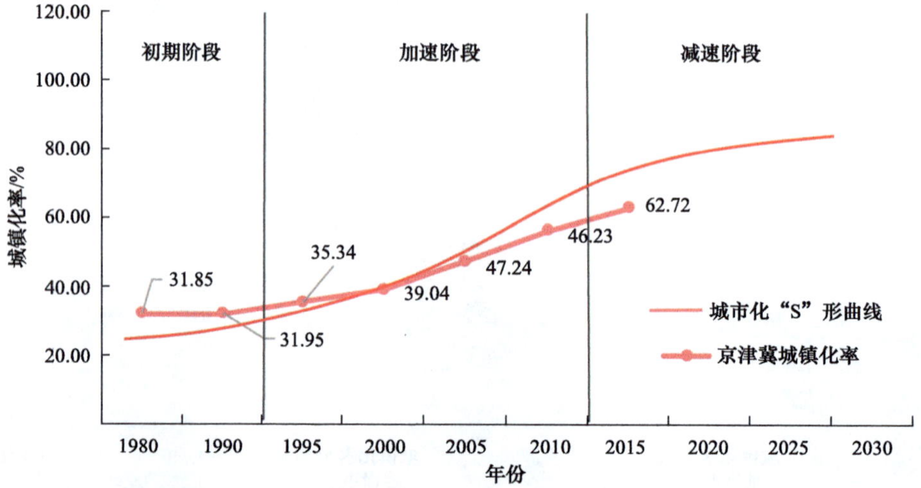

图 4.21 京津冀城市群城镇化发展的“S”形曲线示意图

（三）市域城镇化水平与土地利用的相关关系模拟

绘制 1980～2015 年京津冀城市群城镇化率与城乡建设用地、耕地及自然生态用地总面积年变化率曲线，见图 4.22 和表 4.6。以此为基础，分析京津冀城市群各城乡建设用地、耕地及自然生态用地之间的相关关系。

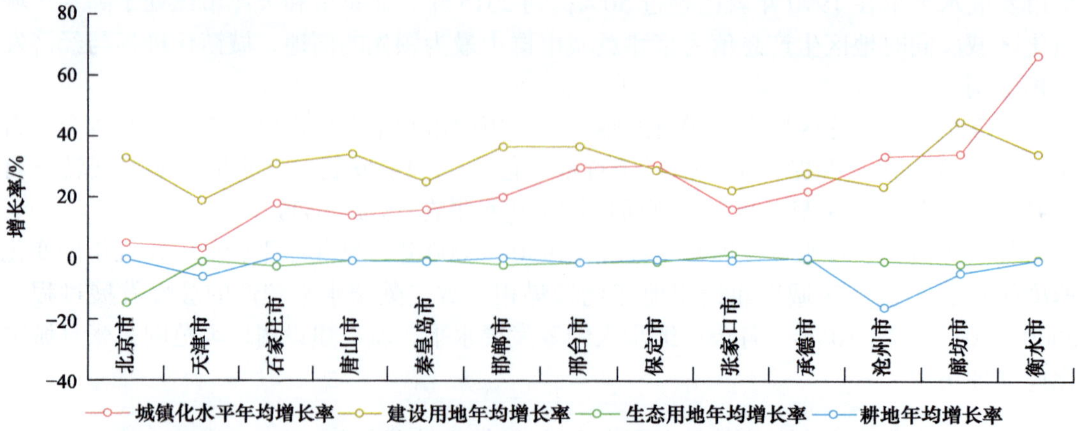

图 4.22 1980～2015 年京津冀城市群城镇化率与用地总量的年变化率分析图

表 4.6 京津冀城市群市域城市用地与城镇化水平的年变化率及变化弹性

市级行政区	北京市	天津市	石家庄市	唐山市	秦皇岛市	邯郸市	邢台市
城镇化水平阶段增长率/%	5.09	3.09	17.66	14.22	15.76	20.04	29.81
城乡建设用地阶段增长率/%	32.52	19.29	30.62	34.26	25.20	36.56	36.75
城乡建设用地弹性系数（比值）	6.40	6.25	1.73	2.41	1.60	1.82	1.23
耕地阶段变化率/%	−14.59	−1.25	−2.58	−1.14	−0.45	−2.18	−1.89
耕地弹性系数（比值）	−2.87	−0.41	−0.15	−0.08	−0.03	−0.11	−0.06
自然生态用地阶段变化率/%	−0.45	−6.41	−0.01	−1.00	−0.80	−0.22	−1.24
自然生态用地弹性系数（比值）	−0.09	−2.08	0.00	−0.07	−0.05	−0.01	−0.04
市级行政区	保定市	张家口市	承德市	沧州市	廊坊市	衡水市	
城镇化水平阶段增长率/%	30.58	16.33	22.02	33.57	34.27	65.88	
城乡建设用地阶段增长率/%	29.00	22.56	28.00	23.65	45.13	34.44	
城乡建设用地弹性系数（比值）	0.95	1.38	1.27	0.70	1.32	0.52	
耕地阶段变化率/%	−1.60	1.29	−0.57	−0.89	−1.64	−0.99	
耕地弹性系数（比值）	−0.05	0.08	−0.03	−0.03	−0.05	−0.02	
自然生态用地阶段变化率/%	−0.64	−0.66	−0.01	−16.22	−4.88	−0.74	
自然生态用地弹性系数（比值）	−0.02	−0.04	0.00	−0.48	−0.14	−0.01	

根据京津冀城市群各市级 1980～1990 年城镇化水平与各类土地利用面积，以 5 年为时间单位，计算不同阶段城镇化率变化与城乡建设用地、耕地及自然生态用地变化，归纳不同发展水平下城镇化率与各类型土地利用之间的变化规律。

（1）北京市、天津市当前已进入城镇化高级发展阶段，1980 年城镇化水平分别为 57.62%和 68.34%，到 2015 年城镇化水平分别提升至 86.51%和 83.15%。1980～2015 年城镇化水平增长率小于 6%，尤其是天津市城镇化水平的增长率仅为 3.09%。但其城乡建设用地量年均增长率则很高，高达 32.52%。该类城市集聚扩散能力强，第二、第三产业发达，需要大量的用地满足城市经济的正常发展。北京市和天津市城乡建设用地与城镇化水平间的弹性系数分别高达 6.4 与 6.25。

（2）唐山市和秦皇岛市，城市发展的用地条件较好，1980～2015 年城镇化水平在 20%～55%。城乡建设用地年均增长率分别为 34.26%和 25.20%，耕地年均减少率分别为 1.14%和 0.45%，自然生态用地年均减少率分别为 1.00%和 0.80%。城镇化发展速率较快，唐山市和秦皇岛市城乡建设用地弹性系数分别为 2.41 和 1.60。随着城镇化发展，逐渐出现城乡建设用地侵占其他用地类型。城镇化水平的阶段性引发用地变化也呈现一个张弛过程，城乡建设用地的利用方式逐渐向节约、集约方向迈进。

（3）张家口市、保定市和衡水市城镇化水平起步较低，1980 年城镇化水平分别为 18.60%、7.37%和 2.76%，2015 年分别为 52.20%、46.67%和 46.64%。相应的生态用地年均减少率在 0.6%以上，该类型地区生态条件差，城镇化对生态环境影响与生态环境对城镇化的约束作用都强，城乡建设用地扩张需求让位于区域自然生态用地。该类地区城市集聚度较低，扩散能力很低，城镇化发展速率缓慢。

二、京津冀城市群城镇化与土地利用变化的耦合规律

城市群城镇化与土地利用变化耦合规律评价通过建立京津冀区域及各地市城镇化与土地利用间的耦合关系定量分析以京津冀城市群城市的人口城镇化率为自变量（李秋颖等，2015；Liu et al., 2017；范辉等，2014）作为衡量城镇化的标准，数据来源为京津冀城市群各城市统计年鉴；选取城镇化过程相关的城乡建设用地面积、耕地面积和自然生态用地（主要包含林地和草地）面积 3 个指标作为因变量确定 1980 年以来城镇化过程对不同土地利用类型的影响。

（一）城镇化与土地利用变化耦合的理论曲线

由于城市发展存在饱和值问题，加速发展到一定程度后会受到城市过度集聚、国土开发强度以及资源环境承载力等因素限制，城镇化率逐渐趋于稳定，城乡建设用地、耕地及自然生态用地也会随之保持相对平衡状态 （匡文慧等，2015）。因此，选取指数模型研究城镇化饱和状态前，其与土地利用的交互耦合规律（图 4.23）。京津冀城市群 1980 年以来城镇化率持续增加，并伴随城乡建设用地面积持续增加，根据其变化趋势的数理学意义选取指数模型进行分析，指数耦合模型表达式如下：

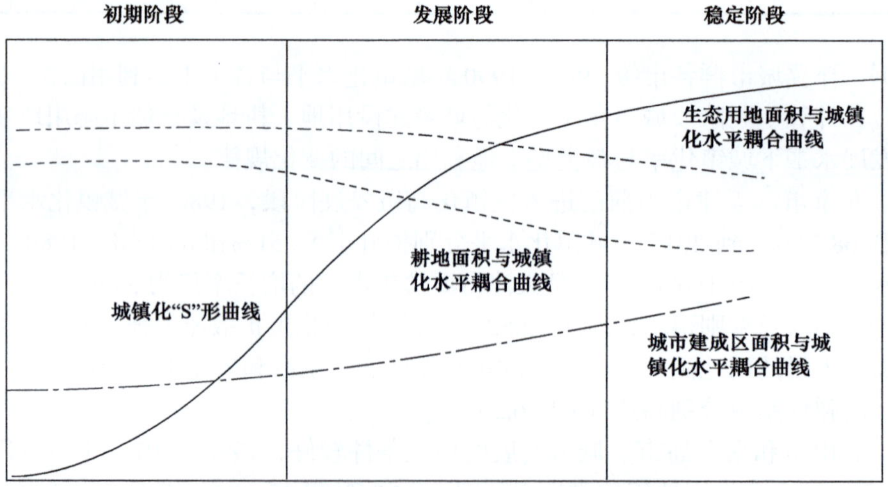

图 4.23　城镇化与土地利用变化耦合的理论曲线图

$$Y = ae^{bX} \qquad (4.1)$$

式中，X 为城镇化率，即城镇化发展程度；Y 为城乡建设用地面积变化，即随着城镇化发展城乡建设用地的扩张程度；a，b 分别为耦合系数。指数模型拟合旨在表达京津冀城

市群随城镇化率的推进，城乡建设用地增长通常在城镇化初期呈现较为缓慢但城乡建设用地增长的趋势；步入发展阶段后，城市群城乡建设用地逐渐快速增长，在发展阶段中后期更为显著；到了城镇化后期，城乡建设用地增长面积会持续增长至城镇化程度呈现饱和状态后稳定。因此指数耦合模型能很好描述出随城镇化水平变化与城乡建设用地呈现倍数增长的关系。

1980～2018 年，京津冀城市群耕地面积持续减少。城镇化进程加速发展的阶段里，城乡建设用地扩张占用耕地，市域范围内各市耕地面积持续减少，因此选用多项式曲线模型对城镇化水平与耕地进行定量拟合：

$$Y = a_1X^n + a_2X^{n-1} + \cdots + a_nX + c \tag{4.2}$$

式中，X 为城镇化率；Y 为耕地面积；a_i 为系数；c 为修正参数。曲线模型拟合能较为完整地刻画耕地在城镇化各阶段分别呈现的动态变化趋势。

1980～2018 年，京津冀城市群草地面积持续减少，林地面积在较小波动幅度内维持稳定，因而城镇化进程加速发展的阶段里，为维持用地均衡合理，城乡建设用地扩张占用生态用地（草地和林地）面积的情况也基本持续减少，同样选用多项式曲线模型对城镇化水平与自然生态用地变化量进行拟合：

$$Y = a_1X^n + a_2X^{n-1} + \cdots + a_nX + c \tag{4.3}$$

式中，X 为城镇化率；Y 为自然生态用地面积；a_i 为系数；c 为修正参数。

（二）城乡建设用地保障程度与城镇化水平的“U”形曲线变化规律

土地资源管理一般采用综合管理。城乡建设用地保障程度会随城镇化水平的变化大致呈现出“U”形曲线分布规律（图 4.24）。

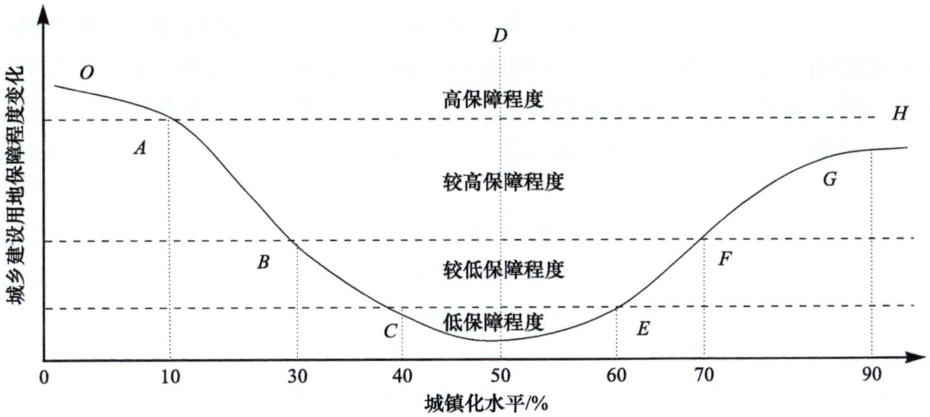

图 4.24 城乡建设用地保障程度与城镇化水平的“U”形曲线变化规律（方创琳，2009）

图中字母代表不同发展阶段

当城镇化水平小于 10%时，对应供给型管理阶段和城乡建设用地高保障程度类型；

当城镇化水平在 10%～30%时，对应供给型管理阶段和城乡建设用地较高保障程度类型；

当城镇化水平在 30%～40%时，对应需求型管理阶段和城乡建设用地较低保障程度类型；

当城镇化水平在 40%～60%时，对应需求型管理中的技术管理阶段和城乡建设用地低保障程度类型；

当城镇化水平介于 60%～70%时，对应土地资源需求管理的用地效益和用地结构管理阶段和城乡建设用地结构调整中较低保障程度类型；

当城镇化水平在 70%～90%时，对应土地资源需求管理的社会适应性管理阶段和城乡建设用地较高保障程度类型；

当城镇化水平大于 90%时，城镇化进程趋于稳定状态，非农业人口的转移量基本趋零，产业结构高级化，城乡建设用地增长趋近零增长。

土地资源保障能力随城镇化发展阶段也存在着阶段性变化规律，而且这种阶段性规律可以调控。调控目标是要尽量缩短 $B—D—F$ 过程之间的时间，即在城镇化开始进入加速发展阶段，就要着眼于未来，尽量协调好土地资源系统与城市社会经济系统的关系，减轻城市发展对土地资源的压力，加快城镇化进程，使土地资源对城镇化发展的保障能力提高，也可尽量缩短土地资源对城镇化发展的低保障程度所经历的时段。同时，在追求城镇化速度的同时，注意提高城镇化发展质量。

一般地说，城镇化过程伴随着城乡建设用地总量扩张和城乡建设用地效益和用地结构优化等。而城镇化系统总量扩张和结构优化又会带来城镇化系统发展速度和质量的提升。反过来，城镇化发展对土地资源供给和需求矛盾的协调以及土地资源保障能力也起到多方面的影响作用：一方面，城镇化伴随着的整个城市社会经济系统总量的扩张增加了土地资源需求，减弱了土地资源对城市发展的保障能力；另一方面，健康的城镇化会带来整个城市社会经济系统结构的优化以及效率的提高，从而减少社会经济发展对土地资源的需求，缓解土地资源的供给能力，但更能刺激社会经济总量和土地资源的进一步快速增长，又会削弱城市发展的土地资源保障能力。二者“此消彼长”“相互博弈”。

城镇化初期阶段时（城镇化水平<30%）：城镇化系统发展缓慢，农村和城市主要表现为社会经济总量和用地总量的缓慢扩张，人类可以直接从自然界获得满足城市发展所需要的土地资源供给，城乡建设用地保障逐渐由高保障类型阶段过渡到较高保障程度的类型阶段。

城镇化中期阶段（城镇化水平 30%～70%）：城镇化系统进入加速发展阶段，虽然区域人口、经济等总量规模仍不断扩张，但城镇化系统更主要表现为城市系统内部自发的调节，城市系统的结构优化和质量提升会带来系统自身用地效率大大提高。在城镇化加速发展的前半阶段（城镇化水平 30%～50%），城镇化水平快速提高，城市生活和工业用地以及其他设施用地大幅度增长，整个城乡建设用地持续增加，对土地资源开发利用程度不断加大，最终导致土地资源的保障能力不断降低，严重缺地的区域将由较低度保障类型变为低度保障类型。到城镇化加速发展的后半阶段（城镇化水平 50%～70%），城镇化水平加速发展趋缓，城乡建设用地类型的效率不断提高，可缓解城市生活和工业用地的增长需求，土地资源对城镇化的保障程度逐渐增强，严重短缺地区土地资源对城市发展由低度保障向较低保障程度类型转变。

城镇化后期阶段（城镇化水平>70%），城镇化系统总量规模进入缓慢增长或零增长阶段，城镇化系统主要地表现为质量和效率的提高。在城镇化系统总量和结构变化不显著但用地效率提高较大的情况下，城市系统各用地处于极低速度或零增长阶段，自身通过社会适应性管理，城乡建设用地保障能力不断增强，城镇化与土地资源系统逐渐进入和谐共生阶段。

（三）城乡建设用地保障程度最低拐点的变化规律

不同地区可开发利用的土地资源、生态背景不同，城镇化发展道路不尽相同。因此，上述具有波动性的"U"形曲线表述的只是城镇化与城乡建设用地保障程度交互耦合的一种大尺度、长时期的一般规律，反映城镇化与城乡建设用地保障程度交互作用过程的一般规律和总体演化趋势。然而，具体到某一地区，城镇化与该区域城乡建设用地保障程度的交互作用的演化轨迹可能不会与现实中的"U"形曲线完全吻合，甚至还可能出现逆转。城镇化与城乡建设用地保障程度的交互作用关系的耦合过程，首先受城镇化模式与速度的影响，可能使该耦合曲线产生第一次偏离；其次特定区域的生态环境压力受弹性阈值规律的作用，可能使之产生第二次偏离。并且，在整个城镇化过程中，城市性质、生态阈值、社会因素、心理因素、政策因素等不断对上述偏离产生修正，使之朝着符合一般规律的方向演进。即城镇化与城市发展中的用地保障程度之间的交互耦合作用在不同的地区、不同的生态环境背景下、不同的城镇化发展模式下具有不同的表现形式，归纳起来主要有 5 种类型（图 4.25）。

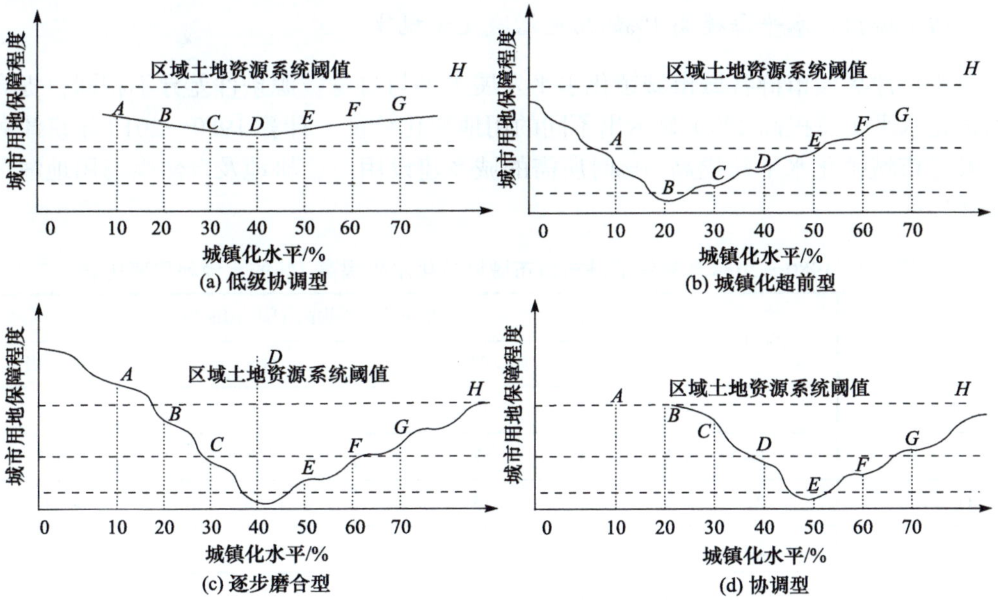

图 4.25 城镇化进程中城市用地保障程度最低拐点的变化规律

（1）低级协调型。该类型区的土地资源和生态条件相对较差，但城镇化发展极为缓慢；城镇化对土地资源系统基本没有胁迫作用，生态环境对城镇化约束作用基本没有限制。整个进程中低保障度拐点不出现或不明显，见图 4.25（a）。

（2）城镇化超前型。该类型区域综合条件一般，但初始时期城镇化的速度就很快，用地多靠新增建设用地补充。由于区域的土地资源系统和生态阈值不高，城乡建设用地数量增长过快、生态环境的恶化速度较快，因此，区域的城镇化系统发展很快逼近区域的综合阈值，城乡建设用地保障程度的最低拐点将提前出现。但始终处于最大阈值控制范围内，见图 4.25（b）。

（3）逐步磨合型。该类型区域土地资源系统和生态环境条件一般，城镇化较为缓慢，随着城镇化的发展，区域土地资源系统和生态环境系统的衰竭水平不断增加，并逐渐逼近区域容量的最大阈值。由于区域压力不断增大，城镇化与经济发展被迫做出调整减缓。随着对城乡建设用地投入增加以及对城乡建设用地管理水平的提高，区域土地资源系统压力相对趋缓；生态投入增加，生态环境得以改善，生态压力也逐渐减小。在区域综合阈值控制下，最低保障度的拐点始终处于最大阈值的控制范围之内，见图 4.25（c）。

（4）协调型。区域土地资源系统相对较好，城镇化速度较快；用地压力逼近最大阈值，人类的调控使得城镇化放缓，矛盾得以缓和，保障程度的变化拐点出现相对较晚，见图 4.25（d）。

（5）不可持续型。区域土地资源条件和生态环境均较差。城市经济发展速度过快，对土地资源和生态环境胁迫作用强烈，超越阈值极限矛盾不可调和，出现土地资源匮乏、生态环境破坏至极，超越人类心理承受极限。理论上可能发生，现实生活中一般不会发生。

（四）城镇化水平每提高 1%的用地增减变化规律

由于京津冀城市群各城市城镇化水平发展水平与自身资源条件差异不相同，提高相同城镇化水平（每提高 1%）显示出不同的用地变化特征。计算 1980～2018 年京津冀城市群及各市城镇化水平每提高 1%时所需的城乡建设用地、耕地及自然生态用地情况，见表 4.7。

表 4.7　1980～2018 年京津冀城市群市域城镇化水平提高 1%的土地利用变化表

行政区	城镇化水平范围/%	城镇化水平提高 1%的用地变化量/km²		
		城乡建设用地	耕地	自然生态用地
北京市	57.62～86.51	53.99	–140.88	–8.20
天津市	68.34～83.15	57.13	–55.87	–18.27
石家庄市	21.19～63.16	15.58	–34.42	–0.11
唐山市	26.04～61.64	17.93	–16.40	–4.44
秦皇岛市	19.82～59.42	5.65	–2.37	–5.49
邯郸市	19.73～56.87	13.66	–31.95	–0.71
邢台市	7.83～52.91	7.57	–25.69	–3.88
保定市	7.37～53.49	11.04	–26.26	–8.65
张家口市	18.60～57.24	5.47	70.27	–19.70

续表

行政区	城镇化水平范围/%	城镇化水平提高 1%的用地变化量/km²		
		城乡建设用地	耕地	自然生态用地
承德市	11.90～52.70	3.06	−7.23	−0.63
沧州市	6.45～53.64	5.49	−14.93	−1.88
廊坊市	7.51～60.01	7.59	−10.84	−0.70
衡水市	2.76～52.06	5.19	−10.32	−0.01
京津冀城市群	24.88～66.44	169.00	−299.50	−62.79

1980～2018 年，京津冀城市群城镇化率由 24.88%增加到 66.44%，城镇率每提高 1%，城乡建设用地约增加 169.00 km^2，耕地减少约 299.50 km^2，自然生态用地减少约 62.79 km^2，城镇化水平与城乡建设用地呈正相关的指数耦合关系，与耕地和自然生态用地呈负相关的多项式耦合关系。

绘制 1980～2018 年各市城镇化水平每提高 1%时需增加的城乡建设用地量以及占用的耕地与生态用地量的空间分布（图 4.26）。各市省域城镇化水平每提高 1%时，各市域内

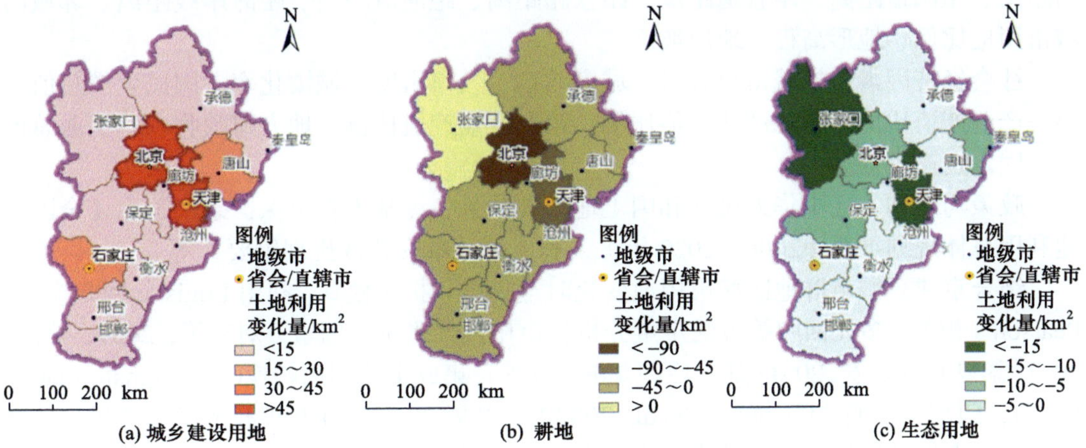

图 4.26 1980～2018 年市域城镇化水平提高 1%的土地利用变化量空间分布示意图

城乡建设用地、耕地及自然生态用地均不一，其一般规律为：人口基数越大、人口密度越高地区，城镇化水平每提高 1%所需要的城乡建设用地量越大，如北京市、天津市、石家庄市、保定市、邯郸市等地，同时人口稠密的地区占用耕地也会较多。但像张家口市这样行政区划面积较大，林、草地资源丰富的地区，城镇化水平每提高 1%所需的自然生态用地面积很大，主要原因是当地土地资源充足但发展水平较低，因此会首要选择牺牲生态环境以满足经济发展的方式；同时这一时期该地耕地面积有所提升，主要受后期耕地占补平衡政策影响；其余地区发展较为均一，城镇化水平的提升引发城乡建设用地的扩张和耕地及自然生态用地的减少。

第四节　城市群地区建设用地扩张的未来情景模拟

基于多期土地利用数据集，开展了京津冀城市群1980～2015年土地利用时空格局特征分析，揭示了驱动城市土地利用变化的关键要素，并预测2015～2050年未来城市用地扩张热点和潜力区。对城市群地区未来不同情景城市扩展趋势进行预测，对准确把握京津冀城市群地区城市发展变化规律、优化国土空间开发格局和促进区域协调发展具有重要意义。

一、京津冀城市群城市扩张的驱动因素与驱动机制分析

（一）城市扩展的驱动因素

基于1980～2015年京津冀多期土地利用数据集及社会经济统计数据，分别选取空间区位因素、社会经济因素及政策与规划三大类分别进行京津冀城市群城市扩张驱动机制分析，针对每一类驱动因素选取如下影响因子。

空间区位因素包括距地级市距离、距县级城市距离、距城市建成区距离、距高速公路距离、距国道距离、距省道距离、距铁路距离、距河流距离、距海岸线距离、邻域内城市用地比例、地形高程、地形坡度。

社会经济因素包括城市总人口、城市人口、人口密度、城镇化率、国民生产总值、第一产业产值比例、第二产业产值比例、第三产业产值比例、地方财政收入、工业总产值、固定资产投资。

政策与规划：《中华人民共和国土地管理法》、《基本农田保护条例》、《全国土地利用总体规划纲要（2006　2020年）》和《河北雄安新区规划纲要》等。

结合京津冀城市群地区城市用地变化时空规律和扩张模式，利用Logistic回归模型、Pearson's相关、多元回归等方法定量分析城市用地扩张驱动因素（刘瑞等，2009；姜楠，2017；黎夏和叶嘉安，2001；刘翠玲和龙瀛，2015），集成土地利用转换（land transformation model，LTM）模型（Pijanowski et al., 2002），开展2015～2050年经济发展情景、基准情景、生态保护情景下城市扩张演化过程及土地利用影响模拟。

（二）城市扩张的驱动机制

1. 空间区位因素影响

选取空间区位因素的具体影响因子，在土地利用发生变化的区域随机生成20000个采样点，其中80%作为Logistic模型训练样本（刘瑞等，2009；姜楠，2017），20%用于训练模型的验证，利用Logistic回归模型开展统计分析，模型ROC值为0.924，大于0.8，表明回归模型结果较好。模型结果主要包括回归系数（β）、标准误差、Wald统计量、自由度、显著性、发生比率[EXP（β）]以及各个变量95%置信区间的上下限。其中，回归系数为正值表示解释变量每增加一个单位发生比例会相应增加，反之亦然；Wald统计量表示回归模型中每个变量的相对权重，反映每个变量对因变量的贡献程度。

模型结果表明，京津冀城市用地扩张驱动因子贡献程度前 5 位分别为距省道距离、距城市建成区距离、邻域内城市用地比例、距地级市距离和地形坡度。Wald 统计量分别为 632.87、555.36、505.04、149.38 和 101.22。距城市建成区距离、距省道距离、地形坡度、距地级市距离、距高速公路距离、距河流距离、距铁路距离的回归系数均为负值，说明距离城市建设区、城市中心越远，城市扩张的概率越小，而坡度越大，城市扩张的概率越小。但距省道、城市建成区距离每变化 1 km，城市用地扩张的概率无明显变化。邻域内城市用地比例的回归系数为正值，表明该数值越高，城市用地扩张概率越大。距海岸线距离与城市用地面积变化间为正相关，表明距海岸线越远，京津冀城市用地增长的概率越大。由于京津冀城市用地扩张主要分布在北京市、天津市、河北省南部平原地区，海拔差异不大，因此模型表明海拔对城市用地增长的作用并不显著，Wald 统计量仅为 0.01（表 4.8）。

表 4.8 空间驱动因素对城市扩张的影响

变量	回归系数（β）	标准误差	Wald 统计量	自由度	显著性	EXP（β）	95%置信区间下限	95%置信区间上限
常数	2.109	0.074	811.91	1	***	8.240	7.135	9.535
距地级市距离	−2.465	0.217	149.38	1	***	0.085	0.046	0.108
距县级城市距离	1.148	0.505	5.17	1	***	3.152	1.175	8.516
距城市建成区距离	−11.944	0.507	555.36	1	***	0.000	0.000	0.000
距高速公路距离	−2.064	0.427	23.36	1	***	0.127	0.055	0.292
距国道距离	0.602	0.186	10.44	1		1.826	1.266	2.630
距省道距离	−8.612	0.342	632.87	1	***	0.000	0.000	0.000
距铁路距离	−1.240	0.347	12.74	1	***	0.289	0.146	0.571
距河流距离	−1.573	0.310	25.82	1	***	0.207	0.113	0.380
距海岸线距离	0.611	0.101	36.83	1	***	1.842	1.513	2.246
邻域内城市用地比例	7.692	0.342	505.04	1	***	2190.752	1135.695	4345.951
地形高程	0.026	0.247	0.01	1	***	1.026	0.632	1.665
地形坡度	−3.529	0.351	101.22	1	***	0.029	0.015	0.058

注：ROC 检验：AUC = 0.924。

2. 社会经济因素对城市扩张的影响

基于 Pearson's 相关系数进行相关分析，以城市土地面积（UL）为因变量，选取城市总人口（Tpop）、城市人口（Upop）、人口密度（PopD）、城镇化率（UR）、国民生产总值（GDP），第一产业产值比例（PI）、第二产业产值比例（SI）、第三产业产值比例（TI）、地方财政收入（LFR）、工业总产值（IP）、固定资产投资（IFA）等社会经济指标，分析各社会经济指标与城市土地面积的相关性。结果表明，选取的社会经济因素与城市土地面积均呈显著正相关关系（$p<0.01$），城市人口与城市土地面积的相关性最高（$r=0.98$），其次是总人口（$r=0.89$），而第一产业增加值与城市土地面积相关性最低（$r=0.16$）（图 4.27）。

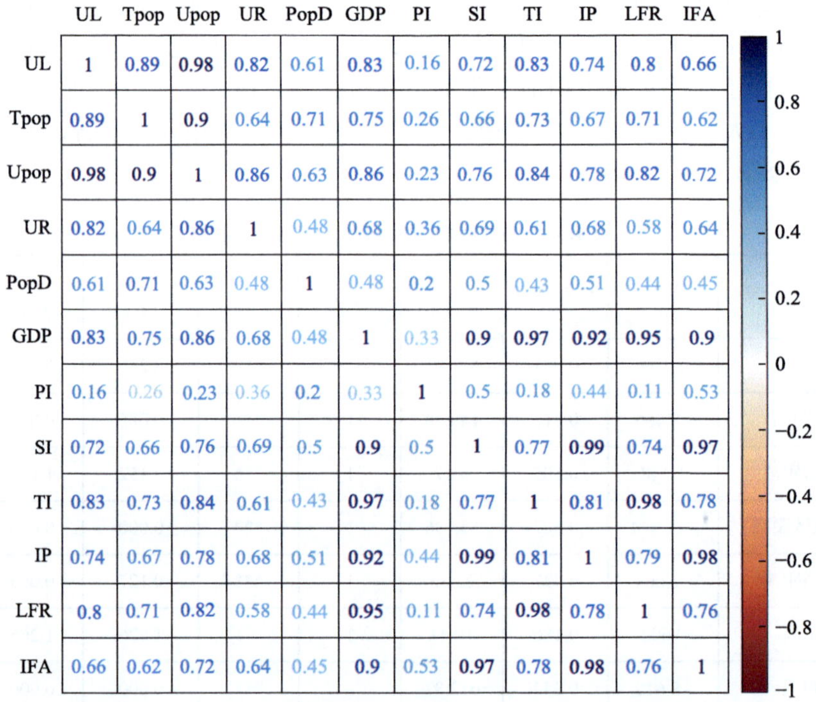

图 4.27　城市土地面积与社会经济数据 Pearson's 相关分析图

采用多元逐步回归方法，构建多元回归模型（刘瑞等，2009；姜楠等，2017；黎夏和叶嘉安，2001；刘翠玲和龙瀛，2015；Pijanowski et al., 2002），进一步分析城市用地与各个社会经济驱动因素之间的相关性（表 4.9）。从模型拟合效果来看，各时期拟合方程 R^2 均大于 0.96，拟合效果较好。1990～2015 年京津冀城市人口、第二、第三产业产值以及固定资产与城市土地面积均有显著相关关系，表明这四个指标能够有效表达这一时期城市土地变化特征。从各个时段来看，人口、GDP、第二、第三产业产值以及固定资产投资、地方财政收入等指标在不同时段对城市土地的贡献存在显著性差异，1990 年和 1995 年的 GDP、人口、工业产值对城市土地影响显著，其他指标的影响较小；2000～2015 年，城市人口、第三产业产值、固定资产投资对城市土地的贡献是显著的，而其他驱动因子对城市土地增长贡献相对较弱。总的来看，城市人口的变化是京津冀城市土地快速增长的关键驱动因素。

表 4.9　城市土地面积与社会经济驱动因素多元逐步回归分析

时间	方程	R^2
1990 年	$UL = 0.1863 \times Tpop^{*} + 1.1517 \times GDP^{*} - 2.7437 \times SI - 1.0335 \times TI - 0.6132 \times IP^{**} + 1.5035 \times LFR + 0.0285$	0.96
1995 年	$UL = 1.0405 \times Upop^{**} + 1.3063 \times GDP^{***} - 0.5570 \times IP^{**} - 0.8686 \times LFR^{*} + 0.0155$	0.99
2000 年	$UL = 0.1156 \times Tpop + 0.4034 \times Upop^{*} + 0.4504 \times TI^{**} + 0.0294$	0.98
2005 年	$UL = 0.8750 \times Upop^{*} - 0.9482 \times GDP + 0.3817 \times SI + 0.6733 \times LFR + 0.0434$	0.97
2010 年	$UL = -0.9702 \times Tpop + 3.8550 \times Upop^{*} + 0.9486 \times SI + 1.3679 \times TI - 0.7318 \times IP - 2.3590 \times LFR - 1.2396 \times IFA + 0.0684$	0.99
2015 年	$UL = 0.8405 \times Upop^{***} - 4.7292 \times GDP + 2.2360 \times SI + 4.6744 \times TI - 0.7180 \times LFR - 0.6132 \times IFA^{**} + 0.0285$	0.99
1990～2015 年	$UL = 0.9370 \times Upop^{***} + 0.5100 \times SI^{***} + 0.1851 \times TI^{**} - 0.6364 \times IFA^{***} - 0.0054$	0.97

*、**、***表示回归方程拟合过程中变量分别在 $p < 0.05$、$p < 0.01$、 $p < 0.001$ 水平上显著。

3. 政策与规划因素对城市用地扩张的影响

通过京津冀城市群地区现有相关政策与规划纲要整理，发现 1980～2015 年国家土地利用政策的颁布及相关举措的实施对京津冀城市用地扩张具有重要影响。1980～1990 年是京津冀城市扩张最慢的阶段，主要由于城市用地与农村土地分别由不同的部门管理，两种土地利用类型相互转换较为缓慢，1986 年国家颁布《中华人民共和国土地管理法》，限制了城市用地增长。1990～1995 年，改革开放进一步推进，房地产开发产业迅速发展，导致城市用地快速增加，这一时期城市用地扩张面积是 1980～2015 年增长最快的阶段。在此背景下，1994 年、1996 年和 1998 年国家相继颁布和实施《基本农田保护条例》与耕地总量动态平衡政策、耕地占补平衡战略以限制对农田的占用，而该阶段城市用地扩张速率仅为上阶段的十分之一。

2000 年以后，中国开始进入快速工业化和城镇化阶段，社会经济的快速发展带动了城市用地的强劲增长，京津冀城市用地扩张速度维持在 100 km^2/a 以上，城市周边耕地及林草用地持续减少（图 4.28）。但为了保证国家粮食，2004 年国家开始实施最严厉的耕地保护政策，同时提出要确保国家 18 亿亩耕地红线战略，并在《全国土地利用总体规划纲要（2006—2020 年）》中提出关于耕地保护和城市建设规模管控的相关指标。虽然 2000 年以后城乡建设用地在以较快的速率增长，城市用地扩张占用耕地的比例逐渐稳定。

2010 年国家开展实施主体功能区规划，将国土空间划分为重点开发区、保护性开发区、限制开发区和禁止开发区，在主体功能区政策管控下，2010～2015 年京津冀城市用地扩张强度较前 10 年明显有所下降，城市用地逐渐向有序扩张转变。与此同时，北京大兴国际机场，北京城市副中心建设，北京—张家口 2022 冬奥会场馆建设将促进城市用地增长；2018 年《河北雄安新区规划纲要》中提出，雄安新区近期建设 100 km^2，中期发展区面积 200 km^2，在河北雄安新区与规划新建交通道路辐射带动下，周边城市将是 2020～2050 年城市用地扩张的热点潜力区。

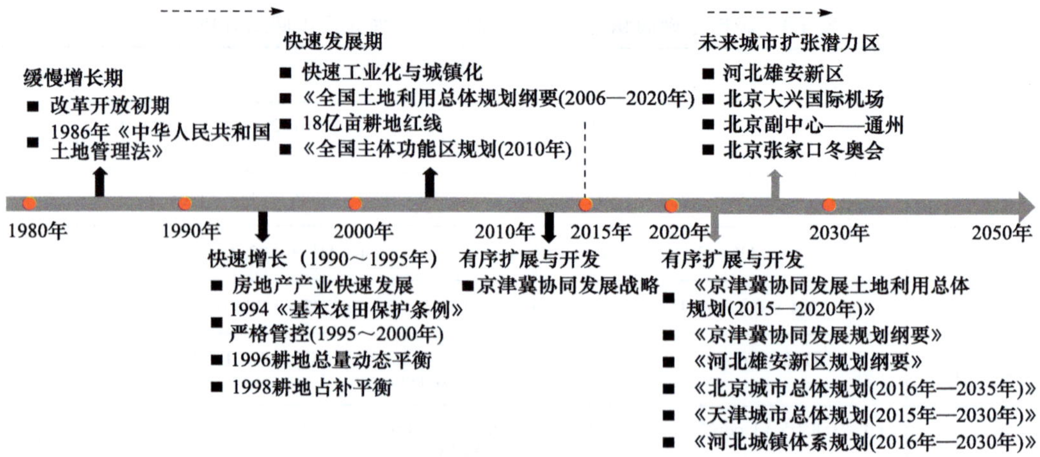

图 4.28　政策与规划对京津冀城市群城市扩张的影响

二、京津冀城市群未来城市扩张的情景模拟

2015 年北京市和天津市的城镇化率超过 80%，已进入城镇化发展稳定阶段，但河北省的城镇化率仍在 60%以下，存在较大发展空间。参考相关规划，到 2030 年北京市、天津市和河北省的总人口应分别控制在 2300 万人、1950 万人、5880 万人以下。2030 年后北京市和天津市城镇化率将达到 90%以上，步入城镇化发展的高级阶段，发展速率将大大减慢；而河北省的城镇化水平将达到 70%左右，仍是城市用地扩张的热点区。

由于当前北京市、天津市和河北省所处的城镇化发展阶段不同，未来城市扩张潜力地区差异较大。基于北京市、天津市和河北省的规划目标与相关标准，结合地区社会经济发展水平差异，设定京津冀 2015～2050 年未来三种城市用地扩张情景。

1. 基准情景

在 2015～2020 年、2020～2030 年、2030～2050 年三个时段，城镇人口增长率分别为 2%、1.5%和 1%，GDP 年均增长率分别为 6.7%，6.3%和 6.0%，城市用地面积需求分别为 761.42 km^2、1296.70 km^2 和 2064.02 km^2（图 4.29 和表 4.10）。

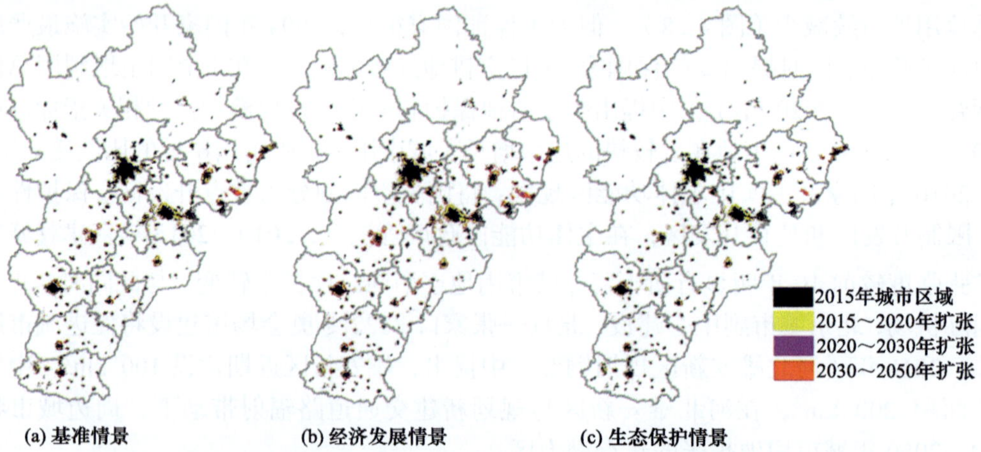

图 4.29　2015～2050 年京津冀城市群城市用地扩张情景

表 4.10 2015～2050 年京津冀城市群城镇化情景预测

情景名称	指标	2015 年基数	2015～2020 年需求	2020～2030 年需求	2030～2050 年需求
基准情景	城镇人口增长/万人	6967	725.16	1234.96	1965.73
	GDP/万亿元	6.93	2.65	8.07	38.98
	人均城市用地面积/（m²/人）	105	105	105	105
	城市用地需求/km²	—	761.42	1296.70	2064.02
经济发展情景	城镇人口增长/万人	6967	915.56	1539.54	2538.72
	GDP/万亿元	6.93	2.79	8.87	44.51
	人均城市用地面积/（m²/人）	110	110	110	110
	城市用地需求/km²	—	1007.12	1693.50	2792.59
生态保护情景	城镇人口增长/万人	6967	1007.12	1693.50	2792.59
	GDP/万亿元	6.93	2.48	7.44	34.21
	人均城市用地面积/（m²/人）	100	100	100	100
	城市用地需求/km²	—	538.46	785.27	1432.39

2. 经济发展情景

基于经济发展情景设定三个时段城镇人口增长率分别为 2.5%、1.8%和 1.2%，GDP 年均增长率分别为 7.0%、6.7%和 6.3%，城市用地面积需求分别为 1007.12 km^2、1693.50 km^2 和 2792.59 km^2（表 4.10）。

3. 生态保护情景

基于生态保护情景设定三个时段城镇人口增长率分别为 1.5%、1%和 0.8%，GDP 的年均增长率分别为 6.3%、6.0%和 5.7%，城市用地面积需求分别为 538.46 km^2、785.27 km^2 和 1432.39 km^2（表 4.10）。

参考文献

范辉, 刘卫东, 吴泽斌, 等. 2014. 浙江省人口城镇化与土地城镇化的耦合协调关系评价. 经济地理, 34(12): 21-28.
方创琳. 2014. 中国城市群研究取得的重要进展与未来发展方向. 地理学报, 69(8): 1130-1144.
方创琳, 等. 2009. 中国城市化进程及资源环境保障报告. 北京: 科学出版社.
方创琳, 周成虎, 顾朝林, 等. 2016. 特大城市群地区城镇化与生态环境交互耦合效应解析的理论框架及技术路径. 地理学报, 71(4): 531-550.
姜楠, 贾宝全, 宋宜昊. 2017. 基于 Logistic 回归模型的北京市耕地变化驱动力分析. 干旱区研究, 34(6): 1402-1409.
匡文慧. 2012. 城市土地利用时空信息数字重建、分析与模拟. 北京: 科学出版社.
匡文慧, 迟文峰, 陆灯盛, 等. 2015. 城市地表热环境遥感分析与生态调控(地球观测与导航技术丛书). 北京: 科学出版社.

黎夏, 叶嘉安. 2001. 主成分分析与 Cellular Automata 在空间决策与城市模拟中的应用. 中国科学(D辑), 31(8): 683-690.
李秋颖, 方创琳, 王少剑, 等. 2015. 山东省人口城镇化与空间城镇化协调发展及空间格局. 地域研究与开发, 34(1): 31-36.
刘翠玲, 龙瀛. 2015. 京津冀地区城镇空间扩张模拟与分析. 地理科学进展, 34(2): 217-228.
刘法威, 许恒周, 王姝. 2014. 人口—土地—经济城镇化的时空耦合协调性分析——基于中国省际面板数据的实证研究. 城市发展研究, 21(8): 7-11.
刘纪远, 刘明亮, 庄大方, 等. 2002. 中国近期土地利用变化的空间格局分析. 中国科学(D 辑), 32(12): 1031-1040.
刘瑞, 朱道林, 朱战强, 等. 2009. 基于 Logistic 回归模型的德州市城市建设用地扩张驱动力分析. 资源科学, 31(11): 1919-1926.
王亚华, 袁源, 王映力, 等. 2017. 人口城镇化与土地城镇化耦合发展关系及其机制研究——以江苏省为例. 地理研究, 36(1): 149-160.
Dong N, You L, Cai W J, et al. 2018. Land use projections in China under global socioeconomic and emission scenarios: Utilizing a scenario-based land-use change assessment framework. Global Environmental Change, 50: 164-177.
Kuang W H, Chi W F, Lu D S, et al. 2014. A comparative analysis of megacity expansions in China and the U.S.: patterns, rates and driving forces. Landscape and Urban Planning, 132: 121-135.
Liu X P, Liang X, Li X, et al. 2017. A future land use simulation model (FLUS)for simulating multiple land use scenarios by coupling human and natural effects. Landscape & Urban Planning, 168: 94-116.
Pijanowski B C, Brown D G, Manik G, et al. 2002. Using neural networks and GIS to forecast land use changes: a land transformation model. Computers, Environment and Urban Systems, 26: 553-575.

第五章　城市群地区城镇化与环境污染的耦合机理及规律

我国已进入城镇化快速发展的中期阶段，中国快速城镇化在世界城镇化的发展过程中产生了重大的推动作用。但快速城镇化进程导致了日益严峻的资源环境瓶颈问题，尤其作为中国新型城镇化主体的城市群地区，面临着日益严重的环境污染压力。京津冀城市群是中国五大国家级城市群之一，是国家区域发展重点战略区域，但同时也被国家发改委、生态环境部2015年底发布的《京津冀协同发展生态环境保护规划》列为"全国水资源最短缺，大气污染、水污染最严重，资源环境与发展矛盾最为尖锐的地区"。作为首都所在人口密集地区，京津冀城市群在国家区域发展格局中占据着重要的战略地位，2014年习近平总书记亲自批示京津冀协同发展上升为国家战略。所以，高战略地位、高人口密度、高发展速度、高环境污染、高能源排放、低环境承载力的"五高一低"现状导致京津冀城市群在新型城镇化进程中的资源环境与区域发展矛盾突显。京津冀城市群环境污染的治理已经成为衡量中国城市环境治理成效的风向标。而"工业化、城镇化过程中的阶段性大气与水环境复合污染问题"成为京津冀协同发展所面临且必须攻克的重大任务与难题。本章内容系统综述了城市群城镇化与环境污染的国内外研究文献，梳理了城镇化与环境污染耦合的理论基础。分别构建了城镇化系统评价指标体系和环境污染系统评价指标体系，从两大系统的单要素和多要素角度，探讨了京津冀城市群的城镇化与环境污染多尺度耦合关系，揭示了京津冀城市群城镇化与环境污染的耦合机理及规律。

第一节　城市群地区城镇化与环境污染耦合研究综述

全球性的城镇化进程是21世纪人类活动与生态环境系统相互作用的重要表现形式。《2014全球城镇化发展报告》显示，1950年全球有30%的人口居住在城市，至2014年为54%，预计2050年将达到66%，越来越多的人从农村迁至城市，全球城镇化水平不断提升。环境污染与城镇化相伴而生，两者关系密不可分，城镇化作为目前为止最为剧烈的人类活动之一，尽管在经济与发展方面贡献颇多，但对环境造成的胁迫也不可小觑，对于人类健康的威胁更是不可忽视（Fang et al., 2017）。

我国已进入城镇化快速发展的中期阶段，中国快速城镇化在世界城镇化的发展过程中产生了重大的推动作用。但快速城镇化进程导致了日益严峻的资源环境瓶颈问题，尤其是作为中国新型城镇化主体形态的城市群地区，面临着日益严重的环境污染压力。在全球化背景下，城市群在全球资源配置和经济发展重心转移中发挥着越发重要的作用。但作为具有高密度、高流动、高强度、高负荷特征的生态-经济复杂系统，城市群的环境污染问题正成为国内外关注的核心科学问题，也是城市地理学、城市生态学等多学科交叉学科前沿问题（Grimm et al., 2008）。从国际、国内关于城镇化与环境污染交互关系研究来看，研究重点主要涉及城镇化与环境污染的响应关系与交互作用机理（Fang et al., 2017）。研究理论基础主要包括耦合裂变律、动态层级律、随机涨落律、非线性协同律、阈值律和预警律六大基本定律（Fang et al., 2017）；研究范围主要涉及欧洲、美国、俄罗斯和中国等国家和地区（Sharma，2011；Grimm et al., 2008）；研究尺度涵盖全球、国家、省（州）、城市和城市内部，并以城市为研究重点（Grossman and Kreuger，1995）；研究方法主要包括 3S 技术[遥感（RS）、地理信息系统（GIS）、全球定位系统（GPS）]定量分析、系统分析、数学模型和回归分析等（Kijima et al., 2010；Bao and Fang，2007）；学科视角主要为生态经济学、地理学、管理学、空间经济学以及多学科综合等（Verdesca et al., 2006）。案例区域则集中在不同流域、生态脆弱区、城镇化地区和大都市地区（Wang et al., 2004）。

一、城市群地区城镇化与环境污染关系的文献计量分析

运用 Citespace 文献分析工具对科学引文索引（SCI）与社会科学引文索引（SSCI）数据库 1991～2018 年有关城镇化与环境污染研究的 1250 篇文献进行全面回顾与分析（图 5.1），结果发现环境问题已然成为一个全球性的问题，城镇化与环境污染相关研究的每年文献发表量呈波动上升趋势，且阶段性特征显著，可大致分为初始探索期（1991～2001 年）、缓慢上升期（2002～2010 年）和快速发展期（2011～2018 年）三个时期。每个 WOS 主题类别的发文数量呈明显增加趋势，其中 Environmental Sciences&Ecology 和 Environmental 是城镇化与环境污染相关研究成果的主要集聚区，两者发文量占总文献数据的比重最高，且在每个阶段均名列前茅。

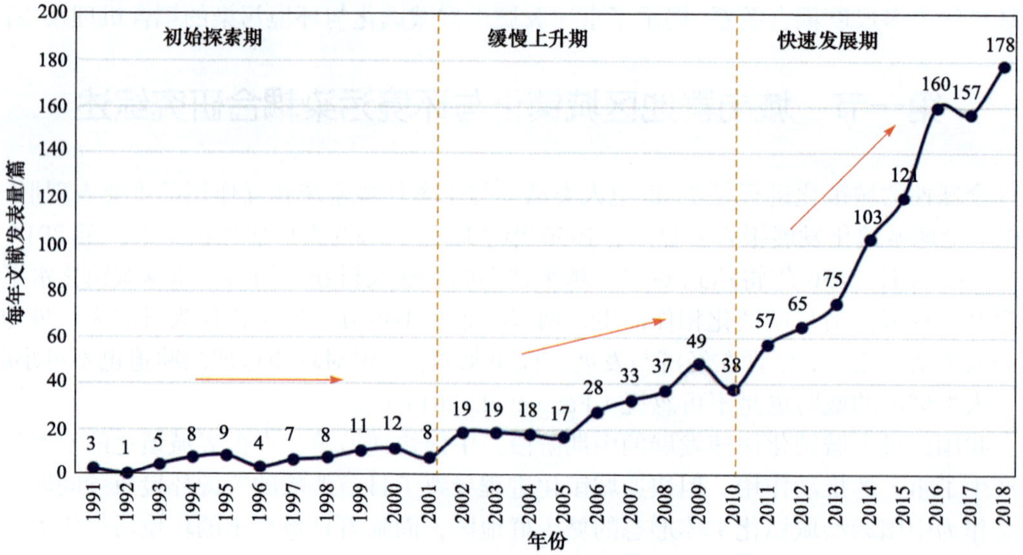

图 5.1　城镇化与环境污染相关研究的每年文献发表量（1991～2018 年）

（一）文献发表量快速上升，中国、美国、加拿大、德国等贡献度最高

从综合发文量与中心度来看，1991～2018 年全球文献发文量呈上升态势，中国和美国对该领域贡献度最高，但是其研究成果的影响力远不如加拿大、德国和英国；贡献度前十的机构中，以中国机构居多，其中，中国科学院发文量占总文献数据的 11%，其中心度为 0.31，两项指标远高于其他机构，中国科学院奠定了该领域研究的基础，其研究结果影响深远；*Science of the Total Environment* 与 *Environmental Pollution* 是该领域的权威期刊，*Proceedings of the National Academy of Sciences of the United States of America* 的中心度为 0.27，远高于其他期刊，但共引频次最低，表明其在城镇化与环境污染相关研究领域发挥着关键作用。

（二）经济增长、颗粒物、碳排放与环境库兹涅茨曲线是研究新趋势

不少学者一致认为快速的城镇化进程对人类生存环境产生了极大的负面影响，如水土气污染、气候变化、交通事故等，这些负面效应又进一步对人类健康与福祉造成威胁。环境库兹涅茨假说与碳排放相关研究在该领域中占有重要地位，在欧洲国家，经济增长、外商直接投资、钢铁工业是城镇化与环境污染研究领域最近的热点主题。该领域的研究是从一开始关注环境污染本身以及环境污染对人类的影响，逐渐过渡到人类社会经济活动对环境的影响，经济增长、颗粒物、碳排放与环境库兹涅茨曲线是该领域研究的新趋势。

二、城市群地区城镇化与环境污染耦合研究进展及评述

（一）城市群地区城镇化的环境污染响应机理研究

国内外关于城市群地区城镇化的环境污染响应机理可以总结为城镇化的水环境污染响应机理研究、城镇化的大气环境污染响应机理研究和固体废弃物污染对城镇化过程的响应机理研究三个方面。

1. 城镇化的水环境污染响应机理研究

伴随着城市群剧烈的人类活动和土地利用方式改变的快速城镇化过程可以通过影响城市群地区的地表径流和水质造成水环境污染。城市群地区城镇化的水环境污染主要是通过在降雨和地表径流对大气、地表、地表水的冲刷过程中进行的融合物理、化学、微生物过程而实现的城市群水体退化过程，包括导致水体的盐碱化、温度和矿化度上升、化学需氧量和有毒物质融解以及综合的生化作用等（House et al., 1993）。城镇化地区的水环境污染源主要包括城市土地利用的形态与结构、燃油交通工具、工业活动、商业活动等，还包括城市绿化区和居民区的施肥、除草剂、杀虫剂的使用与流失，以及城市拆建活动、重金属等有毒物质、污水处理设施和下水管道的泄漏等活动（Goonetilleke et al., 2011；Liu et al., 2013）。Popa 等（2012）以罗马尼亚城市群地区为案例，通过研究多瑙河废水的物理化学特性、污染物的浓度和空间分布特征，探讨了城市群的用水格局、污水来源与污水水质对城镇化过程的响应机理。国内研究虽然起步较晚，但同样取得了丰

富的研究成果。方创琳等（2008，2009）基于国家自然科学基金重点项目“水资源约束下西北干旱区城镇化过程及其生态环境效应研究”（40335049），对典型城市进行了深入的实证研究，得知未来 25 年我国快速城镇化面临的资源与生态环境保障形势日益严峻，并构建城镇化与生态环境协调发展的动态耦合度模型，提出了城镇化与水环境交互胁迫理论与方法，分析了中国不同类型地区城镇化过程与生态环境之间交互耦合的驱动机制与耦合规律。

2. 城镇化的大气环境污染响应机理研究

城市群空间布局不合理造成了跨区域雾霾等环境污染叠加（方创琳等，2014）。早在 20 世纪初期，西方国家就曾出现了不同程度的大气污染事件，如比利时马斯河谷烟雾事件、美国洛杉矶的工业废气光化学烟雾事件和伦敦烟雾事件等。2012 年之后，中国华北地区频繁发生空气霾污染现象，给居民身体健康与社会生产生活造成了不良影响。以上发生在城市群地区的空气污染事件具有相似的特征，即处于其快速城镇化阶段，封闭地形伴随着逆温、高压和大量的工业、汽车、燃煤粉尘与二氧化硫、臭氧等污染物的排放，造成大量碳氢化合物（CH）、氮氧化合物（NO_x）、一氧化碳等污染物积聚并导致二次污染（Wang and Fang，2016）。城镇化地区大气中的固态悬浮物（suspended solids）和营养盐负荷（nutrient loads）是非城镇化地区的 10～100 倍（Sonzogni et al., 1980；Line and Mojonnier，2002）。而城镇化地区交通道路沿线地表重金属的聚集程度是乡村地区的 2～8 倍（Bo and Karro，1995）。也有学者基于卫星数据探讨了世界 66 个城市群对流层二氧化氮时空分布格局，亚洲、非洲和南美洲的许多城市群对流层二氧化氮水平上升趋势明显，中国天津、阿富汗的喀布尔年上升速率最快。这项研究表明城市二氧化氮水平的变化以及经济和人口因素的影响存在显著的区域差异（Schneider et al. 2015）。地中海城市群城市对增强该地臭氧浓度的影响研究表明，臭氧浓度的变化和气象及氮氧化合物排放量有明显的相关关系，氮氧化合物排放量的变化强烈影响臭氧的变化和趋势（Escudero et al., 2014）。随着霾污染现象的持续，中国成为城镇化的大气环境污染响应研究的典型研究案例区。王振波等以 2014 年全国 $PM_{2.5}$ 监测数据为基础，分析了中国 $PM_{2.5}$ 污染的时空演变规律，并以此为基础，重点分析了环渤海城镇化地区 $PM_{2.5}$ 的主要影响因素，结果显示，该地区 $PM_{2.5}$ 的发生与城镇化率、人均 GDP 和建筑业规模显著相关。

3. 固体废弃物污染对城镇化过程的响应机理研究

固体废弃物主要包括尾矿、废石、钢渣、煤矸石、粉煤灰等工业垃圾、生活垃圾、医疗垃圾、电子垃圾和包装材料、工业残骸等废弃物质。固体废弃物的大量堆积通过扬尘、沉淀、降雨和径流等过程造成空气、水体和土壤污染（Sartor and Boyd，1972）。固体废弃物的污染程度与城镇化强度、工业化强度、化学品应用、废弃物类型和土地利用方式直接相关，而其污染物随后被地表径流统一搬运迁移到城市群地表和地下水系（Lambin and Geist，2006）。固体污染物是重金属污染的重要来源，主要通过不合理存储的金属尾矿、重金属废物和化石燃料来扩散，固体废弃物污染中重金属污染的浓度则与堆场的现状、废弃物的类型和规模有关；重金属主要通过食物、水源和空气污染传播并伤害人体，食物和水源的重金属污染主要发生在农村地区，而空气重金属污染则主要发生在城镇化地区（Huang et al., 2013）。Qu 等（2013）以苏锡常城市群为例，利用生命周期理论探讨了城市群内物质代谢机理，结果显示，固体废弃物的科学管理在其污染控制过程中具有重大的作用。城市群区域应当科学规划固体废弃物堆放场地，通过集中回收固体垃圾措施来实现节能减排,生产技术改善可以减少废物负面影响。辛毅等(2014）通过对民族地区经济发展与工业固废的库兹涅茨曲线分析，发现民族地区经济发展与工业固废的产生量呈现出正相关的整体趋势。

（二）城市群地区城镇化的环境污染调控模式研究

国内外研究主要从政策、产业、生产与污染治理技术等角度探讨城市群地区城镇化的环境污染调控模式。

1. 政策调控模式研究

Zheng 以省市为研究单元，收集并对比了全国各省的节能政策、减排政策和环境标准政策，并评估了这些政策对当地环境污染的影响（Zheng et al.，2015）。重金属污染控制方面应该充分发挥政府和市场的调控作用，主要可以通过考核绿色 GDP、减少燃料中的重金属含量、实施更多的节能减排新政策和发挥市场调控作用等方式来实现。国内学者认为，城市群生态环境问题产生的深层次原因在于制度的缺陷，表现为市场失灵、政府失灵和区域失调，相应的管理创新对策为区域生态管治（李蔚，2008）。城市生态环境会对不同的政府管理路径产生响应，基于城市规划、产业结构、资源政策、生态环境保护对及社会与公众参与形式五个方面内容的城市生态管理模式可以有效引导城市生态环境的响应路径。规划调控是新型城镇化背景下固废综合利用的重要模式，强调城乡同步治理，网格化、过程化和周期性的综合规划处理模式，通过 GIS 手段对垃圾转运的综合处理是智慧城镇化的必经途径（徐振强，2015）。关于固体废物回收与综合利用的法律手段与道德约束以及政府、企业和农户的多维治理政策同样是重要的调控方式（陈熙和张梦丝，2015）。

2. 产业调控模式研究

城市群地区产业集聚具有显著的生态环境效应，具体表现在不同产业部门调控模式、产业集聚的调控模式和产业结构调控模式等（方创琳和蔺雪芹，2010）。在城市群空间增长的初级、中级和后期三阶段，产业结构经历农业主导、工业主导和服务业主导的历程，生态环境则经历缓慢恶化、快速恶化到技术改善的过程（蒋欣，2009）；蔺雪芹和方创琳（2010）首先从产业部门发展、结构变动、布局调整、产业集群建设等多个角度对城市群地区产业集聚的生态环境影响机理和效应进行了分析。并在此基础上，从环境影响和资源利用的角度出发，构建工业生态环境影响指数，定量对武汉城市群工业发展的生态环境影响进行综合评价。结果显示，武汉城市群工业发展对生态环境的影响突出，影响指数呈上升趋势，空间上表现为各城市间影响指数分异趋于明显。

3. 生产与污染治理技术调控模式研究

伦敦、洛杉矶等严重空气污染事件催生了英国和美国相继出台《清洁空气法》，强行迁出电厂等重污染企业，全面提升居民供暖、交通出行设施的技术水平，设立空气质量管理区，同时投入大量的科研及管理力量，开发污染控制技术，并以科研成果为基础，设立严格的环境标准来保障空气污染治理。例如，美国 1997 年将细颗粒物（$PM_{2.5}$）的标准写入《清洁空气法》，即 $PM_{2.5}$ 年均阈值为 15 μg/m^3，24h 平均阈值为 65 μg/m^3（2006 年下调到 35 μg/m^3）；欧洲规定 $PM_{2.5}$ 浓度的年均阈值为 25 μg/m^3；世界卫生组织将过渡期 $PM_{2.5}$ 控制指导值分为 3 个阶段，日均最高指导值分别为 75 μg/m^3、50 μg/m^3 和 37.5 μg/m^3，年均指导值为 35 μg/m^3、25 μg/m^3 和 15 μg/m^3，最后更加严格的日均和年均空气质量准则值则为 25 μg/m^3 和 10 μg/m^3。针对城市群地区当前出现的生态环境问题，可运用生态防护林地技术、自然保护区技术、生态园区设计技术、水源地保护技术、市区绿地系统规划技术、文物古迹保护技术、环境影响监测评价技术等进行整合，为保障生态安全提供技术支撑。

（三）城市群地区城镇化的环境污染响应方法与模型研究

城镇化系统和生态环境系统是综合系统，其响应评价是依据众多指标体系来构建的，不同的研究目标导向下，研究者采取的模型与方法具有较大差异。乔标和方创琳（2005）借助于系统科学理论，通过分析城镇化进程与生态环境状况之间交互胁迫和动态演进关系，建立了城镇化与生态环境协调发展的动态耦合模型。刘耀彬等（2005，2007）发展了多种揭示城镇化与生态环境的交互耦合机制的方法与模型，包括依据协同思想构建的城镇化与生态环境之间的耦合度模型，可以用以分析耦合度的时空分布规律；运用灰色关联分析法构建了城镇化与生态环境交互作用的耦合关联度模型，利用系统动力学（system dynamics，SD）的原理和方法建立的区域城镇化与生态环境耦合的 SD 模型，探讨系统各因素之间的相关关系及耦合机理。Li 等（2012）通过构建一个耦合关系评价模型，利用解释结构模型（ISM）和灰色关联技术评价了城镇化和生态环境之间的耦合关系，并采用系统动力学模型和人工神经网络方法模拟了未来的环境变化。

（四）国内外研究进展的总体评价与未来趋势

综合分析国内外城市群地区城镇化的环境污染响应研究进展，可得出城市群地区城镇化的环境污染响应机理及其控制模式研究具有以下特征和趋势。

（1）当前研究侧重宏观区域和城市研究的多，融合城市群城镇化与环境污染的综合研究少，揭示城市群地区城镇化和多要素环境污染的时空演变规律是未来研究的主要趋势。

（2）当前研究侧重城市的城镇化与环境污染单个要素的关系研究，而二者的多要素交互关系及城市群城镇化过程对环境污染的影响机制研究较少，揭示城市群城镇化的环境污染的综合影响机制是未来研究的主要趋势。

（3）当前研究侧重城镇化过程对环境污染的胁迫效应，而环境污染对城镇化的响应和约束效应研究较少，揭示城市群城镇化的环境污染响应机理是未来研究的主要趋势。

（4）当前研究侧重静态-定性的城镇化与单情景环境污染过程分析较多，而动态-定量的多情景模拟和污染控制模式研究较少，开展城市群城镇化过程与环境污染的多情景模拟与环境污染控制模式是未来研究的主要趋势。

第二节　城市群地区城镇化与环境污染的耦合关系及机理

在分析城市群地区城镇化与环境污染耦合关系指标体系和测度方法的基础上，揭示城市群地区城镇化对环境污染的影响机理。

一、城市群地区城镇化与环境污染耦合关系指标体系

为了更客观评价京津冀城市群城镇化与生态环境压力之间的耦合关系，遵循综合性、科学性、层次性、数据可得性和定量与定性相结合的原则，构建了城镇化系统与环境污染系统综合评价指标体系（表 5.1，表 5.2）。城镇化及生态环境数据分别来自于 2001～2016 年《北京统计年鉴》《天津统计年鉴》《河北经济年鉴》《中国区域经济统计年鉴》《中国县（市）社会经济统计年鉴》《中国城市统计年鉴》《北京市水资源公报》《天津市水资源公报》《河北省水资源公报》《中国科技统计年鉴》，以及中国环境监测官方网站、各地级市政府网站的相应年份的“国民经济和社会发展统计公报”和中国经济与社会发展统计数据库（http://tongji.cnki.net/kns55/），碳排放量数据参考“各种能源折标准煤及碳排放参考系数”求解得到，能源消费弹性系数通过计算一定时期能源消费平均增长率与同期国民生产总值平均增长率或工农业生产总值平均增长率的比值得到。缺失数据采用综合增长率估算法，以多年历史平均增长率或分段平均增长率为基础，补充缺失数据。

表 5.1　城市群地区城镇化系统评价指标体系及指标权重

系统	子系统	具体指标	单位	属性	主观权重	客观权重	综合权重	符号
城镇化	人口城镇化	城镇化率	%	正	0.573	0.320	0.443	UL
		建成区人口密度	万人/km²	正	0.225	0.314	0.276	PD
		第二产业人口比重	%	正	0.090	0.145	0.118	SL_Por
		第三产业人口比重	%	正	0.112	0.221	0.163	TL_Por
	经济城镇化	人均 GDP	元	正	0.453	0.169	0.366	GDP_P
		第二、第三产业 GDP 比重	%	正	0.153	0.058	0.125	GDP_S_T
		人均社会固定资产投资	元/人	正	0.061	0.191	0.143	IIFA_P
		人均工业总产值	元/人	正	0.037	0.198	0.113	TIOV_P
		人均财政收入	元/人	正	0.037	0.362	0.153	GR_P
		GDP 增长速度	%	正	0.259	0.022	0.101	GDP_GR
	社会城镇化	人均社会消费品零售总额	元/人	正	0.026	0.229	0.088	TRSOSCG

续表

系统	子系统	具体指标	单位	属性	主观权重	客观权重	综合权重	符号
城镇化	社会城镇化	每万人卫生机构床位数	张/万人	正	0.433	0.160	0.299	DIOUR_P
		每万人拥有医生数量	个/万人	正	0.064	0.090	0.086	BIHI_N
		每万人互联网上网人数	人/万人	正	0.264	0.126	0.207	DN
		每万人在校大学生数	人/万人	正	0.155	0.194	0.197	IU_N
		城镇居民人均可支配收入	元/人	正	0.058	0.200	0.122	CS_N
	空间城镇化	城镇建设用地占市域面积比重	%	正	0.497	0.332	0.437	UCLA_Por
		人均公路里程	km/万人	正	0.085	0.351	0.186	HM_P
		交通线网密度	km/km^2	正	0.290	0.135	0.213	TND
		人均建设用地面积	km^2/万人	正	0.128	0.182	0.164	UCLA_P

表 5.2 城市群地区环境污染系统评价指标体系

系统	子系统	指标	单位	符号
环境污染系统 CPI	大气污染子系统 API	$PM_{2.5}$	$\mu g/m^3$	$PM_{2.5}$_C
		PM_{10}	$\mu g/m^3$	PM_{10}_C
		工业 SO_2 排放量	t	SO_2_E
	水污染子系统 WPI	城市生活废水排放量	亿 t	UDWW_E
		工业废水排放量	万 t	IWW_E
	固体污染子系统 SPI	工业烟（粉）尘排放量	t	ISD_E
		工业固体废弃物产生量	t	ISW_P
	绿色循环处理子系统 GRDI	污水处理厂集中处理率	%	STP_CTR
		生活垃圾无害化处理率	%	DR_HTR
		城镇废水处理率	%	UWW_TR
		一般工业固体废物综合利用率	%	ISW_CUR
		工业废弃物综合利用率	%	IW_CUR

这里提出 PESS（population economic sociology space）模型作为衡量地区城镇化的综合表征，通过经济城镇化、人口城镇化、社会城镇化和空间城镇化 4 个子系统 20 个评价指标作为城镇化发展的依据。其中，经济城镇化是城镇化发展的核心内容，经济发展是城镇化发展的引擎；人口城镇化是城镇化发展的基础，人口向城市的集中是地区城镇化发展的根本载体；社会城镇化体现文明的扩散以及人们生活水平的高低，更丰富了城镇化的内涵；空间城镇化是城镇化的重要内容，土地利用结构的变化及交通设施的发展水

平能比较直观反映城镇化建设发展水平。

二、城市群地区城镇化与环境污染耦合关系测度方法

（一）指标综合确权

1. 基于标准化方法对指标进行无量纲化处理

在综合评价分析中，评价指标的目的和含义的差异导致各指标具有不同的量纲和数量级，通常采用标准化处理方法消除不同量纲和数量级对评价指标的影响，以此降低随机因素的干扰。

2. 基于层次分析法计算指标主观权重

层次分析法是将与决策总是有关的元素分解成系统、子系统、指标等层次，在此基础之上进行定性和定量分析的决策方法（宋建波和武春友，2010）。采用 1～9 标度方法，依据中国科学院、北京大学、清华大学、北京师范大学等科研单位 40 位本领域内专家的主观赋权意见来构造判断矩阵。获得判断矩阵后，需要对其进行一致性检验。若检验通过，则权重分配合理；否则，需要重新构造判断矩阵计算权重，所得主观权重详见表 5.1。同理，计算出准则层权重。

3. 基于熵值法计算指标客观权重

熵值法（entropy method）是一种基于数据内部的离散程度客观计算指标权重的客观赋权方法，相对客观、全面，无需先验结果（张春梅等，2012；陶晓燕等，2006）。通常，熵值越大，系统结构越均衡，差异系数越小，指标的权重就越小；反之则指标的权重越大。

4. 优化综合权重

通过层次分析法和熵值法分别计算出模型指标的主客观权重 w_{1i} 和 w_{2i}。其中层次分析法比较主观，容易受到评价过程中的随机性和评价专家主观上的不确定性及认识上的模糊性影响；熵值法相对客观，但损失的信息有时会较多，且有时受离散值影响较大（马艳梅等，2015）。为了优化主、客观权重，利用最小信息熵原理对主、客观权重进行综合，缩小主客观权重的偏差。城镇化系统评价指标的主客观权重，详见表 5.1。

$$w_i = \frac{\left(w_{1i} \times w_{2i}\right)^{1/2}}{\sum_{i=1}^{n}\left(w_{1i} \times w_{2i}\right)^{1/2}} \tag{5.1}$$

（二）系统指数评价方法

运用线性加权方法分别计算人口、经济、社会、空间城镇化子系统，环境压力、状态、响应子系统以及城镇化和环境污染系统评价指数值，计算公式为

$$f(x)=\sum_{i=1}^{n} w_i \times x_i \ , \quad g(y)=\sum_{j=1}^{m} w_j \times y_j \tag{5.2}$$

$$F(x)=\sum_{i=1}^{n} W_i \times f(x) \ , \quad G(y)=\sum_{j=1}^{m} W_j \times g(y) \tag{5.3}$$

式中，$f(x)$和$g(y)$分别为城镇化与环境污染子系统综合评价值；$F(x)$和$G(y)$分别为城镇化与环境污染系统综合评价值；x_i和y_j分别为城镇化与环境评价指标标准化数值；w_i和w_j分别为城镇化与环境污染评价指标综合权重；W_i和W_j分别为城镇化与环境污染子系统权重，子系统具有同等的重要性，为此采用均等权重。

三、城市群地区环境污染对城镇化发展的影响机理分析

（一）环境污染子系统对城镇化发展的影响机理分析

采用时空地理加权模型（GTWR）分析城市群地区城镇化对环境污染的影响机理后认为，京津冀城市群13个城市水污染子系统对综合城镇化影响均为负向，均值为–0.367，绿色循环处理子系统对综合城镇化影响均为正向，均值为0.337，大气污染子系统、固体污染子系统和环境污染系统对综合城镇化的影响有正有负，均值分别为 0.115、0.014、–0.097（表5.3）。

表5.3 环境污染子系统对综合城镇化影响的年均局域估计值

系统	北京市	天津市	石家庄市	唐山市	秦皇岛市	邯郸市	邢台市	保定市	张家口市	承德市	沧州市	廊坊市	衡水市	均值
Intercept	0.200	0.273	0.346	0.347	0.232	0.269	0.448	0.354	0.543	–0.003	0.315	0.381	0.417	0.317
API	0.074	0.181	0.020	0.025	–0.068	–0.002	0.487	0.093	–0.212	0.796	–0.158	0.376	–0.116	0.115
WPI	–0.365	–0.380	–0.278	–0.551	–0.264	–0.237	–0.488	–0.306	–0.455	–0.221	–0.308	–0.547	–0.366	–0.367
SPI	0.256	0.087	–0.053	–0.145	0.077	–0.058	–0.352	–0.016	–0.138	0.568	0.008	0.034	–0.087	0.014
GRDI	0.507	0.417	0.257	0.436	0.431	0.301	0.100	0.294	0.193	0.572	0.376	0.280	0.213	0.337
CPI	–0.525	–0.156	0.019	0.213	–0.115	–0.130	0.349	–0.149	0.212	–0.911	–0.114	–0.030	0.081	–0.097

（1）京津冀城市群大气污染子系统对综合城镇化的影响分析。京津冀城市群工业化进程迅猛，并引发了较为严重的大气污染，不同地市其对城镇化发展的影响有正向也有负向，北京市、天津市、石家庄市、唐山市、邢台市、保定市、承德市、廊坊市为正向影响，其余地市为负向影响。天津市、邢台市、承德市、廊坊市高于均值，其余地市低于均值。

（2）京津冀城市群水污染子系统对综合城镇化的影响分析。京津冀城市群水污染问题一直非常严重，近年来劣V类水比例已是全国最高值，对综合城镇化发展的负向影响较明显。北京市、石家庄市、秦皇岛市、邯郸市、保定市、承德市、沧州市、衡水市高于均值，其余地市低于均值。

（3）京津冀城市群固体污染子系统对综合城镇化的影响分析。京津冀城市群固体污

染问题主要是由工业发展所产生，不同地市其对城镇化的发展影响有正向也有负向，北京市、天津市、秦皇岛市、承德市、沧州市、廊坊市为正向影响，其余地市为负向影响。北京市、天津市、秦皇岛市、承德市、廊坊市高于均值，其余地市低于均值。

（4）京津冀城市群绿色循环处理子系统对综合城镇化的影响分析。京津冀城市群人口与资源环境矛盾凸显，大气污染问题较为严重，绿色循环发展能够促进经济社会与资源环境的可持续发展。石家庄市、唐山市、邢台市、张家口市、廊坊市、衡水市高于均值，其余地市低于均值。

（5）京津冀城市群环境污染系统对综合城镇化的影响分析。京津冀城市群不同地市综合环境污染系统对城镇化的发展影响有正向也有负向，石家庄市、唐山市、邢台市、张家口市、衡水市为正向影响，其余地市为负向影响。石家庄市、唐山市、邢台市、张家口市、廊坊市、衡水市高于均值，其余地市低于均值。

（二）环境污染要素对城镇化发展的影响机理分析

京津冀城市群地级市环境污染要素对综合城镇化影响有正有负（表 5.4～表 5.6），其中生活垃圾无害化处理率要素仅有北京市为负值，一般工业固体废物综合利用率要素仅有保定市和衡水市为负值，工业废弃物综合利用率要素仅有北京市为负值，城市生活废水排放量仅有秦皇岛市为正值。$PM_{2.5}$、PM_{10}、工业 SO_2 排放量、城市生活废水排放量、工业废水排放量、工业烟（粉）尘排放量、工业固体废弃物产生量、污水处理厂集中处理率、生活垃圾无害化处理率、城镇废水处理率、一般工业固体废物综合利用率、工业废弃物综合利用率对综合城镇化影响度的均值分别为–0.014、–0.061、–0.119、–0.434、–0.029、0.077、0.015、0.071、0.034、0.074、0.085、0.243。

表 5.4 京津冀城市群环境污染要素对综合城镇化的影响正负关系

指标	北京市	天津市	石家庄市	唐山市	秦皇岛市	邯郸市	邢台市	保定市	张家口市	承德市	沧州市	廊坊市	衡水市
$PM_{2.5}$_C	–	–	+	–	–	+	+	–	+	–	+	–	+
PM_{10}_C	–	–	+	–	–	–	+	+	+	–	–	–	+
SO_2_E	–	–	–	–	–	+	+	–	+	–	–	–	+
UDWW_E	–	–	–	–	+	–	–	–	–	–	–	–	–
IWW_E	–	+	+	–	–	–	–	–	+	+	+	+	–
ISD_E	–	+	+	+	–	+	+	+	+	–	+	+	+
ISW_P	+	–	–	+	+	+	+	–	+	+	+	–	–
STP_CTR	+	+	+	+	–	+	+	+	+	+	+	+	+
DR_HTR	–	+	+	+	+	+	+	+	+	+	+	+	+
UWW_TR	+	+	–	+	+	+	+	–	+	+	–	–	–
ISW_CUR	+	+	+	+	+	+	+	–	+	+	+	+	–
IW_CUR	–	+	+	+	+	+	+	+	+	+	+	+	+

注：“–”表示负向影响；“+”表示正向影响。

表 5.5　京津冀城市群环境污染要素对综合城镇化影响的年均局域估计值与均值对比关系

指标	北京市	天津市	石家庄市	唐山市	秦皇岛市	邯郸市	邢台市	保定市	张家口市	承德市	沧州市	廊坊市	衡水市
$PM_{2.5}$_C	低	低	高	低	低	高	高	低	高	低	高	低	高
PM_{10}_C	高	低	高	低	低	高	高	高	低	低	高	低	高
SO_2_E	高	低	低	高	高	高	高	低	低	低	高	低	高
UDWW_E	低	低	高	低	高	高	高	低	低	低	低	低	高
IWW_E	低	高	高	高	低	低	低	低	高	高	低	低	低
ISD_E	低	低	高	低	低	低	低	低	高	低	高	高	高
ISW_P	高	低	低	高	高	高	低	低	低	高	高	低	低
STP_CTR	高	高	高	低	低	低	低	高	低	低	高	高	低
DR_HTR	低	高	高	高	低	低	低	高	高	低	低	高	低
UWW_TR	高	低	低	高	高	高	高	低	高	高	低	低	低
ISW_CUR	高	低	低	低	高	低	低	低	高	高	低	低	低
IW_CUR	低	高	高	高	高	高	高	低	低	高	低	低	高

注：“高”表示高于均值；“低”表示低于均值。

表 5.6　京津冀城市群环境污染要素对综合城镇化影响的年均局域估计值

指标	北京市	天津市	石家庄市	唐山市	秦皇岛市	邯郸市	邢台市	保定市	张家口市	承德市	沧州市	廊坊市	衡水市	均值
Intercept	0.637	0.590	–0.442	0.433	–0.244	0.029	–0.074	0.991	0.085	0.797	0.465	0.615	0.144	0.310
$PM_{2.5}$_C	–0.125	–0.090	0.214	–0.165	–0.061	0.080	0.091	–0.034	0.000	–0.188	0.109	–0.057	0.041	–0.014
PM_{10}_C	–0.018	–0.162	0.051	–0.227	–0.222	–0.009	0.020	0.073	–0.116	–0.344	0.222	–0.075	0.008	–0.061
SO_2_E	–0.076	–0.129	–0.181	–0.016	0.085	0.027	–0.051	–0.199	0.063	0.124	–0.544	–0.416	–0.228	–0.119
UDWW_E	–0.447	–0.710	–0.120	–0.490	0.144	–0.279	–0.133	–0.746	–0.551	–0.505	–0.766	–0.678	–0.357	–0.434
IWW_E	–0.041	0.022	0.003	–0.027	–0.270	–0.133	–0.090	–0.058	0.085	0.001	0.085	0.115	–0.075	–0.029
ISD_E	–0.286	0.014	0.375	0.032	–0.051	0.051	0.043	0.028	0.219	–0.611	0.494	0.323	0.373	0.077
ISW_P	0.111	–0.021	–0.058	0.073	0.150	0.064	0.008	–0.089	0.010	0.044	0.076	–0.077	–0.095	0.015
STP_CTR	0.188	0.132	0.148	0.014	–0.024	0.041	0.009	0.109	0.022	–0.011	0.142	0.131	0.029	0.071
DR_HTR	–0.038	0.066	0.106	0.054	0.031	0.021	0.001	0.040	0.061	0.010	0.005	0.067	0.018	0.034
UWW_TR	0.272	0.007	–0.132	0.190	0.252	0.131	0.080	–0.083	0.159	0.325	–0.118	–0.073	–0.051	0.074
ISW_CUR	0.187	0.059	0.062	0.013	0.158	0.052	0.070	–0.005	0.182	0.257	0.059	0.017	–0.002	0.085
IW_CUR	–0.051	0.378	0.432	0.258	0.299	0.276	0.377	0.065	0.069	0.245	0.199	0.232	0.373	0.243

从不同城市的不同污染物对该城市综合城镇化影响来看，同时存在正负影响效应。

$PM_{2.5}$对城镇化的发展影响中石家庄市、邯郸市、邢台市、张家口市、沧州市、衡水市为正，其余地市为负；

PM_{10}对城镇化的发展影响中石家庄市、邢台市、保定市、沧州市、衡水市为正，其余地市为负；

工业SO_2排放量对城镇化的发展影响中秦皇岛市、邯郸市、张家口市、承德市为正，其余为负；

城市生活废水排放量对城镇化的发展影响中仅有秦皇岛市为正，其余地市均为负；

工业废水排放量对城镇化的发展影响中，天津市、石家庄市、张家口市、承德市、沧州市、廊坊市为正，其余地市为负；

工业烟（粉）尘排放量对城镇化的发展影响中，除北京市、秦皇岛市和承德市之外，其余地市均为正；

工业固体废弃物产生量对城镇化的发展影响中，天津市、石家庄市、衡水市、保定市、廊坊市为负，其余地市为正；

污水处理厂集中处理率对城镇化的发展影响中，仅有秦皇岛市和承德市为负，其余地市为正；

生活垃圾无害化处理率对城镇化的发展影响中，仅有北京市为负，其余地市为正；

城镇废水处理率对城镇化的发展影响中，北京市、天津市、唐山市、秦皇岛市、邯郸市、邢台市、张家口市、承德市为正，其余地市为负；

一般工业固体废物综合利用率对城镇化的发展影响中仅保定市、衡水市为负，其余地市为负；

工业废弃物综合利用率对城镇化发展的影响中仅北京市为负，其余为正。

第三节　城市群地区城镇化与环境污染的耦合规律

京津冀地区是我国雾霾等空气污染最重的区域之一，$PM_{2.5}$污染已成为当地人民群众的“心肺之患”，是京津冀地区首要污染物。2014 年全国 945 个监测点$PM_{2.5}$年均浓度为 61μg/m³，而京津冀城市群 241 个监测点$PM_{2.5}$年均浓度为 93μg/m³，是全国平均水平的 1.52 倍，是全国年均浓度目标限值（35μg/m³）的 2.66 倍，是世界卫生组织目标限值（25μg/m³）的 3.72 倍。而 2014 年$PM_{2.5}$年均浓度最高的 10 个城市中，京津冀地区占了 7 个，其中邢台、保定、石家庄、邯郸、衡水和唐山的年均值均大于 100μg/m³（王振波等，2018）。虽然近年来空气质量持续好转，但京津冀 “2+26” 城市 2017～2018 年秋冬季$PM_{2.5}$平均浓度为 78μg/m³，远远高于全国 43μg/m³的平均水平。与大气污染相比，水环境污染同样堪忧。在全国重点流域水污染防治专项规划 2014 年度考核中，北京、天津和河北占据了全国五个差评地区之三。然而，2014 年，京津冀地区能源消费总量却占全国的 11.3%，煤炭消费量占能源消费总量的 71.6%，高于全国平均水平 5 个百分点，其中河北省高达 88.6%。与此同时，固体废物污染引发的环境问题开始显现，影响人体健康，损害生态安全。2014 年京津冀及周边省区新产生大宗工业固体废物（含废石）23.7

亿 t，占全国总数的 60%，多年堆积的工业固体废物数量更是惊人，且年消纳量低。这些工业固体废物的大量堆积，不仅造成了资源的巨大浪费，还给水源、空气等环境带来危害和威胁。京津冀地区每年建筑用石灰岩质砂石料总消耗高达 6 亿 t，基本通过开山炸石取得。据估算，仅炸药爆炸排放的氮氧化物等污染物，就大约相当于 746 万辆小汽车的年排污量，超过北京市全部机动车的排放量。这些有害气体排放到空气中，加剧了 $PM_{2.5}$ 的危害。再以炼钢为例，京津冀及周边地区几乎集中了全世界一半的炼铁工业，其每年产生近千万吨的高炉烟尘。近年来，我国环渤海地区的雾霾与钢铁烟尘的巨量排放有直接关系。

一、京津冀城市群城镇化与环境污染的单要素耦合规律

京津冀城市群及河北省的城镇化水平和工业固体废弃物产生量呈指数函数关系，城镇化水平和工业 SO_2 排放量、工业烟（粉）尘排放量、工业废水排放量均呈多项式函数关系，城镇化水平和城市生活废水排放量之间的关系函数无法通过检验。

（一）城镇化与环境污染的单要素耦合关系

1. 京津冀城市群城镇化与环境污染的单要素耦合关系呈现指数和多项式函数关系

京津冀城市群城镇化水平与环境污染要素具有显著的交互耦合关系，用城市人口与地区总人口进行对比，得到城镇化率，用此来代表城镇化水平。通过对城镇化水平和不同污染物产生量的关系函数分析（表 5.7，图 5.2），结果显示，城镇化水平和工业固体废弃物产生量的关系函数为指数函数，R^2 达到 0.7692。随着城镇化水平的提升，工业固体废弃物产生量不断增加。城镇化水平和工业 SO_2 排放量的关系函数为多项式函数，R^2 达到 0.6646。随着城镇化水平的提升，工业 SO_2 排放量也增加，当城镇化水平超过阈值 38.63%后，工业 SO_2 排放量将随着城镇化水平的提升而下降。城镇化水平和工业烟（粉）尘排放量的关系函数为多项式函数，R^2 达到 0.6494。随着城镇化水平的提升，工业烟（粉）尘排放量减少，当城镇化水平超过阈值 27.32%后，工业烟（粉）尘排放量将随着城镇化水平的提升而增加。城镇化水平和工业废水排放量的关系函数为多项式函数，R^2 达到 0.6871。随着城镇化水平的提升，工业废水排放量增加，当城镇化水平超过阈值 35.57%后，工业废水排放量将随着城镇化水平的提升而减少。城镇化水平与城市生活废水排放量之间的关系函数无法通过检验。

表 5.7 京津冀城市群城镇化与环境污染的单要素交互耦合关系函数分析表

污染单要素	耦合函数关系类型	R^2	曲线类型	阈值
城市生活废水排放量	不显著			
工业烟（粉）尘排放量	多项式函数	0.6494	“U” 形	27.32%
工业废水排放量	多项式函数	0.6871	倒 “U” 形	35.57%
工业 SO_2 排放量	多项式函数	0.6646	倒 “U” 形	38.63%
工业固体废弃物产生量	指数函数	0.7692	上升曲线	—

注：当 R^2 小于 0.6 时，耦合关系不显著，不进行分析。

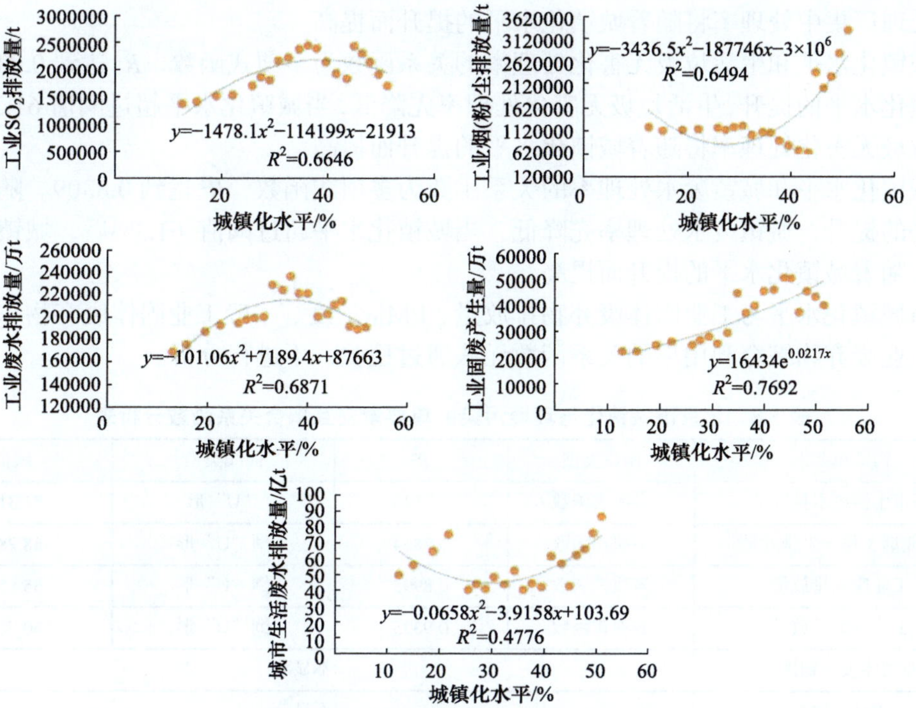

图 5.2 京津冀城市群城镇化水平与环境污染指标的关系函数曲线图

2. 北京市城镇化与环境污染的单要素耦合关系为多项式函数关系

通过对北京市城镇化分别与造成环境污染的 12 个污染指标进行耦合分析（表 5.8，图 5.3），发现城镇化水平与城市生活废水排放量之间的关系函数为多项式函数，R^2 达到 0.7148。随着城镇化水平的提升，城市生活废水排放量下降，当城镇化水平超过阈值 71.31%后，城市生活废水排放量将随着城镇化水平的提升而增加。

城镇化水平和工业烟（粉）尘排放量的关系函数为多项式函数，R^2 达到 0.7854。随着城镇化水平的提升，工业烟（粉）尘排放量增加，当城镇化水平超过阈值 58.28%后，工业烟（粉）尘排放量将随着城镇化水平的提升而减少。

城镇化水平和工业废水排放量的关系函数为多项式函数，R^2 达到 0.8995。随着城镇化水平的提升，工业废水排放量增加，当城镇化水平超过阈值 55.55%后，工业废水排放量将随着城镇化水平的提升而减少。

城镇化水平和工业 SO_2 排放量的关系函数为多项式函数，R^2 达到 0.9375。随着城镇化水平的提升，工业 SO_2 排放量增加，当城镇化水平超过阈值 60.76%后，工业 SO_2 排放量将随着城镇化水平的提升而下降。

城镇化水平和 $PM_{2.5}$ 浓度的关系函数为多项式函数，R^2 达到 0.7605。随着城镇化水平的提升，$PM_{2.5}$ 浓度下降，当城镇化水平超过阈值 61.61%后，$PM_{2.5}$ 浓度将随着城镇化水平的提升而增加。

城镇化水平和污水处理厂集中处理率的关系函数为多项式函数，R^2 达到 0.9148。随着城镇化水平的提升，污水处理厂集中处理率先降低，当城镇化水平超过阈值 63.25%后，污水处理厂集中处理率将随着城镇化水平的提升而提高。

城镇化水平和生活垃圾无害化处理率的关系函数为多项式函数，R^2 达到 0.8309。随着城镇化水平的提升，生活垃圾无害化处理率先降低，当城镇化水平超过阈值 61.30%后，生活垃圾无害化处理率将随着城镇化水平的提升而提高。

城镇化水平和城镇废水处理率的关系函数为多项式函数，R^2 达到 0.8309。随着城镇化水平的提升，城镇废水处理率先降低，当城镇化水平超过阈值 61.3%后，城镇废水处理率将随着城镇化水平的提升而提高。

而城镇化水平与工业固体废弃物排放量、PM_{10} 浓度、一般工业固体废弃物综合利用率、工业废弃物综合利用率的关系函数无法通过检验，不进行分析。

表 5.8 北京市城镇化与环境污染的单要素交互耦合关系函数分析表

污染单要素	函数类型	R^2	曲线类型	阈值
城市生活废水排放量	多项式函数	0.7148	“U”形	71.31%
工业烟（粉）尘排放量	多项式函数	0.7854	倒“U”形	58.28%
工业废水排放量	多项式函数	0.8995	倒“U”形	55.55%
工业 SO_2 排放量	多项式函数	0.9375	倒“U”形	60.76%
工业固体废弃物排放量	不显著			
PM_{10} 浓度	不显著			
$PM_{2.5}$ 浓度	多项式函数	0.7605	“U”形	61.61%
一般工业固体废弃物综合利用率	不显著			
污水处理厂集中处理率	多项式函数	0.9148	“U”形	63.25%
生活垃圾无害化处理率	多项式函数	0.8309	“U”形	61.3%
城镇废水处理率	多项式函数	0.8309	“U”形	61.3%
工业废弃物综合利用率	不显著			

注：当 R^2 小于 0.6 时，耦合关系不显著，不进行分析。

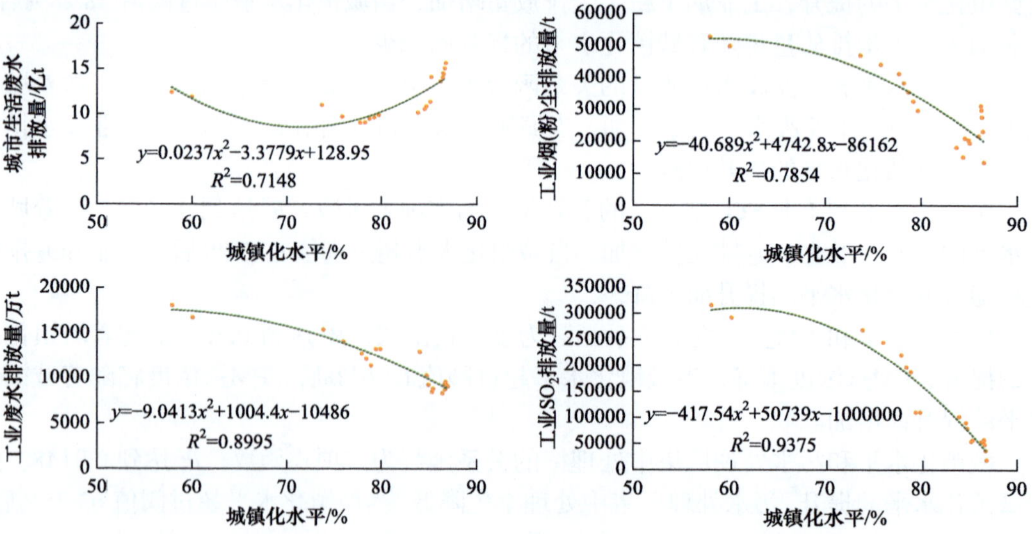

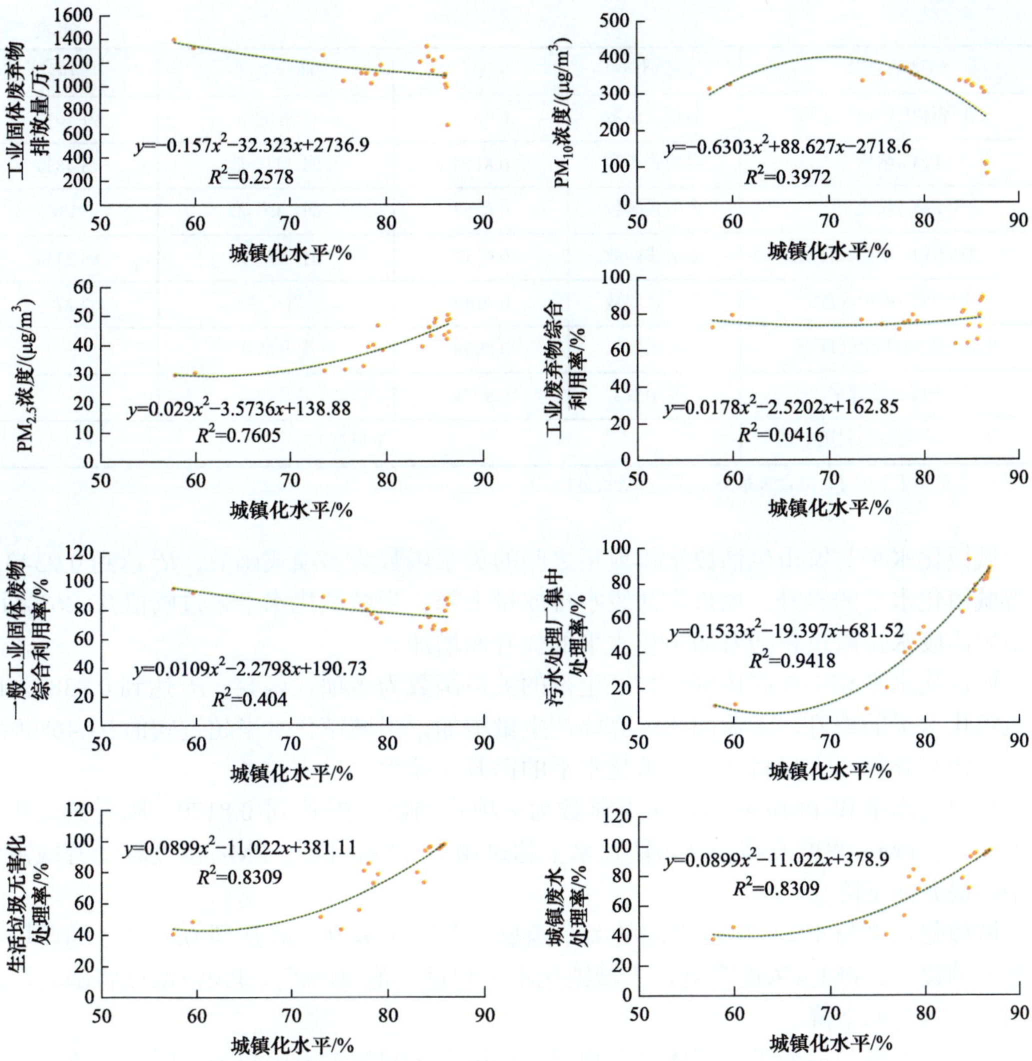

图 5.3 北京市城镇化水平与环境污染指标的关系函数曲线图

3. 天津市城镇化与环境污染的关系曲线呈现出多项式函数和幂函数的关系

通过分析天津市城镇化与环境污染的关系函数（表 5.9），结果显示，天津市城镇化与环境污染所选取的 12 个指标中的 8 个具有显著的交互耦合关系。

表 5.9 天津市城镇化与环境污染的单要素交互耦合关系函数分析表

污染单要素	函数类型	R^2	曲线类型	阈值
城市生活废水排放量	多项式函数	0.9343	“U” 形	93.26%
工业烟（粉）尘排放量	不显著			
工业废水排放量	不显著			
工业 SO_2 排放量	不显著			

续表

污染单要素	函数类型	R^2	曲线类型	阈值
工业固体废弃物产生量	多项式函数	0.9384	上升曲线	91.46%
PM_{10}浓度	多项式函数	0.8170	倒“U”形	73.48%
$PM_{2.5}$浓度	多项式函数	0.8257	倒“U”形	81%
一般工业固体废弃物综合利用率	多项式函数	0.9147	倒“U”形	88.23%
污水处理厂集中处理率	多项式函数	0.9147	“U”形	62.27%
生活垃圾无害化处理率	幂函数	0.8968	上升曲线	—
城镇废水处理率	幂函数	0.8975	上升曲线	—
工业废弃物综合利用率	不显著			

注：当R^2小于0.6时，耦合关系不显著，不进行分析。

城镇化水平与城市生活废水排放量之间的关系函数为多项式函数，R^2达到0.9343。随着城镇化水平的提升，城市生活废水排放量下降，当城镇化水平超过阈值93.26%后，城市生活废水排放量将随着城镇化水平的提升而增加。

城镇化水平和工业固体废弃物产生量的关系函数为多项式函数，R^2达到0.9384。随着城镇化水平的提升，工业固体废弃物产生量增加，当城镇化水平超过阈值91.46%后，工业固体废弃物产生量将随着城镇化水平的提升而减少。

城镇化水平和PM_{10}浓度的关系函数为多项式函数，R^2达到0.8170。随着城镇化水平的提升，PM_{10}浓度升高，当城镇化水平超过阈值73.48%后，PM_{10}浓度将随着城镇化水平的提升而下降。

城镇化水平与$PM_{2.5}$浓度之间的关系函数为多项式函数，R^2达到0.8257。随着城镇化水平的提升，$PM_{2.5}$浓度升高，当城镇化水平超过阈值81%后，$PM_{2.5}$浓度将随着城镇化水平的提升而下降。

城镇化水平与一般工业固体废弃物综合利用率之间的关系函数为多项式函数，R^2达到0.9147。随着城镇化水平的提升，一般工业固体废弃物综合利用率提高，当城镇化水平超过阈值88.23%后，一般工业固体废弃物综合利用率将随着城镇化水平的提升而降低。

城镇化水平和污水处理厂集中处理率的关系函数为多项式函数，R^2达到0.9147。随着城镇化水平的提升，污水处理厂集中处理率先降低，当城镇化水平超过阈值62.27%后，污水处理厂集中处理率将随着城镇化水平的提升而提高。

城镇化水平和生活垃圾无害化处理率的关系函数为幂函数，R^2达到0.8968。生活垃圾无害化处理率随着城镇化水平的提升而提高。

城镇化水平和城镇废水处理率的关系函数为幂函数，R^2达到0.8975。城镇废水处理率随着城镇化水平的提升而提高。

城镇化水平与工业废水排放量、工业SO_2排放量、工业烟（粉）尘排放量、工业废弃物综合利用率的关系函数无法通过检验，不进行分析（图5.4）。

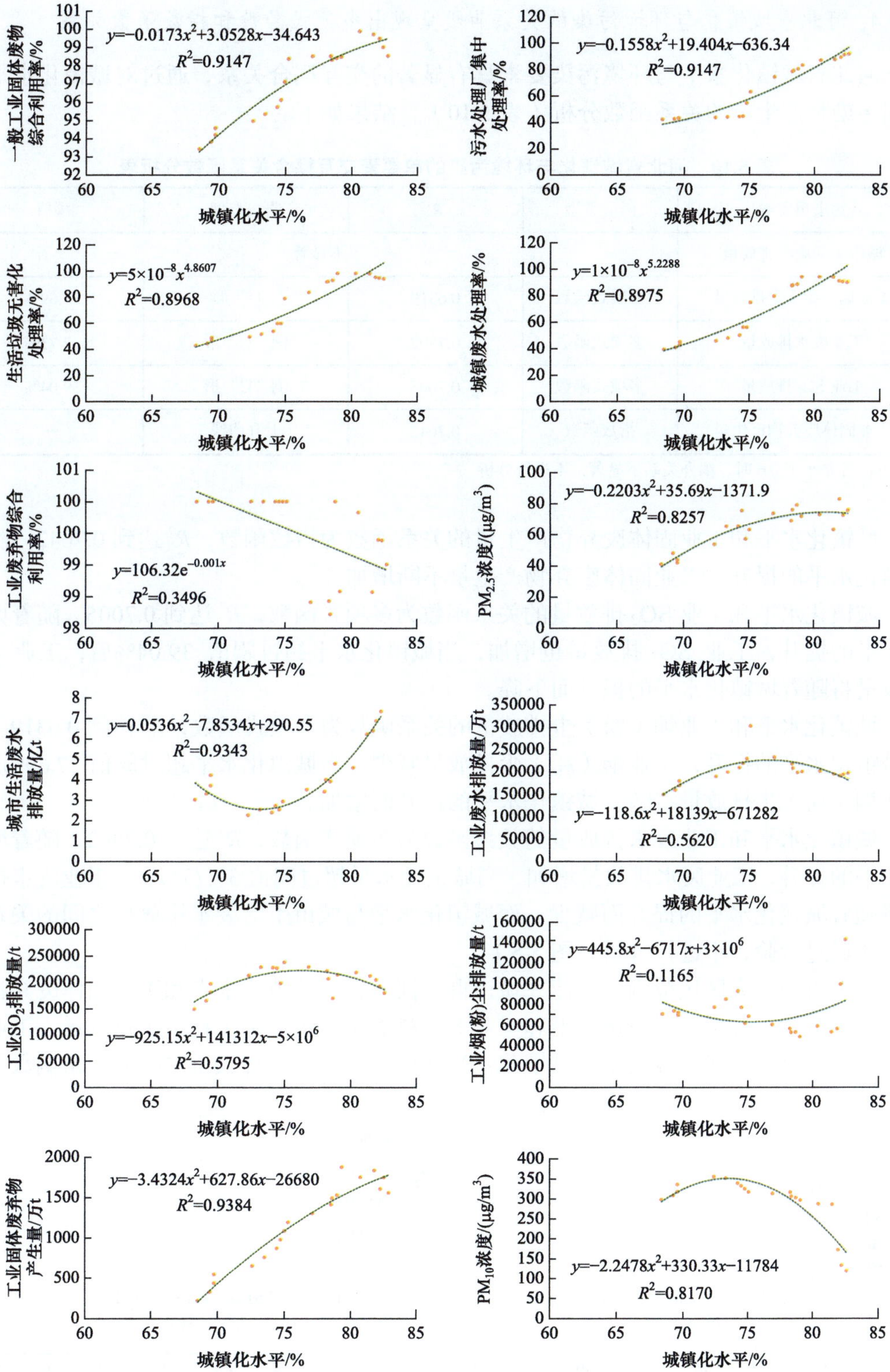

图 5.4 天津市城镇化水平与环境污染指标的关系函数曲线图

4. 河北省城镇化与环境污染的关系曲线呈现出多项式函数和指数函数关系

河北省城镇化水平与环境污染要素具有显著的交互耦合关系，通过对城镇化水平和不同污染物产生量的关系函数分析（表 5.10），结果如下。

表 5.10　河北省城镇化与环境污染的单要素交互耦合关系函数分析表

污染单要素	函数类型	R^2	曲线类型	阈值
城市生活废水排放量	不显著			
工业烟（粉）尘排放量	多项式函数	0.6319	“U”形	27.69%
工业废水排放量	多项式函数	0.7502	倒“U”形	37.73%
工业 SO_2 排放量	多项式函数	0.7005	倒“U”形	39.04%
工业固体废弃物产生量	指数函数	0.7642	上升曲线	—

注：当 R^2 小于 0.6 时，耦合关系不显著，不进行分析。

城镇化水平和工业固体废弃物产生量的关系函数为指数函数，R^2 达到 0.7642。随着城镇化水平的提升，工业固体废弃物产生量不断增加。

城镇化水平和工业 SO_2 排放量的关系函数为多项式函数，R^2 达到 0.7005。随着城镇化水平的提升，工业 SO_2 排放量也增加，当城镇化水平超过阈值 39.04%后，工业 SO_2 排放量将随着城镇化水平的提升而下降。

城镇化水平和工业烟（粉）尘排放量的关系函数为多项式函数，R^2 达到 0.6319。随着城镇化水平的提升，工业烟（粉）尘排放量减少，当城镇化水平超过阈值 27.69%后，工业烟（粉）尘排放量将随着城镇化水平的提升而增加。

城镇化水平和工业废水排放量的关系函数为多项式函数，R^2 达到 0.7502。随着城镇化水平的提升，工业废水排放量增加，当城镇化水平超过阈值 37.73%后，工业废水排放量将随着城镇化水平的提升而减少。而城镇化水平与城市生活废水排放量之间的关系函数无法通过检验，不进行分析（图 5.5）。

综上可知，大区域范围（京津冀城市群、河北省）城镇化水平和工业固体废弃物产生量呈指数函数关系，城镇化水平和工业 SO_2 排放量、工业烟（粉）尘排放量、工业废水排放量均呈多项式函数关系，城镇化水平和城市生活废水排放量之间的关系函数无法通过检验。

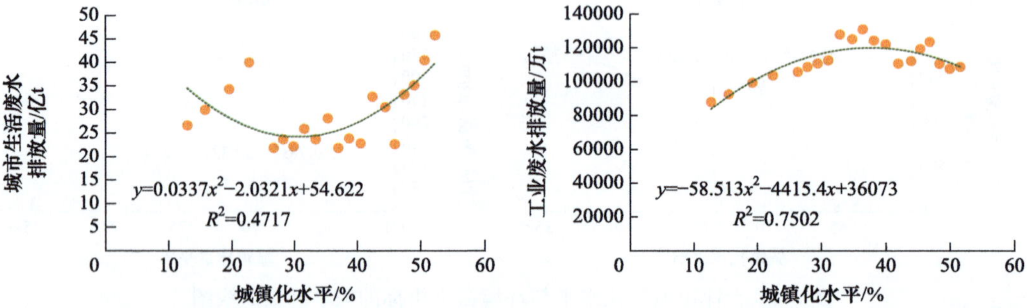

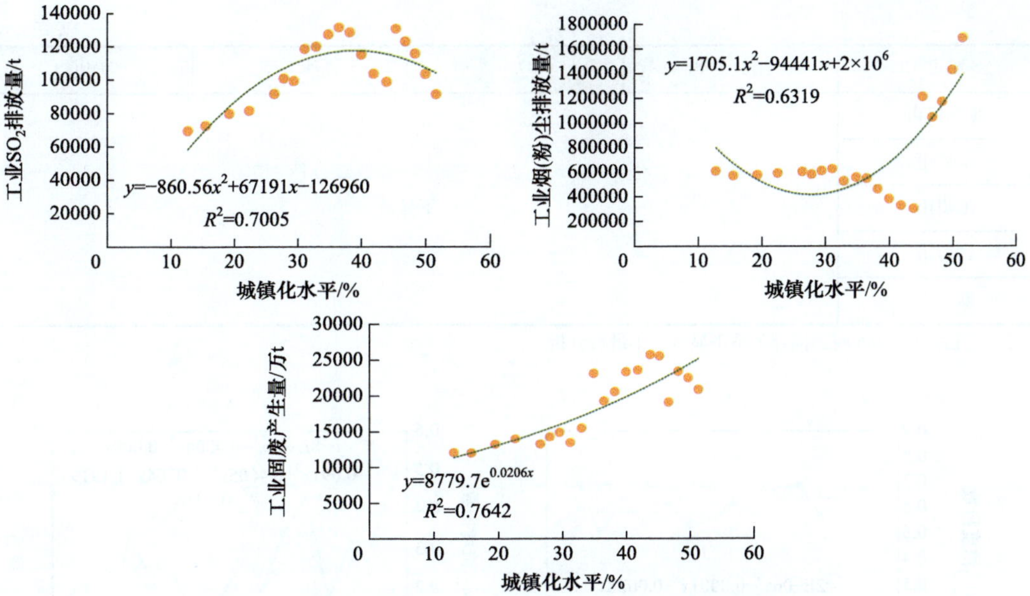

图 5.5　河北省城镇化水平与环境污染指标的关系函数曲线图

（二）城镇化与空气污染的单要素耦合规律

（1）从京津冀城市群综合城镇化指数与 $PM_{2.5}$ 浓度指数的耦合规律分析，随着综合城镇化指数的提升，$PM_{2.5}$浓度指数波动下降。通过对 13 个城市的综合城镇化指数与 $PM_{2.5}$ 浓度指数的关系函数曲线进行分析（表 5.11），结果显示，北京市的综合城镇化指数和 $PM_{2.5}$ 浓度指数的关系函数为多项式函数，R^2 达到 0.6635。随着综合城镇化指数的提高，$PM_{2.5}$ 浓度指数随之波动下降。唐山市的综合城镇化指数和 $PM_{2.5}$ 浓度指数的关系函数为多项式函数，R^2 达到 0.6990。在综合城镇化指数在 0.21～0.35 时，$PM_{2.5}$ 浓度指数下降幅度较大。天津市、石家庄市、秦皇岛市、邯郸市、邢台市、保定市、张家口市、承德市、沧州市、廊坊市、衡水市的综合城镇化指数和 $PM_{2.5}$ 浓度指数的关系函数无法通过检验，不进行分析（图 5.6）。

表 5.11　京津冀城市群城市综合城镇化指数与 $PM_{2.5}$ 浓度指数的耦合关系函数分析表

城市	函数类型	R^2	曲线类型	阈值
北京市	多项式函数	0.6635	波动下降	—
天津市	不显著			
石家庄市				
唐山市	多项式函数	0.6990	波动下降	—
秦皇岛市	不显著			
邯郸市				
邢台市				
保定市				

续表

城市	函数类型	R^2	曲线类型	阈值
张家口市				
承德市				
沧州市	不显著			
廊坊市				
衡水市				

注：当 R^2 小于 0.6 时，耦合关系不显著，不进行分析。

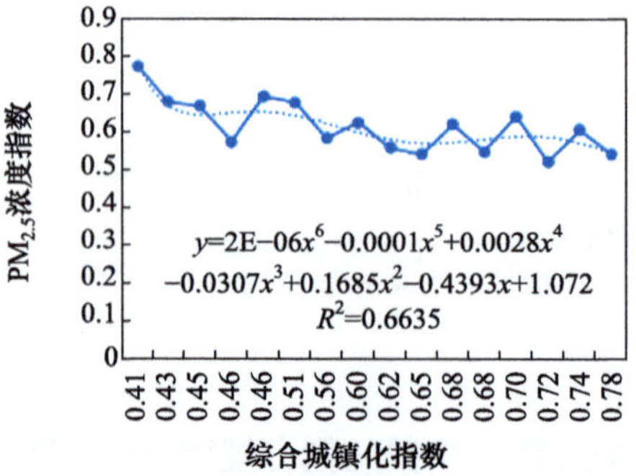

(a) 北京市

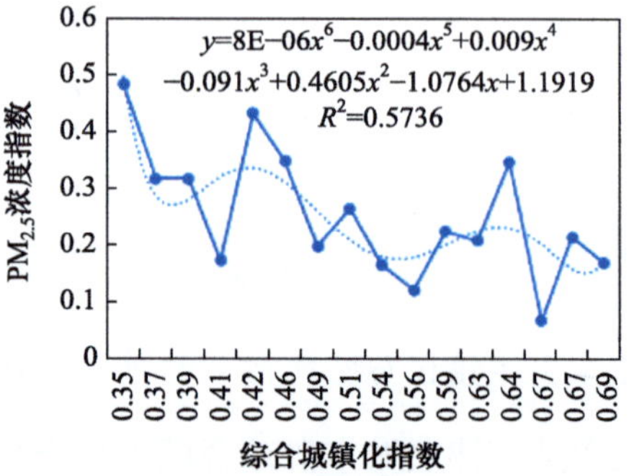

(b) 天津市

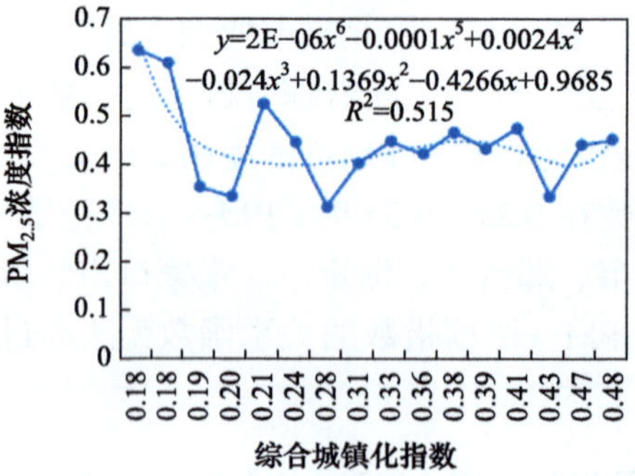

(c) 石家庄市

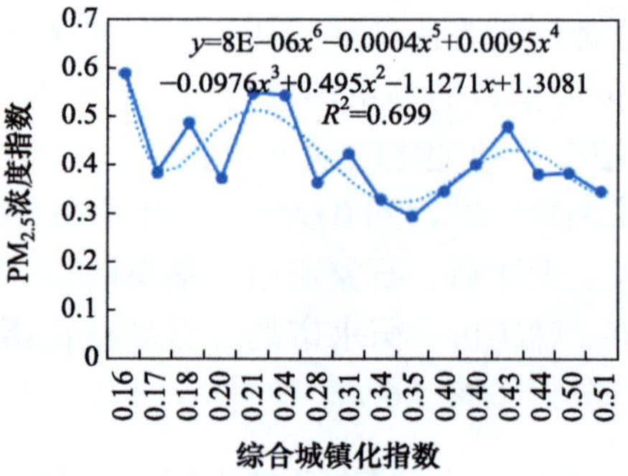

(d) 唐山市

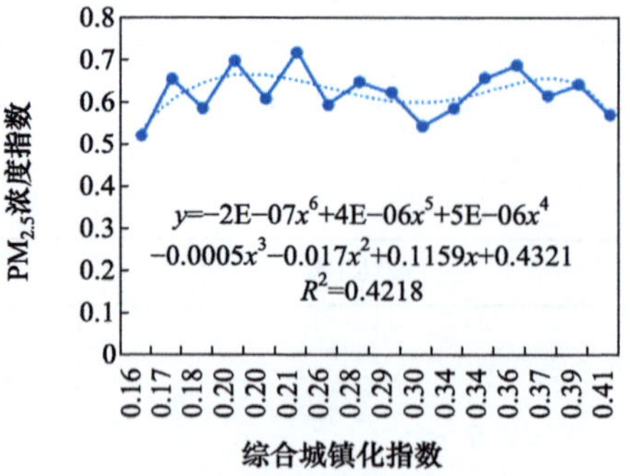

(e) 秦皇岛市

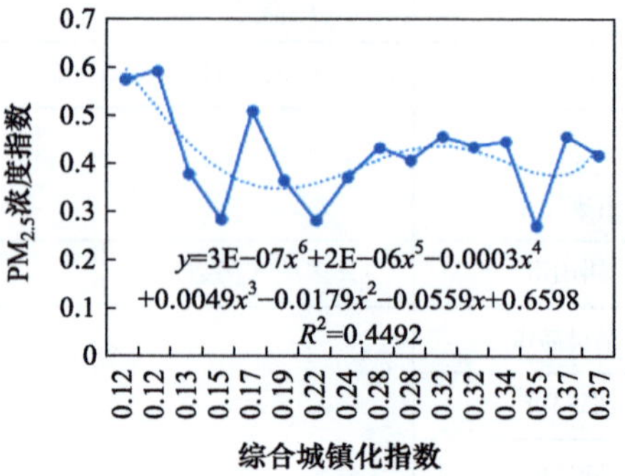

(f) 邯郸市

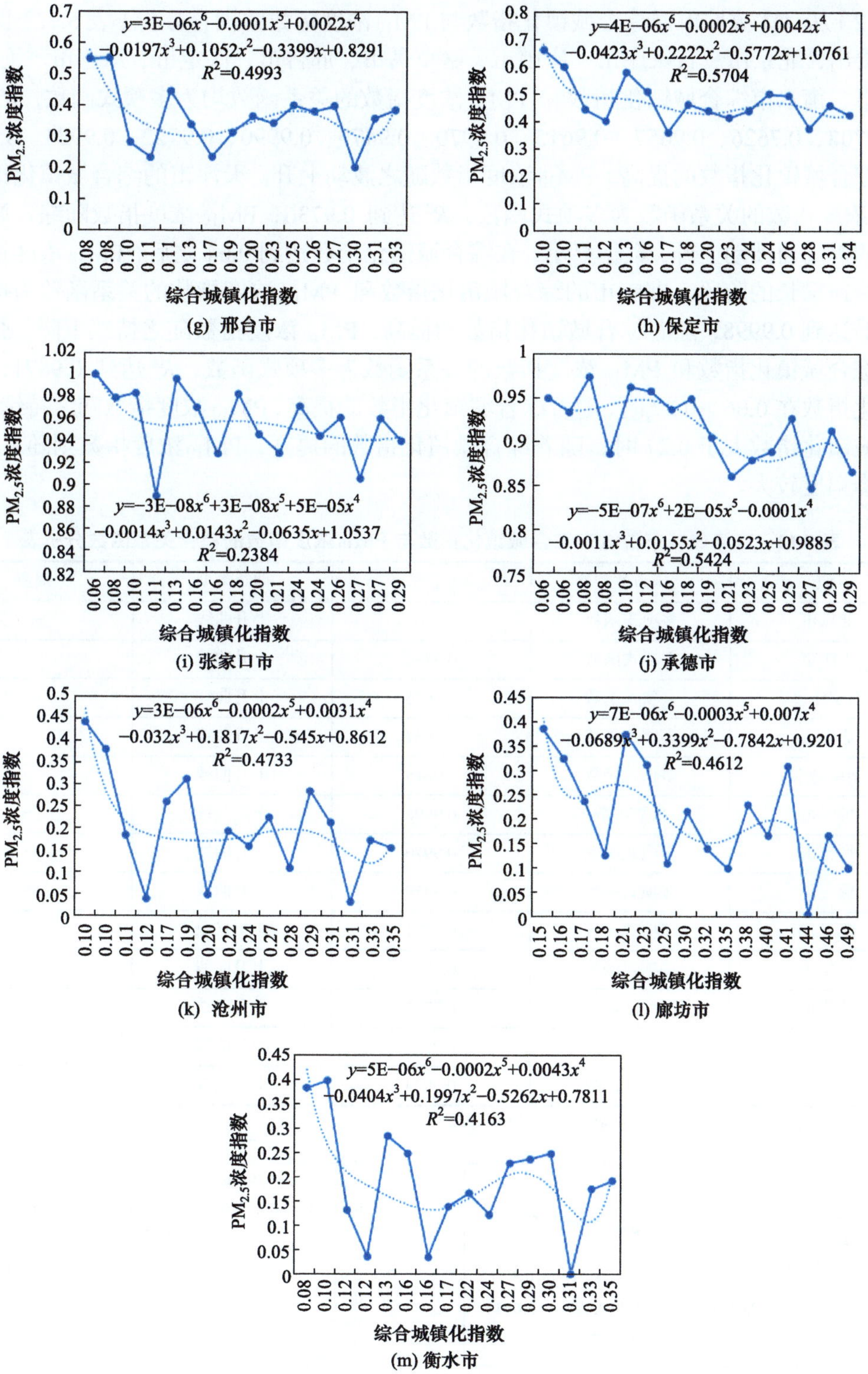

图 5.6 京津冀城市群城市综合城镇化指数与 $PM_{2.5}$ 浓度指数的耦合关系曲线图

（2）从京津冀城市群综合城镇化指数与 PM_{10} 浓度指数的耦合分析（表 5.12，图 5.7）可以看出，北京市、石家庄市、唐山市、秦皇岛市、邢台市、保定市、承德市、沧州市、廊坊市、衡水市综合城镇化指数和 PM_{10} 浓度指数的关系函数均为多项式函数，R^2 分别为 0.9708、0.7626、0.9657、0.9615、0.9970、0.9479、0.9990、0.9722、0.9984、0.9924，随着综合城镇化指数的提高，PM_{10} 浓度指数随之波动上升。天津市的综合城镇化指数和 PM_{10} 浓度指数的关系函数为多项式函数，R^2 达到 0.9736，PM_{10} 浓度指数随综合城镇化指数的提高而波动上升，数据显示，在综合城镇化指数达到 0.64 之后，PM_{10} 浓度指数有一个快速增长的阶段。邯郸市的综合城镇化指数和 PM_{10} 浓度指数的关系函数为指数函数，R^2 达到 0.9998，随着综合城镇化指数的提高，PM_{10} 浓度指数随之持续下降。张家口市的综合城镇化指数和 PM_{10} 浓度指数的关系函数为多项式函数，R^2 达到 0.9871，综合城镇化指数在 0.06～0.27 时，随着综合城镇化指数的提高，PM_{10} 浓度指数随之持续上升，综合城镇化指数大于 0.27 时，随着综合城镇化指数的提高，PM_{10} 浓度指数则随之下降，且下降幅度较大。

表 5.12 京津冀城市群城市综合城镇化指数与 PM_{10} 浓度指数的耦合关系函数分析表

城市	函数类型	R^2	曲线类型	阈值
北京市	多项式函数	0.9708	上升曲线	—
天津市	多项式函数	0.9736	上升曲线	—
石家庄市	多项式函数	0.7626	上升曲线	—
唐山市	多项式函数	0.9657	上升曲线	—
秦皇岛市	多项式函数	0.9615	上升曲线	—
邯郸市	指数函数	0.9998	下降曲线	—
邢台市	多项式函数	0.9970	上升曲线	—
保定市	多项式函数	0.9479	上升曲线	—
张家口市	多项式函数	0.9871	倒“U”形	—
承德市	多项式函数	0.9990	上升曲线	—
沧州市	多项式函数	0.9722	上升曲线	—
廊坊市	多项式函数	0.9984	上升曲线	—
衡水市	多项式函数	0.9924	上升曲线	—

注：当 R^2 小于 0.6 时，耦合关系不显著，不进行分析。

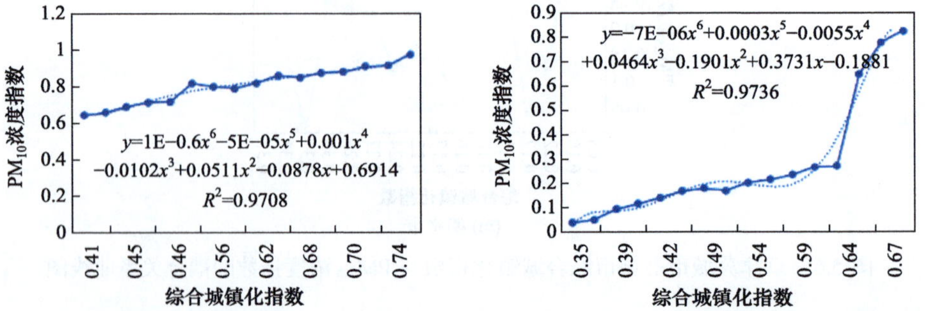

(a) 北京市　　(b) 天津市

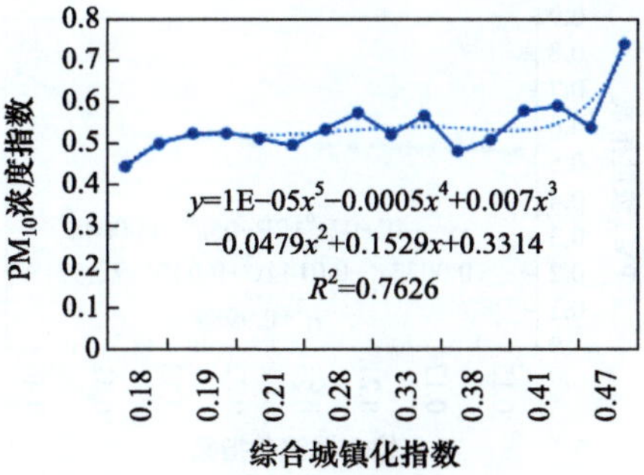

(c) 石家庄市

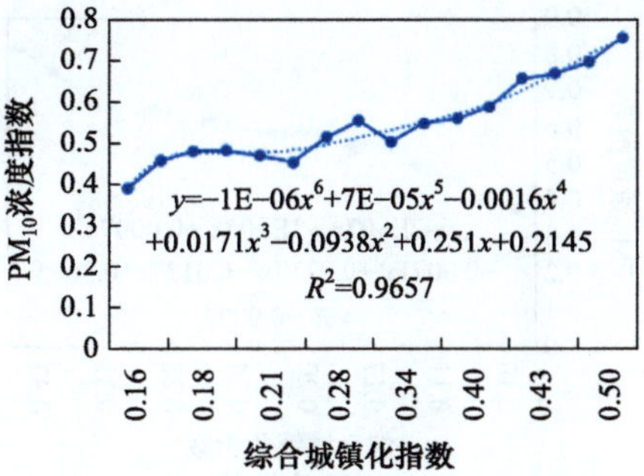

(d) 唐山市

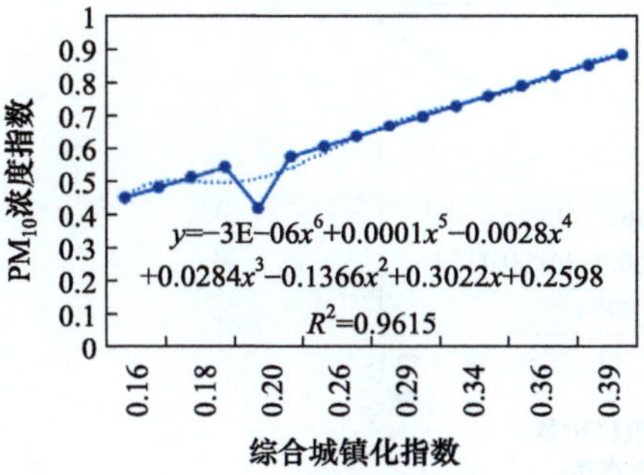

(e) 秦皇岛市

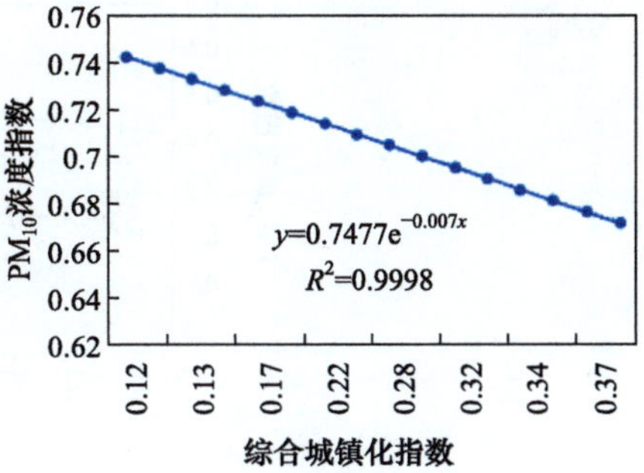

(f) 邯郸市

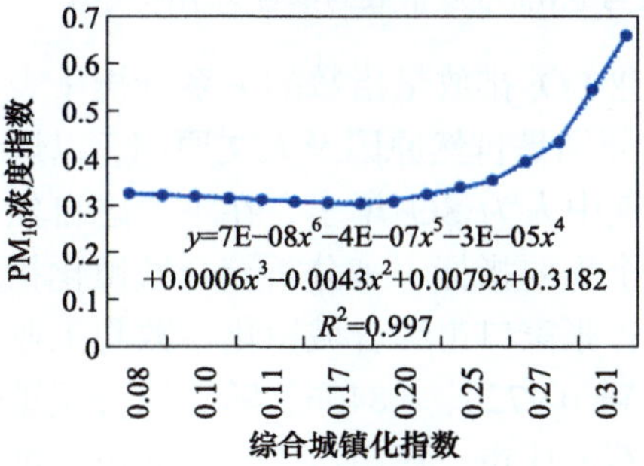

(g) 邢台市

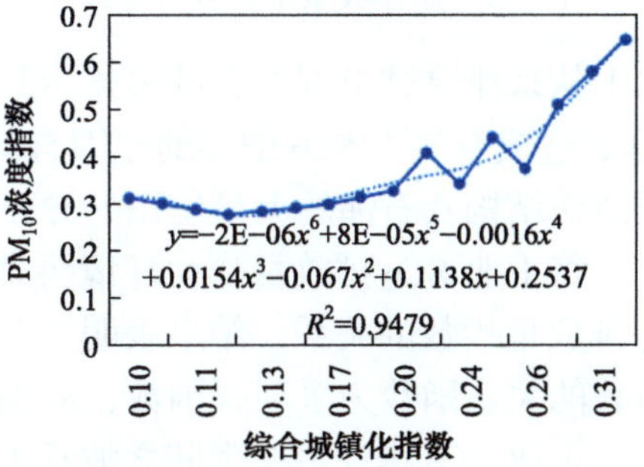

(h) 保定市

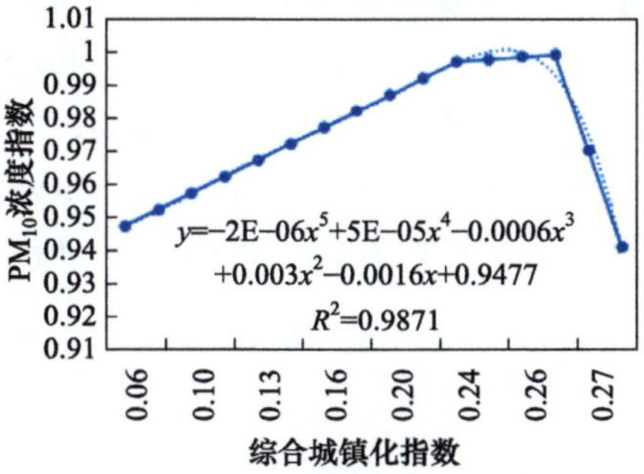

(i) 张家口市

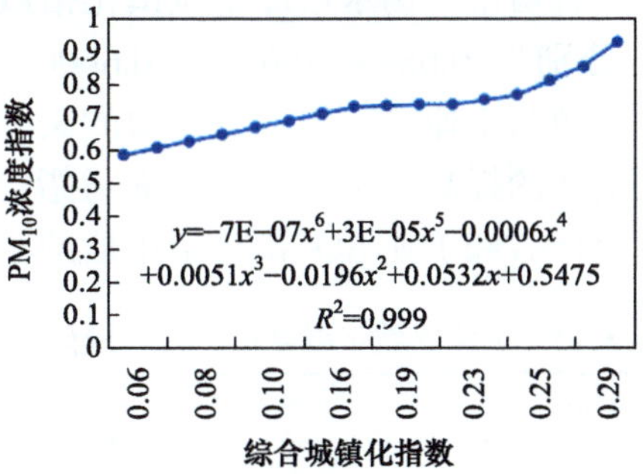

(j) 承德市

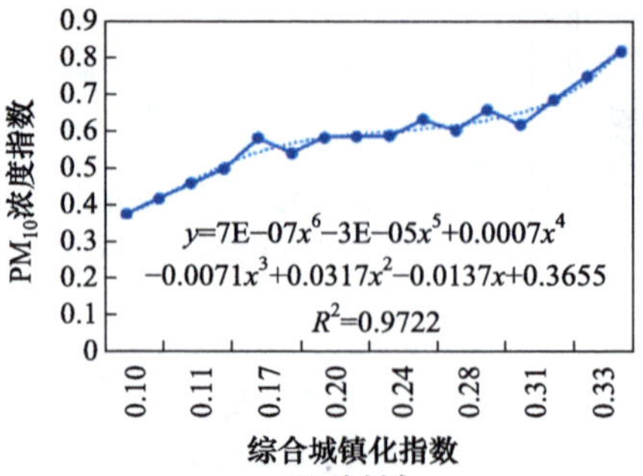

(k) 沧州市

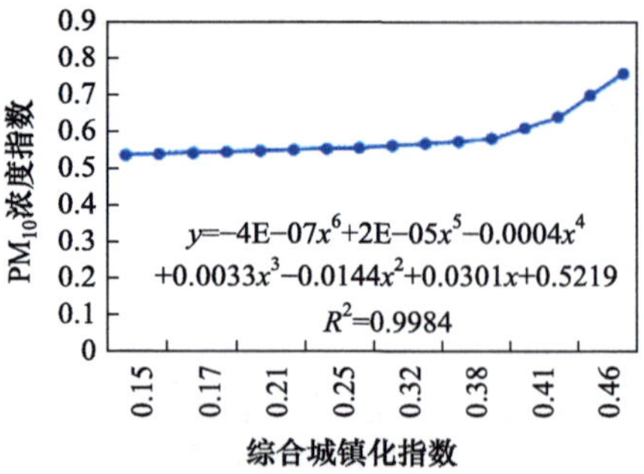

(l) 廊坊市

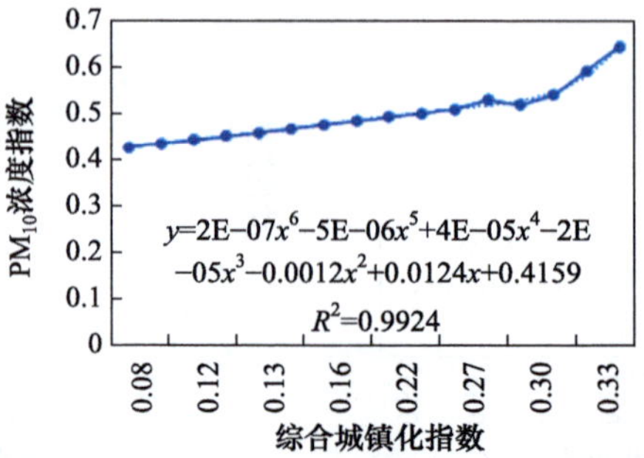

(m) 衡水市

图 5.7 京津冀城市群城市综合城镇化指数与 PM_{10} 浓度指数的耦合关系曲线图

（3）从京津冀城市群综合城镇化指数与工业 SO_2 排放量指数的关系分析（表 5.13，图 5.8），造成空气中 SO_2 增多的原因有两种，分别是自然原因及人文原因，以煤炭为主的能源消费结构及石油的大量使用，导致了空气中人为 SO_2 增多，在不考虑自然原因的情况下，将工业 SO_2 排放量作为环境污染的一个重要指标，来分析综合城镇化指数与工业 SO_2 排放量指数的关系，结果表明，北京市、张家口市综合城镇化指数与工业 SO_2 排放量指数的关系函数为多项式函数，R^2 分别达到 0.9720、0.8406，随着综合城镇化指数的提高，工业 SO_2 排放量指数随之波动上升。石家庄市、唐山市、秦皇岛市、邯郸市、承德市、廊坊市、衡水市综合城镇化指数与工业 SO_2 排放量指数的关系函数为多项式函数，R^2 分别为 0.6834、0.6518、0.6600、0.7851、0.7885、0.6414、0.8599。邢台市综合城镇化指数与工业 SO_2 排放量指数的关系函数为多项式函数，R^2 达到 0.9400，随着综合城镇化指数的提高，工业 SO_2 排放量指数随之波动下降。天津市、保定市、沧州市的综合城镇化指数和工业 SO_2 排放量指数的关系函数无法通过检验，不进行机理分析。

表 5.13 京津冀城市群城市综合城镇化指数与工业 SO_2 排放量指数的耦合关系函数分析表

城市	函数类型	R^2	曲线类型	阈值
北京市	多项式函数	0.9720	上升曲线	—
天津市	不显著			
石家庄市	多项式函数	0.6834	波动曲线	—
唐山市	多项式函数	0.6518	波动曲线	—
秦皇岛市	多项式函数	0.6600	波动曲线	—

续表

城市	函数类型	R^2	曲线类型	阈值
邯郸市	多项式函数	0.7851	波动曲线	—
邢台市	多项式函数	0.9400	波动下降	—
保定市	不显著			
张家口市	多项式函数	0.8406	波动上升	—
承德市	多项式函数	0.7885	波动曲线	—
沧州市	不显著			
廊坊市	多项式函数	0.6414	波动曲线	—
衡水市	多项式函数	0.8599	波动曲线	—

注：当 R^2 小于 0.6 时，耦合关系不显著，不进行分析。

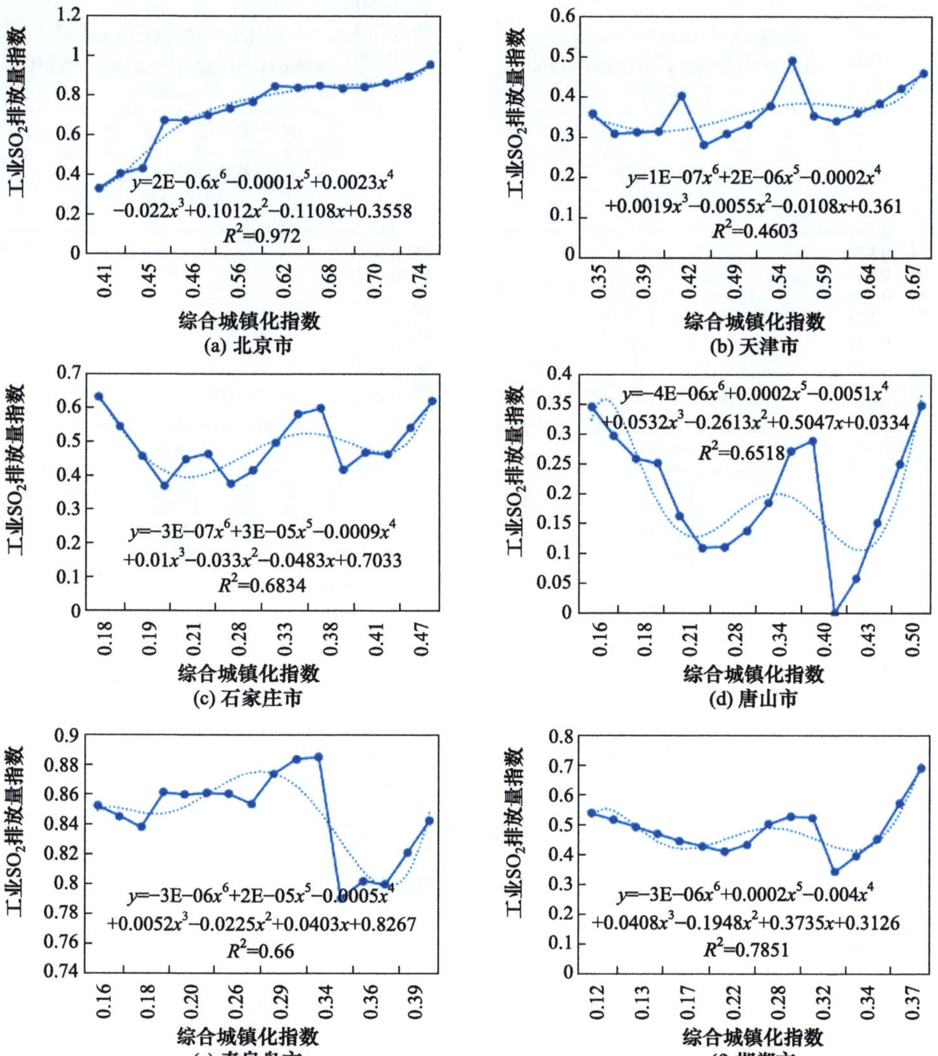

(a) 北京市　(b) 天津市
(c) 石家庄市　(d) 唐山市
(e) 秦皇岛市　(f) 邯郸市

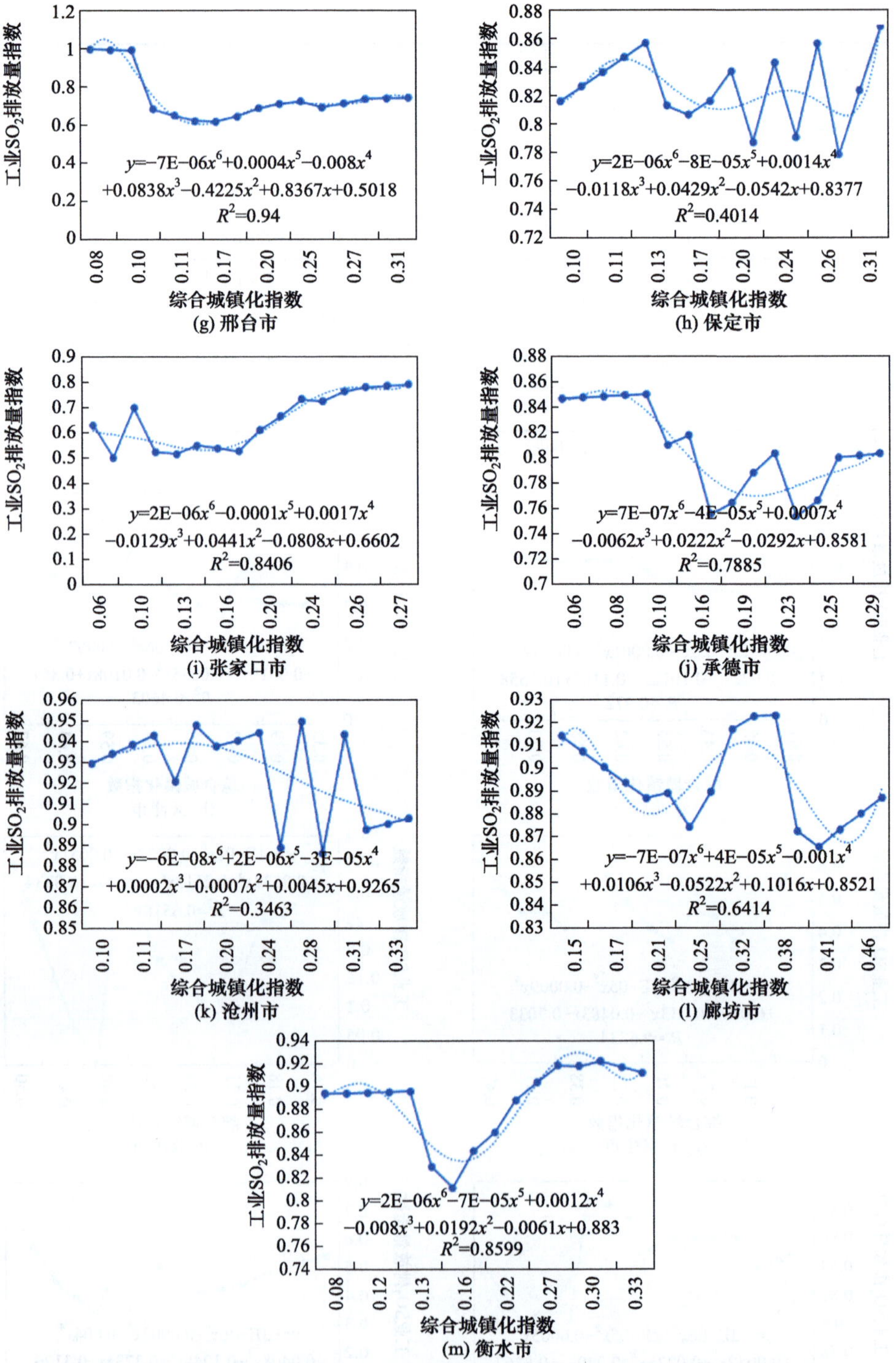

图 5.8　京津冀城市群城市综合城镇化指数与工业 SO_2 排放量指数的耦合关系曲线图

（三）城镇化与水污染的单要素耦合规律

（1）从京津冀城市群综合城镇化指数与城市生活废水排放量指数的关系分析

（表 5.14，图 5.9），各城市综合城镇化指数与城市生活废水排放量指数的关系函数均为多项式函数，R^2 分别为 0.9721、0.9806、0.7694、0.8409、0.8347、0.8409、0.8409、0.9134、0.8409、0.8409、0.9247、0.8409、0.7965，随着综合城镇化指数的提高，城市生活废水排放量指数随之波动下降，除北京、天津外，其他城市下降缓慢。

表 5.14　京津冀城市群城市综合城镇化指数与城市生活废水排放量指数的耦合关系函数分析表

城市	函数类型	R^2	曲线类型	阈值
北京市	多项式函数	0.9721	下降曲线	—
天津市	多项式函数	0.9806	下降曲线	—
石家庄市	多项式函数	0.7694	缓慢下降	—
唐山市	多项式函数	0.8409	缓慢下降	—
秦皇岛市	多项式函数	0.8347	缓慢下降	—
邯郸市	多项式函数	0.8409	缓慢下降	—
邢台市	多项式函数	0.8409	缓慢下降	—
保定市	多项式函数	0.9134	缓慢下降	—
张家口市	多项式函数	0.8409	缓慢下降	—
承德市	多项式函数	0.8409	缓慢下降	—
沧州市	多项式函数	0.9247	缓慢下降	—
廊坊市	多项式函数	0.8409	缓慢下降	—
衡水市	多项式函数	0.7965	缓慢下降	—

注：当 R^2 小于 0.6 时，耦合关系不显著，不进行分析。

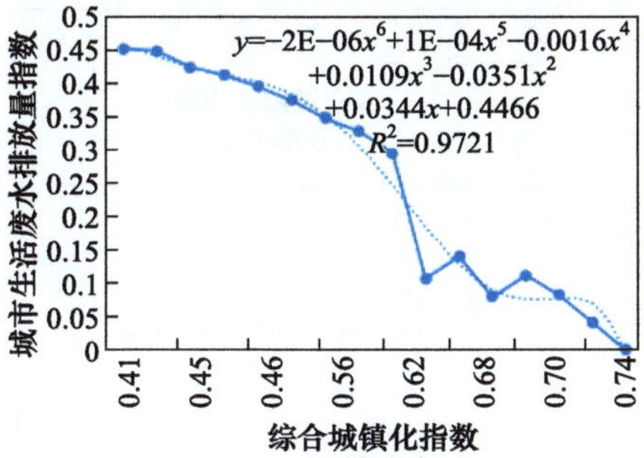

(a) 北京市

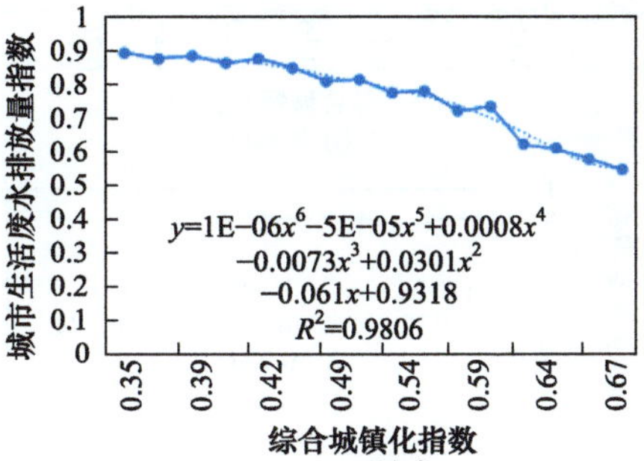

(b) 天津市

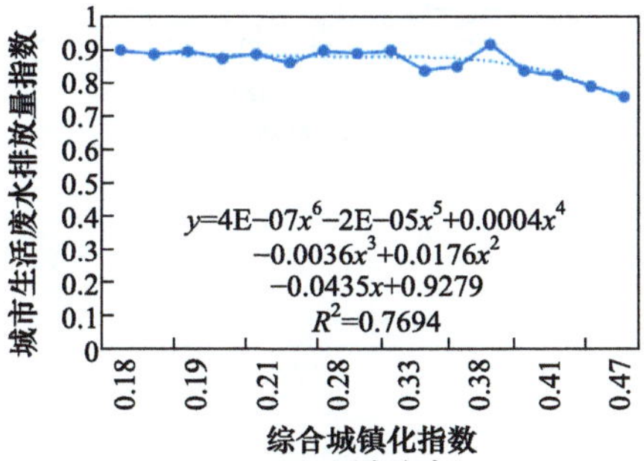

(c) 石家庄市

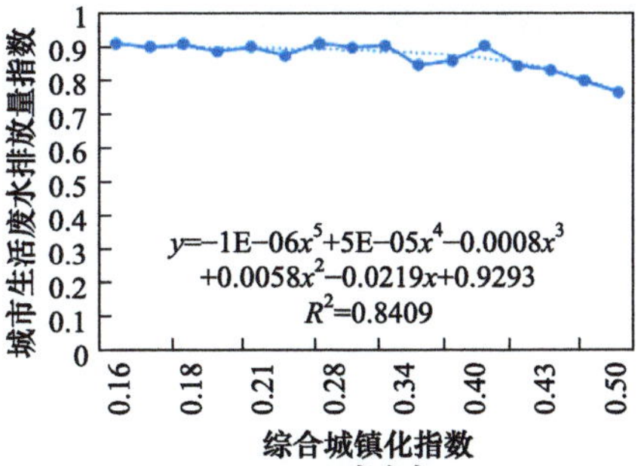

(d) 唐山市

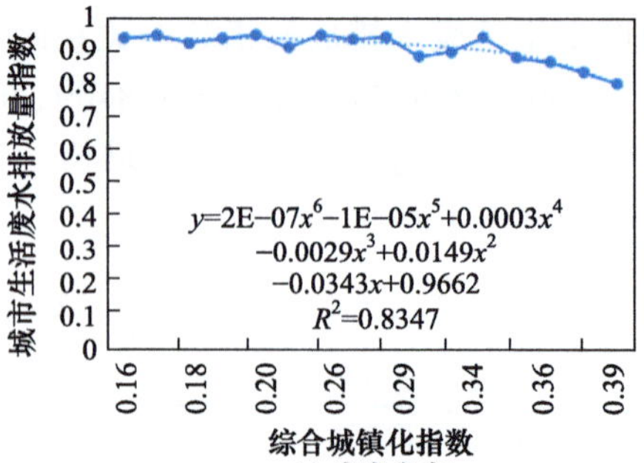

(e) 秦皇岛市

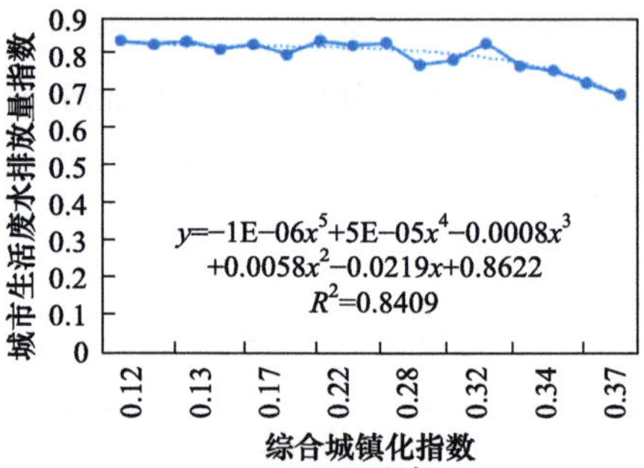

(f) 邯郸市

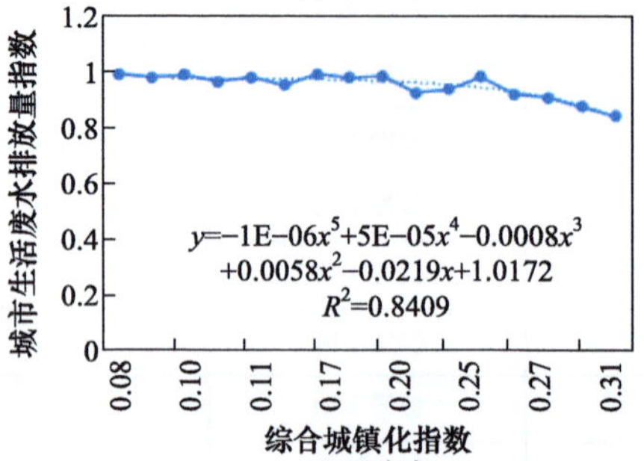

(g) 邢台市

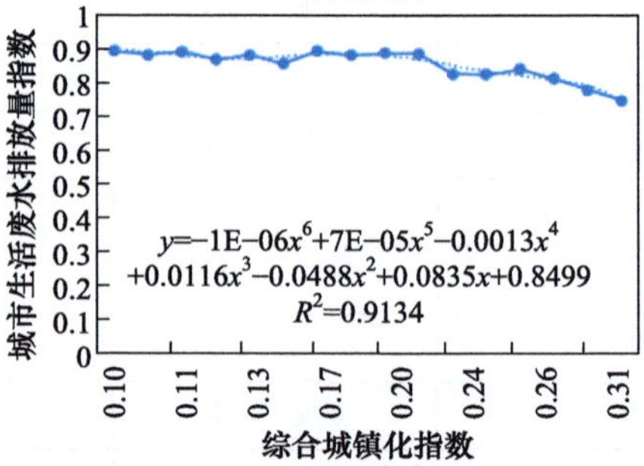

(h) 保定市

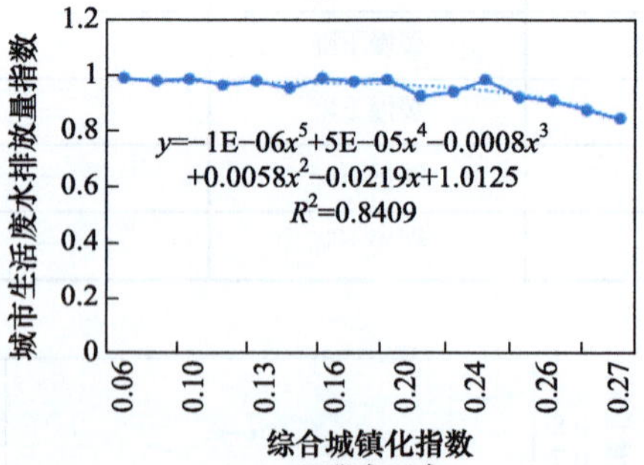

(i) 张家口市

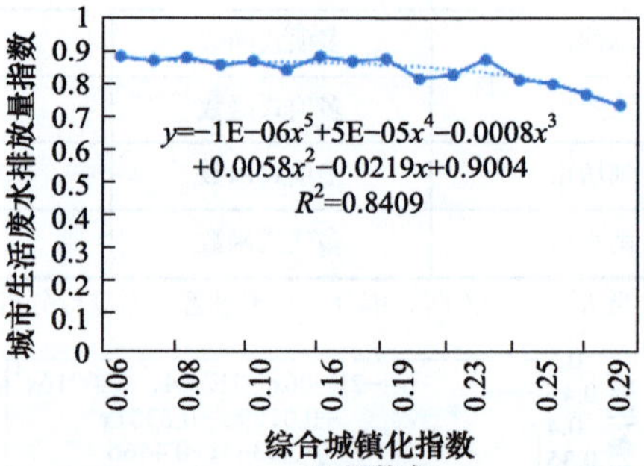

(j) 承德市

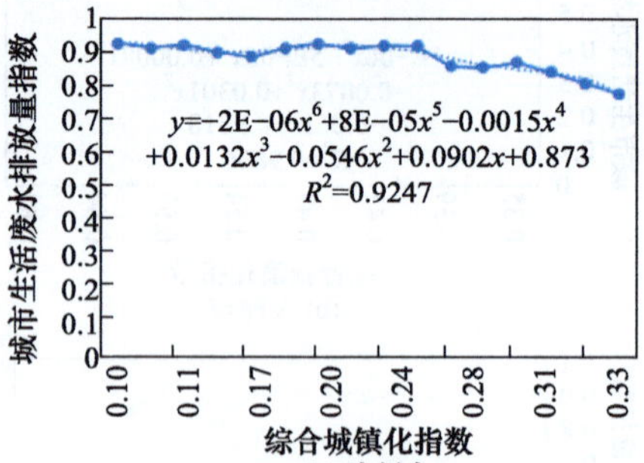

(k) 沧州市

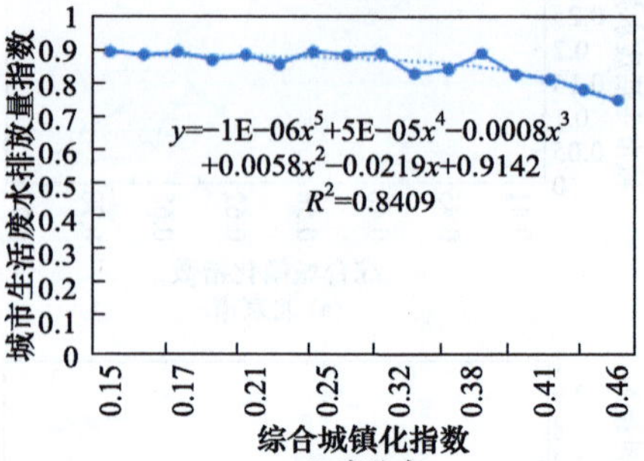

(l) 廊坊市

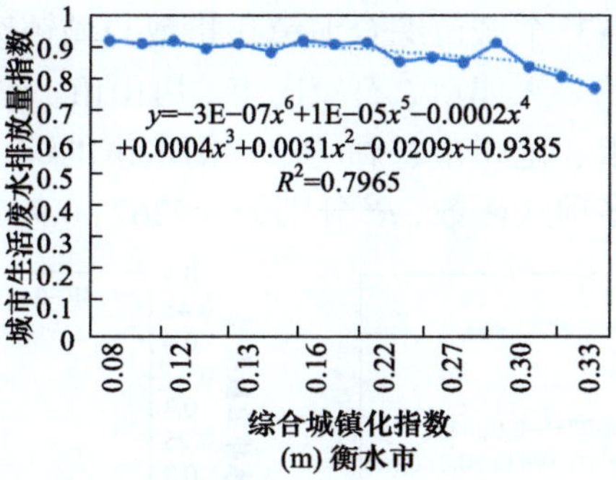

图 5.9　京津冀城市群城市综合城镇化指数与城市生活废水排放量指数的耦合关系曲线图

（2）从京津冀城市群 13 个城市综合城镇化指数与工业废水排放量指数的关系分析（表 5.15，图 5.10），北京市、唐山市、邯郸市、廊坊市的综合城镇化指数和工业废水排放量指数的关系函数为多项式函数，R^2 分别为 0.9478、0.8897、0.9679、0.9880，随着综合城镇化指数的提高，工业废水排放量指数随之波动上升。秦皇岛市、邢台市、沧州市、衡水市的综合城镇化指数和工业废水排放量指数的关系函数为多项式函数，R^2 分别为 0.6878、0.8984、0.6219、0.7642，随着综合城镇化指数的提高，工业废水排放量指数随之波动下降。天津市、石家庄市、承德市的综合城镇化指数和工业废水排放量指数的关系函数为多项式函数，R^2 分别为 0.6718、0.7525、0.7898。保定市、张家口市的综合城镇化指数和工业废水排放量指数的关系函数无法通过检验，不进行分析。

表 5.15　京津冀城市群城市综合城镇化指数与工业废水排放量指数的耦合关系函数分析表

城市	函数类型	R^2	曲线类型	阈值
北京市	多项式函数	0.9478	波动上升	—
天津市	多项式函数	0.6718	波动曲线	—
石家庄市	多项式函数	0.7525	波动曲线	—
唐山市	多项式函数	0.8897	波动上升	—
秦皇岛市	多项式函数	0.6878	波动下降	—
邯郸市	多项式函数	0.9679	波动上升	—
邢台市	多项式函数	0.8984	波动下降	—
保定市	不显著			
张家口市				
承德市	多项式函数	0.7898	波动曲线	—
沧州市	多项式函数	0.6219	波动下降	—
廊坊市	多项式函数	0.9880	波动上升	—
衡水市	多项式函数	0.7642	波动下降	—

注：当 R^2 小于 0.6 时，耦合关系不显著，不进行分析。

（3）从京津冀城市群 13 个城市综合城镇化指数与城镇废水处理率指数的关系分析（表 5.16，图 5.11），北京市、天津市、石家庄市、唐山市、秦皇岛市、邯郸市、邢台市、保定市、张家口市、承德市、沧州市、廊坊市、衡水市的综合城镇化指数与城镇废水处理率指数的关系函数均为多项式函数，R^2 分别为 0.9262、0.9820、0.9830、0.9824、0.9443、

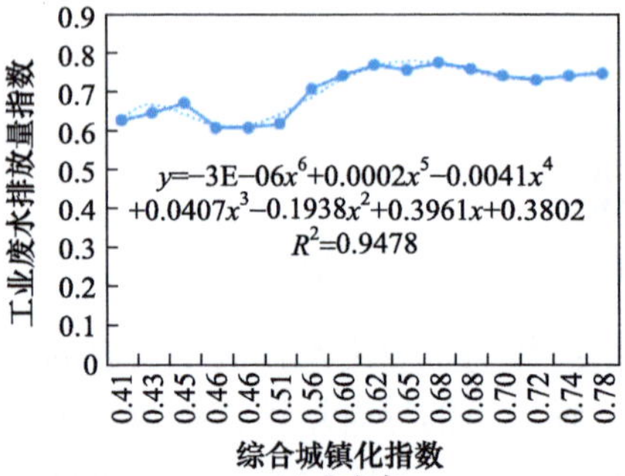

(a) 北京市

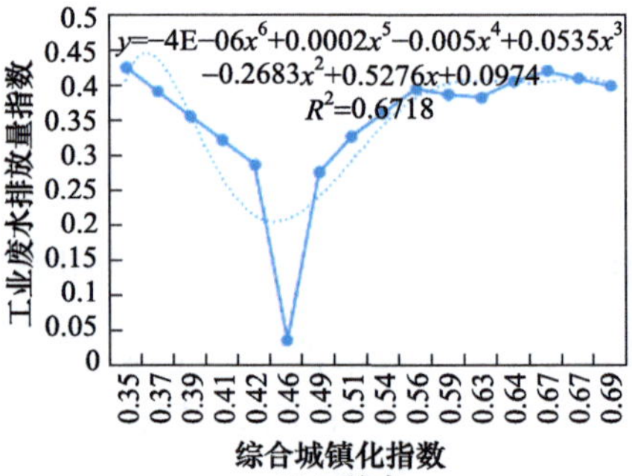

(b) 天津市

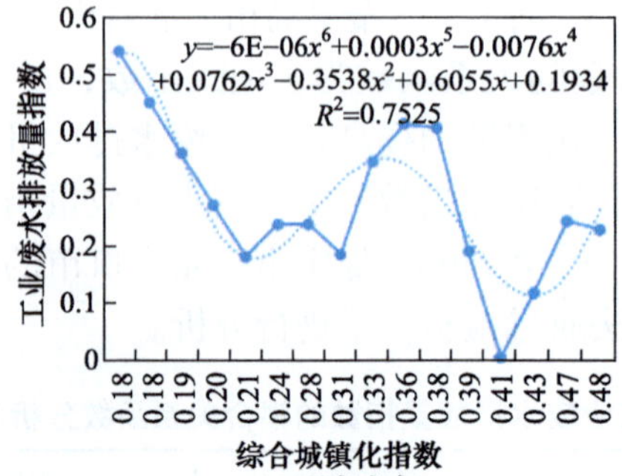

(c) 石家庄市

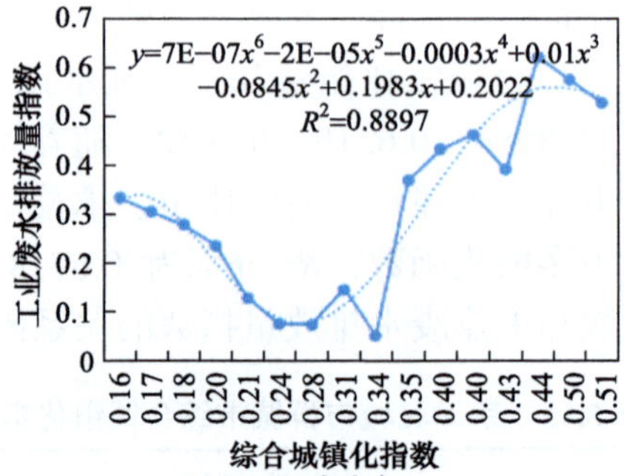

(d) 唐山市

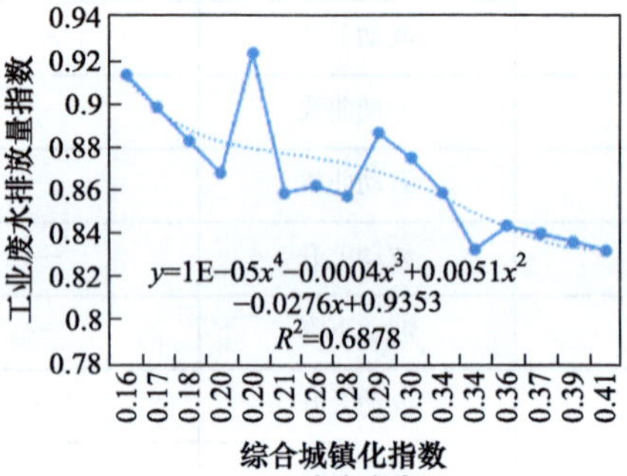

(e) 秦皇岛市

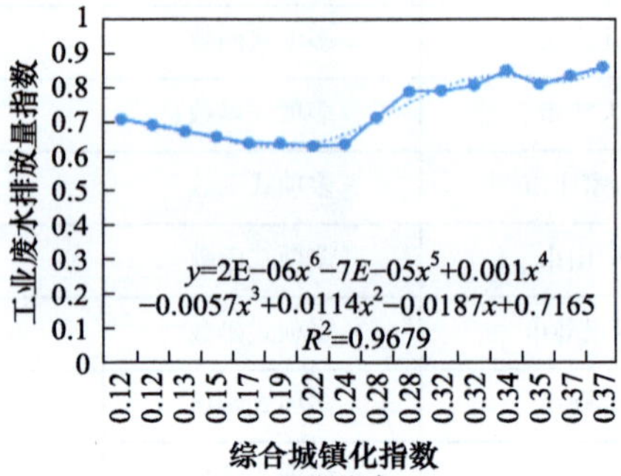

(f) 邯郸市

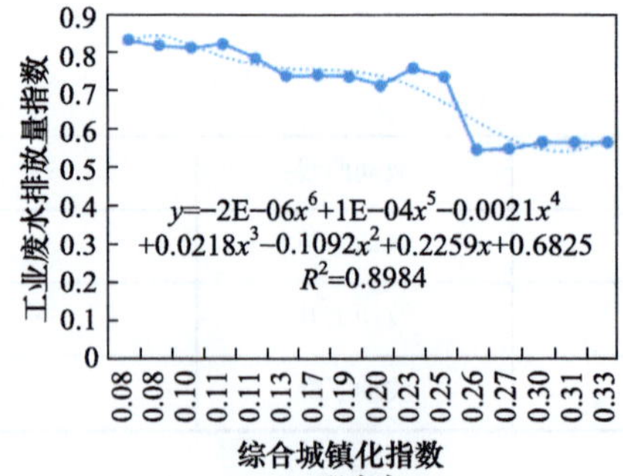

(g) 邢台市

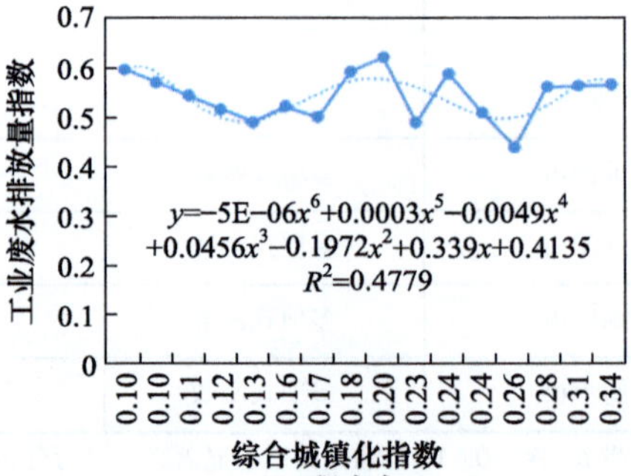

(h) 保定市

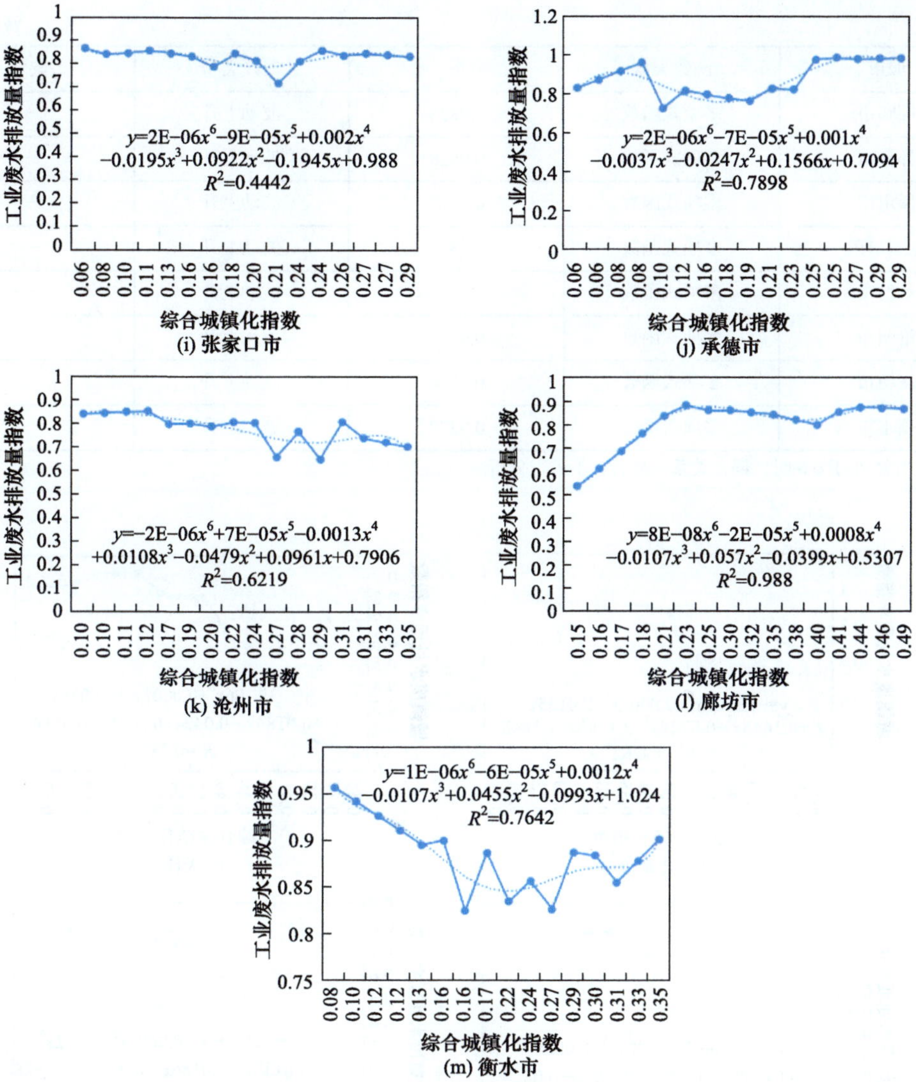

图 5.10　京津冀城市群城市综合城镇化指数与工业废水排放量指数的耦合关系曲线图

0.9828、0.9828、0.9817、0.9828、0.9828、0.9251、0.9828、0.9829，随着综合城镇化指数的提高，城镇废水处理率指数随之波动上升，北京市上升幅度相对较小。

表 5.16　京津冀城市群城市综合城镇化指数与城镇废水处理率指数的耦合关系函数分析表

城市	函数类型	R^2	曲线类型	阈值
北京市	多项式函数	0.9262	波动上升	—
天津市	多项式函数	0.9820	波动上升	—
石家庄市	多项式函数	0.9830	波动上升	—
唐山市	多项式函数	0.9824	波动上升	—
秦皇岛市	多项式函数	0.9443	波动上升	—

续表

城市	函数类型	R^2	曲线类型	阈值
邯郸市	多项式函数	0.9828	波动上升	—
邢台市	多项式函数	0.9828	波动上升	—
保定市	多项式函数	0.9817	波动上升	—
张家口市	多项式函数	0.9828	波动上升	—
承德市	多项式函数	0.9828	波动上升	—
沧州市	多项式函数	0.9251	波动上升	—
廊坊市	多项式函数	0.9828	波动上升	—
衡水市	多项式函数	0.9829	波动上升	—

注：当 R^2 小于 0.6 时，耦合关系不显著，不进行分析。

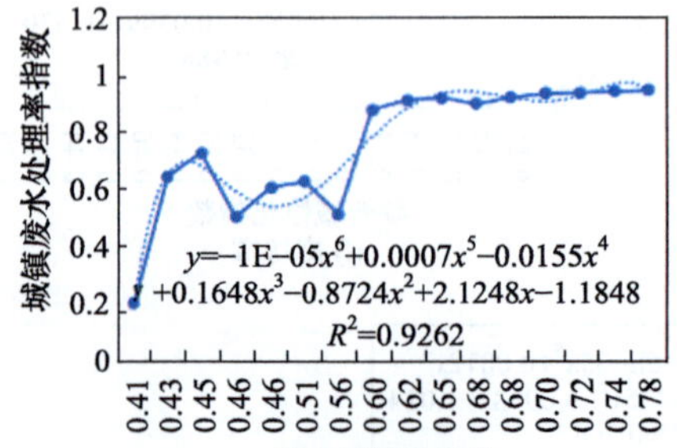

(a) 北京市

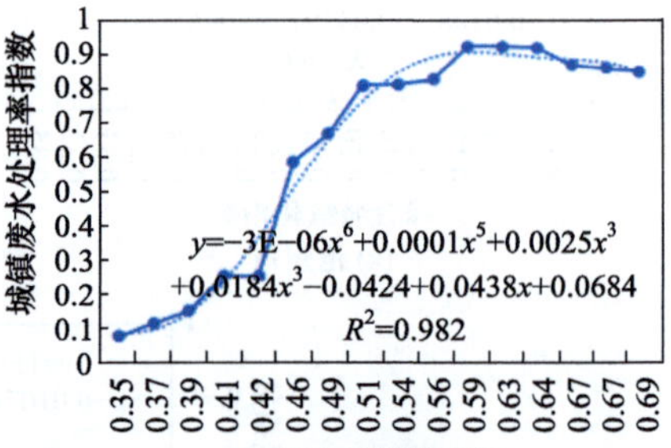

(b) 天津市

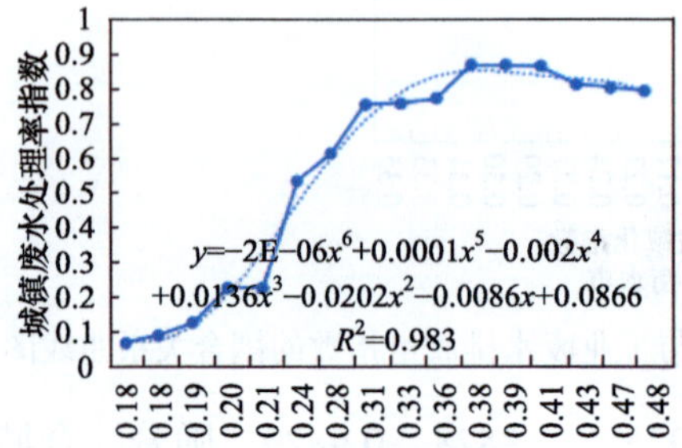

(c) 石家庄市

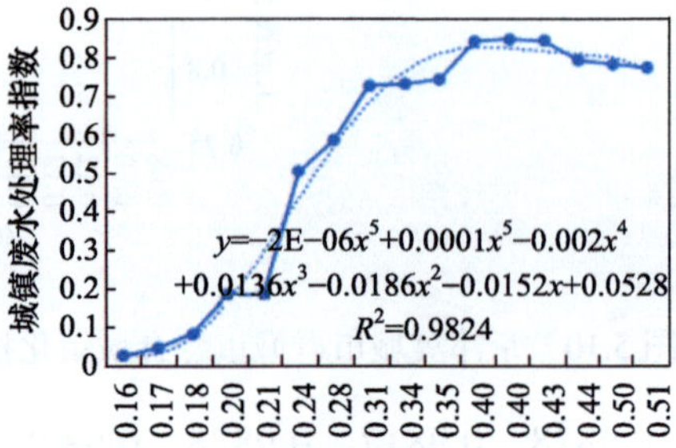

(d) 唐山市

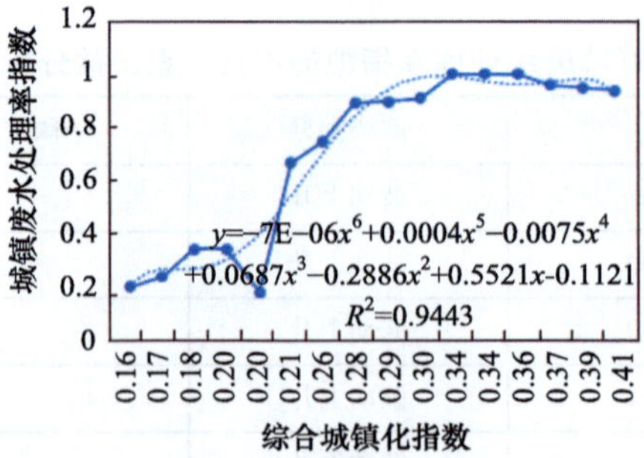

(e) 秦皇岛市

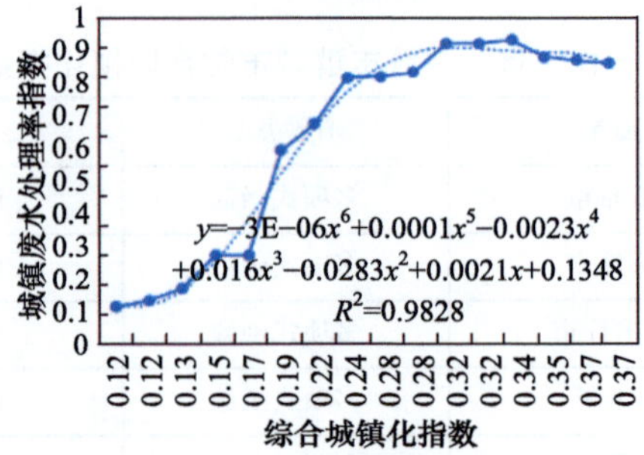

(f) 邯郸市

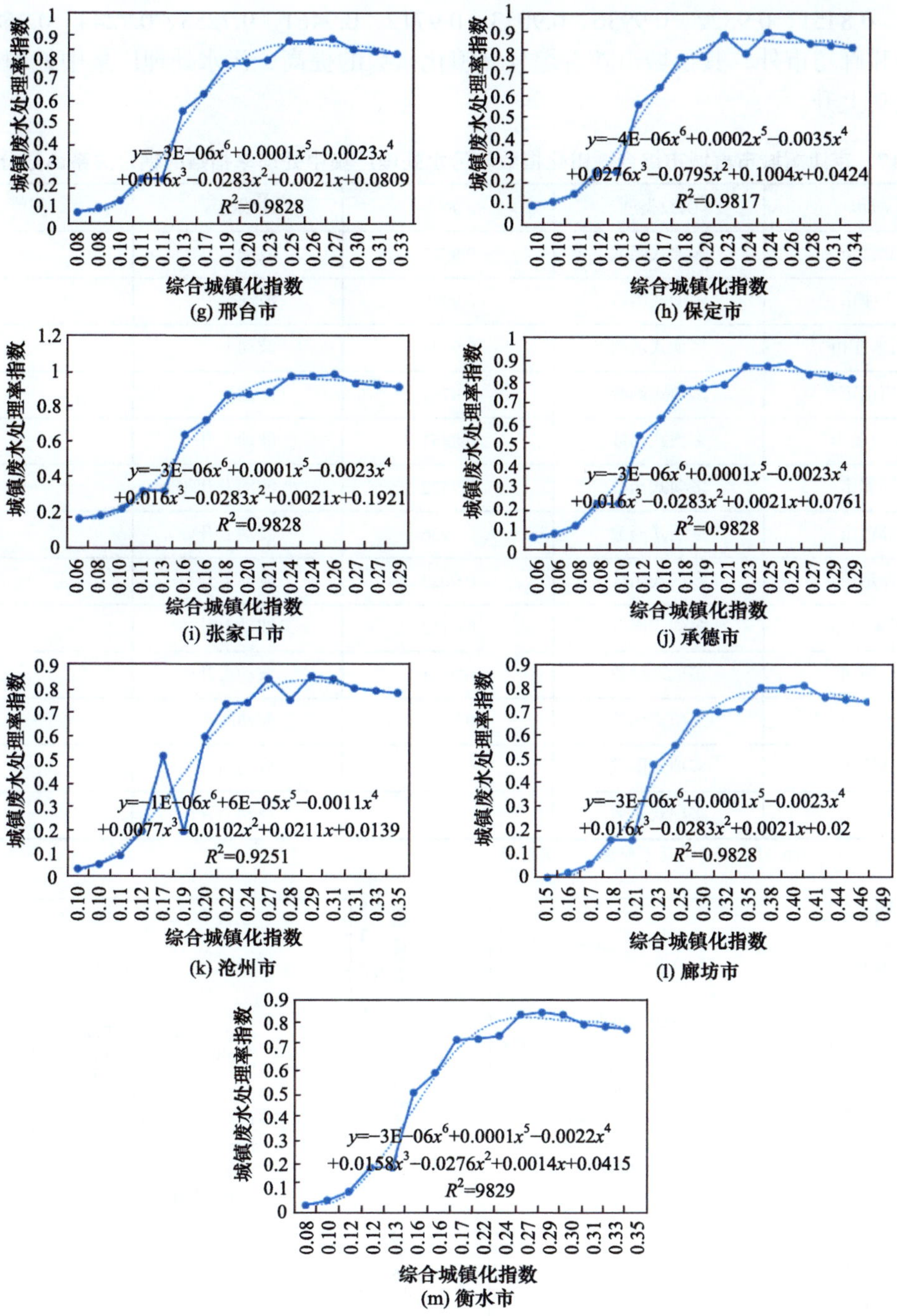

图 5.11 京津冀城市群城市综合城镇化指数与城镇废水处理率指数的耦合关系曲线图

（4）从京津冀城市群 13 个城市综合城镇化指数与污水处理厂集中处理率指数的关系分析（表 5.17，图 5.12），北京市、天津市、石家庄市、唐山市、秦皇岛市、邯郸市、邢台市、保定市、张家口市、承德市、沧州市、廊坊市、衡水市的综合城镇化指数与污水处理厂集中处理率指数的关系函数均为多项式函数，R^2 分别为 0.8927、0.9920、0.9647、

0.9791、0.8451、0.9522、0.9936、0.9023、0.9712、0.9461、0.7253、0.7244、0.9685，除沧州市和廊坊市外，其他城市随着综合城镇化指数的提高，污水处理厂集中处理率指数随之波动上升。

表 5.17　京津冀城市群城市综合城镇化指数与污水处理厂集中处理率指数的耦合关系函数分析表

城市	函数类型	R^2	曲线类型	阈值
北京市	多项式函数	0.8927	波动上升	—
天津市	多项式函数	0.9920	波动上升	—
石家庄市	多项式函数	0.9647	波动上升	—
唐山市	多项式函数	0.9791	波动上升	—
秦皇岛市	多项式函数	0.8451	波动上升	—
邯郸市	多项式函数	0.9522	波动上升	—
邢台市	多项式函数	0.9936	波动上升	—
保定市	多项式函数	0.9023	波动上升	—
张家口市	多项式函数	0.9712	波动上升	—
承德市	多项式函数	0.9461	波动上升	—
沧州市	多项式函数	0.7253	波动曲线	—
廊坊市	多项式函数	0.7244	波动曲线	—
衡水市	多项式函数	0.9685	波动上升	—

注：当 R^2 小于 0.6 时，耦合关系不显著，不进行分析。

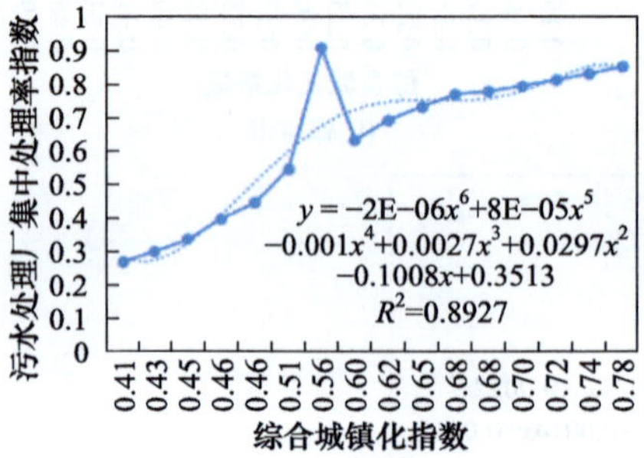

(a) 北京市

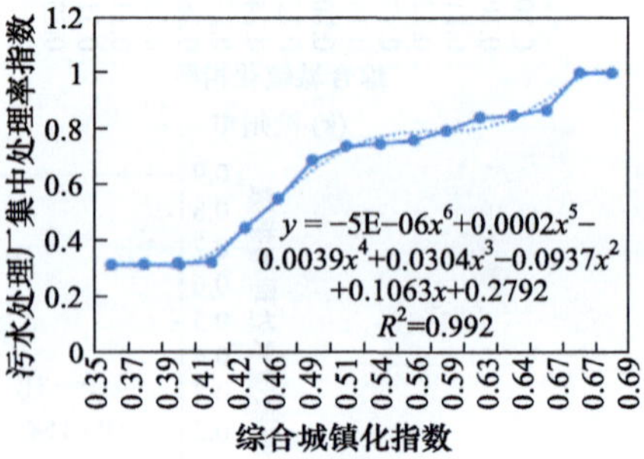

(b) 天津市

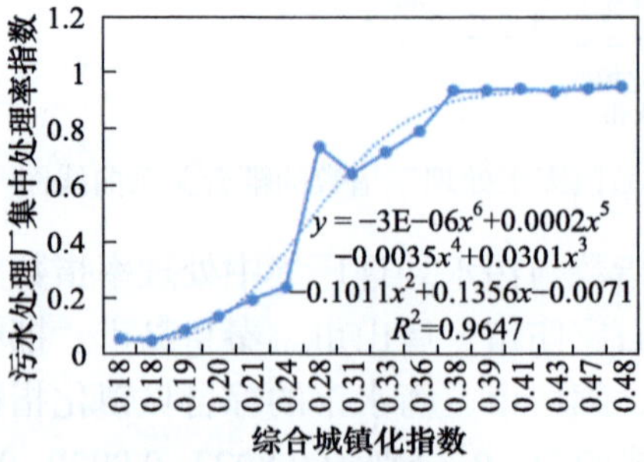

(c) 石家庄市

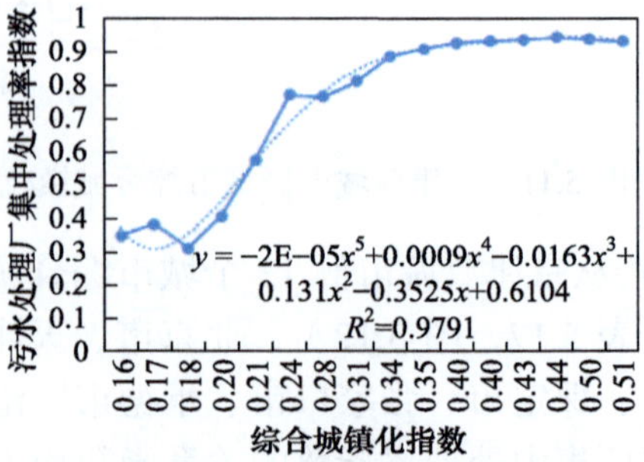

(d) 唐山市

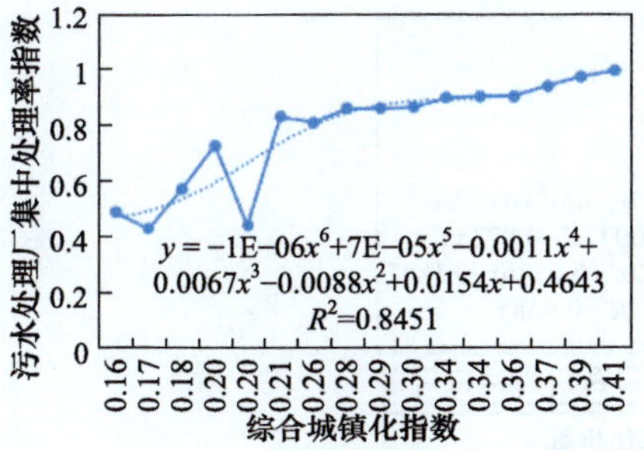

(e) 秦皇岛市

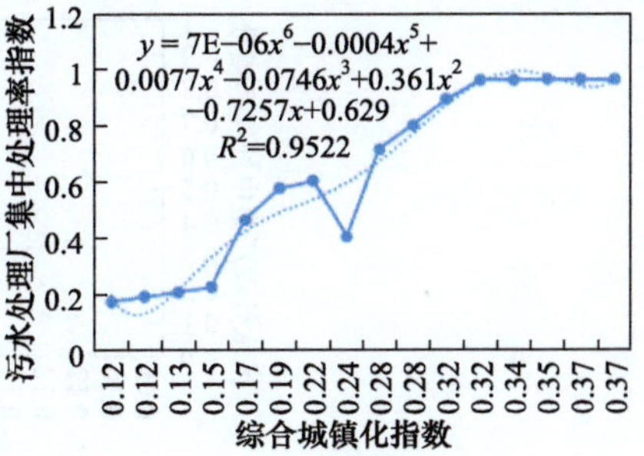

(f) 邯郸市

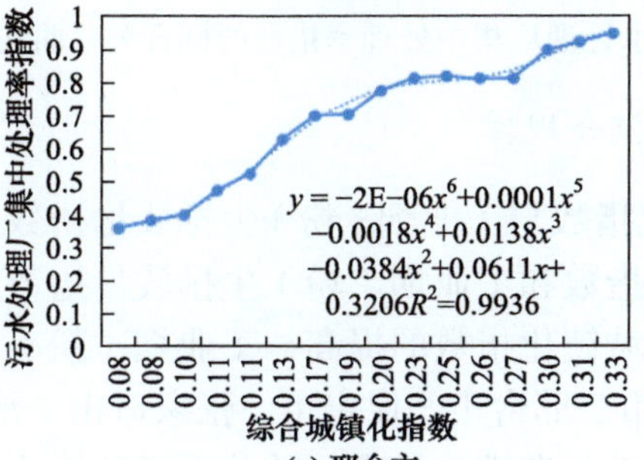

(g) 邢台市

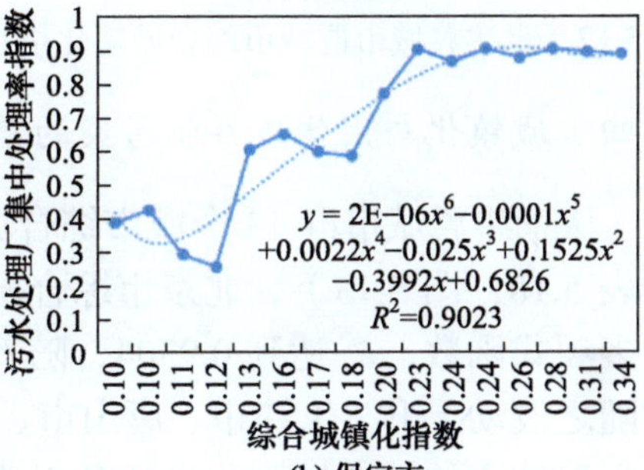

(h) 保定市

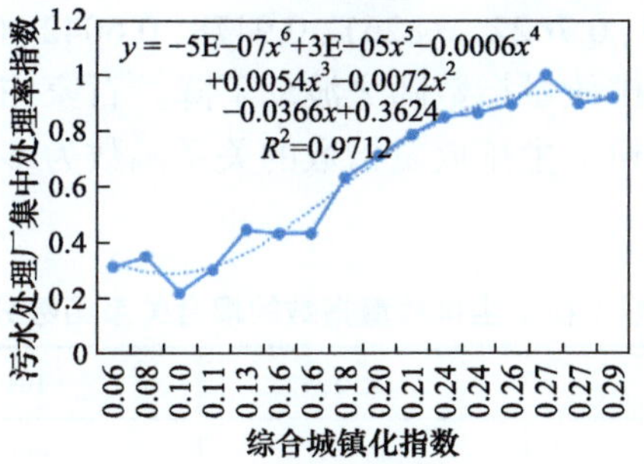

(i) 张家口市

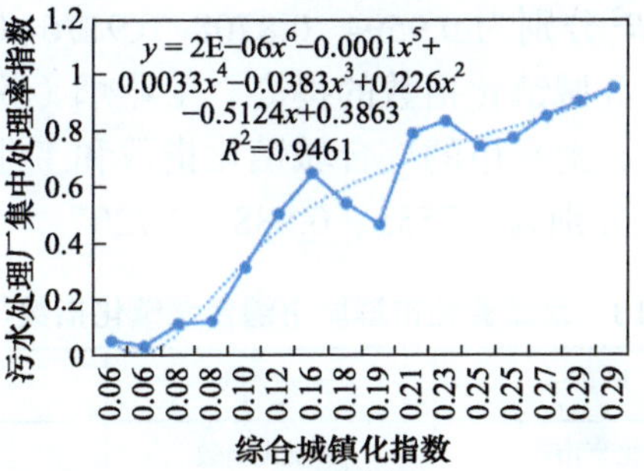

(j) 承德市

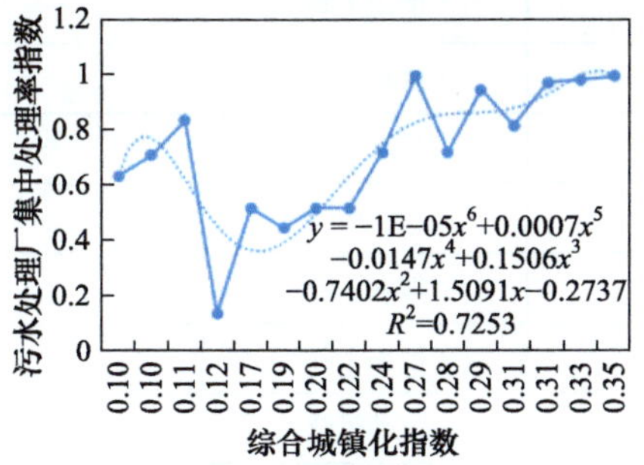

(k) 沧州市

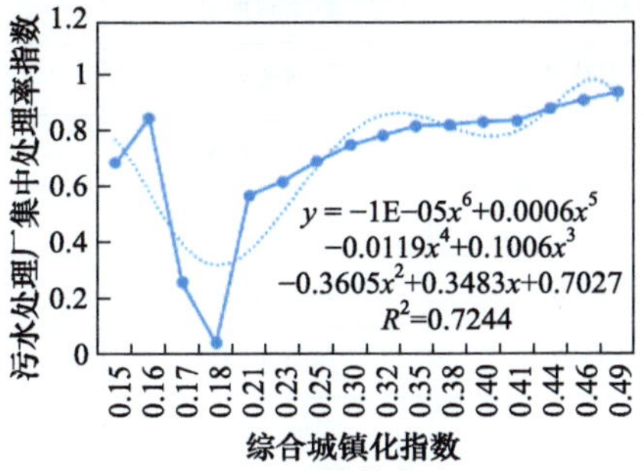

(l) 廊坊市

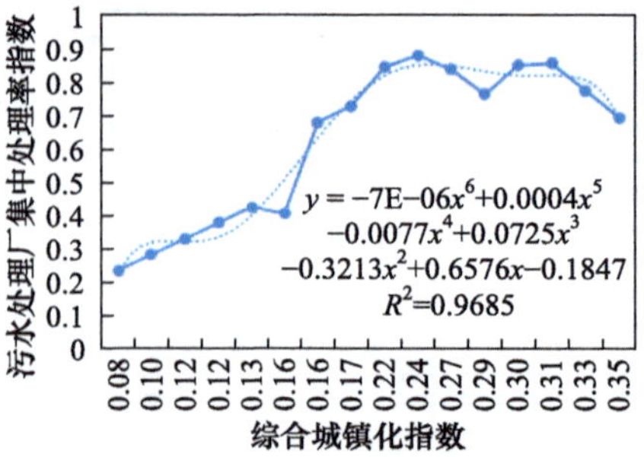

(m) 衡水市

图 5.12 京津冀城市群城市综合城镇化指数与污水处理厂集中处理率指数的耦合关系曲线图

（四）城镇化与固体废弃物污染的单要素耦合规律

（1）从京津冀城市群 13 个城市综合城镇化指数与工业烟（粉）尘排放量指数的关系分析（表 5.18，图 5.13），北京市综合城镇化指数和工业烟（粉）尘排放量指数的关系函数为多项式函数，R^2 达到 0.9304，随着综合城镇化指数的提高，工业烟（粉）尘排放量指数随之波动上升。天津市、唐山市、邯郸市、邢台市、保定市、张家口市、承德市、沧州市、廊坊市的综合城镇化指数和工业烟（粉）尘排放量指数的关系函数均为多项式函数，R^2 分别为 0.9594、0.8708、0.9176、0.9305、0.7622、0.8261、0.9478、0.6042、0.7492，随着综合城镇化指数的提高，工业烟（粉）尘排放量指数随之波动下降。石家庄市、秦皇岛市、衡水市的综合城镇化指数和工业烟（粉）尘排放量指数的关系函数为多项式函数，R^2 分别为 0.7555、0.888、0.7207。

表 5.18 京津冀城市群城市综合城镇化指数与工业烟（粉）尘排放量指数的耦合关系函数分析表

城市	函数类型	R^2	曲线类型	阈值
北京市	多项式函数	0.9304	波动上升	—
天津市	多项式函数	0.9594	波动下降	—
石家庄市	多项式函数	0.7555	波动曲线	—
唐山市	多项式函数	0.8708	波动下降	—
秦皇岛市	多项式函数	0.888	波动曲线	—
邯郸市	多项式函数	0.9176	波动下降	—
邢台市	多项式函数	0.9305	波动下降	—
保定市	多项式函数	0.7622	波动下降	—
张家口市	多项式函数	0.8261	波动下降	—
承德市	多项式函数	0.9478	波动下降	—
沧州市	多项式函数	0.6042	波动下降	—
廊坊市	多项式函数	0.7492	波动下降	—
衡水市	多项式函数	0.7207	波动曲线	—

注：当 R^2 小于 0.6 时，耦合关系不显著，不进行分析。

(2)从京津冀城市群13个城市综合城镇化指数与工业固体废弃物产生量指数的关系分析(表5.19，图5.14)，天津市的综合城镇化指数和工业固体废弃物产生量指数的关系函数为多项式函数，R^2达到0.9714，随着综合城镇化指数的提高，工业固体废弃物产生量指数随之波动下降。北京市、石家庄市、唐山市、秦皇岛市、邯郸市、邢台市、保定市、张家口市、承德市、沧州市、廊坊市、衡水市的综合城镇化指数和工业固体废弃物产生量指数的关系函数均为多项式函数，R^2分别为0.8976、0.8697、0.8750、0.8735、0.875、0.875、0.8224、0.9059、0.9059、0.8046、0.9059、0.8836。

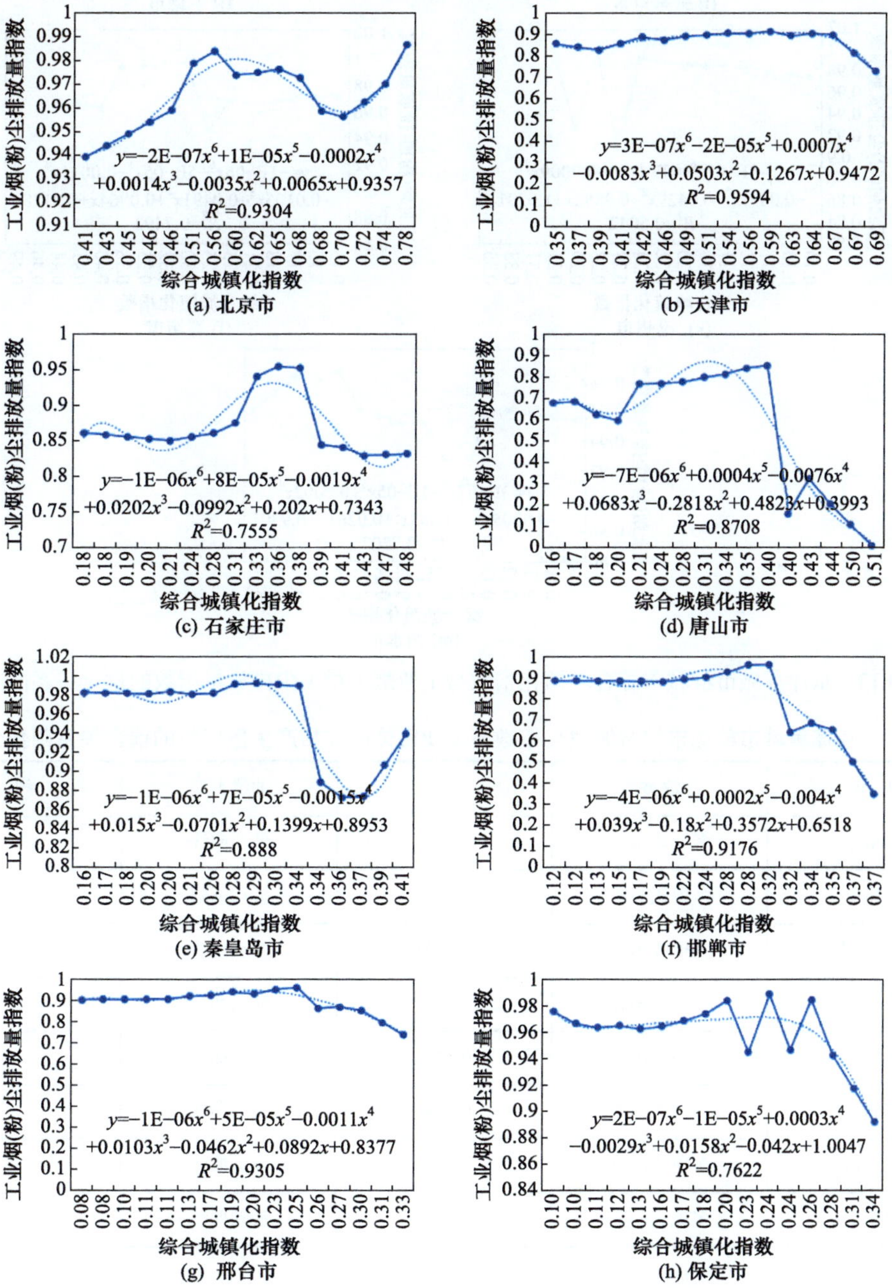

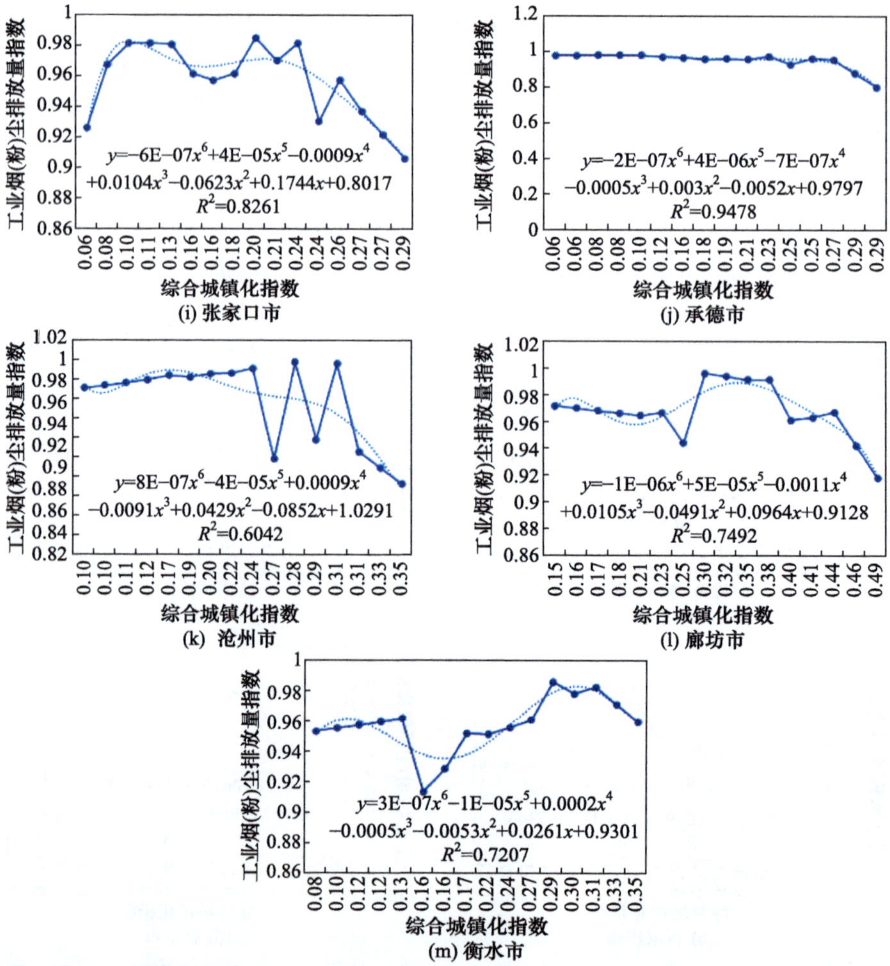

图 5.13 京津冀城市群城市综合城镇化指数与工业烟（粉）尘排放量指数的耦合关系曲线图

表 5.19 京津冀城市群城市综合城镇化指数与工业固体废弃物产生量指数的耦合关系函数分析表

城市	函数类型	R^2	曲线类型	阈值
北京市	多项式函数	0.8976	波动曲线	—
天津市	多项式函数	0.9714	波动下降	—
石家庄市	多项式函数	0.8697	波动曲线	—
唐山市	多项式函数	0.8750	波动曲线	—
秦皇岛市	多项式函数	0.8735	波动曲线	—
邯郸市	多项式函数	0.8750	波动曲线	—
邢台市	多项式函数	0.8750	波动曲线	—
保定市	多项式函数	0.8224	波动曲线	—

续表

城市	函数类型	R^2	曲线类型	阈值
张家口市	多项式函数	0.9059	“U”形	—
承德市	多项式函数	0.9059	“U”形	—
沧州市	多项式函数	0.8046	“U”形	—
廊坊市	多项式函数	0.9059	“U”形	—
衡水市	多项式函数	0.8836	“U”形	—

注：当 R^2 小于 0.6 时，耦合关系不显著，不进行分析。

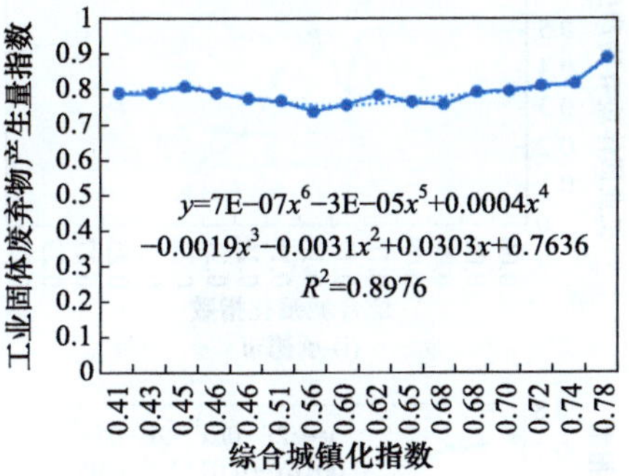

(a) 北京市

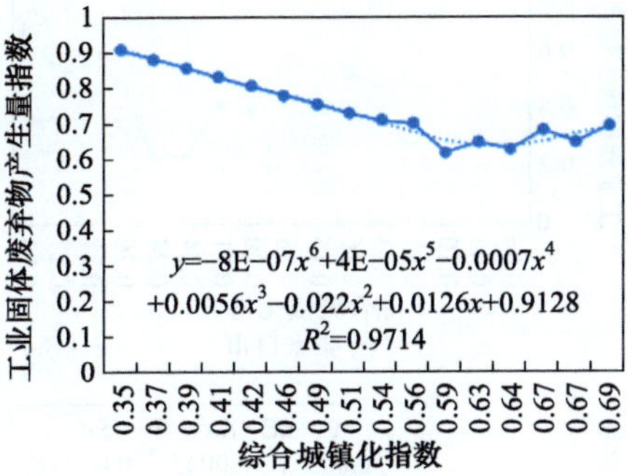

(b) 天津市

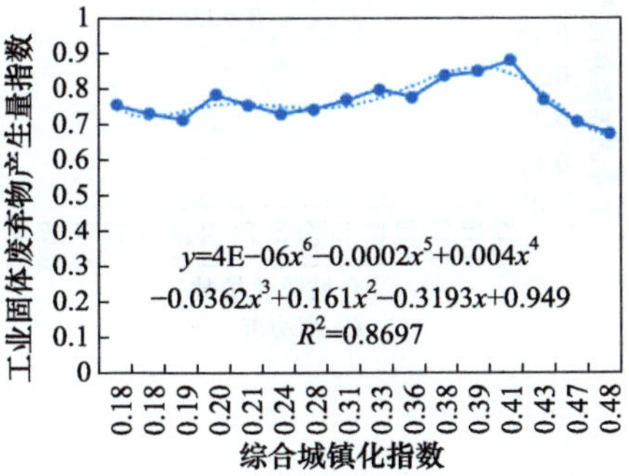

(c) 石家庄市

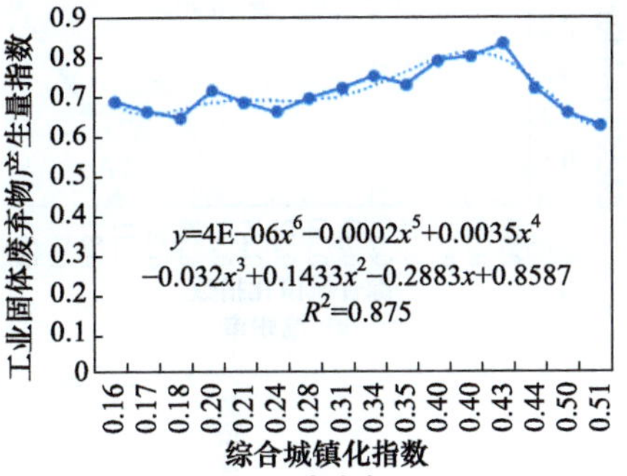

(d) 唐山市

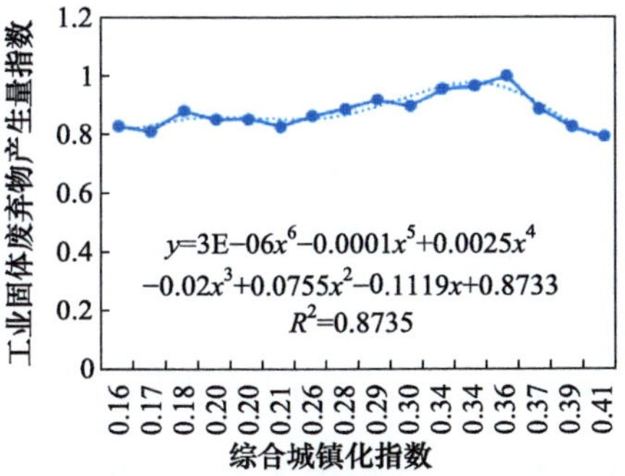

(e) 秦皇岛市

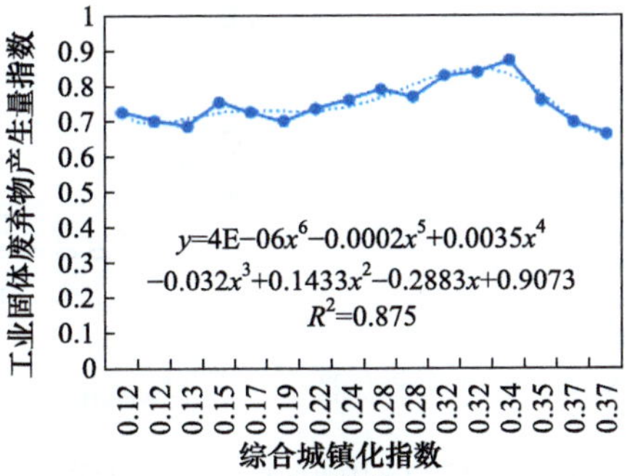

(f) 邯郸市

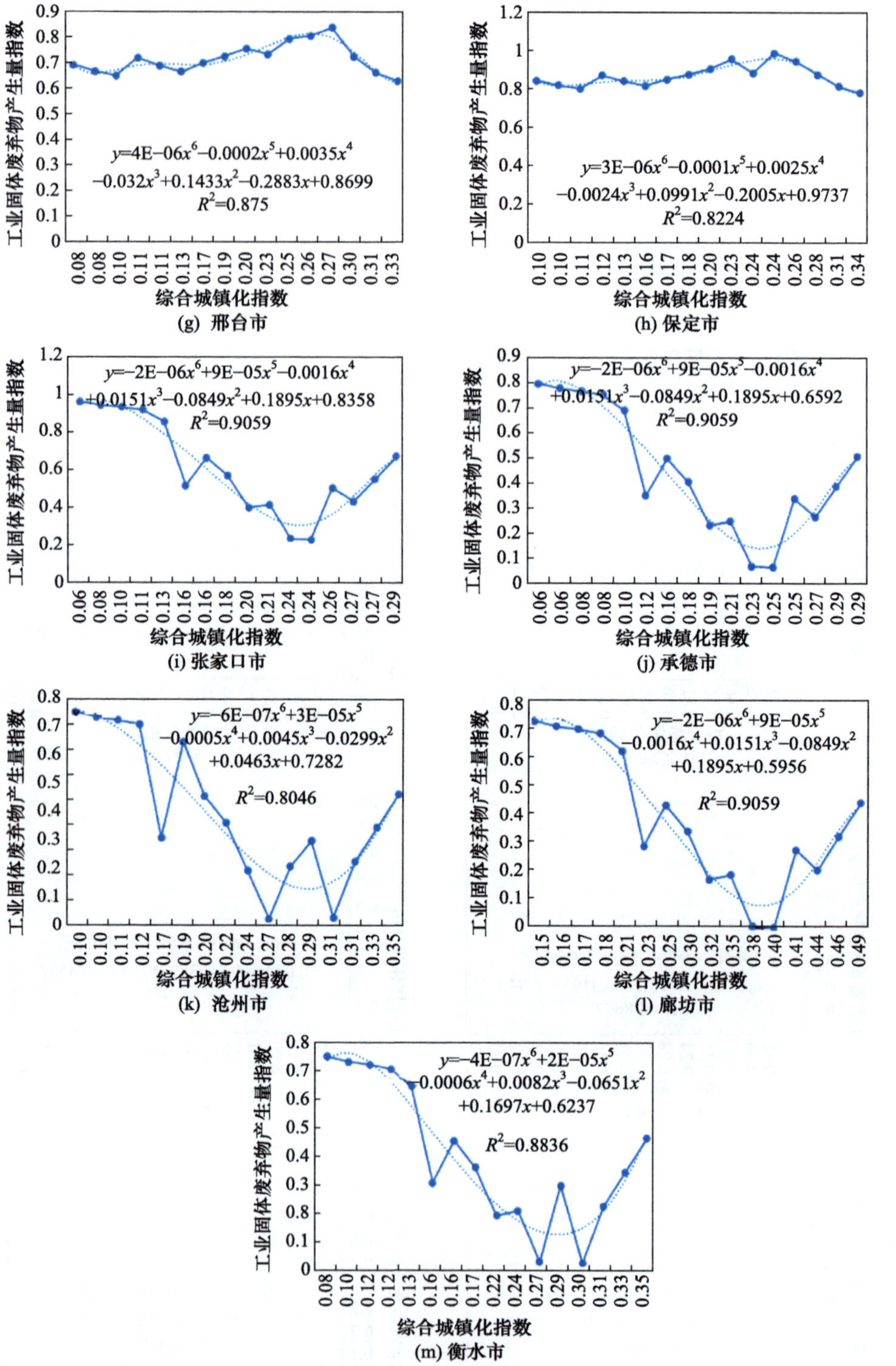

图 5.14　京津冀城市群城市综合城镇化指数与工业固体废弃物产生量指数的耦合关系曲线图

（3）从京津冀城市群 13 个城市综合城镇化指数与生活垃圾无害化处理率指数的关系分析（表 5.20，图 5.15），北京市、天津市、唐山市、邯郸市、廊坊市、衡水市的综合城镇化指数和生活垃圾无害化处理率指数的关系函数为多项式函数，R^2 分别为 0.9262、0.9820、0.7898、0.9461、0.9872、0.8895，随着综合城镇化指数的提高，生活垃圾无害化处理率指数随之波动上升。石家庄市、保定市、张家口市、承德市、沧州市的综合城镇化指数和生活垃圾无害化处理率指数的关系函数为多项式函数，R^2 分别为 0.8382、0.7219、0.8564、0.6616、0.6636。秦皇岛市、邢台市的综合城镇化指数和生活垃圾无害化处理率指数的关系函数无法通过检验，不进行分析。

表 5.20 京津冀城市群城市综合城镇化指数与生活垃圾无害化处理率指数的耦合关系函数分析表

城市	函数类型	R^2	曲线类型	阈值
北京市	多项式函数	0.9262	波动上升	—
天津市	多项式函数	0.9820	波动上升	—
石家庄市	多项式函数	0.8382	波动曲线	—
唐山市	多项式函数	0.7898	波动上升	—
秦皇岛市	不显著			
邯郸市	多项式函数	0.9461	波动上升	—
邢台市	不显著			
保定市	多项式函数	0.7219	波动曲线	—
张家口市	多项式函数	0.8564	波动曲线	—
承德市	多项式函数	0.6616	波动曲线	—
沧州市	多项式函数	0.6636	波动曲线	—
廊坊市	多项式函数	0.9872	波动上升	—
衡水市	多项式函数	0.8895	波动上升	—

注：当 R^2 小于 0.6 时，耦合关系不显著，不进行分析。

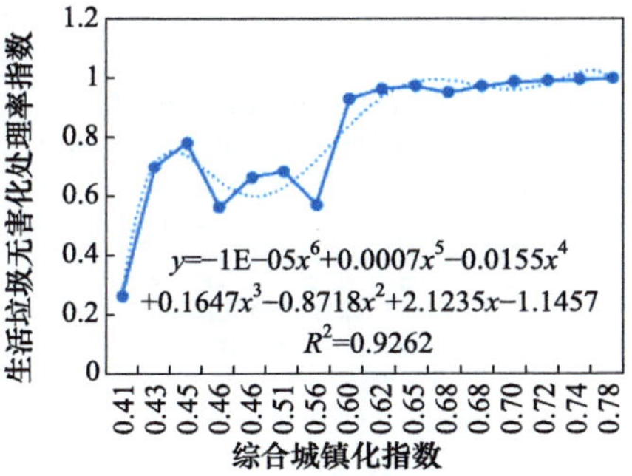

(a) 北京市

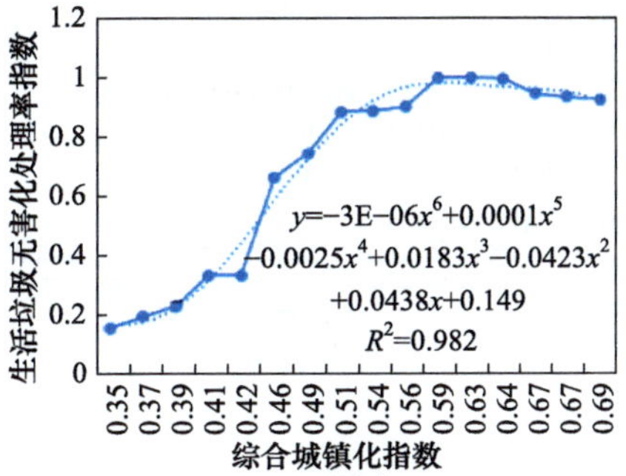

(b) 天津市

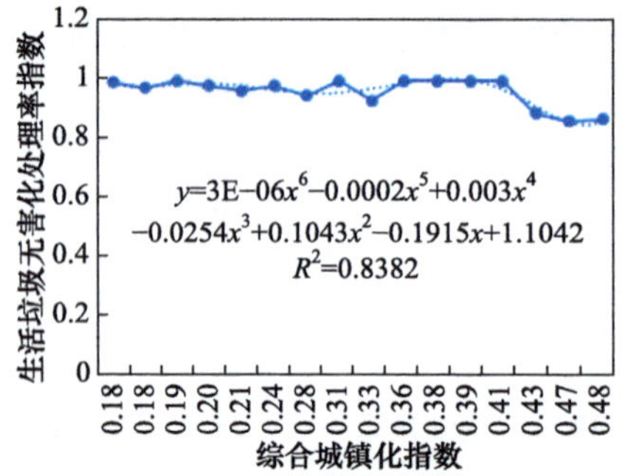

(c) 石家庄市

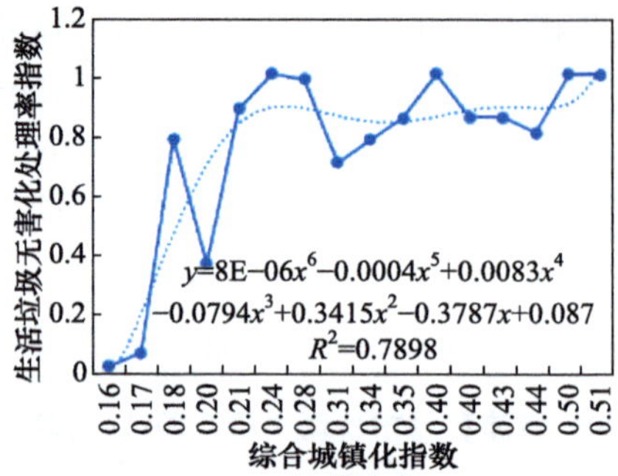

(d) 唐山市

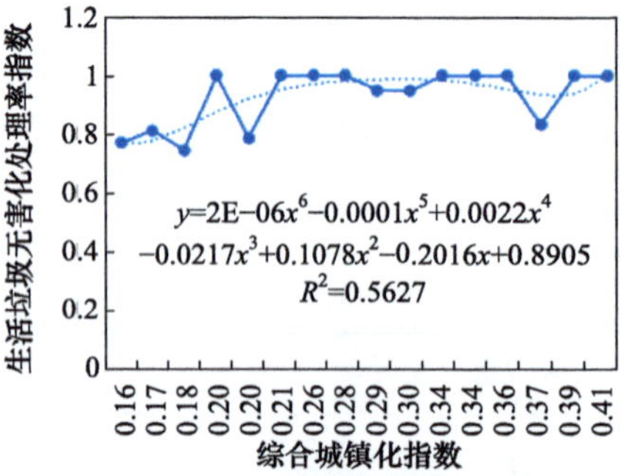

(e) 秦皇岛市

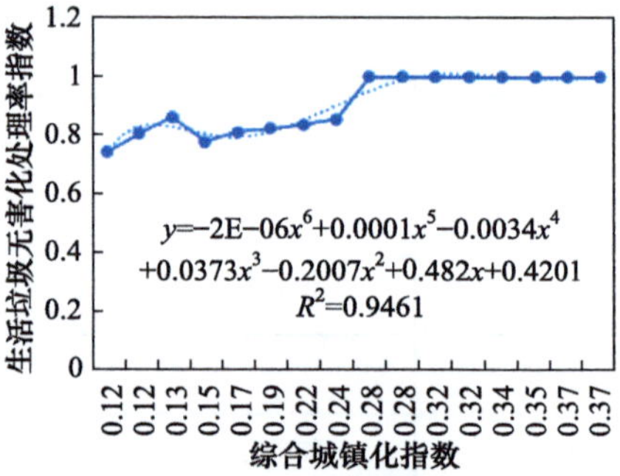

(f) 邯郸市

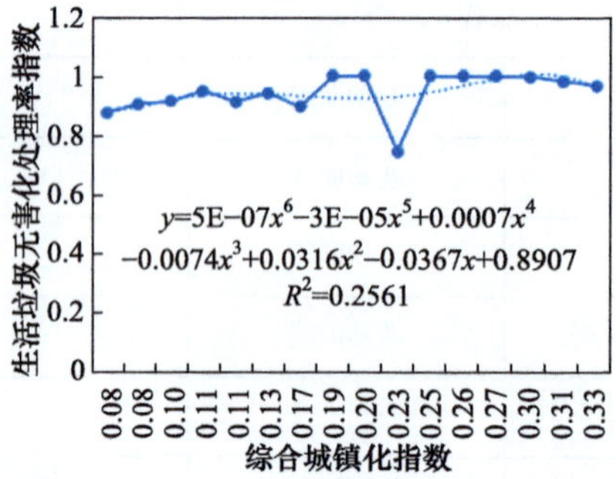

(g) 邢台市

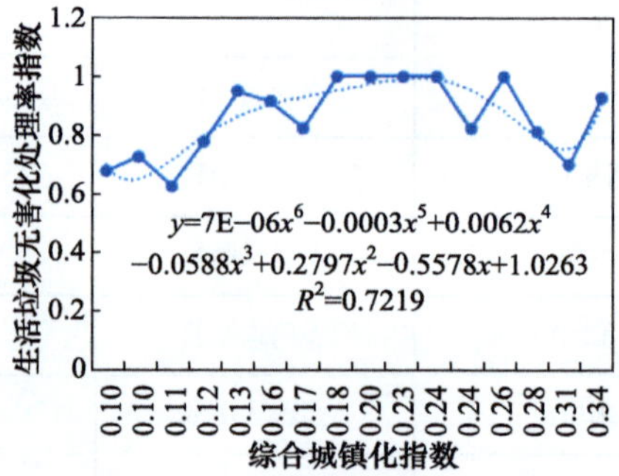

(h) 保定市

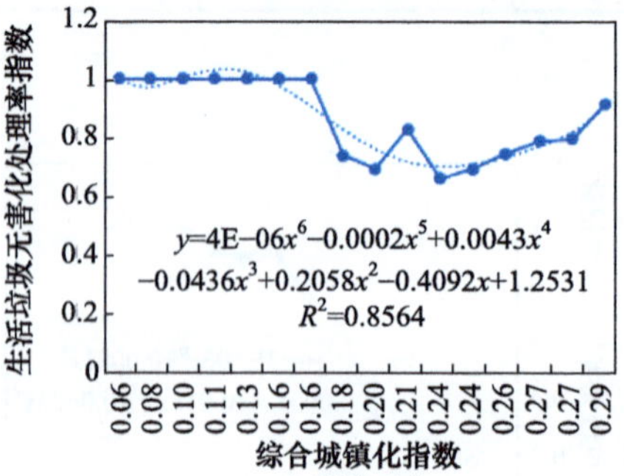

(i) 张家口市

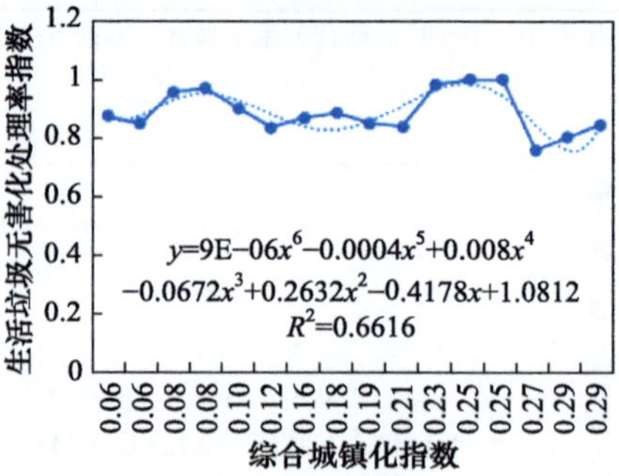

(j) 承德市

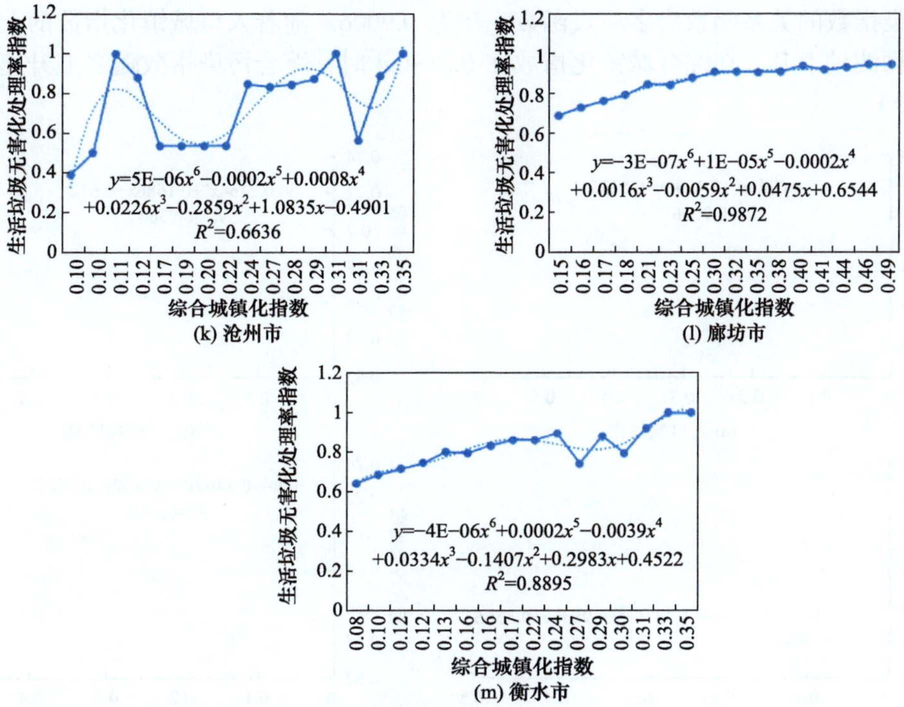

图 5.15 京津冀城市群城市综合城镇化指数与生活垃圾无害化处理率指数的耦合关系曲线图

二、京津冀城市群城镇化与环境污染的多要素耦合规律

（一）京津冀城市群综合城镇化与综合污染指数的多项式耦合规律

京津冀城市群综合城镇化指数与综合污染指数的关系函数为多项式函数，R^2为0.9246，数据显示，随着综合城镇化水平的上升，综合污染指数也随之波动上升，在综合城镇化指数低于0.18时，综合污染指数随城镇化水平的提高，呈下降趋势（图5.16）。

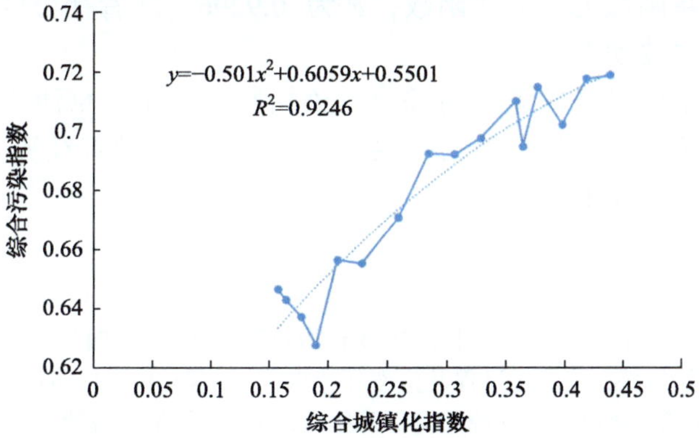

图 5.16 京津冀城市群综合城镇化与综合污染指数之间的多项式关系曲线图

（二）京津冀城市群单项城镇化与综合污染指数的多项式耦合规律

（1）京津冀城市群人口城镇化与综合污染指数的关系。京津冀城市群人口城镇化与

综合污染指数的关系函数为多项式函数，R^2为 0.9006。随着人口城镇化指数的上升，综合污染物波动上升，在综合城镇化指数在 0.3～0.4 时，综合污染指数随之上升速度较快（图 5.17）。

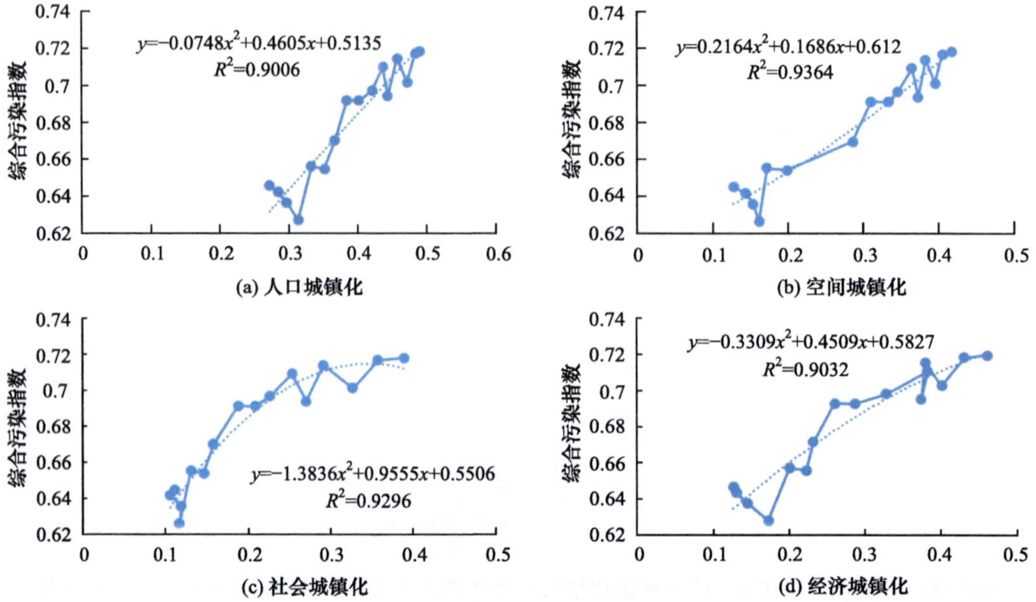

图 5.17 京津冀城市群人口、空间、社会、经济城镇化与综合污染指数的关系曲线图

（2）京津冀城市群空间城镇化与综合污染指数的关系。京津冀城市群空间城镇化与综合污染指数之间的关系函数为多项式函数，R^2为 0.9364。随着空间城镇化指数的提高，综合污染指数在波动上升，空间城镇化指数在 0.2～0.3 时，综合污染指数持续上升，但上升速度较慢。

（3）京津冀城市群社会城镇化与综合污染指数的关系。京津冀城市群社会城镇化与综合污染指数的关系函数为多项式函数，R^2为 0.9296，随着社会城镇化水平的上升，综合污染指数也随之波动上升。

（4）京津冀城市群经济城镇化与综合污染指数的关系。京津冀城市群经济城镇化与综合污染指数的关系函数为多项式函数，R^2为 0.9032，随着经济城镇化水平的上升，综合污染指数也随之波动上升。

参考文献

陈熙，张梦丝. 2015. 基于城镇化视角的农村固体废弃物处理研究. 智富时代, 07: 170-172.

方创琳, 鲍超, 乔标, 等. 2008. 城市化过程及生态环境效应. 北京：科学出版社.

方创琳, 等. 2009. 中国城市化进程及资源环境保障报告. 北京：科学出版社.

方创琳, 等. 2014. 中国新型城镇化发展报告. 北京：科学出版社.

方创琳, 蔺雪芹. 2010.武汉城市群空间扩展的生态状况诊断. 长江流域资源与环境, 19(10): 1211-1218.

蒋欣. 2009. 试论城市化发展进程中的生态环境问题及对策——以长株潭城市群为例. 生态经济, (9): 167-170.

李蔚. 2008. 城市群生态环境问题制度成因及管理创新.湘潭大学学报哲学社会科学版, 32(4): 45-48.
蔺雪芹, 方创琳. 2010. 城市群工业发展的生态环境效应—以武汉城市群为例. 地理研究, 29(12): 2233-2242.
刘耀彬, 陈斐, 李仁东. 2007. 区域城市化与生态环境耦合发展模拟 及调控策略——以江苏省为例. 地理研究, 26(1): 187-196.
刘耀彬, 李仁东, 张守忠. 2005. 城市化与生态环境协调标准及其评价模型研究. 中国软科学, 2005(5): 140-148.
马艳梅, 吴玉鸣, 吴柏钧. 2015. 长三角地区城市化可持续发展综合评价——基于熵值法和象限图法. 经济地理, 35(6): 47-53.
乔标, 方创琳. 2005. 城市化与生态环境协调发展的动态耦合模型 及其在干旱区的应用. 生态学报, 25(11): 3003-3009.
宋建波, 武春友. 2010. 城市化与生态环境协调发展评价研究——以长江三角洲城市群为例. 中国软科学, 2010(2): 78-87.
陶晓燕, 章仁俊, 徐辉, 等. 2006. 基于改进熵值法的城市可持续发展能力的评价. 干旱区资源与环境, 20(5): 38-41.
辛毅, 曹斌, 吴燕红. 2014. 民族地区经济发展与工业固体废弃物污染的库兹涅茨曲线分析. 中国人口资源与环境, (S3): 83-86.
徐振强. 2015. 新型城镇化背景下固废综合利用与处置规划新思路. 建设科技, 18: 61-65.
张春梅, 张小林, 吴启焰, 等. 2012. 发达地区城镇化质量的测度及其提升对策. 经济地理, 32(7): 50-55.
Bao C, Fang C L. 2007.Water resources constraint force on urbanization in water deficient regions: A case study of the Hexi Corridor, arid area of NW China. Ecological Economics, 62(3-4): 508-517.
Bo B L, Karro E. 1995.Stormwater infiltration and accumulation of heavy metals in roadside green areas in Göteborg, Sweden. Ecological Engineering, 5(5): 533-539.
Escudero M, Lozano A, Hierro J, et al. 2014.Urban influence on increasing ozone concentrations in a characteristic Mediterranean agglomeration. Atmospheric Environment, 99: 322-332.
Fang C, Zhou C, Gu Cn C, et al. 2017. Theoretical analysis of coupling mechanism and stress effect of urbanization and ecological environment in megacities. Journal of Geographical Sciences, 27(12): 1431-1449.
Goonetilleke A, Thomas E, Ginn S, et al. 2005. Understanding the role of land use in urban stormwater quality management. Journal of Environmental Management, 74: 31-42.
Grimm N B, Faeth S H, Golubiewski N E, et al.2008. Global change and the ecology of cities. Science, 319(5864): 756-760.
Grossman G M, Krueger A B. 1995. Economic growth and the environment. NBER Working Papers, 110(2): 353-377.
House M A, Ellis J B, Herricks E E, et al. 1993. Urban drainage –impacts on receiving water quality. Water Science and Technology, 27, 117-158.
Huang W, Hashimoto S, Hoshino S, et al. 2013. Factors affecting the extension of fallow period in heavy-metal contaminated Areas: Case study of the northern region of changhua county, taiwan. Journal of Rural Planning Association, 32: 233-238.
Kijima M, Nishide K, Ohyama A. 2010. Economic models for the environmental kuznets curve: A survey. Journal of Economic Dynamic and Control, 34: 1187-1201.
Lambin E F, Geist H. 2006. Land-Use and Land-Cover Change : Local Processes and Global Impacts. Berlin: Springer.
Li Y, Li Y, Zhou Y, et al. 2012. Investigation of a coupling model of coordination between urbanization and the

environment. Journal of Environmental Management, 98(1): 127-133.

Line D E, Mojonnier C B. 2002. Pollutant export from various land uses in the upper neuse river basin. Water Environment Research A Research Publication of the Water Environment Federation, 74(1): 10-18.

Liu A, Egodawatta P, Guan Y, et al. 2013. Influence of rainfall and catchment characteristics on urban stormwater quality. Science of the Total Environment, 444: 255-262.

Popa P, Timofti M, Voiculescu M, et al. 2012. Study of physico-chemical characteristics of wastewater in an urban agglomeration in romania. The scientific World Journal, 8: 1-10.

Qu L, Zhang T, Liang S. 2013. Waste management of urban agglomeration on a life cycle basis. Resources Conservation & Recycling, 78(3): 47-53.

Sartor J D, Boyd G B.1972. Water Pollution Aspects of Street Surface Pollutants. Washington, DC: US Environmental Protection Agency.

Schneider P, Lahoz W A, van der A R. 2015.Recent satellite-based trends of tropospheric nitrogen dioxide over large urban agglomerations worldwide. Atmospheric Chemistry & Physics, 14(17): 24311-24348.

Sharma S S. 2011.Determinants of carbon dioxide emissions: Empirical evidence from 69 countries. Applied Energy, 88(1): 376-382.

Sonzogni W C, Chester G, Coote, D R, et al. 1980. Pollution from land runoff. Environmental Science and Technology, 14: 148-153.

Verdesca D, Federici M, Torsello L, et al. 2006.Energy-economic accounting for sea-coastal systems: A novel approach. Ecological Modeling, 193(4): 132-139.

Wang X H, Yu S, Huang G H. 2004.Land allocation based on integrated GIS optimization modeling at a watershed level. Landscape and Urban Planning, 66 (2): 61-74.

Wang Z B, Fang C L. 2016.Spatial-temporal characteristics and determinants of $PM_{2.5}$ in the Bohai Rim Urban Agglomeration. Chemosphere, 148: 148-162.

Zheng S, Yi H, Li H, et al. 2015. The impacts of provincial energy and environmental policies on air pollution control in China. Renewable and Sustainable Energy Reviews, 49: 386-394.

第六章　城市群地区城镇化与生态系统格局变化的耦合机理及规律

城市群地区城镇化与生态系统格局变化的耦合机理与规律是当前学术研究的前沿。本章提出了城镇化对生态系统格局变化影响的时空衰减效应曲线，发现城市群地区二者的关系更适合运用城市群尺度城市-乡村梯度分析方法和“景观影响轴效应”加以解释。研究发现，随着城镇化进程加速与人类活动的加剧，京津冀城市群生态系统格局图斑规模变得越来越小，斑块紧凑度越来越差，并趋于破碎化。生态系统格局形态趋于复杂化和不规则。生态系统景观的图斑集聚性不断缩小，蔓延性和连通性逐步变差。从景观多样性来看，香农多样性指数（SHDI）和香农均度指数（SHEI）逐渐增大，各类型图斑在景观中呈均衡化趋势分布，破碎化程度逐渐增大。通过构建城镇化水平与景观指数的拟合关系曲线构发现，城镇化与景观指数变化具有显著的相关关系。其中，城镇化水平与平均图斑面积（MPS）指数和平均回转半径（GYRATE_MN）指数均表现为显著的负相关关系（分别为线性和指数函数关系），说明随着城镇化水平的提升，景观的破碎化趋势越来越强，人类活动对生态系统格局的影响越来越深刻，生态系统受城镇化的干扰越来越大，导致生态格局不断趋于破碎化。在此基础上，本章进一步验证了城镇化对生态系统格局变化影响的空间衰减效应曲线的存在性。研究发现，京津冀城市群沿三个发展轴的生态格局变化具有显著的时空衰减效应。在发展轴的 2～6km 缓冲区内形成了一个类似于空间衰减效应曲线中的城市中心区的环形发展区域；在发展轴的 6～14km 缓冲区内出现一个明显的峰值区，对应空间衰减效应曲线的半城市化地区；而在 14km 缓冲区之外的缓冲区出现一个明显的波谷区域，对应空间衰减效应曲线的乡村地区。

第一节　城市群地区城镇化与生态系统格局变化研究进展

我国城市化水平从 1978 年的约 18%增长至 2010 年的约 50%，这一增长速度在亚洲国家中名列第一（Chen et al., 2013）。美国政府 2010 年曾预言中国城市人口数量会持续增长，到 2030 年，中国将面临 2.7 亿的城市人口净增长。这一大规模的城镇化伴随着大量的城市建设用地扩张和农业用地转化。官方数据表明，1986～2003 年，中国有 33.4 万 hm^2 的农业用地遭到城市用地的侵占，引起了十分显著的城市生态格局的变化（Chen，2007）。城市用地不断侵入农业用地中，造成耕地、水域、森林总面积下降、形状不规则化、分布分散化，城市生态系统受到严重影响，如生物多样性下降、物质循环和能量流动遭到破坏、市热岛效应日益强烈等（Weng，2007）。研究城镇化对生态格局的影响，进而了解城镇化对生态格局的作用机制，就能有效地在经济发展过程中规避生态损失，实现可持续发展，目前已有一些地区通过土地管理政策调整和城市绿地规划来改造城市生态格局。通过对近年来城镇化对生态格局影响相关文献的总结分析，梳理这一领域研究的发展脉络，各时期的研究热点及研究主题，发现目前对于城镇化影响生态格局的相关研究主要集中于以下四个方面：①生态格局时间过程；②生态格局空间分异；③生态格局变化的不同尺度差异；④生态格局变化驱动力机制。本节从以上四个方面总结近年来关于城镇化对生态格局影响的研究进展，以期为优化生态格局与可持续发展提供理论基础。

一、城镇化对生态系统格局影响研究的文献计量分析

对科学引文检索 Web of Science 核心合集中相关研究进行概括性的计量与统计，并利用 VOSviewer 科学计量可视化软件对检索结果进行可视化分析，主题词限定为“urbanization”和“landscape pattern”，时间截止至 2018 年 10 月 26 日，检索结果显示共有 1831 篇符合检索条件，将收集到的文献进行统计分析，发现关于城镇化对生态格局影响研究在 2000 年之后呈现快速上升的趋势（图 6.1）。

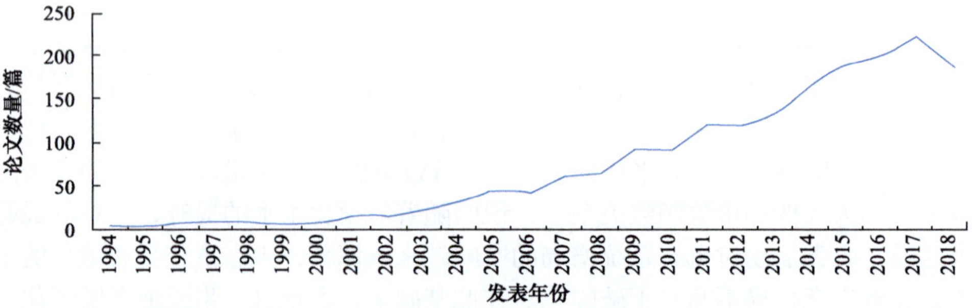

图 6.1　城镇化对生态系统格局影响论文不同年份发表数量

论文主要发表在 *Landscape and Urban Planning*、*Landscape Ecology*、*Urban Ecosystems* 和 *Applied Geography* 等期刊上。美国在此领域发表的论文数量最多，其次为中国、澳大利亚、意大利、德国、英国、加拿大、法国等国家或地区，相比于其他国家或地区，中国的相关研究起步虽晚，但随着发达国家的城镇化进入成熟阶段，全球城镇化的重点转移到以中国为代表的发展中国家，中国城镇化道路使其有着相当高的研究价值，在此领域的相关研究后来居上，国际核心期刊上发表了大量有影响力的成果。

基于 VOSviewer 关键词密度分析（图 6.2），这一领域主要热点区域集中于三部分，分别如下：①GIS、dynamics、China、landscape pattern、land-use change 为核心，研究中国土地利用变化动态；②urbanization、landscape、patterns 为核心，研究生态格局变化特征；③conservation、biodiversity、diversity 为核心，研究生态格局变化生态过程。

二、城镇化对生态系统格局变化影响的时间过程

城镇化对于生态格局的影响与倒“U”形曲线基本吻合，分为三个阶段。

第一阶段：城镇化处于起步阶段，速度及影响范围均较小，表现为城市中心建设用地面积增加，出现城乡景观结构的差异。

第二阶段：城镇化处于高速增长阶段，伴随着大量耕地转化为建设用地，城市边界快速蔓延，侵入原本的农业生态系统中，造成农业用地斑块破碎度及多样性上升，斑块

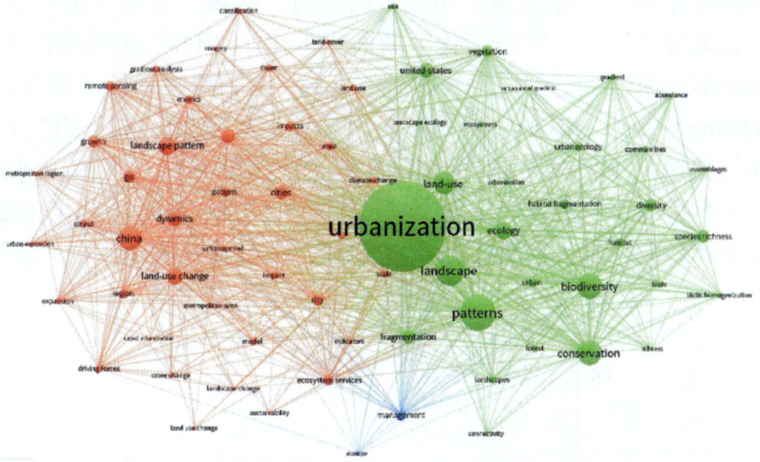

图 6.2　基于 VOSviewer 的城镇化对生态格局变化影响论文的关键词共现网络

面积不断减小。这一过程使得生态系统服务功能受到严重干扰，在一些国家或地区，出于生态保护目的，政府会出台相应政策。

第三阶段：城镇化处于稳定阶段，总体生态格局处于不断调整状态，建设用地斑块面积不再有显著上升，主要变化体现在斑块密度、连通度、形状方面。

Tian 等（2005）针对中国 20 世纪 90 年代城市土地动态格局分析后发现，90 年代城市扩张经历了两个时期，第一个五年时期以显著的经济增长和城市用地扩张、土地非农化为特征；第二个五年时期伴随城镇化达到一定水平以及耕地保护政策出台，城市扩张速度及耕地侵占速度减缓。

一批学者针对不同土地类型之间面积比例变化的相互关系做了一系列研究，并与所研究城市的具体背景情况相结合，探讨了特定城市的生态格局演化过程，总体变化特征大体相似，经历高速城镇化的城市大多经历了建设用地面积增加和自然和半自然用地面积下降的过程。

Weng（2007）通过对美国威斯康星州麦迪逊市的实证分析发现，在麦迪逊市的城镇化过程中，其建设用地的面积比例、景观多样性和景观破碎度均呈现上升趋势，且变化速率与城镇化进程相关，在前期速率较快，后期逐渐下降。Solon（2009）对荷兰华沙大都市区 1950～1990 年土地覆被变化分析后发现，华沙大都市区的土地利用变化主要发生于 1950～1970 年，其中森林面积增长 80%，建设用地增长 63%，15%的耕地转变为森林，11%的耕地转化为建设用地。

Shi 等（2012）在对连云港市郊区发展过程的研究中发现，在 2000～2004 年和 2004～2008 年两段时间内，高达 95.28%和 69.56%的新建城市发展用地由耕地转化而来，城市用地不断向边界蔓延。姜华伟等（2015）以长株潭城市群核心区 2000～2010 年生态格局演变特征进行分析，得出林地、灌丛面积减少，城镇、水体和草地面积增加的结论，并发现在城镇化过程中林地和灌丛逐步转变为农田和城镇，而农田进一步转化为城镇趋势更为明显。Deng 等（2009）发现杭州市在城镇化过程中，27.4%的土地利用经历了变化，其中 88.4%由非城市用地转化为城市用地，而耕地、水域为主要转化类型，转化速率在时间过程上具有差异性。第一阶段转化区域面积占比 11.91%，年均增长 2.98%，第二阶段速率及范围比前一阶段高，年均增长达到 3.66%，第三阶段增长速度及范围开始下降。

Yeh 和 Huang（2009）以景观多样性视角对台北大都市区进行实证分析，其结果表明景观多样性与城镇化水平呈现倒“U”形曲线关系（图 6.3），城镇化水平不断上升过程中，人为景观不断侵入自然景观，造成景观多样性增加，随着城镇化程度进一步提升，建设用地斑块不断聚集，从而降低了景观多样性，并且这一阈值水平为 45%。

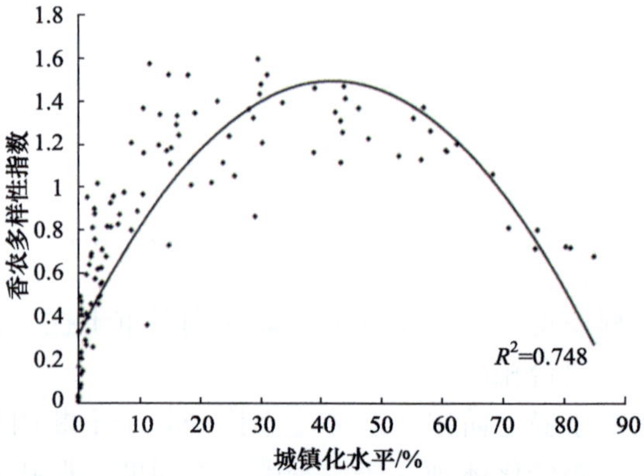

图 6.3 台北大都市区香农多样性指数与城镇化水平关系

Zhou 和 Wang（2011）研究昆明都市区 1992～2009 年城市绿地格局变化发现，建设用地的增长速率最高，农业用地逐年减少且减少速度逐渐上升，森林面积下降但速度基本保持稳定，草地面积前期下降，后期得以缓慢上升，对此解释原因为“建设新昆明”过程中大批新城市公园的建造。类似的，Kong（2006）在对济南市城市绿地的时空梯度分析中发现，在济南市政府绿地政策的引导下，济南市在 1989～2004 年绿地面积持续增长，其中后 8 年面积增长 27.7%，附属绿地、居住区绿地和公园绿地的增长最为显著，风景林面积有所下降，新增绿地单元在政策引导下出现绿核，而城市原有绿地却呈现下降趋势。

三、城镇化对生态系统格局变化影响的空间分异

城镇化快速发展造成大量农业用地转为城市建设用地、城市边缘扩张、水体面积下降等一系列空间格局的变化。但由于存在社会经济及自然要素的特征差异以及城市发展模式差别，城镇化带来的格局变化存在空间分异现象，主要体现于沿城乡梯度变化、距离中心城区距离不同的变化、距离交通线路远近的变化等。

将梯度分析与景观指数分析进行结合，对城市生态格局变化进行量化分析是一种研究生态格局的有效方法，并得到广泛采用。Luck 和 Wu（2002）对美国亚利桑那州凤凰城都市区的生态格局变化进行分析发现，伴随城镇化发展，生态格局破碎化、类型趋于多样化，同时住宅用地破碎化程度低于城市建设用地，但高于农业用地，不同类型土地随距市中心距离的变化趋势并不相同。

样带分析在城乡梯度研究上具有重要作用，通过在研究区内选择不同方向上的样带，用移动视窗分析具体过程，能够有效揭示在城市–乡村梯度带上的生态格局变化。Li 等（2013）根据城市规划发展主要轴向和城乡梯度代表性，选择横穿上海都市区的东西样带揭示城镇化的时空格局，发现 M 形和 W 形两种生态格局演变趋势，城市扩张与距市中心距离的关系呈波浪状曲线。类似的，Yu 和 Ng（2017）在广州都市区设置东西样带和西北—东南样带对其时空格局进行分析，也得出波浪状变化趋势，但得到两条样带空间变化趋势完全相反，证明当城镇化处于发展期，生态格局趋于破碎分散，城镇化水平到达一定阈值时，生态格局开始趋于紧密集中。Yeh 和 Huang（2009）沿台北大都市区南北及东西两垂直方向各设置一条样带进行横截面分析。数据表明，沿从北至南城乡梯度，景观多样性呈现先上升再下降，到达波谷位置后再上升，最后下降至最低点的特征，波谷位置即为城市中心区，城市中心区双侧出现对称波峰，说明由于建设用地的蔓延，城市边缘区景观多样性显著高于中心区及远郊农村。

空间分异现象还表现于区域内部的空间非平稳性和各局部地区对城镇化的响应程度差异性。Li 等（2017）以北京市为研究对象，发现由于不同地区城镇化程度水平不一，景观指数响应存在差异性，如近郊及远郊山区的斑块密度均下降，且近郊程度高，而城市中心区和远郊平原区斑块密度显著上升。北京市东南部的景观变化最为显著，而中心城区和郊区的变化趋势相反。同时，由于城镇化程度的差异，城市扩张模式不同，所对应的生态格局变化也不同，其中边界扩张模式的景观破碎化程度最高，其次是中心填充模式和跳跃发展模式。

Weng（2007）证明生态结构多样性以及破碎程度在城市—乡村样带上与城镇化程度存在正相关关系，不同方向样带演化趋势存在差异，生态格局由农业景观主导转为城市景观主导。相比农业景观而言，城市景观具有更高程度的异质性及破碎度。除此之外，Deng 等（2009）的研究也发现杭州市耕地景观受城镇化影响严重，优势景观由农业景观变成城市景观。香农多样性指数（SHDI）及景观形状指数（LSI）的变化表明，由于受城市建设用地侵入耕地及水域而导致区域生态格局的异质性及复杂性变高，而郊区不同类型土地分布更加均匀。

同时，Yu 和 Ng（2007）提出不同城市会由于其特定的区域历史、地形地貌而显示不同的城镇化空间格局，城市土地利用政策同样在塑造城市生态格局方面扮演着重要角色。

崔王平等（2017a，2017b）基于重庆市主城区独特地貌特征，选择了东西向与南北向两个方向样带进行梯度分析，证明由于山地和丘陵的存在，产生了低山阻隔效应，表现为南北向样带景观指数变化对于城镇化的响应相比东西向样带更加显著，演变也更为连续的特征，而东西向样带的梯度变化容易发生间断。

Shi 等（2012）从城市增长模式角度切入，对连云港市城市边缘地区增长模式进行识别，其认为目前主导模式仍为边缘发展模式，同时填充式发展和跳跃式发展不断上升，从城市增长模式对生态格局变化的影响来看，研究区域在经历由分散发展转至集中发展的过程。

四、城镇化对生态系统格局变化影响的尺度差异

尺度的存在根源于地球表层自然界的等级组织和复杂性，尺度本质上是自然界所固有的特征或规律，而为有机体所感知。因而尺度可分为测量尺度和本征尺度。测量尺度是用来测量过程和格局的，随人类感知能力的发展而不断发展。本征尺度是自然现象固有而独立于人类控制之外的。只有当测量尺度与所研究现象的本征尺度相符时，格局或过程才能被可靠地揭示（陈利顶等，2008）。

生态格局与过程之间的相互作用具有强烈的尺度依赖性，景观生态学中的尺度主要指时间和空间上的粒度和幅度，其重点为空间尺度。如何选择最为合适的城市生态格局研究尺度以及生态格局尺度效应问题，是城市生态格局研究的热点问题（DiBari，2007；Luo and Wei，2009；Herold et al., 2016）。在实际研究过程中，如何确定合适的空间粒度是这一领域的研究热点之一，不同粒度展现的生态格局细节大不相同，往往造成结论“差之千里”。

Turner 等（1989）研究了空间尺度改变对于生态格局分析的影响，认为通过确立生态度量与数据的粒度或范围之间的关系，可以预测或校正随着空间尺度的变化而丢失的信息。申卫军等（2013a，2013b）通过对四个地区不同粒度下生态格局指数变化的研究发现，景观指数对于景观水平和类型水平的响应均有两种类型，简单尺度函数和不可预测性，不同的是，在景观水平上，存在第三种类型即阶梯模式。且景观指数在类型水平上对于粒度及幅度的响应变化更大。Buyantuyev 等（2010）从时间、空间和主题分辨率（即专题图的分类数）三个尺度对凤凰城都市区城镇化格局进行了研究，通过改变空间粒度或幅度进行尺度推演，发现这种关系在不同分辨率和时间段上也是稳健一致的。并试图找出最适合的粒度及分辨率，得出最佳分类单元为 12 类，最佳空间粒度为 500～100m。

朱明等（2008）从景观和类型两个层次分析不同粒度下上海市的城镇化样带，证明空间分辨率和粒度变化都会影响城市生态格局。主要原因是道路等线性廊道对于尺度变化的敏感，生态格局指数对粒度变化的敏感程度也不相同，其中斑块密度、边缘密度、平均斑块分维度、景观聚集度、最大斑块指数的粒度效应较为显著，而景观比例、香农多样性指数对粒度变化并不敏感。类似的，Luck 和 Wu（2002）以美国亚利桑那州凤凰城为例，分析了城市生态格局与空间分辨率大小的关系，得出景观指数随空间分辨率和粒度的变化而变化，因此，在使用这些指数时必须明确指出分析尺度。

除粒度效应外，选择不同的空间范围、生态格局对于城镇化的响应结果也不同。这一特征主要体现在景观指数的变化上，往往空间范围越小，景观指数响应的空间异质性也越小，研究区域体现为较为统一的格局变换。但是随着研究区域面积增加，生态格局变化的空间异质性加强，对于细节的注意开始减少，通常将研究区域按照一定指标如城镇化水平分区研究，并着眼于阐释空间分异的状态、程度及背后原因。随着空间范围的进一步加大，对于研究区域的分区也会显得愈加重要。

Yeh 和 Huang（2009）在对台北大都市区的研究发现，以市中心为圆心向外扩展的同心圆中，随着半径不断增大，景观多样性不断增大，景观形状指数持续增加，景观丰富度指数在面积小于 $25km^2$ 处增加，之后保持平稳，景观均匀分布度指数在面积为 $144km^2$

时到达顶峰，之后不断下降。同时，不同粒度下景观多样性分布规律也存在差异，较小的粒度所得到的生态格局分布规律性并不明显，但较大粒度所能够表现的差异性又受到一定限制。

除了从小尺度转变为大尺度中出现的生态格局变化差异性外，在一些特定尺度下，城镇化对于生态格局的影响也表现出特别的特征。

Su 等（2012）选择杭嘉湖流域四个生态区为对象，在生态区尺度上研究了城镇化对于生态格局以及生态系统服务价值变化的影响。研究发现，在生态区尺度下，不同类型生态区生态格局变化不尽相同，杭嘉湖平原农田生态区、天目山森林生态区、杭州城市生态区的与千岛湖流域森林-湿地生态区呈现出相反的变化趋势；城镇化对生态系统服务价值的影响是通过侵蚀自然资源进行的。同时发现，生态格局指数，如斑块密度、景观形状指数等与生态系统服务功能之间存在显著的负相关关系，支持了之前学者的定性描述，该研究可用于评价城市景观生态规划执行效果。

Yeh 和 Huang（2009）将生态区尺度扩展至钱塘江流域，研究其农业生态格局在城镇化影响下如何变化，发现在生态区尺度下，总人口数对于农业生态格局变化的解释程度较弱，非农人口比例也与其他景观指数并未存在明显相关，这一改变可能是由于研究尺度从行政区尺度转变为生态区尺度，而行政区域中人口与非农人口比例是重要因素。

从总体上看，很多学者对城市生态格局的尺度效应研究多集中在大城市及大都市区，对于中小城市生态格局的尺度效应研究还很少见。一方面是由于数据获取难易程度不同，另一方面是由于中小城市一般城市化程度较低，未能体现出时空特性，难以发现规律性的空间差异。生态区的扩展研究跳出了行政区域的阻隔，用生态系统的一致性划分区域，使得生态格局中的生态因素凸现出来，更有利于分析空间格局中生态环境要素的相关关系，但也客观上削减了社会经济因素的影响。今后在研究时，可以向更多类型区域进行拓展，以期发现更细致的生态格局变化。

五、城镇化对生态系统格局变化的影响机制

Bürgi 和 Hersperger（2004）在进行生态格局变化驱动力研究时，总结出一套标准化模式，分为三个步骤，即系统定义、系统分析、综合分析。在系统定义中，确定研究的时间与空间范围以及景观要素；在系统分析中，按照选定的空间和时间尺度对生态格局要素进行分析，找出所有可能的驱动因子；最后进行综合分析，找出驱动因子之间以及与生态格局变化之间的相互作用关系。

在特定城市背景下，城镇化对于生态格局的影响机制，一般与该城市的地理空间、社会经济动态相关。地形地貌不同的城市，城镇化的作用机理往往不尽相似。以山地地形为主的城市，其驱动机制多与居民点扩张及经济开发政策相关，建设用地能否跨过山地阻隔，形成跳跃式发展，取决于政策支持和人员流动迁移情况。以平原地形为主的城市，其交通路线的发展很大程度上决定了城市扩张的过程，交通干线沿线的耕地更大可能遭到占用。GDP 及人口数量也是具有直接影响的驱动因子，因为城镇化本质上是人类活动的不断扩张，人口数量则与人类活动直接相关，GDP 等社会经济指标反映了人类活动强度，这些社会经济要素均直接或间接地与生态格局的变化相关。

傅伯杰等（2001）将引起生态格局变化的驱动因子归纳为自然与人文因子两类：①自然驱动因子中气候、水文、土壤等被认为是主要的驱动力；②人文驱动因子包括人口变化、技术进步、政治经济体制的变革、文化价值观念改变等因子。与自然驱动力相比，人文驱动因子越来越受研究者关注。

Shrestha 等（2012）在对美国亚利桑那州的凤凰城时空格局及驱动力进行分析后，发现该区域土地破碎化模式是生物物理和社会过程相结合的结果，特别是与城镇化相关的城市人口变化、供水、交通、制度因素和地形。运河及大坝的存在供给了可靠水源，使得城市用地和农业用地向沙漠地区扩张成为可能，城市居民对汽车的使用导致了高速公路建设以及沿公路两侧的土地扩张。Pan 等（1999）还认为虽然土地利用变化是由该地区的社会经济力量触发的，但这些变化仍然受到潜在的物理景观结构制约，对历史变化的深入理解将提高预测未来景观动态变化的能力，并制定更有效的管理策略。

Su 等（2012）讨论了三类城镇化相关的社会经济指标对于苕溪流域植被生态格局变化的影响机理，结果表明人口增长、第三产业发展、收入增长和道路建设是景观水平和类型水平上植被生态格局变化的主要影响因素，而非农人口比例则仅与类型水平相关，GDP 则未对植被生态格局造成明显影响。相反，在对钱塘江流域的研究中 Su 等（2014）发现，GDP 在 1979～1994 年与大部分景观指数相关，而在 1994～2009 年基本无关，后一时期取代 GDP 的指标变为城市扩张强度。这一结果表明影响 20 世纪 80 年代中国农业生态格局的主要原因是经济因素，计划经济下粮食价格偏低导致各地政府将大量农业用地转化为城市建设用地，从而追求非农业部门的经济利益，并提出居民点扩张在生态区尺度上将是强有力的影响因素。对这一结果，Su 等（2012）认为城市与周边地区社会经济条件的差异及其与土地利用实践的相互作用，是造成这种矛盾的主要原因。Li 等（2017）研究了景观指数与社会经济因素之间的关系，发现城镇化主要影响生态格局的斑块数量，对斑块形状及聚集度的影响程度较弱，而对景观多样性的影响程度最弱，并指出中国城市发展是由人口增长驱动，人口规模反映人类活动干扰强度，与人口密度密切相关的 GDP 和夜间照明强度（NTL）则间接影响生态格局。

与城镇化相关的土地管理政策对于生态格局变化的影响也十分明显。Li 等（2010）以连云港市为研究对象，发现“东部海岸经济发展”政策使得连云港市盐碱湿地面积在 6 年间减少 54.4km^2，浅海水域面积以及水库面积也均下降，连云港湾地区将盐碱湿地转变为工业用地的短期计划在这一转变过程中成为强有力的主导因素。相似的，姜玲玲等（2008）发现，大连滨海湿地格局变化的主要原因是移山填海、工业区建设和养殖业的蓬勃发展。同时，肖况等（2018）通过对成都市生态格局变化分析，发现产业结构调整以及城市发展政策的变化是导致生态格局变化的主要因素。

Yeh 和 Huang（2009）从景观多样性的角度出发，研究台北都市区生态格局时空变化，提出城镇化通过改变该区域的生态系统过程，进而改变了生态格局。研究发现，城镇化强度较低地区的景观多样性随着城市发展创造更多的人为景观类型而增加，并降低自然景观的主导地位，随着城镇化程度的进一步提高，建成区的聚集效应会降低景观多样性。

由以上分析可知，当前针对城镇化对于生态格局影响的研究，旨在通过定量研究加上定性分析，对特定城市的生态格局变化过程进行描述，通过遥感、GIS 分析、Fragstats

软件对生态格局进行定量分析，观察其在城镇化背景下的变化过程。同时，一些学者也开始通过更多角度，如空间异质性、生态区等对生态格局变化做出更加充分的解释，探究城镇化对其的全面影响。如下所述。

（1）生态格局时间过程。这一主题研究比较充分，针对时间尺度上的变化阶段，当前研究已经给出了比较明确的划分，基本与倒“U”形曲线相吻合，一些学者通过实证分析也试图给出城镇化的影响阈值水平，但是目前来看，所选时间尺度多为20年以内的较短周期，对于更长时间尺度的研究还未有深入探讨。

（2）生态格局空间分异。在此主题下，关于城市区域内城乡梯度差异等的研究比较充分。多是结合不同特性的城市给出定性与定量的描述，也有学者深入分析各景观指数的响应程度差异。但是缺乏对于城市群内部不同样带间的分析及背后原因探讨，样带的选取也可以更加多元化，而不必固守南北与东西垂直样带。对于不同类型城市空间分异规律的对比探讨也处于缺失状态，只对特定城市探讨无法发展出一般规律，通过多个城市的横向与纵向对比，才可能得出更加普遍适用的空间规律。

（3）生态格局变化的不同尺度差异。一部分学者关注于生态格局的尺度效应，针对景观指数对不同空间粒度、分辨率的响应差异做出了一系列研究，并试图找出合适的具体粒度值，但分辨率差异方面的发展尚显不够。对于生态格局变化的不同区域研究，目前大多着眼于大城市或大都市区，对于特大城市群地区和中小城市乃至县域未有深入研究，进一步研究可以立足于纵向尺度差异，在不同等级城市中进行对比。

（4）生态格局变化驱动机制。对于驱动力影响具体作用机制方面，目前大多数研究停留在对单个研究区生态格局变化描述的基础上，进行定性的或者简单的定量分析，因此缺乏不同区域尺度及不同时间尺度的比较。对城市群的景观格局变化的驱动机制分析研究较弱。驱动机制分析也多为叙述，缺乏因子相互作用机理的讨论与分析。

第二节 城市群地区城镇化与生态系统格局变化的耦合机理及方法

一、城镇化对生态系统格局变化影响的时空衰减效应曲线

（一）城镇化对生态格局变化影响的空间衰减效应曲线

从空间格局来看，城镇化对生态系统格局的影响具有明显的空间衰减效应，即从城市中心区到城郊再到农村地区，城镇化对生态系统格局的影响越来越弱。这种空间衰减效应可以粗略地表征为图6.4所示的理论假设曲线。在城市中心区，生态系统格局基本被城镇化，城市更新的覆盖面也越来越小，城镇化对生态系统格局变化的影响越强烈。但是，城镇化对生态系统格局的影响阈值并不在城市中心区的外围，而是在生态格局更为复杂和交错的城郊地区。这些地区往往是城市景观与自然景观或农业景观冲突最为强烈的地区。同时，城镇化对这些自然和半自然景观的影响也最为强烈，往往是这种影响的最高值区域。随后随着城镇化水平的降低，生态系统进入乡村地区，除了部分农村居

民点外，这些地区的生态系统格局较为稳定，因此城镇化对生态系统格局的影响也越来越弱。

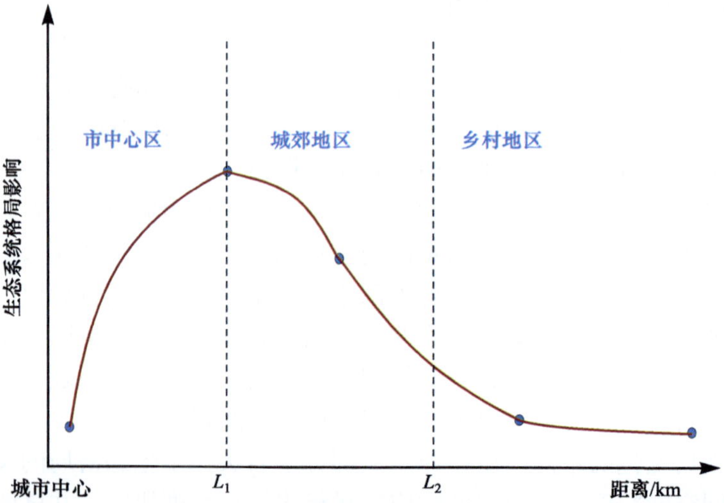

图 6.4　城镇化对生态系统格局变化影响的空间衰减效应曲线示意图

L_1、L_2表示不同空间节点

这一空间梯度演化曲线在不同尺度上可能存在不同的变化过程和组合方式。例如，单个城市尺度其可能是以城市中心为基础的环状辐射过程。但是，从城市群尺度来说，可能更为关注城市之间的宏观组织、轴线发展模式和空间布局等。

（二）城镇化对生态系统格局变化影响的时间衰减效应曲线

城镇化对生态系统格局的影响在时间上同样也遵循着衰减效应（图 6.5）。在城镇化初期阶段，随着城镇化速度的提升，其对生态格局的破坏和影响也越来越强烈，但是这一

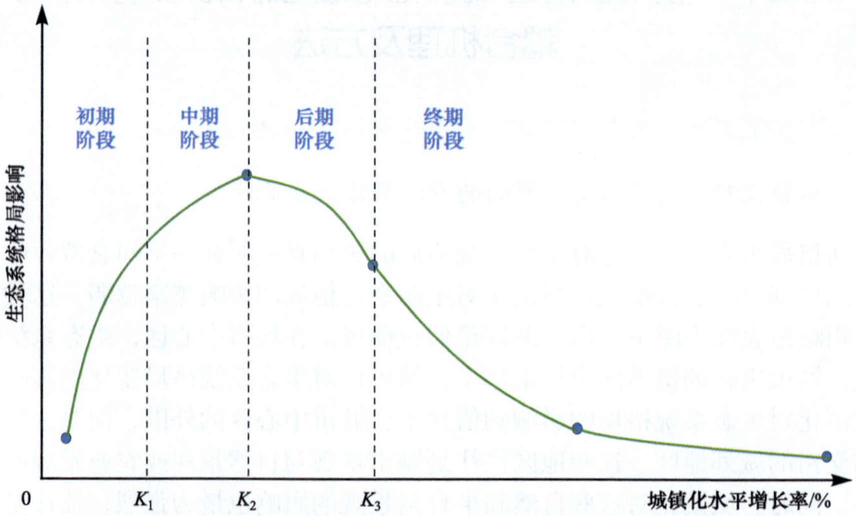

图 6.5　城镇化对生态系统格局变化影响的时间衰减效应曲线示意图

K_1、K_2、K_3表示不同时间节点

阶段产业发展还处于初期阶段，城镇化对生态格局的影响还远未达到最高值。而随着城镇化速度的进一步提升，城市的产业结构进一步高级化，城镇化处于加速成长的中期阶段，城市用地扩张最为迅猛，其对生态格局的影响也最强烈，在中期阶段达到最高的影响阈值。此后随着城镇化速度的逐步减慢，城镇化进入后期阶段，城市产业结构高级化进一步提升，服务业发展远远高于其他产业，城市发展对土地需求也越来越小，对生态系统格局的影响也越来越小；到了城镇化终期阶段，城镇化水平提升速度极缓甚至为零，生态系统格局也趋于稳定，进而进入城镇化与生态系统和谐发展状态。

二、城镇化对生态系统格局变化影响的分析方法

（一）土地利用与土地覆被数据集

欧洲空间局气候变化倡议（Climate Change Initiative，CCI）项目新近研发了1992～2015年度持续可比的全球300 m空间分辨率土地覆被数据。该数据基于地理坐标系统（geographic coordinate system，GCS）的World Geodetic System 84（WGS84）地理坐标系统。该数据分类系统采用联合国的土地覆被分类系统（Land Coven Classifrcation System，LCCS），该数据全球用户精度为75%左右。

1992～2015年京津冀城市群土地利用与土地覆被数据通过京津冀城市群行政区划数据对全球数据集直接提取获得。该数据的优势是土地利用数据年际可比。此优势为高时间分辨率面板数据构建提供了可能，非常适合进行城镇化与生态系统格局变化交互关系分析研究。年际可比的土地利用与土地覆被数据为生态系统景观指数计算提供了基础。

（二）景观指数变化的分析方法

城市群尺度景观指数的选择需要体现城市群的特质。在相关研究基础上，研究认为城市群尺度的生态格局分析适合选择景观水平的景观指数。从生态格局测算来看，可以从5个方面选取景观指数（表6.1），分别包括面积-边缘类[平均图斑面积（MPS）、平均旋转半径指数（GYRATE_MN）]；破碎度[图斑数量（NP）、图斑密度（PD）、边缘密度（ED）、景观形状指数（LSI）、散布与并列指数（IJI）]；形态复杂度[面积加权平均形状指数（AWMSI）、面积加权平均斑块分形指数（AWMPFD）、面积分维指数（PAFRAC）]；集聚性[集聚指数（AI）、蔓延度指数（CONTAG）、连接度指数（CONNECT）、平均欧氏邻近距离指数（ENN_MN）]；多样性[香农多样性指数（SHDI）、香农均度指数（SHEI）]。

表6.1 景观指数解释表

分类	指数	描述	解释
面积边缘类	平均图斑面积（MPS）	$\text{MPS}=\frac{A}{\text{NP}}$，$A$为景观面积，NP为景观内斑块数量	反映景观中各类图斑类型的集聚或破碎程度。图斑平均规模变得越小，往往表示斑块紧凑度越差，并趋于破碎化；而越大表征越紧凑和越整齐

续表

分类	指数	描述	解释
面积边缘类	平均旋转半径指数（GYRATE_MN）	$\text{GYRATE\_MN}=\sum_{r=1}^{z}\frac{h_{ijr}}{Z}$，$h_{ijr}$ 为像元 ijr 到图斑 ij 质心的距离，Z 为图斑 ij 内的像元数量	平均旋转半径越小表示图斑越破碎
破碎度	图斑数量（NP）	NP=N，N 为景观内图斑数量	反映景观内图斑的数量，表征破碎程度
	图斑密度（PD）	PD=A/N，A 为景观面积，N 为景观内图斑数量	反映单位面积上的图斑数随着景观尺度的变化情况
	边缘密度（ED）	$\text{ED}=\frac{e}{A}(10{,}000)$，e 为边缘长度，$A$ 为景观面积	反映景观的破碎化程度，边缘密度的大小直接影响边缘效应
	景观形状指数（LSI）	$\text{LSI}=0.25E/\sqrt{A}$，$E$ 为图斑周长，A 为图斑面积	通过计算某一图斑形状与相同面积的圆或正方形之间的偏离程度来测算形状的复杂程度
	散布与并列指数（IJI）	$\text{IJI}=-\sum_{k=1}^{m}\left[\left(e_{ik}/\sum_{k=1}^{m}e_{ik}\right)\ln\left(e_{ik}/\sum_{k=1}^{m}e_{ik}\right)\right]\times 100/\ln(m-1)$，$e_{ik}$ 为不同类型 i 和 k 图斑边缘的总长度，m 为图斑类型数量	反映景观级别上各个斑块类型间的总体散布与并列状况。取值小时表明斑块类型仅与少数几种其他类型相邻接；IJI=100 表明各斑块间比邻的边长是均等的，即各斑块间的比邻概率是均等的
形态复杂度	面积加权平均形状指数（AWMSI）	$\text{AWMSI}=\sum_{i=1}^{m}\sum_{j=1}^{n}\left[\left(\frac{0.25P_{ij}}{\sqrt{a_{ij}}}\right)\left(\frac{a_{ij}}{A}\right)\right]$，$P_{ij}$ 为 i 类图斑中第 j 个图斑的周长，分别有 m 种图斑类型和 n 个图斑，a_{ij} 为斑块面积，A 为斑块总面积	图斑形态会影响图斑内部的生态过程，反映景观中各图斑的变异性
	面积加权的平均斑块分形指数（AWMPFD）	$\text{AWMPFD}=\sum_{i=1}^{m}\sum_{j=1}^{n}\left[\left(\frac{2\ln(0.25P_{ij})}{\ln(\sqrt{a_{ij}})}\right)\left(\frac{a_{ij}}{A}\right)\right]$，$P_{ij}$ 为 i 类图斑中第 j 个图斑的周长，分别有 m 种图斑类型和 n 个图斑，a_{ij} 为斑块面积，A 为斑块总面积	用于测度图斑形态影响内部图斑的生态过程，反映景观或图斑边界形状的复杂性和变异性
	面积分维指数（PAFRAC）	$\text{PAFRAC}=\sum_{i=1}^{m}\sum_{j=1}^{n}\left[\frac{2\ln(0.25P_{ij})}{\ln a_{ij}}\right]$，$P_{ij}$ 为 i 类图斑中第 j 个图斑的周长，分别有 m 种图斑类型和 n 个图斑，a_{ij} 为斑块面积	反映不同空间尺度的形状的复杂性
集聚性	集聚指数（AI）	$AI=\left[\frac{g_{ij}}{\max\to g_{ij}}\right]$，$g_{ij}$ 为相应景观类型的相似邻接斑块数量	基于同类型图斑像元间公共边界长度来计算。一般不存在公共边界时该类型图斑的聚合程度低
	蔓延度指数（CONTAG）	$\text{CONTAG}=\left[1+\frac{\sum_{i=1}^{m}\sum_{k=1}^{m}\left[(p_i)\times\left(g_{ik}/\sum_{k=1}^{m}g_{ik}\right)\right]\left[\ln(p_i)\times\left(g_{ik}/\sum_{k=1}^{m}g_{ik}\right)\right]}{2\ln(m)}\right]\times(100)$ p_i 为斑块类型占景观的比例，g_{ik} 为斑块类型 i 和 k 临接数量，m 为景观内的斑块数量	反映景观中不同图斑类型的非随机性和聚集程度或延展程度，由于景观聚集度指数考虑图斑类型之间的相邻关系，因此可以反映景观组分的空间配置特征

续表

分类	指数	描述	解释
集聚性	连接度指数（CONNECT）	$\text{CONNECT}=\left[\dfrac{\sum_{j\neq k}^{n} c_{ijk}}{\dfrac{n_i(n_i-1)}{2}}\right]\times(100)$，$c_{ijk}$ 为图斑 j 和 k 对应图斑类型 i 之间的连接（0 为不连接，1 为连接），n_i 为景观内的图斑数量	反映景观内相同类型图斑的连接程度
	平均欧氏邻近距离指数（ENN_MN）	$\text{ENN\_MN}=\sum_{j=1}^{n}(h_{ij}/n_i)$；$h_{ij}$ 等于离斑块 ij 最近的同类型相邻斑块的距离，n_i 为斑块总数量	用于量化图斑的分离程度，从生态系统功能性上计算图斑间的生态距离，用于反映生态系统内部生态过程和功能的影响
多样性	香农多样性指数（SHDI）	$\text{SHDI}=-\sum_{i=1}^{n}(P_i\ln P_i)$；$P_i$ 为类型 i 斑块占景观内斑块的比例	反映景观中各类图斑类型的复杂性、变异性、异质性和多样性
	香农均度指数（SHEI）	$\text{SHEI}=-\sum_{i=1}^{n}(P_i\ln P_i)/\ln m$；$P_i$ 为类型 i 斑块占景观内斑块的比例，m 为斑块数量	表征景观中不同图斑类型分布的均匀度

景观指数通过 ArcGIS 10.5 和 Fragstats 4.2 软件计算获得。土地利用数据通过 ArcGIS 10.5 数据提取，并进行各地级及以上城市土地利用数据的提取工作。运用 Fragstats 4.2 软件进行景观指数的计算工作，选择景观水平进行景观指数计算。Fragstats 4.2 在计算中选择 300m×300m 作为移动窗口的基本单元。本研究通过 ArcGIS 10.5 将 13 个地级及以上城市进行了识别提取，并分别在城市群和地级市两个尺度计算了各自的景观指数。最终获取到 1 个城市群尺度和 13 个地级及以上城市景观指数。这些景观指数分析结果为后续生态格局分析提供了基础。

（三）城镇化对生态系统格局演化的分析方法

1. 拟合曲线分析方法

通过数据分析，构建城镇化水平与生态格局变化各景观指数的最优拟合曲线图，通过最优拟合曲线所呈现的线性或非线性关系解释城镇化过程与各景观指数的关系，以此来表征城镇化过程与生态系统格局演化的关系。但是，通过这种分析所确定的关系往往只是数据本身的关系而不是二者之间的直接因果关系。拟合曲线分析方法只能算作判断城镇化与生态系统格局变化分析的初步研判性方法，而非最终确定性的关系分析方法。一般通过散点关系图来探索两者的关系，其中常用到的关系拟合曲线有线性函数、指数函数、对数函数、幂函数、二次函数等。此外，还有各种非参数拟合方法也可以来探索二者的关系，如局部加权回归散点平滑法、内核加权局部多项式平滑曲线拟合、稳健非线性平滑曲线拟合等。

2. 面板回归分析方法

由于景观指数的计算依据统一的土地利用数据，因此景观指数的计算结果可能存在潜在的多重共线性。因此，对考察城镇化与各种景观指数的关系，二变量面板回归分析方法是比较适合的方法。对每个二变量面板回归模型而言，可将每个景观指数作为因变量，将表征城镇化的变量作为自变量。同时，根据豪斯曼检验（Hausman test）来判断面板数据模型采用固定效应还是随机效应。

在影响因素选择上，根据已有研究，从人口城镇化方面选择最能表征城镇化的城镇化水平（URBAN）。在人口对景观的胁迫和压力方面选择了人口密度（POP）变量。在经济压力方面选择了人均 GDP（GDPPC）。在基础设施和固定资产投资的影响方面选择了人均固定资产投资（FIX）变量。而在地区产业结构方面选择了对景观影响较大的第二、第三产业增加值比重（GDPS）来表征。在就业结构方面选择第二、第三产业就业比重（EMS）来表征。

3. 城市群尺度城市-乡村梯度分析方法。

城市群尺度城市-乡村梯度分析方法需要充分体现城市群的特色。如上所述，城市群尺度城市-乡村衰减效应更为关注城市之间的关系，尤其是生态系统景观的宏观格局与空间组织。而城镇化对生态系统格局的影响也更关注宏观格局，其中京津冀城市群城镇化布局按照“一核双城三轴”的空间结构来组织。一核是北京，双城是北京、天津，三轴是京津发展轴、京保石邯发展轴、京唐秦发展轴。从生态系统格局来看，“三轴”是京津冀城市群城市-乡村梯度分析的主要对象。城市群尺度城镇化对生态格局的影响，可概括为“景观影响轴效应”（图 6.6）。

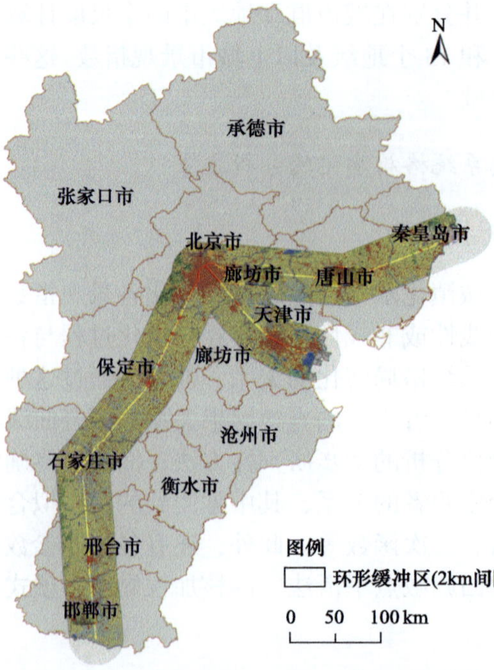

图 6.6　京津冀城市群空间格局景观影响轴

第三节 城市群地区城镇化与生态系统格局变化案例分析

京津冀城市群城镇化过程异常迅速，城镇化对生态格局的影响非常显著。运用景观指数分析方法从生态格局的面积-边缘、破碎度、形态复杂度、集聚性、多样性 5 个方面选取了 16 个景观指数（面积-边缘类：MPS、GYRATE_MN；破碎度：NP、PD、ED、LSI、IJI；形态复杂度：AWMSI、AWMPFD、PAFRAC；集聚性：AI、CONTAG、CONNECT、ENN_MN；多样性：SHDI、SHEI），基于 ESA CCI Land cover 数据[300m 分辨率，分类系统采用联合国 LCCS]，定量分析京津冀城市群 1992～2015 年生态系统格局的变化情况（图 6.7）。在生态格局分析基础上，运用面板数据回归分析方法定量分析京津冀城市群城镇化进程[包括人口密度（POP）、城镇化水平（URBAN）、人均 GDP（GDPPC）、固定资产投资（FIX）以及第二、第三产业增加值比重（GDPS）和第二、第三产业就业结构（EMS）]对生态系统格局变化的影响。从城市-乡村梯度分析的视角，在空间上刻画城镇化对生态系统格局的影响机理。

一、京津冀城市群生态系统格局演化的时空过程

（一）面积-边缘指数的时空分异

采用面积-边缘指数公式计算得知，京津冀城市群面积-边缘指数——平均图斑面积（MPS）和平均旋转半径指数（GYRATE_MN）从 1992～2015 年逐渐变小（图 6.8），说明随着快速城镇化进程加速与人类活动的加剧，京津冀城市群生态系统格局图斑规模变得越来越小，斑块紧凑度越来越差，并趋于破碎化。

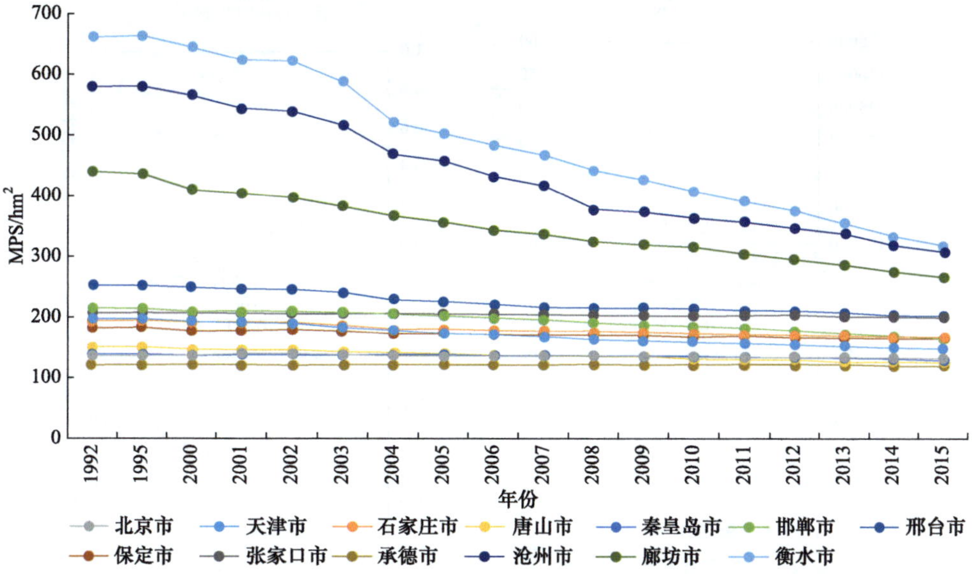

(a) MPS

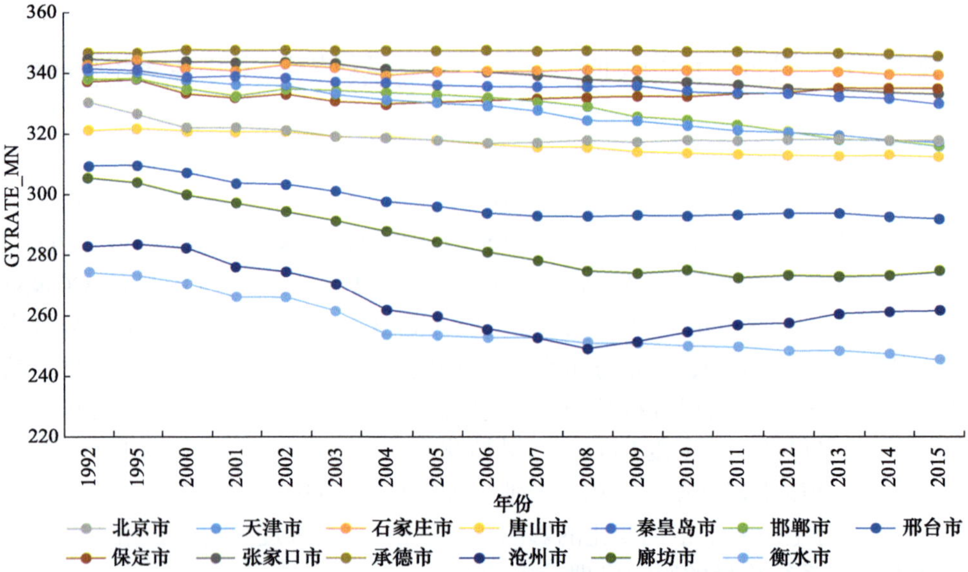

(b) GYRATE_MN

图 6.7 京津冀城市群 13 个地级以上城市面积-边缘指数变化图

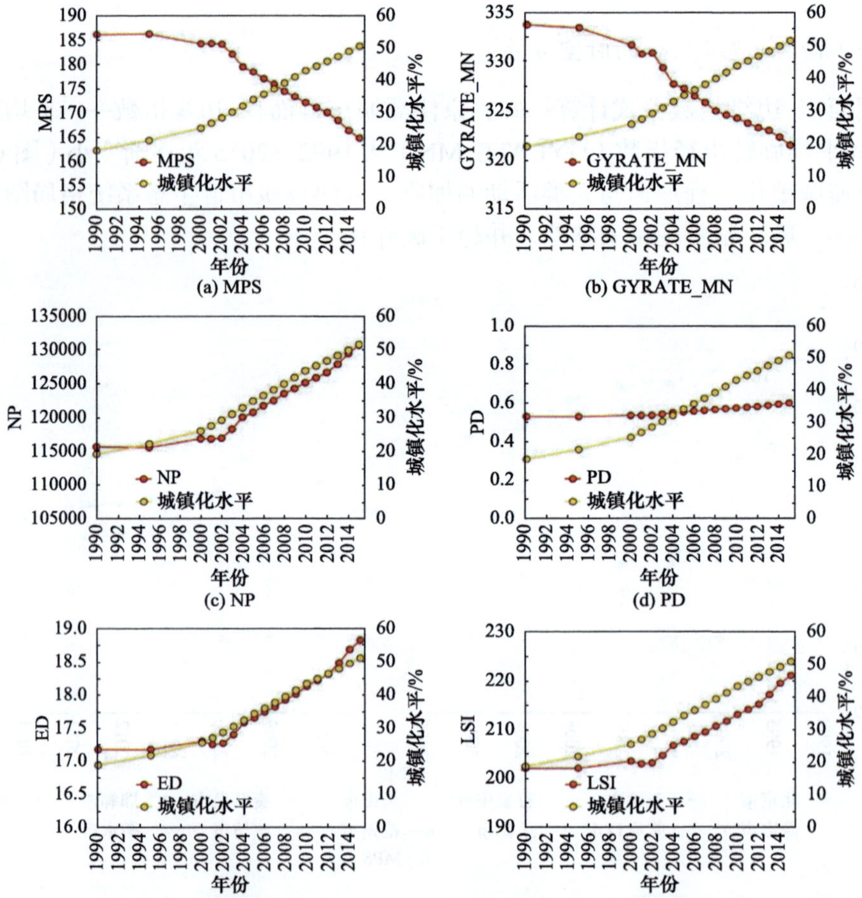

(a) MPS (b) GYRATE_MN

(c) NP (d) PD

(e) ED (f) LSI

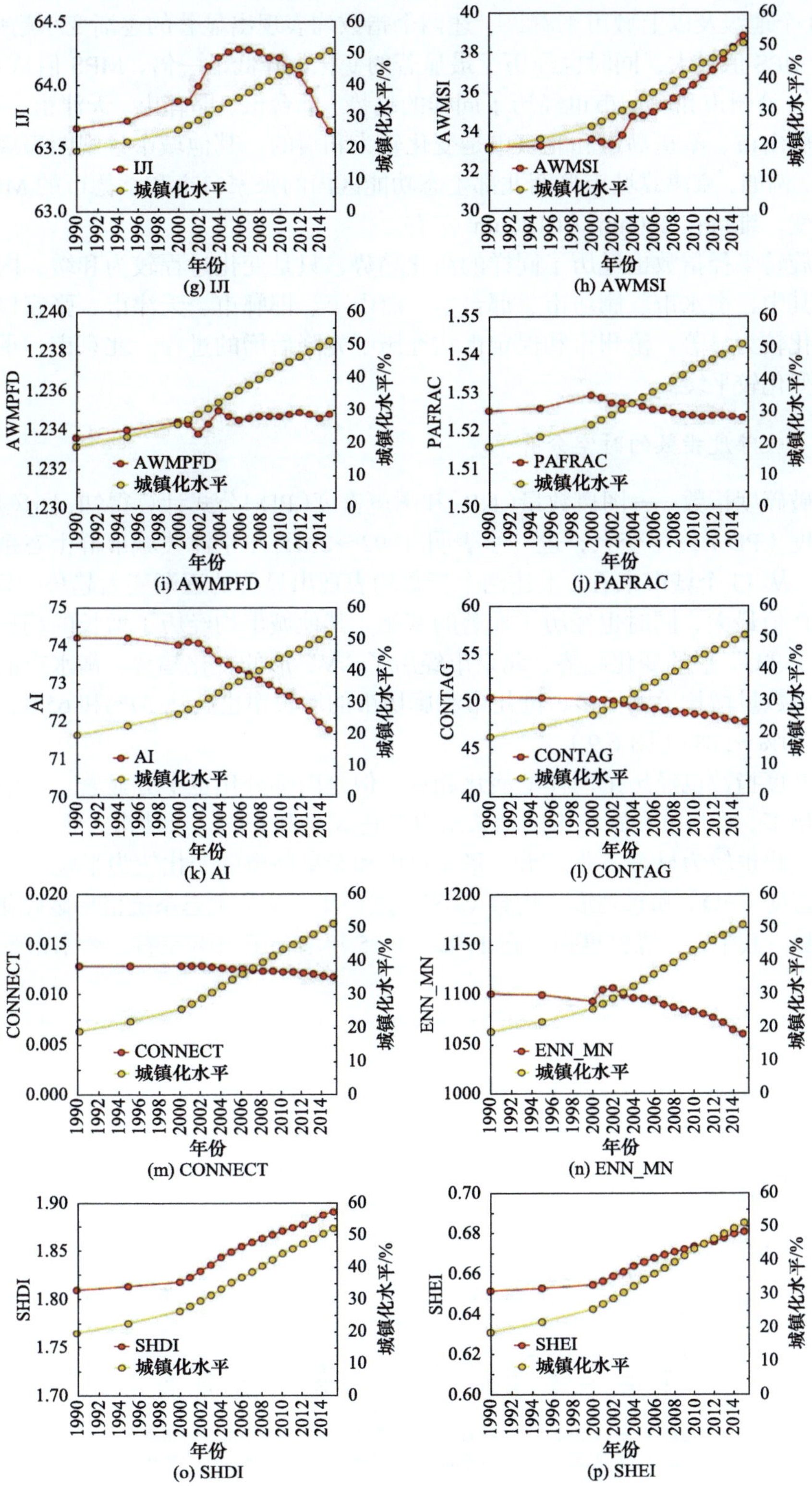

图 6.8 京津冀城市群景观指数演化过程图

从 13 个地级及以上城市来看，上述两个指数均表现出显著的逐渐变小趋势。其中，衡水市的 MPS 值最大，同时也经历了最显著的变化，降低了一倍，MPS 值从 661hm^2 降至 318hm^2。沧州市和廊坊市也经历了同样的趋势。邢台市、邯郸市、天津市、石家庄市、保定市、唐山市、秦皇岛市和北京市是变化较为和缓的。其他城市景观图斑规模的变化较为稳定，例如，京津冀城市群西北部生态功能区内的张家口市和承德市的 MPS 指数基本保持不变，维持在 200hm^2 和 120hm^2 左右。

平均旋转半径指数也经历了同样的演化趋势，只是变化过程较为和缓，内部分化较为显著。其中，衡水市、廊坊市、邢台市、唐山市、邯郸市、天津市、张家口市和秦皇岛市的变化较为显著。沧州市和保定市均经历了先降后增的过程。北京市、承德市和石家庄市的变化较平缓。

（二）破碎度指数的时空分异

采用破碎度指数——图斑数量（NP）和图斑密度（PD）公式计算得知，图斑数量（NP）和图斑密度（PD）逐年变大，进一步表明 1992～2015 年京津冀城市群生态系统格局趋于破碎化。从 13 个城市来看，上述两个指数均表现出显著的逐渐变大趋势。其中，张家口市的 NP 值最大，同时也经历了显著的变化。其他城市均经历了增长的趋势。只有承德市经历了“U”形的变化趋势，北京市经历了“V”形的变化趋势。衡水市的变化最为显著，图斑数量增长了 1 倍多，沧州市和廊坊市的增长率也高达 87%和 65%，其他城市均增加了 10%～20%（图 6.9）。

图斑密度指数也经历了同样的演化趋势，但是内部分化也十分显著。其中，衡水市增长了 1 倍多，沧州市和廊坊市的增长率也高达 87%和 65%。天津市、邢台市、唐山市、邯郸市的变化也较为显著。北京市、张家口市和秦皇岛市的变化较为平缓。

边缘密度（ED）和景观形状指数（LSI）进一步印证了生态系统格局破碎化和复杂化的变化趋势。其中，边缘密度指数在 1992～2015 年增长了 10%左右。衡水市景观的边缘

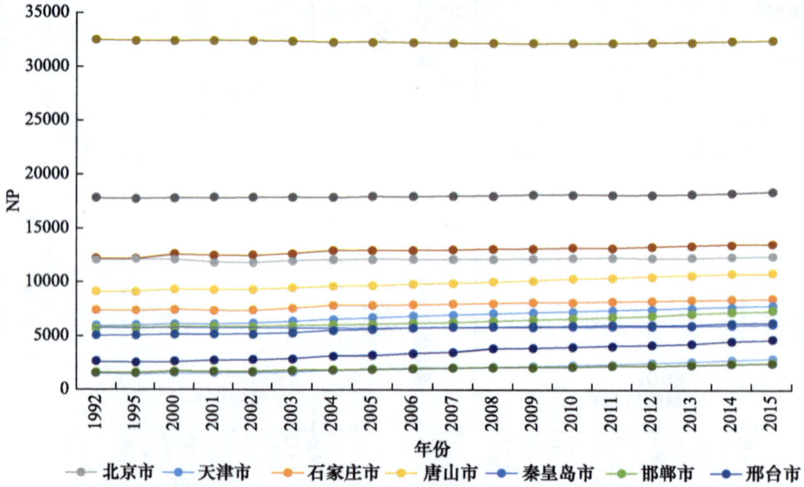

(a) NP

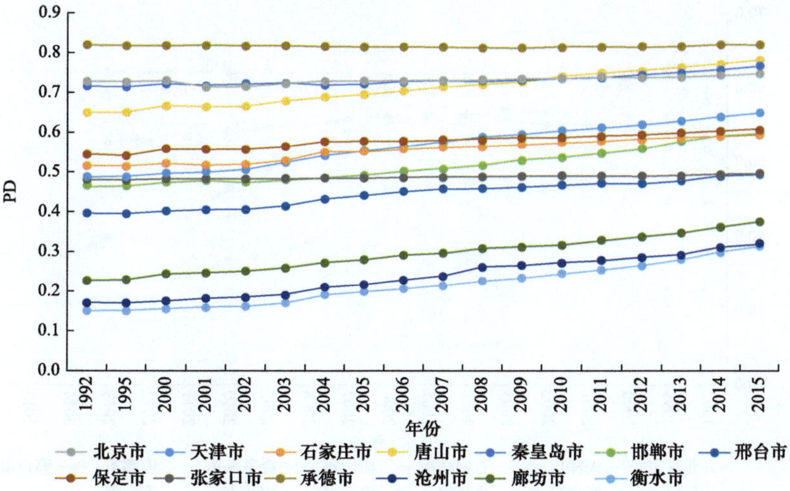
PD
年份
北京市
天津市
石家庄市
唐山市
秦皇岛市
邯郸市
邢台市
保定市
张家口市
承德市
沧州市
廊坊市
衡水市
(b) PD

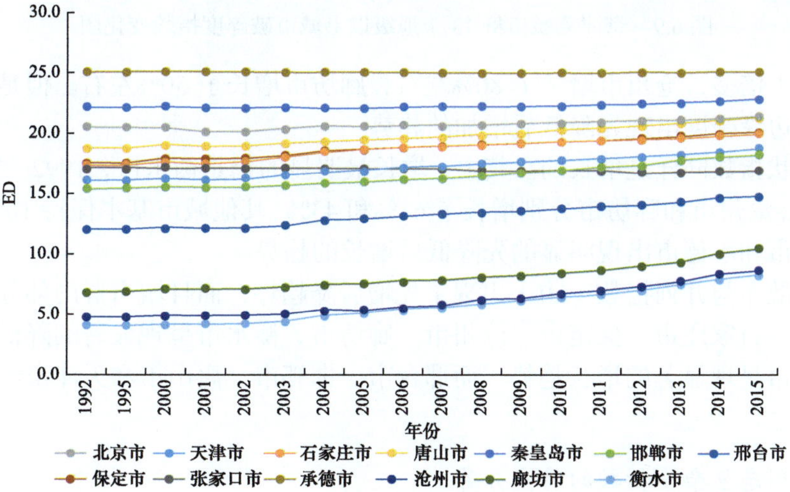
ED
年份
北京市
天津市
石家庄市
唐山市
秦皇岛市
邯郸市
邢台市
保定市
张家口市
承德市
沧州市
廊坊市
衡水市
(c) ED

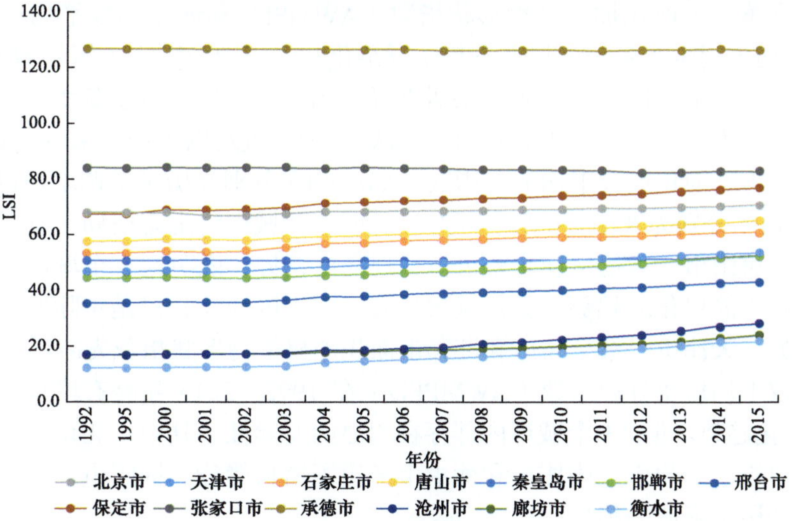
LSI
年份
北京市
天津市
石家庄市
唐山市
秦皇岛市
邯郸市
邢台市
保定市
张家口市
承德市
沧州市
廊坊市
衡水市
(d) LSI

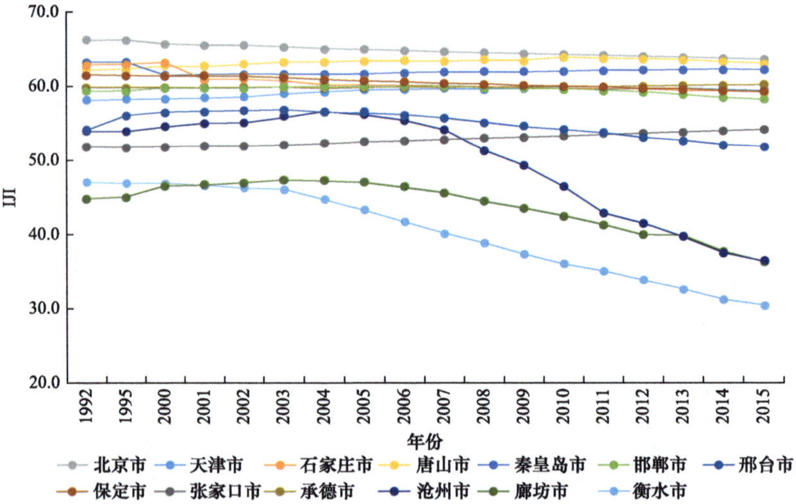

(e) IJI

图 6.9 京津冀城市群 13 个地级以上城市破碎度指数变化图

密度增长了 1 倍多，沧州市增长了 80%左右，廊坊市增长了 50%左右。但是，张家口市和承德市的边缘密度出现先降低后增加的趋势。

景观形状指数同样是增长的。其中，增长最明显的仍是衡水市，1992～2015 年增长了 80%左右，沧州市和廊坊市分别增长了 68%和 43%。其他城市基本保持 10%的增长率。只有张家口市和承德市出现明显的先降低后增长的趋势。

但是，散布与并列指数（IJI）出现了先增后降趋势，而且城市群内部分化较大。其中，北京市、石家庄市、保定市、沧州市、廊坊市、衡水市呈现显著的降低趋势。张家口市和承德市呈现显著的增长趋势。而邢台市、邯郸市、唐山市和天津市经历了先增后减的趋势。

（三）形态复杂度指数的时空分异

形态复杂度——面积加权平均形状指数（AWMSI）和面积加权平均斑块分形指数（AWMPFD）均表明生态系统格局形态趋于复杂化和不规则。而面积分维指数（PAFRAC）的演化趋势更为复杂，1992～2000 年逐步增大，在 2000 年之后逐渐变小，说明生态系统受人类活动的干扰越来越大（图 6.10）。从 13 个地级及以上城市来看，其中衡水市、沧州市和廊坊市的面积加权平均形状指数（AWMSI）分别经历了单调增长过程，1992～2015 年的增长率分别为 83%、69%和 36%，说明这些城市的生态格局一直保持不断复杂化的趋势。但唐山市、承德市和张家口市呈现降低趋势，说明这 3 个城市的生态格局形态均表现出趋于简单化的趋势。其他城市均有一定程度增长，只是年际的变化并不具有规律性。例如，天津市、秦皇岛市和邯郸市面积加权平均形状指数先减后增。

面积加权平均斑块分形指数（AWMPFD）在 1992～2015 年略有增长，整体呈现出“W”形的变化趋势。但 13 个城市内部存在明显的差异性。其中，北京市、邢台市、保定市、张家口市、沧州市、廊坊市和衡水市经历了增长趋势。邯郸市、天津市、石家庄市和唐山市经历了降低的趋势。

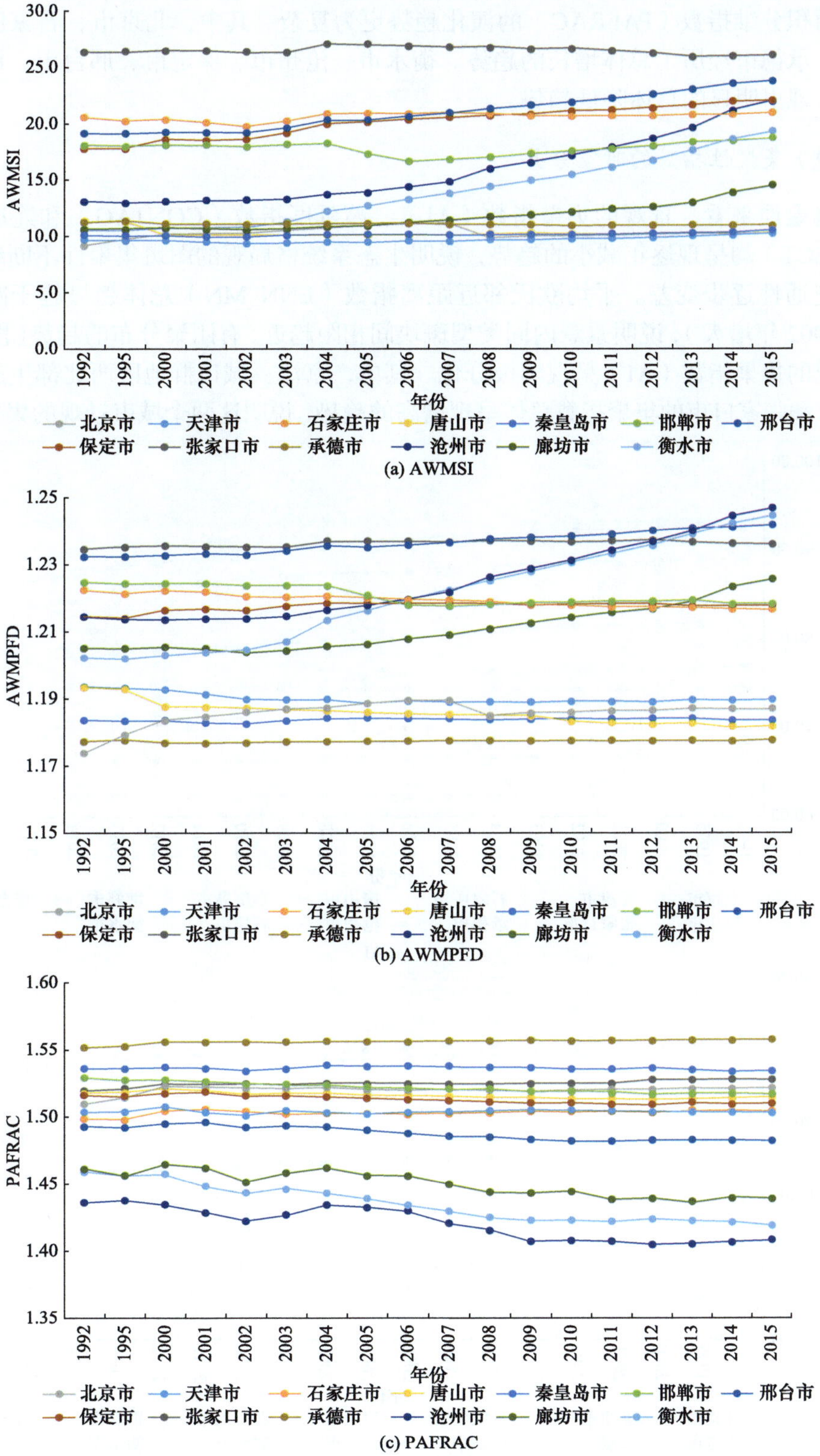

图 6.10　京津冀城市群 13 个地级以上城市形态复杂度指数变化图

而面积分维指数（PAFRAC）的演化趋势更为复杂。其中，北京市、石家庄市、张家口市、承德市经历了总体增长的趋势。衡水市、沧州市、保定市、邢台市、邯郸市、唐山市表现出明显的总体降低趋势。

（四）集聚性指数的时空分异

从集聚性来看，景观的集聚指数（AI）、蔓延度指数（CONTAG）和连通度指数（CONNECT）均呈现逐年减小的趋势，说明生态系统格局观的图斑集聚性不断缩小，蔓延性和连通性逐步变差。平均欧氏邻近距离指数（ENN_MN）总体趋势趋于减小（仅2000～2002 年增大），说明景观内同类型斑块间相距趋近，有团聚分布的趋势（图 6.11）。

景观的集聚指数（AI）呈现两极分化。其中，京津冀城市群地区西北部生态功能区的承德市和张家口市的集聚指数总体呈现增高的趋势，说明这两个城市景观的集聚度逐步

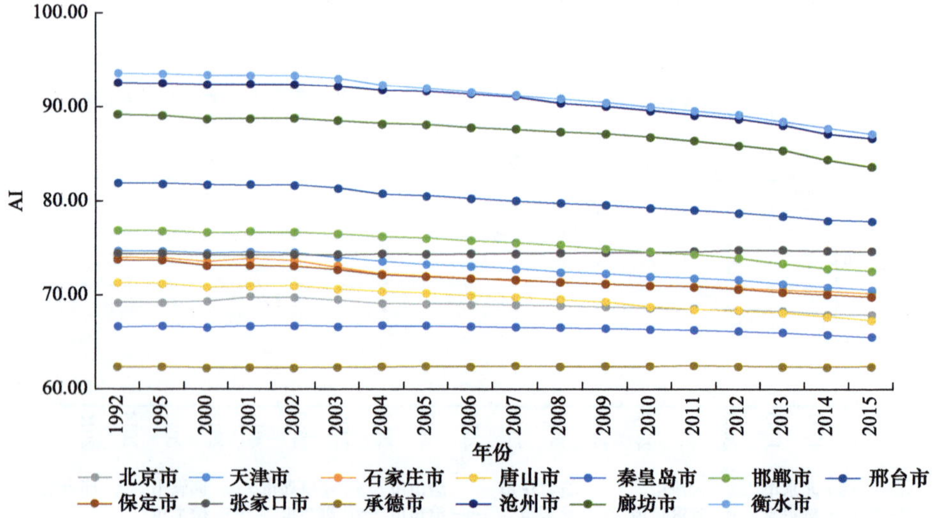

(a) AI

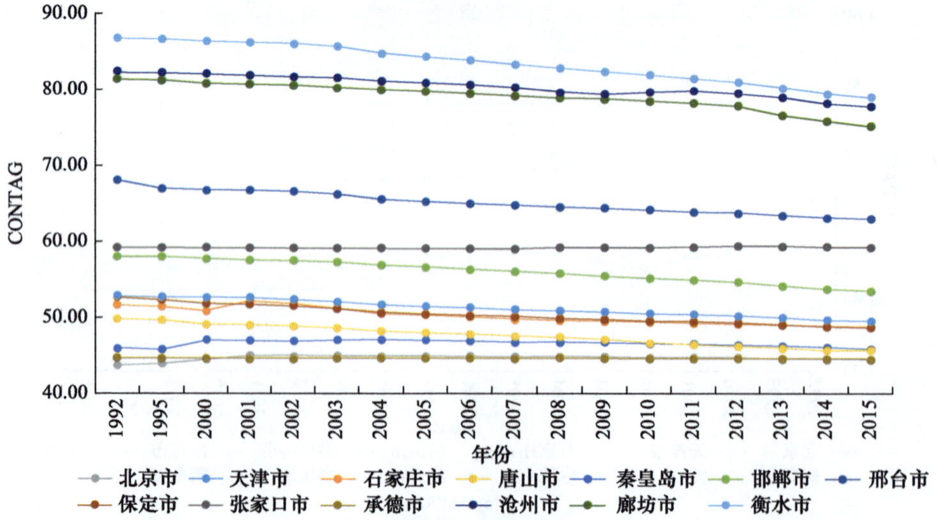

(b) CONTAG

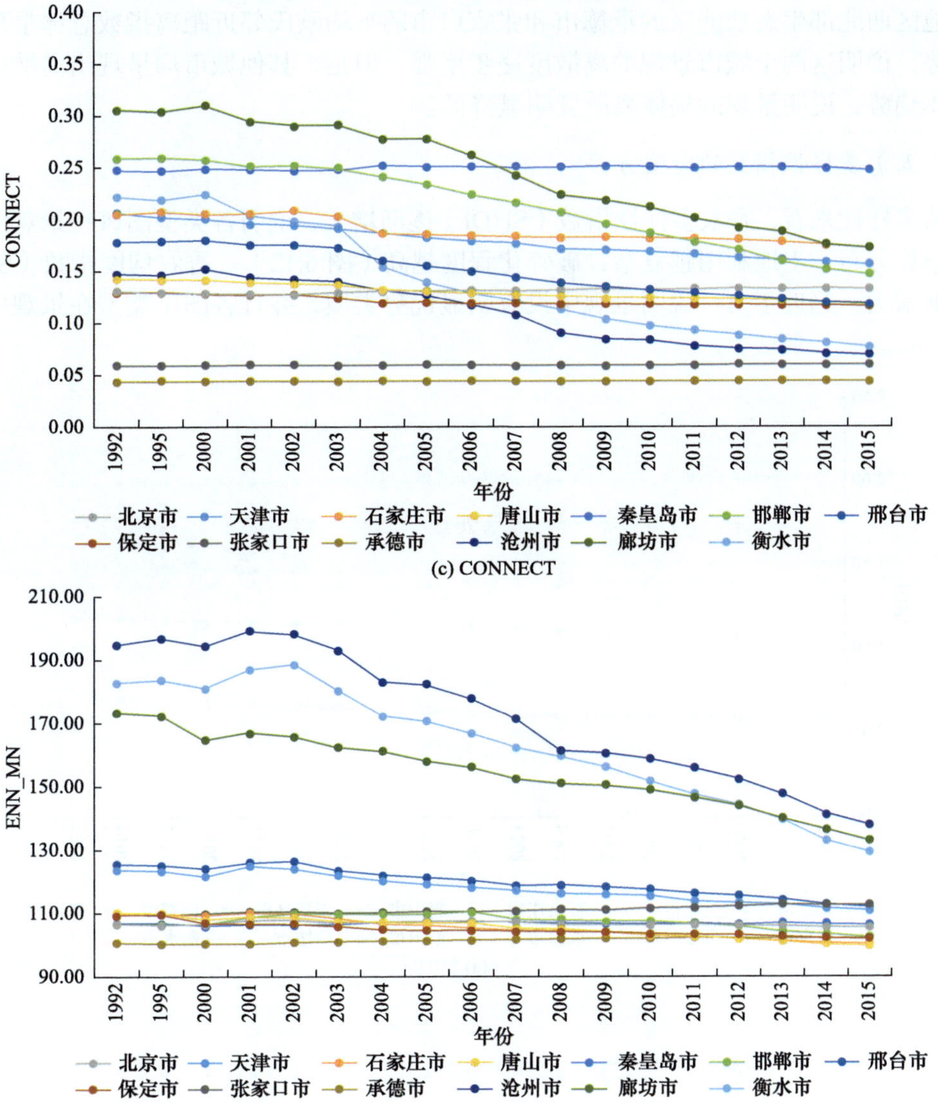

(c) CONNECT

(d) ENN_MN

图 6.11 京津冀城市群 13 个地级以上城市集聚性指数变化图

增强。但是，其他城市均呈现出集聚度降低的总体趋势，说明景观的整体集聚度明显降低。

蔓延度指数（CONTAG）也呈现明显的差异性。其中北京市、秦皇岛市、承德市的变化过程呈现倒“U”形趋势，张家口市呈现倒“N”形变化趋势。其他城市均呈显著降低趋势。

连通度指数（CONNECT）的变化形态更为复杂。其中，北京市、秦皇岛市、张家口市和承德市均呈现总体增长的趋势，具体形态呈现明显的差异性，如“W”、“N”和“V”的变化形态。而其他城市连通指数的演化趋势是趋于降低的，说明景观的连通性明显降低。

平均欧氏邻近距离指数（ENN_MN）呈现与 AI 指数类似的趋势。其中，京津冀城市群地区西北部生态功能区的承德市和张家口市的平均欧氏邻近距离指数总体呈现增高的趋势，说明这两个城市景观的离散度逐步增强。但是，其他城市均呈现出离散度降低的总体趋势，说明景观的整体离散度明显降低。

（五）多样性指数的时空分异

从多样性来看，香农多样性指数（SHDI）逐渐增大，说明各类型图斑在景观中呈均衡化趋势分布，土地利用越复杂，破碎化程度越高（图 6.12）。香农均度指数（SHEI）也逐渐增大，趋近于 1，说明景观中没有明显优势类型，并且各图斑类型在景观中趋于均匀分布。

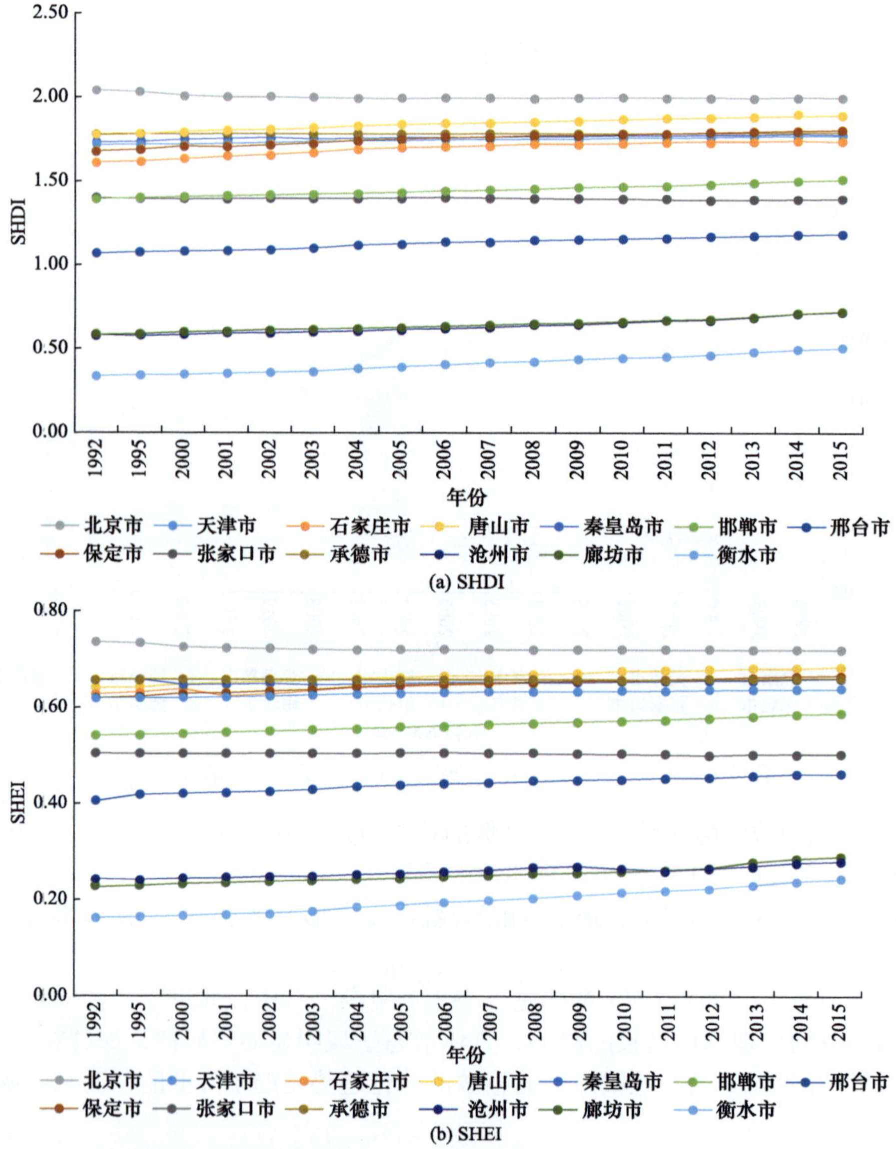

(a) SHDI

(b) SHEI

图 6.12 京津冀城市群 13 个地级以上城市多样性指数变化图

从香农多样性指数（SHDI）来看，除北京市和张家口市在 1992～2015 年总体呈现降低的趋势外，其他城市均呈现显著的增长趋势，说明对多数城市而言景观的多样性是不断增强的。

香农均度指数（SHEI）的变化过程与香农多样性指数总体类似。同样，除北京市和张家口市在 1992～2015 年总体呈现降低的趋势外，其他城市均呈现显著的增长趋势，说明对多数城市而言景观分布的均匀度是不断增强的。但是，秦皇岛市和石家庄市的变化过程更为复杂，这两个城市均呈现“N”形的变化趋势。

二、京津冀城市群城镇化对生态系统格局演化的影响机理分析

（一）城镇化对生态系统格局演化过程影响的拟合曲线分析

1. 城镇化对景观面积-边缘指数的影响

城镇化水平与 MPS 和 GYRATE_MN 均表现为显著的负相关关系（分别为线性和指数函数关系），说明随着城镇化水平的提升，景观的破碎化趋势越来越强（图 6.13）。同样，从不同城市的关系形态来看，多数城市均呈现与城市群类似的形态[①]，只有承德市的城镇化水平与平均图斑面积呈现明显的倒“V”的形态。多数城市的 GYRATE_MN 与城镇化的关系呈现为降低趋势。只有石家庄市、保定市和承德市二者关系的呈现更为复杂的形态，如倒“U”形和“V”形等。

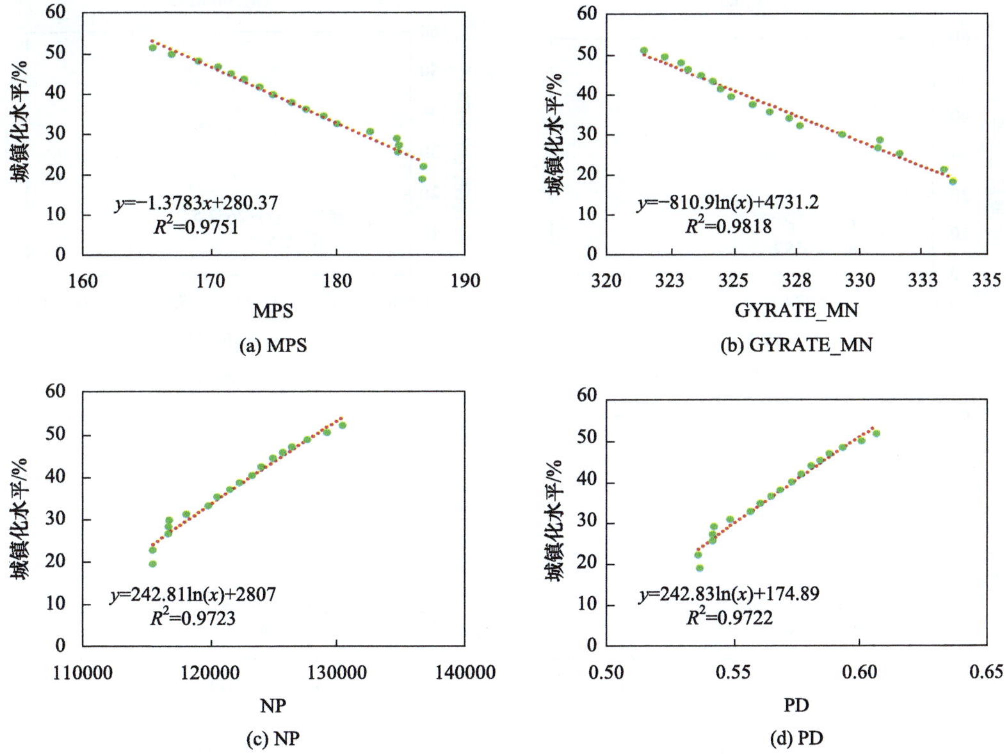

---

① 由于篇幅有限此处省略，下同。

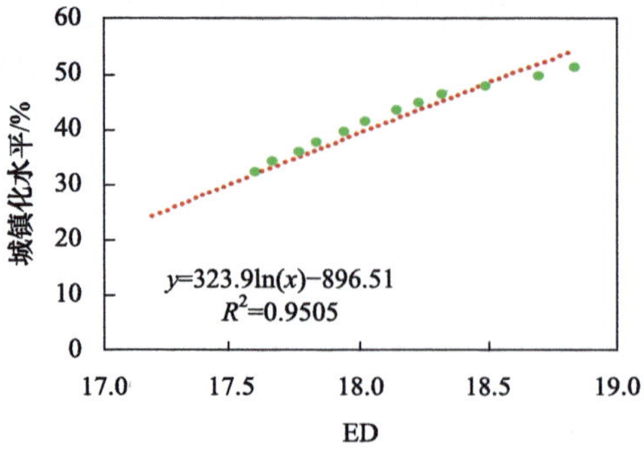

(e) ED

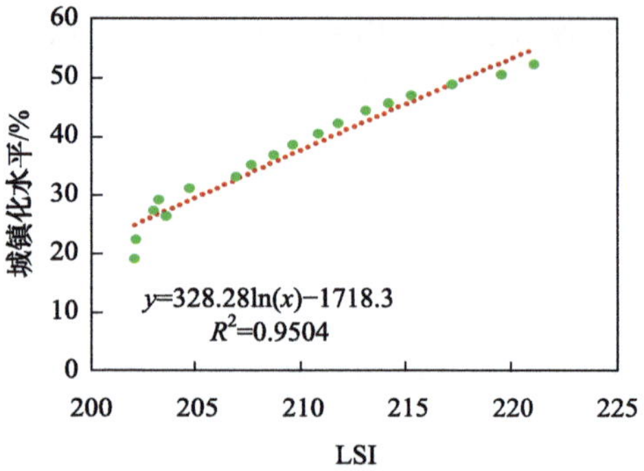

(f) LSI

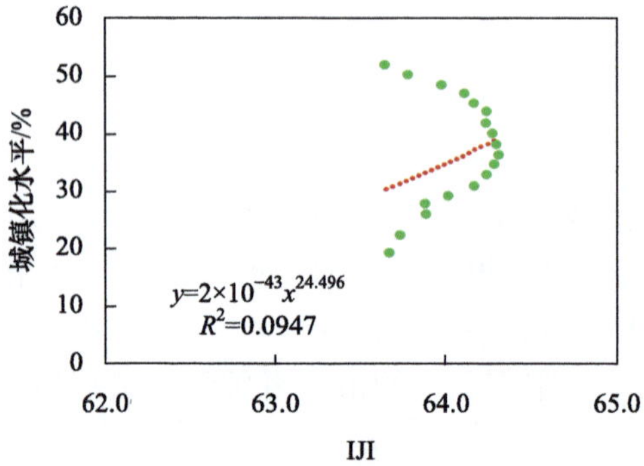

(g) IJI

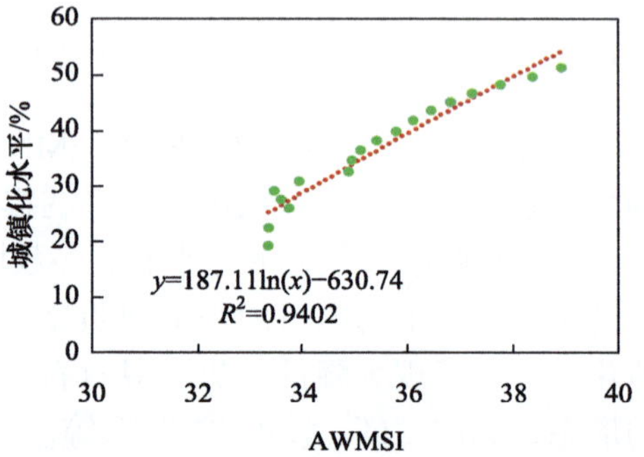

(h) AWMSI

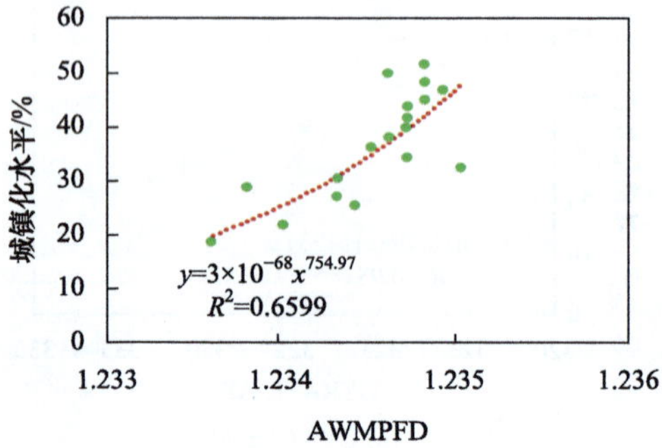

(i) AWMPFD

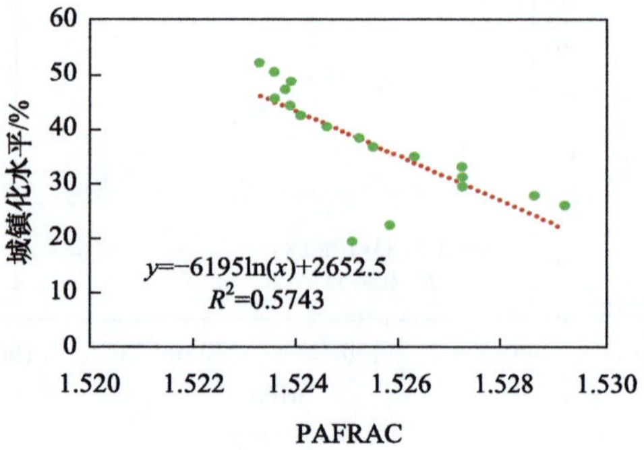

(j) PAFRAC

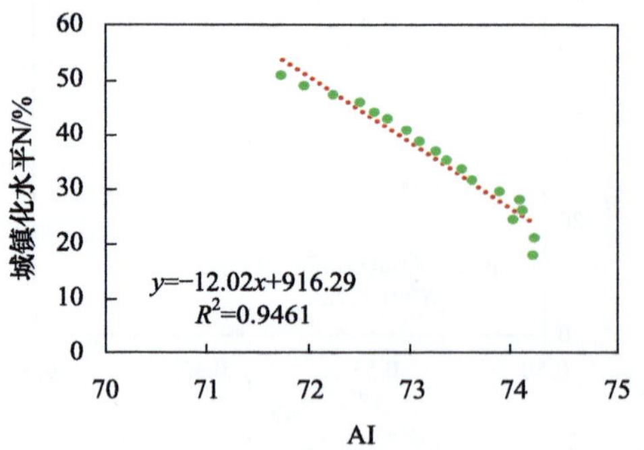

(k) AI

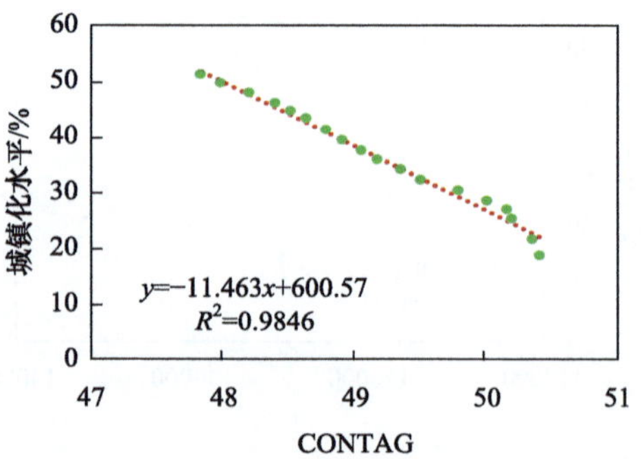

(l) CONTAG

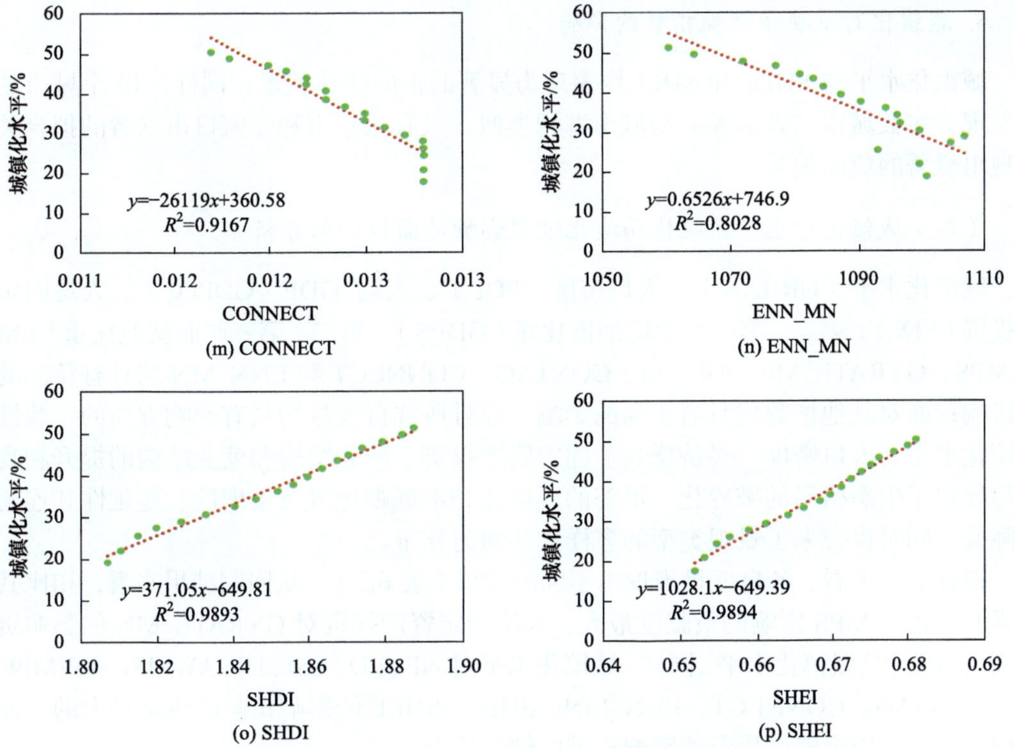

图 6.13 城市群尺度城镇化对生态系统格局演化过程影响的拟合曲线图

2. 城镇化对景观破碎度指数的影响

从景观破碎度指数上看，城镇化水平同样与 NP、PD、ED、LSI 表现为显著的指数函数关系，而且为正相关关系，说明随着城镇化进程的加速，人类活动对生态系统格局的影响越来越深刻，从而导致生态格局不断趋于破碎化。同样，多数城市二者的关系均呈现出增长趋势。只有承德市和张家口市呈现出降低的趋势。

3. 城镇化对景观形态复杂度指数的影响

城镇化与 AWMSI、AWMPFD 分别表现为指数函数和幂函数的正向关系，说明随着城镇化水平的提升生态格局的复杂度和不规则性不断增强，生态系统受城镇化的干扰越来越大。而 PAFRAC 指数与城镇化发展的关系表现得较为复杂。对多数城市而言，随着城镇化的推进，景观形态复杂度趋于增强。但是，13 个城市的散点拟合发现城镇化与景观形态复杂度的关系较为多样化，并不是完全是单调增加的。

4. 城镇化对景观集聚性指数的影响

城镇化与 AI、CONTAG、CONNECT、ENN_MN 均表现为显著的负相关，说明随着城镇化水平的提升图斑集聚性、蔓延度和连通性不断降低，而且几者与城镇化间均呈现线性关系。对 13 个城市分别拟合发现，多数城市均呈现与城市群一致的发展趋势。只有张家口市和承德市的二者关系表现出显著的正相关性。

5. 城镇化对景观多样性指数的影响

城镇化水平与 SHDI 和 SHEI 均表现为显著的正向线性关系。同样，13 个城市的拟合发现，多数城市二者的关系与城市群相类似。只有北京市和张家口市二者的拟合关系表现出显著的负向关系。

（二）城镇化对生态系统格局演化过程影响的面板回归分析

城镇化水平（URBAN）、人口密度（POP）、人均 GDP（GDPPC）、人均固定资产投资（FIX）、第二、第三产业增加值比重（GDPS）、第二、第三产业就业比重（EMS）对 MPS、GYRATE_MN、IJI、AI、CONTAG、CONNECT 和 ENN_MN 均具有负向的显著影响；而对其他指数均具有正向的影响，而且所选自变量均具有影响方向的一致性。城镇化水平、人口密度、经济增长、固定资产投资、产业结构和就业结构的提升和高级化均导致了生态格局的破碎化，形态的复杂化和不规则化以及集聚性、蔓延性和连通度的降低，同时也带来了景观类型的多样化和均匀分布。

拟合优度来看，各自变量表现出不同的效果（表 6.2）。从回归结果来看，相比其他因素城镇化对 MPS 影响的贡献度最大。人均固定资产投资对 GYRATE_MN 的影响贡献度最大，随后是城镇化水平。同样，城镇化水平对 NP、PD、LSI、IJI、AWMSI、AWMPFD、AI、CONTAG、CONNECT、ENN_MN、SHDI、SHEI 的影响贡献度也是最大的。而经济增长和人均固定资产投资的影响贡献度较为接近。

表 6.2　京津冀城市群城镇化对生态系统格局演化过程影响的面板回归结果

因变量	自变量											
	POP		URBAN		GDPPC		FIX		GDPS		EMS	
	Coef.	R^2	Coef.	R^2	Coef.	R^2	Coef.	R^2	Coef.	R^2	Coef.	R^2
MPS	−0.1372	0.0606	−324.5860	0.4149	−26.8096	0.3181	−18.8450	0.3324	−390.6178	0.1962	−301.2588	0.3820
GYRATE_MN	−0.0401	0.2478	−54.8196	0.5673	−5.0059	0.5316	−3.5655	0.5704	−73.7575	0.3353	−47.6646	0.4584
NP	2.9105	0.2985	4025.4660	0.6984	358.0799	0.6210	244.6212	0.6129	4740.1570	0.3161	3251.2450	0.4869
PD	0.0002	0.3001	0.3321	0.6969	0.0290	0.5974	0.0198	0.5910	0.3954	0.3225	0.2598	0.4558
ED	0.0053	0.2534	7.8673	0.6959	0.6598	0.5500	0.4485	0.5374	8.7373	0.2802	6.0824	0.4445
LSI	0.0146	0.2579	21.3587	0.6745	1.8111	0.5450	1.2332	0.5344	23.9687	0.2773	16.6729	0.4393
IJI	−0.0063	0.0331	−16.6486	0.2818	−1.2507	0.1787	−0.8251	0.1645	−15.0021	0.0747	−14.2811	0.2216
AWMSI	0.0034	0.0418	9.5593	0.3947	0.7533	0.2755	0.5204	0.2780	9.3385	0.1230	8.1639	0.3077
AWMPFD	0.0000	0.0217	0.0302	0.2129	0.0023	0.1450	0.0016	0.1412	0.0283	0.0613	0.0288	0.2065
PAFRAC	0.0044	0.1073	3.1382	0.0681	0.3858	0.1157	0.3040	0.1519	7.7821	0.1367	3.6846	0.1003
AI	−0.0080	0.2585	−11.8808	0.6937	−0.9988	0.5509	−0.6787	0.5379	−13.2172	0.2803	−9.1921	0.4438
CONTAG	−0.0061	0.1488	−11.8777	0.6828	−0.9733	0.5152	−0.6699	0.5162	−13.8621	0.3036	−9.2522	0.4428
CONNECT	−0.0001	0.1105	−0.2143	0.5505	−0.0171	0.3941	−0.0119	0.4015	−0.2419	0.2288	−0.1702	0.3709

续表

因变量	自变量											
	POP		URBAN		GDPPC		FIX		GDPS		EMS	
	Coef.	R^2	Coef.	R^2	Coef.	R^2	Coef.	R^2	Coef.	R^2	Coef.	R^2
ENN_MN	−0.3057	0.0793	−630.9054	0.4134	−51.9531	0.3150	−36.1253	0.3221	−729.4062	0.1804	−561.0103	0.3493
SHDI	0.0001	0.1128	0.3346	0.7624	0.0276	0.5816	0.0191	0.5921	0.4020	0.3594	0.2612	0.4965
SHEI	0.0001	0.0971	0.1242	0.6982	0.0100	0.5129	0.0070	0.5205	0.1487	0.3267	0.0963	0.4492

注：表中影响系数均在 10%的水平上显著。

从京津冀城市群 13 个地级及以上城市城镇化对生态系统格局演化过程影响的回归结果发现，多数影响因素的影响机理与城市群尺度相类似，但不同城市的影响因素在影响强弱和影响方向上有所区别。

从平均图斑面积（MPS）来看，随着城镇化水平的提升，各城市景观的平均图斑面积是显著降低的，人口密度，城镇化水平，人均 GDP，人均固定资产投资，第二、第三产业增加值比重和第二、第三产业就业比重均呈现同样的影响机制，而且几乎所有系数均在 10%的水平上显著。只有，承德市的 MPS 与城镇化等影响因素的关系为正相关，说明承德市由于生态环境良好，随着城镇化的推进其对景观的破碎化并未构成大的影响。

城镇化对平均旋转半径（GYRATE_MN）的影响与 MPS 相类似。除保定市的人口密度，人均 GDP，第二、第三产业增加值比重和第二、第三产业就业比重，以及承德市就业结的第二、第三产业增加值比重和第二、第三就业比重及张家口市第二、第三产业增加值比重对其平均旋转半径的影响不显著外，其他城市城镇化发展均带来了图斑平均旋转半径的降低，再次说明随着城镇化的推进城市群内部景观不断趋于破碎化。

从图斑数量（NP）和图斑密度（PD）来看，除了承德市外其他城市的城镇化变量对景观的图斑数量和图斑密度均构成正向的影响，说明随着城镇化的推进景观的图斑数量越来越多，单位面积的图斑密度也越来越大，图斑破碎化越来越显著。边缘密度（ED）和景观形状指数（LSI）的影响进一步印证除了生态环境状态较好的承德市和张家口市外，其他城市的城镇化进程均对生态系统格局产生图斑破碎化和复杂化的变化趋势。城镇化对散布与并列指数（IJI）的影响城市之间出现分化但总体影响趋势不变，天津市、唐山市、承德市和张家口市的城镇化进程导致 IJI 明显增高，而其他城市则明显降低。

面积加权平均形状指数（AWMSI）和面积加权平均斑块分形指数（AWMPFD）的结果表明除唐山市、张家口市、承德市、邯郸市外对大多数城市而言，城镇化均导致生态系统格局形态趋于复杂化和不规则。但是面积加权平均形状指数和面积加权平均斑块分形指数在影响机制上存在差异，说明单一个指数的影响机制分析并不可靠，需要综合多个指数来判定其影响机制。而城镇化对面积分维指数（PAFRAC）变化的影响更为复杂。其中，北京市、天津市、石家庄市以及张家口市和承德市城镇化对 PAFRAC 的影响均表现出正向的关系，而其他城市却表现出负向的关系。

城镇化对景观的集聚指数（AI）的影响同样呈现两极分化。其中，京津冀城市群地区西北部生态功能区的承德市和张家口市的城镇化发展并未导致景观集聚指数的降低。但是，其他城市的城镇化发展均导致了景观集聚度的降低。蔓延度指数（CONTAG）也呈现明显的差异性。其中，北京市和张家口市的城镇化与蔓延指数正相关，说明对这两个城市而言随着城镇化水平的提升景观的蔓延度并未降低。而其他城市的城镇化进程均导致了景观蔓延指数的降低。城镇化对连通度指数（CONNECT）变化的影响也存在两极分化。其中，北京市、秦皇岛市、张家口市和承德市的多数变量均对连通度指数构成正向影响。而其他城市的城镇化发展大部分变量都导致了景观连通度指数的降低。城镇化对平均欧氏邻近距离指数（ENN_MN）的影响呈现与 AI 指数类似的趋势。其中，京津冀城市群地区西北部生态功能区的承德市和张家口市的城镇化并未导致平均欧氏邻近距离指数的降低。但是，其他城市的城镇化均对平均欧氏邻近距离指数构成负向的影响，导致景观的破碎化。

从城镇化对香农多样性指数（SHDI）的影响来看，除北京市和张家口市外，其他城市城镇化指数均导致了景观多样性的增强。城镇化对香农均度指数（SHEI）的影响与香农多样性指数总体类似。除北京市外，其他城市城镇化指数均导致了景观分布均匀度的增强。

三、城镇化对生态空间格局变化的影响

此部分主要是验证之前提出的城镇化过程对生态系统格局变化影响的空间衰减效应理论假设曲线。根据之前的设定，研究发现京津冀城市群沿三个发展轴的生态格局变化具有显著的衰减效应。为了提高结果的稳健性，分别运用 1992 年和 2015 年数据来计算相关的景观指数，相关结果如表 6.3、表 6.4、图 6.14～图 6.17 所示。

从表 6.3 和表 6.4 中数据可见，在发展轴的 2～6km 缓冲区内形成了一个类似于空间衰减效应曲线中的城市中心区的环形发展区域，该区域内的生态格局明显不同于其他区域。但是，由于城市群尺度的土地利用数据并未深入城市内部因此无法进行城市内部景观的相关分析。现有的发现完全是基于城市用地一种地类。在该环形发展区域内平均图斑面积是最大的，图斑数量是最低的，由于图斑数量少图斑的密度也较低，如果仅从城市用地一种地类来看其景观的破碎化和复杂度并不高，甚至在某些城市仅是一块城市用地而已。但是，从数据上看，这一地区从内环到外环相关景观指数的变化是相当显著的。例如，图斑数量、图斑密度、蔓延度和平均旋转半径呈现显著的增长趋势，而平均图斑面积、景观复杂度、破碎度甚至景观多样性都是显著降低的。

在发展轴的 6～14km 缓冲区内出现一个明显的峰值区，对应上述空间衰减效应理论假设曲线的半城市化地区。在该区域内平均图斑密度有所降低，图斑数量明显增多，图斑的密度也经历了一个峰值，图斑的集聚性出现下滑。由于城市景观与其他景观的冲突较为强烈，该区域相关景观指数的波动性也较大，说明城镇化对其他景观的影响较为强烈。

而在 14km 缓冲区之外的缓冲区出现一个明显的波谷式的区域，对应上述空间衰减效应理论假设曲线的乡村地区。在该区域内平均图斑规模更小，图斑数量增多，图斑集聚度不断降低，蔓延发展趋势减弱，连通度提高，图斑多样性也有所提高。这些特征更符合乡村、森林、草地、水域等自然和半自然景观的特征。在这一区域城镇化对生态格局的影响已经大大弱化。

表 6.3　1992 年京津冀城市群不同缓冲区的景观指数统计表

距离/m	MPS	GYRATE_MN	NP	PD	ED	LSI	IJI	ENN_MN	AWMSI	AWMPFD	PAFRAC	AI	CONTAG	CONNECT	SHDI	SHEI
2000	184.938	382.135	2043	0.0099	0.252	3.863	55.635	2050.846	4.087	1.142	1.467	75.408	57.629	0.283	1.348	0.543
4000	156.993	421.492	2398	0.0114	0.223	3.556	52.113	1893.108	3.278	1.126	1.438	72.645	60.432	0.214	1.303	0.508
6000	155.928	415.497	2379	0.0111	0.218	3.522	50.712	2227.662	3.430	1.129	1.437	72.464	61.883	0.209	1.279	0.485
8000	145.644	405.555	2502	0.0115	0.222	3.589	52.412	1935.722	3.336	1.127	1.444	71.418	60.769	0.205	1.254	0.489
10000	138.593	399.108	2605	0.0118	0.225	3.646	53.112	1911.916	3.046	1.121	1.439	70.690	60.714	0.215	1.287	0.488
12000	137.495	400.219	2608	0.0116	0.224	3.663	54.760	2114.964	3.415	1.127	1.448	70.267	60.042	0.220	1.312	0.497
14000	142.165	406.518	2487	0.0109	0.212	3.535	54.837	2283.733	3.173	1.123	1.439	70.775	60.651	0.241	1.299	0.492
16000	146.588	412.847	2389	0.0103	0.202	3.433	53.935	1902.811	3.371	1.127	1.439	71.324	62.117	0.249	1.285	0.475
18000	147.259	414.184	2356	0.0100	0.195	3.374	54.626	2019.376	3.123	1.121	1.434	71.473	62.271	0.247	1.280	0.473
20000	141.175	403.623	2434	0.0101	0.192	3.358	57.166	2179.626	3.118	1.121	1.435	71.253	61.914	0.248	1.288	0.476
22000	143.985	414.233	2364	0.0097	0.189	3.339	57.098	2604.178	3.641	1.131	1.451	70.986	62.196	0.255	1.314	0.474
24000	136.618	402.530	2476	0.0100	0.191	3.382	63.436	2028.395	3.357	1.124	1.444	70.439	57.248	0.255	1.435	0.544
26000	131.943	397.594	2535	0.0100	0.190	3.389	67.122	2034.120	3.295	1.121	1.436	69.971	54.855	0.277	1.471	0.573
28000	126.770	390.817	2607	0.0102	0.192	3.436	64.225	2238.097	3.353	1.122	1.438	69.143	54.452	0.266	1.530	0.580
30000	120.519	381.178	2716	0.0104	0.195	3.482	61.738	1840.770	3.113	1.117	1.436	68.355	54.611	0.273	1.612	0.581

表 6.4 2015 年京津冀城市群不同缓冲区的景观指数统计表

距离/m	MPS	GYRATE_MN	NP	PD	ED	LSI	IJI	ENN_MN	AWMSI	AWMPFD	PAFRAC	AI	CONTAG	CONNECT	SHDI	SHEI
2000	161.052	365.172	2346	0.011	0.288	4.278	49.664	1583.114	4.161	1.144	1.475	72.372	57.197	0.248	1.307	0.526
4000	134.694	393.464	2795	0.013	0.262	3.999	44.410	1682.167	3.318	1.128	1.452	69.364	60.736	0.176	1.272	0.482
6000	133.340	391.208	2782	0.013	0.254	3.940	45.032	1989.855	3.232	1.124	1.447	69.301	60.592	0.167	1.274	0.483
8000	126.309	385.143	2885	0.013	0.258	4.014	45.092	1773.629	3.054	1.121	1.452	68.119	59.941	0.166	1.283	0.486
10000	118.801	380.480	3039	0.014	0.268	4.155	45.951	1584.145	3.015	1.119	1.451	66.687	59.045	0.164	1.340	0.495
12000	113.155	374.496	3169	0.014	0.274	4.247	49.349	1961.657	2.888	1.116	1.459	65.592	56.629	0.167	1.383	0.524
14000	113.833	369.017	3106	0.014	0.256	4.069	50.361	2069.600	3.087	1.119	1.449	66.429	56.835	0.166	1.389	0.526
16000	118.832	383.163	2947	0.013	0.251	4.024	49.991	1827.312	3.281	1.124	1.459	66.416	57.693	0.180	1.397	0.516
18000	113.826	369.685	3048	0.013	0.245	3.979	51.269	1695.428	3.087	1.118	1.447	66.362	57.693	0.175	1.391	0.514
20000	112.515	369.544	3054	0.013	0.239	3.932	53.766	1707.696	2.863	1.115	1.446	66.327	57.018	0.177	1.418	0.524
22000	109.942	368.050	3096	0.013	0.239	3.952	54.174	2262.955	3.255	1.122	1.456	65.611	57.088	0.183	1.451	0.523
24000	109.898	368.524	3078	0.012	0.236	3.940	57.266	1908.907	3.516	1.125	1.460	65.499	54.282	0.198	1.579	0.570
26000	108.455	365.186	3084	0.012	0.228	3.862	60.086	1846.094	3.257	1.118	1.447	65.707	52.607	0.213	1.605	0.593
28000	107.827	365.289	3065	0.012	0.226	3.860	60.264	1886.285	3.040	1.116	1.452	65.241	51.213	0.218	1.663	0.614
30000	104.679	362.815	3127	0.012	0.224	3.863	59.837	1668.331	2.938	1.114	1.448	64.790	50.713	0.229	1.731	0.624

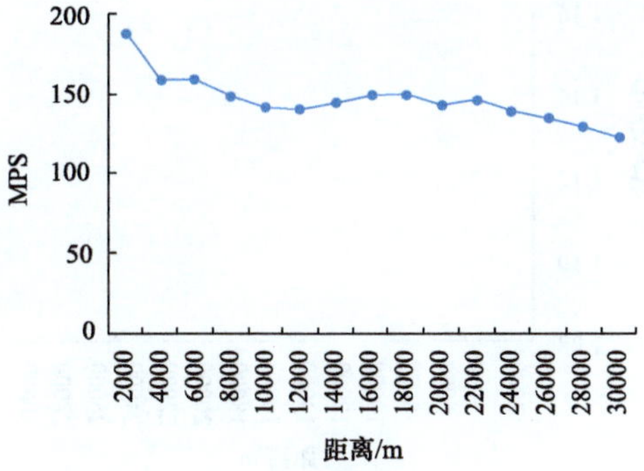

(a) MPS

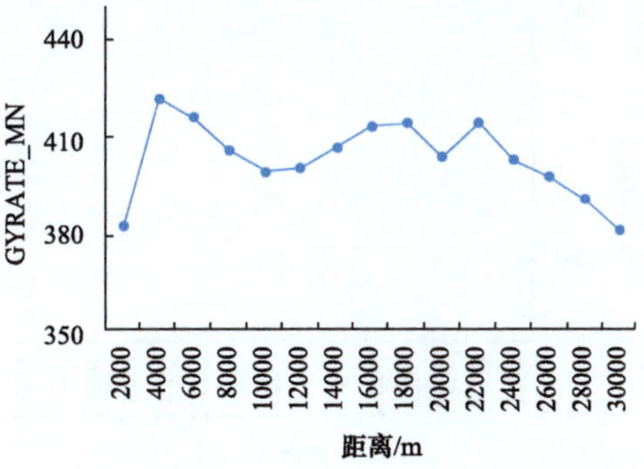

(b) GYRATE_MN

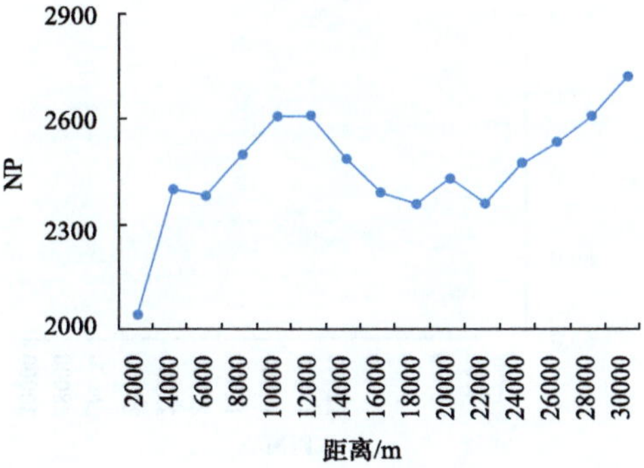

(c) NP

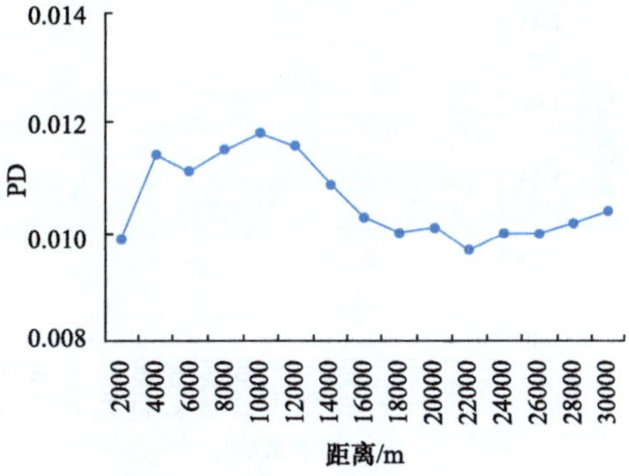

(d) PD

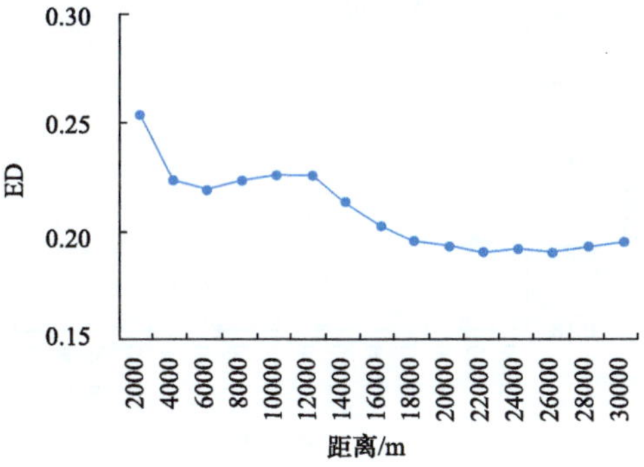

(e) ED

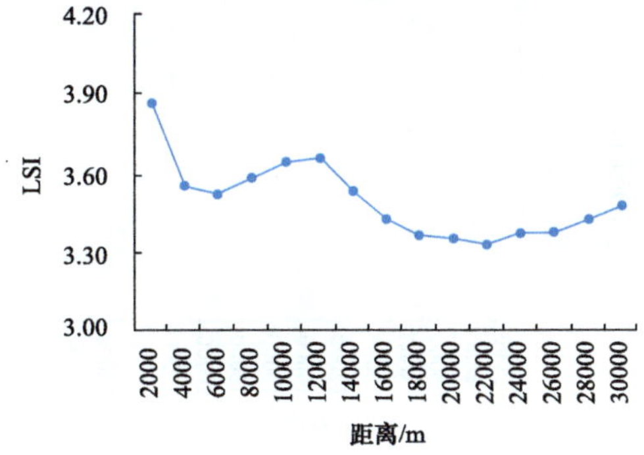

(f) LSI

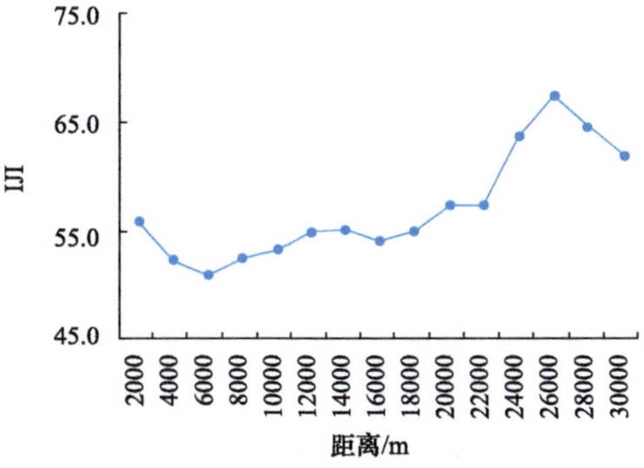

(g) IJI

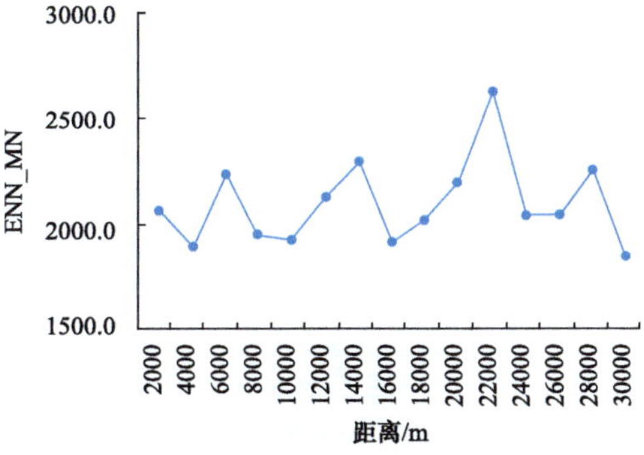

(h) ENN_MN

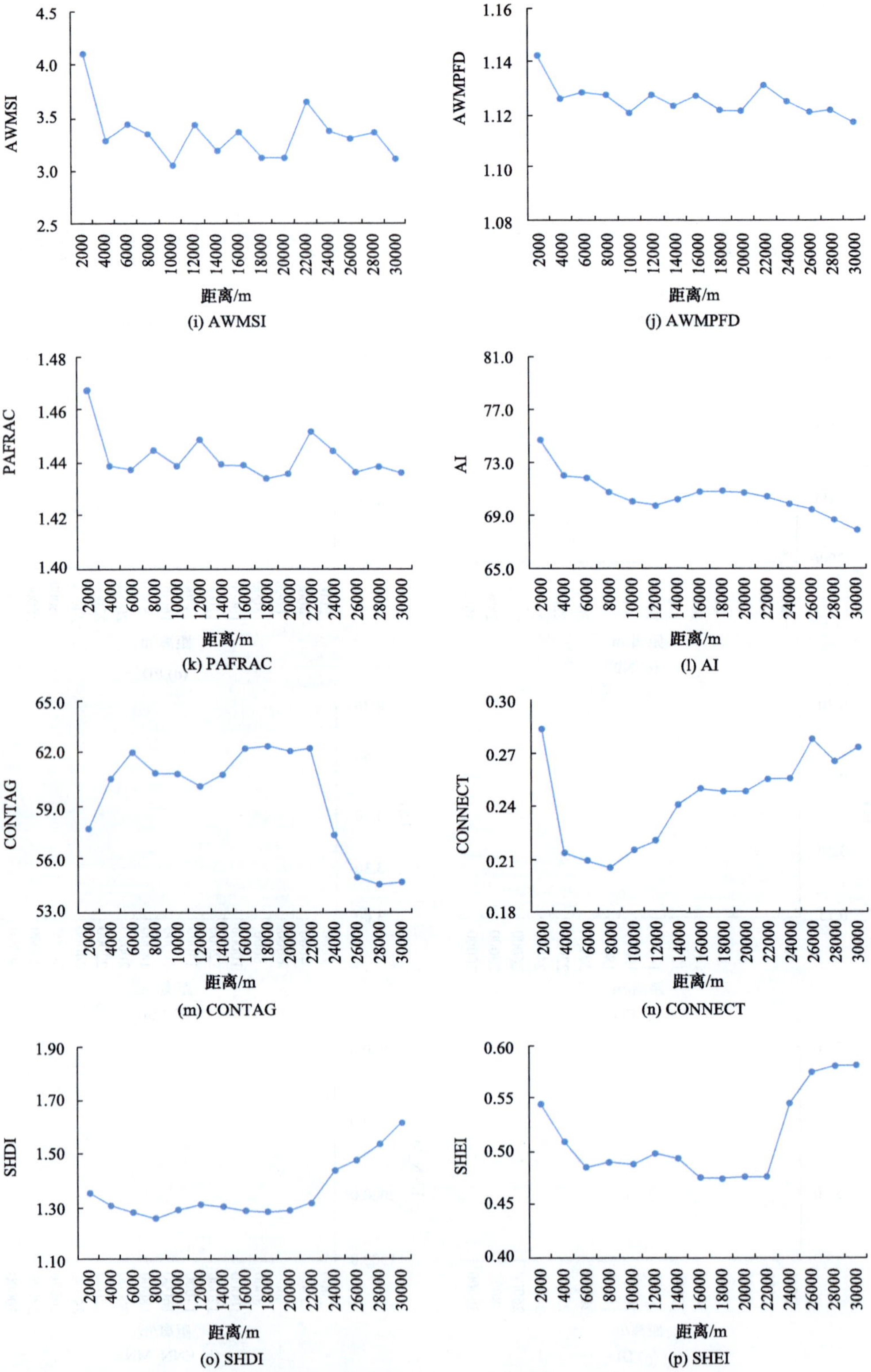

图 6.14　1992 年京津冀城市群不同缓冲区景观指数变化曲线图

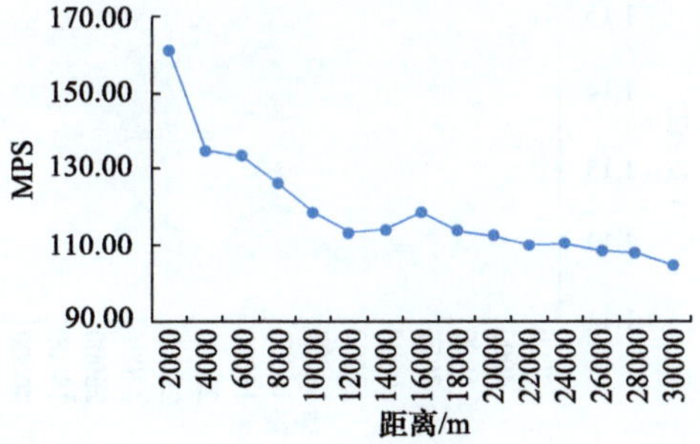

(a) MPS

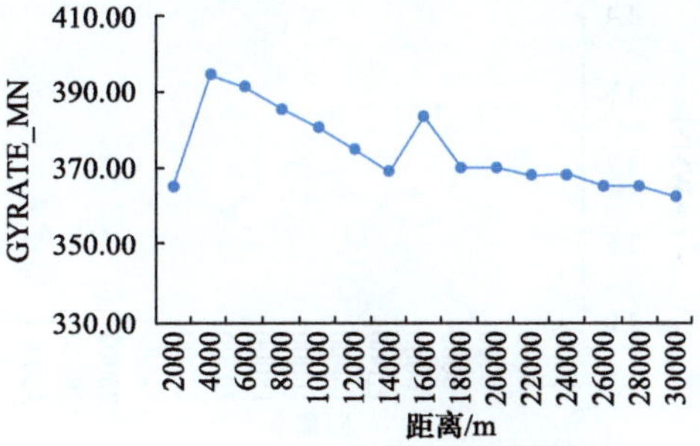

(b) GYRATE_MN

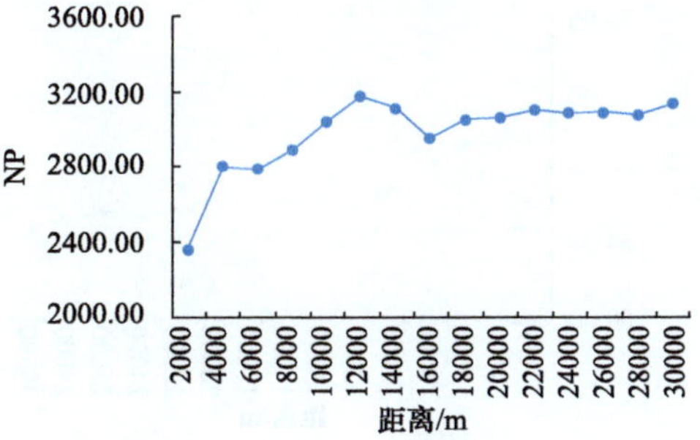

(c) NP

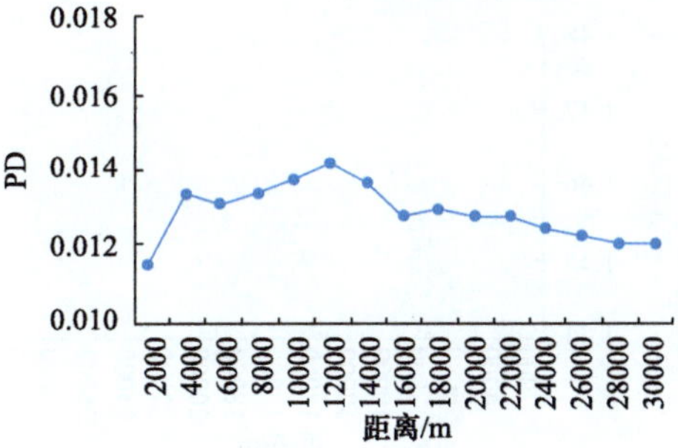

(d) PD

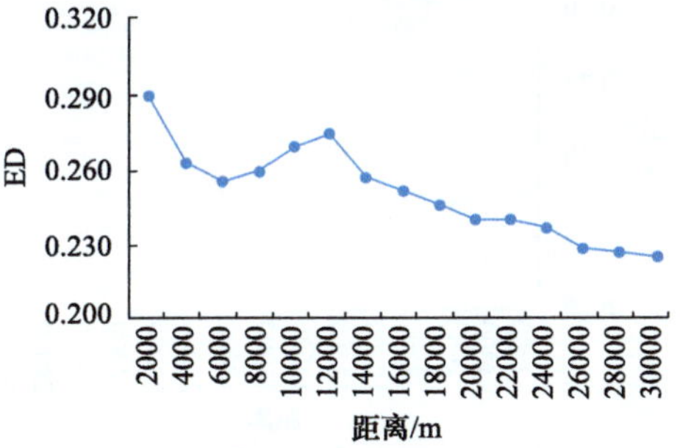

(e) ED

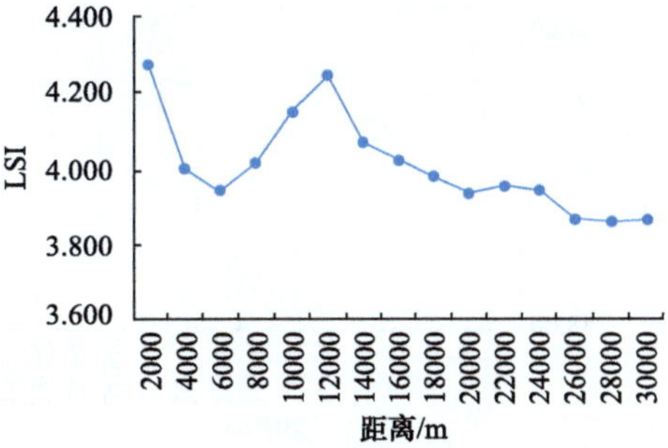

(f) LSI

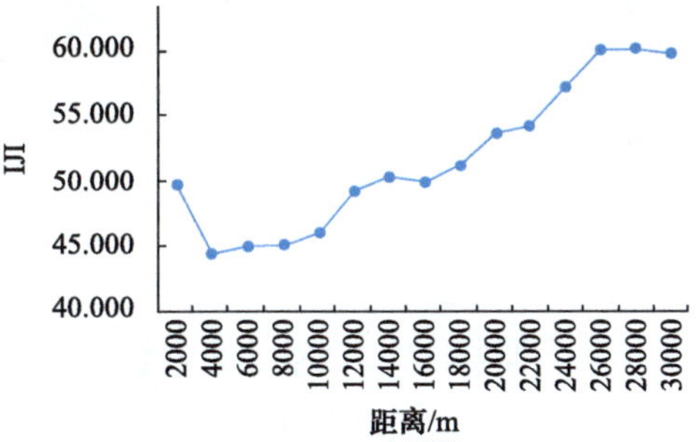

(g) IJI

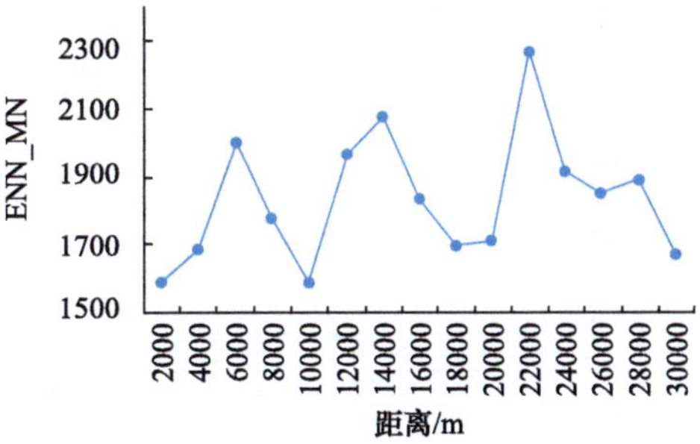

(h) ENN_MN

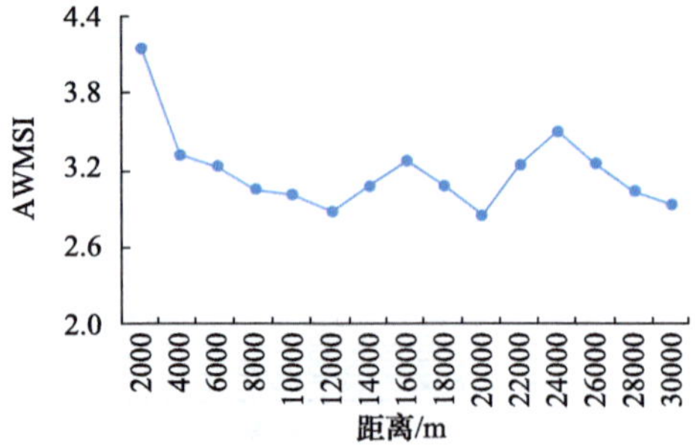

(i) AWMSI

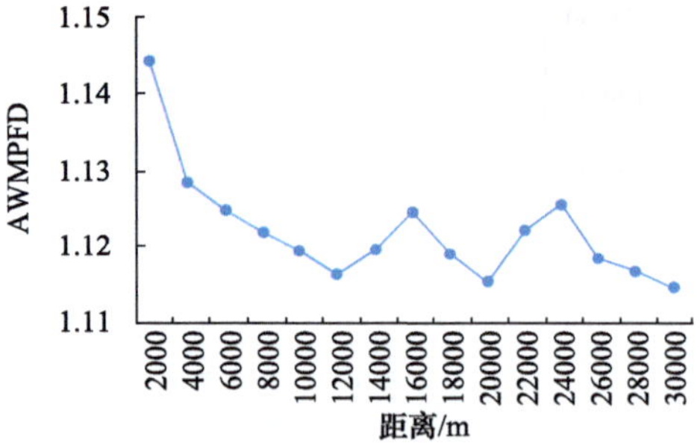

(j) AWMPFD

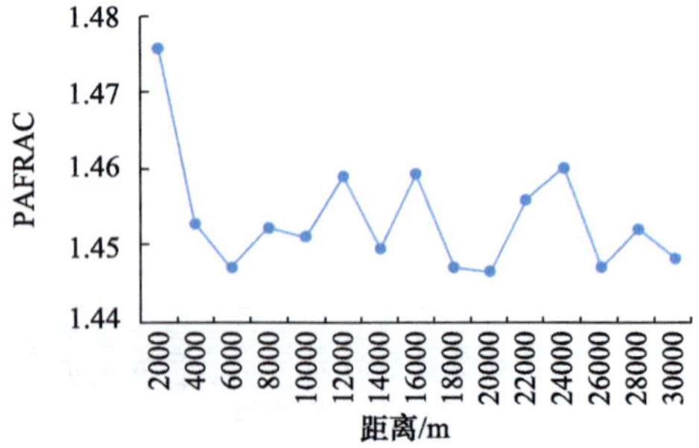

(k) PAFRAC

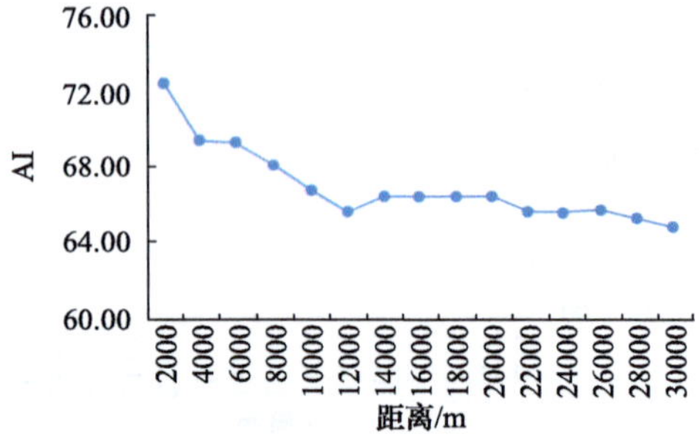

(l) AI

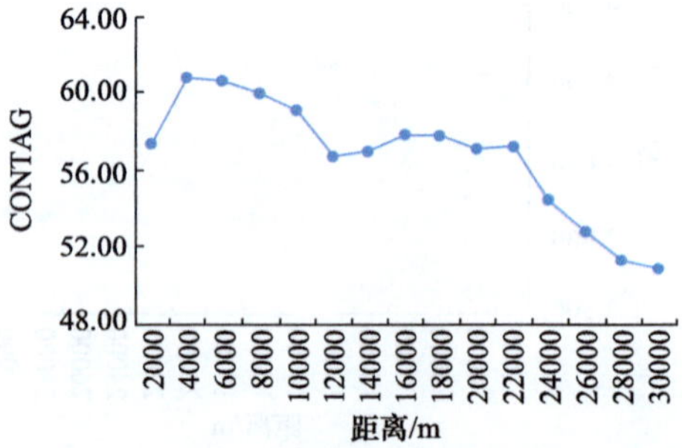

(m) CONTAG

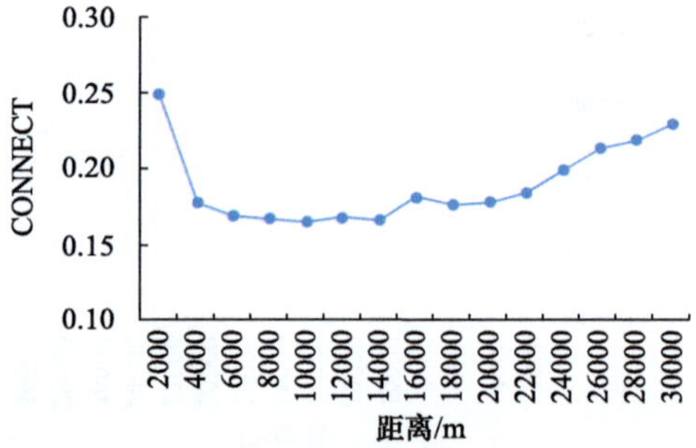

(n) CONNECT

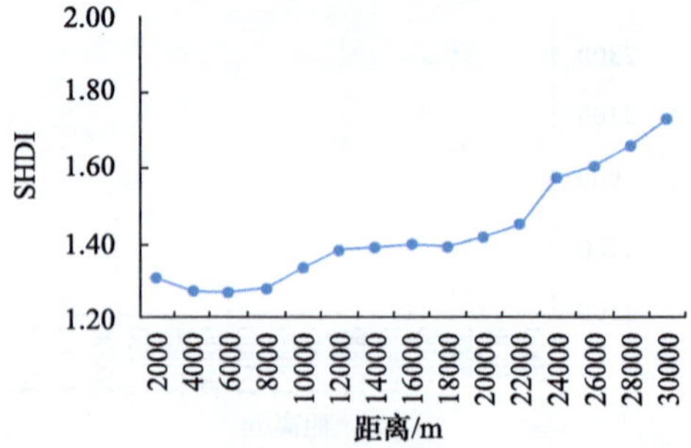

(o) SHDI

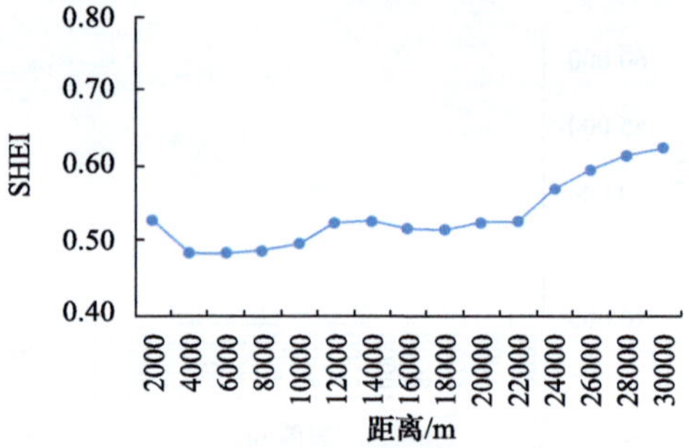

(p) SHEI

图 6.15　2015 年京津冀城市群不同缓冲区景观指数变化曲线图

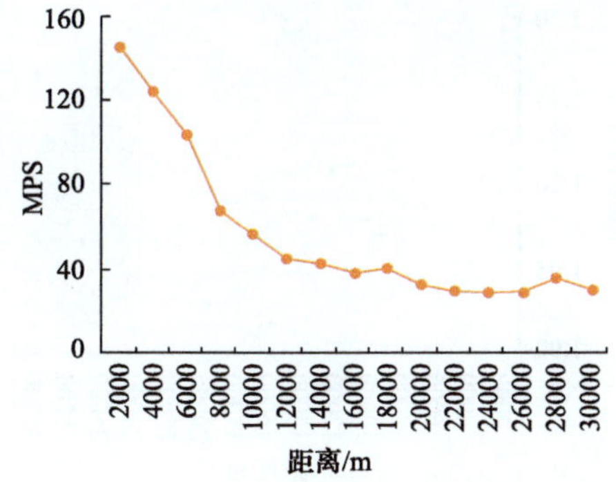

(a) MPS

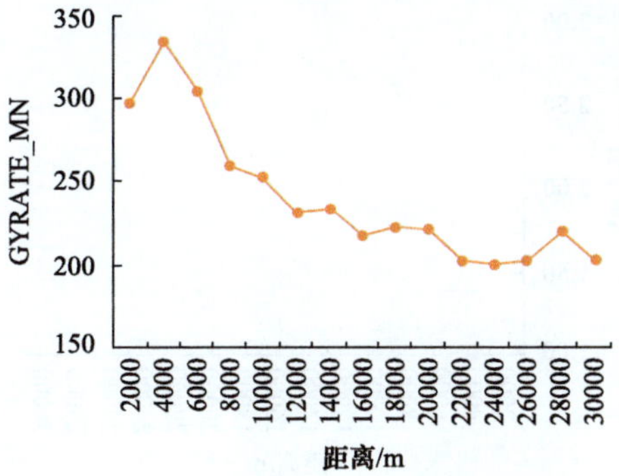

(b) GYRATE_MN

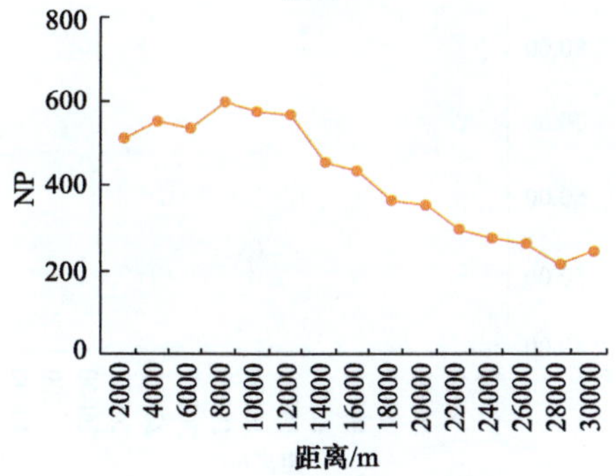

(c) NP

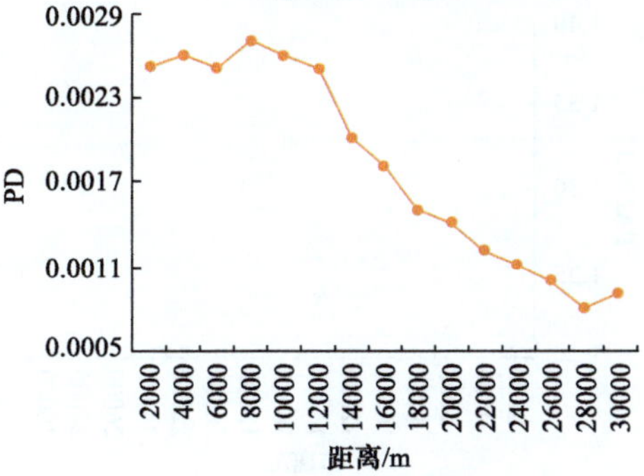

(d) PD

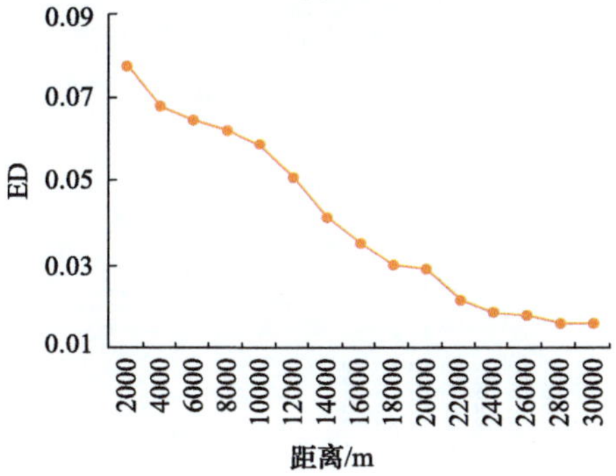

(e) ED

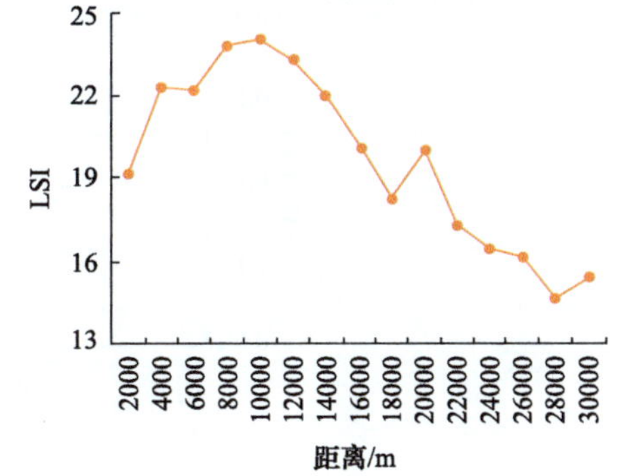

(f) LSI

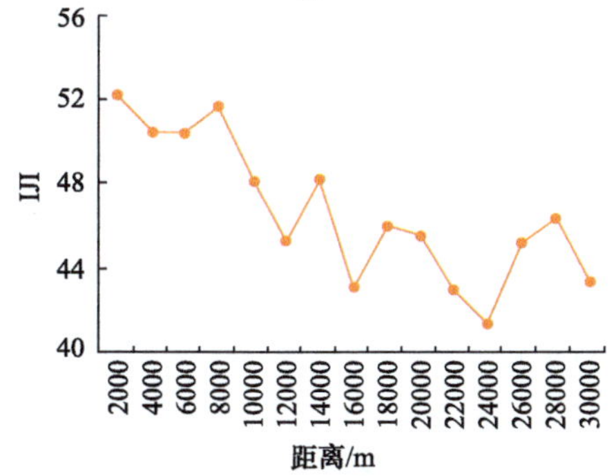

(g) IJI

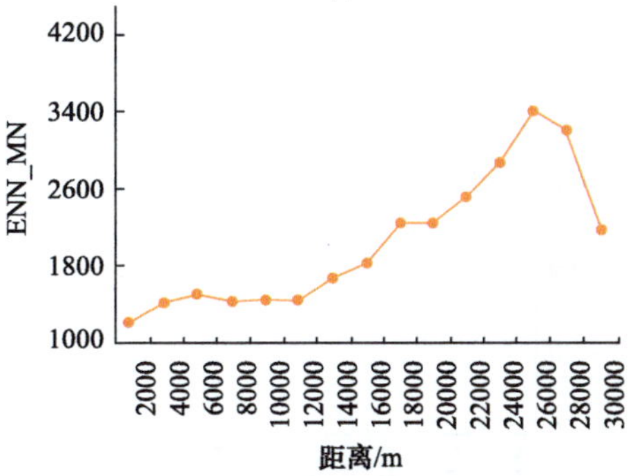

(h) ENN_MN

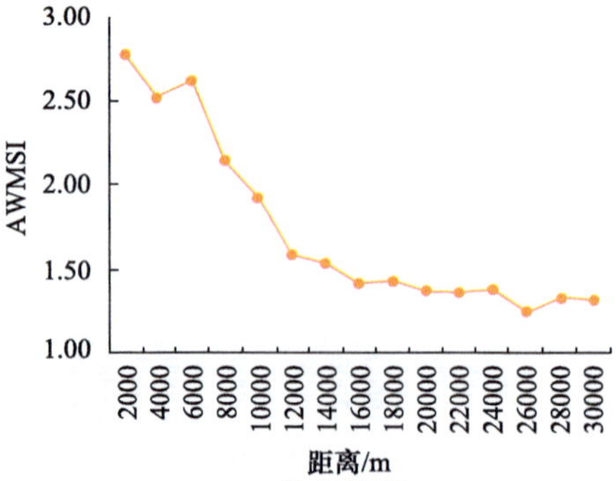

(i) AWMSI

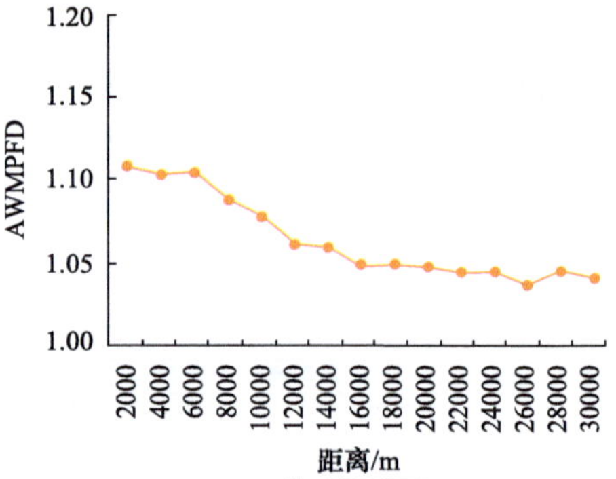

(j) AWMPFD

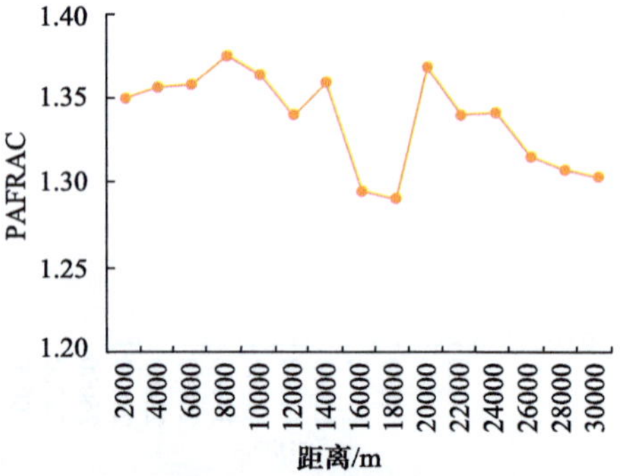

(k) PAFRAC

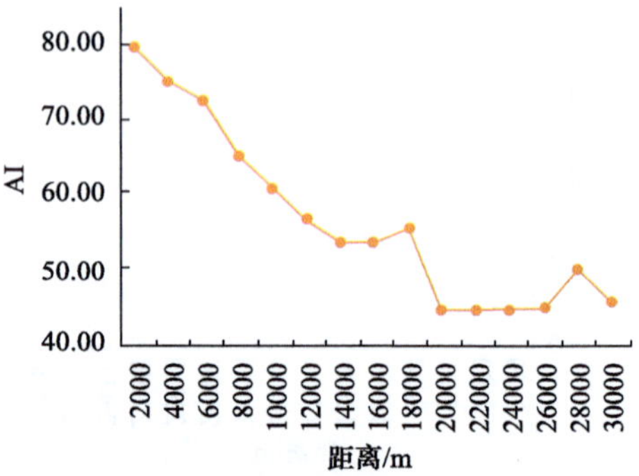

(l) AI

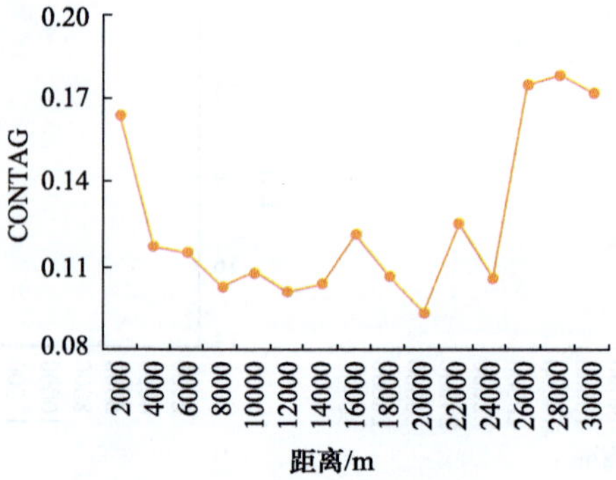

(m) CONTAG

图 6.16 1992 年京津冀城市群不同缓冲区城市用地生态格局指数变化曲线图

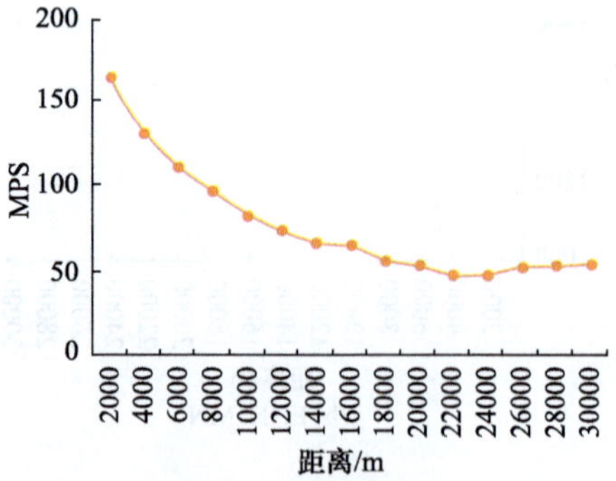

(a) MPS

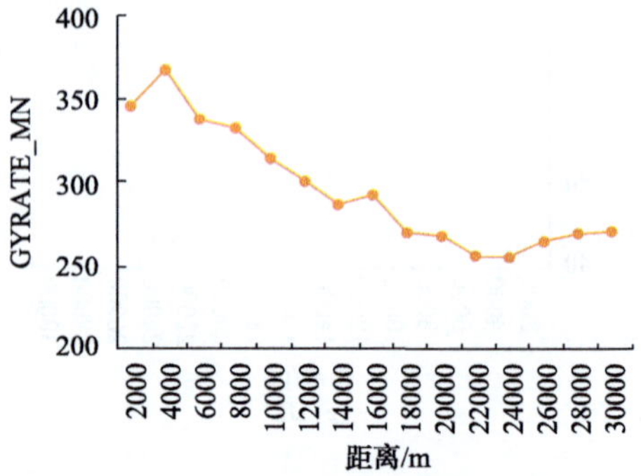

(b) GYRATE_MN

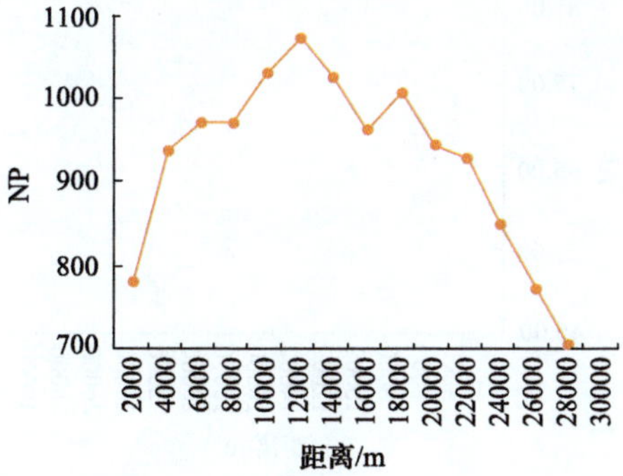

(c) NP

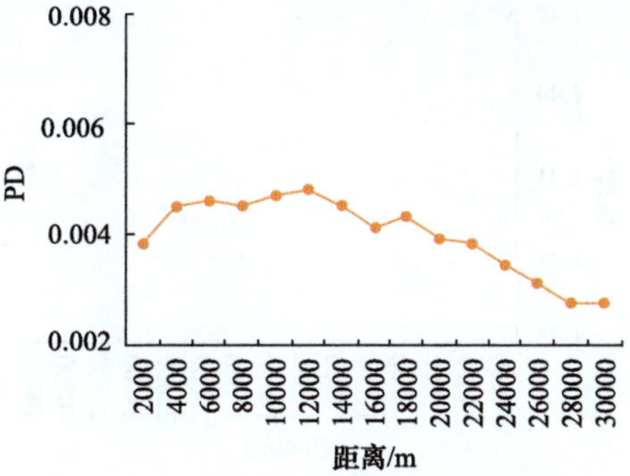

(d) PD

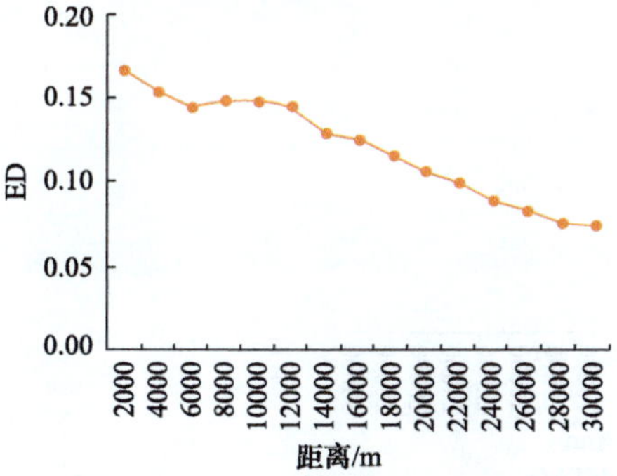

(e) ED

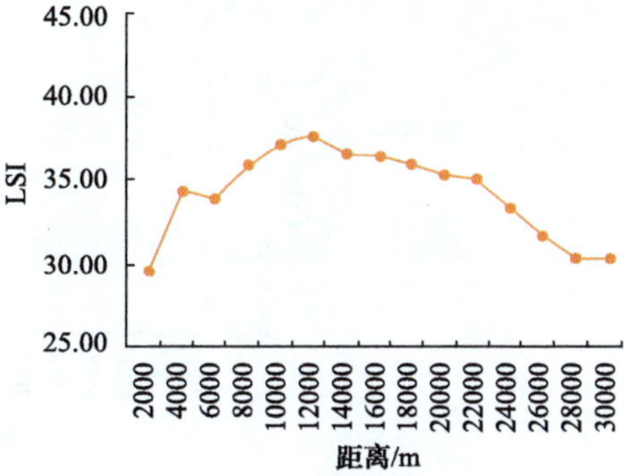

(f) LSI

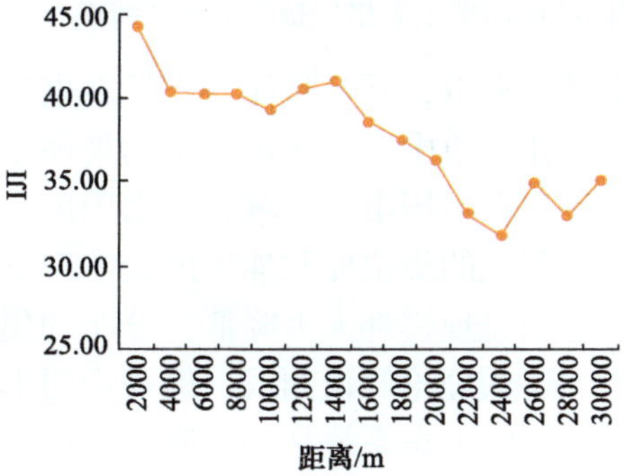

(g) IJI

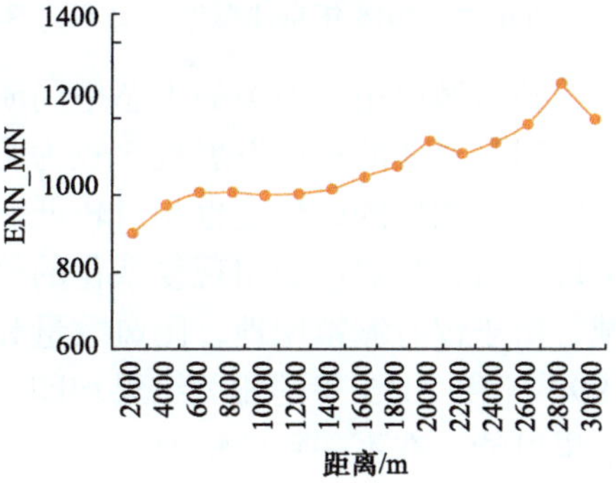

(h) ENN_MN

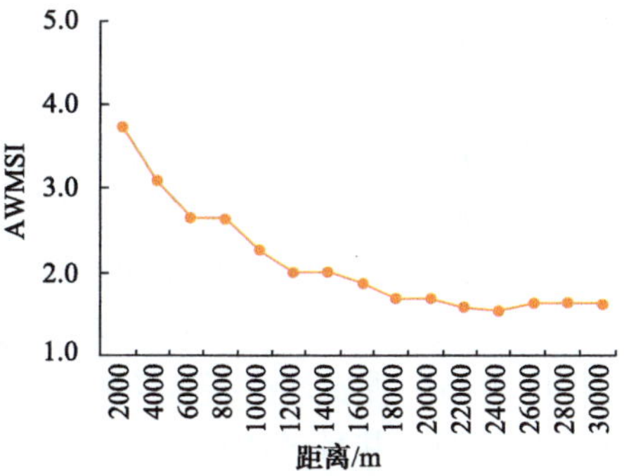

(i) AWMSI

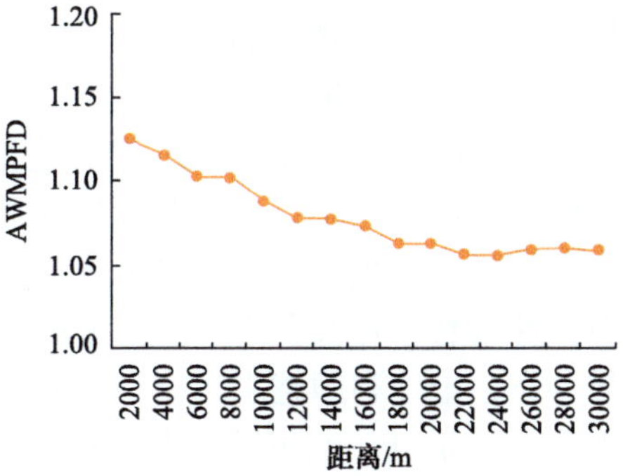

(j) AWMPFD

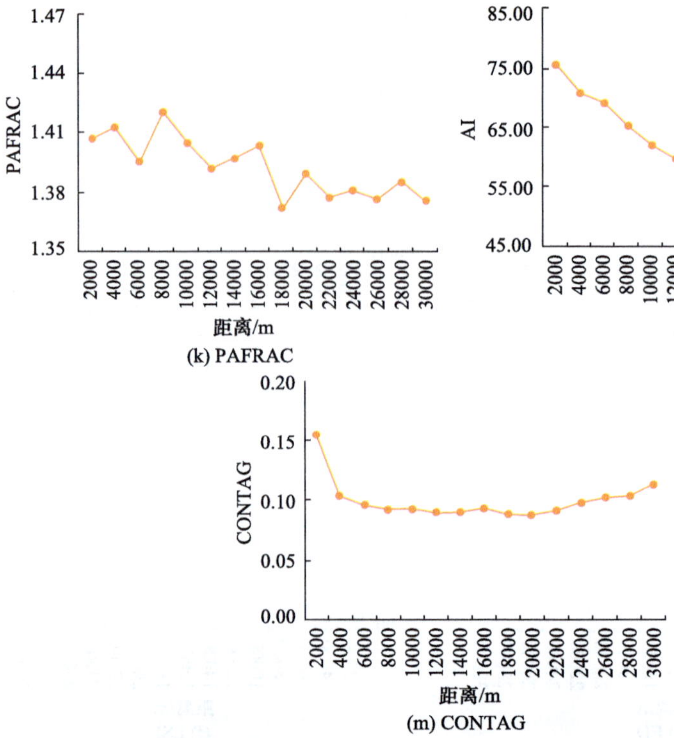

图 6.17　2015 年京津冀城市群不同缓冲区城市用地生态格局指数变化曲线图

如果单独从城市用地地类的生态格局演化过程来看，其与整体地类景观也呈现出不同的特点，但是总体的梯度发展规律较为明显。在城市中心区图斑的平均规模较大，图斑的数量较少，图斑的破碎度也相对较低。但是，在半城市化区域，城市用地景观的图斑数量出现峰值，景观形态出现复杂化的趋势，图斑的集聚度和连通度也出现下滑。在乡村区域，由于仅有城镇用地，图斑数量和平均图斑规模都大大降低，分布的集聚度也更低。1992 年和 2015 年的相关结果均印证了上述的理论假设曲线。但是运用不同景观指数的结果可能存在不一致的情况。因此，对于不同生态系统格局的判断需要综合考虑不同的景观指数。但是由于环形划分的问题，不同规模城市运用了相同的环形缓冲区设置，这是与实际情况不相符的，未来可以根据城市规模的大小来设置不同的缓冲区，可能会得出更为明显的结果。

综上所述，随着快速城镇化进程加速与人类活动的加剧，京津冀城市群生态系统格局图斑规模变得越来越小，斑块紧凑度越来越差，并趋于破碎化。生态系统格局形态趋于复杂化和不规则。生态系统景观的图斑集聚性不断缩小，蔓延性和连通性逐步变差。从景观多样性来看，香农多样性指数（SHDI）逐渐增大，说明各类型图斑在景观中呈均衡化趋势分布，土地利用越来越复杂，破碎化程度越高。香农均度指数（SHEI）也逐渐增大，不断趋近于 1，说明景观中没有明显的优势类型，并且各图斑类型在景观中趋于均匀分布。同时发现，城市群内部各城市之间的差异较为显著，位于西北部生态涵养区的张家口市和承德市的生态格局较为稳定并出现向好的趋势，其他城市的生态格局均出现一定程度的问题，城镇化对生态格局的影响较为深刻。同时还验证了城镇化过程对生态系统格局变化影响的空间衰减效应理论假设曲线的存在性。研究发现，京津冀城市群沿三个发展轴的生态格局变化具有显著的衰减效应。发现在发展轴的 2～6km 缓冲区内形成了一个类似于空间衰减效应曲线中的城市中心区的环形发展区域；在发展轴的 6～14km 缓冲区内出现一个明显的峰值区，对应空间衰减效应理论假设曲线的半城市化地区；而在 14km 缓冲区之外的缓冲区出现一个明显的波谷式的区域，对应空间衰减效应理论假设曲线的乡村地区。

参考文献

陈利顶，刘洋，吕一河，等. 2008. 景观生态学中的格局分析：现状、困境与未来. 生态学报，28(11): 5521-5531.

崔王平，李阳兵，李睿康，等. 2017a. 基于梯度分析的重庆市主城区城市扩展的景观生态效应. 生态学杂志, 36(1): 205-215.

崔王平，李阳兵，李潇然. 2017b. 重庆市主城区生态格局演变的样带响应与驱动机制差异. 自然资源学报, 32(4): 553-567.

傅伯杰，陈利顶，马克明，等. 2001.景观生态学原理及应用. 北京：科学出版社.

姜华伟，戴文远，杨育普. 2015.快速城市化地区生态格局时空演变研究——以长株潭城市群核心区为例. 海峡科学, (11): 3-8.

姜玲玲，熊德琪，张新宇，等. 2008. 大连滨海湿地生态格局变化及其驱动机制. 吉林大学学报(地球科学版), (4): 670-675.

申卫军，邬建国，林永标，等. 2003a.空间粒度变化对生态格局分析的影响.生态学报, 23(12): 2506-2519.

申卫军，邬建国，任海，等. 2003b.空间幅度变化对生态格局分析的影响. 生态学报, 23(11): 2219-2231.

肖况，王玉宽，吴光，等. 2018. 成都市生态格局时空变化及驱动因素分析. 人民长江, 49(9): 11-18.

朱明,濮励杰,李建龙. 2008. 遥感影像空间分辨率及粒度变化对城市生态格局分析的影响.生态学报, 28(06): 2753-2763.

Bürgi M, Hersperger A M, Schneeberger N. 2004. Driving forces of landscape change — current and new directions. Landscape Ecology, 19(8): 857-868.

Buyantuyev A, Wu J, Gries C. 2010. Multiscale analysis of the urbanization pattern of the phoenix metropolitan landscape of USA: Time, space and thematic resolution. Landscape and Urban Planning, 94(3-4): 206-217.

Chen J. 2007. Rapid urbanization in China: A real challenge to soil protection and food security. Catena, 69(1): 1-15.

Chen M, Liu W, Tao X. 2013. Evolution and assessment on China's urbanization 1960-2010: Under-urbanization or over-urbanization? Habitat International, 38: 25-33.

Deng J S, Wang K, Hong Y, et al. 2009. Spatio-temporal dynamics and evolution of land use change and landscape pattern in response to rapid urbanization. Landscape and Urban Planning, 92(3-4): 187-198.

DiBari J N. 2007. Evaluation of five landscape-level metrics for measuring the effects of urbanization on landscape structure: the case of Tucson, Arizona, USA. Landscape and Urban Planning, 79(3): 308-313.

Herold M, Scepan J, Clarke K C. 2016.The use of remote sensing and landscape metrics to describe structures and changes in urban land uses. Environment and Planning A, 34(8): 1443-1458.

Kong F N. 2006. Nakagoshi. Spatial-temporal gradient analysis of urban green spaces in Jinan, China. Landscape and Urban Planning, 78(3): 147-164.

Li H, Peng J, Yanxu L, et al. 2017. Urbanization impact on landscape patterns in Beijing city, China: A spatial heterogeneity perspective. Ecological Indicators, 82: 50-60.

Li J, Li C, Zhu F, et al. 2013. Spatiotemporal pattern of urbanization in Shanghai, China between 1989 and 2005. Landscape Ecology, 28(8): 1545-1565.

Li Y, Zhu X, Sun X, et al. 2010. Landscape effects of environmental impact on bay-area wetlands under rapid urban expansion and development policy: A case study of Lianyungang, China. Landscape and Urban Planning, 94(3-4): 218-227.

Luck M, Wu L. 2002. A gradient analysis of urban landscape pattern: a case study from the Phoenix metropolitan region, Arizona, USA. Landscape Ecology, 17(4): 327-339.

Luo J, Wei Y D. 2009.Modeling spatial variations of urban growth patterns in Chinese cities: The case of Nanjing. Landscape and Urban Planning, 91(2): 51-64.

Pan D, Domon G, de Blois S, et al. 1999. Temporal(1958–1993)and spatial patterns of land use changes in Haut-Saint-Laurent(Quebec, Canada)and their relation to landscape physical attributes. Landscape Ecology, 14(1): 35-52.

Shi Y, Sun X, Zhu X, et al. 2012. Characterizing growth types and analyzing growth density distribution in response to urban growth patterns in peri-urban areas of Lianyungang City. Landscape and Urban Planning, 105(4): 425-433.

Shrestha M K, York A M, Boone C G, et al. 2012. Land fragmentation due to rapid urbanization in the Phoenix metropolitan area: Analyzing the spatiotemporal patterns and drivers. Applied Geography, 32(2): 522-531.

Solon J. 2009. Spatial context of urbanization: Landscape pattern and changes between 1950 and 1990 in the Warsaw metropolitan area, Poland. Landscape and Urban Planning, 93(3-4): 250-261.

Su S, Ma X, Xiao R. 2014. Agricultural landscape pattern changes in response to urbanization at ecoregional scale. Ecological Indicators, 40: 10-18.

Su S, Xiao R, Jiang Z, et al. 2012. Characterizing landscape pattern and ecosystem service value changes for urbanization impacts at an eco-regional scale. Applied Geography, 34: 295-305.

Tian G, Liu J, Xie Y, et al. 2005.Analysis of spatio-temporal dynamic pattern and driving forces of urban land in China in 1990s using TM images and GIS. Cities, 22(6): 400-410.

Turner M G, O'Neill R V, Gardner R H, et al. 1989. Milne. Effects of changing spatial scale on the analysis of landscape pattern. Landscape Ecology, 3(3): 153-162.

Weng Y C. 2007. Spatiotemporal changes of landscape pattern in response to urbanization. Landscape and Urban Planning, 81(4): 341-353.

Yeh C T, Huang S L. 2009. Investigating spatiotemporal patterns of landscape diversity in response to urbanization. Landscape and Urban Planning, 93(3): 151-162.

Yu X J, Ng C N. 2007. Spatial and temporal dynamics of urban sprawl along two urban–rural transects: A case study of Guangzhou, China. Landscape and Urban Planning, 79(1): 96-109.

Zhou X, Wang YC. 2011.Spatial-temporal dynamics of urban green space in response to rapid urbanization and greening policies. Landscape and Urban Planning, 100(3): 268-277.

第七章 城市群地区城镇化与人口迁移耦合机理及规律

人口迁移驱动人口空间再分布，是推动城市群地区人口城镇化的重要人口变动模式之一。本章首先凝练了城镇化与人口迁移的理论关系，包括人口迁移对城镇化的影响、城镇化对人口迁移的牵引作用以及人口迁移与城镇化的理论耦合曲线与规律。然后，以京津冀城市群为例，根据改革开放以来历次人口普查和1%抽样调查数据，分析了1982～2015年京津冀城市群人口空间集疏和城镇化的时空格局，总结"沿太行山东麓古道"人口稠密带演化特征及京津冀城市群人口增减的空间分异；从跨省人口迁移和京津冀内部迁移两个尺度分析了京津冀城市群人口迁移的空间网络，识别了人口迁移的空间相互作用强度；按照城镇、乡村的地域结构解析了人口迁移流格局，总结出京津冀城市群人口迁移与城镇化的近远程耦合机理与规律。

第一节 城镇化与人口迁移耦合机理的理论解析

理论上，城镇化与人口迁移之间存在着必然的耦合关系，城镇化过程首先是人口城镇化过程，即农村人口迁移到城市、小城市人口迁移到大城市或者城市之间人口相互迁移的过程，人口迁移对城镇化过程产生了深远影响，而城镇化进程加快又促进了人口迁移步伐，对人口迁移具有牵引作用。处在不同发展阶段的城镇化进程对人口迁移的牵引作用和牵引强度各不相同。

一、人口迁移对城镇化的促进作用

从人口角度，城镇化水平提高是指城镇人口占常住人口比重的增长，其中，城镇人口增长是城镇化水平提高的重要方式。一般来说，一个地区的城镇人口增长的方式主要包括：①城镇地区自身人口的自然增长；②外来人口进入城镇地区的机械增长；③城镇地域的扩张导致许多人口自然从农村人口转化为或统计为城镇人口。其中，外来人口进入城镇地区的机械增长是城镇人口增长的主要方式。一般来说，按照地域类型，人口迁移可以划分为4种类型，城镇到城镇的人口迁移、城镇到乡村的人口迁移、乡村到城镇的人口迁移以及乡村到乡村的人口迁移。其中，乡村到城镇的人口迁移就是人口城镇化过程，反映了人口迁移对城镇化的影响关系。

进一步根据城镇化"S"形曲线反映人口迁移对城镇化的影响。城镇化水平随时间呈现"S"形增长曲线的演化规律，采用城镇人口比重作为城市化水平的测度，以横坐标表示时间，纵坐标表示城市化水平，据此绘制而成的城镇化发展曲线整体呈现为拉平的"S"形曲线。"S"形曲线以30%、60%、80%为界将城市化进程分为城市化水平较低发展较慢的初期阶段、人口向城市迅速聚集的中期加速阶段、城镇人口比重增长趋缓的后期阶段、城镇人口增长区域停滞稳定的终极阶段共四个阶段。令 U、R、P 分别为城镇人口、乡村人口、总人口，r、v 分别为城镇人口、乡村人口的增长率，t 为时间，C 为常数，k 为城乡人口总增长率的差额常数，城镇化“S”形曲线的推导过程如下：

$$Y = U / P = U / (U + R)$$
$$\mathrm{d}Y = (R\mathrm{d}U - U\mathrm{d}R) / P^2$$
$$\mathrm{d}U = Ur\mathrm{d}t$$
$$\mathrm{d}R = Rv\mathrm{d}t$$
$$\mathrm{d}Y / \mathrm{d}t = \left[UR(r-v) / P^2\right]$$
$$r - v = k(t)$$
$$\mathrm{d}Y / \mathrm{d}t = \left[URk(t)\right] / P^2$$
$$\mathrm{d}Y / \mathrm{d}t = k(t)Y(1-Y)$$
$$k(t) = k$$
$$\mathrm{d}Y / \left[Y(1-Y)\right] = k\mathrm{d}t$$
$$\therefore Y = 1 / (1 + C\mathrm{e}^{-kt})$$

不难发现，城镇化“S”形曲线成立的假设条件是城乡人口总增长率的差额是常数。事实上，从人口迁移角度，人口的乡城迁移过程必然不能保证这个差额的常数性质，也间接反映了人口迁移对城镇人口增长的贡献。随着人口城乡迁移的活跃程度提高，k 值会发生变化，影响城镇化“S”形曲线。在很多地区，城镇化发展到一定阶段，可能出现人口从城镇向乡村迁移的逆城市化过程，同样对 k 产生影响。全球来看，除了新加坡等城市型行政单元外，城镇化水平能够达到 100%的国家和地区相对较少，城乡和地区之间始终存在着一定的人口迁移。

二、城镇化对人口迁移的牵引作用

推力—拉力理论在乡城迁移理论中受到最广泛的认知和运用。早在 1938 年，赫伯尔在发表的《乡村—城市迁移的原因》中指出，迁移是由一系列力量引起的，这些力量包括推动一个人离开一个地方的“推力”和吸引一个人到另一个地方的“拉力”。在原住地得不到满足，形成迁移的推力，而迁入地存在更大机会，构成迁移的拉力。博格对推力拉力理论做了进一步发展，他在《国内迁移》中论述简明又比较全面，总结出资源减少、就业岗位丧失、政治宗教种族抑制、产业转移、社区“入侵”、社区退出、自然灾害、不赞成行为准则、雇主或社区不适应、精神情感不适应、毕业退休参军、犯罪 12 个推力因素以及新资源新财富、更好的工作机会、流动性产业、特殊技能、更适宜的政治宗教种族环境、期望的特殊教育培训 6 个拉力因素。“推拉理论”将复杂的迁移过程高度简化，它将迁移过程概括为迁出地与迁入地两部分，认为迁移是迁出地推动与迁入地拉力共同作用的结果，即乡村推力与城镇拉力是推动人口从农村向城镇迁移并推动城镇化发展的重要因素，在中观及宏观层次上更加具有理论意义（张善余，1999；李竞能，2004）。

推拉理论在发展经济学中有类似的理论。发展经济学有关人口迁移模型最著名的是英国经济学家刘易斯于 1954 年建立的，他指出发展中国家存在传统农业部门和现代工业部门两个部门，“二元经济”下呈现两个发展阶段：一是劳动力无限供给阶段，农业部门的剩余劳动力大批向现代工业部门转移；二是劳动力短缺阶段，传统农业部门中的剩余劳动力被现代工业部门吸收完毕。两阶段之间交点称为“刘易斯拐点”。（刘易斯，1989；张善余，1999；李竞能，2004）。美国耶鲁大学教授费和拉尼斯二人将刘易斯的二阶段理论发展成为三阶段理论，提出“商业化”第三阶段，商业化阶段人口大规模的城乡人口迁移会暂告一段落。美国发展经济学家 M.P.托达罗则根据亚非拉许多发展中国家事实，进一步提出了三部门两阶段理论，他认为国家经济结构由“农业部门”“传统城市部门”“工业部门”构成，首先，农村劳动力在“传统城市部门”找到工作；一段时期后，他们才在现代“工业部门”中找到固定的工作。（托达罗，1988；张善余，1999；李竞能，2004）。

在城镇化水平较高的地区，往往集聚了大量的非农产业部门，形成了各种各样的“拉力”因素，能够形成对其他乡村地区的人口迁入的牵引作用，并在城镇体系中形成人口迁移的层递规律和近远程空间分异特征。人口迁移在城镇体系具有层递规律，人口从等级较低的城镇向比该城镇等级更高的所有城镇净迁入，城镇等级越高，迁入量越高最高等级城镇迁入量最高，形成层递效应。然而，由于空间区位的差异，往往存在层递分异性。层递分异性是指由于空间区位分异，同等级城市向其他等级城市的迁移量未必相同，形成分异。这是由于人口迁移流量不仅与城市等级有关，还与不同等级城市之间的相对空间位置有关，位于较高等级城市附近的低等级城市流出量较高，而距离较远的流量则相对偏低，形成人口迁移流量的近远程空间分异特征，反映了人口迁移与城镇化的空间相互作用关系。

三、人口迁移与城镇化的理论耦合曲线

在理想情况下，大城市集聚更多的外来人口、小城市集聚较少的外来人口，每个城市集聚的外来人口与自身城镇人口规模成正比。如图 7.1（a）所示，如果给外来人口和城镇人口都加上分母常住人口，采用 *M* 和 *U* 分别表示人口迁入率（城镇地区）和城镇化率，那么存在一种理想情况，即人口迁入率与城镇化率成正比。但实际上，这种情况很少，即城镇化率到达 100%的时候，城镇人口全部由 100%的外来人口构成，这样的曲线忽视了本地人口对城镇化的贡献度。实际上，更多的情况如图 7.1（b）所示，无论是一

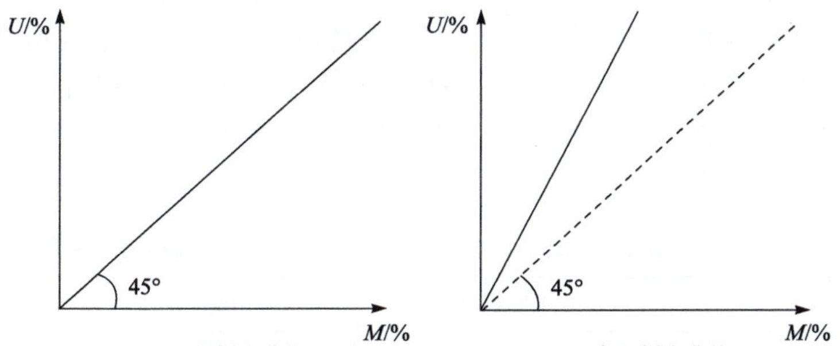

(a) 理想耦合曲线　　(b) 实际耦合曲线

图 7.1　人口迁入率与城镇化率的理论耦合曲线与规律图

个地区城镇化随时间的演变，还是同一时间截面不同人口迁入水平地区的城镇化率，人口迁移与城镇化耦合曲线应当都是处于 45°线的上方。这样的理论曲线关系表明，人口迁移与城镇化确实存在一定相关关系，但是迁入人口只是城镇人口的一部分。在“大城市”集聚带动效应下，更多的外来人口倾向于向大城市高度集聚。需要指出，现实中人口迁入率与城镇化率并不一定完全服从线性相关。当将人口迁入率采用人口净迁移率指标时，存在类似的理论耦合曲线与规律。

第二节　城市群地区人口与城镇化的时空分异格局

京津冀城市群是我国重要的人口稠密区，改革开放以来，京津冀城市群总体保持全国 8%左右的人口体量。京津冀城市群内部存在一条沿自邯郸到北京、天津的“太行山东麓古道”人口稠密带，这条带上的人口集聚格局相对稳定。改革开放以来，京津冀城市群内部大部分地区保持人口增长，出现少数人口负增长区，主要集中北部。人口城镇化进程较快，人口城镇化率持续增长，整体上已经处于快速城镇化后期阶段，并且始终高于全国水平。但是，京津冀城市群城镇化率存在明显的空间分异特征，市辖区城镇化率相对较高，而且外来人口相对较多，北京、天津及各地级市市辖区的城镇化水平相对较高，而其他县、县级市则普遍偏低。城镇化过程以本地户籍人口驱动为主。

一、京津冀城市群人口分布及增减的时空分异格局

（一）京津冀城市群常住人口分布及增减态势

京津冀城市群覆盖北京市、天津市和河北省，地处华北平原，是中国重要的人口稠密区之一。1935 年，著名人口地理学家胡焕庸先生在《中国人口之分布》一文中指出北部平原是中国主要的人口集中地之一，其中，北部平原“北起河北平原，南经鲁西、豫东以迄江苏之徐属，安徽之颍属，其人口平均密度约在三百左右”，而京津冀城市群正处于“北方平原”的北部区域。如表 7.1 所示，时至改革开放初期，根据 1982 年第三次人口普查资料，京津冀城市群常住人口密度达到 324.72 人/km^2，随后持续增长，至 2015 年城市群常住人口密度达到 516.91 人/km^2，远超过 1935 年的“三百”密度。采用区域人口密度与全国（不含港澳台地区，下同）人口密度的比值，计算人口密度优势度，1982 年京津冀城市群人口密度优势度仅为 3.06，随后持续增长，2015 年达到 3.57，说明京津冀城市群的人口集聚度水平越来越高。根据 2000 年、2010 年人口普查资料绘制的全国分县常住人口密度分布图，从空间分布格局来看，和胡焕庸先生 1935 年绘制的“密度图”类似，京津冀城市群仍是全国乃至“胡焕庸线”东南侧典型人口稠密区之一。

表 7.1　1982～2015 年京津冀城市群常住人口指标统计表

年份	常住人口总量/万人	常住人口占全国份额/%	人口密度/（人/km^2）	人口密度优势度
1982	7000.03	6.97	324.74	3.06
1990	8068.76	7.14	374.32	3.13
2000	9010.23	7.25	418.00	3.18

续表

年份	常住人口总量/万人	常住人口占全国份额/%	人口密度/（人/km²）	人口密度优势度
2005	9431.36	7.33	437.53	3.22
2006	9573.86	7.39	444.14	3.24
2007	9734.19	7.47	451.58	3.27
2008	9935.82	7.56	460.94	3.32
2009	10122.56	7.64	469.60	3.35
2010	10454.79	7.84	485.01	3.44
2011	10613.69	7.92	492.38	3.47
2012	10769.96	7.99	499.63	3.50
2013	10919.62	8.06	506.58	3.53
2014	11052.16	8.11	512.72	3.56
2015	11142.37	8.13	516.91	3.57

改革开放以来，京津冀城市群总体保持人口增长，拥有全国 8%左右的人口。1982 年，京津冀城市群常住人口为 7000.03 万人，占全国份额仅 6.97%。随后常住人口规模及其占全国人口的份额持续增长，2009 年常住人口总量达到 1.01 亿人，2013 年城市群常住人口占全国人口份额达到 8.06%。2015 年京津冀城市群常住人口达到 11142.37 万人，占全国人口份额 8.13%。如图 7.2 所示，分别测算 1982～2015 年全国和京津冀城市群的人口年均增长率分布图，1982～2005 年、2005～2010 年、2010～2015 年三段时期内，京津冀城市群人口年均增长率呈现下降、增长及下降的态势，2010 年达到最高峰，但京津冀城市群始终高于全国同期的人口年均增长率，33 年间常住人口年均增长率 1.42%，明显高于全国同期人口年均增长率 0.95%。可见，改革开放以来，京津冀城市群总体上保持常住人口增长，而且人口增长快于全国水平，具有突出的人口增长优势度。

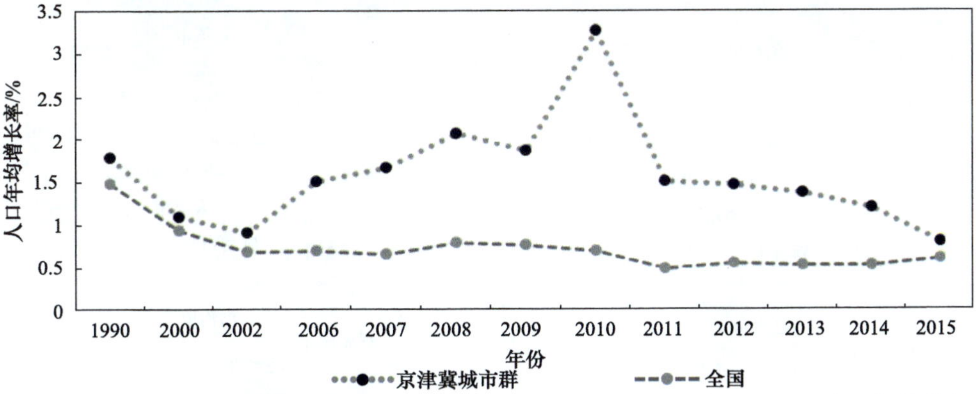

图 7.2 京津冀城市群和全国常住人口年均增长率分布图（每个年份对照上一个基期核算）
1990 年上一个基期为 1982 年，2000 年上一个基期为 1990 年

（二）京津冀城市群内部人口沿“太行山东麓古道”的空间集聚规律

京津冀城市群内部的人口分布遵循沿“太行山东麓古道”人口稠密带的空间集聚规

律。如图 7.3 所示，根据改革开放以来历次人口普查数据，绘制 1982 年、1990 年、2000 年和 2010 年京津冀地区县市尺度（将设区市的市辖区合并作为一个整体，下同）人口密度空间分布图。考虑到各考察年份县市尺度的内部差异，采用当期京津冀城市群人口密度的平均值和北京市的人口密度值作为断点，如果低于京津冀城市群的人口密度平均值，认为是人口相对稀疏区；如果能够达到北京市的人口密度水平，认为是人口高度集聚区。1982 年、1990 年、2000 年和 2010 年，京津冀城市群各县市人口密度的平均值分别为 494.1 人/km^2、560.6 人/km^2、642.4 人/km^2 和 651.5 人/km^2；北京市（市辖区）的人口密度分别达到 1995 人/km^2、1533 人/km^2、1442 人/km^2 和 1541 人/km^2。不难发现，1982～2010 年，高于人口密度平均值的县市都相对稳定分布在“邯郸市—邢台市—石家庄市—保定市—北京市”这条人口稠密带上，此外，还包括天津市、张家口市、承德市等市辖区，呈散点式零星分布。其中，人口密度达到同期北京市水平主要是各市辖区所在区域，包括石家庄市、保定市、邢台市、沧州市等；而低于人口密度平均值的县市分布在京津冀的北部山区、西部山区和东部沿海地区。

著名历史地理学家侯仁之先生在揭示北平（北京）城的区位形成原因时，考证了大量历史文献和实地资料，并提出了沿“太行山东麓古道”存在一条居民点稠密带。他指出：“这条古代大道通过的地方，既没有上游河流的湍急，也没有下游河流的宽阔河面和容易泛滥的威胁，这一条线正是最容易渡过每条河流的地方。大道发展起来以后，便有永久居民点自然而然地相继形成，上溯到早期历史阶段的商周两代的县城，无一例外，它们全部沿大平原西部边缘地带集中分布”。得益于良好的自然地理条件，沿“太行山东麓古道”一直以来都是华北地区重要的人口稠密带，这条人口稠密带向南可以向河南安阳地区延伸，而向北在北京作为终点停止。这条人口稠密带的西部和北部是太行山脉，地形起伏度大；东部虽然地势平坦，但由于历史泛滥，人口密度也相对低于沿“太行山

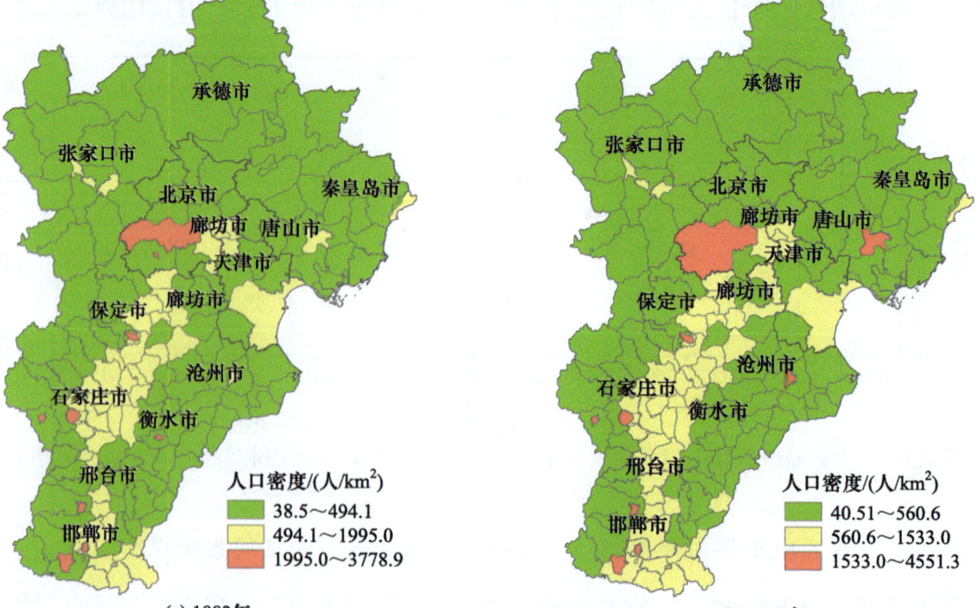

(a) 1982年　　(b) 1990年

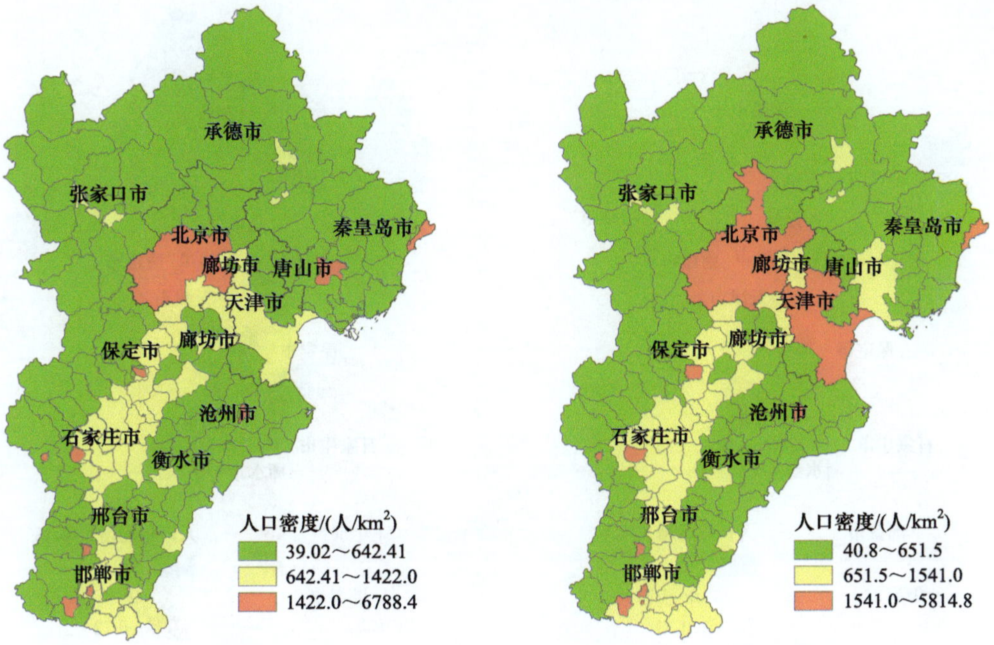

(c) 2000年　　(d) 2010年

图 7.3　1982～2010 年京津冀城市群人口密度分布图

东麓古道”地区，但是高于西部和北部山区。在现代经济区位条件下，向海发展正在重塑着京津冀城市群的经济地理格局，沿海的港口地区人口密度有所提升，但是西部和北部作为京津冀地区重要的生态涵养区，人口密度将长期控制在低密度。

（三）京津冀城市群内部人口增长的时空分异

京津冀城市群内部大部分地区保持人口增长，人口负增长区主要集中在北部。根据改革开放以来历次人口普查数据，绘制 1982～1990 年、1990～2000 年、2000～2010 年和 1982～2010 年京津冀地区县市尺度人口年均增长率空间分布图（图 7.4）。这里采用 0 和人口年均增长率平均值作为断点，如果人口年均增长率小于 0，说明人口负增长；如果人口年均增长率高于平均值，说明人口处于快速增长水平。1982～1990 年，除了张北县外，京津冀城市群其他县市均保持人口正增长，其中，人口快速增长区主要包括北京市、保定市及河北省南部等县市。1990～2000 年，北京市以北的县市基本上都呈现负增长，而北京市及其以南，除了保定市周边，多数地区都呈现正增长，其中，人口快速增长区主要分布在京津唐地区和河北省西南部地区。2000～2010 年，人口负增长区主要分布在河北省西北部的张家口市周边以及南部的衡水市周边，其他多数地区仍然呈现人口正增长，其中，人口快速增长区主要分布在京津唐地区和邯郸市周边地区。总的来看，1982～2010 年，人口负增长区主要集中在北部的张家口市和承德市周边，大多数地区保持人口正增长，其中，人口快速增长区主要分布在京津唐地区和石邢邯地区。一方面，部分经济发达县市，如北京市、天津市、石家庄市等保持较高的人口净迁入率，大量的外地人带动了常住人口的增长；另一方面，河北大部分地区人口净迁出的活跃度一般，同时保持相对较高的自然增长率，补偿了本地的常住人口增长。

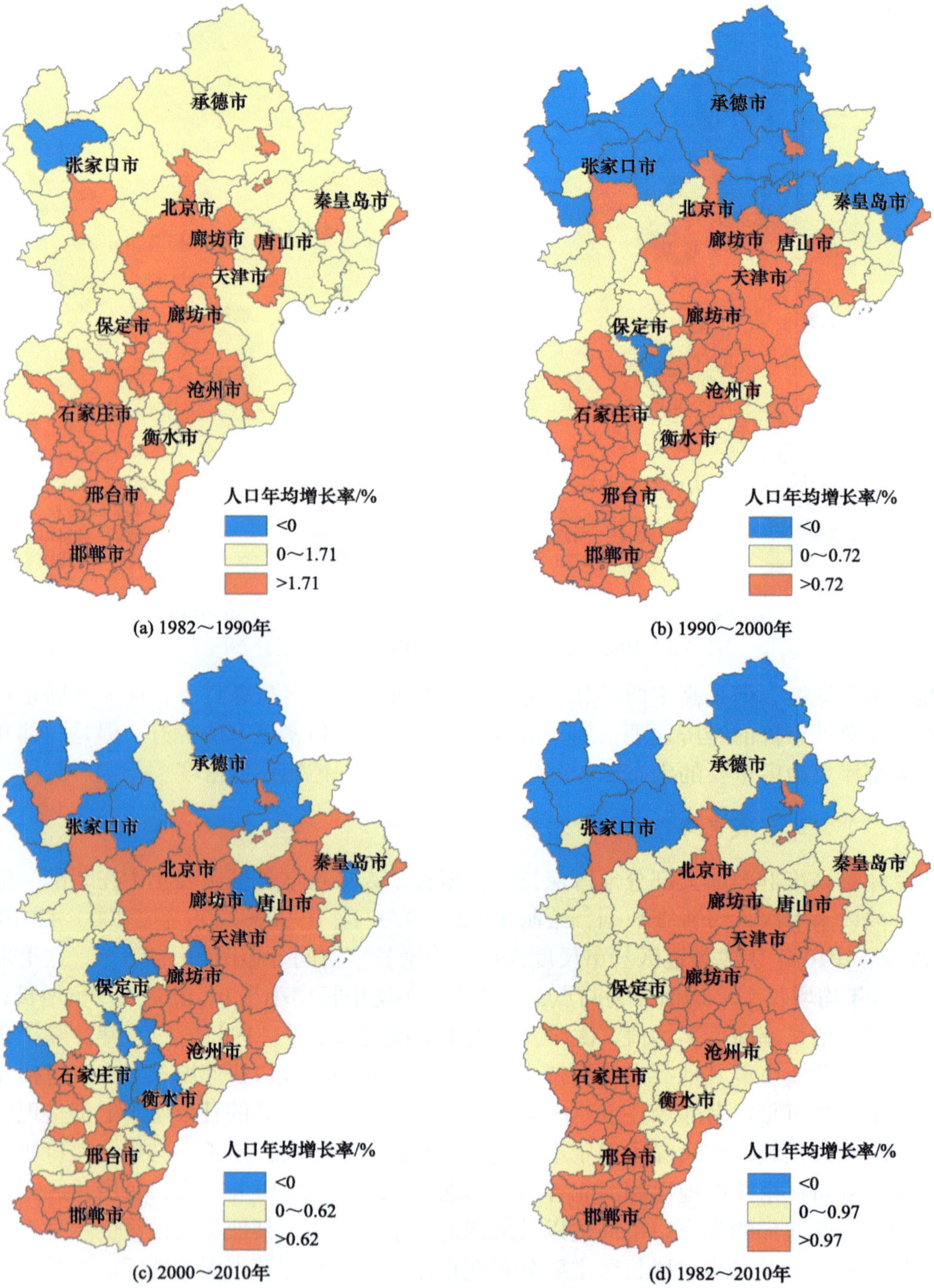

(a) 1982～1990年　(b) 1990～2000年

(c) 2000～2010年　(d) 1982～2010年

图 7.4　1982～2010 年京津冀城市群人口增长分布图

二、京津冀城市群常住人口城镇化的时空分异格局

（一）京津冀城市群人口城镇化水平的变动特征

京津冀城市群城镇人口增长强劲，成为常住人口增长的重要来源。如表 7.2 所示，

根据历次人口普查、1%人口抽样调查和统计资料，统计京津冀城市群历年城镇人口及城镇化率相关指标，人口城镇化优势度是指京津冀城市群的人口城镇化率与同期全国人口城镇化率的比值，如果大于 1，说明相对全国优势度突出。需要指出的是，我国历次人口普查对城、镇和村的空间范围界定均存在差异，1982 年、1990 年、2000 年的城镇人口口径采用当期人口普查口径，2005 年后的城镇人口口径以国家 2008 年发布的《统计上划分城乡的规定》为准修正得到，新标准中城、镇的空间范围与实际城区建成区、镇区建成区接近。改革开放以来，京津冀城市群城镇人口持续增长，1982 年京津冀城市群城镇人口为 1856.27 万人，2007 年达到 5061.71 万人，2015 年增长至 6967.09 万人。相比于 1982 年，2015 年京津冀城市群城镇人口达到 3.75 倍。从城镇人口占全国城镇人口份额来看，呈现波动增长特征，从 1982 年的 8.99%增长至 9.06%，整体上保持在 9%左右的份额水平。

表 7.2　1982～2015 年京津冀城市群城镇人口指标统计表

年份	城镇人口总量/万人	城镇人口占全国份额/%	人口城镇化率/%	人口城镇化优势度
1982	1 856.27	8.99	26.52	1.29
1990	2 579.03	8.71	31.96	1.22
2000	3 517.24	7.67	39.04	1.06
2005	4 651.20	8.41	49.32	1.15
2006	4 838.52	8.43	50.54	1.14
2007	5 061.71	8.46	52.00	1.13
2008	5 340.12	8.65	53.75	1.14
2009	5 615.93	8.77	55.48	1.15
2010	5 921.19	8.89	56.64	1.13
2011	6 132.14	8.92	57.78	1.13
2012	6 346.72	8.96	58.93	1.12
2013	6 560.88	9.01	60.08	1.12
2014	6 748.19	9.04	61.06	1.11
2015	6 967.09	9.06	62.53	1.11

京津冀城市群人口城镇化率持续增长，已处于快速城镇化阶段的后期阶段，并且始终高于全国水平。1982 年城市群人口城镇化率仅 26.52%，处于城镇化发展的初期阶段；1990 年城镇化率达到 31.96%，进入人口城镇化的快速发展阶段，并于 2006 年突破 50.54%，意味着有一半以上的人居住在城镇地区，而全国总体上在 2010 年左右人口城镇化率才突破 50%；至 2015 年城市群人口城镇化率达到 62.53%，已经进入城镇化发展的后期阶段。从人口城镇化优势度看，1982 年京津冀城市群的优势度水平达到 1.29，而后呈现波动下降特征，特别是 2010 年以来持续下降，至 2015 年优势度下降至 1.11，这与全国其他地区人口城镇化的快速发展是紧密相关的。但是，总体来看，京津冀城市群人口城镇化优势度始终高于 1，相对全国来说始终具有较高的水平。

（二）京津冀城市群内部常住人口城镇化水平的时空分异格局

城市群市辖区城镇化率相对较高，而其他地区普遍偏低。根据历次人口普查资料，按当年城镇人口统计口径，绘制1982～2010年京津冀城市群分县市常住人口城镇化率空间分布图（图7.5）。

1982年限于当时的城镇人口统计口径，城镇化率只存在两个区间，70%～100%和

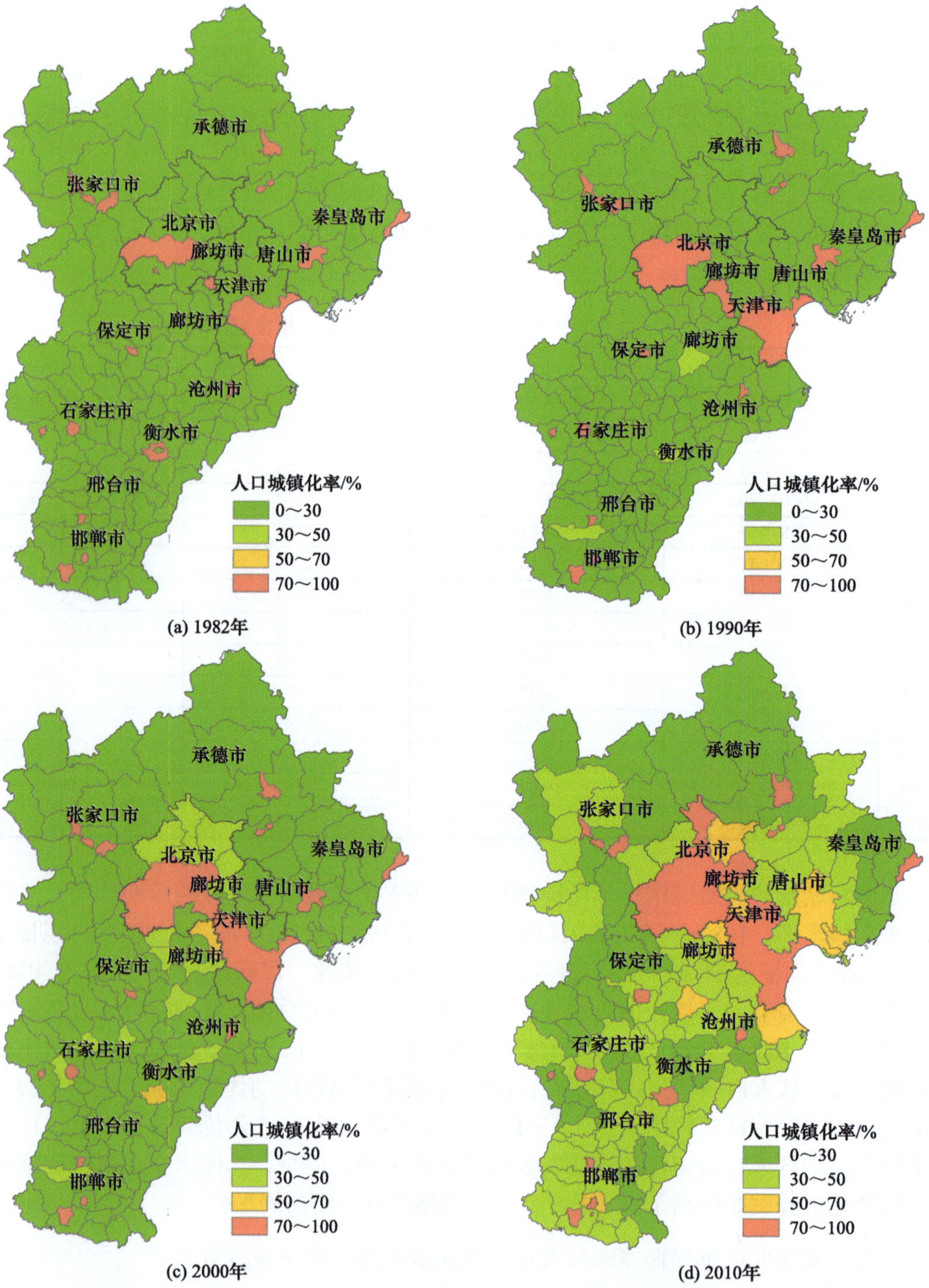

图7.5 1982～2010年京津冀城市群常住人口城镇化率分布图

0～30%，京津冀城市群仅北京市、天津市、唐山市、廊坊市、张家口市、承德市、秦皇岛市、保定市、沧州市、石家庄市、衡水市、邢台市和邯郸市13个设区市驻地的市辖区城镇化水平较高，其余均处于城镇化发展的初级阶段，市县空间差异明显。

1990年城镇人口的统计口径有所改进，但是仍是13个设区市驻地市辖区的城镇化水平较高，同时任丘市、衡水市、沙河市的城镇化水平处于30%～50%的快速发展阶段前期，而其他大部分地区仍然处于城镇化发展的初期阶段。

2000年城镇人口统计口径进一步改进，13个设区市驻地所在市辖区中，大部分仍然处于城镇化发展的高级阶段，但廊坊市、衡水市被分类到50%～70%的快速发展阶段后期，同时在北京市周边等地区出现少数县市的城镇化水平居于30%～50%，然而其他大部分地区仍然处于城镇化发展的初期阶段。

2010年城镇人口统计口径得到了更加符合实际建成区的改进，多数设区市驻地市辖区的城镇化水平仍然处于高级阶段，城镇化水平居于50%～70%的县市主要分布在京津唐周边地区和黄烨市，城镇化水平居于30%～50%变为数量最多、分布最广，依然存在城镇化水平低于30%的地区，主要分布在河北北部山区、西部山区及东部部分农区。

总体来看，虽然历次人口普查口径发生调整，但天津市、北京市及河北省各地级市驻地市辖区的城镇化水平始终较高，大部分都处于高级发展阶段，而河北省仍然有很多县市城镇化水平较低，截至2010年，河北省大部分县市城镇化水平低于50%，相当于低于同期全国平均水平。可见，京津冀城市群人口城镇化水平的两极分化比较明显，处于50%～70%城镇化水平过渡地带的县市相对较少。

（三）京津冀城市群内部户籍人口城镇化水平的时空分异格局

“提高户籍人口城镇化率”被列为全面建成小康社会新的目标要求，户籍人口城镇化率是基于中国户籍制度下的一种城镇化率测度，指常住在城镇地区同时拥有常住地户籍的人口占总人口的比重，测算公式如下：

$$U_h = \frac{P_{uh}}{P_t} \times 100\% \tag{7.1}$$

式中，U_h为户籍人口城镇化率；P_{uh}为本地户籍城镇人口；P_t为常住总人口。户籍人口城镇化率等于常住人口城镇化率与半城镇化率的差值，等式如下：

$$U_h = U_t - U_i = \left(\frac{P_{ut}}{P_t} - \frac{P_{ui}}{P_t}\right) \times 100\% \tag{7.2}$$

式中，U_t、U_i分别为常住人口城镇化率、半城镇化率；P_{ui}为外地户籍城镇人口，体现了人口城镇化水平的结构分异特征。

据此，根据2010年第六次人口普查，核算京津冀城市群分县市的户籍人口城镇化率和半城镇化率。首先，分别汇总各县市城区和镇区的“居住在本乡、镇、街道，户口在乡、镇、街道”（第一款人口）、“居住本乡、镇、街道，户口待定”（第二款人口）、“原住在本乡、镇、街道，现在国外工作学习”（第三款人口）以及“户籍登记地在外乡镇街道的本县（市、区）人口”（第四款人口），还有省内人户分离人口中的“其中市辖区内人户分离”（第五款人口）。其次，对于设区城市，本地户籍城镇人口等于五款人口之和；对于县、县级市等其他县级单元，第五款人口值等于 0，因此本地户籍城镇人口等于前四款人口之和。最后，汇总各县市的常住总人口，根据式（7.1），即可核算各县市的户籍人口城镇化率。

京津冀城市群大部分地区以本地户籍人口驱动的城镇化为主，北京市、天津市及各地级市市辖区的半城镇化水平相对较高，如图 7.6 所示，将常住人口城镇化率拆分为户籍人口城镇化率和半城镇化率两个部分，分别绘制 2010 年京津冀城市群上述两个结构的空间分布图。

户籍人口城镇化率达到 70%～100%的县市主要包括秦皇岛市、保定市、石家庄市、邢台市和沧州市的市辖区，而户籍人口城镇化率达到 50%～70%的县市主要包括北京市、天津市、唐山市、承德市、张家口市、衡水市的市辖区，也就是说，京津冀城市群内的户籍人口城镇化率均超过 50%的县市均为设区市驻地市辖区。与同期常住人口城镇化率不同的是，部分地区户籍人口城镇化率明显低于常住人口城镇化率一档，而其他地区户籍人口城镇化率与常住人口城镇化率类似，城镇化水平较低，特别是北部山区、西部山区和东部部分农区。从半城镇化率分布图来看，同样只有 13 个设区市驻地市辖区半城镇化率超过 10%，人口流入比较活跃，其中北京市人口流入最为活跃，而其他地区外来人口吸引力较弱，本地户籍人口城镇化水平也比较有限，导致整体常住人口城镇化率偏低。

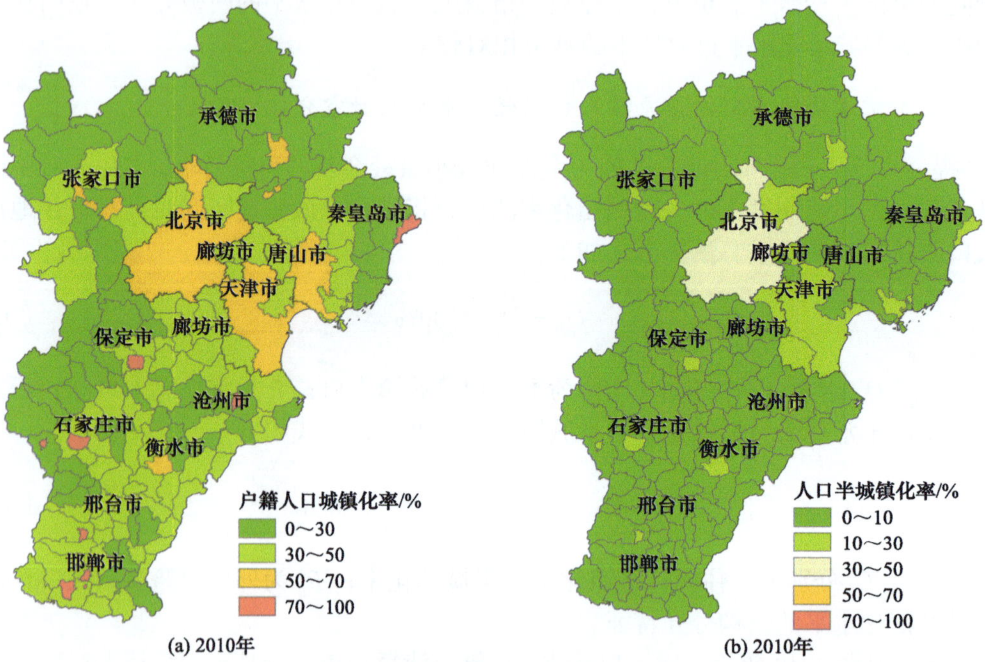

图 7.6　2010 年京津冀城市群户籍人口城镇化率和半城镇化率分布图

第三节　城市群地区人口迁移特征与时空分异规律

京津冀城市群整体呈现人口净迁入，改革开放以来，人口净迁入强度越来越大。从京津冀城市群内部来看，人口净迁入区呈现先扩张后收缩的过程，大多数地区人口迁移仍然处于不活跃状态，北京、天津和石家庄是仅有的大规模净迁入活跃型县市。从人口迁入来源地来看，河南、山东是京津冀地区人口迁移的主要迁入源，近年来东北三省、山西的人口迁入量明显增加。从人口迁出目的地看，除了周边地区，京津冀城市群跨省迁出方向以沿海发达地区为主，包括上海市、江苏省、广东省等。从人口净迁移量来看，河南省、山东省、黑龙江省、安徽省等是京津冀城市群主要的人口净迁入来源地，而北京市、广东省是京津冀城市群主要的人口净迁出目的地。京津冀城市群内部，大多数县市呈现人口净迁出，北京市、天津市和石家庄市是京津冀城市群主要的人口吸引中心，形成了“首都—直辖市—省会——般地级市市区—县或县级市”的层递人口迁移网络特征。其中，北京市人口来源优势腹地的范围最广，天津市的优势腹地主要集中在沿海地区，而石家庄市优势腹地主要集中在自身周边地区。

一、京津冀城市群迁移人口分布的时空分异规律

（一）京津冀城市群迁移人口的时空分异格局：净迁入占主导

通常来说，人口迁移体现了一段时间内的人口机械增长过程，是一个时间段概念，比如一年间的人口迁入和迁出、五年间的人口迁入和迁出等，有利于与人口自然增长合并，形成人口增长结构的两个方面。在中国，由于特殊的户籍制度，形成了一种特有的人口迁移形式，称为非户籍人口迁移，是指人口迁入的实际常住地与人口迁出的户籍登记地不一致的现象。改革开放以来，中国出现了大规模、高强度的非户籍人口迁移，出现了大量的流动人口，深刻地影响中国城镇化进程，并不断重构着中国城市群地区的人口空间分布。本节重点分析京津冀城市群的非户籍人口迁移。值得注意的是，非户籍人口迁移是一个存量的概念，反映了一个具体时点的流动人口存量，与反映时段的人口迁移存在差异。2000 年以来的中国人口普查和 1%人口抽样调查资料通过长表汇总，给出了中国分省的人户分离矩阵，有助于连续判断中国跨省的非户籍人口迁移（下文人口迁移均指非户籍人口迁移，下同）的时空分异格局。为了准确地反映人口迁移格局，采用净迁移来判断人口迁移状态，净迁移人口是衡量人口流失的基本测度。其中，净迁移人口等于一个地区总迁入人口与总迁出人口的差值，净迁移人口为负值，出现人口净流失。计算公式如下：

$$N_i = I_i - O_i = \sum_{j=1}^{n-1} I_{ji} - \sum_{j=1}^{n-1} O_{ij} \tag{7.3}$$

式中，N_i为地区 i 的净迁移人口；I_i为地区 i 的总迁入人口；O_i为地区 i 的总迁出人口；I_{ji}为从地区 j 到地区 i 的人口迁移量；O_{ij}为从地区 i 到地区 j 的人口迁移量；n 为地区总数量。人口总量本身可能受到地理空间尺度及自身人口规模大小的影响，采用相对量更能反映一个地区人口流失的强度。采用净迁移系数衡量人口流失强度，净迁移系数等于净迁出人口与未发生迁移人口的比值。计算方法如下：

$$\mathrm{NR}_i = \frac{N_i}{L_i} = \frac{I_i - O_i}{L_i} \tag{7.4}$$

式中，NR_i 为净迁移系数，N_i、I_i、O_i 含义与式（7.3）一致，L_i 为本地未发生迁移的人口。净迁移系数为负值时，净迁移系数绝对值越大，净迁出强度越大。

京津冀城市群整体呈现人口净迁入，而且人口净迁入强度越来越大。如表 7.3 所示，根据 2000 年和 2010 年人口普查短表数据、2005 年和 2015 年 1%人口抽样长表换算数据，汇总 2000 年以来京津冀城市群人口迁移相关指标。从三地区间迁移人口来看，2000～2015 年持续增长，2015 年达到 2000 年的 3.64 倍，说明北京市、天津市和河北省三地区内部人口迁移活跃度增强；从其他地区迁入人口来看，2000～2015 年同样呈现持续增长，2000 年仅 328.73 万人，至 2015 年已超过 1 亿人；从迁出到其他地区的人口来看，2000～2015 年也呈现持续增长，但相对于其他地区迁入人口规模明显偏小，因为 2000 年以来，京津冀城市群始终保持人口净迁入；从净迁移人口来看，2000 年以来始终为正且呈现增长，迁入到京津冀城市群的人口愈来愈多；考虑到年际人口规模的差异，核算净迁移系数，2000～2015 年京津冀城市群净迁移系数也同样呈现正增长，从 3.15 增长至 7.83，人口净迁入强度越来越大，是中国重要的人口净迁入活跃区之一。

表 7.3　2000～2015 年京津冀城市群非户籍人口迁移指标统计表

年份	三地区间迁移人口/万人	从其他地区迁入人口/万人	迁出到其他地区人口/万人	净迁移人口/万人	净迁移系数（×0.01）
2000	84.14	328.73	55.18	273.55	3.15
2005	104.85	438.54	60.41	378.13	4.21
2010	255.90	888.17	148.68	739.50	7.74
2015	306.57	1 007.08	211.34	795.75	7.83

（二）京津冀城市群内部人口净迁移的时空分异格局：京津是净迁入区

京津冀城市群人口净迁入区呈现先扩张后收缩的过程，京津地区是主要的人口净流入活跃区。同样采用净迁移系数指标，分别分析 1982 年、1990 年、2000 年和 2010 年四期京津冀城市群内部分县市的人口净迁移的时空分异。国际上，一般认为净迁移人口占总人口超过 10%，人口迁移进入活跃状态，折算为本章采用的净迁移系数，即 1/9，据此作为人口迁移活跃和不活跃的划分断点，如图 7.7 所示。

1982 年京津冀城市群大部分县市表现为人口净迁出，常住人口低于户籍人口，但是全部属于一般净迁出区，人口净迁出强度并不大，仅有各设区市及其周边呈现人口净迁入，但人口净迁入的强度也不大。

1990 年河北省南部大多数县市转化为人口净迁入区，但总体上，无论是人口迁入区还是人口迁出区，人口迁移的强度都不大。

2000 年开始出现北京市、廊坊市、秦皇岛市、石家庄市等活跃净迁入区，并在河北北部出现部分活跃净迁出区，其他地区仍多是净迁移强度不大的一般净迁入区或一般净迁出区。

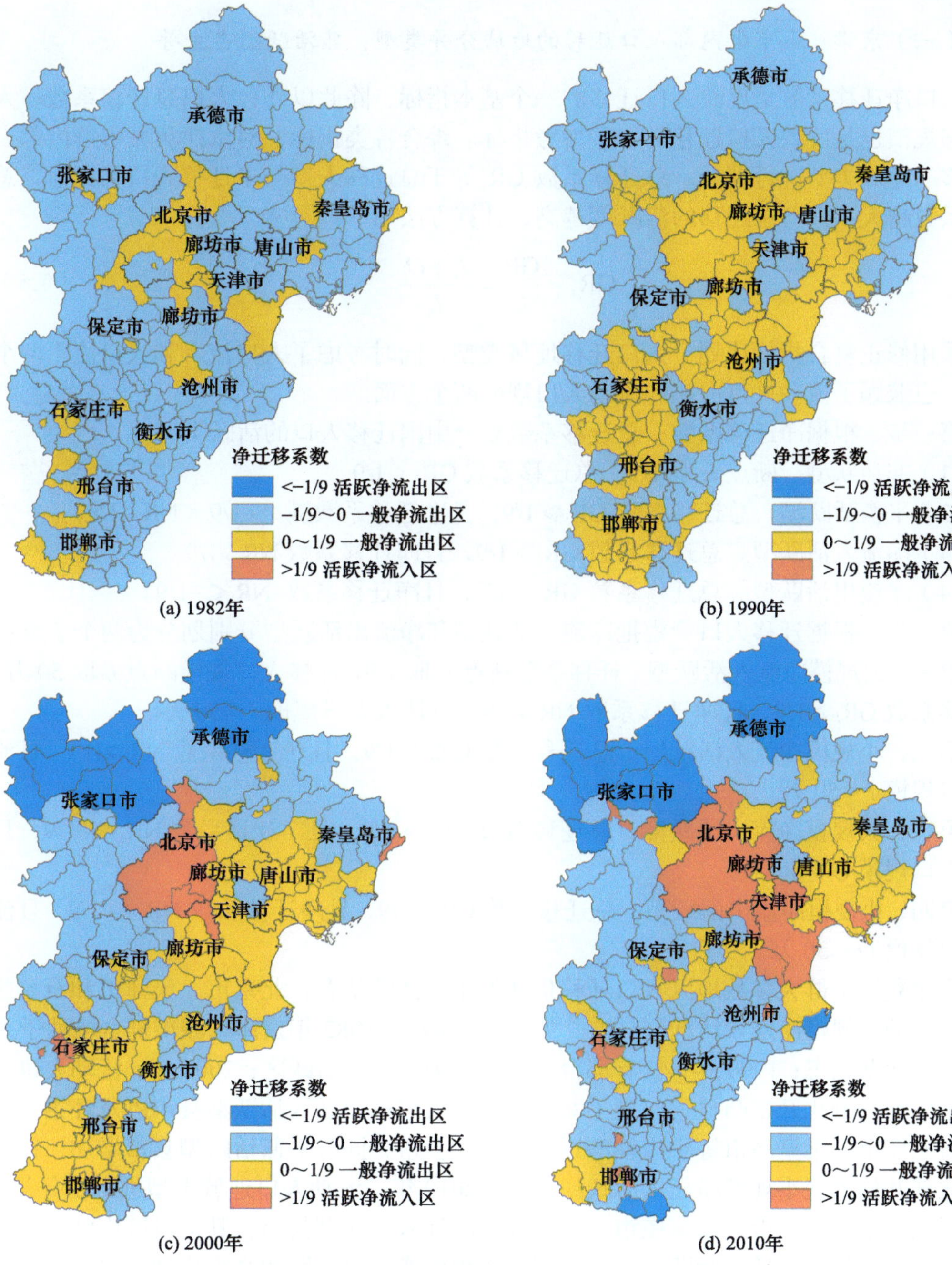

图 7.7 1982～2010 年京津冀城市群人口净迁移系数分布图

2010 年原先许多一般净迁入区转变为一般净迁出区，人口净迁出区出现收缩，但同时出现了较多的活跃净迁出区，主要分布在各设区市驻地市辖区。总体上，2010 年京津冀城市群以人口净迁出区为主，人口净迁入区主要集聚在京津唐保地区以及石家庄等城市周边。

（三）京津冀城市群内部人口迁移的地域分异类型：非活跃型占主导

人口净迁移系数是反映人口迁移的一个基本指标，除此以外，人口总迁移系数、人口迁移规模也是反映人口迁移的一些参考指标。综合各类指标，对京津冀城市群内部人口迁移的地域类型进行划分。总迁移系数 GR_i 等于总迁移人口与未迁移人口的比值，总迁移系数越大，人口总迁移的活跃度越高，计算方法如下：

$$GR_i = \frac{GP_i}{L_i} = \frac{I_i + O_i}{L_i} \tag{7.5}$$

采用修正复合指标法划分人口迁移地域类型，同时考虑了人口流入和人口流出两个过程，也兼顾了流动人口占比和流动人口规模两个方面。

第一步，根据净迁移系数、总迁移系数划分中国迁移人口的活跃类型。

（1）非活跃型。断点 α 取 1/9，总迁移系数 $GR_i < 1/9$。

（2）平衡活跃型。总迁移系数 $GR_i \geqslant 1/9$，且净迁移系数满足$-1/9 < NR < 1/9$。

（3）净流入活跃型。总迁移系数 $GR_i \geqslant 1/9$，且净迁移系数 $NR \geqslant 1/9$。

（4）净流出活跃型。总迁移系数 $GR_i \geqslant 1/9$，且净迁移系数 $NR \leqslant -1/9$。

第二步，根据迁移人口规模把净流入活跃型和净流出活跃型分别划分为两个子类：

第一，大规模净流入活跃型。迁移系数断点 α 取 1/9，迁移人口规模断点 β 取 50 万，总迁移系数 $GR_i \geqslant 1/9$，且净迁移系数 $NR \geqslant 1/9$，且迁入人口规模 $I \geqslant 50$ 万。

第二，小规模净流入活跃型。总迁移系数 $GR_i \geqslant 1/9$，且净迁移系数 $NR \geqslant 1/9$，且流入人口规模 $I < 50$ 万。

第三，大规模净流出活跃型。总迁移系数 $GR_i \geqslant 1/9$，且净迁移系数 $NR \leqslant -1/9$，且流出人口规模 $O \geqslant 50$ 万。

第四，小规模净流出活跃型。总迁移系数 $GR_i \geqslant 1/9$，且净迁移系数 $NR \leqslant -1/9$，且流出人口规模 $O < 50$ 万。

京津冀城市群大多数地区人口迁移仍然处于不活跃状态，北京市、天津市和石家庄市是仅有的大规模净迁入活跃型县市。如图 7.8 所示，1982 年京津冀城市群全境处于人口迁移非活跃状态；1990 年，仅有邢台市发展成为平衡型活跃区；2000 年，流动人口地域类型的空间分化开始凸显，出现了北京市一个大规模净迁入活跃型县市以及怀柔、通州、石家庄市、秦皇岛市等小规模净迁入活跃型县市，同时平衡活跃型县市增加，在河北省北部开始出现小规模净迁出活跃型县市；2010 年，流动人口地域类型进一步分化，出现了北京市、天津市、石家庄市三个大规模净迁入活跃型县市，其他设区市驻地市辖区也多属于小规模净迁入活跃型县市，但是小规模净迁出活跃型县市增加有限，仅增加了海兴、魏县、大名等县市。总体来看，虽然拥有北京市、天津市、石家庄市等大都市和人口强集聚中心，但是河北省人口迁移并没有那么活跃，直至 2010 年，京津冀城市群很多县市仍然属于非活跃型。

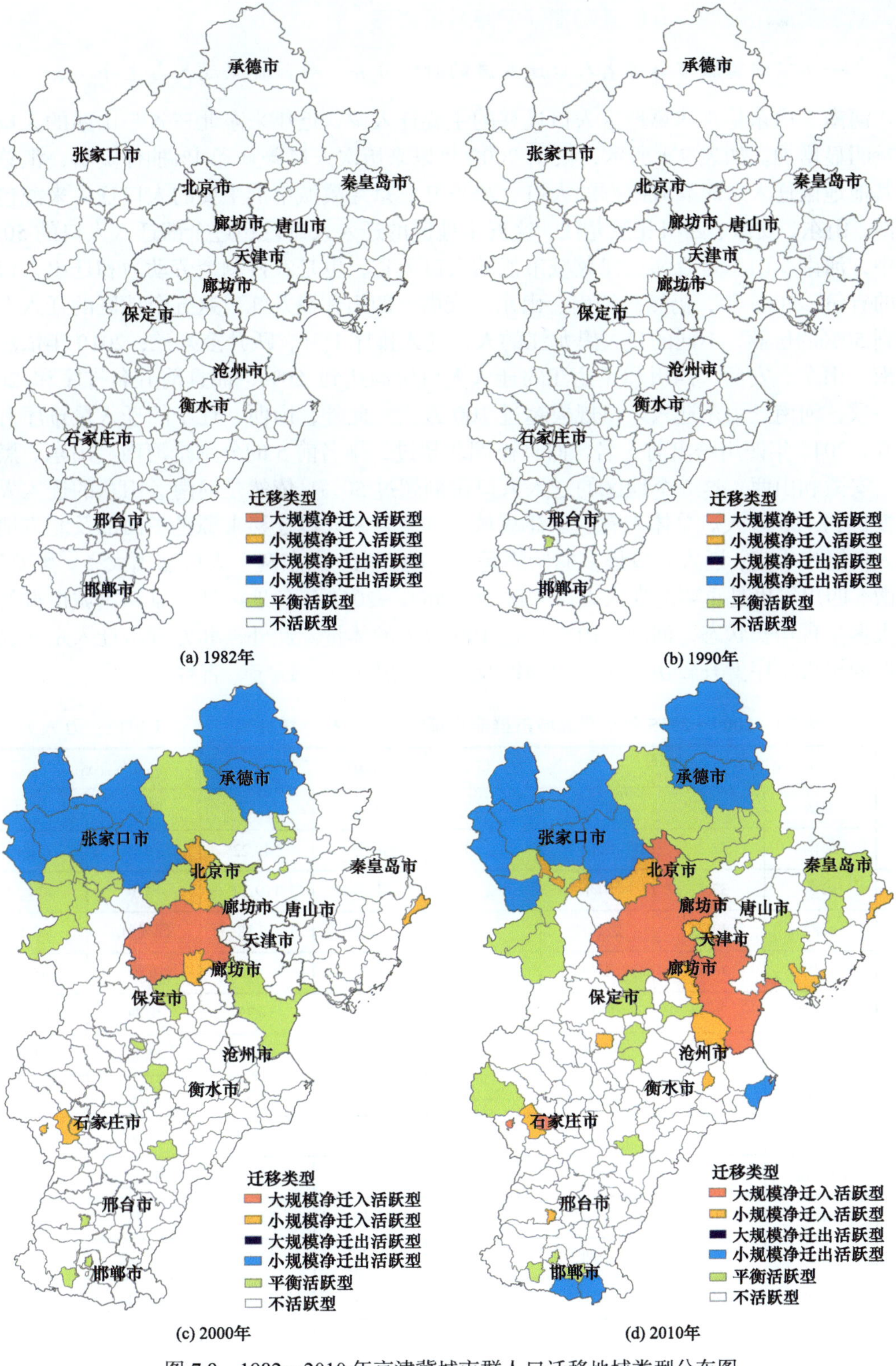

图 7.8　1982～2010 年京津冀城市群人口迁移地域类型分布图

二、京津冀城市群跨省人口迁移流的时空分异规律

（一）京津冀城市群跨省人口迁入流的时空分异：鲁豫皖黑迁入占主导

河南、山东是京津冀地区人口迁移的主要迁入源，近年来东北三省、山西的人口迁入量明显增加。如表 7.4 所示，根据 2000 年以来历次人口普查和 1%抽样资料，汇总全国其他地区迁入京津冀城市群的人口。2000 年，京津冀城市群主要的人口迁入来源包括河南、山东、安徽、四川和黑龙江，这五个地区的迁入人口量超过全部迁入人口的 50%，其中，河南、山东是毗邻京津冀城市群的人口大省，也是农村剩余劳动力和迁出人口较多的省份；2005 年，仍然是河南、山东、安徽、四川和黑龙江，这五个地区的迁入人口达到 50%的份额，不同的是，黑龙江的人口迁入排序上升，跃升至第三；2010 年依然是河南、山东、安徽、四川和黑龙江的迁入人口份额达到 50%，而且前五名排序和 2005 年一致，河南、山东迁入人口规模超过 100 万人。此外，山西、辽宁的迁入量排序有所上升，2015 年四川跌出前 5 名，而且被湖北超过，排名前 5 的分别是河南、山东、黑龙江、安徽和山西，这 5 个地区的迁入人口份额超过 50%，依然是河南、山东的迁入人口规模达到 100 万人。总体来看，京津冀城市群主要的人口迁移来源是中西部及北方地区的人口输出大省，迁入人口最多的始终是邻近的河南、山东两个人口输出大省，黑龙江、安徽、四川等也是重要的迁入人口来源地。2000～2015 年各地区迁入京津冀城市群的人口大多呈现增长状态，河南、山东超过 100 万人的体量。此外，北方省份迁入京津冀城市群的规模位序上升较快，包括山西以及东北的黑龙江、辽宁、吉林等。

表 7.4　2000～2015 年京津冀城市群非户籍迁入人口排序统计表　　（单位：万人）

排序	2000 年迁入人口		2005 年迁入人口		2010 年迁入人口		2015 年迁入人口	
	地区	人口	地区	人口	地区	人口	地区	人口
1	河南	51.36	河南	62.61	河南	149.22	河南	171.19
2	山东	37.71	山东	52.69	山东	119.22	山东	134.74
3	安徽	33.75	黑龙江	45.62	黑龙江	79.38	黑龙江	90.45
4	四川	30.65	安徽	41.19	安徽	63.18	安徽	65.20
5	黑龙江	25.41	四川	33.24	四川	51.75	山西	61.68
6	江苏	18.70	内蒙古	24.53	湖北	50.52	湖北	53.10
7	湖北	18.46	湖北	22.03	山西	42.80	四川	50.39
8	浙江	15.27	江苏	17.53	内蒙古	42.39	辽宁	49.66
9	内蒙古	15.24	吉林	17.31	辽宁	40.48	内蒙古	44.51
10	山西	11.47	辽宁	17.10	吉林	37.51	吉林	40.58
11	辽宁	10.65	山西	15.75	江苏	30.42	江苏	34.37
12	陕西	10.37	浙江	14.36	陕西	27.24	陕西	32.61
13	吉林	9.91	陕西	11.45	甘肃	22.76	甘肃	25.32
14	福建	6.84	湖南	9.70	湖南	21.13	湖南	23.01

续表

排序	2000年迁入人口		2005年迁入人口		2010年迁入人口		2015年迁入人口	
	地区	人口	地区	人口	地区	人口	地区	人口
15	江西	5.87	甘肃	9.58	浙江	20.15	江西	20.27
16	湖南	5.52	江西	8.49	江西	19.52	浙江	20.00
17	甘肃	4.85	重庆	7.46	福建	14.54	重庆	18.59
18	重庆	3.29	福建	6.98	重庆	13.67	福建	14.41
19	广东	3.15	贵州	5.48	广东	9.92	广东	10.53
20	贵州	2.88	广东	4.54	贵州	7.40	贵州	10.23
21	新疆	1.79	新疆	2.26	云南	5.37	云南	10.05
22	广西	1.48	广西	2.19	新疆	5.22	新疆	6.48
23	云南	1.32	云南	1.86	广西	4.88	广西	5.60
24	宁夏	0.87	青海	1.36	宁夏	2.79	宁夏	4.00
25	青海	0.81	宁夏	1.34	上海	2.58	青海	3.38
26	上海	0.60	上海	1.22	青海	2.39	上海	3.36
27	海南	0.33	海南	0.63	海南	1.38	海南	2.54
28	西藏	0.19	西藏	0.05	西藏	0.35	西藏	0.83

（二）京津冀城市群跨省人口迁出流的时空分异：迁出沿海地区占主导

除了周边地区，京津冀城市群跨省迁出方向以沿海发达地区为主，包括上海、江苏、广东等。如表7.5所示，汇总京津冀城市群迁出到全国其他地区的人口。

表7.5　2000～2015年京津冀城市群非户籍迁出人口排序统计表　　（单位：万人）

排序	2000年迁出人口		2005年迁出人口		2010年迁出人口		2015年迁出人口	
	地区	人口	地区	人口	地区	人口	地区	人口
1	山西	8.86	广东	7.12	内蒙古	19.74	山东	19.77
2	内蒙古	8.10	山东	7.04	山东	16.83	内蒙古	18.45
3	广东	3.66	山西	6.62	山西	15.07	江苏	16.84
4	山东	1.28	内蒙古	6.62	广东	11.64	广东	15.97
5	辽宁	1.74	上海	4.71	江苏	10.69	河南	15.74
6	河南	2.77	辽宁	4.32	上海	10.31	上海	13.78
7	上海	1.82	江苏	3.69	辽宁	8.65	山西	12.14
8	四川	1.31	浙江	2.34	浙江	5.58	辽宁	9.99
9	江苏	0.51	河南	2.17	河南	5.02	陕西	9.73
10	陕西	0.73	吉林	1.60	陕西	4.99	四川	9.70

续表

排序	2000年迁出人口		2005年迁出人口		2010年迁出人口		2015年迁出人口	
	地区	人口	地区	人口	地区	人口	地区	人口
11	黑龙江	0.36	四川	1.59	四川	4.22	浙江	8.51
12	新疆	4.42	黑龙江	1.43	黑龙江	4.03	湖北	8.35
13	浙江	2.96	陕西	1.31	湖北	3.68	安徽	6.79
14	吉林	1.18	新疆	1.29	新疆	3.26	黑龙江	5.06
15	湖北	0.60	湖北	1.06	安徽	2.85	广西	5.01
16	云南	5.19	广西	0.89	吉林	2.83	新疆	4.98
17	甘肃	0.47	云南	0.82	福建	2.41	湖南	4.77
18	福建	0.36	安徽	0.81	湖南	2.37	吉林	3.85
19	重庆	0.61	甘肃	0.77	江西	2.02	甘肃	3.55
20	湖南	1.92	湖南	0.75	甘肃	2.00	福建	3.25
21	安徽	0.48	重庆	0.71	广西	1.93	江西	2.86
22	宁夏	0.82	福建	0.69	重庆	1.90	云南	2.79
23	贵州	0.08	贵州	0.49	云南	1.66	重庆	2.08
24	广西	1.82	江西	0.42	宁夏	1.39	海南	2.06
25	青海	0.82	宁夏	0.42	青海	1.20	青海	1.95
26	海南	0.38	海南	0.38	海南	1.19	贵州	1.62
27	江西	0.50	青海	0.28	贵州	1.07	宁夏	1.57
28	西藏	1.43	西藏	0.05	西藏	0.16	西藏	0.14

2000年京津冀城市群人口主要迁出的地区包括山西、内蒙古、广东、山东、辽宁、河南和上海，这7个地区迁出人口量超过全部迁出人口份额的50%，除了附近的山西、内蒙古、山东、辽宁、河南，相对远程的上海、广东等沿海经济发达地区也是京津冀城市群人口迁出的主要目的地。

2005年距离较远的广东成为京津冀城市群人口迁出量最大的目的地，其次为距离较近的山东、山西、内蒙古，这4个地区拥有京津冀城市群超过一半的迁出人口。

2010年内蒙古、山东、山西、广东、江苏、上海的迁出人口总量达到50%以上，前3名是毗邻京津冀城市群的地区，而第4～6名均为距离较远、位于沿海地区的发达地区。

2015年京津冀城市群主要迁出目的地转变为山东、内蒙古、江苏、广东、河南和上海。

总的来看，2000～2010年相对于迁入人口，迁出人口的排序不稳定性更加明显，各地区次序变化较大，但除了与京津冀城市群邻接省份外，东部沿海经济发达省份是主要的迁出目的地。此外，从人口迁出量来看，各位序上迁出量多数呈现一定增长，2000年第1名山西迁出人口仅8.86万人，而2015年第1名山东迁出人口达19.77万人，后者是前者2倍多。

（三）京津冀城市群跨省人口净迁移流的时空分异

河南、山东、黑龙江、安徽等是京津冀城市群主要的人口净迁入来源地，而北京、广东是京津冀城市群主要的人口净迁出目的地。如表7.6所示，采用从其他地区迁入到京津冀城市群的迁入人口减去京津冀城市群迁出到其他地区的人口，核算各地区与京津冀城市群的净迁移人口。2000年，25个地区呈现对京津冀城市群净输入人口，其中，河南、山东、安徽、四川、黑龙江等净迁入人口超过20万人，上海、广东、海南是京津冀城市群人口净迁出目的地；2005年，26个地区呈现人口净输入，其中，净输入量较大的依然是河南、山东、黑龙江、安徽和四川，黑龙江的位序明显上升，上海、广东依然是京津冀城市群人口净迁出目的地；2010年，主要的人口净迁入来源地和人口净迁出目的地和2005年类似，不同的是，净迁移人口规模发生变化，河南、山东的净迁入人口突破100万人；2015年，山西的净迁入人口位序明显上升，河南、山东净迁入京津冀城市群人口超过100万人，安徽、黑龙江的净迁入人口也超过50万人，上海、广东是京津冀城市群仅有的人口净迁出目的地，其中京津冀城市群净迁出到上海的人口突破10万人。总的来看，毗邻京津冀城市群的河南、山东是人口净迁入的主要输入来源，而远离京津冀城市群的东南沿海发达地区上海、广东是京津冀城市群人口净迁出的主要输出目的地。

表7.6　2000～2015年京津冀城市群非户籍净迁移人口排序统计表　　（单位：万人）

排序	2000年净迁移人口		2005年净迁移人口		2010年净迁移人口		2015年净迁移人口	
	地区	人口	地区	人口	地区	人口	地区	人口
1	河南	48.40	河南	60.44	河南	144.20	河南	155.45
2	山东	33.29	山东	45.65	山东	102.39	山东	114.97
3	安徽	33.24	黑龙江	44.18	黑龙江	75.36	黑龙江	85.39
4	四川	28.72	安徽	40.38	安徽	60.33	安徽	58.41
5	黑龙江	23.67	四川	31.65	四川	47.52	山西	49.54
6	湖北	17.28	湖北	20.97	湖北	46.84	湖北	44.74
7	江苏	16.88	内蒙古	17.91	吉林	34.68	四川	40.69
8	浙江	13.96	吉林	15.71	辽宁	31.83	辽宁	39.67
9	吉林	8.63	江苏	13.84	山西	27.73	吉林	36.73
10	陕西	8.55	辽宁	12.78	内蒙古	22.65	内蒙古	26.06
11	内蒙古	7.14	浙江	12.02	陕西	22.26	陕西	22.88
12	辽宁	6.99	陕西	10.14	甘肃	20.75	甘肃	21.77
13	福建	6.11	山西	9.13	江苏	19.74	湖南	18.23
14	江西	5.51	湖南	8.94	湖南	18.76	江苏	17.54
15	湖南	4.92	甘肃	8.81	江西	17.50	江西	17.41

续表

排序	2000年净迁移人口		2005年净迁移人口		2010年净迁移人口		2015年净迁移人口	
	地区	人口	地区	人口	地区	人口	地区	人口
16	甘肃	4.03	江西	8.07	浙江	14.57	重庆	16.51
17	重庆	2.67	重庆	6.75	福建	12.14	浙江	11.49
18	山西	2.61	福建	6.29	重庆	11.77	福建	11.15
19	贵州	2.41	贵州	4.99	贵州	6.33	贵州	8.61
20	广西	1.01	广西	1.30	云南	3.71	云南	7.26
21	云南	0.50	青海	1.08	广西	2.95	宁夏	2.43
22	青海	0.43	云南	1.04	新疆	1.96	新疆	1.50
23	新疆	0.36	新疆	0.97	宁夏	1.39	青海	1.43
24	宁夏	0.36	宁夏	0.93	青海	1.19	西藏	0.69
25	西藏	0.12	海南	0.25	海南	0.19	广西	0.59
26	海南	−0.03	西藏	0.00	西藏	0.19	海南	0.47
27	广东	−2.03	广东	−2.57	广东	−1.71	广东	−5.45
28	上海	−2.17	上海	−3.49	上海	−7.73	上海	−10.42

注：正数说明净迁入京津冀城市群，负数说明从京津冀城市群净迁出。

三、京津冀城市群内部县市间人口迁移流的空间分异

（一）京津冀城市群内部县市的迁移人口分布特征

北京市、天津市和石家庄市是京津冀城市群主要的人口吸引中心，大多数县市呈现人口净迁出。根据2010年人口普查千分之一抽样数据，提取京津冀城市群各县市间非户籍迁移人口数据，不包含京津冀城市群以外的迁移人口。如图7.9和表7.7所示，从迁入

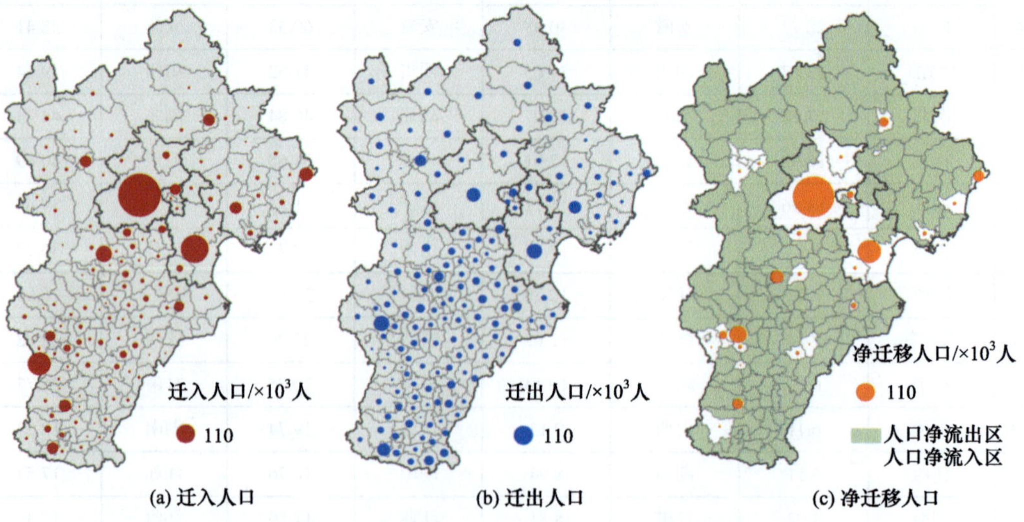

图7.9 京津冀城市群各县市迁入人口、迁出人口和净迁移人口规模分布图

人口规模来看，北京市占据绝对优势，是京津冀城市群内部最大的人口吸引源，其次为天津市、石家庄市，不难发现，迁入人口排名前十的县市全部都是直辖市或地级市行政中心所在的市区，这些行政中心是人口主要的迁入目的地；从迁出人口规模来看，石家庄市、天津市和北京市由于较大的人口体量，迁出人口规模也相对较大，迁出人口排名前十的县市包含一些县及县级市，魏县是迁出到京津冀城市群内部其他地方人口最多的县；从净迁移人口规模看，北京市、天津市和石家庄市稳居前三，净迁移人口规模除了保定市、秦皇岛市、邢台市、承德市、沧州市等地级市市区以外，还包括鹿泉市[①]、三河市等县级市，其毗邻石家庄市、北京市和天津市，同样也具有较大的净迁移人口规模。此外，从京津冀城市群内部净迁移空间分布来看，大多数地区属于净迁出，而少部分地区属于净迁入。其中，净迁入的县市多是直辖市、地级市市区及其附近县市，呈点状分布。

表 7.7 2010 年京津冀城市群内部非户籍迁移人口排序表

排序	迁入人口	迁出人口	净迁移人口
1	北京市	石家庄市	北京市
2	天津市	天津市	天津市
3	石家庄市	北京市	石家庄市
4	保定市	邯郸市	保定市
5	秦皇岛市	唐山市	秦皇岛市
6	邢台市	张家口市	邢台市
7	承德市	魏县	承德市
8	唐山市	保定市	鹿泉市
9	张家口市	定州市	三河市
10	邯郸市	河间市	沧州市

（二）京津冀城市群内部县市间人口迁移流网格局

京津冀地区人口迁移流具有“首都—直辖市—省会——般地级市市区—县或县级市”的层递人口迁移网络特征。根据 2010 年人口普查千分之一抽样数据，提取京津冀城市群各县市间非户籍人口迁移 O D 流数据，如图 7.10 所示，绘制京津冀城市群人口迁移流网络图，如表 7.8 所示，列出排名前十的人口迁移流，其中，有 3 条迁移流并列第十名。2010 年，京津冀城市群，最大的人户分离是从天津市到北京市，其次为石家庄市到北京市，也就是说，最主要的人口迁移流都是发生在三个主要的人口迁入中心，且迁入目的地都是北京市。不仅如此，前十名中绝大多数人口迁移流的目的地都是北京市，来源地大多都是毗邻北京市的县市，既有县和县级市，如三河市、易县、密云县，也有地级市市辖区，如张家口市、唐山市和邯郸市，其中邯郸市属于远程联系。除了北京市，三河市和天津市也是排名前十的人口迁移流的目的地，其中，三河市作为北京市的典型卧城，

① 2014 年 9 月，鹿泉市撤市设区，设立鹿泉区。

与北京市具有较多的人口迁移联系，是北京市主要的迁入目的地；而天津市是京津冀城市群仅次于北京市的人口吸引中心，北京市到天津市、石家庄市到天津市的两条人口迁移流同样也是流量较大的人口迁移流。不难发现，北京市、天津市等地区是京津冀城市群人口迁移流迁入的主要汇入地，迁入流量较大；除此以外，京津冀城市群还形成了以地级市市区为中心的小区域型人口迁移网络，主要的人口来源地包括周边的县或县级市。不难发现，京津冀城市群人口迁移与行政层级存在紧密相关性，形成了“首都—直辖市—省会——一般地级市市区—县或县级市”构成的行政层级化的人口迁移网络，低层级的人口迁移流不断地向高层级跃迁，属于层递式人口迁移网络。

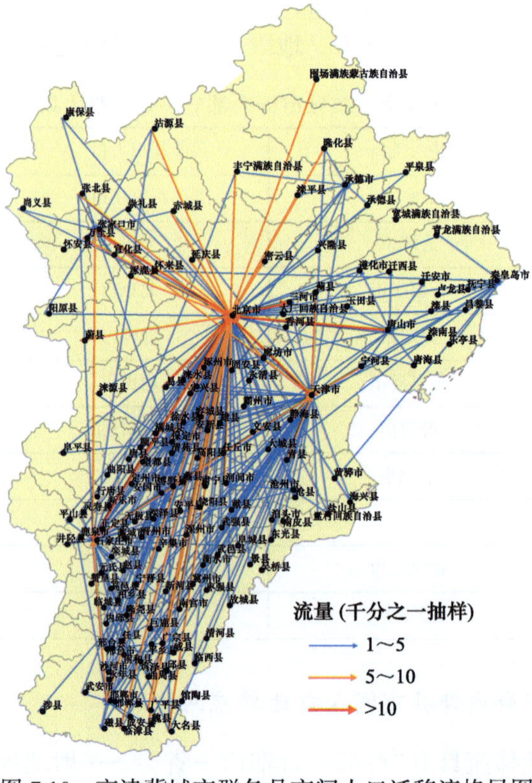

图 7.10　京津冀城市群各县市间人口迁移流格局图

表 7.8　2010 年京津冀城市群内部非户籍迁移人口排序表

排序	来源地	目的地
1	天津市	北京市
2	石家庄市	北京市
3	北京市	三河市
4	张家口市	北京市
5	三河市	北京市
6	唐山市	北京市

续表

排序	来源地	目的地
7	易县	北京市
8	邯郸市	北京市
9	密云县	北京市
10	保定市	北京市
10	北京市	天津市
10	石家庄市	天津市

（三）京津冀城市群主要城市的人口迁移博弈格局

北京市人口来源优势腹地的范围最广，天津市的优势腹地主要集中在沿海地区，而石家庄市优势腹地主要集中在自身周边地区。北京市、天津市和石家庄市是京津冀城市群三大人口迁入中心，如图 7.11 和表 7.9 所示，分别分析三大城市的人口迁入的来源地。北京市的人口来源地主要包括天津市、石家庄市、邯郸市及其周边的县市，其中石家庄市、邯郸市相对远程；天津市的人口来源地主要包括石家庄市、北京市、张家口市及其周边区县，其中，石家庄市、张家口市相对远程；石家庄市的人口来源地主要包括张家口市、邯郸市、唐山市、沧州市及其周边区县，其中，张家口市、唐山市、沧州市相对

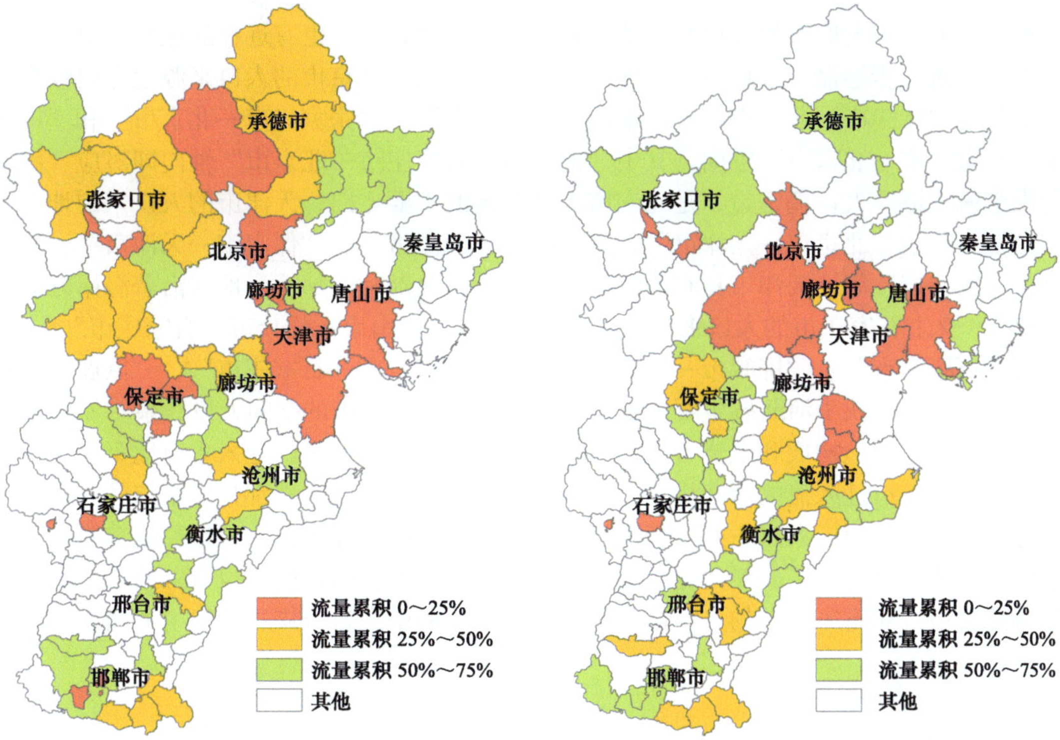

(a) 目的地：北京市　　(b) 目的地：天津市

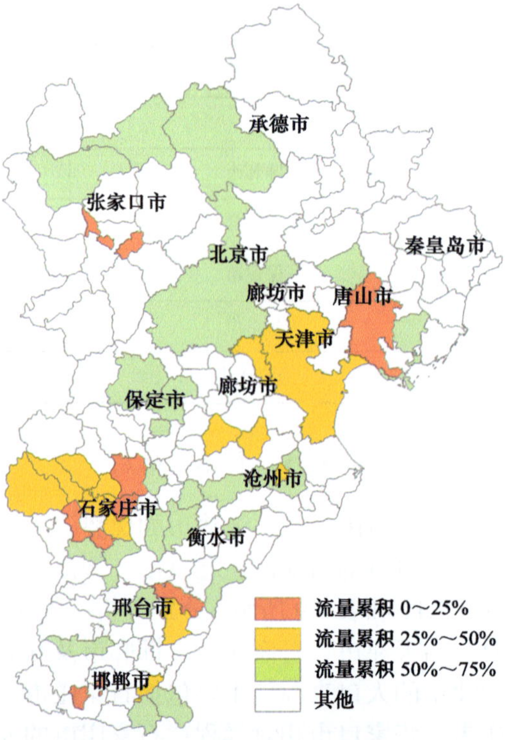

(c) 目的地：石家庄市

图 7.11　北京市、天津市和石家庄市人口来源地分布图

远程。可见，三大城市的人口来源地既有近程的周边县市，也有远程的地级市市区。如图 7.12，进一步绘制三大城市来源地的人口汇流方向，北京市的人口来源地方向较多，主要包括“天津市—北京市”、“承德市—北京市”、“张家口市—北京市”和“邯郸市—石家庄市—北京市”轴向，其中“邯郸市—石家庄市—北京市”轴向即对应“沿太行山东麓古道”人口稠密带，是北京市人口汇入的主要方向；天津市的人口来源地汇入方向主要包括“北京市—天津市”、“唐山市—天津市”、“保定市—天津市”、“沧州市—天津市”等，天津市具有沿海汇入的特征，北部和南部滨海地区沿着海岸方向向天津市汇入；石家庄市的人口来源地汇入方向包括“唐山市—任丘市—石家庄市”、“保定市—石家庄市”、“邯郸市—石家庄市”、“张家口市—石家庄市”、“巨鹿县—石家庄市”等，反映了河北省主要地级市市区与省会石家庄市的空间人口联系。如图 7.13 所示，基于来源地构成和汇流方向，根据各县市迁入三大城市的迁入人口比重大小，分析三大城市人口迁入流的博弈格局。不难发现，京津冀地区大多都是北京市的人口迁入优势腹地，多数地区人口主要的迁入目的地是北京市；天津市的人口迁移优势腹地主要集中在周边及沿海地区，对河北东部沿海地区的辐射力较强，同时也有一些分散式远程联系的县市；而石家庄市的人口迁移优势腹地主要集中在自身周边，辐射河北南部地区人口。

表 7.9　2010 年京津冀城市群内部非户籍迁移人口排序表

排序	北京市	天津市	石家庄市
1	天津市	石家庄市	张家口市
2	石家庄市	北京市	邯郸市
3	张家口市	廊坊市	唐山市
4	三河市	宁河县	定州市
5	唐山市	静海县	无极县
6	易县	张家口市	鹿泉市
7	邯郸市	蓟县	栾城县
8	密云县	青县	南宫县
9	保定市	唐山市	沧州市
10	定兴县	蔚县	平山县

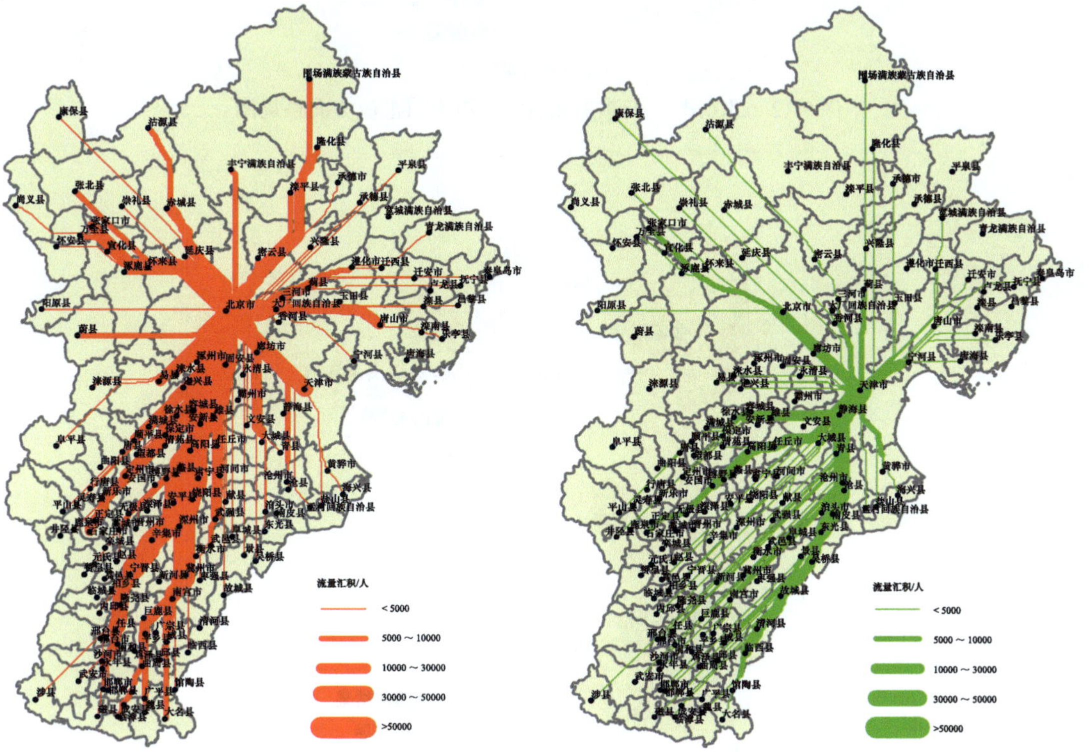

(a) 北京市　　(b) 天津市

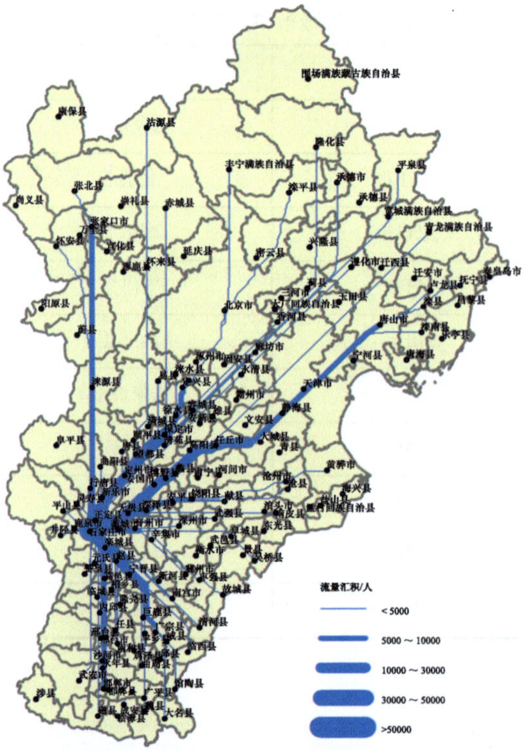

(c) 石家庄市

图 7.12　北京市、天津市和石家庄市人口汇流方向格局图

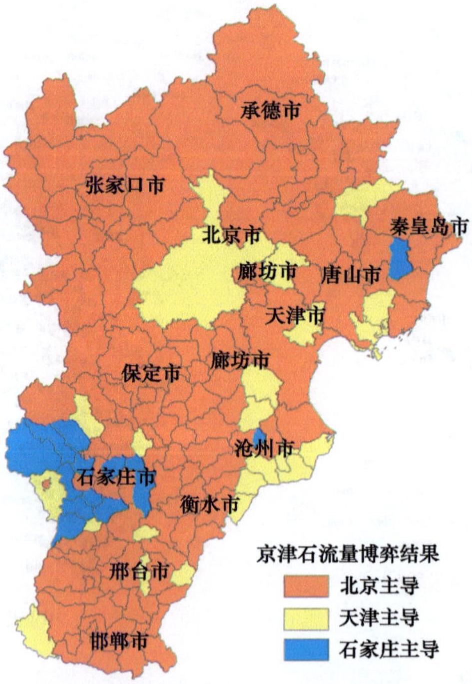

图 7.13　北京市、天津市、石家庄市人口来源优势腹地博弈格局图

第四节　城市群地区城镇化与人口迁移的耦合规律

京津冀城市群人口迁入率或人口净迁移率相对较高的地方往往是城镇化水平较高的地方，但是人口迁出率与城镇化率并没有非常显著的相关关系。从人口迁入来看，北京市、天津市人口城镇化主要依赖周边地区的近程迁入人口的城镇化贡献，而河北省城镇化主要依赖本地人口的城镇化贡献。从外地乡村到京津冀城市群城镇迁入型城镇化来看，北京市、天津市和河北省城镇化的主要贡献的来源地存在着明显的空间差异，北京市和天津市对近程外来乡村人口的城镇化极化效应更强，而河北省相对平缓。从京津冀城市群乡村人口外出到其他省份城镇的迁出型异地城镇化来看，总体上，北京市、天津市和河北省的外出乡村人口几乎都是就近城镇化模式为主，主要目的地还是在京津冀城市群内部，远程也是以东南沿海经济相对发达的长三角、珠三角地区为主要目的地。

一、京津冀城市群城镇化与人口迁移的耦合关系

（一）人口迁入与城镇化的统计相关关系

一般来说，人口迁入率相对较高的地方往往是城镇化水平较高的地方。如图 7.14 所示，绘制京津冀地区 1982 年、1990 年、2000 年和 2010 年四期人口迁入率与城镇化率散点分布图，并采用曲线拟合，分析两者相关关系。1982～2010 年，京津冀城市群的人口迁入率与城镇化率均适合线性拟合，1982 年的拟合斜率为 23.202，拟合优度为 0.6487；1990 年的拟合斜率为 11.886，拟合优度为 0.5744；2000 年的拟合斜率为 4.1102，拟合优度为 0.4964；2010 年的拟合斜率为 2.1149，拟合优度为 0.6664。不难发现，1982～2010 年，人口迁入率与城镇化率均呈正相关，其中，1982 年、1990 年的城镇人口统计受行政区划影响较大，部分县市行政区划内的常住人口全部划为城镇人口，城镇化率达到 100%，不考虑这部分县市，其他县市的人口迁入率与城镇化率依然存在较强的正相关关系。2000 年以来，城镇人口统计口径更加趋于反映实体地域城镇的人口分布。相较于 2000 年，2010

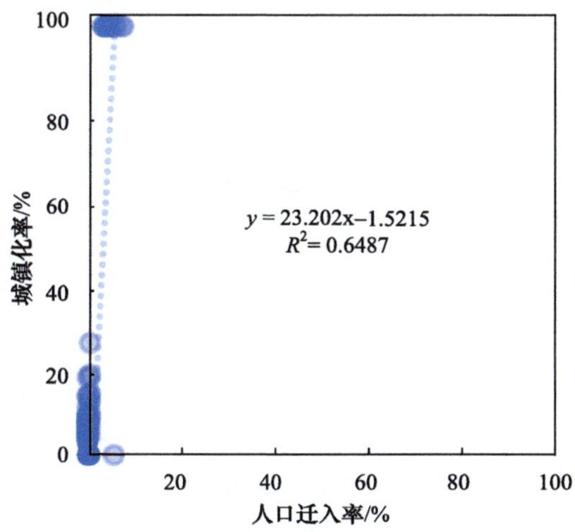

(a) 1982年

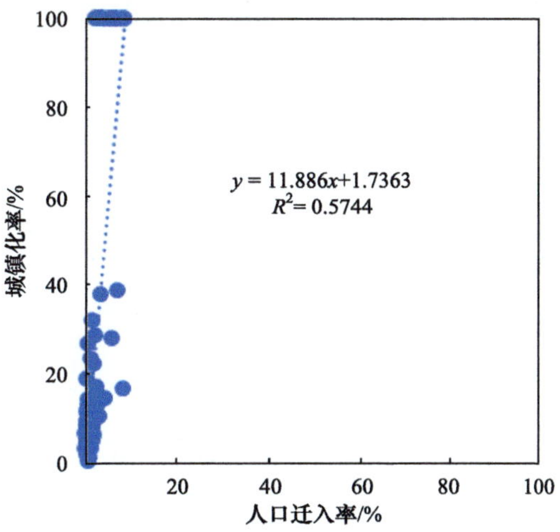

(b) 1990年

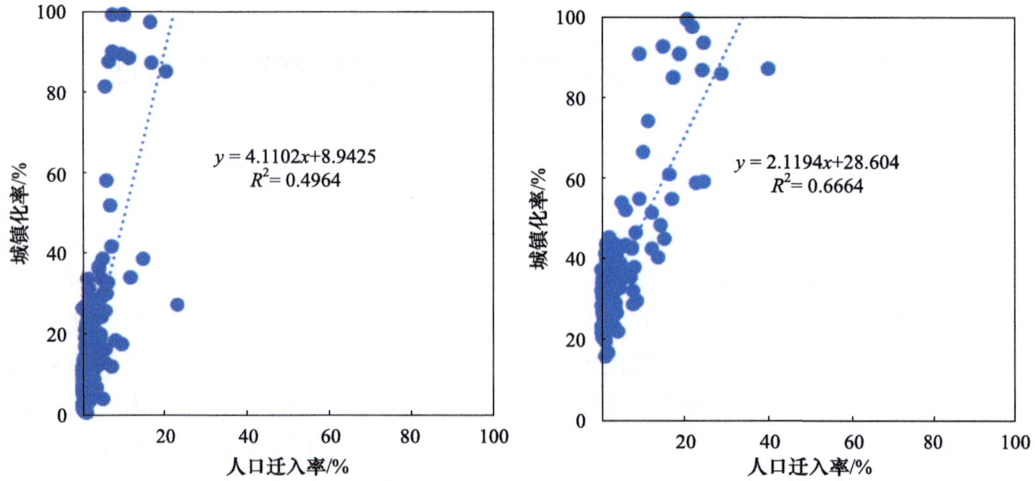

(c) 2000年　　(d) 2010年

图 7.14　京津冀地区人口迁入率与城镇化率的相关关系图

年人口迁入率与城镇化率的正向相关性有所下降，但是拟合效果更高。线性拟合结果显示，1982～2010 年，斜率均大于 1，也就是说，相对于城镇化率来说，人口迁入率偏低，可见城镇化率依然以本地户籍人口驱动为主。但是，1982～2010 年，斜率整体下降，反映了人口迁入对城镇化的贡献度逐步提高。

（二）人口迁出与城镇化的统计相关关系

人口迁出率与城镇化率并没有非常显著的相关关系。如图 7.15 所示，绘制京津冀地区 1982 年、1990 年、2000 年和 2010 年四期人口迁出率与城镇化率散点分布图，并采用曲线拟合，同样是线性拟合的效果相对较好。1982～2010 年，京津冀城市群的人口迁出率与城镇化率均适合线性拟合，1982 年的拟合斜率为 13.504，拟合优度为 0.0825；1990 年的拟合斜率为 3.2422，拟合优度为 0.0212；2000 年的拟合斜率为 0.0923，拟合优度为

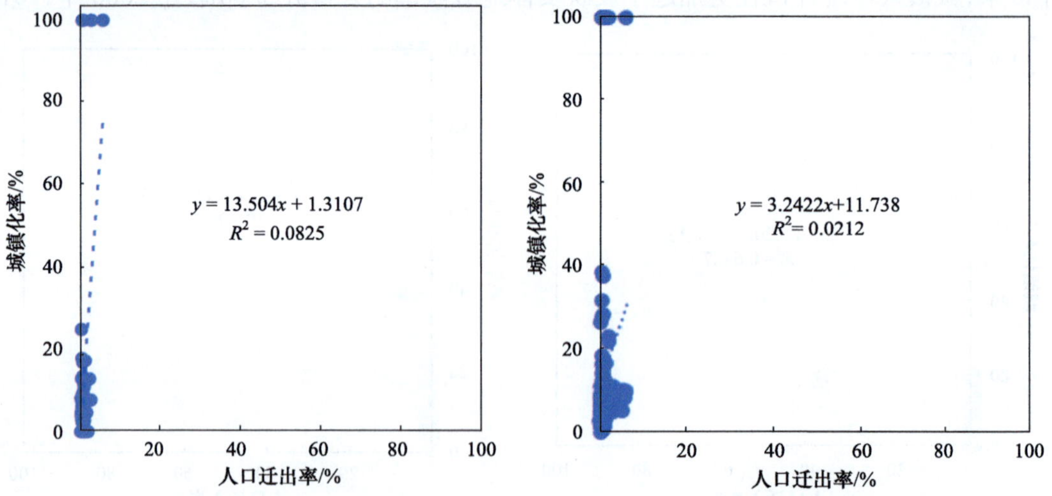

(a) 1982年　　(b) 1990年

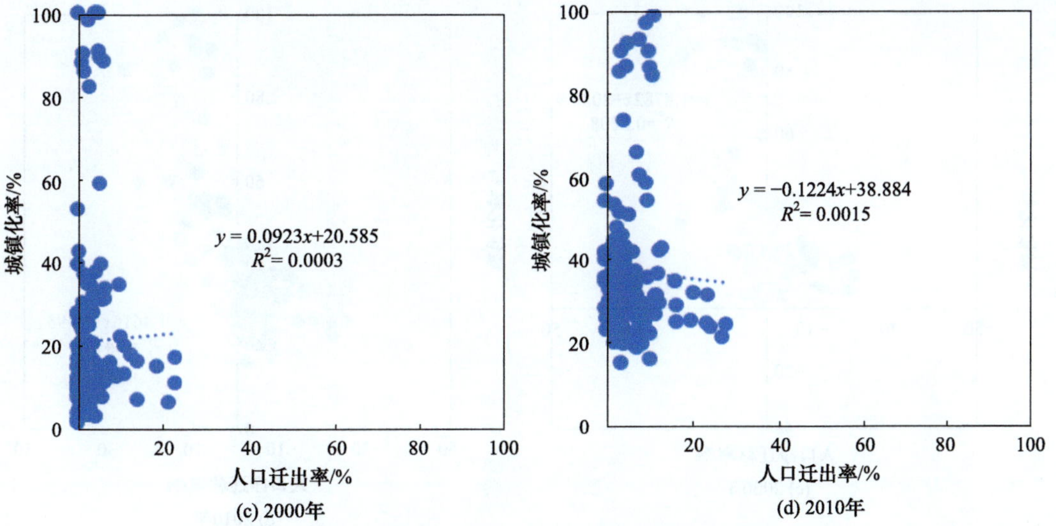

图 7.15　京津冀地区人口迁出率与城镇化率的相关关系图

0.0003；2010 年的拟合斜率为–0.1224，拟合优度为 0.0015。但是，1982～2010 年，人口迁出率与城镇化率的拟合效果均不理想。其中，1982 年、1990 年、2000 年均呈现正向相关，而 2010 年转为负向相关关系，但是也并不显著。也就是说，在京津冀城市群，并不是在人口迁出率低的地方城镇化率都比较高，也可能在人口迁出率高的地方城镇化率也相对较高。

（三）人口净迁移与城镇化的统计相关关系

人口净迁移率与城镇化率具有正相关统计关系。如图 7.16 所示，绘制京津冀地区 1982 年、1990 年、2000 年和 2010 年四期人口净迁移率与城镇化率散点分布图，并采用曲线拟合，同样是线性拟合的效果相对较好。1982～2010 年，京津冀城市群的人口净迁移率与城镇化率均适合线性拟合，1982 年的拟合斜率为 20.437，拟合优度为 0.4465；1990

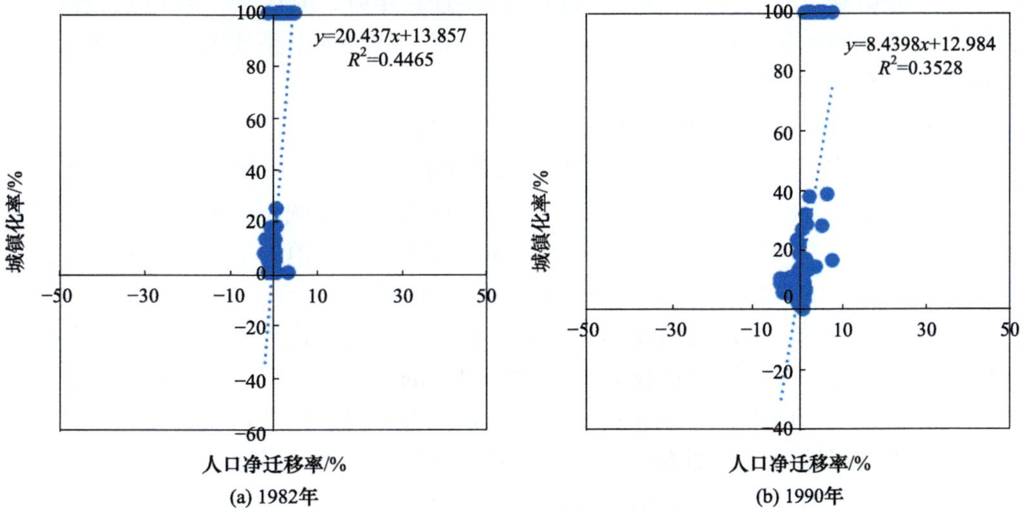

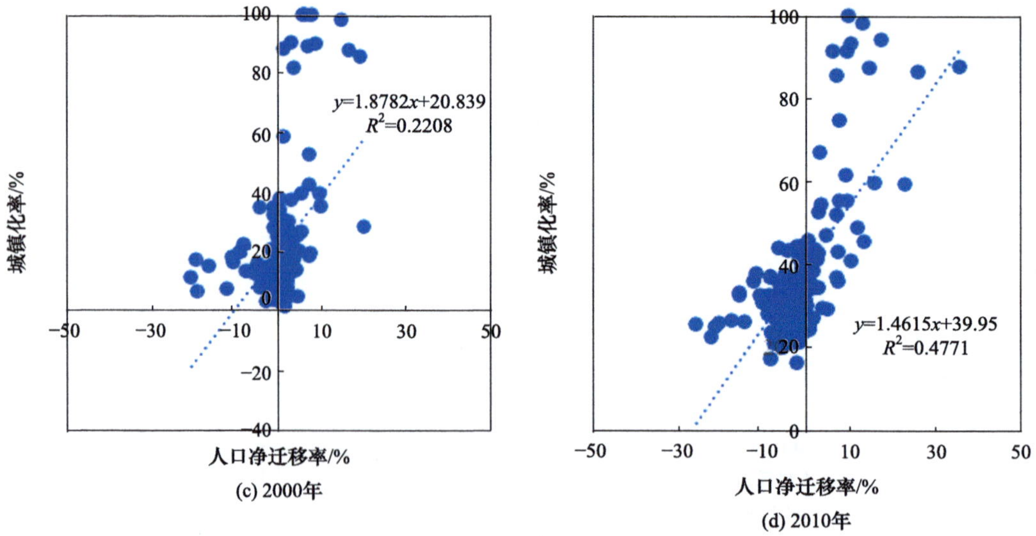

图 7.16 京津冀地区人口净迁移率与城镇化率的相关关系图

年的拟合斜率为 8.4398，拟合优度为 0.3528；2000 年的拟合斜率为 1.8782，拟合优度为 0.2208；2010 年的拟合斜率为 1.4615，拟合优度为 0.4771。1982～2010 年，京津冀城市群人口净迁移率与城镇化率呈现正相关。其中，1982 年、1990 年同样受城镇人口统计口径的影响，不考虑城镇化率被统计为 100%的地区，其他地区的正相关关系仍然显著。1982～2010 年，人口净迁移率与城镇化率的正相关关系有所下降，其中，2010 年的正相关关系的显著性最高。总体来看，人口净迁移率较高的地方城镇化水平往往较高，但并不是完全线性对应，人口净迁移率最高的地方城镇化率未必是最高的，正相关拟合效果一般。

二、京津冀城市群城镇化与人口迁移的近远程耦合规律

（一）总体耦合特征

根据 2010 年人口普查长表数据，将人口迁移矩阵分解为“乡村到城镇”、“乡村到乡村”、“城镇到乡村”和“城镇到城镇”四块迁移矩阵，其中，“乡村到城镇”人口迁移矩阵反映了城镇化过程与人口迁移的耦合关系，如果加上距离因素，形成了二者的近远程耦合关系。

从人口迁入来看，京津冀城市群城镇人口既包含本地人口，也包含外来人口，因此“乡村到城镇”城镇化人口按照迁入来源地可以划分为三种类型：第一种是本地人口城镇化，即本省（京津冀城市群是指三省）内乡村人口前往本地城镇；第二种是近程外来人口城镇化，即周边省份的乡村人口迁入到京津冀城市群的城镇；第三种远程外来人口城镇化，即较远省份的乡村人口迁入到京津冀城市群的城镇。

从人口迁出来看，本地人口城镇化可以选择在本地城镇化，也可以选择去外地城镇化，因此，“乡村到城镇”城镇化人口按照迁出目的地也可以划分为三种类型：第一种是本地人口城镇化，即本省（京津冀城市群是指三省）内乡村人口前往本地城镇；第二种是人口外出近程城镇化，即本地乡村人口外出到周边省份的城镇；第三种是人口外出远程城镇化，即本地乡村人口外出到较远周边省份城镇。

从人口迁入来看，北京、天津人口城镇化主要依赖近程迁入人口的城镇化贡献，而河北城镇化主要依赖本地人口的城镇化贡献。如表 7.10 所示，2010 年，北京本地人口、近程外来人口和远程外来人口对北京人口城镇化的贡献度分别为 11.70%、51.55%和 36.75%，近程的天津、河北、辽宁、山西、内蒙古、河南、山东等外来人口对北京的城镇化贡献比重最高，其次为远程外来人口对北京城镇化的贡献度较高；天津本地人口、近程外来人口和远程外来人口对天津人口城镇化的贡献度分别为 16.16%、53.05%和 30.79%，与北京类似，同样是近程对城镇化的贡献度最高，其次为远程外来人口；河北则不同，本地人口、近程外来人口和远程外来人口对河北人口城镇化的贡献度分别为 83.10%、7.33%和 9.57%，也就说河北是以本地乡村人口进入到本地城镇的本地城镇化模式为主，而近程和远程外来人口对城镇化的贡献相对较低。汇总来看，京津冀城市群整体以本地乡村人口城镇化为主导，超过一半的"乡村到城镇"人口来源于京津冀城市群内部。

表 7.10 2010 年京津冀城市群外来人口城镇化的近远程统计表

排序	本地人口城镇化		近程外来人口城镇化		远程外来人口城镇化		合计乡村到城镇迁入人口	
	贡献值/万人	贡献度/%	贡献值/万人	贡献度/%	贡献值/万人	贡献度/%	数量/万人	比重/%
北京	511.17	11.70	2253.34	51.55	1606.32	36.75	4370.83	100
天津	263.24	16.16	864.47	53.05	501.67	30.79	1629.38	100
河北	3217.36	83.10	283.89	7.33	370.27	9.57	3871.52	100
合计	5283.51	53.52	2109.95	21.37	2478.28	25.11	9871.74	100

注：按照邻接关系，近程包括北京、天津、河北、内蒙古、辽宁、山西、山东、河南，但不包括自身；远程为其他省级单元。

从人口迁出来看，北京、天津、河北人口城镇化都是以本地人口城镇化模式为主，外出城镇化的比重相对较低。如表 7.11 所示，2010 年，北京本地人口、近程外出人口和远程外出人口对北京人口城镇化的贡献度分别为 94.71%、3.09%和 2.20%，可见北京乡村人口愿意到外地城镇地区城镇化意愿并不高；天津本地人口、近程外出人口和远程外出人口对天津人口城镇化的贡献度分别为 83.64%、11.86%和 4.50%，天津人口外出城镇化的意愿也相对较低，但是比北京要高，乡村外出人口中主要以近程外出城镇化为主；河北本地人口、近程外出人口和远程外出人口对河北人口城镇化的贡献度分别为 62.38%、30.58%和 6.59%，大多数乡村人口选择在本地城镇化，但是外出人口城镇化比重要高于北京和天津，而且以近程外出城镇化居多。汇总来看，京津冀城市群整体上乡村人口更趋于在本地实现城镇化，外出到其他城镇地区异地城镇化的人口相对较低。

表 7.11 2010 年京津冀城市群人口外出城镇化的近远程统计表

排序	本地人口城镇化		近程外出人口城镇化		远程外出人口城镇化		合计乡村到城镇迁出人口	
	贡献值/万人	贡献度/%	贡献值/万人	贡献度/%	贡献值/万人	贡献度/%	数量/万人	比重/%
北京	511.17	94.71	16.68	3.09	11.90	2.20	539.75	100
天津	263.24	83.64	37.34	11.86	14.16	4.50	314.14	100
河北	3217.36	62.83	1565.99	30.58	337.27	6.59	5120.62	100
合计	5283.51	88.43	328.29	5.49	363.30	6.08	5975.10	100

注：按照邻接关系，近程包括北京、天津、河北、内蒙古、辽宁、山西、山东、河南，但不包括自身；远程为其他省级单元。

（二）基于迁入视角的外来人口城镇化的近远程耦合关系

进一步按照省会的实际物理距离，分析京津冀城市群外来人口城镇化的近远程耦合关系，如图7.17、图7.18和图7.19，按照距离衰减，分别绘制北京、天津和河北外来人口城镇化比重分布图。对北京来说，城镇化的外来乡村人口的主要贡献来源既包括近程的河北、河南、山东，也包括远程的安徽、湖北、黑龙江和四川等地区，按照距离远近，天津、河北、山东、山西、内蒙古和河南6个距离较近的省级单元的外来乡村人口已经占据达到50%的累计比重；对天津来说，城镇化的外来乡村人口主要分布在距离较近的河北、山东、河南，也包括距离较远的安徽、黑龙江、四川等，其中，按照距离远近，北京、河北、山东、山西、内蒙古和辽宁6个省级单元的外来乡村人口已经达到50%的累计比重；对河北来说，城镇化的外来乡村人口主要分布在距离较近的河南、内蒙古、山东等，也包括距离较远的安徽、湖北、四川和黑龙江等，按照距离远近，到河北的外来乡村人口累计到50%的共包括12个省级单元，从最近的山西到相对较远的安徽。

不难发现，京津冀城市群，北京、天津和河北城镇化与人口迁入的耦合关系存在着

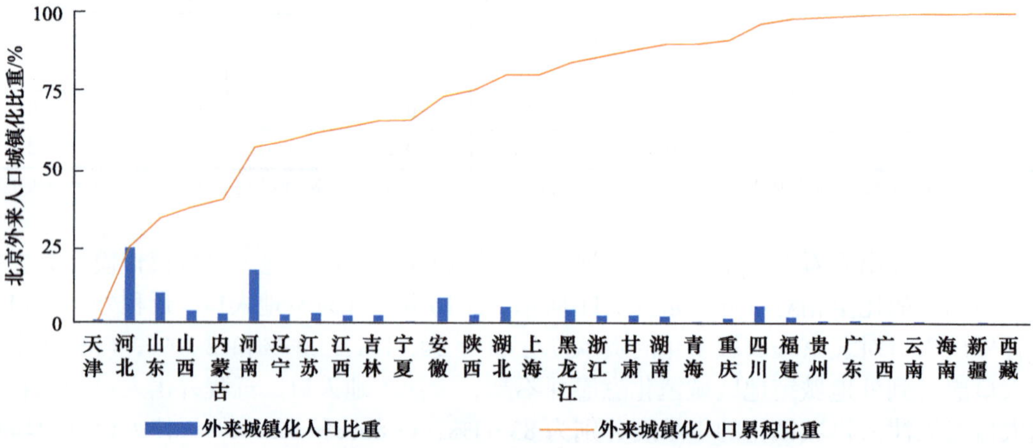

图7.17 按距离衰减的北京外来人口城镇化比重分布图

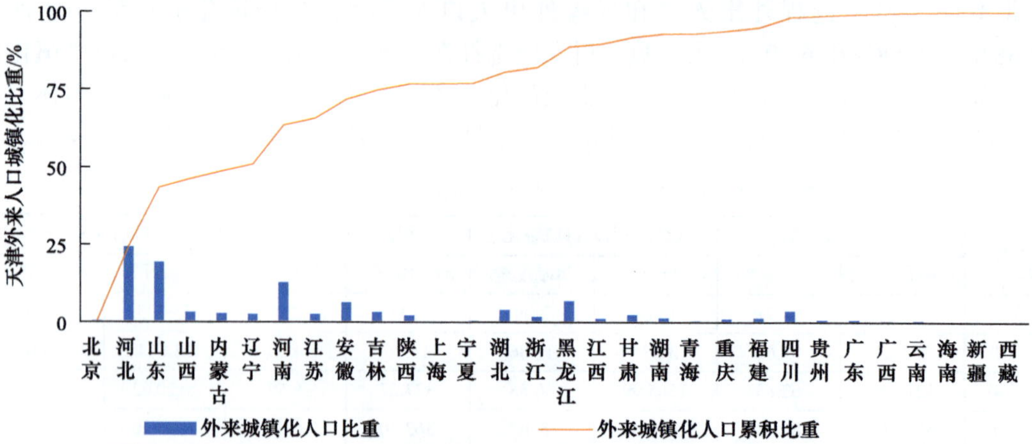

图7.18 按距离衰减的天津外来人口城镇化比重分布图

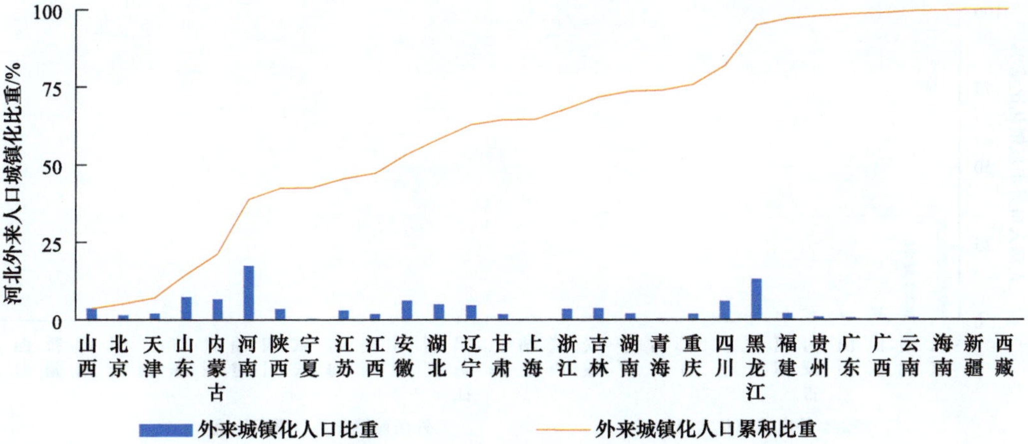

图 7.19　按距离衰减的河北外来人口城镇化比重分布图

明显的空间差异。例如，北京近程外来乡村人口中山东人的比重要低于天津近程外来乡村人口中山东人的比重；北京近程外来乡村人口中黑龙江人的比重要低于天津近程外来乡村人口中黑龙江人的比重；河北城镇化的外来乡村人口累计到50%的省级单元数量要明显多于北京和天津，说明北京和天津对近程外来乡村人口的城镇化极化效应更强，而河北相对平缓。

（三）基于迁出视角的人口外出城镇化的近远程耦合关系

同样，进一步按照省会的实际物理距离，分析京津冀城市群人口外出到其他地区异地城镇化的近远程耦合关系，如图 7.20～图 7.22 所示，按照距离衰减，分别绘制 2010 年北京、天津和河北外出人口城镇化比重分布图。对北京来说，乡村人口外出城镇的主要目的地以近程的河北、天津为主，远程的江苏、上海、黑龙江、浙江和广东相对较高，按照距离远近，天津、河北、山东和山西 4 个省级单元已经囊括了超过 50%的外出农村到城镇的人口；对天津来说，乡村人口外出城镇的主要目的地以近程的北京、河北为主，而且两地已经包含了超过 50%的外出农村人口，远程的广东、江苏、上海等地区相对较

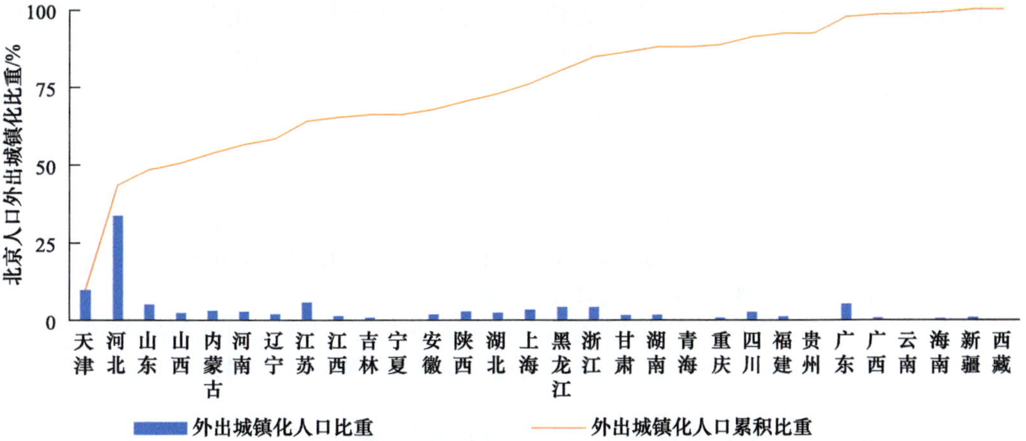

图 7.20　按距离衰减的北京人口外出城镇化比重分布图

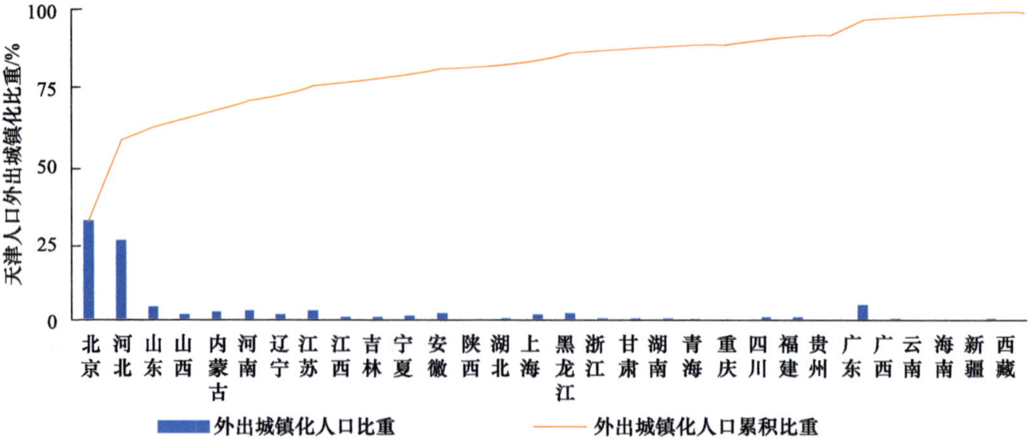

图 7.21 按距离衰减的天津人口外出镇化比重分布图

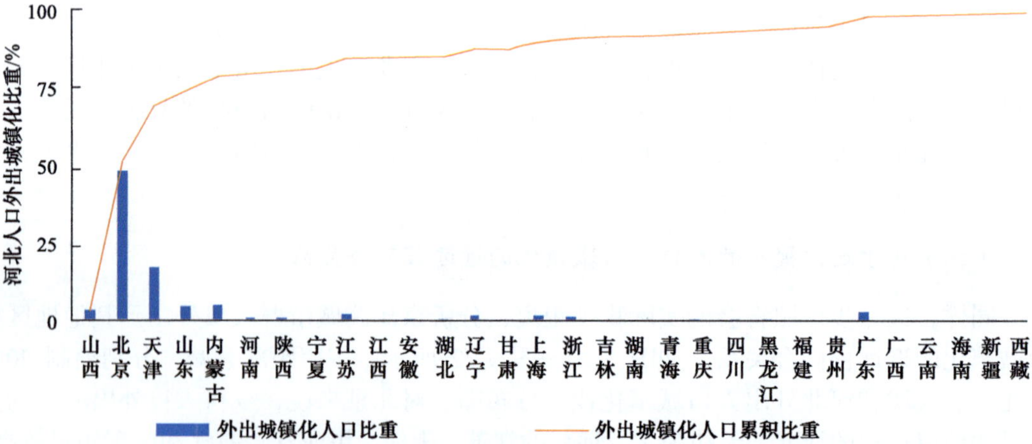

图 7.22 按距离衰减的河北人口外出镇化比重分布图

高；对河北来说，乡村人口外出城镇的主要目的地以近程的北京、天津为主，其中，仅北京的城镇地区就接纳接近一半的河北外出农村人口，远程的江苏、上海、浙江和广东的比重相对较高。不难发现，北京、天津和河北的外出乡村人口几乎都是就近城镇化模式为主，主要目的地还是在京津冀城市群内部，远程也是以东南沿海经济发达的长三角、珠三角地区为主要目的地。

参考文献

段成荣. 2001. 省际人口迁移迁入地选择的影响因素分析. 人口研究, 25(1): 56-61.

段成荣, 杨舸. 2009. 我国流动人口的流入地分布变动趋势研究. 人口研究, 33(6): 1-12.

李竞能. 2004. 现代西方人口理论. 上海: 复旦大学出版社.

李扬, 刘慧. 2010. 人口迁移空间格局模拟研究进展与展望. 地理科学进展, 29(10): 1162-1170.

刘盛和, 邓羽, 胡章. 2010. 中国流动人口地域类型的划分方法及空间分布特征. 地理学报, 65(10): 1187-1197.

刘易斯 W A. 1989. 二元经济论. 施炜 ,等译. 北京: 北京经济学院出版社.

戚伟, 刘盛和, 金浩然. 2017a. 中国户籍人口城镇化率的核算方法与分布格局. 地理研究, 36(4): 616-632.

戚伟, 刘盛和, 赵美风. 2015. “胡焕庸线”的稳定性及其两侧人口集疏模式差异. 地理学报, 70(4): 551-566.

戚伟, 刘盛和, 赵美风. 2016. 中国城市流动人口及市民化压力分布格局研究. 经济地理, 36(5): 55-62.

戚伟, 赵美风, 刘盛和. 2017b. 1982-2010 年中国县市尺度流动人口核算及地域类型演化. 地理学报, 72(12): 2131-2146.

托达罗 M P. 1988. 第三世界的经济学. 印金强 ,等译. 北京: 中国人民大学出版社.

张善余. 1999. 人口地理学概论. 上海:华东师范大学出版社.

周一星. 1995. 城市地理学. 北京: 商务印书馆.

Batten D F. 1995. Network cities: creative urban agglomerations for the 21st century. Urban studies, 32(2): 313-327.

Fan C C. 2005. Modeling interprovincial migration in China, 1985-2000. Eurasian Geography and Economics, 46(3): 165-184.

Plane D A, Henrie C J, Perry M J. 2005. Migration up and down the urban hierarchy and across the life course. Proceedings of the National Academy of Sciences of the United States of America, 102(43): 15313-15318.

Ravenstein E G. 1885. The laws of migration. Journal of the Statistical Society of London, 48(2): 167-235.

Shen J. 1999. Modelling regional migration in China: Estimation and decomposition. Environment and Planning A, 31(7): 1223-1238.

第八章　城市群地区城镇化与能源消费碳排放的耦合机理及规律

城市群是人类能源消费的核心区域，其能源消费量和碳排放量占全球的一半左右。研究这一区域城镇化与能源消费碳排放的耦合机理及规律对在全球尺度、国家尺度和区域尺度实施碳减排策略都具有重要的现实意义。基于此，本章在综述国内外城镇化与能源消费碳排放交互关系研究进展的基础上，刻画了全球城镇化与能源消费碳排放的关系曲线，提出了城镇化与能源消费碳排放交互关系四类三段理论曲线，分析了京津冀城市群能源消费碳排放的时空分异特征，以京津冀城市群为案例进行了定量分析和验证。研究发现，京津冀城市群年均能源产消赤字为 3 亿 t 标准煤左右，终端能源消费的 65%左右依靠外地输入，能源对外依赖度过高。经济增长是京津冀城市群能源消费和碳排放总量增加最为重要的影响因素。城镇化在短期内既会导致能源消费总量的激增，也会导致 CO_2 排放总量的增加。不同城市发展阶段差别较大，不同因素之间的交互关系显著不同。设计差别化的政策措施是有效增强政策实施效果的可行途径之一。京津冀城市群城镇化与能源消费碳排放之间的耦合尚不符合 EKC 假说所述的倒“U”形曲线关系，说明当前城市群碳排放与城镇化的关系并未出现明显的拐点，仍处于正相关阶段。

第一节　城镇化与能源消费碳排放交互关系的研究进展

20 世纪 90 年代以来，城镇化与能源消费碳排放交互关系研究日益受到国内外学者的广泛关注。经过几十年的发展和演化，城镇化与能源消费碳排放交互关系研究逐步聚焦到两个关键方面：一是揭示城镇化与能源消费碳排放的交互关系；二是探索城镇化对能源消费碳排放的影响机制。本节将重点综述在这两个方面的国内外研究进展。根据已有文献主要回答“城镇化与能源消费碳排放到底存在何种关系，二者的表达形态到底如何，常用的关系分析方法有哪些”等问题。同时，从理论上探讨城镇化对能源消费碳排放的影响机制，解析城镇化对能源消费量和能源消费碳排放量影响的一般渠道和路径。最后对研究进展综合评价，指出薄弱环节和未来的发展方向。

一、城镇化与能源消费碳排放的交互影响机理与规律性

（一）正向影响

一种理论假设认为城镇化水平的提升可以增加能源消费，相应的也增加了碳排放量。基于此假设，学者们进行了大量的实证考察。Jones（1991）运用回归分析对全球 59 个发展中国家 1980 年城镇化对能源消费的影响进行了考察。其结果显示，在假定人均收入

和工业化不变的情况下，城镇化每提高 10%，人均能源消费将增加 4.5%～4.8%。Parikh 和 Shukla（1995）基于 1965～1987 年的面板数据同样分析了发展中国家城镇化对能源消费和温室气体排放的影响，其结果表明一个国家城市人口每提高 10%，将导致人均 CO_2 排放提高 0.3%。同样的，York 等（2003）基于 137 个国家 1991 年的横截面数据考察了城镇化与能源消费碳排放的非线性关系，发现一次项和二次项均是正的，但二次项并不显著，这一结果表明能源消费碳排放随着城镇化水平的提高单调增加。Cole 和 Neumayer（2004）分析了 86 个国家 1975～1998 年面板数据，发现 CO_2 排放与一系列解释变量正相关，如人口、城镇化水平和能源强度。York（2007）对 14 个欧盟成员国也做了回归分析，同样发现城镇化与能源消费间存在显著的正向关系。Wu 等（2016）运用 112 个国家的面板数据和横截面数据分析了经济发展与碳排放强度的五种关系类型，发现快速工业化国家的城镇化水平提升更容易导致碳排放水平的提高。Sheng 和 Guo（2016）的研究进一步发现城镇化对 CO_2 排放的影响在短期来看是低于长期的，表明城镇化过程对 CO_2 排放水平的提高具有长期的影响。

随着城镇化水平的不断提高，中国实现碳减排的压力逐渐增大，因此大量的研究关注中国在快速城镇化进程中如何实现碳减排问题。学者普遍认为中国的快速城镇化发展导致了能源消费和碳排放量的快速增长。全国尺度而言，一些学者识别出城镇化、能源消费和碳排放间存在显著的正向关系（Li and Yao, 2009）。出现这种正向关系的原因可以归咎于能源效率低下、能源节约技术低下和环境意识的薄弱（Fan et al., 2006）。Liu（2009）认为中国的城镇化与能源消费间存在显著的长期稳定关系。按照此路径发展下去，Shen 等（2005）认为如果中国的城镇化速度快于预期水平，将不可避免地面临长期的资源短缺。林伯强和刘希颖（2010）运用协整分析方法发现中国的经济增长速度和城镇化进程均对二氧化碳排放具有显著的正向影响。大量的城市尺度研究也发现城镇化是二氧化碳排放的核心驱动因素。例如，Wang 等（2012）运用改进的 STIRPAT 模型研究发现，城镇化水平是北京市 CO_2 排放的主要影响因素之一。中国城市地区人均能源消费的提升和快速的城镇化进程，将不可避免地增加中国未来几十年的能源消费量（Dhakal, 2009）。城镇化之所以加速气候变化，核心在于人类的生产生活活动主要集聚在城市，如 Gu 等（2011）发现在长三角城市群地区 78%的碳排放是由城市产生的。

（二）负向影响

另一种理论认为随着城镇化水平的提升将节省能源消费量，从而促进碳排放总量的降低。该观点的核心是认为城镇化提高了公共基础设施（公共交通等基础设施）的运行效率。例如，Fan 等（2006）基于发达国家的样本发现城镇化与 CO_2 排放间存在负向关系。Dodman（2009）认为许多富裕的城市人均碳排放量低于国家整体水平往往有两个原因：一是相比农村地域，绝大多数城市都具有更为集约的建筑和更小的生活空间，这些将减少能源利用量；二是相比平均水平，城市区域具有更为发达的公共交通体系。Larivière 和 Lafrance（1999）的研究表明，在加拿大具有更高城市密度的城市往往消耗更少的能源。Pachauri 和 Jiang（2008）的研究也显示，印度农村地区的家庭整体能源消费量是超过城市地区的家庭能源消费量的。因此，随着城镇化的不断推进，越来越多的居民和家庭从农村转移到城市，将减少能源消费和二氧化碳排放。同时，城市居民的生活方式和城镇化质量也对能源消费碳排放产生影响。例如，Chikaraishi 等（2015）发现发达国家城市居民生活方式与碳排放减少之间存在着显著的相关关系。Xu 和 Zhang（2016）的研究发现，对中国而言城镇化质量的提升对降低其碳排放量也具有显著的正向影响。Al-mulali 等（2012）发现，尽管多数国家城镇化水平的提升可能带来能源消费和碳排放的提高，但也有一些国家尤其是低收入国家，其城镇化与能源消费碳排放之间存在长期负向关系。

此外，也有研究发现城镇化与能源消费碳排放的关系存在显著的空间异质性。例如，Ding 和 Li（2017）发现对中国东部地区而言，城镇化与能源消费碳排放间存在显著的正向关系，但对西部地区而言却是负向关系。这说明城镇化与能源消费碳排放的交互关系存在尺度依赖和发展阶段依赖，不同尺度和不同发展阶段可能呈现不同的形态。

（三）无显著影响

也有学者认为城镇化与能源消费碳排放间并不存在显著的关系。这类研究包括，Liddle 和 Lung（2010）以 17 个发达国家为研究案例，研究发现城镇化对 CO_2 排放虽具有正向的影响，但是其影响系数并不显著，说明对一些发达国家而言二者间并不存在显著的交互影响关系。同样，Behera 和 Dash（2017）以 17 个南亚和东南亚国家 1980～2012 年面板数据为例，探索了城镇化、能源消费、外国直接投资（FDI）和 CO_2 排放之间的关系，发现对部分国家而言其城镇化与能源消费碳排放间并不存在显著的影响关系。Dodman（2009）进一步认为城镇化水平与温室气体排放间并不存在根本的关联性。相反，规划良好和管理良好的城市在帮助减缓温室气体排放方面往往更具有积极作用。

（四）倒“U”形影响关系

部分学者基于 EKC 假说进行了大量实证研究，其认为环境退化与经济活动（具体在此可以理解为污染物排放与人均经济增长）间存在倒“U”形关系。同样，作为社会经济活动的集中体现，城镇化水平在理论上也具有与人均 GDP 相类似的效果。因此，近年来一种观点认为城镇化与能源消费碳排放的关系同样符合 EKC 假说的倒“U”形关系。为此，学者也进行了大量的实证研究。例如，Martínez-Zarzoso 和 Maruotti（2011）对 88 个发展中国家 1975～2003 年城镇化与能源消费碳排放的关系发现，二者间存在显著的倒“U”形关系，表明城镇化水平越高其对环境的影响越小。Shafiei 和 Salim（2014）对 9 个新工业化国家的研究也表明，二者间存在显著的倒“U”形关系。Zhang 等（2017）基于扩展的 STIRPAT 理论框架运用双向固定效应模型对全球主要国家的研究表明，城镇化与能源消费碳排放间存在倒“U”形关系，拐点为 73.8%。同样，Xu 和 Lin（2015）考察了中国城镇化水平与 CO_2 排放间的关系，将全国划分为东中西三大区域，发现城镇化水平与 CO_2 排放的关系在东部地区符合倒“U”形的形态。但是，对中部地区和西部地区而言二者的关系表现为“U”形的形态，而且由于低的城镇化水平，这种关系形态并不显著。但是，Zhu 等（2012）运用半参数模型对 20 个新兴国家 1992～2008 年的数据进行考察，发现很少有国家符合城镇化与能源消费碳排放间的倒“U”形关系。York 等（2003）通过 142 个国家 1996 年的数据研究发现，总体碳排放与城镇化之间并不存在 EKC

关系。由此可见，由于数据时间段和模型选择的差异，对城镇化与能源消费碳排放间 EKC 关系的检验往往获得不同的结果，甚至运用同样的研究对象都可能得出不同的结果。

（五）不同城镇化阶段和不同尺度的影响机理

城镇化水平对能源消费碳排放的影响机理在不同发展阶段、不同区域和不同尺度呈现出显著的差异性。这种差异性是根植于这两种地理现象本身的异质性。例如，从国家尺度来看，Liddle（2004）对 17 个发达国家城镇化与交通碳排放交互关系的研究以及对 31 个发达国家和 54 个发展中国家的研究，均发现城镇化对交通碳排放的影响在不同国家样本间表现出明显差异。Poumanyvong 和 Kaneko（2010）的研究也表明，城镇化对能源消费碳排放的影响具有明显的时间阶段性，不同阶段呈现出不同的影响形态。

区域尺度来看，Zhang 和 Lin（2012）对中国东、中、西部地区的研究发现不同区域城镇化对能源消费碳排放的影响强度从西部到中部和东部不断减弱，这种差异性对不同地区的碳减排和城镇化发展均具有更为细致和明确的意义。同样，以 1990～2012 年中国不同区域为案例，Zhou 和 Liu（2016）发现除西部之外其他地区城镇化对能源消费碳排放均具有显著影响，中国不同区域在不同阶段城镇化对能源消费碳排放的影响也存在显著差异性。

（六）主要研究方法

从研究方法来看，测算城镇化对能源消费碳排放影响的主要方法包括三个方面：第一方面是 IPAT（人口、收入和技术的影响）模型，STIRPAT（人口、收入和技术的随机影响）模型和 Kaya 恒等式（总体碳排放水平可以表达为人口、人均 GDP、单位 GDP 能耗、单位碳排放能耗的函数）模型。同时将这些模型与 EKC 模型相结合也是考察城镇化对能源消费碳排放是否符合 EKC 曲线的常用模型。第二方面是基于格兰杰因果分析框架（包括自回归分布滞后模型，autoregressive distributed lag，ARDL）对城镇化与能源消费碳排放交互关系及其更多要素关系的考察。第三方面是基于对数平均迪氏指数（logarithmic mean divisia index，LMDI）方法、结构分解分析（structural decomposition analysis，SDA）方法等分解方法对不同影响因素对能源消费碳排放的影响进行量化，其中城镇化是重要因素之一。

二、城镇化与能源消费碳排放交互关系的研究评述

近几十年来国内外学者对城镇化与能源消费碳排放交互关系进行了大量研究，在揭示城镇化与能源消费碳排放的交互影响机理与规律性、城镇化对能源消费碳排放的影响机制与规律性等方面取得了显著进展。但仍存在如下的主要问题。

（一）亟需全面刻画城镇化过程

国内外学者对城镇化与能源消费碳排放的交互关系进行了深入研究。但是，Zhang 等（2018）认为目前相关研究的不足之一就是对城镇化的定义较粗略。一般城镇化可以被定义为一个国家或地区社会生产力的发展、科学技术的进步以及产业结构的调整，其

社会由以农业为主的传统乡村型社会向以工业和服务业等非农产业为主的现代城市型社会逐渐转变的历史过程。城镇化过程至少包括经济城镇化、人口城镇化、土地城镇化和社会城镇化。但目前多数研究均将城镇化定义为城市人口的快速增加，如 Lin 等（2009），Liddle 和 Lung（2010），Zhu 等（2012），Zhang 等（2017）和 Liu 和 Bae（2018）等的研究。明显通过一个代理变量来表征城镇化的做法是一个生硬的测算方法，因为城镇化影响至少包含土地城镇化和人口城镇化等因素，而且城镇化的不同方面可能对城市碳排放具有不同的影响（Peng et al., 2017）。因此，城镇化对能源消费碳排放的影响机理需更为综合和全面考察（Lin et al., 2017；Zhang et al., 2018）。

（二）亟需选择合适的研究方法

目前诸多研究的研究结论之所以不一致，问题之一就是研究方法、研究对象和研究时间段的选择不一致。如何选择最为合适的研究方法一直是困扰城镇化与能源消费碳排放交互关系研究的难点问题。一方面，相关的理论假设和理论模型研究比较缺乏，因此对实证分析的理论解释就显得较为表面化。另一方面，随着实证模型的不断发展，新模型不断涌现，但是模型与数据的契合度问题，对哪种模型更适合某种数据类型和数据特点的考虑还不算深入。每种模型都有其优势和不足，需要遴选出最为有效和合适的模型，并不是一味地追求新模型的应用。例如，目前考察城镇化对能源消费碳排放影响机理同时考虑 EKC 假说检验的主要模型是 STIRPAT 模型，诸多实证分析也证明此模型是有效的。但是如何将此模型应用于不同学者的研究就需要在此基础上进行拓展和深化，这是未来发展方向之一。

（三）亟需考察城镇化与能源消费碳排放的时空异质性

大量的研究表明，城镇化与能源消费碳排放均具有显著的空间效应和时间阶段性，因此对其关系的考察需要充分考虑时空异质性。但目前很多研究是基于能源经济学的视角，对城镇化不同阶段和空间效应的考察并不深入。需要对传统的经济学基础上的交互耦合分析方法进行更深入的探讨，挖掘传统方法在时空数据处理上的潜力。随着 GIS 和空间计量经济学的发展，时空效应在城镇化与能源消费碳排放的动态耦合关系中的作用是无法忽略的。一方面，城镇化的发展过程是具有明显的时间阶段的，处于不同阶段的城镇化具有不同的表现特征。按照城镇化不同阶段考察其与碳排放的关系会更为合理。另一方面，城镇化在不同空间尺度和不同区域也表现出不同的异质性。同时，由于能源利用结构的趋同和能源消费碳排放高值区在区域上的集聚，城镇化和能源消费碳排放的空间溢出性也需要充分考虑。

第二节　城市群城镇化与能源消费碳排放耦合机理的理论解析

大量研究证实城镇化与能源消费碳排放之间存在显著的交互关系，城镇化的快速推进将依靠大量能源作为基础，能源燃烧又产生大量的碳排放。针对碳排放激增事实，各种方式的减碳措施尤其是能源消费模式的变化又将对城镇化发展构成影响。理论上，能源消费碳排放与城镇化之间存在着显著的相互制约和交互影响的关系。本节尝试从理论上解析城镇化与能源消费碳排放的耦合关系，构建城镇化与能源消费碳排放的交互关系曲线，随着城镇化水平的提高，能源消费碳排放具有波浪状向高值增加的趋势。不同城镇化阶段城镇化水平与能源消费碳排放的交互关系曲线表征为不同的形态。为表征城镇化与能源消费碳排放关系演化过程，根据城镇化与能源消费碳排放的长时间序列变化趋势分析，提出城镇化与能源消费碳排放的四类三段理论曲线。

一、城镇化与能源消费碳排放的交互关系曲线

（一）城镇化与能源消费碳排放的全球交互关系呈现指数增长曲线

基于全球城镇化与能源消费碳排放数据，刻画全球尺度二者的演化过程曲线（图 8.1）。其中，城镇化数据通过城镇人口占总人口比例来表征，数据来源于世界银行数据库。能源消费数据来源于不同数据源，分别是二氧化碳信息分析中心（Carbon Dioxide Information Analysis Center, CDIAC）、全球大气研究排放数据库（Emissions Database for Global Atmospheric Research, EDGAR）、美国能源信息管理局（U.S. Energy Information Administration, EIA, https://www.eia.gov/）和 CAIT[①]（http://cait.wri.org/）。通过图 8.1 发现全球城镇化水平逐年增长，1970～2016 年呈指数增长。同样，能源消费碳排放在总体上也呈现指数增长趋势，尽管不同数据源的数据略有差异，但总体趋势趋同。只是能源消费碳排放在不同年际之间存在显著波动。因此，从全球数据上看随着城镇化水平的不断提升，能源消费碳排放量总体上是增加的，只是在不同阶段有所波动。

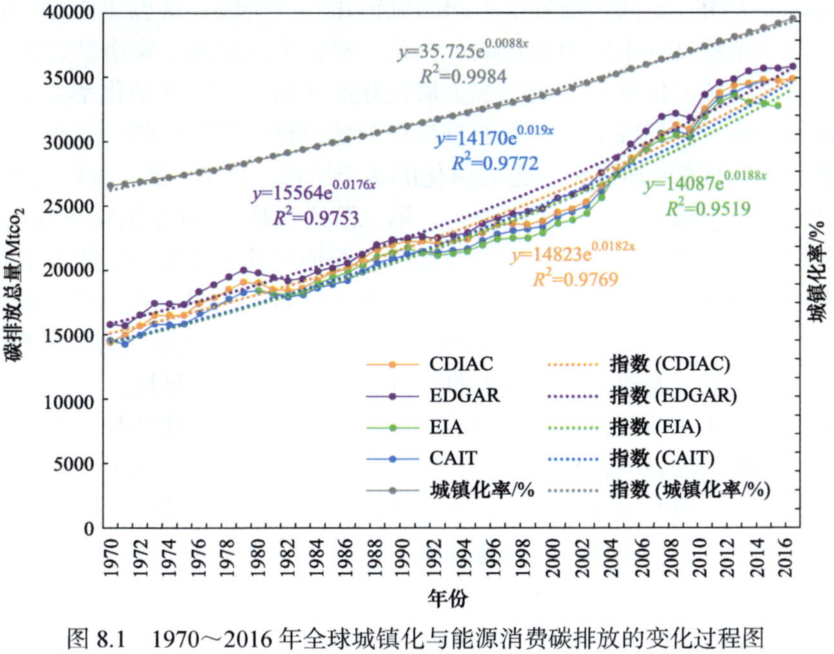

图 8.1　1970～2016 年全球城镇化与能源消费碳排放的变化过程图

① CAIT 为世界资源研究所的气候分析指标工具。

运用散点图方法将城镇化与能源消费碳排放的关系表达如图 8.2 所示。不管运用何种数据，全球城镇化与能源消费碳排放的关系均可表达为指数关系，只是在不同阶段有所波动。随着城镇化水平的提高，全球能源消费碳排放具有波浪状向高值增加的趋势。全球城镇化与能源消费碳排放关系的拟合优度均处于 0.97～0.99，表明二者的关系处于高度拟合状态。

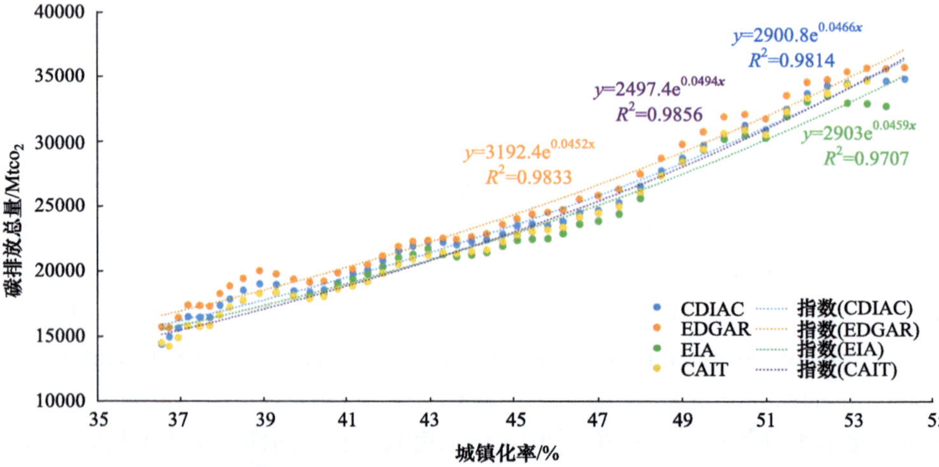

图 8.2　1970～2016 年全球城镇化与能源消费碳排放的拟合曲线图

（二）城镇化不同阶段城镇化水平与能源消费碳排放的交互关系曲线

大量的研究表明，不同国家处于不同的城镇化发展阶段，这也往往意味着城镇化水平与能源消费碳排放具有不同的交互耦合关系。根据美国地理学家诺瑟姆提出的城市化发展三阶段论，将城镇化率低于 30%视为城镇化起步阶段，将城镇化率处于 30%～70%视为城镇化加速阶段，将城镇化率大于 70%视为城镇化稳定发展阶段。按照这一划分方法，将全球 197 个国家或地区识别为城镇化的 3 个阶段。其中，第一阶段包括 42 个国家或地区，第二阶段包括 105 个国家或地区，第三阶段包括个 50 个国家或地区①。

图 8.3 显示处于城镇化发展第一阶段的国家或地区其城镇化率与能源消费碳排放的关系可以表达为指数函数关系，其拟合优度高达 0.9844，说明二者间的指数函数关系是稳健的。由于数据运用了 42 个国家或地区的城镇化率和人均能源消费碳排放值，因此其内部不同国家或地区所表现的二者关系曲线可能存在较大的差异性。

图 8.4 显示处于城镇化发展第二阶段的国家或地区其城镇化率与能源消费碳排放的关系可表达为对数函数关系，其拟合优度为 0.6937。由于数据运用了 105 个国家或地区的城镇化率和人均能源消费碳排放值，因此其内部不同国家或地区所表现的二者关系曲线存在较大差异性。第二阶段国家或地区较多，内部分化较大，并不像第一阶段拟合得好，但总体仍呈增长趋势。

① 第一阶段包括 42 个国家或地区，包括阿富汗、安哥拉、布隆迪等。第二阶段包括 105 个国家或地区，包括阿鲁巴、阿尔巴尼亚、亚美尼亚等。第三阶段包括 50 个国家或地区，包括阿拉伯联合酋长国、阿根廷、澳大利亚等。

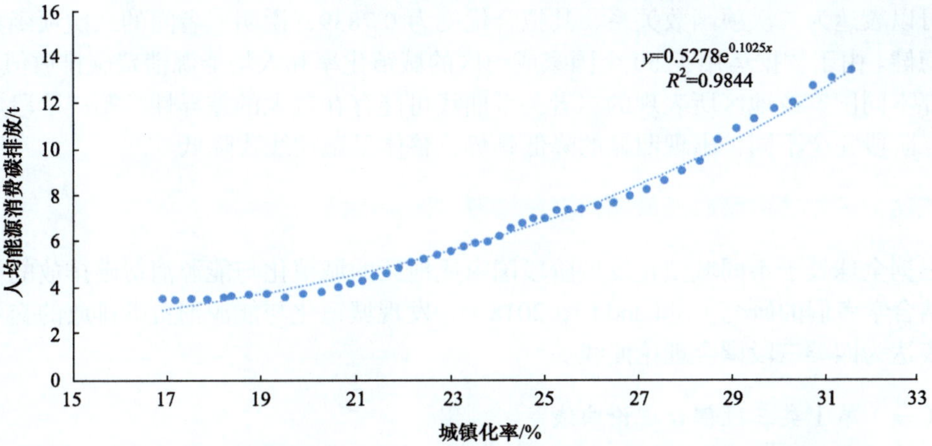

图 8.3 1970～2016 年城镇化第一阶段城镇化与能源消费碳排放的拟合曲线图

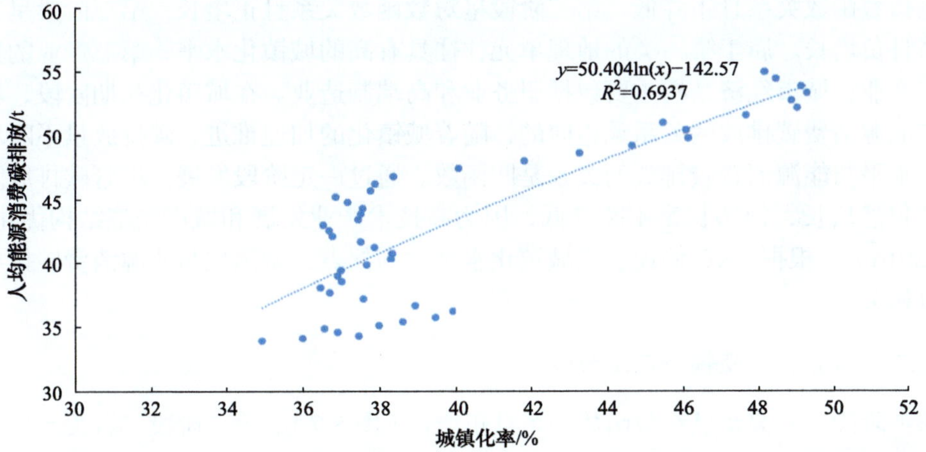

图 8.4 1970～2016 年城镇化第二阶段城镇化与能源消费碳排放的拟合曲线图

图 8.5 显示处于城镇化发展第三阶段的国家或地区其城镇化率与能源消费碳排放的

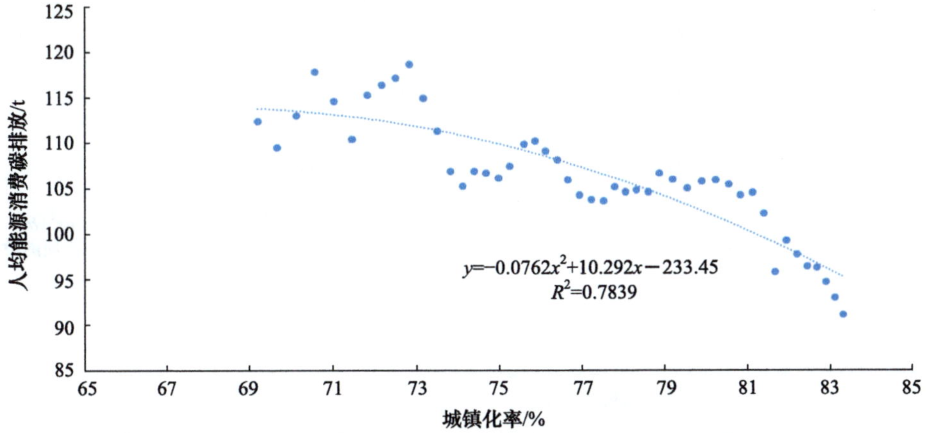

图 8.5 1970～2016 年城镇化第三阶段城镇化与能源消费碳排放的拟合曲线图

关系可以表达为二次项函数关系，其拟合优度为 0.7839，说明二者间的二次项函数关系较为稳健。由于数据运用了 50 个国家或地区的城镇化率和人均能源消费碳排放值，因此其内部不同国家或地区所表现的二者关系曲线可能存在较大的差异性。第三阶段与第一和第二阶段完全不同，出现明显的降低趋势，整体呈抛物线式降低。

二、城镇化与能源消费碳排放的四类三段耦合理论曲线

根据全球处于不同城镇化发展阶段国家或地区的城镇化与能源消费碳排放的拟合曲线，结合学者们的研究（Shi and Li，2018），发现城镇化与能源消费碳排放的交互关系可以表达为四类三段耦合理论曲线。

（一）第Ⅰ类三段耦合理论曲线

可将城镇化与能源消费碳排放的交互关系划分为三个阶段（图 8.6），第一阶段二者关系呈指数函数关系且正降低，第二阶段呈对数函数关系且正增长，第三阶段呈二次函数关系且负增长。属于第一类的地理单元往往具有高的城镇化水平，第三产业的比重高于第二产业，城市经济结构主要包括服务业和高端制造业。在城镇化初期阶段，城镇化水平与能源消费碳排放的关系是正向的，随着城镇化的加速推进，碳排放量不断增加，城镇化水平与能源消费碳排放的关系是凹函数。通过一定阶段发展，尽管碳排放随城镇化发展仍然增长，但增长率不断降低，因为高技术产业发展和城市经济结构优化（Wu et al., 2016）。根据 EKC 假说，当城镇化水平达到拐点，城镇化与能源消费碳排放的关系是负相关。

（二）第Ⅱ类三段耦合理论曲线

第一阶段二者关系呈对数函数关系且正增长（图 8.7），第二阶段二者关系呈指数函数关系且正降低，第三阶段二者关系呈二次函数关系且负增长。属于这一类型的地理单元往往具有中度的城镇化水平，第二产业的比重高于第三产业，而且城市经济结构主要包括制造业。在城镇化初期阶段，随着城镇化过程的加速，粗放式的经济方法容易导致能

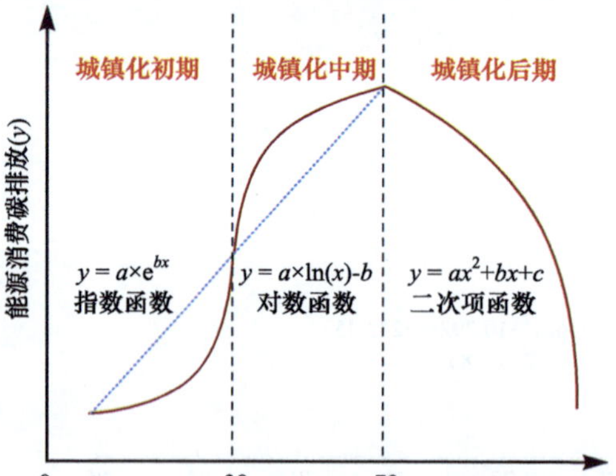

图 8.6　城镇化与能源消费碳排放的Ⅰ类三段耦合曲线

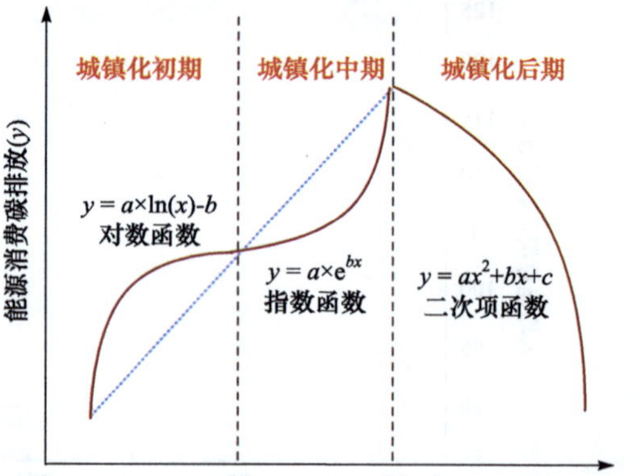

图 8.7　城镇化与能源消费碳排放的Ⅱ类三段耦合曲线

源消费碳排放的增长（Chen et al., 2017）。这一阶段政府基于政绩考虑往往引进许多高能耗和高排放产业（Wang et al., 2015），城镇化与能源消费碳排放的关系是一个凸函数。到了城镇化的中期阶段，由于技术进步和低碳发展，尽管碳排放持续增长，但是增长率所有降低（Lin and Benjamin，2017）。这个阶段城镇化与能源消费碳排放的关系是凹函数。根据 EKC 假说，当城镇化水平达到拐点，城镇化与能源消费碳排放的关系是负相关的。

（三）第Ⅲ类三段耦合理论曲线

第一阶段二者关系呈指数函数关系且正降低，第二阶段二者关系呈指数函数关系且正降低（图 8.8），第三阶段二者关系呈二次函数关系且负增长。属于这一类型的地理单元往往具有较低的城镇化水平，城市经济主要包括旅游产业、畜牧业和制造业。在开始阶段，随着城镇化水平的加速，旅游产业和畜牧业逐渐扩张。因此，城镇化与能源消费碳排放的关系是正向的。第二阶段，由于制造业的快速发展和规模不经济，碳排放量随着城镇化过程不断增加。但得益于低碳经济增长和绿色生活方式，碳排放增长率逐步降低（Xu and Lin，2016）。根据 EKC 假说，当城镇化水平达到拐点，由于技术进步、绿色生活方式及新型能源的利用（Yuan et al., 2015），城镇化水平与碳排放是负相关的。

（四）第Ⅳ类三段耦合理论曲线

第一阶段二者关系呈二次项函数关系且正增长（图 8.9），第二阶段二者关系也呈二次项函数关系与第一阶段相连接，但是第二阶段随着城镇化水平的提高能源消费碳排放的增长较为平稳，第三阶段二者关系呈二次函数关系且负增长。属于这一类型的地理单元，符合 EKC 曲线，往往具有较高的城镇化水平，城市经济主要包括服务业和制造业。在城镇化初期第一阶段，随着城镇化水平加速，服务业和制造业逐渐扩张，城镇化与能源消费碳排放的关系是正向的。第二阶段，由于服务业和制造业的发展出现规模不经济，碳排放量随着城镇化发展不断增加。但得益于低碳经济增长和绿色生活方式的普及，碳

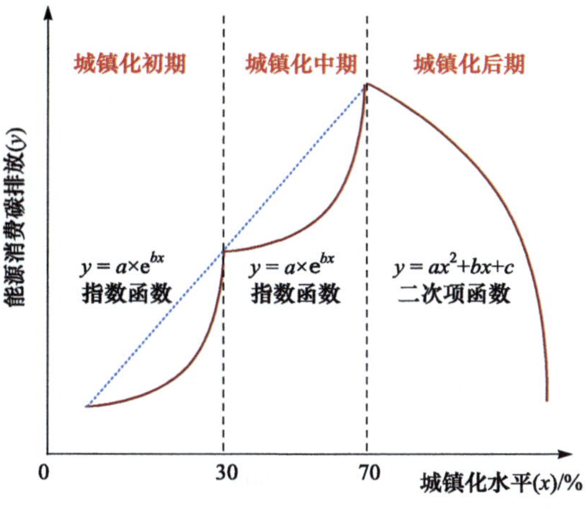

图 8.8 城镇化与能源消费碳排放的Ⅲ类三段耦合曲线

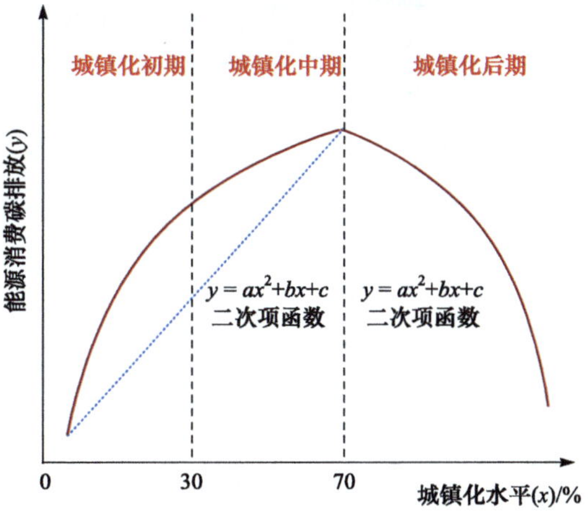

图 8.9 城镇化与能源消费碳排放的Ⅳ类三段耦合曲线

排放增长率逐步降低。根据EKC假说，当城镇化水平达到拐点，由于技术进步、绿色生活方式的普及以及新型能源的利用，城镇化水平与碳排放是负相关的。

第三节 城市群地区能源消费碳排放的时空分异特征

本节主要通过能源产消和碳排放数据刻画京津冀城市群能源消费与碳排放的时空分异特征。研究发现，京津冀城市群各级单元能源生产变化趋势存在差异，但能源消费均呈现增长趋势，其中河北省能源消费总量占京津冀城市群总量的50%以上。城市群能源消费量显著大于生产量，1990年能源产消比为0.81，到2017年降低到0.34。近年来年均产消赤字为3亿t标准煤左右，终端能源消费的65%左右依靠外地输入，能源对外依赖度过高。具体到城市层面，唐山市、北京市、天津市能源消费总量排名前三。能源消费结构上，北京市能源消费结构更多元化。河北省与天津市煤炭占比仍处于主导地位。其中，河北省对煤炭的依赖程度最高。京津冀城市群碳排放量变化趋势与能源消费总量曲线相似，河北省碳排放量与碳排放强度均远高于北京市与天津市，北京市、天津市与唐山市碳排放量排名前三，但廊坊市与张家口市为碳排放强度排名前二的城市。

一、京津冀城市群能源产消的时空分异特征

（一）京津冀城市群能源生产的时空变化特征

京津冀城市群能源生产总量先上升后下降，峰值出现在2012年左右，之后产量一直保持在15000万t标准煤左右（图8.10）。对比三个行政单元的能源生产总量发现：河北省能源生产总量占京津冀城市群的比例由1990年的60%左右降低到2017年的44%。近年来京津冀城市群能源生产总量下降主要是河北省能源生产量下降引起的。究其原因，与雾霾污染防治力度加强和产业转型有密切关系。河北省具有强大的原煤及石油资源生

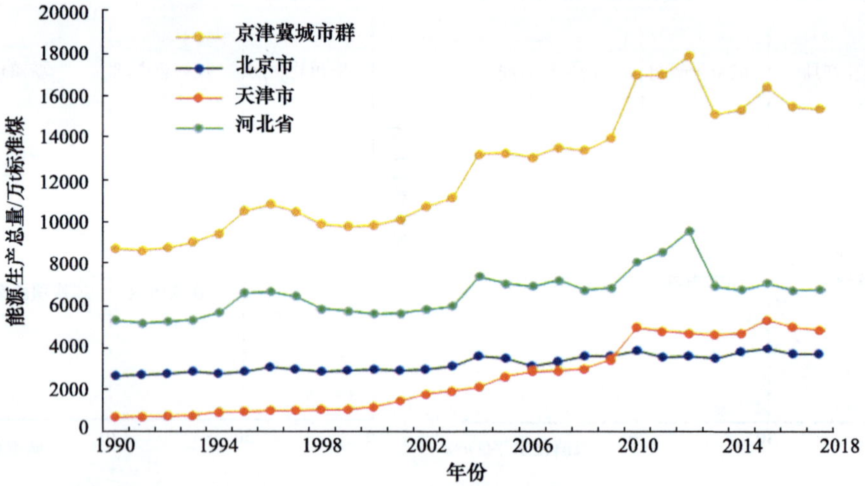

图8.10 1990～2017年京津冀城市群能源生产总量变化趋势图

产能力，并依托资源优势吸引工业制造业企业，能源生产量下降将对河北经济造成较大影响，尤其是省内以资源密集型产业为主的城市。

相比而言，北京市能源生产量一直保持相对平稳，一直保持在 3000 万 t 标准煤左右。一方面北京市能源资源储量较少，另一方面由于雾霾等环境问题，北京实行一系列节能减排政策，实现了双重控制，减少了能源生产与消耗。而天津市能源生产量在 2004 年后出现明显上升趋势，2010 年之后相对平稳，与其重工业和高新技术产业发展有密切关系。

（二）京津冀城市群能源消费的时空变化特征

京津冀城市群 1990～2017 年能源消费总量均呈现增长趋势，这与全国能源消费总量增长趋势基本一致，增长率先增长后下降，2013 年之后增速放缓趋势更为明显，但并未出现明显的峰值。说明京津冀城市群近年来针对雾霾污染的能源结构改革初见成效，能源消费水平增速降低。由图 8.11 可知，京津冀城市群能源消费总量占全国能源消费总量比重长期维持在 11% 左右，但占比呈先上升后降低的趋势，2001 年达到最高值 12.99%，其后呈下降趋势。同时发现，京津冀城市群 GDP 占全国 GDP 比重也处于 10%～11%，说明能源消费减少未对城市群经济发展形成明显的震荡，京津冀城市群经济发展的能源依赖性有所降低。

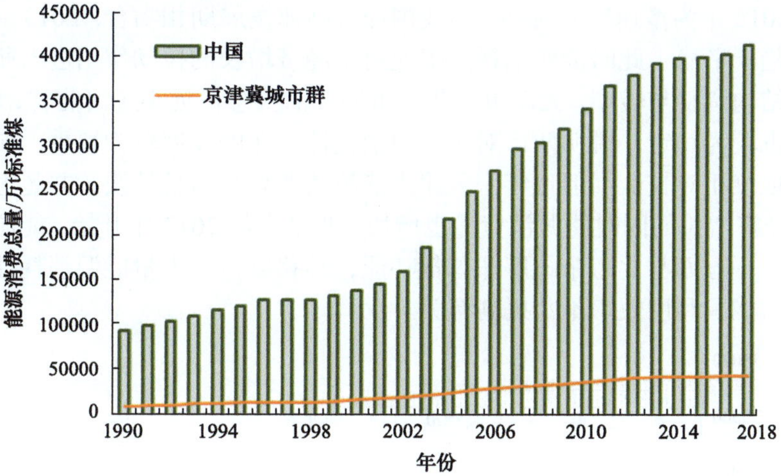

图 8.11　中国与京津冀城市群能源消费总量变化图

从京津冀城市群三个行政单元的区域能源消费比重来看（图 8.12），北京市能源消费总量比重大致呈现逐年下降趋势，表明经济结构持续调整，能源利用效率不断增强，经济结构良好；天津市能源消费量比重经历了先降后升的趋势，主要原因是天津为港口型城市，其重化工业发展的同时也伴随大量能源消耗，自 2007 年以来逐年攀升的能源消耗与其相应的经济增长率高于全国平均水平相呼应，说明天津如今经济增长对能源依赖度较高，虽短时间会带来高速经济增长，但需要同时考虑未来的可持续发展。河北省能源消费总量占京津冀城市群比重一直维持在 50%以上，是北京市和天津市的两倍多，河北省本身为资源大省，石家庄市、唐山市、承德市、邢台市和邯郸市等都有原煤产出，沧州市的任丘油田在整个华北油田中属于产量较高的油田，天然气产量也较丰富。聚集

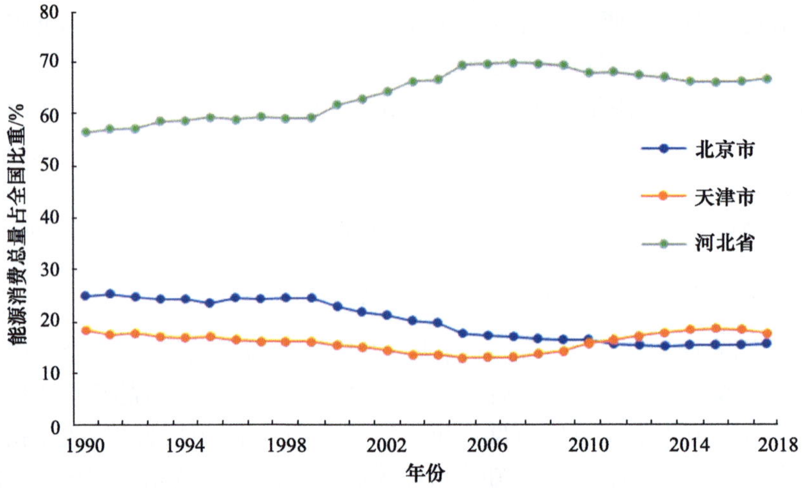

图 8.12　北京市、天津市、河北省能源消费量占京津冀城市群比重图

大量能源消耗型工业，故能源消耗量居高不下。

从能源消费量来看（图 8.13），2010 年以来三地能源消费总量增速均呈现逐年放缓趋势，说明三地正在经历经济结构深度调整期。其中，河北省 1990～1999 年增速较为缓慢，2000～2012 年为增速较高时期，与我国经济高速发展期相吻合，2013～2016 年，能源消费总量趋于平稳。此时能源消耗型工业对于经济增长的拉动作用进入瓶颈阶段，需要进行产业结构调整与转型。天津市与北京市能源消费总量远小于河北省，消耗量较低，其增长速度也较为稳定，说明两市对于能源消耗性产业的发展较为慎重，城市经济发展对于能源的依赖相对较低。但近年来天津市能源消费总量增长较快，并超过北京市能源消费水平，经济增长的同时能源消费量也增加。北京市从 2013 年开始，能源消费量出现小幅度下滑。一方面与北京市疏解非首都功能，转移城市内大量能源消耗性工业有关；另一方面也与能源利用效率不断提高有关。

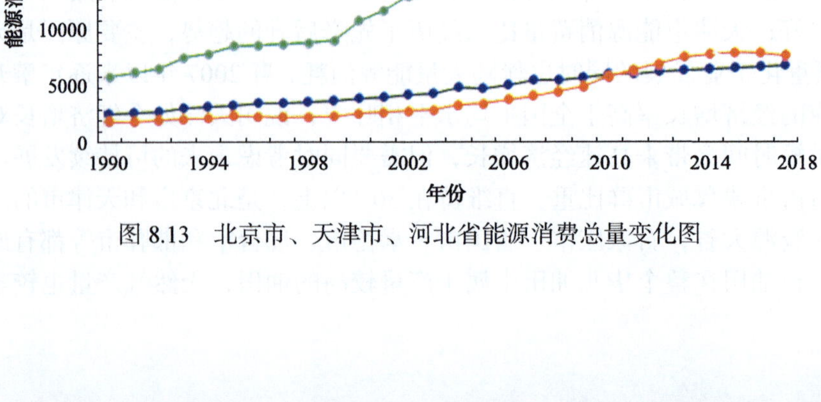

图 8.13　北京市、天津市、河北省能源消费总量变化图

从城市层面来看（图 8.14），唐山市能源消费总量高速增长，在 2005 年超越北京市，成为京津冀城市群能源消费最高的城市。唐山市是我国钢铁生产基地，同时有大量原煤资源，工业化水平远高于其他城市，能源消耗量也居高不下。排在北京市与天津市之后的是石家庄市与邯郸市，两者能源消耗量相近，虽两市工业化水平不敌唐山市、北京市和天津市，但城市内存在大量原煤，依托资源优势，吸引了大量能源消耗型工业，能源消费总量排在城市群前列。其次是沧州市，任丘油田石油储量丰富。能源消耗量较高的城市一般分为两类：一类为资源丰富的城市，如石家庄市、邢台市、邯郸市、沧州市等；另一类为工业化水平较高城市，如北京市和天津市。其中资源型城市，需要提高当前能源利用效率，逐步降低能源消费量。

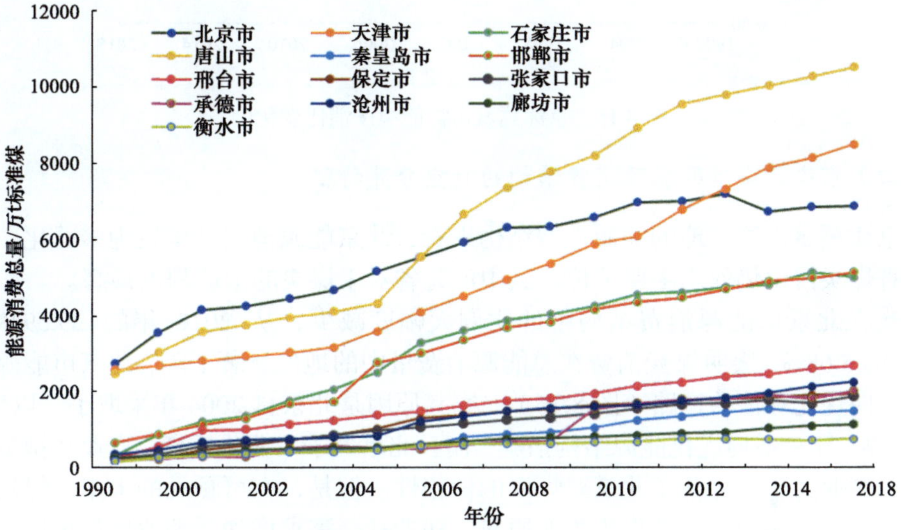

图 8.14　京津冀城市群 13 个城市能源消费总量变化趋势图

（三）京津冀城市群能源产消的时空变化特征

从能源的产消状况来看，京津冀城市群能源消费量显著大于生产量，1990 年能源产消比为 0.81，到 2017 年降低到 0.34。近年来年均产消赤字为 30000 万 t 标准煤左右，终端能源消费的 65%左右依靠外地输入，对外的能源依赖度过高。这也说明京津冀城市群对远程资源的依赖巨大。如何实现内外部资源的均衡，调整产业结构和发展路径，摆脱依靠资源消耗发展模式，降低对外部资源依赖是京津冀城市群实现高质量发展的重点。

从三地产消比来看（图 8.15），内部差异较大，其中 2013 年以来北京市维持在 55%左右，天津市维持在 60%左右，但是河北省仅占到 20%左右，表明河北省产消脱钩严重，对外能源依赖度最大，是京津冀城市群能源依赖度过低的主要原因。更不容乐观的是，从演化趋势来看，除天津市能源产消比较平稳外，北京市和河北省能源产消比呈逐步降低的趋势，说明未来两地的能源对外依存度仍将推高。如果外部能源供应出现问题，对两地经济社会发展的影响将是巨大的。

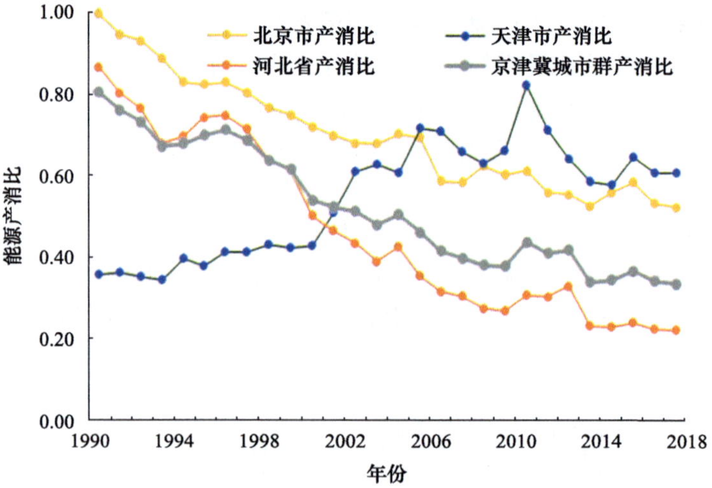

图 8.15 京津冀城市群能源产消比变化图

（四）京津冀城市群能源消费结构的时空分异特征

从京津冀城市群三地的能源消费结构来看，北京能源消费结构较为多元化，天津市与河北省煤炭占比仍处于主要地位，其中河北省对于煤炭的依赖程度最高。

煤炭在北京市能源消费结构中的比例大幅度减少，从 2010 年的 29.59%下降到 2014 年的 5.65%，表明煤炭消费在总能源消费量中的地位显著下降，北京市能源消费结构开始走向优化和清洁道路（图 8.16）。究其原因是北京自 2004 年采取了“以气代煤”“以油代煤”等一系列优化能源结构措施，而且北京处于工业化后期，产业转型更倾向于高新技术产业为主，降低了北京对煤炭的依赖性。但是，在可预见的未来，煤炭仍然会是主要一次高碳能源。石油作为工业原料，随着社会需求增加其消费比例也逐渐扩大，在能源消费总量中始终占有重要地位，所占的比例一直维持在 30%左右。天然气比重逐年增加，并且在 2014 年超越了煤炭占比成为北京市重要能源之一。总体而言，北京市的

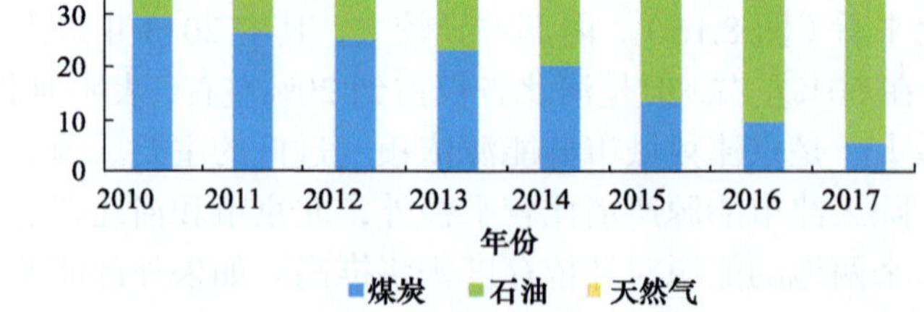

图 8.16 北京市能源消耗量及结构图

能源消费结构开始向着多元化趋势发展。清洁能源开始占据主要地位，能源利用效率与强度不断提升。

图 8.17 刻画了天津市 2010～2017 年的能源消费结构变化情况。2017 年天津市能源消费结构仍以煤炭为主，所占的比例约占能源消费总量的 50%以上，其次为石油，约占总量的 20%左右。具体来看，煤炭类能源比例虽然最高，但其所占比例呈逐年下降趋势，从 2010 年接近 80%下降至 2017 年的 50%左右。石油占比呈现出稳中有升的变化趋势。天然气在能源消费中的占比一直呈现增长趋势。综上，天津市在能源消费结构方面得到初步改善，但是总体上仍然以煤炭消费为主，天然气和其他清洁能源占比仍然较低，这在很大程度上制约着天津市减排目标的实现。

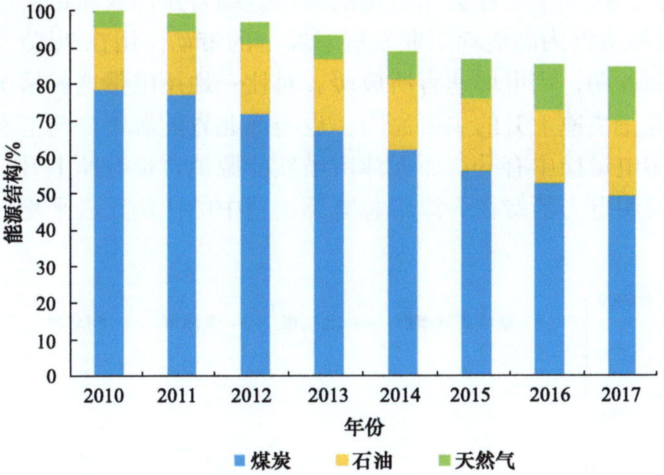

图 8.17 天津市能源消耗量及结构图

自 2010 年开始，河北省煤炭消费占比开始有一定程度的下降，到 2017 年煤炭消费占比仍然高达 84%（图 8.18）。从 2010～2016 年，天然气与石油的消费比重逐年增高。

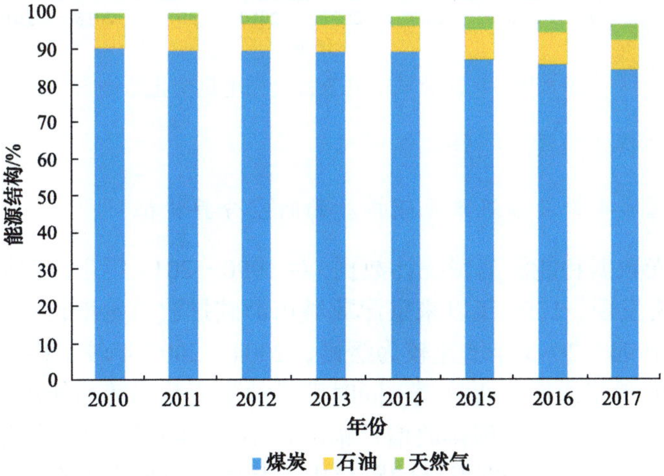

图 8.18 河北省能源消耗量及结构图

其中 2017 年天然气消费占比为 4.17%，达到历史最高水平。反映了河北省在推广清洁能源方面初见成效。然而河北省目前的能源消费结构仍处于相对不合理的状态。以中国平均能源消费结构为例，中国 2017 年煤炭消费比为 67%，石油消费占比在 20%上下浮动。总之，河北省“一煤独大”特征仍然显著，能源利用方式依然粗放，煤炭消费总量大，亟需进一步优化能源消费结构。

（五）京津冀城市群全社会用电量的时空分异特征

京津冀城市群 1990 年以来全社会用电量呈快速上升趋势，2010 年后增速有所减缓（图 8.19）。这一现象表明，京津冀城市群工业发展尤其是高耗电类工业的快速发展和人口用电消费的增长，拉动了全社会用电量的激增。结合京津冀城市群能源生产总量增长情况，表明京津冀城市群内高能耗工业发展对经济的带动作用在 2010 年前较大，但 2010 年之后逐步进入瓶颈期，用电增速有所放缓。对比三地用电量增长情况可知，河北省是京津冀城市群用电量快速上升的主要原因，也与河北省能源生产与消费的情况相符合。北京市与天津市用电量稳中有升。而天津市虽然能源消费量有所上升，但耗电量并未有明显上升现象，说明电力消费在天津市总能源消费中的比例比较平稳，并未出现大幅的提高。

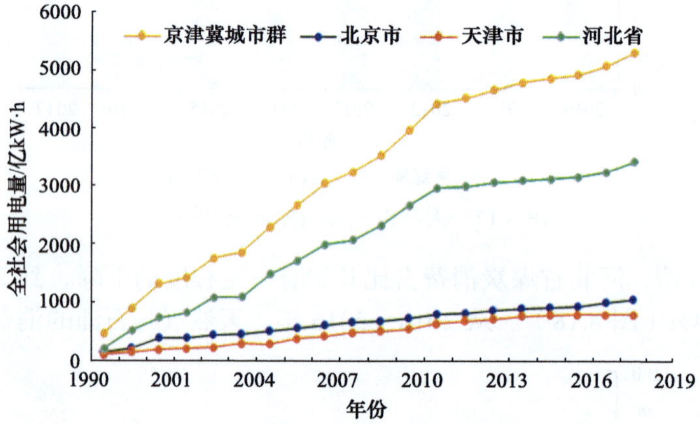

图 8.19　京津冀城市群全社会用电量变化趋势图

二、京津冀城市群碳排放的时空分异特征

（一）京津冀城市群及省级单元碳排放的时空分异特征

基于夜间灯光数据和能源消费统计数据，对 1990～2015 年京津冀城市群碳排放数据进行了估计。分析发现，1990 年以来京津冀城市群碳排放总量增长较快，可分为 4 个明显的阶段，其中 1990～2003 年增速较为缓慢，2004～2007 年较平稳，2008～2010 年增速最高，2011～2015 年增速有所放缓。同时碳排放量变化趋势与能源消费基本一致。如图 8.20 所示，北京市与天津市碳排放增长幅度较小，说明经济的持续增长并未带来碳排放量的大量增加，已经进入低碳发展的路径中。从碳排放规模上看，两市碳排放量总体呈上升趋势，但近几年增长趋势放缓。其中，2001～2008 年北京市碳排放量增长较为明

显，这一时期内受全国大环境的影响，工业化发展较快，两市均实施了一些扩大内需和增加投资的政策，重工业尤其是高耗能的产业发展比较快，最终导致经济增长的同时，能源消费和碳排放量也呈现较快的增长趋势。但在进入“十二五”时期之后，随着节能减排力度的加大加之低碳环保技术的应用，碳排放趋于平稳。

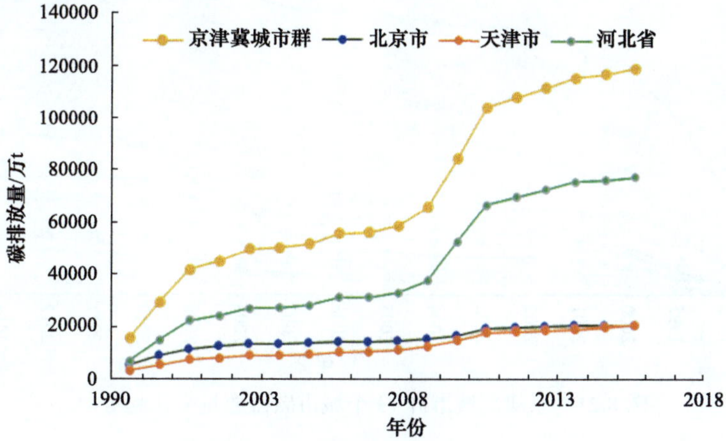

图 8.20 京津冀城市群碳排放量变化图

河北省碳排放量的变化趋势与京津冀城市群相似，与其能源消费总量增长曲线也较为吻合。近年来河北省碳排放占京津冀城市群的 65%以上，且比重还在增加。河北省成为京津冀城市群能否实现低碳发展的关键。根本原因还是过重的产业结构和“煤炭独大”的能源消费结构。但 2010 年后河北省的碳排放量增速有所放缓，表明经济发展模式有从高碳型向低碳型转变的趋势。

（二）京津冀城市群城市碳排放的时空分异特征

城市层面，京津冀城市群 13 个城市对比发现（图 8.21），京津唐三市的碳排放量最高。北京市与天津市碳排放量最高，两市是京津冀城市群的高碳聚集区域，应当进一步优化能源结构，淘汰落后产能，积极进行清洁能源替代。唐山市的能源消费碳排放量居第三位，但是唐山市能源消费总量位居京津冀城市群的第一位。这说明，唐山市虽然聚集了大量重产业，但是随着节能减排政策的实施，如压钢、减煤和产业转型等，取得了一定成效，故并未在能源消耗量巨大的情况下造成高碳排放。但需要注意的是，唐山市的碳排放量仍处于增长期，还未转为下降趋势，当前产业结构仍需要进一步优化，才能减缓甚至遏止碳排放增长的趋势。石家庄市与邯郸市碳排放量居于前列，与能源消费总量相符合。邢台市与沧州市处于中间水平。两市虽然资源丰富，但是产业结构层次较低，包括煤炭、水泥、玻璃等高能耗重工业，能源利用率较低，碳排放压力较大。碳排放最小的是秦皇岛市、承德市、衡水市，并且碳排放量有一定下降趋势。这些地区生态环境本底较好，不利于大量的工业建设，需要进一步加强对生态环境的保护。

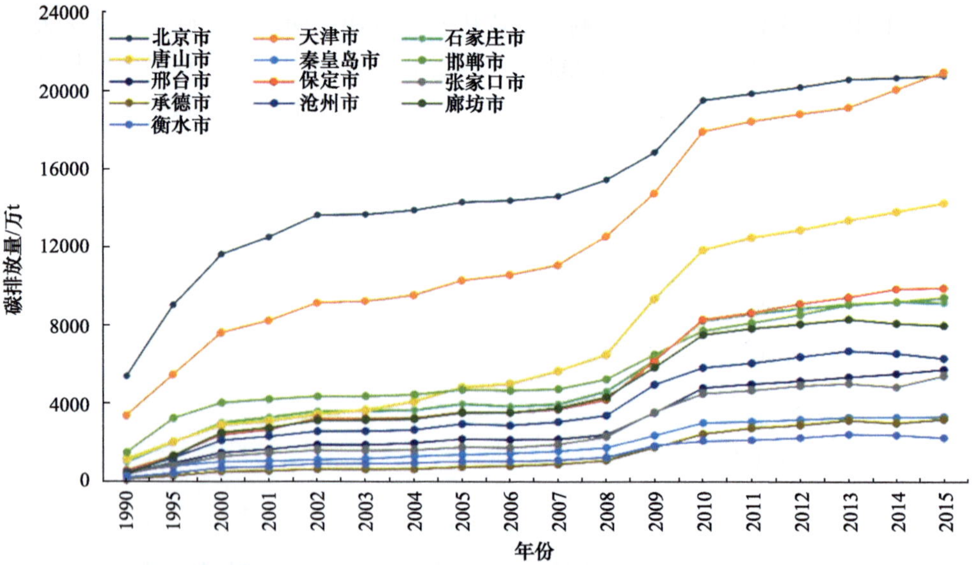

图 8.21 京津冀城市群 13 个城市碳排放量变化趋势图

（三）京津冀城市群碳排放强度的时空分异特征

碳排放强度是衡量能源利用质量和碳排放效率的重要指标。京津冀城市群碳排放强度总体呈现下降趋势，如图 8.22 所示，说明京津冀处于产业升级转型期，虽然碳排放总量仍然较高，但单位 GDP 的碳排放量出现下降趋势，能源利用率在显著提高。

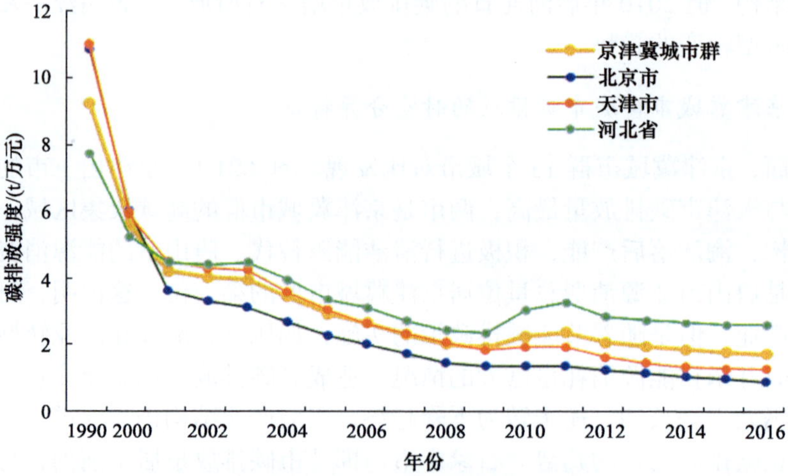

图 8.22 京津冀城市群及各省碳排放强度图

其中，北京已进入后工业化阶段，其产业升级主要方向是第三产业中的高附加值产业和高新技术开发，这些产业碳排放强度较低。同时北京将高耗能企业疏解至河北和天津等地，加之节能减排措施的实施，故碳排放强度不断下降，在三地中处于最低水平。天津处于工业化后期阶段，其发展方向是高附加值的重化工业、现代制造业和服务业，其中重化工业碳排放高，但产值也高，相对而言碳排放强度并不高，故天津碳排放强度属于中间水平。而河北省工业化水平相对比较低，能源、钢铁等产业比重较大，虽然政府已出台一系列减排措施，但由于产业结构和层次均较低、资源和能源依赖性较大的高能耗产业仍然对碳排放造成较大压力。

由图 8.23 可知，京津冀城市群 13 个城市中，碳排放强度最高的两个城市分别为廊坊市和张家口市。两市能源消费与生产均不突出，但二者的碳排放强度高出其他城市，其原因可能为两市产业附加值较低，而碳排放处于中间水平，相比之下碳排放强度较高。应注重提升产业附加值，在不增加碳排放的基础上保证经济效益。1990 年以来碳排放强度下降幅度最高的为邯郸市，说明其产业的低碳发展表现出显著优势。值得注意的是，碳排放与能源消费总量较高的城市碳排放强度并不是很高，如北京市、天津市、唐山市均属于低水平行列，表明发展产业结构中层次较高的产业能够显著减少碳排放强度。未来不断降低单位 GDP 的碳排放强度仍是京津冀城市群实现绿色低碳发展的重点。

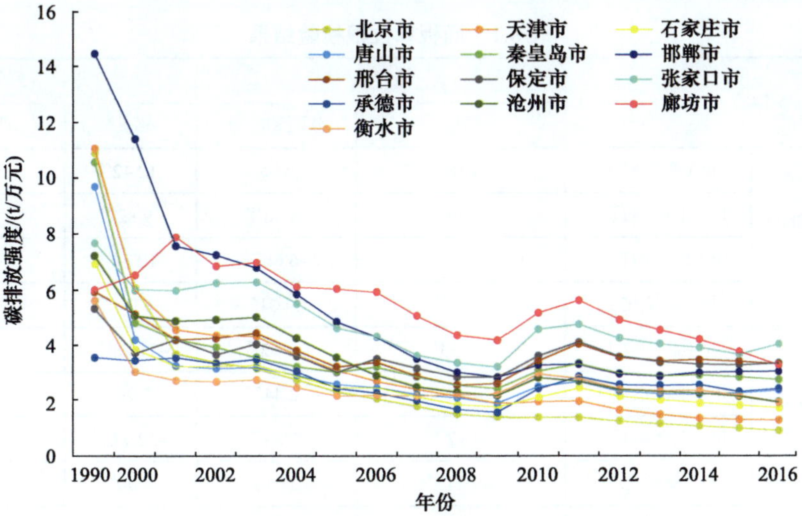

图 8.23 京津冀城市群 13 个城市碳排放强度图

第四节 城市群城镇化与能源消费碳排放耦合规律验证

基于夜间灯光数据反演京津冀城市群 13 个城市能源消费碳排放数据，运用格兰杰因果关系计量经济分析模型分析验证城市群城镇化与能源消费碳排放的交互关系。运用 STIRPAT 实证分析模型定量考察京津冀城市群城镇化对能源消费碳排放影响是否符合 EKC 关系，分析城市群城镇化与能源消费碳排放耦合关系是否符合四类三阶耦合理论曲线。研究发现：京津冀城市群各城市能源消费、经济增长、城镇化与碳排放间均存在长期协整关系，而且四者之间存在长期双向耦合关系；从短期来看，京津冀城市群大力推进城镇化，实现经济的快速增长，不可避免地增加碳排放量；城市群层面的城镇化与能源消费碳排放并不符合 EKC 的倒“U”形曲线关系，从形态上看更符合“U”形曲线关系，四类三阶耦合理论曲线在京津冀城市群层面尚不适用。说明在碳减排政策制定中仍无法完全遵循发达国家已有的经验，需要充分考虑城市群内部不同城市的特质和城镇化所处的阶段。

一、京津冀城市群城镇化与能源消费碳排放的交互关系检验

（一）城镇化与能源消费碳排放单位根检验

长期协整关系检验要求数据是平稳的，因此通过面板单位根检验来考察京津冀城市群城镇化率、人均 GDP、能源消费总量、能源消费碳排放总量是否是平稳的。通过 Levin, Lin & Chu *t* 检验；Im，Pesaran and Shin W-stat 检验；ADF - Fisher Chi-square 检验和 PP - Fisher Chi-square 检验发现四个变量在水平数据上并不平稳，但在一阶差分后均平稳，表明变量包含一个面板单位根。因此，后续数据分析需要用一阶滞后数据。表 8.1 展示了单位根检验的相关结果。

表 8.1　面板单位根检验结果

检验		水平值		一阶差分	
		截距	截距和趋势	截距	截距和趋势
Levin, Lin & Chu *t* 检验	ln（碳排放）	−3.18***	6.05	−12.42***	−8.27***
	ln（能源消费）	−5.79***	−4.46***	−9.82***	−9.74***
	ln（经济增长）	−18.22***	−6.66***	−40.34***	−23.20***
	ln（城镇化）	−8.11***	−24.31***	−6.00***	−4.83***
Im, Pesaran and Shin W-stat 检验	ln（碳排放）	−1.33*	−1.62**	−11.06***	−6.98***
	ln（能源消费）	−4.73***	−2.44***	−7.99***	−8.77***
	ln（经济增长）	−8.92***	−7.83***	−32.97***	−24.21***
	ln（城镇化）	−9.24***	33.16	−4.90***	−2.81***
ADF - Fisher Chi-square 检验	ln（碳排放）	56.74***	53.67***	146.93***	88.84***
	ln（能源消费）	81.93***	108.02***	111.24***	104.69***
	ln（经济增长）	185.92***	108.58***	877.78***	225.64***
	ln（城镇化）	134.76***	−17.17***	69.76***	44.46***
PP - Fisher Chi-square 检验	ln（碳排放）	91.87***	119.88***	184.17***	109.06***
	ln（能源消费）	84.69***	58.07***	323.66***	119.79***
	ln（经济增长）	255.39***	123.34***	1754.27***	258.09***
	ln（城镇化）	161.74***	228.39***	161.93***	94.94***

***表示在 1%的水平上显著；*表示在 10%的水平上显著。

注：ln（碳排放）=lnC；ln（能源消费）=lnEN；ln（经济增长）=lnGDPPC；ln（城镇化）=lnUR。

（二）城镇化与能源消费碳排放关系协整检验

由于变量是一阶差分平稳的，可运用面板 Pedroni 协整检验来考察变量之间的长期协整关系。通过检验发现将所有变量分别作为因变量构建模型，其中 lnC 模型为碳排放，

为因变量，其他因素为自变量；lnEN 模型为能源消费，为因变量，其他因素为自变量；lnGDPPC 模型为经济增长，为因变量，其他因素为自变量；lnUR 模型为城镇化，为因变量，其他因素为自变量。lnC 模型、lnEN 模型、lnGDPPC 模型和 lnUR 模型分别有 6 个、7 个、9 个和 6 个统计量（共 11 个统计量）是显著的，表明城市群各城市能源消费、经济增长、城镇化与碳排放间均存在长期协整关系，而且四者之间存在长期双向耦合关系（表 8.2）。

表 8.2　面板协整检验结果

模型名称		lnC 模型	lnEN 模型	lnGDPPC 模型	lnUR 模型
备择假设：普通 AR 系数（组内维度）	面板 v 统计量	−1.35	0.41	1.63**	−1.8
	面板 rho 统计量	0.68	−1.48*	−2.79***	−1.18
	面板 PP 统计量	−1.67**	−5.57***	−11.23***	−5.67***
	面板 ADF 统计量	−1.84**	−7.16***	−12.06***	−5.67***
	面板 v 统计量（加权统计）	−1.91	−1.9	0.33	−2.03
	面板 rho 统计量（加权统计）	0.67	−0.45	−1.29*	0.29
	面板 PP 统计量（加权统计）	−1.73**	−3.71***	−7.62***	−2.21***
	面板 ADF 统计量(加权统计）	−1.82**	−3.95***	−8.37***	−1.69**
备择假设：个体 AR 系数（组间维度）	组间 rho 统计量	2.29	0.39	−0.4	1.42
	组间 PP 统计量	−1.72**	−5.84***	−10.36***	−2.16**
	组间 ADF 统计量	−1.61**	−5.93***	−10.64***	−1.95**

***表示在 1%的水平上显著；**表示在 5%的水平上显著；*表示在 10%的水平上显著。

（三）城镇化与能源消费碳排放 FMOLS 回归分析

由于协整分析无法获取具体的影响方向，可运用 FMOLS 模型进一步验证变量之间的长期正向或负向关系（表 8.3）。通过计算，发现经济增长和城镇化水平的提升对能源消费和碳排放均存在显著的长期正向影响，说明在京津冀城市群经济增长和城镇化是引起能源消费和碳排放激增的核心驱动因素。同时能源消费也直接导致了碳排放的增加。但是，城镇化水平的提升并不会促进经济增长水平的提升，同时经济增长也不会促进城镇化水平的提升。而能源消费和经济增长在一定程度上促进了城镇化水平的提升。1%的能源消费增加、经济增长和城镇化水平提升将分别带来 0.1589%、0.4441%和 0.5639%的碳排放的提升。1%的经济增长和城镇化水平提升将分别带来 0.3491%和 0.4110%的能源消费的提升。1%的能源消费增加将带来 0.3308%的经济增长水平的提升。1%的能源消费增加和经济增长将分别带来 0.2288%和 0.0906%的城镇化水平的提升。但是这些关系在城市群内 13 个城市的表现形态是差别化的。具体表现如下。

表 8.3　面板 FMOLS 回归结果

项目	lnC 作为因变量			lnEN 作为因变量			lnGDPPC 作为因变量			lnUR 作为因变量		
	lnEN	lnGDPPC	lnUR	lnC	lnGDPPC	lnUR	lnC	lnEN	lnUR	lnC	lnEN	lnGDPPC
总体面板	0.1589***	0.4441***	0.5639***	0.2778***	0.3491***	0.4110***	0.7962***	0.3308***	0.3633	0.2288***	0.0906***	0.0719
北京市	0.7941*	0.7083***	4.461***	0.2607	−0.0725	4.6874***	1.1229**	−0.5408	11.9310***	0.0767***	0.1034***	0.0582***
天津市	−0.0729	0.5037***	0.9549	−0.0993	−0.0815	10.2441***	0.9328*	0.0900	6.3569	0.0216	0.0452	0.0028
石家庄市	0.6461**	0.7561	2.0469	0.9124*	1.2151	1.3638	0.9601	0.8136**	−1.3404	0.2277***	0.1327**	0.0050
唐山市	0.9479*	0.3908	−0.3186	0.1431	0.2142	0.8919	0.8127**	−0.1638	1.7045	0.0115	0.2689	0.0859
秦皇岛市	0.1669**	−0.6315	3.8457**	2.9272**	1.7541	−8.3336	−0.0054	−0.0773	3.5378***	0.1798**	−0.0108	0.1743***
邯郸市	0.5382***	0.7287***	1.6376**	1.3923***	0.6743***	1.2357***	0.8943***	1.0848***	−0.8005	0.3713***	0.5028***	−0.2038
邢台市	−0.1338	0.9015	0.2905	0.0194	1.0204***	0.6268**	−0.0048	0.8948***	0.6991***	0.0595	0.9986***	1.1665***
保定市	−0.2402	1.2730	−0.0397	−0.7095*	−0.1030	3.7507***	0.6573	0.2231	0.6694	0.1738*	0.2068***	0.0905
张家口市	−0.4469	1.4899***	−1.2368	−0.5186*	1.1193*	−0.6040	0.4325***	0.3120	1.5566**	−0.0022	0.0633	0.2365**
承德市	0.5362***	0.8834***	1.8383***	0.8973***	−0.1942	1.0281	0.5598***	−0.1134	2.3425***	0.1291*	0.0578	0.3199***
沧州市	1.0699*	1.0857	0.5697	0.2582***	0.3725**	1.0804**	0.4806***	0.8743***	0.4201	0.06701	0.3055	0.1440
廊坊市	−0.8774	1.2450**	0.2222	0.3127**	0.5211***	0.7829**	0.4264**	0.7813***	0.5098	0.0585	0.2887	0.1690
衡水市	−0.0957	0.5008	0.6754	−0.1437	−0.1311	1.3619**	0.3106**	−0.0557	1.2199***	0.0807	0.2563**	0.4039***

***表示在 1%的水平上显著；**表示在 5%的水平上显著；*表示在 10%的水平上显著。

北京市能源消费、经济增长和城镇化水平的提升对碳排放均存在显著的长期正向影响，说明北京市能源消费、经济增长和城镇化是引起碳排放总量激增的核心驱动因素。同时，城镇化引起能源消费产生正向影响，说明北京市随着城镇化水平的提升引起能源消费的增加。城镇化直接拉动了经济增长水平的提升，1%的城镇化水平增加将带来11.93%的经济增长水平。能源消费和经济增长在一定程度上促进了城镇化水平的提升。

天津市仅经济增长引起了碳排放量的激增。随着城镇化水平的提升更容易引起能源消费量的不断增加，而且这种增长机制较为强烈，1%的城镇化水平增加将带来 10.24%的能源消费的增加。但是能源消费和城镇化水平的提升并不会直接引起经济增长水平的提高。而且能源消费和经济增长也不会对城镇化水平的提升产生作用。

石家庄市能源消费与碳排放存在显著的正向双向关系，说明碳排放与能源消费的激增直接相关。1%的能源消费量增加将带来 0.6461%的碳排放量的提升。同时发现，能源消费也直接引起了经济增长和城镇化水平的提升。1%的能源消费的增加，将分别引起 0.8136%和 0.1327%的经济增长和城镇化水平提升。由于石家庄市重工业比重较高，其能源消费量居高不下，能源消费在一定程度上引起了碳排放、经济增长和城镇化水平的提升。

唐山市的四个影响因素的交互关系并不显著。仅有能源消费的提升引起碳排放的增加，即 1%的能源消费的增加，将引起 0.9479%的碳排放增加。能源消费与碳排放出现明显的同步增加趋势。

秦皇岛市能源消费与碳排放间存在显著的正向双向关系。城镇化与经济增长间也存在显著的正向双向关系。城镇化对经济增长的促进作用显著，1%的城镇化水平提高将引起 3.54%的经济增长水平的提高。同时，1%的经济增长水平提高将引起 0.17%的城镇化水平的提升。

邯郸市能源消费与碳排放存在显著的正向双向关系。同时，经济增长和城镇化水平的提升均对能源消费和碳排放产生显著的正向影响。能源消费的增加在一定程度上促进了经济增长和城镇化水平的提升。例如，1%的能源消费增长将分别引起 1.0848%和 0.5028%的经济增长和城镇化水平的提升。说明邯郸市经济增长和城镇化水平的提升均离不开能源消费支撑。

邢台市经济增长和城镇化水平的提升促进了能源消费的增加。同时，城镇化与经济增长也存在显著的双向长期关系。能源消费对经济增长和城镇化水平的提升均起到显著的正向影响。因此，对邢台市来说，经济发展和城镇化水平的提升对能源消费的依赖较为显著。

保定市城镇化水平与能源消费存在显著的正向双向关系。1%的城镇化水平提升将引起 3.7507%的能源消费的增加。其中，能源消费的增加，将引起 0.2068%城镇化水平的提升。

张家口市经济增长直接引起了碳排放的提升。经济增长引起能源消费量增加。同时，经济增长与碳排放间也存在显著的正向双向关系。而且，城镇化与经济增长间也存在显著的正向双向关系。

承德市能源消费、经济增长和城镇化率均对碳排放的增加起到正向的显著影响。同样，城镇化与经济增长间存在显著的长期双向相关性。在这点上与同在京津冀城市群西北部生态功能区的张家口市相类似。

沧州市能源消费同样起到重要作用，其对碳排放和经济增长均产生显著的正向影响。同时，随着经济增长和城镇化水平的提升也在一定程度上提高了其对能源消费的需求。

廊坊市经济增长直接引发碳排放量的提高，而且作用效果较明显。1%的经济增长水平提高引起 1.2450%的碳排放量增加。随着经济增长和城镇化水平的提升，能源消费总量也将显著增加。同时也发现，廊坊市经济增长对能源消费的需求也较为显著。

衡水市城镇化对能源消费的影响较为显著，产生显著的正向影响。城镇化与经济增长的关系是正向的双向关系。1%的城镇化水平提高将引起 1.2199%的经济增长水平的提升。

（四）城镇化与能源消费碳排放的格兰杰因果关系检验

由于模型是协整的，因此格兰杰因果关系检验方法可以选用基于 VECM 的模型，其研究结果如表 8.4 所示。同时，为了清晰地展示四个变量之间的交互关系，通过图 8.24 的示意图对四个变量之间的交互关系进行了图示表达。从长期因果关系来看，基于模型误差校正项[ect（–1）]的研究结果表明，城镇化、经济增长、能源消费与碳排放之间存在长期双向因果关系，说明长期来看这四个变量之间的关系显著正相关。

表 8.4　面板格兰杰因果关系检验结果

因变量	自变量				
	短期因果关系				长期因果关系
	ΔlnC	ΔlnEN	ΔlnGDPPC	ΔlnUR	ect（–1）
ΔlnC	—	0.3977	4.6217*	9.6176***	–0.0197**
ΔlnEN	4.4287*	—	11.1394***	0.3567	–0.9986***
ΔlnGDPPC	15.8001***	6.4764**	—	1.3139	–0.2125***
ΔlnUR	2.8375	11.9146***	2.9249	—	–0.0317***

***表示在 1%的水平上显著；**表示在 5%的水平上显著；*表示在 10%的水平上显著。

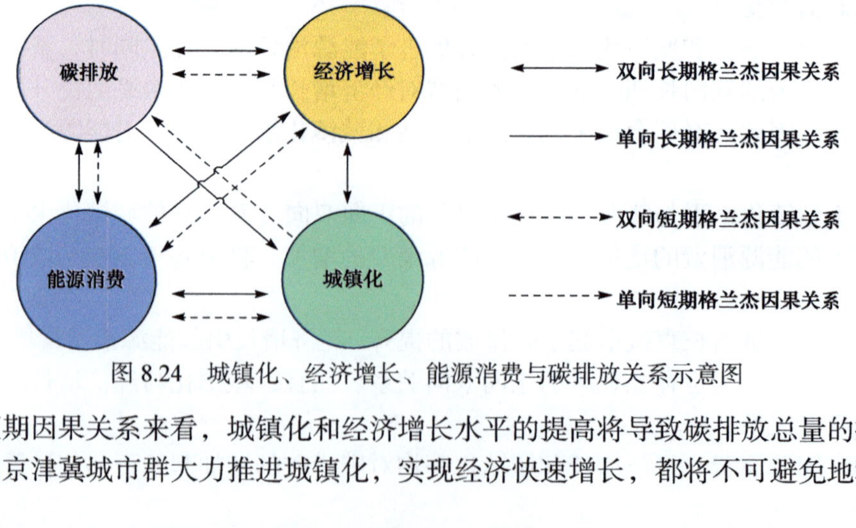

图 8.24　城镇化、经济增长、能源消费与碳排放关系示意图

从短期因果关系来看，城镇化和经济增长水平的提高将导致碳排放总量的提升，说明短期内京津冀城市群大力推进城镇化，实现经济快速增长，都将不可避免地增加碳排

放量。同时发现，经济增长直接导致了能源消费总量的提升，说明能源消费对经济增长起到了重要的支撑作用。能源消费为经济增长和城镇化发展提供了助推器，促进了经济发展和城镇化水平的提升。

（五）城镇化与能源消费碳排放关系的方差分解

通过方差分解方法考察不同模型下各变量影响的贡献性（表 8.5）。能源消费对碳排放的影响最大，随后是经济增长，能源消费与经济增长的贡献度趋于类似，城镇化水平的作用最弱。经济增长对能源消费增加的影响贡献性最大，达到 45%左右，说明京津冀城市群经济增长仍是推动能源消费激增的第一大推手。同时，能源消费对经济增长和城镇化水平提升的贡献性最大。

表 8.5 方差分解结果

碳排放方差					
时间	标准差	碳排放	能源消费	经济增长	城镇化
1	0.0932	100.0000	0.0000	0.0000	0.0000
5	0.1871	95.0429	2.6728	2.2308	0.0534
10	0.2569	95.3563	2.3995	2.2004	0.0438
能源消费方差					
时间	标准差	碳排放	能源消费	经济增长	城镇化
1	0.1710	0.1508	99.8492	0.0000	0.0000
5	0.2268	0.3109	66.1067	32.8717	0.7108
10	0.2715	0.3030	53.5936	45.1343	0.9691
经济增长方差					
时间	标准差	碳排放	能源消费	经济增长	城镇化
1	0.0711	6.4354	1.3659	92.1987	0.0000
5	0.1220	2.9930	12.7461	84.1626	0.0983
10	0.1663	1.8941	14.0027	84.0120	0.0912
城镇化方差					
时间	标准差	碳排放	能源消费	经济增长	城镇化
1	0.0094	7.8619	1.3058	9.8847	80.9476
5	0.0207	9.0752	11.9072	2.2293	76.7883
10	0.0292	8.3998	14.1310	1.2045	76.2646

二、京津冀城市群城镇化与能源消费碳排放 EKC 曲线的验证

（一）城镇化与能源消费碳排放 EKC 关系检验 STIRPAT 模型

EKC 关系检验目前最为常用的方法为 STIRPAT 模型，京津冀城市群城镇化和碳排

放 EKC 关系与四类三阶耦合理论曲线验证也以模型为基础。Ehrlich 和 Holdren（1971）提出 IPAT 模型来说明影响环境压力的驱动要素，即 $I = PAT$。这里 I 为环境压力，P 为人口，A 为财富水平，T 为技术水平。IPAT 模型以一种简洁明了的方式考察了环境压力的影响因素。以此模型为基础，Dietz 和 Rosa（1994）发展了 STIRPAT 模型。STIRPAT 模型保持了环境压力与人口、财富水平和技术水平的关系，但是进行了一些改进以克服 IPAT 模型的弱点。具体是它拒绝了单位弹性的假设，同时为了实证分析的方便其加上了随机因素。而且 STIRPAT 模型可以用来考察多个驱动因素对环境的影响，如城镇化、产业结构和能源结构等。由于这种灵活性，扩展的 STIRPAT 模型用于分析本例中城镇化对能源消费碳排放的影响机理。STIRPAT 模型可以表达为

$$I=aP^{b}A^{c}T^{d}e \tag{8.1}$$

式中，I、P、A 和 T 与在 IPAT 模型中含义一致，a、b、c 和 d 为待估参数。e 为随机误差。IPAT 公式可以被视为一种特殊类型的 STIRPAT 模型，其中 $a = b = c = d = 1$。在实践中式（8.1）可以转化为对数形式：

$$\ln I = \ln a + b\ln P + c\ln A + d\ln T + \ln e \tag{8.2}$$

式中，ln（·）是自然对数。以此种形式，b、c 和 d 可以视为弹性系数，即当其他因素不变的情况下驱动因素 1%的变化对环境影响变化的百分比。STIRPAT 模型允许增加其他因素来分析其对环境压力的影响。但是这些因素应该符合式（8.1）中的乘数形式。为了进一步考察本例中的特殊性，结合已有的相关研究，将城镇化水平、产业结构、对外开放度考虑进模型。因此，扩展的 STIRPAT 模型可以表达为

$$\ln I = a_0 + a_1\ln P_S + a_2\ln P_C + a_3\ln A + a_4\ln T + a_5\ln G + a_6\ln F + a_7\ln W \tag{8.3}$$

式中，I 为 CO_2 排放量；P_S 为总人口；P_C 为人口城镇化水平；A 为富裕水平（通过人均 GDP 表征）；T 为技术水平（通过碳排放强度，即单位 GDP 的 CO_2 排放量）；G 为工业化水平（通过第二产业产值比重来表征）；F 为服务业水平（通过第三产业产值比重来表征）；W 为对外开放度（通过进出口占 GDP 的比重来表征）。

为了考察 EKC 的存在性，将城镇化的平方引入式（8.3）：

$$\begin{aligned}\ln I = {} & a_0 + a_1\ln P_S + a_2\ln P_C + a_3\ln P_C^{\,2} + a_4\ln A + a_5\ln T + a_6\ln G \\ & + a_7\ln F + a_8\ln W\end{aligned} \tag{8.4}$$

（二）京津冀城市群层面城镇化与能源消费碳排放的 EKC 关系检验

运用上述计算公式，表 8.6 展示了京津冀城市群尺度城镇化与能源消费碳排放 EKC 关系检验的结果。通过 Hausman 检验发现固定效应模型更适合京津冀城市群地级城市的数据分析。因此，选用面板数据固定效应模型来进行后续分析。从结果来看，由于城镇化水平 P_C 的系数显著为负，而城镇化水平的平方值 P_C^2 的系数显著为正，说明京津冀城市群城镇化与能源消费碳排放并不符合 EKC 的倒“U”形曲线关系，从形态上看更符合“U”形曲线关系。因此，城镇化与能源消费碳排放交互关系的四类三段理论曲线在京津冀城市群尚不适用，但是内部城市的适用性仍需进一步验证。

表 8.6 京津冀城市群城镇化与能源消费碳排放 EKC 关系检验结果

变量	系数	标准差	t 检验	p 值	[95%系数区间]	
P_S	−0.2390	0.3361	−0.71	0.478	−0.9016	0.4235
P_C	−2.5082	0.5602	−4.48	0.000	−3.6124	−1.4039
P_C^2	0.4887	0.0878	5.56	0.000	0.3154	0.6619
A	0.6373	0.0618	10.31	0.000	0.5154	0.7592
T	0.2144	0.0925	2.32	0.021	0.0320	0.3968
G	0.1721	0.0780	2.21	0.028	0.0183	0.3260
F	0.1824	0.1386	1.32	0.190	−0.0909	0.4558
W	−0.0821	0.0331	−2.47	0.014	−0.1475	−0.0166
_cons	4.2424	2.5737	1.65	0.101	−0.8308	9.3156
R^2	0.9335					
F（8,213）	373.86					
chi2（8）=（b-B）'[（V_b-V_B）^（-1）]（b-B）	32.19					
Prob>chi2	0.0001					

注：P_S 为总人口；PC 为人口城镇化水平；PC^2 为人口城镇化水平的平方；A 为富裕水平（通过人均 GDP 表征）；T 为技术水平（通过碳排放强度，即单位 GDP 的 CO_2 排放量）；G 为工业化水平（通过第二产业产值比重来表征）；F 为服务业水平（通过第三产业产值比重来表征）；W 为对外开放度（通过进出口占 GDP 的比重来表征）；_cons 为常数项。

从影响系数的显著性水平来看，除总人口和第三产业比重不显著外，其他要素均显著，而且模型的拟合优度 R^2 高达 0.9335，说明遴选的驱动要素对京津冀城市群的能源消费碳排放的影响具有很好的解释作用。人均 GDP 对碳排放具有显著的正向影响，说明京津冀城市群人均经济增长对碳排放具有直接的影响，并未达到随人均 GDP 增加碳排放逐步降低的阶段。单位 GDP 能耗的影响系数也是显著正相关，说明能耗越高地区越容易导致碳排放的增加，目前的技术进步也并未起到碳减排的目的。第二产业占 GDP 的比重对碳排放同样具有显著的正向影响，表明京津冀城市群重工业发展问题导致碳排放量一直居高不下。以进出口占 GDP 的比重来表征的对外开放度也对碳排放变化起到显著的正向影响，说明通过进出口贸易拉动型的经济增长方式仍是京津冀城市群经济发展的核心模式，而在此模式下，碳排放减排面临巨大压力。

（三）城市层面城镇化与能源消费碳排放的 EKC 关系检验

进一步考察京津冀城市群内部各城市的差异性，对不同城市城镇化与能源消费碳排放的 EKC 关系做了计量分析，结果如表 8.7 所示。由表 8.7 看出，仅有张家口市和沧州市符合 EKC 曲线所述的城镇化与能源消费碳排放的倒“U”形关系，这说明城市群内部部分城市符合城镇化与能源消费碳排放交互的四类三段理论曲线。另外，唐山市符合“U”形曲线规律，其他城市均不符合 EKC 曲线假说。

从影响因素的差别化来看，北京市的总人口量，第二、第三产业产值比重以及对外开放度对其碳排放起到显著的正向影响。天津市仅第二、第三产业产值比重对其碳排放起到显著的正向影响。而石家庄市和保定市的影响因素均不显著。唐山市除对外开放度的影响不显著外，其他所有变量均对其碳排放有显著影响。秦皇岛也仅有总人口量对其碳排放有显著影响。邯郸市的总人口量、单位 GDP 碳排放量和第三产业产值比重对其碳排放有显著影响。邢台市的总人口量、单位 GDP 碳排放量对其碳排放有显著影响。张家口市的对外开放度对其碳排放也有显著影响。承德市的人均 GDP 和第三产业产值比重对其碳排放有显著影响。廊坊市单位 GDP 碳排放量对其碳排放有显著影响。衡水市的人均 GDP 和第三产业产值比重对其碳排放有显著影响。由此可见，不同影响因素对不同城市的影响差异巨大，这表明碳减排政策制定中需要充分考虑城市本身的特质和差异性。

表 8.7 京津冀城市群各城市城镇化与能源消费碳排放 EKC 关系检验结果

C	Coef.	Std. Err.	t	$P>t$	[95% Conf.Interval]	
北京市	R^2=0.9961					
P_S	2.6980	0.5799	4.6500	0.0010	1.3862	4.0097
P_C	5.0588	31.9385	0.1600	0.8780	−67.1912	77.3087
P_C^2	−0.3231	3.4941	−0.0900	0.9280	−8.2273	7.5812
A	−0.3312	0.2466	−1.3400	0.2120	−0.8890	0.2266
T	0.0060	0.1040	0.0600	0.9550	−0.2293	0.2413
G	1.6257	0.2937	5.5300	0.0000	0.9612	2.2901
F	2.0195	0.3613	5.5900	0.0000	1.2023	2.8367
W	−0.2441	0.0679	−3.6000	0.0060	−0.3976	−0.0906
_cons	−36.1247	75.8904	−0.4800	0.6450	−207.8006	135.5512
天津市	R^2=0.9947					
P_S	0.9525	1.0065	0.9500	0.3690	−1.3244	3.2294
P_C	7.4008	47.3405	0.1600	0.8790	−99.6908	114.4924
P_C^2	−0.9367	5.5869	−0.1700	0.8710	−13.5753	11.7018
A	0.5954	0.6481	0.9200	0.3820	−0.8707	2.0614
T	0.3288	0.6579	0.5000	0.6290	−1.1595	1.8171
G	2.6871	1.0433	2.5800	0.0300	0.3271	5.0472
F	2.2331	0.8168	2.7300	0.0230	0.3853	4.0808
W	−0.1861	0.1623	−1.1500	0.2810	−0.5533	0.1811
_cons	−37.2744	103.9517	−0.3600	0.7280	−272.4295	197.8808
石家庄市	R^2=0.9816					
P_S	10.0235	13.2708	0.7600	0.4690	−19.9972	40.0442
P_C	24.5179	22.1125	1.1100	0.2960	−25.5040	74.5397
P_C^2	−2.7738	2.7349	−1.0100	0.3370	−8.9606	3.4129
A	−0.1075	1.6198	−0.0700	0.9490	−3.7717	3.5567
T	1.3642	1.4416	0.9500	0.3690	−1.8970	4.6254
G	−2.0170	3.9318	−0.5100	0.6200	−10.9112	6.8773
F	−1.3150	3.2556	−0.4000	0.6960	−8.6797	6.0497
W	0.1887	0.1768	1.0700	0.3140	−0.2113	0.5888
_cons	−102.3990	84.5354	−1.2100	0.2570	−293.6314	88.8334

续表

C	Coef.	Std. Err.	t	P>t	[95% Conf.Interval]	
唐山市	R^2=0.996					
P_S	−83.6140	28.1970	−2.9700	0.0160	−147.4000	−19.8280
P_C	−23.5436	4.6307	−5.0800	0.0010	−34.0191	−13.0682
P_C^2	5.2567	1.1099	4.7400	0.0010	2.7459	7.7676
A	4.7260	1.3764	3.4300	0.0070	1.6123	7.8397
T	4.8999	1.6958	2.8900	0.0180	1.0637	8.7362
G	1.1888	0.4333	2.7400	0.0230	0.2085	2.1691
F	0.8357	0.4226	1.9800	0.0790	−0.1202	1.7916
W	−0.0451	0.1639	−0.2800	0.7890	−0.4159	0.3256
_cons	508.3049	160.5155	3.1700	0.0110	145.1937	871.4162
秦皇岛市	R^2=0.9893					
P_S	8.5077	3.4672	2.4500	0.0370	0.6643	16.3511
P_C	9.3604	12.0637	0.7800	0.4580	−17.9295	36.6503
P_C^2	−0.9021	1.5258	−0.5900	0.5690	−4.3537	2.5495
A	−0.1194	0.2653	−0.4500	0.6630	−0.7195	0.4807
T	0.9898	0.6328	1.5600	0.1520	−0.4416	2.4211
G	0.3865	0.9147	0.4200	0.6830	−1.6827	2.4556
F	0.3519	0.7592	0.4600	0.6540	−1.3655	2.0694
W	0.3034	0.2356	1.2900	0.2300	−0.2296	0.8363
_cons	−67.8724	36.1815	−1.8800	0.0930	−149.7208	13.9759
邯郸市	R^2=0.9939					
P_S	13.7989	2.7962	4.9300	0.0010	7.4736	20.1243
P_C	−5.8298	3.8625	−1.5100	0.1650	−14.5673	2.9078
P_C^2	0.7979	0.5500	1.4500	0.1810	−0.4462	2.0420
A	0.2150	0.2191	0.9800	0.3520	−0.2806	0.7107
T	0.5930	0.2656	2.2300	0.0520	−0.0079	1.1939
G	−0.0630	1.0082	−0.0600	0.9520	−2.3438	2.2178
F	−1.1589	0.4155	−2.7900	0.0210	−2.0988	−0.2190
W	−0.1412	0.1587	−0.8900	0.3970	−0.5002	0.2178
_cons	−73.5069	17.7343	−4.1400	0.0030	−113.6247	−33.3891
邢台市	R^2=0.9907					
P_S	10.6627	5.7907	1.8400	0.0990	−2.4369	23.7622
P_C	1.4062	6.0085	0.2300	0.8200	−12.1859	14.9983
P_C^2	0.1148	0.8671	0.1300	0.8980	−1.8467	2.0763
A	0.4970	0.4063	1.2200	0.2520	−0.4220	1.4161
T	1.2746	0.6052	2.1100	0.0640	−0.0944	2.6436

续表

C	Coef.	Std. Err.	t	$P>t$	[95% Conf.Interval]	
G	0.1670	1.4081	0.1200	0.9080	−3.0182	3.3523
F	−1.2265	0.8026	−1.5300	0.1610	−3.0421	0.5890
W	−0.2505	0.1785	−1.4000	0.1940	−0.6543	0.1532
_cons	−72.9822	35.2249	−2.0700	0.0680	−152.6665	6.7022
保定市	R^2=0.9849					
P_S	21.6681	21.1162	1.0300	0.3320	−26.1000	69.4362
P_C	−4.2854	7.0898	−0.6000	0.5600	−20.3236	11.7529
P_C^2	0.3534	1.2599	0.2800	0.7850	−2.4968	3.2035
A	0.3775	0.8841	0.4300	0.6790	−1.6225	2.3774
T	0.0500	1.5196	0.0300	0.9740	−3.3876	3.4876
G	0.1206	2.1905	0.0600	0.9570	−4.8347	5.0759
F	−0.9343	1.3704	−0.6800	0.5130	−4.0344	2.1657
W	0.0461	0.2065	0.2200	0.8280	−0.4211	0.5132
_cons	−133.4123	137.3649	−0.9700	0.3570	−444.1532	177.3287
张家口市	R^2=0.996					
P_S	−26.8526	15.8917	−1.6900	0.1250	−62.8020	9.0969
P_C	16.3143	6.6971	2.4400	0.0380	1.1645	31.4641
P_C^2	−1.4241	0.8227	−1.7300	0.0970	−3.2852	0.4370
A	0.2580	0.1871	1.3800	0.2010	−0.1653	0.6812
T	0.6858	0.4688	1.4600	0.1780	−0.3748	1.7463
G	−0.6290	0.4535	−1.3900	0.1990	−1.6549	0.3969
F	0.4665	0.2836	1.6500	0.1340	−0.1750	1.1080
W	−0.2475	0.0587	−4.2200	0.0020	−0.3803	−0.1147
_cons	125.9938	89.1209	1.4100	0.1910	−75.6117	327.5992
承德市	R^2=0.9968					
P_S	19.4457	17.6782	1.1000	0.3000	−20.5451	59.4365
P_C	−1.0866	6.0422	−0.1800	0.8610	−14.7550	12.5819
P_C^2	−0.2952	0.7492	−0.3900	0.7030	−1.9900	1.3996
A	1.5726	0.7272	2.1600	0.0590	−0.0725	3.2177
T	0.2783	0.6983	0.4000	0.7000	−1.3013	1.8579
G	0.0918	0.4018	0.2300	0.8240	−0.8170	1.0007
F	1.8596	0.3989	4.6600	0.0010	0.9573	2.7619
W	−0.0678	0.0651	−1.0400	0.3250	−0.2151	0.0795
_cons	−121.8201	104.4135	−1.1700	0.2730	−358.0198	114.3796
沧州市	R^2=0.9967					
P_S	12.9093	1.4842	8.7000	0.0000	9.5518	16.2668

续表

C	Coef.	Std. Err.	*t*	*P*>*t*	[95% Conf.Interval]	
P_C	12.0638	2.7383	4.4100	0.0020	5.8693	18.2583
P_C^2	−1.6242	0.4029	−4.0300	0.0030	−2.5356	−0.7127
A	−0.3776	0.1704	−2.2200	0.0540	−0.7631	0.0079
T	0.0591	0.1817	0.3300	0.7520	−0.3518	0.4701
G	0.0941	0.7582	0.1200	0.9040	−1.6210	1.8092
F	−0.0691	0.4636	−0.1500	0.8850	−1.1177	0.9795
W	−0.7018	0.1343	−5.2300	0.0010	−1.0055	−0.3981
_cons	−95.0596	10.1853	−9.3300	0.0000	−118.1002	−72.0189
廊坊市	R^2=0.988					
P_S	18.3267	19.1192	0.9600	0.3630	−24.9241	61.5774
P_C	−5.9610	11.9565	−0.5000	0.6300	−33.0084	21.0864
P_C^2	0.9330	1.4673	0.6400	0.5410	−2.3863	4.2523
A	0.8605	0.9046	0.9500	0.3660	−1.1858	2.9068
T	2.1745	0.8297	2.6200	0.0280	0.2976	4.0514
G	0.0075	0.8178	0.0100	0.9930	−1.8424	1.8575
F	−1.6987	1.5320	−1.1100	0.2960	−5.1643	1.7669
W	−1.0232	0.7474	−1.3700	0.2040	−2.7140	0.6676
_cons	−100.7834	88.8342	−1.1300	0.2860	−301.7403	100.1735
衡水市	R^2=0.9962					
P_S	−1.6090	6.1669	−0.2600	0.8000	−15.5594	12.3415
P_C	−2.6587	2.0631	−1.2900	0.2300	−7.3258	2.0083
P_C^2	0.8052	0.3658	2.2000	0.0550	−0.0224	1.6327
A	0.2865	0.1297	2.2100	0.0550	−0.0069	0.5798
T	0.9847	0.5582	1.7600	0.1120	−0.2780	2.2474
G	1.1307	0.9150	1.2400	0.2480	−0.9392	3.2007
F	−0.9595	0.2832	−3.3900	0.0080	−1.6002	−0.3189
W	−0.0461	0.1796	−0.2600	0.8030	−0.4524	0.3602
_cons	9.3817	37.2131	0.2500	0.8070	−74.8002	93.5636

注：P_S为总人口；P_C为人口城镇化水平；P_C^2为城镇化水平的平方；*A* 为富裕水平（通过人均 GDP 表征）；*T* 为技术水平（通过碳排放强度，即单位 GDP 的 CO_2 排放量）；*G* 为工业化水平（通过第二产业产值比重来表征）；*F* 为服务业水平（通过第三产业产值比重来表征）；*W* 为对外开放度（通过进出口占 GDP 的比重来表征）；_cons 为常数项。

三、京津冀城市群城镇化与能源消费碳排放关系分析的政策启示

（1）经济增长是京津冀城市群能源消费和碳排放总量增加最为重要的影响因素。因此，地方政府在进行经济增长和气候变化目标权衡时仍面临保增长与碳减排的双重压力。同时，既要实现经济的高质量增长又要实现碳减排目标，在当前环境下京津冀城市群必

须考虑走绿色发展之路。

（2）尽管能源消费是碳排放最为主要的来源，但是结果并未发现二者间存在明显的短期双向因果关系。由此可见，对京津冀城市群而言能源消费对碳排放的影响在短期内是并不显著，而长期来看二者显著相关。

（3）城镇化在短期内既会导致能源消费总量的激增，也会导致 CO_2 排放总量的增加。因此，发展城镇化将在一定程度上将限制碳减排目标的实现，同时适当降低城镇化发展速度将在一定程度上有助于实现能源消费总量的压缩，并实现碳减排目标。

（4）京津冀城市群内部的空间异质性较大，尤其是其中包含了北京市和天津市两大直辖市。不同城市的发展阶段差别非常大，因此不同因素之间的交互关系显著不同。因此，设计差别化的政策措施是有效增强政策实施效果的可行途径之一。

（5）京津冀城市群城镇化与能源消费碳排放间并不符合 EKC 假说所述的“倒 U”曲线关系，而是符合“U”形曲线关系，说明当前城市群并未达到相应的拐点，碳排放与城镇化的关系并未出现明显的拐点仍处于正相关阶段。但城市群内部部分城市符合 EKC 假说。因此，在碳减排政策制定中仍无法完全遵循发达国家已有的经验，需要充分考虑不同城市的特质和城镇化所处的阶段。

参考文献

林伯强，刘希颖. 2010. 中国城市化阶段的碳排放：影响因素和减排策略. 经济研究, 8: 66-78.

Al-mulali U, Binti Che Sab C N, Fereidouni H G. 2012. Exploring the bi-directional long run relationship between urbanization, energy consumption, and carbon dioxide emission. Energy, 46: 156-167.

Behera S R, Dash D P. 2017. The effect of urbanization, energy consumption, and foreign direct investment on the carbon dioxide emission in the SSEA(South and Southeast Asian) region. Renewable and Sustainable Energy Reviews, 70: 96-106.

Chen L, Xu L, Yang Z. 2017. Accounting carbon emission changes under regional industrial transfer in an urban agglomeration in China's Pearl River Delta. Journal of Cleaner Production, 167: 110-119.

Chikaraishi M, Fujiwara A, Kaneko S, et al. 2015.The moderating effects of urbanization on carbon dioxide emissions: A latent class modeling approach. Technological Forecasting and Social Change, 90: 302-317.

Cole M, Neumayer E. 2004. Examining the impact of demographic factors on air pollution. Population and Environment, 26: 5-21.

Dhakal S. 2009.Urban energy use and carbon emissions from cities in China and policy implications. Energy Policy, 37: 4208-4219.

Dietz T, Rosa E A. 1994. Rethinking the environmental impacts of population, affluence and technology. Human Ecology Review, 1: 277-300.

Ding Y, Li F. 2017.Examining the effects of urbanization and industrialization on carbon dioxide emission: evidence from China's provincial regions. Energy, 125: 533-542.

Dodman D. 2009. Blaming cities for climate change? An analysis of urban greenhouse gas emissions inventories. Environment and Urbanization, 21: 185-201.

Ehrlich P R, Holdren J P. 1971. Impact of population growth. Science, 171: 1212-1217.

Fan Y, Liu L C, Wu G, et al. 2006.Analyzing impact factors of CO_2 emissions using the STIRPAT model. Environmental Impact Assessment Review, 26: 377-395.

Gu C, Hu L, Zhang X, et al. 2011.Climate change and urbanization in the Yangtze River Delta. Habitat

International, 35: 544-552.

Jones D.W. 1991. How urbanization affects energy-use in developing countries. Energy Policy, 19(7):621-630.

Larivière I, Lafrance G. 1999. Modelling the electricity consumption of cities: effect of urban density. Energy Economics, 21: 53-66.

Li B, Yao R. 2009.Urbanisation and its impact on building energy consumption and efficiency in China. Renewable Energy, 34: 1994-1998.

Liddle B. 2004. Demographic dynamics and per capita environmental impact: using panel regressions and household decompositions to examine population and transport. Population and Environment, 26: 23-39.

Liddle B, Lung S. 2010.Age-structure, urbanization, and climate change in developed countries: revisiting STIRPAT for disaggregated population and consumption-related environmental impacts. Population and Environment, 31: 317-343.

Lin B, Benjamin N I. 2017.Influencing factors on carbon emissions in China transport industry. A new evidence from quantile regression analysis. Journal of Cleaner Production, 150: 175-187.

Lin S, Wang S, Marinova D, et al. 2017. Impacts of urbanization and real economic development on CO_2 emissions in non-high income countries: Empirical research based on the extended STIRPAT model. Journal of Cleaner Production, 166: 952-966.

Lin S, Zhao D, Marinova D. 2009. Analysis of the environmental impact of China based on STIRPAT model. Environmental Impact Assessment Review, 29: 341-347.

Liu X, Bae J. 2018. Urbanization and industrialization impact of CO_2 emissions in China. Journal of Cleaner Production, 172: 178-186.

Liu Y. 2009. Exploring the relationship between urbanization and energy consumption in China using ARDL (autoregressive distributed lag) and FDM (factor decomposition model). Energy, 34: 1846-1854.

Martínez-Zarzoso I, Maruotti A. 2011. The impact of urbanization on CO_2 emissions: Evidence from developing countries. Ecological Economics, 70: 1344-1353.

Pachauri S, Jiang L. 2008.The household energy transition in India and China. Energy Policy, 36: 4022-4035.

Parikh J, Shukla V. 1995. Urbanization, energy use and greenhouse effects in economic development: Results from a cross-national study of developing countries. Global Environmental Change, 5(2): 87-103.

Peng J, Tian L, Liu Y, et al. 2017.Ecosystem services response to urbanization in metropolitan areas: thresholds identification. Science of The Total Environment, 607-608: 706-714.

Poumanyvong P, kaneko S. 2010. Does urbanization lead to less energy use and lower CO_2 emission?A cross-country analysis. Ecological Economics, 70(2): 434-444.

Shafiei S, Salim RA. 2014. Non-renewable and renewable energy consumption and CO_2 emissions in OECD countries: a comparative analysis. Energy Policy, 66: 547-556.

Shen L, Cheng S, Gunson AJ, et al. 2005. Urbanization, sustainability and the utilization of energy and mineral resources in China. Cities, 22: 287-302.

Sheng P, Guo X. 2016. The long-run and short-run impacts of urbanization on carbon dioxide emissions. Economic Modelling, 53: 208-215.

Shi X, Li X. 2018. Research on three-stage dynamic relationship between carbon emission and urbanization rate in different city groups. Ecological Indicators, 91: 195-202.

Wang D, Xu H, Li X. 2015. How to reduce local government decision-making competition in China's new urbanization process. Kybernetes, 44: 671-691.

Wang Z-H, Zeng H-L, Wei Y-M, et al. 2012. Regional total factor energy efficiency: An empirical analysis of industrial sector in China. Applied Energy, 97: 115-123.

Wu Y, Shen J, Zhang X, et al. 2016. The impact of urbanization on carbon emissions in developing countries:

A Chinese study based on the U-Kaya method. Journal of Cleaner Production, 135: 589-603.

Xu B, Lin B. 2015. How industrialization and urbanization process impacts on CO_2 emissions in China: Evidence from nonparametric additive regression models. Energy Economics, 48: 188-202.

Xu B, Lin B. 2016. Reducing carbon dioxide emissions in China's manufacturing industry: A dynamic vector autoregression approach. Journal of Cleaner Production, 131: 594-606.

Xu H, Zhang W. 2016. The causal relationship between carbon emissions and land urbanization quality: A panel data analysis for Chinese provinces. Journal of Cleaner Production, 137: 241-248.

York R. 2007. Demographic trends and energy consumption in European Union Nations, 1960–2025. Social Science Research, 36: 855-872.

York R, Rosa E A, Dietz T. 2003. STIRPAT, IPAT and ImPACT: analytic tools for unpacking the driving forces of environmental impacts. Ecological Economics, 46: 351-365.

Yuan B, Ren S, Chen X. 2015. The effects of urbanization, consumption ratio and consumption structure on residential indirect CO_2 emissions in China: A regional comparative analysis. Applied Energy, 140: 94-106.

Zhang C, Lin Y. 2012. Panel estimation for urbanization, energy consumption and CO_2 emissions: A regional analysis in China. Energy Policy, 49: 488-498.

Zhang G, Zhang N, Liao W. 2018. How do population and land urbanization affect CO_2 emissions under gravity center change? A spatial econometric analysis. Journal of Cleaner Production, 202: 510-523.

Zhang N, Yu K, Chen Z. 2017. How does urbanization affect carbon dioxide emissions? A cross-country panel data analysis. Energy Policy, 107: 678-687.

Zhou Y, Liu Y. 2016. Does population have a larger impact on carbon dioxide emissions than income? Evidence from a cross-regional panel analysis in China. Applied Energy, 180: 800-809.

Zhu H M, You W H, Zeng Z f. 2012. Urbanization and CO_2 emissions: A semi-parametric panel data analysis. Economics Letters, 117: 848-850.

第九章　城市群地区城镇化与经济发展的耦合机理及规律

城市群作为城镇化的主体在促进经济发展中起到了重要作用。城市群地区城镇化与经济发展之间存在着复杂的交互作用及对数耦合关系，理论上城镇化与经济发展遵循四阶段协同论，产业转型转移与生态环境之间存在着耦合关系，城市群产业转型与生态环境质量之间呈现出一条“U”形曲线。通过梳理城镇化与经济发展之间的内在理论关系，构建城镇化与经济发展综合评价指标体系，借助耦合协调度模型和地理探测器因子探测方法，分析京津冀城市群城镇化与经济发展之间的耦合协调关系演变过程及内在机理，揭示城市群产业转型转移与生态环境的时空演变特征及规律。研究发现：京津冀城市群城镇化和经济发展的综合水平都呈现稳步增长趋势，京、津两市与河北城市之间存在显著差距；京津冀城市群城镇化与经济发展综合水平呈现明显的正相关趋势，两者相互促进；经济滞后是京津冀城市群城镇化与经济发展耦合协调水平提升的关键阻力，除北京、天津之外的其他城市均在不同阶段出现了经济滞后类型；京津冀城市群城镇化与经济的交互影响都非常显著，特别是经济结构对城镇化的影响、经济城镇化对经济发展的影响表现比较突出；城市群产业转型转移态势明显且地域差异显著，对生态环境质量产生了显著影响。加快提高城市群及河北省各城市的经济综合水平，推进城市群产业转型转移步伐，是未来一段时间京津冀城市群提升城镇化与经济耦合协调水平的重点方向。

第一节　城市群地区城镇化与经济发展及产业转移转型研究综述

过去，已经有很多学者对城镇化与经济发展之间的关系进行了研究。近些年来，对城市群地区的城镇化与经济发展、产业转移转型之间关系的研究也在不断增多。通过阅读大量文献，从城镇化与经济发展的耦合关系、城镇化发展与产业转型转移等方面，对现有研究进展进行文献综述。

一、城镇化与经济发展的耦合关系

（一）城镇化与经济发展的互促关系

国内外大量学者对城镇化与经济发展之间的关系进行研究，发现二者之间呈明显的正相关关系，经济增长必然带来城镇化水平的提高，而城镇化水平的提高又会加速经济增长（许学强等，2009）。1965 年，美国地理学家贝里选用了 95 个国家的 43 个变量进行主成分分析，证明了经济增长与城市化之间的正相关关系。美国经济学家兰帕德在《经济发展和文化变迁》第三卷中发表了一篇名为“经济发达地区城市发展历史”的文章，指出“近百年来，美国城市发展与经济增长之间呈现一种非常显著的正相关，经济发展程度与城市化阶段之间有很大的一致性”。Moomaw 和 Shatter（1996）对 90 个经济体的回归分析显示，城镇化水平与人均 GDP、工业化水平等指标之间呈显著正相关。Henderson（2002）对多个国家的研究发现，城镇化率与人均 GDP 的相关系数为 0.85，并认为要保持城镇化与经济增长的正相关性，需要为城镇发展提供制度性和政策性支持。McCoskey 和 Kao（1998）利用 30 个发展中国家及 22 个发达国家的面板数据，对城市化与人均产出和人均资本之间的关系进行了动态计量分析，结果表明，城市化与人均产出和人均资本之间存在着长期均衡关系。国内实证分析文献中，学者们采用传统的回归模型方法、空间计量模型或者随机模型等进行研究，几乎都得出城镇化与经济增长正相关的结论。项本武和张鸿武（2013）使用 1995～2010 年中国 29 个省（自治区、直辖市）的面板数据，得出城市化率每提高 1 个百分点，可带动经济增长 2.33 个百分点的结论。

（二）城镇化与经济发展的对数关系

美国城市学家 Northam（1975）提出城镇化水平与经济发展水平之间是一种粗略的线性关系，他基于对英国、美国等工业化国家城镇化历程的研究，将城镇化规律概括为著名的“S”形曲线。国内一些学者借鉴 Northam 理论来分析城镇化水平与经济增长的关系，发现中国的城镇化水平与一些经济指标（人均 GDP、居民消费水平）存在“S”形曲线关系（程开明，2007）。Bertinelli 和 Strobl（2003）利用半参数方法，对 39 个国家 1960～1990 年的面板数据进行了计量分析，研究发现经济增长与城市聚集之间呈现出“U”形关系。改革开放后，中国城镇化进程加快，一些国内学者也研究了城镇化与经济增长之间的关系。成德宁（2004）利用对数曲线拟合了世界银行公布的 76 个经济体的城镇化率和人均 GNP 散点图，得到二者的相关系数为 0.82。周一星（1982）以 1977 年世界 157 个国家和地区的资料进行统计分析，发现城市化与经济增长之间是一种十分明显的对数曲线关系，相关系数达 0.9079。许学强等（2009）根据美国人口普查局公布的 1981 年 151 个国家和地区的资料，利用散点图选配对数曲线，得到城市化水平与人均 GNP 之间存在着对数曲线相关，相关系数为 0.81。

（三）城镇化与经济发展的耦合关系

当前，我国的城镇化与经济都得到迅速发展。但是，不同学者对城镇化与经济发展之间的耦合协调关系有着截然不同的看法。

一种观点认为城镇化水平与经济发展水平不协调。李郇（2005）采用跨国经济实证分析的面板数据，构造影响城市化的世界模型，定量分析中国城市化滞后的经济因素，发现第二产业、第三产业和高等教育对城市化水平的影响能力大致都只相当于世界平均水平的 50%，造成我国城市化水平的滞后。贺三维等（2018）基于京津冀 150 个县市单元 2000～2012 年的面板数据，通过构建人口-土地-经济城镇化的多指标评价体系、探索性空间数据分析以及耦合协调分析的方法，探索了京津冀地区城镇化子系统的耦合协调类型及其空间分布规律，认为京津冀地区人口-土地-经济城镇化发展总体上并不协调，市辖区的人口城镇化发展滞后。

另一种观点则认为中国城镇化水平与经济发展水平之间是协调的，只不过处于在低水平协调阶段（陆大道等，2007；陈明星等，2009）。对2000～2008年吐鲁番地区的研究表明，其城镇化和经济发展基本上稳步上升，城镇化与经济发展的耦合协调程度经历了中度协调、高度协调和极度协调三个阶段，协调程度以高度协调为主。徐佳萍等（2018）基于Super-SBM模型、DEA-Malmquist指数、熵值法、耦合度模型，分析2005～2015年江西省11地级市城镇化效率的静、动态特征，并对城镇化效率与经济发展水平的耦合关系进行时空分析，发现江西省城镇化效率与经济发展水平的耦合度呈波动上升趋势，两者趋向协调发展。张国俊和邓鸿鹄（2018）在厘清服务业与城镇化的关系机理基础上，构建了服务业系统与城镇化系统综合发展评价指标体系，运用熵值法对1987～2015年珠三角城镇化与服务业发展综合水平进行测度，利用耦合协调度模型对两者协调关系的时空演变特征进行了分析，研究认为珠三角服务业与城镇化空间协调关系演变总体可分为均衡发展、惯性发展、反转发展3种模式，由失调类型演变为初级协调类型。

二、城市群地区产业转型转稳与生态环境的耦合关系

（一）产业转型研究进展

产业转型即推动地区产业结构向合理化、高级化方向迈进（王亮等，2011）。对产业转型的研究起步于资源型城市转型发展，学者提出了资源型城市转型的三种模式：一是改造传统产业。通过改善技术和管理水平，提高资源开发利用率，增强企业竞争力，如通过大力发展循环经济，推进资源的综合利用，从而延伸资源型产业的生命周期。二是延伸产业链，即在资源采掘和初加工基础上延伸产业链，发展资源型产品深加工来改变过于依赖资源开发为主的产业结构（陈忠祥，2006）。三是引进新的替代产业，即抛弃原有依托资源开发和加工的产业重心，引入新产业，新产业不仅要规避资源枯竭带来的产业衰竭，更要求其能够为城市发展带来新的竞争力，这在实践中相对较为困难。在2008年后，金融危机对中国经济产生了巨大冲击，使学者意识到："国际金融危机对中国经济的冲击，表面上是对经济增长速度的冲击，实质上是对不合理的经济发展方式的冲击"（金京等，2013）。在全球化背景下，如何摆脱我国产业发展中的"低端锁定"，实现向"微笑曲线"两端攀升，成为学者新的研究热点。在这一开放条件下，产业转型具有两层含义：一是推进工业化发展进程，实现产业发展的"从无到有"，即建立新产业；二是促进一国在全球产业价值链中的攀升。而产业转型的方式主要有三种：一是从"招商引资"到"招商选资"，再进一步发展到"招才引智"；二是大力推动产业集聚发展，以推动技术在厂商和企业之间的扩散和外溢，从而促进企业技术进步和升级，在中观尺度上则表现为产业结构转型升级；三是打造以出口导向产业为核心的产业集群，接纳"知识溢出"，推动自主创新，在更高层次上融入全球产业分工体系，促进产业转型发展。

产业转型作为研究热点，对其测度却一直未形成统一的标准。综合学者的研究成果，在产业转型方面主要有三个测量标准：①数量扩张，通常以增加值或从业人数予以衡量；

②技术进步，通常以全要素生产率进行衡量；③结构改善，学者对这一点上争论较多且未达成统一标准。在既有研究的基础上，尚需结合城市群产业转型特征，提出适合城市群这一特殊地域尺度的综合测度指标与方法。本研究通过集成劳动生产率、结构合理度、综合污染性与产业竞争力构建产业转型指数对其进行定量测度。

（二）产业转移研究进展

产业转移的概念伴随着产业转移的实践而发展。国际上对产业转移的研究始于 20 世纪 30 年代，早期学者通过研究发达国家与不发达国家之间的产业转移，提出了雁形学说（Akamatsu，1937）、边际产业扩张（Kojima，1973；Kojima and Sakai，1978）等产业转移理论，从宏观上解释了国际产业转移的动因和模式。而 Vernon（1992）则从微观上提出了产品生命周期理论，认为产品发展经历新产品阶段、成熟产品阶段和标准产品阶段，产品生命周期的变化催生了国际产业转移；Lecraw（1984）则认为投资国在产品生命周期的成熟期与学习曲线上升期的交点，往往会将产品生产转移到经济水平更低的国家或地区，从微观了探讨了国际产业转移的动力机制。总而言之，这些研究认为比较优势的变化是国际产业转移的主要动因。Dunning 提出了国际生产折中理论，将国际贸易理论、产业组织理论以及产业区位论融合起来，从公司“所有权优势”、市场“内部化优势”和东道国的“区位优势”三个维度来解释跨国公司在产业转移过程中采用的路径和方式（Dunning，1988；Dunning and Lundan，2008）。

随着国际产业分工的不断加深和经济全球化的加快，国际上对产业转移的研究越来越多地从产业转移的机理与模式研究向产业转移效应、全球生产网络、技术创新与竞争优势等方面转变（刘红光等，2011）。从 20 世纪 80 年代开始，国内地理学、经济学从我国产业转移的动因、模式、机理等方面进行了大量研究。在产业转移模式方面提出了一体化模式、梯度转移与反梯度转移模式（郭凡生，1986）、网络型产业转移模式等（赵张耀和汪斌，2005），而产业转移的机理多是以实证研究为主（李松志，2007）。上述研究多是从定性的角度进行探讨，最近几年有学者开始尝试运用定量方法对我国区域间产业转移进行研究（贺曲夫和刘友金，2012；刘友金等，2011；沈惊宏等，2012），试图从定量的角度刻画我国区域间产业转移的模式。

产业转型转移作为研究热点，对其的测度却一直未形成统一的标准。综合学者的研究成果，在产业转型方面主要有三个测量标准：①数量扩张，通常以增加值或从业人数予以衡量；②技术进步，通常以全要素生产率进行衡量；③结构改善，学者对这一点上争论较多且未达成统一标准。

（三）城市群地区产业转型转移研究进展

城市群发展始终伴随着产业转型和梯度转移，推进产业布局合理化，适度进行产业结构和功能分工调整对于推动城市群的发育与完善不可或缺（苏雪串，2004）。但在如何推动城市群产业转型与产业转移方面的研究则相对薄弱，既有研究多侧重于探讨产业结构演变、产业集聚与影响机制。例如，李学鑫和苗长虹（2006）提出了区位熵灰色关联分析法，并对中原城市群各市产业结构相似度进行了测度；刘东勋（2005）同样对中原城市群进行了研究，其在对比各城市制造业、第三产业的结构特征后认为亟需建立中原城市群产业协调机制，按照分工与协作原则对中原城市群产业发展进行一体化指导；马延吉（2010）认为煤炭产业、钢铁产业、石化产业与装备制造业的集聚发展推动了辽中南城市群的整体发展；张祥建等（2003）认为产业关联效应、产业转移效应和产业聚集效应是形成长三角城市群空间格局的基础与支撑；贾卓（2013）探讨了兰白西城市群产业结构演变过程及优化调控路径。较少有学者对城市群地区产业转型与产业转移进行探讨。例如，白洁（2013）探讨了长江中游城市群产业转型转移的影响因素；郭书山（2011）研究了中原城市群产业转型转移的模式选择；吴福象和沈洁（2013）实证分析了基础设施建设对长三角城市群产业转型转移的作用；张亚斌等（2006）从经济地理学视角提出了城市群产业转型转移的空间模式。总体而言，目前学者对城市群产业转型转移的研究主题不够集中，缺乏系统深入的探讨，部分研究仅冠以“城市群”之名，在具体研究中并未突出城市群特质。这些问题均有待在未来研究中予以解决。

（四）城市群地区产业转型转移与生态环境耦合理论进展

在探讨产业转型转移与生态环境耦合机理关系研究方面，目前已经形成了三个较为成熟的理论：EKC 理论、环境管制（波特假说）理论与污染避难所理论。其中 EKC 理论主要针对产业转型而言，污染避难所理论则主要针对产业转移而言，而环境管制（波特假说）理论则对二者兼有关注。以下就这三个理论的研究进展进行综述。需要说明的是，这些理论都侧重于探讨产业发展对环境的影响，对生态的关注相对较少。同时，既有研究对城市群的关注也有所不足，因而对于城市群产业转型转移与生态环境耦合机理关系的文献也相对匮乏。

1. EKC 理论

对产业转型转移的生态环境效应研究基本上依托于 EKC 理论。其最早由美国经济学家西蒙·库兹涅茨在 20 世纪 50 年代提出，他认为：“在经济未充分发展的阶段，收入分配将随同经济发展而趋于不平等。其后，经历收入分配暂时无大变化的时期，到达经济充分发展的阶段，收入分配将趋于平等”，称之为库兹涅茨假说。Grossman 和 Krueger（1991）首次对 EKC 的存在进行了实证研究，通过对大气污染、水污染与人均 GDP 之间的统计回归，认为大多数环境污染物与人均收入水平之间存在倒“U”形曲线关系，大部分污染物的 EKC 拐点发生在人均 GDP 8000 美元（1995 年不变价）位置，从而得出结论：一旦达到一定的收入水平，空气和水体质量可能随经济增长而得到改善。

国内在产业转型转移的生态环境效应研究方面也主要采用 EKC 理论进行分析，研究的区域主要集中在大中城市和东部省份，以工业“三废”、碳排放等为主要研究对象，约 35%的研究认为存在倒“U”形曲线关系，倒“U”形+正“U”形结论占了 17%；“N”形+倒“U”形，倒“N”形+倒“U”和正“U”形结论各占了 9%，其他结论占了 21%（虞依娜和陈丽丽，2012）；以针对全国尺度大气污染的研究为例，马树才和李国柱（2006）得到“N”形的曲线，刘荣茂等（2006）得到倒“U”形曲线，曹光辉等（2006）则得到线性上升的曲线。可见，学者对 EKC 的存在与形态均未达成一致意见。因此，以 EKC

理论对城市群这一个异质性较为突出兼具污染产业转移的地区进行研究，有助于对 EKC 理论进行进一步完善，同时也能对城市群产业转型转移的生态响应机理进行深入挖掘，继而提出科学合理的优化调整措施，推动城市群地区的可持续发展。

2. 环境管制（波特假说）理论

生态环境是产业发展的基础与刚性约束条件，产业发展不能突破生态环境约束，否则将导致灾难性的后果。随着几次严重污染事件的发生，环境管制在西方国家被提出并得到了广泛实施，进而对产业发展产生影响。Porter 等（1995）认为生态环境约束可以推动产业技术创新，推动产业转型升级，即“波特假说”。“波特假说”提出后，学者对波特假说进行了大量实证。例如：Lanjouw 和 Mody（1996）以美国、德国和日本为例，通过实证分析发现这些国家的环境管制与技术创新效应呈正相关关系。Jaffe 等（1997）以污染治理费用衡量环境管制、R&D 支出衡量技术创新，认为美国制造业中环境管制与技术创新呈正相关关系。Berman 和 Bui（2001）则以美国石油产业为例，认为环境管制对产业的全要素生产率具有促进作用。Brunnermeier 和 Cohen（2003）对美国制造业的实证结果表明环境管制与技术创新之间存在着正相关关系。Domazlicky 和 Weber（2004）研究发现环境管制增加了美国部分化工产业的生产率。

更多的学者则以实证结果证明了“波特假说”在中国的存在。例如，张成等（2010）采用 DEA 方法计算 1996～2007 年我国工业部门的全要素生产率，然后采用回归分析探讨全要素生产率与环境管制强度之间的关系，结果表明环境管制强度与全要素生产率呈现出正相关关系，因而提高环境管制强度可能有助于实现产业转型与环境保护的“双赢”。李静和沈伟（2012）利用全局生产率指数方法（malmquist-luenberger，GML）探讨了 1990～2009 年我国 COD、SO_2 和固体废弃物三种污染物的环境技术效率与全要素生产率之间的关系，结果证实了环境管制强度与固体废弃物之间满足“波特假说”，而东部地区的环境技术效率与全要素生产率均很高。王文普（2013）使用非空间模型和空间杜宾模型计算了 1999～2009 年环境管制对我国 30 个省（自治区、直辖市）工业企业竞争力的影响，结果表明环境管制变量的溢出效应为 0.559，环境管制的溢出效应有利于产业转型，因此，我国应注重环境管制政策的制定和实施。

3. 污染避难所理论

生态环境约束除了直接作用于产业发展，也通过推动污染产业的转移而间接推动地区产业转型转移。Copeland 和 Taylor（1994）认为在开放经济下，自由贸易将导致高污染产业不断由发达国家向发展中国家迁移，以此形成了“污染避难所”理论的雏形。Xing 和 Kolstad（2002）研究跨国企业在生态环境约束背景下的产业转移，认为为了保持其市场竞争力，跨国公司往往将企业转移到生态环境约束相对较低的区域。Ljungwall 和 Linde-Rahr（2005）从发展落后地区角度进行分析，表明这些地区为了发展经济更倾向于以环境为代价进行招商引资，吸引污染型产业。也有少数学者认为污染避难所假说并不存在，如 Eskeland 和 Harrison（2003）认为一些工业化国家对委内瑞拉、摩洛哥等国家的投资与该国的生态环境质量并无关联，这种现象对污染避难所效应是不支持的。

随着改革开放的逐步深入，我国产业转移活动也日趋活跃。学者以我国为案例对污染避难所理论进行了实证。较多的研究成果支持污染避难所理论。魏玮和毕超（2011）通过 Poisson 模型证实了污染避难所效应在中国区际产业转移中的存在，且环境规制对中部地区的影响要比对西部地区的影响大。侯伟丽等（2013）利用 1996～2010 年我国省级面板数据证实了“污染避难所”效应的存在，且其存在时间滞后性。孟艳蕊（2016）对京津冀城市群的实证研究表明承接产业转移的热点地区已经成为京津的“污染避难所”。段娟和文余源（2018）探讨了京津冀城市群污染密集型产业的时空演替特征，发现其呈现出向域外缓慢转移的趋势。总体而言，不论是全国尺度还是城市群尺度，我国产业转移中普遍存在“污染避难所”效应。

第二节　城市群地区城镇化与经济发展及产业转移转型耦合的理论解析

城市群地区城镇化与经济发展、产业转型转移之间的耦合理论较为缺乏，仅在一些相关理论中有对城市群城镇化与经济耦合关系的论述。经过国内外大量学者的长期研究，对城镇化与经济发展之间的理论关系研究已经取得了丰硕的成果。内生增长理论、钱纳里模型、城镇化发展阶段等理论的产生与发展，为城市群地区城镇化与经济发展提供了理论支撑。在这些理论的基础上，结合城市群特征，提出城市群地区的城镇化与经济发展、产业转型转移的理论曲线和作用机理。

一、城镇化与经济发展的四阶段协同理论

美国城市学研究者诺瑟姆（Northam）曾经提出了“城市化的‘S’形曲线”，该曲线揭示了城镇化发展水平同发展阶段的对应关系。我国学者方创琳在此基础上针对该曲线的缺陷并结合中国城镇化实际，提出了中国城镇化与经济协调发展的四阶段论（方创琳，2014）。在认同城镇化进程遵循一条稍被拉平的“S”形曲线的总体演进规律前提下，充分考虑城镇化与经济发展阶段的一一对应关系，将“S”形曲线划分为四大阶段，即城镇化初期阶段（城镇化水平在 1%～30%，为起步阶段），城镇化中期阶段（城镇化水平在 30%～60%，为成长阶段），城镇化后期阶段（城镇化水平在 60%～80%，为成熟阶段），城镇化终期阶段（城镇化水平在 80%～100%，为顶级阶段）（表 9.1），分别对应经济发展的四大阶段和经济增长的四大阶段（图 9.1）。

表 9.1　城镇化四阶段与经济发展四阶段的基本特征对比分析表

城镇化阶段	第一阶段 城镇化初期阶段	第二阶段 城镇化中期阶段	第三阶段 城镇化后期阶段	第四阶段 城镇化终期阶段
城镇化水平/%	1～30	30～60	60～80	80～100
工业化水平/%	1～30	30～70	70～30	<30
产业结构比例/%	50 : 25 : 25	25 : 45 : 30	15 : 40 : 45	10 : 30 : 60

续表

城镇化阶段	第一阶段	第二阶段	第三阶段	第四阶段
	城镇化初期阶段	城镇化中期阶段	城镇化后期阶段	城镇化终期阶段
就业结构比例/%	80：15：5	50：30：20	20：40：40	10：30：60
城镇化速度/%	缓慢，<1.0	加速，>1.0	减慢，<1.0	极慢，≈0
经济增长速度	缓慢增长	快速增长	减慢增长	极慢、零增长或负增长
城镇化动力	工业化占绝对主导	工业化占主导，第三产业为辅	第三产业发展占主导，工业化为辅	第三产业发展占绝对主导
主导经济类型	农业经济	工业经济	工商业经济	服务型经济
城市空间形态	点状结构	带状或面状结构	网状结构	均衡网络结构
按速度划分的城镇化阶段	低速城镇化阶段	快速城镇化阶段	减速城镇化阶段	零速城镇化阶段
对应的经济发展阶段	工业化初期阶段	工业化中期阶段	工业化后期阶段	后工业化阶段
对应的经济增长阶段	起步阶段	成长阶段	成熟阶段	顶极阶段

资料来源：方创琳，2014。

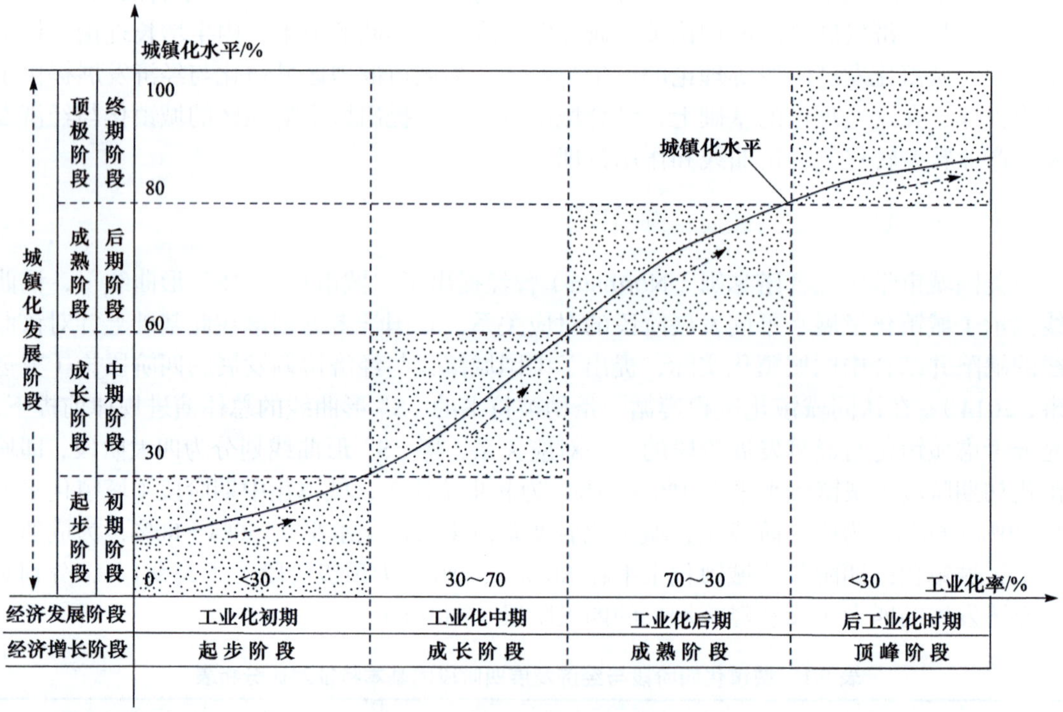

图 9.1　城镇化发展阶段、经济发展与经济增长阶段对应关系示意图

二、产业转型转移与生态环境耦合理论

产业转型转移与生态环境之间客观上存在着非线性胁迫及耦合关系。根据柯布-道格拉斯生产函数，经济增长依靠资本、劳动力与技术进步，而产业一方面是组织资本、劳

动与技术进步发挥效用的载体与依托，另一方面也对这三者产生作用并影响到经济增长本身。根据既有研究成果，产业在起步阶段通常是依托于地区自然资源禀赋，同时较少关注对生态环境的破坏，因此通常会导致生态环境质量的降低。但在发展到一定阶段后，由于资源枯竭、市场变化、技术进步等因素，将会推动产业主动或被动转型；另外，随着环境管制的强化以及大众环保意识的提升，往往会推动污染产业的空间转移。

由于产业转型转移状况的不同，区域生态环境也表现出不同的发展轨迹（图 9.2）：在产业成功转型转移的情况下，地区生态环境水平得到恢复，同时产业发展也达到较高水平[图 9.2（a）]，大部分发达国家可归为这一类型；部分地区在面临产业发展引发生态环境质量下降问题时并未采取产业转型或产业转移策略，而是选择从外部调入生态环境要素，如跨区域调水等，这在一定程度上提升了地区生态环境承载力，支撑了产业继续增长[图 9.2（b）]；对第二类型而言，由于调入的生态要素存在边际效用递减问题，并不能保证产业按照之前路径一直增长，在一定阶段后其必将面临产业转型转移问题，在转型转移成功的情况下其将变为第一类型，在转型转移失败的情况下其将变为第三类型，即产业转型转移失败的类型，这一类型是由于产业发展突破了地区生态环境承载力，但由于各种原因产业转型或转移失败，导致生态环境恶化，继而产业发展也受到抑制，最终退化到产业与生态环境均在较低水平的状态[图 9.2（c）]。

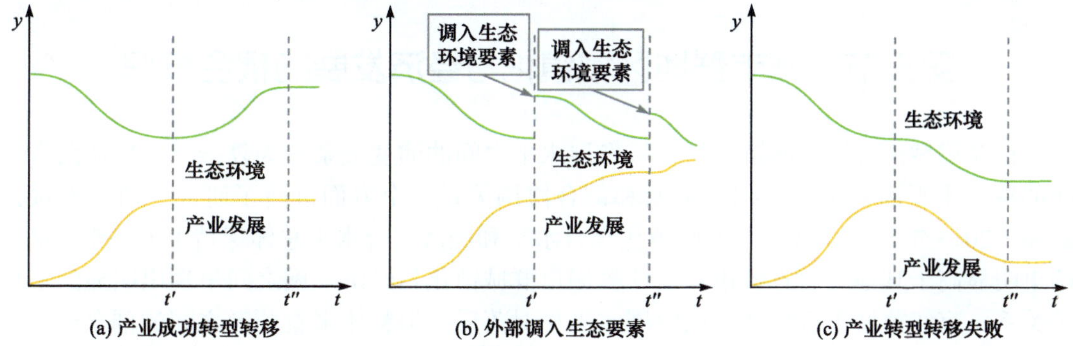

图 9.2 产业转型转移与生态环境的耦合曲线图

随着经济社会的高度发展，某一地区越来越难以依托自身达到产业发展与生态环境相互协调的状态。在此背景下，依托城市群这一特殊地域单元，以各城市生态环境承载力为红线，以产业转型和产业转移为抓手，合理确定城市群的产业类型与空间格局，是推动城市群产业与生态环境协调发展的必然路径。城市群产业转型转移与生态环境协调发展模式，如图 9.3 所示。其中核心城市、次核心城市与部分产业基础较好的节点城市为产业重点与优化发展区，按照规模经济规律积极推动高端产业发展并推动人口城镇化进程，是城市群参与国际产业分工与国际竞争力的核心。其他节点城市及一般城市则根据自身资源禀赋发展特色产业，适度吸纳人口，重点为城市群发展做好生态环境支撑。在城市群内部联动方面，核心城市、次核心城市及产业发展较好的节点城市通过输出资本、技术与人才或是直接以产业转移形式带动其他节点城市和一般城市的产业发展；而其他节点城市和一般城市则通过向核心城市、次核心城市及产业发展较好的节点城市提供生态环境服务，提供生活物资（蔬菜等）、生态环境要素（水等），吸纳消解其产生的废弃物（净化空气、水等）以支撑其发展。不同等级城市相互协作，共同推动城市群的持续健康发展。

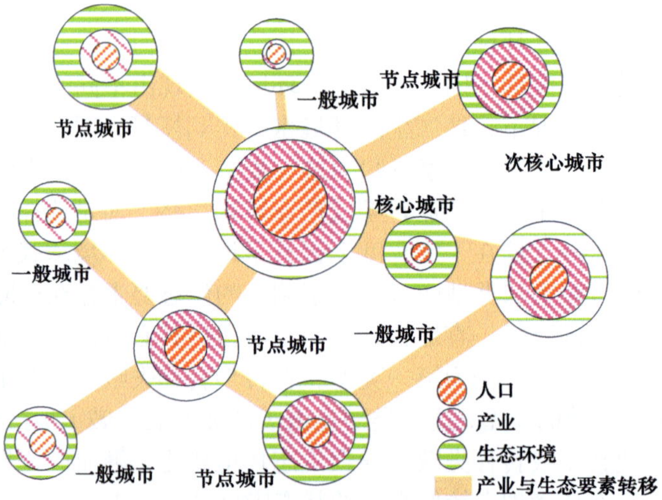

图 9.3　城市群地区产业转型转移与生态环境耦合机理与规律

第三节　城市群地区城镇化与经济发展的耦合机理

京津冀城市群地区城镇化与经济发展水平之间的演变关系较为复杂。分别从两者之间的综合水平演变关系、拟合关系和耦合协调关系三个方面进行了研究。研究发现：2000～2015 年京津冀城市群的城镇化综合水平和经济综合水平总体保持上升态势，京津两市明显高于其他河北省各市；京津冀城市群城镇化与经济发展之间呈现出明显的正相关关系；京津冀城市群整体协同发展水平相对落后，但整体来看两者之间的耦合协调关系在同步增长；经济滞后是京津冀城市群城镇化与经济耦合协调水平提升的关键阻力。其中，城镇化滞后是京津两市的突出特征，而经济滞后则是河北省的突出特征。未来在促进京津冀城市群城镇化与经济协调发展过程中，需要制定有针对性的差异化发展措施。

一、京津冀城市群城镇化与经济发展的时空耦合关系

（一）综合评价指数

城市群城镇化水平可以从人口城镇化、经济城镇化、空间城镇化和社会城镇化这四个方面加以测度，遵循指标选择的科学性原则，构建了由 4 个一级指标和 14 个二级指标的城镇化综合水平评价指标体系，如表 9.2 所示。城镇化综合评价指数计算公式为

$$U=\sum_{i=1}^{n}a_i\ X_{ij} \tag{9.1}$$

式中，U 为城镇化综合水平；X_{ij} 为城镇化指标数据标准化后的值；a_i 为指标权重。

城市群经济发展水平可以从经济规模、经济结构和经济质量这三个方面加以测度，遵循指标选择的科学性原则，构建了由 3 个一级指标和 9 个二级指标的经济发展综合水平评价指标体系。经济综合水平计算公式为

$$E=\sum_{i=1}^{n}a_i\ X_{ij} \tag{9.2}$$

式中，E 为经济综合水平；X_{ij} 为经济指标数据标准化后的值；a_i 为指标权重。

表 9.2 城镇化与经济综合水平评价指标体系及权系数

准则层	目标层	指标层	权重	准则层	目标层	指标层	权重
城镇化系统	人口城镇化	城镇化水平/%	0.08	经济发展系统	经济规模	GDP 总量/亿元	0.24
		城镇人口密度/（万人/km²）	0.05			社会消费品零售总额/亿元	0.26
		第二、第三产业从业人员比重/%	0.05			全社会固定资产投资/亿元	0.24
	经济城镇化	人均 GDP/元	0.05		经济结构	第一产业占 GDP 的比重/%	0.03
		第二、三产业增加值占 GDP 比重/%	0.07			第二产业占 GDP 的比重/%	0.01
		人均全社会固定资产投资/元/人	0.07			第三产业占 GDP 的比重/%	0.04
		人均地方财政收入/元/人	0.12		经济质量	人均 GDP/元	0.08
	空间城镇化	城市建设用地占市区面积比重/%	0.08			GDP 增长速度/%	0.02
		人均城市道路面积/（m²/人）	0.08			财政收入占 GDP 比重/%	0.08
		人均建设用地面积/（m²/人）	0.09				
	社会城镇化	人均社会消费总额/（元/人）	0.07				
		城镇居民人均可支配收入/元	0.04				
		每万人卫生机构床位数/（张/万人）	0.06				
		每万人互联网上网数/人	0.09				

在综合指标体系的测度中，采用熵值法确定各指标权重。图 9.4 是 2000～2015 年京津冀城市群城镇化综合水平的过程曲线。京津冀城市群城镇化综合水平不断提高，由 2000 年的 0.1446 提高到 2015 年的 0.3728。从演进过程来看，2000～2015 年，城市群城镇化综合水平增长 0.2282，年均增长 6.52%。其中，北京市和天津市的城镇化综合水平增长明显，河北省各市虽有增长，但总体来看，增长较为缓慢。

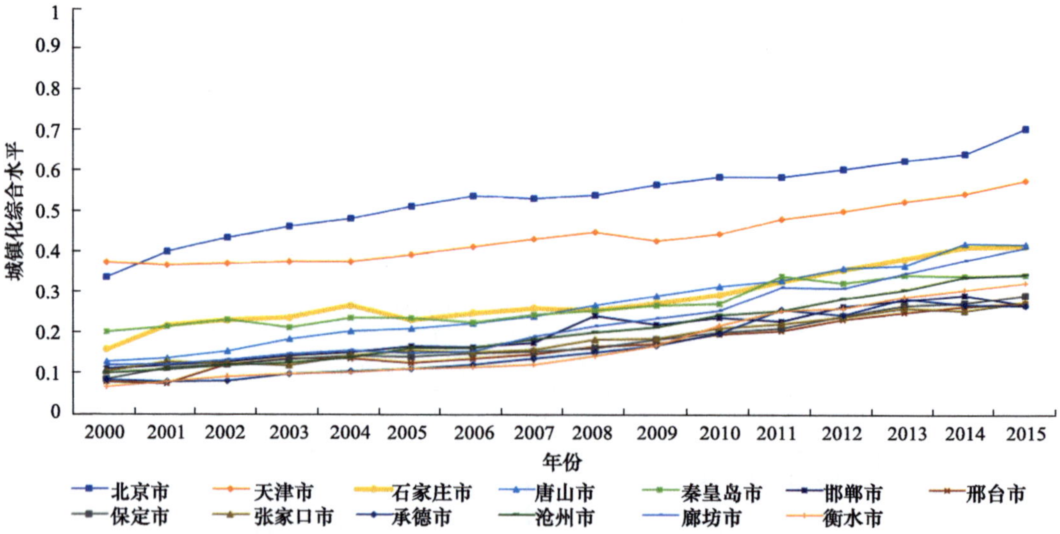

图 9.4 京津冀城市群城镇化综合水平演变图

图 9.5 是 2000～2015 年京津冀城市群经济综合水平的过程曲线，可以看到京津冀城市群经济综合水平也在不断提高，由 2000 年的 0.07 提高到 2015 年的 0.17。从演进过程来看，2000～2015 年，城市群经济综合水平增长 0.10，年均增长 6.09%。其中，北京市和天津市的经济综合水平增长迅速，河北省各市平稳缓慢增长。

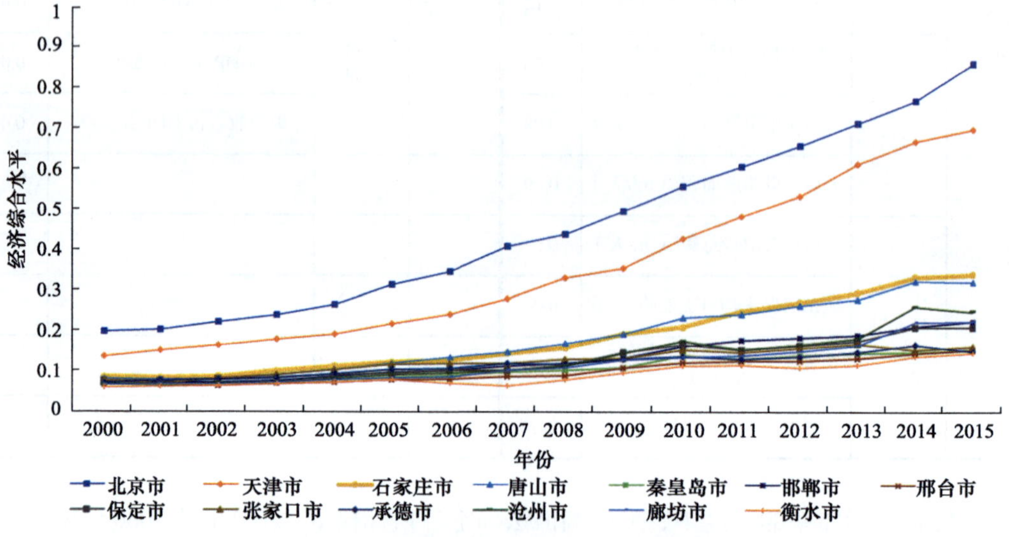

图 9.5 京津冀城市群经济综合水平演变图

（二）时空格局演变

从时间演进上看，2000～2015 年京津冀城市群各城市城镇化和经济综合发展水平呈现普遍波动上升的趋势。从空间格局来看，京津冀城市群城镇化和经济综合发展水平的地区空间差异明显，空间差异总体上呈缩小的趋势，京津两市、石家庄市和沿海城市的城镇化和经济综合水平明显高于其他内陆城市，形成北京和天津高值区。

从空间格局来看，京津冀城市群各城市间的城镇化和经济综合水平空间差异明显。第一，城镇化综合水平最高的地区为北京市和天津市，河北省的石家庄市、廊坊市和唐山市的综合水平次之，其他各地级市综合水平接近。2000～2015 年，北京市和天津市始终远高于河北省 11 个地级市，主要得益于其政治、经济、交通、文化、教育等多方面的优势，集聚了大量的资源。河北省各市之间空间差异较小。其中，石家庄市、廊坊市、唐山市的增长较快，缩小了与京津两市的差距。河北省其他地级市的城镇化水平仍然与京津差距较大。第二，京津冀城市群各城市间的经济综合水平空间差异呈现出先缩小后扩大的趋势。2000 年京津冀城市群各地级市之间差距普遍较小，河北省普遍较低。到 2015 年，城市群内部经济综合水平层次明显，已经出现明显的空间差异。

从时间变化来看，京津冀城市群的城镇化和经济综合水平都在不断增长。第一，2000～2015 年，京津冀城市群的城镇化综合水平总体增长明显，增幅较大，各市之间差距逐渐缩小。2000 年仅有北京市和天津市的城镇化综合评价指数超过 0.30，到 2015 年北京市、天津市、石家庄市、唐山市、秦皇岛市、沧州市、廊坊市和衡水市均超过 0.30，北京更是超过 0.7，成为城镇化水平最高的城市。从增长幅度来看，综合值平均上升 0.23。其中北京市上升幅度最大，达到 0.37；秦皇岛市上升幅度最小，仅上升 0.1。2000～2015 年，京津冀城市群的经济综合水平稳步上升，各市差距不断拉大。其中，京津两市的经济综合指数在各年度都是遥遥领先，而且有较大增长幅度。2015 年，北京市和天津市已经成为经济综合水平最高的两个城市，综合评价指数分别达到 0.86 和 0.70，增幅分别达到 0.67 和 0.57。然而，河北省各地级市经济综合指数相对较低，到 2015 年仅石家庄和唐山超过 0.3。河北省的石家庄市、唐山市、沧州市、廊坊市和邯郸市经济指数在这一时期增幅较大，达到 0.15 以上，其余各市增幅均十分缓慢。

（三）关系类型演变

从城镇化与经济发展综合水平的关系变化来看，可以划分为四个类型：关系反超型、关系保持型、差距缩小型和差距扩大型（表 9.3，图 9.6）。

表 9.3　京津冀城市群地区城镇化与经济演变关系类型划分

类型		差距	增速 $\lvert U_r-E_r\rvert$	城市
关系反超型	城镇化反超型	$U-E<0$ 后 $U-E>0$	—	—
	经济反超型	$U-E>0$ 后 $U-E<0$	—	北京市、天津市
关系保持型	城镇化领先型	$U-E\to a$（常数）	$\lvert U_r-E_r\rvert\to b$（常数）	唐山市、秦皇岛市
	经济领先型	$U-E\to -a$（常数）	$\lvert U_r-E_r\rvert\to b$（常数）	—
差距缩小型		$U-E\to 0$	—	石家庄市、邯郸市
差距扩大型		$U-E\to +\infty$	—	邢台市、保定市、承德市、沧州市、廊坊市、衡水市

注：U 为城镇化综合评价指数；E 为经济综合评价指数；U_r 为综合城镇化水平增速；E_r 为综合经济指数增速。

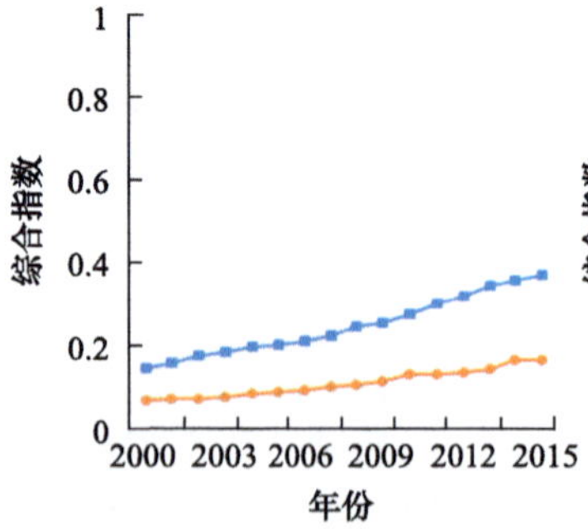

(a) 京津冀城市群

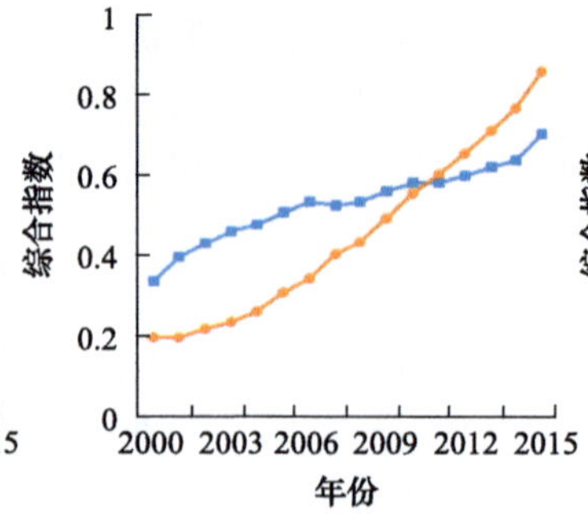

(b) 北京市

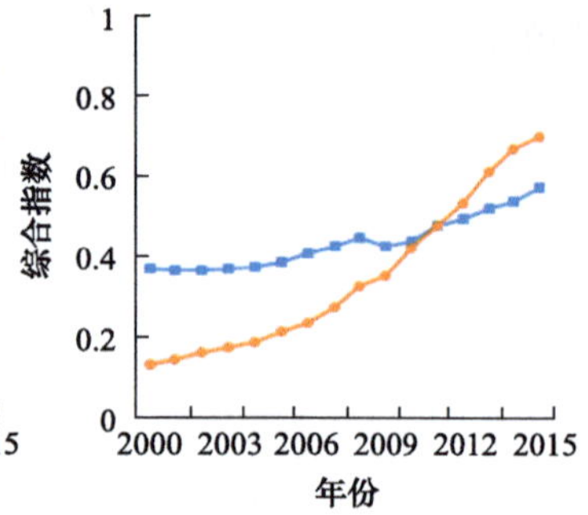

(c) 天津市

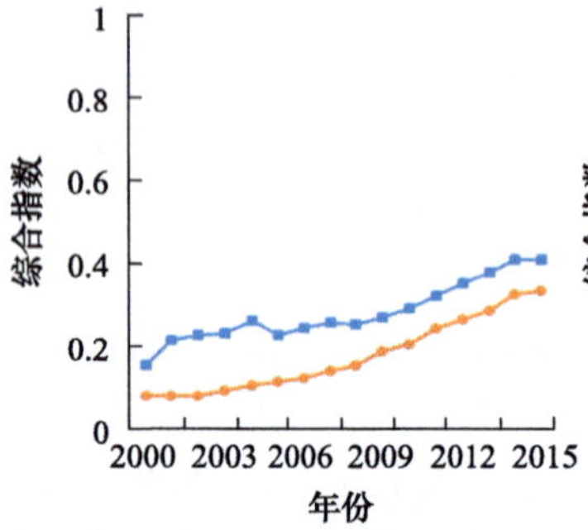

(d) 石家庄市

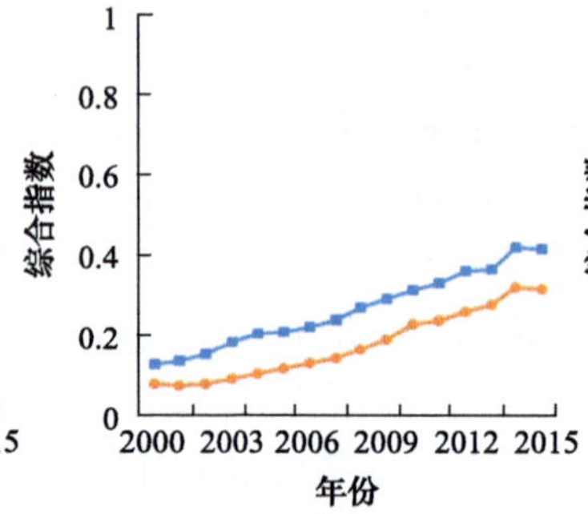

(e) 唐山市

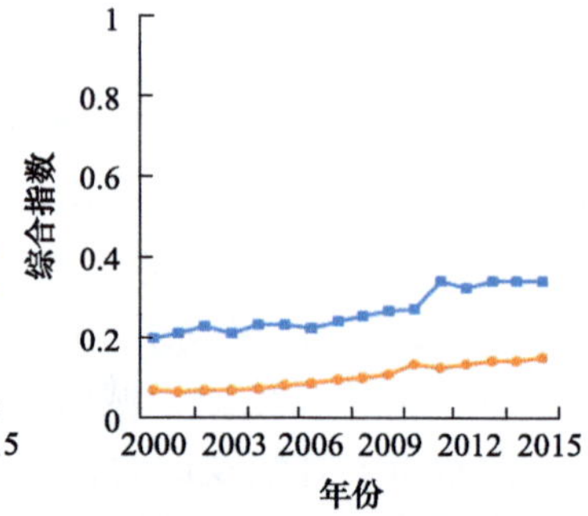

(f) 秦皇岛市

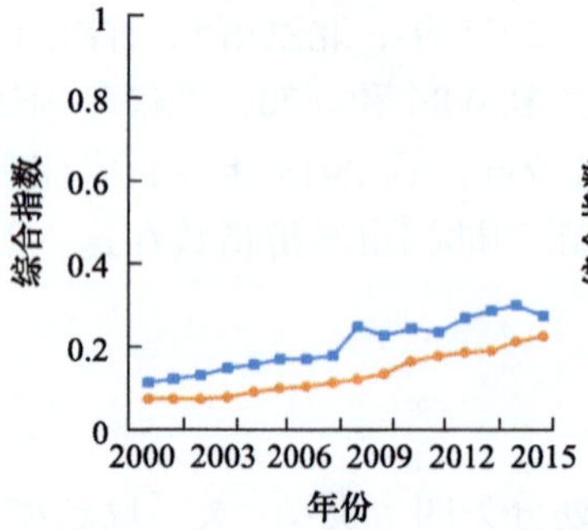

(g) 邯郸市

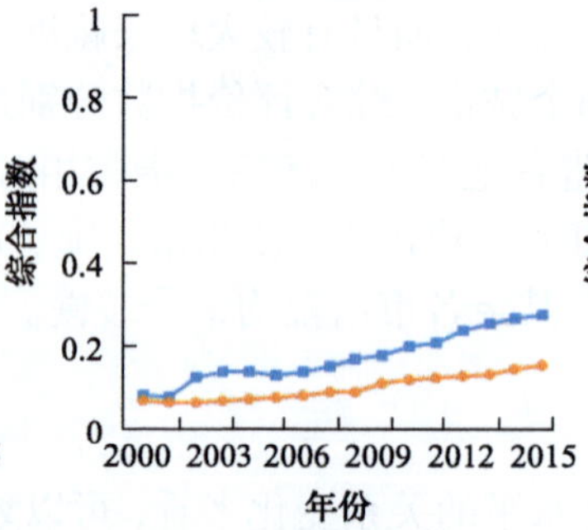

(h) 邢台市

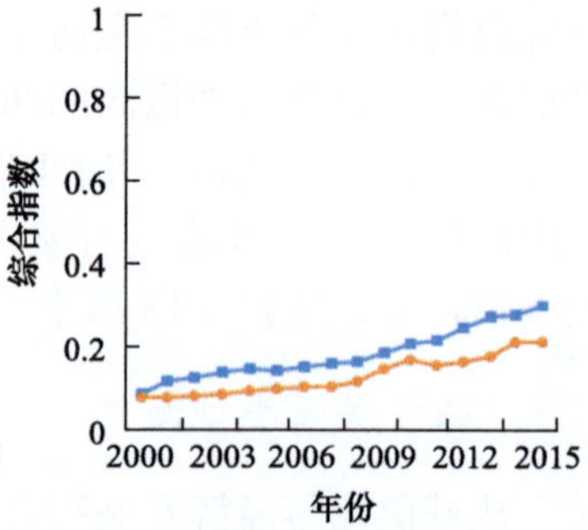

(i) 保定市

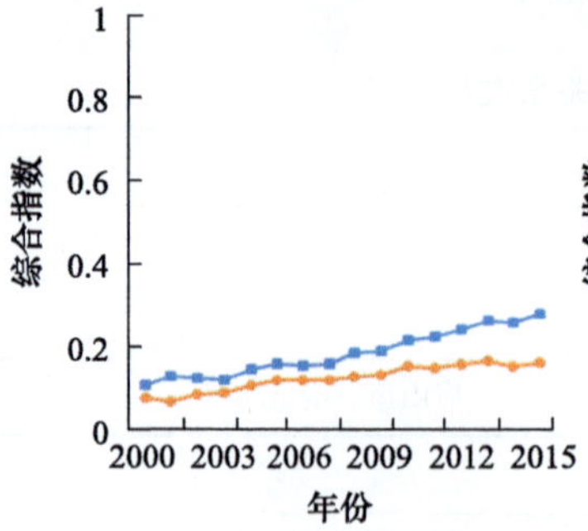

(j) 张家口市

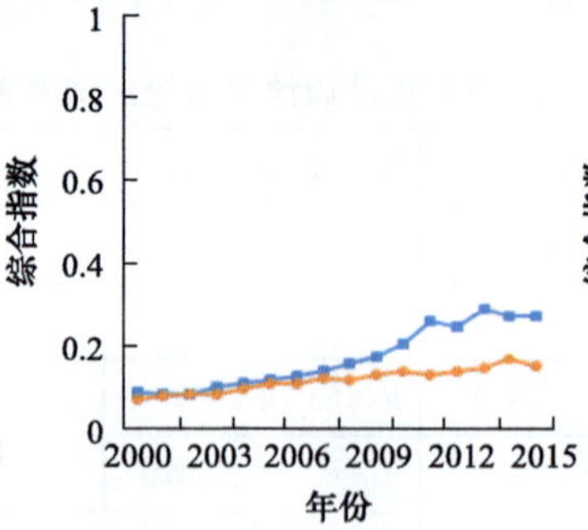

(k) 承德市

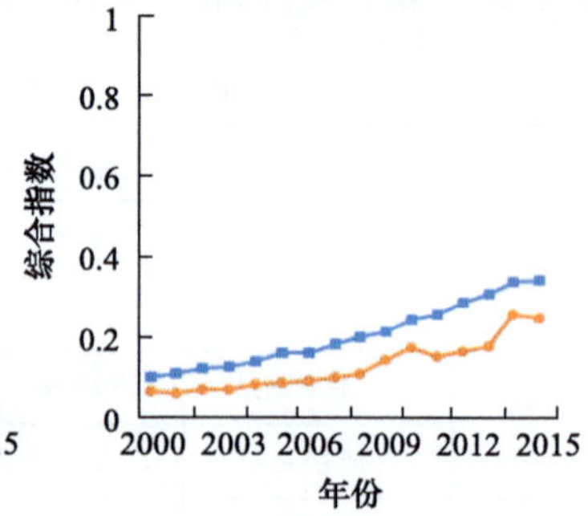

(l) 沧州市

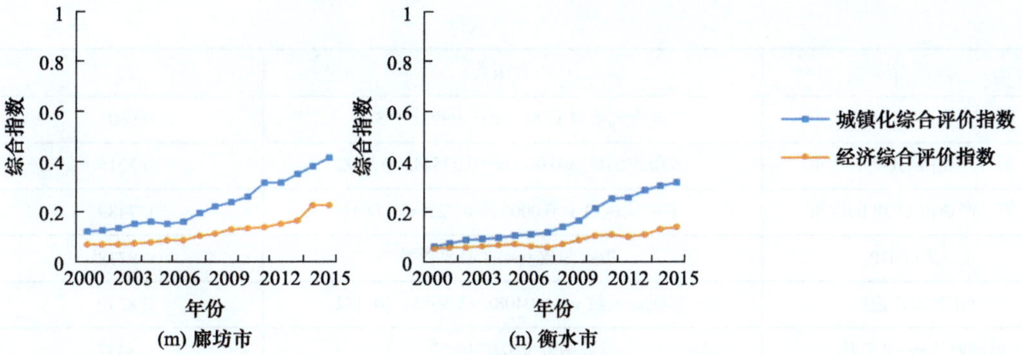

图 9.6　2000～2015 年京津冀城市群城镇化与经济综合水平的关系图

关系反超型表现为城镇化综合评价指数与经济综合评价指数发生反超的现象，又分为城镇化反超型和经济反超型。北京市和天津市是发生经济反超的两个城市。2011 年，北京市和天津市的经济综合指数均超过城镇化综合指数，且经济和城镇化水平间的差距在不断拉大。

关系保持型表现为城镇化综合评价指数与经济综合评价指数始终保持一种关系，差距和增速都很一致，又分为城镇化领先型和经济领先型。唐山市和秦皇岛市的城镇化和经济综合评价指数之间差距保持稳定状态，且城镇化水平领先于经济水平。

差距缩小型表现为城镇化综合评价指数与经济综合评价指数二者差距不断缩小。石家庄市和邯郸市的城镇化和经济综合评价指数整体上看在不断缩小，但城镇化水平仍领先于经济水平。

差距扩大型表现为城镇化综合评价指数与经济综合评价指数二者差距不断扩大。河北省邢台市、保定市、承德市、沧州市、廊坊市、衡水市的城镇化和经济综合评价指数之间的差距整体上看在不断扩大，城镇化综合评价指数增幅明显高于经济综合评价指数。

二、京津冀城市群地区城镇化与经济发展的拟合关系

（一）城市群层面（区域尺度）的拟合关系

利用京津冀城市群 2000～2015 年城镇化和经济子系统的相关指标数据，分别运用散点图直观展示城镇化与经济子系统主控变量的关系。并对经济子系统的各个指标及综合值与城镇化水平之间的作用关系进行拟合（表 9.4）。

表 9.4　京津冀城市群城镇化水平与经济指标间的拟合函数

经济指标	拟合函数	R^2
GDP 总量	多项式函数 $y=86.312x^2-4950x+77148$	0.9959
社会消费品零售总额	指数函数 $y=144.39e^{0.094x}$	0.9960
全社会固定资产投资	多项式函数 $y=91.559x^2-6270.4x+110903$	0.9970

续表

经济指标	拟合函数	R^2
第一产业占 GDP 的比重	多项式函数 y=8E−05x^2−0993x+0.371	0.9601
第二产业占 GDP 的比重	多项式函数 y=0.0004x^2+0.03544x−0.2992	0.7216
第三产业占 GDP 的比重	多项式函数 y=0.0003x^2−0.0236x+0.8641	0.7489
人均 GDP	指数函数 $y=498.41e^{0.0875x}$	0.9778
GDP 增长速度	多项式函数 y=−0.0408x^2+3.5655x−64.472	0.8249
财政收入占 GDP 比重	指数函数 $y=0.0244e^{0.0256x}$	0.8437
经济综合值	指数函数 $y=0.0082e^{0.0827x}$	0.9979

从散点图中可看出，京津冀城市群城镇化与经济指标间呈现不同发展趋势（图 9.7）。

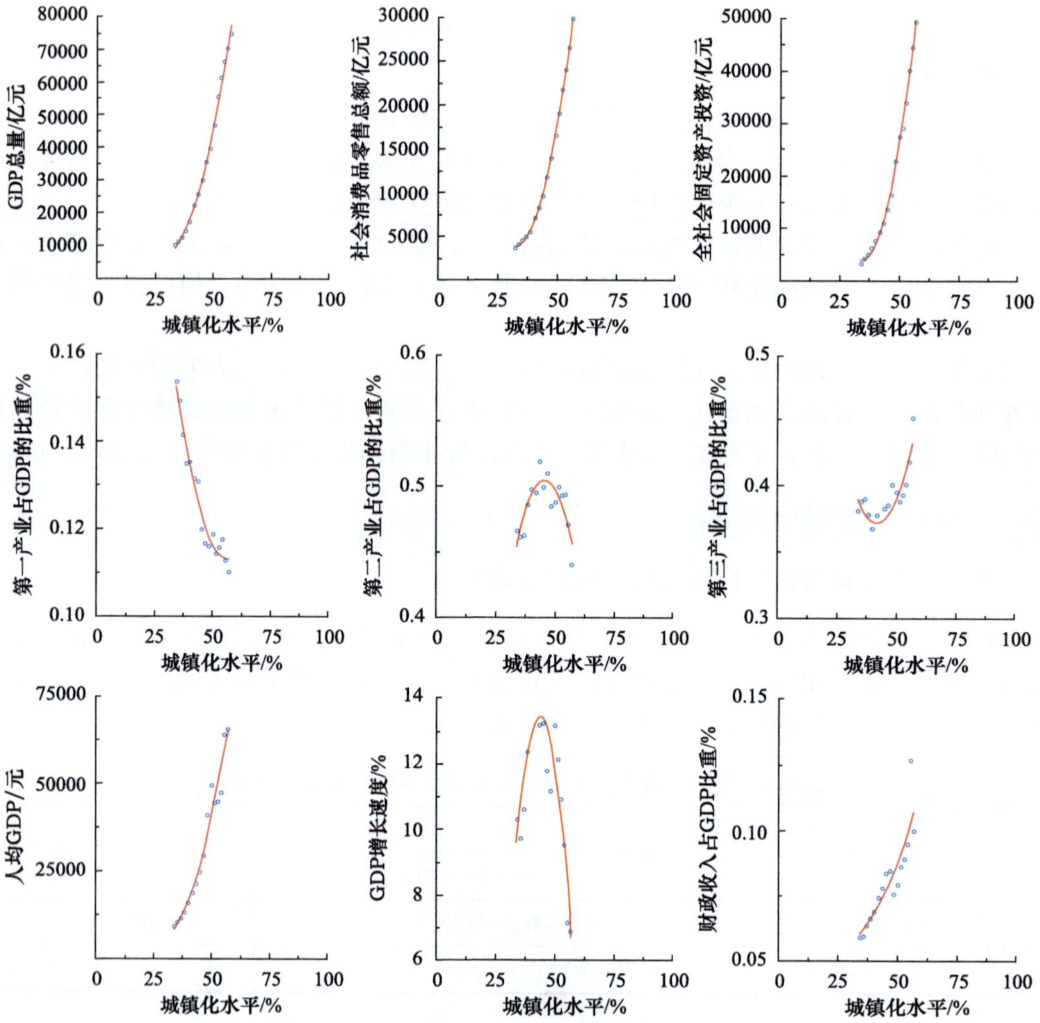

图 9.7　京津冀城市群城镇化水平与相关指标间的拟合关系图

第一，城镇化与经济指标之间存在数量关联趋势，其中城镇化水平与 GDP 总量、社会消费品零售总额、全社会固定资产投资、人均 GDP、财政收入占 GDP 比重之间呈现正相关趋势；城镇化与第一产业占 GDP 的比重呈负相关趋势；城镇化与第三产业占 GDP 比重呈现"U"形趋势；城镇化与第二产业占 GDP 的比重和 GDP 增长速度之间呈现倒"U"形趋势。

基于对京津冀城市群各项指标的散点图分析，以城镇化水平作为自变量，经济子系统各项指标为因变量，选取适合的函数对数据进行拟合，并运用拟合曲线直观展示城镇化与经济子系统主控变量的关系。

从拟合效果来看，城镇化水平与 GDP 总量（R^2=0.9959）、社会消费品零售总额（R^2=0.9960）、全社会固定资产投资（R^2=0.9970）、第一产业占 GDP 的比重（R^2=0.9601）和财政收入占 GDP 比重（R^2=0.9778）的方程拟合度很高，判定系数 R^2 均在 0.9 以上。

通过拟合函数，发现城镇化水平与 GDP 总量、全社会固定资产投资、第一产业占 GDP 比重、第二产业占 GDP 比重、第三产业占 GDP 的比重以及 GDP 增长速度之间的拟合函数为多项式函数；城镇化水平与社会消费品零售总额、人均 GDP 和财政收入占 GDP 比重之间的拟合函数均为指数函数。并且，随着城镇化水平的提升，GDP 总量、社会消费品零售总额、全社会固定资产投资、人均 GDP 和财政收入占 GDP 比重也在不断增长；第一产业占 GDP 的比重不断下降；第二产业占 GDP 比重和 GDP 增长速度先增长后下降；第三产业占 GDP 的比重先下降后增长。

（二）城市群层面的拟合关系

利用京津冀城市群的城镇化水平和经济综合值绘制散点图，并且以城镇化水平作为自变量，经济发展水平为因变量进行拟合，结果如图 9.8 所示。从拟合效果来看，判定系数 R^2=0.9979，方程拟合度较高。

拟合方程结果如下：

$$y = 0.0082\mathrm{e}^{0.0827x} \tag{9.3}$$

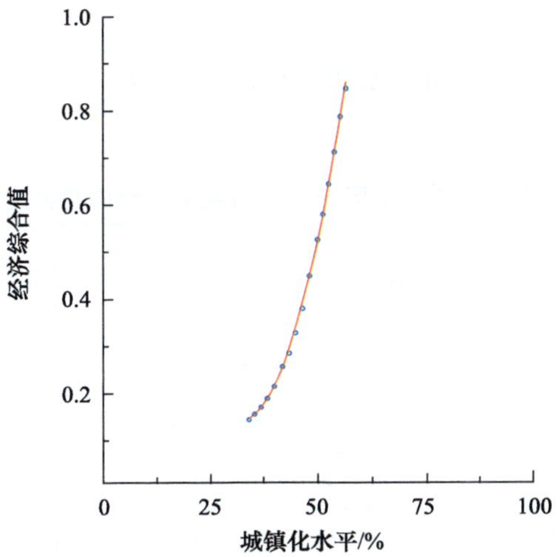

图 9.8　京津冀城市群城镇化水平与经济综合值的拟合关系图

可得知，城镇化水平与经济综合水平之间呈现正相关趋势，两者之间存在指数函数关系。随着城镇化水平的不断提高，经济发展水平也不断增长，但增长速度较为缓慢。

三、京津冀城市群城镇化与经济发展的耦合关系

（一）耦合协调度模型

耦合原为物理学概念，是指两个或两个以上系统通过各种相互作用而彼此影响的现象。耦合度则是用来反映各系统之间相互作用、彼此影响的强度。学界通常借鉴物理学中的容量耦合系数模型推广得到两个或多个系统的相互作用耦合度模型。公式如下：

$$C_n=\left[(m_1\times m_2\times\cdots\times m_n)\Big/\left(\frac{m_1+m_2+\cdots m_n}{n}\right)^n\right]^{\frac{1}{n}} \tag{9.4}$$

基于此推演得到城镇化子系统与经济子系统相互作用耦合度模型，公式如下：

$$C=\left\{f(u)\times g(e)\Big/\left[\left(\frac{f(u)\times g(e)}{2}\right)^2\right]\right\}^{\frac{1}{2}} \tag{9.5}$$

式中，C 为城镇化与经济两个子系统的耦合度；$f(u)$、$g(e)$ 分别为城镇化子系统和经济子系统的综合评价指数，用于表示两个系统的综合发展水平。耦合度模型能够反映城镇化与经济耦合的程度（系统间相互影响程度），但难以体现系统各自的发展水平，如当经济能力和城镇化水平均很低时，两者的耦合度也很高。因此，构建了城镇化子系统与经济子系统的耦合协调度模型来反映两个子系统实际发展中的协调发展水平，公式如下：

$$D=(C\times T)^{\frac{1}{2}}，其中，T=\alpha f(u)+\beta g(e) \tag{9.6}$$

式中，D 为耦合协调度；T 为城镇化与经济的综合协调指数，体现二者的整体发展水平对协调度的贡献；α、β 为待定系数，分别表示城镇化与经济的贡献份额。结合相关研究，将 α、β 分别赋值 0.4，0.6。

考虑到城镇化子系统和经济子系统耦合协调度的大小，将耦合协调度划分为 4 个大类、12 个亚类（表 9.5）。

表 9.5　京津冀城市群地区城镇化与经济耦合协调类型划分标准

耦合协调度	类型	系统指数值对比	亚类
$0.8<D\leq1$	Ⅳ高级协调	$g(e)-f(u)>0.1$	Ⅳ-1 高级协调–城镇化滞后
		$f(u)-g(e)>0.1$	Ⅳ-2 高级协调–经济滞后
		$\lvert f(u)-g(e)\rvert\leq0.1$	Ⅳ-3 高级协调
$0.5<D\leq0.8$	Ⅲ基本协调	$g(e)-f(u)>0.1$	Ⅲ-1 基本协调–城镇化滞后
		$f(u)-g(e)>0.1$	Ⅲ-2 基本协调–经济滞后
		$\lvert f(u)-g(e)\rvert\leq0.1$	Ⅲ-3 基本协调

续表

耦合协调度	类型	系统指数值对比	亚类
$0.3<D\leqslant 0.5$	Ⅱ基本不协调	$g(e)-f(u)>0.1$	Ⅱ-1 基本不协调-城镇化滞后
		$f(u)-g(e)>0.1$	Ⅱ-2 基本不协调-经济滞后
		$\lvert f(u)-g(e)\rvert\leqslant 0.1$	Ⅱ-3 基本不协调
$0<D\leqslant 0.3$	Ⅰ严重不协调	$g(e)-f(u)>0.1$	Ⅰ-1 严重不协调-城镇化滞后
		$f(u)-g(e)>0.1$	Ⅰ-2 严重不协调-经济滞后
		$\lvert f(u)-g(e)\rvert\leqslant 0.1$	Ⅰ-3 严重不协调

（二）耦合协调程度演变

总体上看，京津冀城市群地区城镇化与经济发展的耦合度较为平稳，耦合协调度呈现出稳步上升态势（图 9.9）。

从耦合度曲线对比来看，城市群内部各个地级市均呈现出高度耦合状态。北京市始终平稳保持在较高水平，均在 0.94 以上，近 5 年略微有所下降。天津市耦合度一直保持在 0.88 以上，并在 2000～2010 年不断增长，2010 年后略微有所下降，但仍平稳保持在 0.99 以上。河北省各市耦合度水平也比较高，但波动较为明显，其中邢台市、保定市、张家口市、承德市和衡水市的耦合度出现下降的态势。

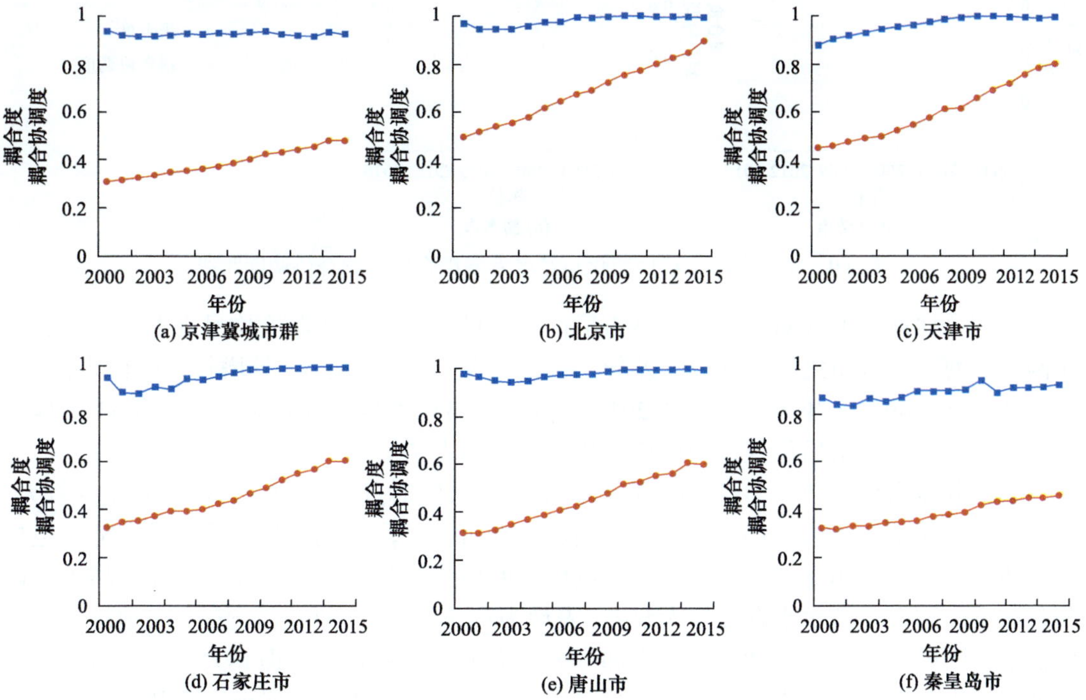

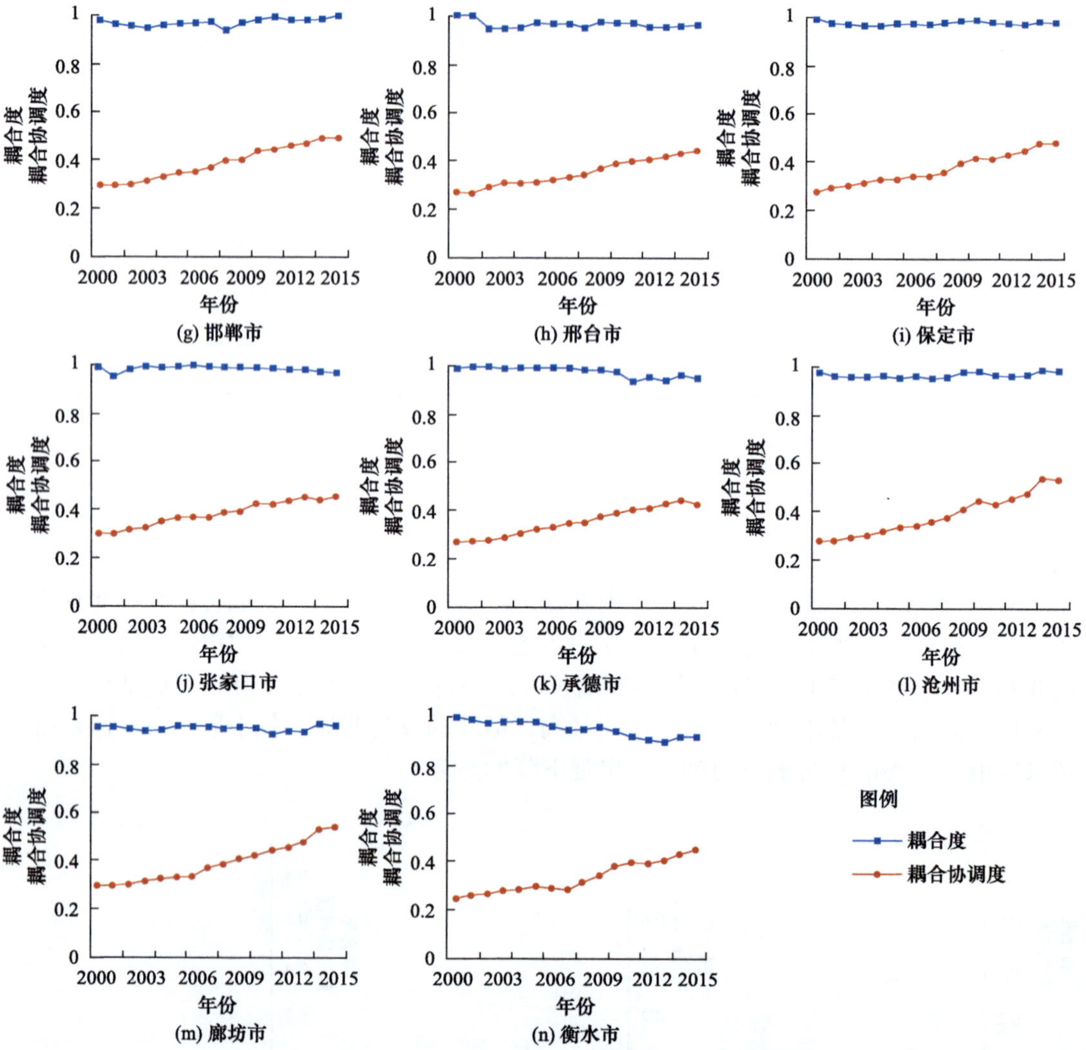

图 9.9 京津冀城市群城镇化与经济发展耦合度和耦合协调度曲线

从耦合协调度曲线对比来看，城市群内所有城市的耦合协调度均呈现上升态势，京津两市与河北省各市之间存在较大差异。北京市耦合协调度最高，且增长速度较快，2015 年已经达到 0.89。天津市次之，到 2015 年其耦合协调度也达到 0.80。河北省 11 个地级市普遍较低，处于落后位置，但保持着均匀上升的态势。

京津冀城市群城镇化与经济的耦合协调关系总体向好的方向发展，但空间差异较大。不管是城镇化综合指数，还是经济综合指数，在过去一段时间均呈持续上升态势，也推动京津冀城市群城镇化与经济的耦合协调度不断向更高协调类型转变。然而，城市群内部各城市的耦合协调水平存在较大落差，表现为京津的高水平和河北省 11 个地级市的整体低水平的明显差距。虽然河北省会和部分沿海城市发展较快，但其大部分地级市有差距继续拉大趋向。区域内发展不均的状况，对城市群总体协调发展极为不利。

（三）耦合协调类型演变

依据城镇化与经济的耦合协调类型划分标准（表 9.6），将 2000～2015 年京津冀城市群及 13 个城市的城镇化与经济的耦合协调程度划分成 4 大类和 12 小类，展示耦合协调水平所属类型和所处阶段。

表 9.6　2000～2015 年城镇化与经济耦合协调类型演进

地区	2000年	2001年	2002年	2003年	2004年	2005年	2006年	2007年	2008年	2009年	2010年	2011年	2012年	2013年	2014年	2015年
北京市	Ⅲ-2	Ⅲ-2	Ⅲ-2	Ⅲ-2	Ⅲ-2	Ⅲ-2	Ⅲ-2	Ⅲ-2	Ⅲ-2	Ⅲ-3	Ⅲ-3	Ⅲ-3	Ⅲ-3	Ⅳ-3	Ⅳ-1	Ⅳ-1
天津市	Ⅱ-2	Ⅱ-2	Ⅱ-2	Ⅲ-2	Ⅲ-2	Ⅲ-2	Ⅲ-2	Ⅲ-2	Ⅲ-2	Ⅲ-3	Ⅲ-3	Ⅲ-3	Ⅲ-3	Ⅲ-3	Ⅲ-1	Ⅳ-1
石家庄市	Ⅱ-3	Ⅱ-2	Ⅱ-2	Ⅱ-2	Ⅱ-2	Ⅱ-2	Ⅱ-2	Ⅱ-2	Ⅱ-3	Ⅱ-3	Ⅲ-3	Ⅲ-3	Ⅲ-3	Ⅲ-3	Ⅲ-3	Ⅲ-3
唐山市	Ⅱ-3	Ⅱ-3	Ⅱ-3	Ⅱ-2	Ⅱ-2	Ⅱ-2	Ⅱ-2	Ⅱ-3	Ⅱ-2	Ⅱ-3	Ⅲ-3	Ⅲ-3	Ⅲ-3	Ⅲ-3	Ⅲ-3	Ⅲ-3
秦皇岛市	Ⅱ-2	Ⅱ-2	Ⅱ-2	Ⅱ-2	Ⅱ-2	Ⅱ-2	Ⅱ-2	Ⅱ-2	Ⅱ-2	Ⅱ-2	Ⅱ-2	Ⅱ-2	Ⅱ-2	Ⅱ-2	Ⅱ-2	Ⅱ-2
沧州市	Ⅰ-3	Ⅱ-3	Ⅱ-3	Ⅱ-3	Ⅱ-3	Ⅱ-3	Ⅱ-3	Ⅱ-3	Ⅱ-3	Ⅱ-3	Ⅱ-3	Ⅱ-2	Ⅱ-2	Ⅱ-2	Ⅲ-3	Ⅲ-3
廊坊市	Ⅰ-3	Ⅱ-3	Ⅱ-3	Ⅱ-3	Ⅱ-3	Ⅱ-3	Ⅱ-3	Ⅱ-3	Ⅱ-2	Ⅱ-2	Ⅱ-2	Ⅱ-2	Ⅱ-2	Ⅱ-2	Ⅲ-2	Ⅲ-2
邯郸市	Ⅰ-3	Ⅱ-3	Ⅱ-3	Ⅱ-2	Ⅱ-3	Ⅱ-3	Ⅱ-3	Ⅱ-3	Ⅱ-2	Ⅱ-3	Ⅱ-3	Ⅱ-3	Ⅱ-3	Ⅱ-3	Ⅲ-3	Ⅱ-3
保定市	Ⅰ-3	Ⅱ-3	Ⅱ-3	Ⅱ-3	Ⅱ-3	Ⅱ-3	Ⅱ-3	Ⅱ-3	Ⅱ-3	Ⅱ-3	Ⅱ-3	Ⅱ-3	Ⅱ-3	Ⅱ-3	Ⅱ-3	Ⅱ-3
张家口市	Ⅰ-3	Ⅱ-3	Ⅱ-3	Ⅱ-3	Ⅱ-3	Ⅱ-3	Ⅱ-3	Ⅱ-3	Ⅱ-3	Ⅱ-3	Ⅱ-3	Ⅱ-3	Ⅱ-3	Ⅱ-3	Ⅱ-2	Ⅱ-2
邢台市	Ⅰ-3	Ⅰ-3	Ⅰ-3	Ⅱ-3	Ⅱ-3	Ⅱ-3	Ⅱ-3	Ⅱ-3	Ⅱ-3	Ⅱ-3	Ⅱ-3	Ⅱ-3	Ⅱ-2	Ⅱ-2	Ⅱ-2	Ⅱ-2
承德市	Ⅰ-3	Ⅰ-3	Ⅰ-3	Ⅰ-3	Ⅱ-3	Ⅱ-3	Ⅱ-3	Ⅱ-3	Ⅱ-3	Ⅱ-3	Ⅱ-3	Ⅱ-2	Ⅱ-2	Ⅱ-2	Ⅱ-2	Ⅱ-2
衡水市	Ⅰ-3	Ⅰ-3	Ⅰ-3	Ⅰ-3	Ⅰ-3	Ⅰ-3	Ⅰ-3	Ⅰ-3	Ⅱ-3	Ⅱ-3	Ⅱ-3	Ⅱ-2	Ⅱ-2	Ⅱ-2	Ⅱ-2	Ⅱ-2
京津冀城市群	Ⅱ-3	Ⅱ-3	Ⅱ-2	Ⅱ-3	Ⅱ-2	Ⅱ-2	Ⅱ-2	Ⅱ-2	Ⅱ-2	Ⅱ-2	Ⅱ-2	Ⅱ-2	Ⅱ-2	Ⅱ-2	Ⅲ-2	Ⅲ-2

注：Ⅰ-严重不协调，Ⅱ-基本不协调，Ⅲ-基本协调，Ⅳ-高级协调。亚类为：Ⅰ-1 严重不协调-城镇化滞后，Ⅰ-2 严重不协调-经济滞后，Ⅰ-3 严重不协调。Ⅱ-1 基本不协调-城镇化滞后，Ⅱ-2 基本不协调-经济滞后，Ⅱ-3 基本不协调，Ⅲ-1 基本协调-城镇化滞后，Ⅲ-2 基本协调-经济滞后，Ⅲ-3 基本协调；Ⅳ-1 高级协调-城镇化滞后，Ⅳ-2 高级协调-经济滞后，Ⅳ-3 高级协调。

从耦合类型来看，基本不协调比重最大，并且类型较为稳定。京津冀城市群整体上处于基本不协调阶段，只有 2014 年和 2015 年为基本协调阶段。北京市和天津市常年处于基本协调阶段，秦皇岛市耦合协调类型最为稳定，始终处于基本不协调阶段，河北省其他地级市绝大部分处于基本不协调阶段。

从类型格局的演变上看，虽然类型差异始终存在，京津冀城市群整体上处于基本不协调阶段，并在 2014 年转变为基本协调阶段。除了秦皇岛市始终处于基本不协调类型外，其余 12 个城市的耦合协调关系类型都经历了转变，具体说是经历了类型升级。北京在

2013 年由基本协调阶段转变为高级协调阶段，天津市在 2003 年由基本不协调阶段转变为基本协调阶段，并在 2015 年又转变为高级协调阶段。石家庄市和唐山市在 2010 年由基本不协调阶段转变为基本协调阶段，沧州市和廊坊市在 2014 年由基本不协调阶段转变为基本协调阶段，其余各市所处阶段较为落后，呈现低水平均衡发展。

从耦合协调度小类类型的演化路径看，经济滞后特征明显。京津冀城市群经历了“基本不协调-经济滞后→基本协调-经济滞后”不同类型阶段，协调程度逐渐升级；其经济滞后的特征凸显。从各城市来看，北京市和天津市到 2014 年后出现了城镇化滞后，其他城市均未出现过城镇化滞后类型。京津冀城市群内所有城市均在不同阶段出现过经济滞后类型。可见，经济滞后不仅是拉低京津冀城市群城镇化与经济耦合协调水平的原因，也是拉低绝大部分城市城镇化与经济耦合协调水平的原因。

经济滞后是京津冀城市群城镇化与经济耦合协调水平提升的关键阻力。在对城镇化与经济耦合协调类型的判断中，发现京津冀城市群所有城市均出现经济滞后的耦合协调类型，可以断定过去一段时间影响京津冀城市群耦合协调水平的主要原因是经济水平对城镇化的支撑相对不足。

四、京津冀城市群城镇化与经济发展的耦合机理

运用地理探测器的因子探测模型对京津冀城市群城镇化与经济的作用机理进行分析，分别探测城镇化子系统及所有指标对经济综合指数的决定力和经济子系统及所有指标对城镇化综合指数的决定力。研究发现：从主导因素来看，经济因子中第一产业占 GDP 的比重、人均 GDP、GDP 总量和社会消费品零售总额始终对城镇化发展具有较强的决定力。城镇化因子中人均地方财政收入，第二、第三产业从业人员和城镇化水平始终对经济发展具有较强的决定力；从交互作用来看，经济子系统/城镇化子系统的因子两两交互后均呈现出大于或等于各自对城镇化/经济发展的影响，这意味经济发展对城镇化（城镇化对经济发展）的推动作用并不依赖于某一个单一要素，城镇化的提升需要经济发展的支撑，而经济发展与需要城镇化的推动；从综合作用来看，第一产业占 GDP 比重是影响城镇化水平最主要的因素；人均地方财政收入和城镇化水平一直都是影响经济发展的最主要因素。

（一）经济发展对城镇化影响的主导因子识别

1. 主导因素分析

选取 2001～2005 年、2006～2010 年、2011～2015 年三个时期的数据，运用因子探测器分别对这三个时期的城镇化发展水平进行分析。经济因子包括：GDP 总量、社会消费品零售总额、全社会固定资产投资、第一产业占 GDP 的比重、第二产业占 GDP 的比重、第三产业占 GDP 的比重、人均 GDP、GDP 增长速度和财政收入占 GDP 比重（图 9.10，图 9.11）。

从经济子系统及所有指标对城镇化综合指数的探测结果来看，京津冀城市群的经济发展对城镇化水平的影响具有强显著性（表 9.7）。

表 9.7　经济发展指标对京津冀城市群城镇化的显著性及其决定力

时期	2001～2005 年		2006～2010 年		2010～2015 年	
经济指标	q 值	p 值	q 值	p 值	q 值	p 值
GDP 总量	0.58	0.000	0.71	0.000	0.57	0.000
社会消费品零售总额	0.55	0.000	0.66	0.000	0.52	0.000
全社会固定资产投资	0.52	0.000	0.66	0.000	0.57	0.000
第一产业占 GDP 的比重	0.73	0.000	0.80	0.000	0.62	0.000
第二产业占 GDP 的比重	0.09	0.262	0.19	0.028	0.15	0.078
第三产业占 GDP 的比重	0.37	0.000	0.35	0.000	0.43	0.000
人均 GDP	0.68	0.000	0.70	0.000	0.62	0.000
GDP 增长速度	0.10	0.226	0.03	0.740	0.04	0.690
财政收入占 GDP 比重	0.26	0.005	0.21	0.019	0.17	0.044

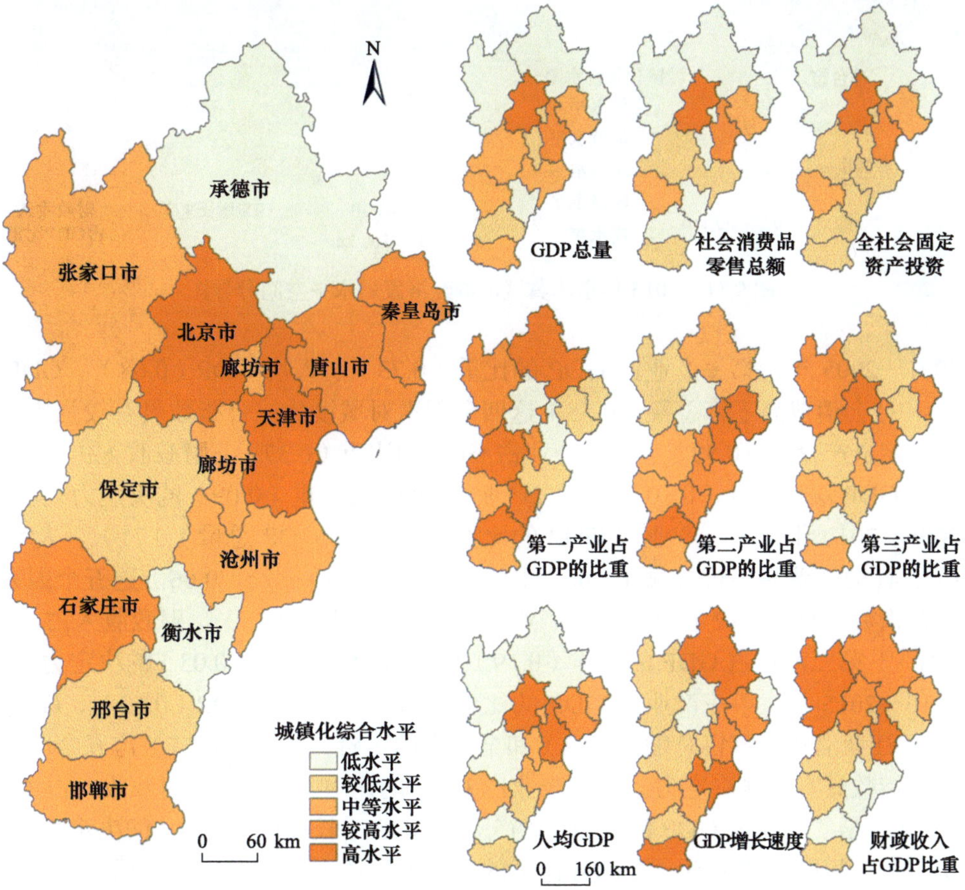

图 9.10　2005 年京津冀城市群经济发展水平空间分异图

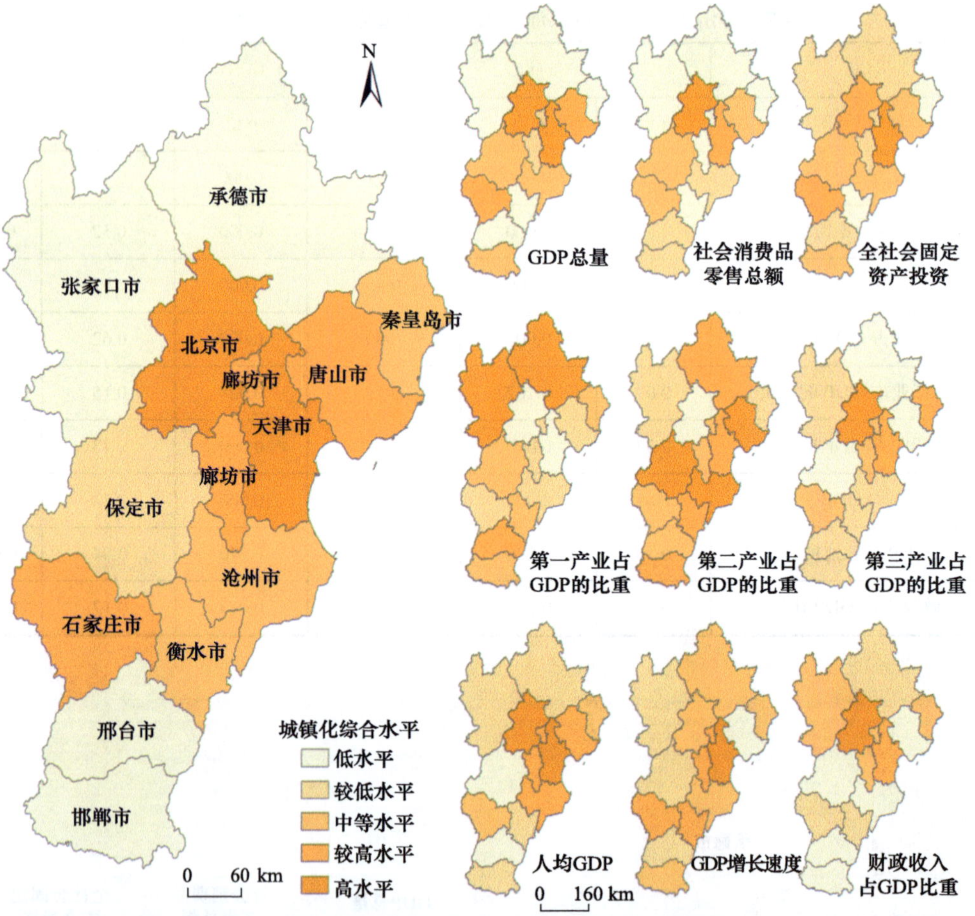

图 9.11　2015 年京津冀城市群经济发展水平空间分异图

2001～2005 年，第一产业占 GDP 的比重（0.73）、人均 GDP（0.68）、GDP 总量（0.58）和社会消费品零售总额（0.55）这四个因素对城镇化综合指数具有较强决定力。全社会固定资产投资（0.52）、第三产业占 GDP 的比重（0.37）、财政收入占 GDP 比重（0.26）、GDP 增长速度（0.10）和第二产业占 GDP 的比重（0.09）的决定力则较弱。

2006～2010 年，第一产业占 GDP 的比重（0.80）、GDP 总量（0.71）、人均 GDP（0.70）、社会消费品零售总额（0.66）和全社会固定资产投资（0.66）这五个因素对城镇化综合指数具有较强决定力。第三产业占 GDP 的比重（0.35）、财政收入占 GDP 比重（0.21）、第二产业占 GDP 的比重（0.19）和 GDP 增长速度（0.03）的决定力则较弱。

2010～2015 年，第一产业占 GDP 的比重（0.62）、人均 GDP（0.62）、GDP 总量（0.57）、社会消费品零售总额（0.57）和全社会固定资产投资（0.57）这五个因素对城镇化综合指数具有较强决定力。第三产业占 GDP 的比重（0.43）、财政收入占 GDP 比重（0.17）、第二产业占 GDP 的比重（0.15）和 GDP 增长速度（0.04）的决定力则较弱。

从三个时间段整体来看，大部分指标的决定力整体上呈现出先增长后下降的趋势。具体来看，GDP 总量、社会消费品零售总额、全社会固定资产投资、第一产业占 GDP

的比重、第二产业占 GDP 的比重和人均 GDP 这六项指标贡献度均呈现出先增长后下降的趋势。然而，第三产业占 GDP 的比重、GDP 增长速度这两项指标呈现出先下降后增长的趋势。财政收入占 GDP 比重这项指标始终呈现出下降趋势。

对比三个时间段发现，2001～2015 年，第一产业占 GDP 的比重、人均 GDP、GDP 总量和社会消费品零售总额始终对城镇化发展具有较强的决定力。其中，第一产业占 GDP 的比重始终保持在第一位，表明第一产业占 GDP 比重的变化对城镇化推进有着重要的作用。与此同时，可以看出第二、第三产业的发展对城镇化发展的决定力不强，没有发挥其应有的作用，未来需要重视促进第二、第三产业发展。

2. 综合作用分析

采用因子探测器和交互探测器分别探测了经济单因子和经济因子交互对城镇化的影响。证明了经济因子对城镇化的影响不仅取决于因子本身，也同样取决于该因子与其他因子的交互作用。将经济单因子的决定力加上该因子与其他所有指标交互作用之和可以得到经济因子的综合作用力，即经济因子对城镇化的综合影响力，结果如表 9.8 所示。

表 9.8　2001～2015 年经济因子对京津冀城市群城镇化水平的综合作用力

经济因子	2001～2005 年	2006～2010 年	2011～2015 年
GDP 总量	6.712	7.290	6.480
社会消费品零售总额	6.534	7.105	6.219
全社会固定资产投资	6.373	7.171	6.447
第一产业占 GDP 的比重	7.437	7.899	6.985
第二产业占 GDP 的比重	5.562	6.164	5.430
第三产业占 GDP 的比重	6.685	6.478	5.433
人均 GDP	7.264	7.574	6.637
GDP 增长速度	5.489	5.645	5.118
财政收入占 GDP 比重	5.847	6.134	5.510

从各个时间段经济因子对城镇化的综合作用力来看，多数经济因子对城镇化的综合作用力呈现出先增长后减小趋势。不同时期经济因子的综合作用力不同，第一产业占 GDP 比重始终是影响城镇化水平最主要的因素。具体来看，2001～2005 年对城镇化综合作用力最大三个经济因子依次为第一产业占 GDP 比重（7.437）、人均 GDP（7.264）、GDP 总量（6.712）；2006～2010 年对城镇化综合作用力最大三个经济因子依次为第一产业占 GDP 比重（7.899）、人均 GDP（7.574）、GDP 总量（7.290）；2011～2015 年对城镇化综合作用力最大三个经济因子依次为第一产业占 GDP 比重（6.985）、人均 GDP（6.637）、GDP 总量（6.480）。

（二）城镇化对经济发展影响的主导因子识别

1. 主导因素分析

选取2001～2005年、2006～2010年、2011～2015年三个时期的数据，运用因子探测器分别对这四个时期的经济发展水平进行分析。城镇化因子包括：城镇化水平，城镇人口密度，第二、第三产业从业人员比重，人均GDP，第二、第三产业增加值占GDP比重，人均全社会固定资产投资，人均地方财政收入，城市建设用地占市区面积比重，人均城市道路面积，人均建设用地面积，人均社会消费总额，城镇居民人均可支配收入，每万人卫生机构床位数和每万人互联网上网数（图9.12，图9.13）。从城镇化子系统及所有指标对经济综合指数的探测结果来看，京津冀城市群的城镇化对经济的影响具有强显著性（表9.9）。

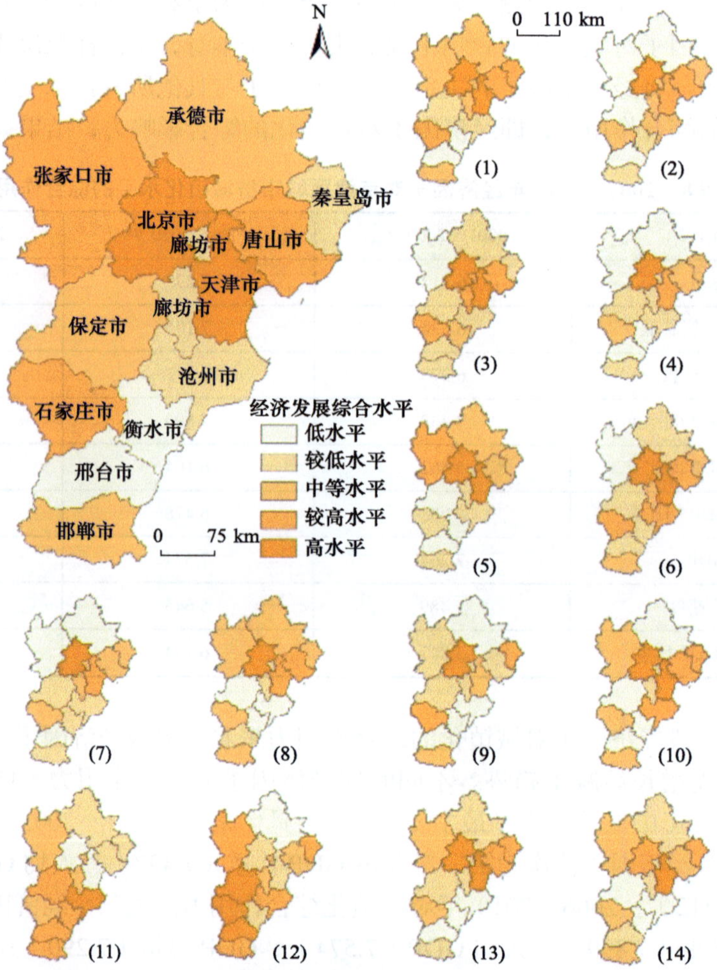

图9.12 2005年京津冀城市群城镇化发展水平空间分异图

（1）城镇化水平；（2）人均GDP；（3）人均全社会固定资产投资；（4）人均社会消费总额；（5）人均地方财政收入；（6）第二，第三产业从业人员比重；（7）城镇居民人均可支配收入；（8）每万人卫生机构床位数；（9）每万人互联网上网数；（10）第二，第三产业增加值占GDP比重；（11）城镇人口密度；（12）城市建设用地占市区面积比重；（13）人均建设用地面积；（14）人均城市道路面积

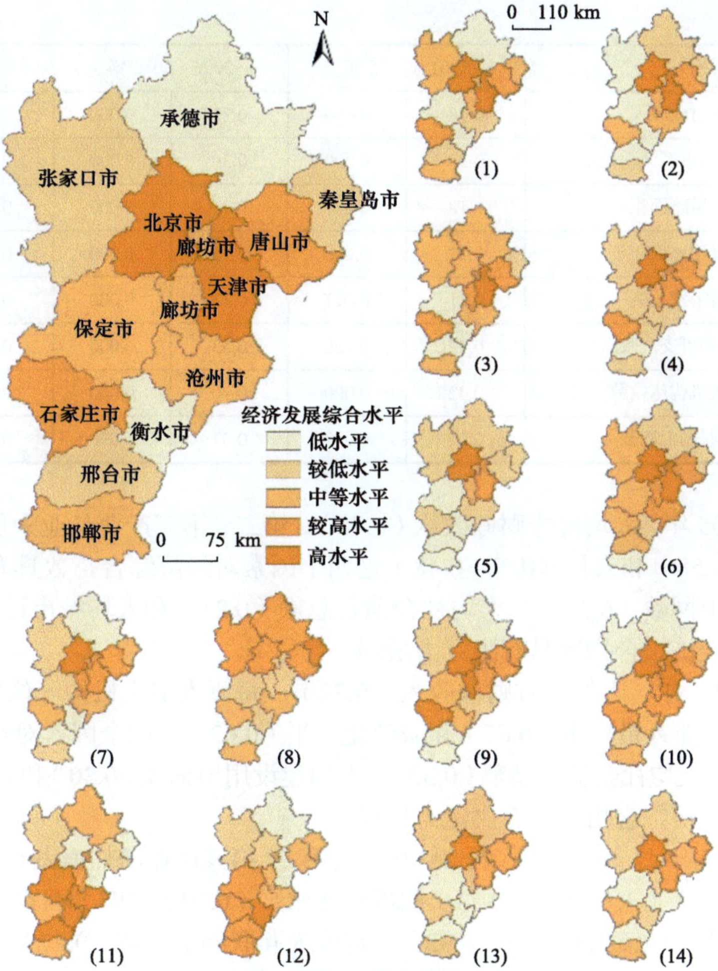

图 9.13　2015 年京津冀城市群城镇化发展水平空间分异图

（1）城镇化水平；（2）人均 GDP；（3）人均全社会固定资产投资；（4）人均社会消费总额；（5）人均地方财政收入；（6）第二，第三产业从业人员比重；（7）城镇居民人均可支配收入；（8）每万人卫生机构床位数；（9）每万人互联网上网数；（10）第二，第三产业增加值占 GDP 比重；（11）城镇人口密度；（12）城市建设用地占市区面积比重；（13）人均建设用地面积；（14）人均城市道路面积

表 9.9　城镇化指标对经济的显著性及其决定力

时期	2001～2005 年		2006～2010 年		2011～2015 年	
城镇化指标	*q* 值	*p* 值	*q* 值	*p* 值	*q* 值	*p* 值
城镇化水平	0.58	0.000	0.62	0.000	0.70	0.000
城镇人口密度	0.35	0.000	0.37	0.000	0.33	0.000
第二、第三产业从业人员比重	0.61	0.000	0.67	0.000	0.73	0.000
人均 GDP	0.48	0.000	0.26	0.005	0.51	0.000
第二、第三产业增加值占 GDP 比重	0.41	0.000	0.57	0.000	0.74	0.000
人均全社会固定资产投资	0.44	0.000	0.55	0.000	0.56	0.000

续表

时期	2001～2005 年		2006～2010 年		2011～2015 年	
人均地方财政收入	0.78	0.000	0.72	0.000	0.77	0.000
城市建设用地占市区面积比重	0.39	0.000	0.39	0.000	0.64	0.000
人均城市道路面积	0.18	0.041	0.36	0.000	0.34	0.000
人均建设用地面积	0.37	0.000	0.30	0.000	0.40	0.000
人均社会消费总额	0.21	0.017	0.33	0.000	0.39	0.000
城镇居民人均可支配收入	0.47	0.000	0.53	0.000	0.64	0.000
每万人卫生机构床位数	0.42	0.000	0.70	0.000	0.22	0.014
每万人互联网上网数	0.25	0.007	0.37	0.000	0.27	0.004

2001～2005 年，人均地方财政收入（0.78），第二、第三产业从业人员比重（0.61），城镇化水平（0.58）和人均 GDP（0.48）这四个因素对经济综合指数具有较强决定力。每万人互联网上网数（0.25）、人均社会消费总额（0.21）和人均城市道路面积（0.18）这三个因素对经济综合指数具有决定力最弱。

2006～2010 年，人均地方财政收入（0.72），每万人卫生机构床位数（0.70），第二、第三产业从业人员比重（0.67）和城镇化水平（0.62）这四个因素对经济综合指数具有较强决定力。人均社会消费总额（0.33）、人均建设用地面积（0.30）和人均 GDP（0.26）这三个因素对经济综合指数具有决定力最弱。

2011～2015 年，人均地方财政收入（0.77），第二、第三产业增加值占 GDP 比重（0.74），第二、第三产业从业人员比重（0.73）和城镇化水平（0.70）这四个因素对经济综合指数具有较强决定力。城镇人口密度（0.33）、每万人互联网上网数（0.27）和每万人卫生机构床位数（0.22）这三个因素对经济综合指数具有决定力最弱。

从三个时间段整体来看，大部分指标的贡献度呈现出增长趋势。具体来看，城镇化水平，第二、第三产业从业人员比重，第二、第三产业增加值占 GDP 比重，人均全社会固定资产投资，城市建设用地占市区面积比重，人均社会消费总额和城镇居民人均可支配收入呈现出持续增长态势。城镇人口密度，人均城市道路面积、每万人卫生机构床位数和每万人互联网上网数呈现出先增加后减少的趋势。人均 GDP、人均地方财政收入和人均建设用地面积呈现出先减少后增加趋势。

对比三个时间段发现，2001～2015 年，人均地方财政收入，第二、第三产业从业人员比重和城镇化水平始终对城镇化发展具有较强的决定力。而且，第二、第三产业从业人员比重和城镇化水平的决定力不断增强，可以看出这两个因子在促进京津冀城市群经济发展起着越来越重要的作用。

2. 综合作用分析

因子探测器和交互探测器分别探测了城镇化单因子和城镇化因子交互对经济的影响。证明了城镇化因子对经济发展的影响不仅取决于因子本身，也同样取决于该因子与其他因子的交互作用。将城镇化单因子的决定力加上该因子与其他所有指标交互作用之和可以得到城镇化因子的综合作用力，即城镇化因子对经济发展的综合影响力。计算结果如表 9.10 所示。

表 9.10　2001～2015 年城镇化因子对京津冀城市群经济发展的综合作用力

城镇化因子	2001～2005 年	2006～2010 年	2011～2015 年
人均社会消费总额	9.939	9.751	11.149
城镇人口密度	8.850	9.491	9.788
城镇化水平	10.390	10.942	11.403
第二、第三产业从业人员比重	9.596	9.395	10.725
人均 GDP	9.158	10.184	11.463
人均全社会固定资产投资	8.937	9.968	10.821
人均地方财政收入	11.853	11.610	12.034
第二、第三产业增加值占 GDP 比重	8.281	9.370	10.876
城市建设用地占市区面积比重	9.230	10.498	10.575
人均建设用地面积	9.333	9.643	10.394
人均城市道路面积	8.684	9.485	9.944
城镇居民人均可支配收入	9.254	9.680	10.740
每万人卫生机构床位数	9.446	11.121	9.784
每万人互联网上网数	8.077	8.928	9.559

从各个时间段城镇化因子对经济发展的综合作用力来看。影响经济发展的最主要的因素一直都是人均地方财政收入和城镇化水平。具体来看，2001～2005 年对城镇化综合作用力最大三个经济因子依次为人均地方财政收入（11.853）、城镇化水平（10.390）、人均社会消费总额（9.939）；2006～2010 年对城镇化综合作用力最大三个经济因子依次为人均地方财政收入（11.610）、每万人卫生机构床位数（11.121）、城镇化水平（10.942）；2011～2015 年对经济发展综合作用力最大三个城镇化因子依次为人均地方财政收入（12.034）、人均 GDP（11.463）和城镇化水平（11.403）。

对比三个时间段来看，城镇化因子对经济水平的综合作用力整体呈现上升趋势。2011～2015 年城镇化因子综合作用力的平均值达到 10.661、高于 2001～2005 年的 9.359 和 2006～2010 年的 10.005，这表明 2011～2015 年城镇化对经济发展的影响程度最深。具体到指标来看，除每万人卫生机构床位数外，其他指标对经济发展的综合作用力都呈现持续上升趋势。其中，每万人卫生机构床位数在 2006～2010 年有所增长，但是在 2011～2015 年反而降低；第二、第三产业增加值占 GDP 比重的综合作用力幅度最大，增幅达到 2.595。其他指标在 2006～2015 年的增长幅度从高到低依次是人均 GDP，人均全社会固定资产投资，城镇居民人均可支配收入，每万人互联网上网数，城市建设用地占市区面积比重，人均社会消费总额，第二、第三产业从业人员比重，人均建设用地面积，城镇化水平，城镇人口密度，每万人卫生机构床位数和人均地方财政收入。

（三）城镇化与经济发展交互作用机理及效应

根据以上分析得知，京津冀城市群城镇化与经济发展之间存在着复杂的交互作用关系。总体上，京津冀城市群的城镇化与经济发展之间呈正向关系，两者相互促进，共同发展。

现阶段，京津冀城市群城镇化与经济发展之间的耦合协调关系同步发展，但只有京津两市进入基本协调阶段，城市群整体上仍处于相对落后的水平。北京、天津和河北三地之间的耦合协调性差距明显，京津两市表现为城镇化滞后，而河北省则表现为经济滞后。

在京津冀城市群城镇化与经济发展水平相互作用的过程中，第一产业占 GDP 比重、GDP 总量和人均 GDP 在城市群的城镇化推进过程中发挥着重要作用，同时，人均地方财政收入、第二、第三产业从业人员和城镇化水平也在很大程度上决定着城市群的经济发展水平。并且，京津冀城市群地区城镇化与经济发展之间的相互促进并不依赖于某一单个要素，多要素交互作用对城镇化或经济发展的影响更大。

第四节　城市群地区产业转型转移与生态环境耦合规律

京津冀城市群生态环境本底薄弱，产业转型转移压力巨大，肩负实现京津冀协同发展的历史使命，推动产业发展与生态环境相互协调意义重大。以京津冀城市群作为案例区对其产业转型转移与生态环境交互响应机理进行剖析，以全面客观地认识其交互响应机理，并为协同发展国家战略的实现提供可靠支撑。

一、京津冀城市群产业转型的时空分异特征

产业转型综合指数采用 TOPSIS 方法集成劳动生产率、产业结构合理度、综合污染性与产业竞争力 4 个指标进行定量测度。

产业劳动生产率计算公式如下：

$$L_{\mathrm{p}} = Y / L \tag{9.7}$$

式中，L_{p} 为人均劳动生产率；Y 为某行业增加值；L 为该行业就业人数。

产业结构合理度采用改进的产业结构偏离度公式，其值越大产业结构越优，改进后公式如下：

$$\mathrm{TS}_d = 1 \Bigg/ \left[\sum_{i=1}^{n} \left(\frac{Y_i}{Y} \right) \left| \ln \left(\frac{Y_i}{L_i} \Big/ \frac{Y}{L} \right) \right| \right] \tag{9.8}$$

式中，TS_d 为改良后的产业就业结构偏离度；Y 为增加值；L 为就业人数；i 为产业，n 为产业部门数。TS_d 升高表明劳动力从生产率较低行业流入较高行业，产业结构得到改善，趋于合理。

产业污染减轻采用产业综合污染指数来衡量，具体采用单位产值工业废水排放量、

单位产值工业二氧化硫排放量、单位产值工业烟（粉）尘排放量来衡量，并通过矢量分析方法进行集成，如下：

$$P_W = W / I \quad P_{SO_2} = SO_2 / I \quad P_S = S / I \tag{9.9}$$

$$W = \sqrt{Pw^2 + Pso_2{}^2 + Ps^2} \tag{9.10}$$

式中，P_W为单位产值工业废水排放量；W为产业综合污染指数；P_{SO_2}为单位产值工业二氧化硫排放量；P_S为单位产值工业烟（粉）尘排放量；W为工业废水排放量；SO_2为工业二氧化硫排放量；S为工业烟（粉）尘排放量；I为工业总产值。

产业竞争力采用各地级市进出口贸易额表征。

（一）劳动生产率的时空分异特征

经指数平减后分别计算京津冀城市群13个地级市劳动生产率（2000年不变价），结果如图9.14所示。由图可见，2000～2014年，各城市劳动生产率均呈现稳步上升的趋势。

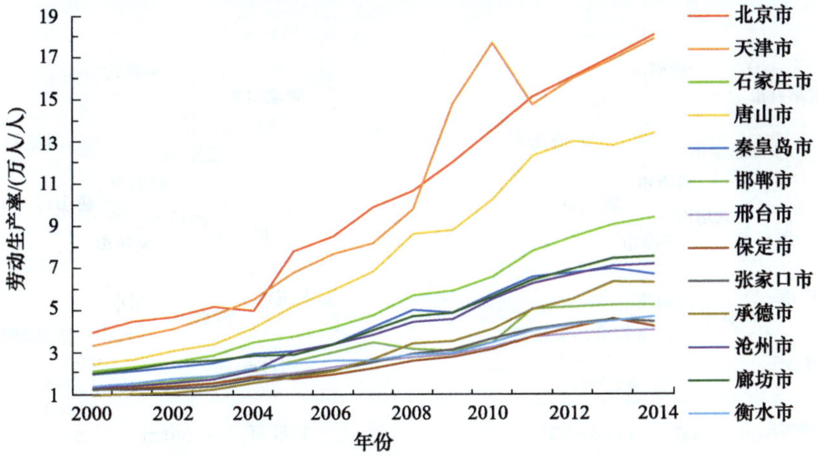

图9.14　2000～2014年京津冀城市群各地级市劳动生产率（2000年不变价）

其中，北京市、天津市与唐山市的劳动生产率显著高于其他城市，而北京市为京津冀城市群劳动生产率最高的城市，2014年劳动生产率达到18.12万元/人；邢台市则为京津冀城市群劳动生产率最低的城市，2014年劳动生产率为4.10万元/人，不到北京市的1/4。

而从劳动生产率的增长趋势而言，承德市为这一期间劳动生产率增长最快的城市，其年均增长率达到13.95%；而邢台市同样为这一期间劳动生产率增长最慢的城市，年均增长仅为8.58%。采用层次分类方法，可将京津冀城市群十三个地级市划分为如下三类：第一类为北京市、天津市和唐山市，这三个城市的劳动生产率排在第一梯队；第二类包括石家庄市、秦皇岛市、廊坊市与沧州市，这四个城市的劳动生产率排在第二梯队，第三类包括邯郸市、承德市、衡水市、张家口市、邢台市与保定市，这六个城市的劳动生产率排在最末。从空间格局而言（图9.15），劳动生产率较高的城市除石家庄市之外，其余城市均分布在秦皇岛市→唐山市→北京市→廊坊市→沧州市的内“C”字形范围内，而承德市→张家口市→保定市→石家庄市→邢台市→邯郸市的外“C”字形则基本上为

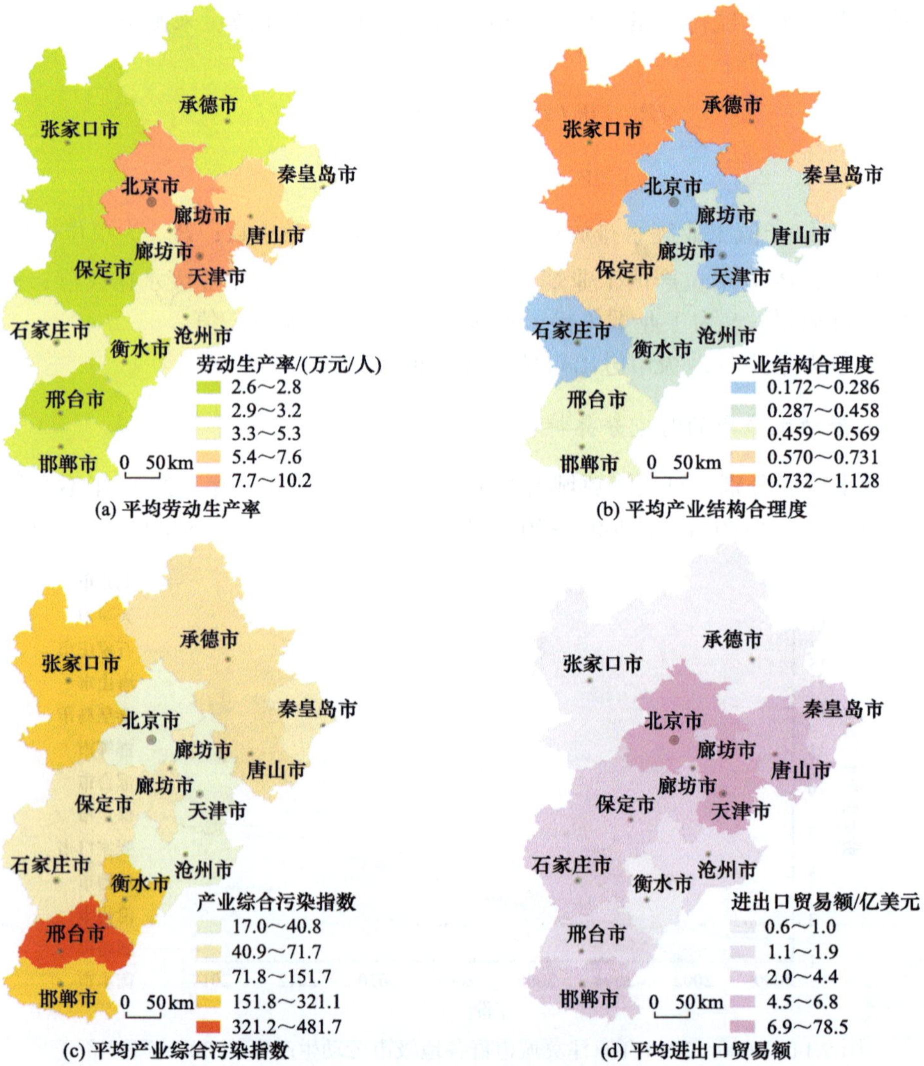

图 9.15　2000～2014 年京津冀城市群各地级市产业转型指标空间格局

劳动生产率低值区，表现出较强的地理集中性。

（二）产业结构合理度的时空分异特征

，其城镇化和经济发展基 2000～2014 年京津冀城市群 13 个城市产业结构偏离度，结果如图 9.16 所示。由图 9.16 可见，这一期间，各城市产业结构偏离度稳步下降，表明各城市产业结构均在向合理化方向发展，但也伴随着一定程度的波动。总体而言，北京市的产业结构合理度明显高于其他城市，其 2000～2014 年产业结构偏离度均值为 0.094；而产业结构最不合理的为承德市，其在这一期间的产业结构偏离度均值达到 1.128。而从产业结构合理性的变动趋势而言，承德市则为这一期间产业结构偏离度下降最快的地区，表明其在这一段时间产业结构有了很大优化；同时，沧州市与衡水市在这一时期产业结构合理度也有了很大提升；而北京市、天津市与石家庄市由于原本产业结构偏离度即较

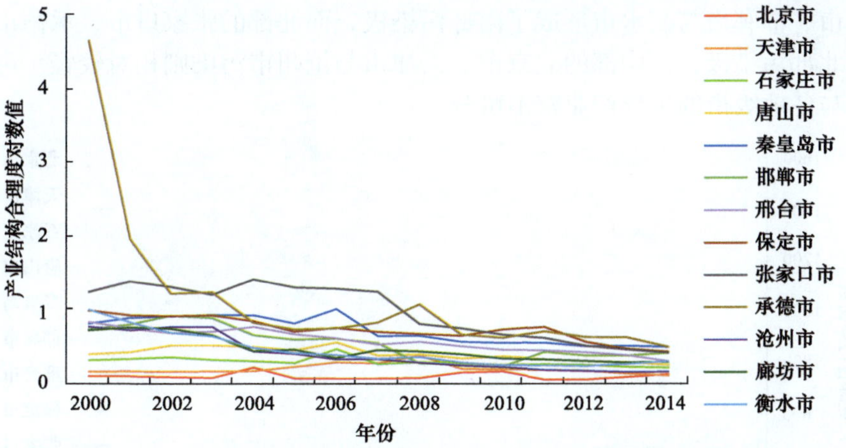

图 9.16 2000～2014 年京津冀城市群各地级市产业结构合理变化曲线

低，在这一时期下降幅度不大。

采用层次分类方法，可将 13 个地级市分为如下四类：第一类包括北京市、天津市、石家庄市与唐山市，这四个城市产业结构在相对最合理；第二类包括沧州市、衡水市、廊坊市、邢台市与邯郸市，这五个城市产业结构相对较为合理；第三类包括保定市与秦皇岛市，这两个城市产业结构合理性相对较差；第四类包括承德市与张家口市，这两个城市产业结构目前较不合理，亟需采取相应措施，进一步优化产业结构，以推动产业顺利转型。从空间格局而言，产业结构合理度空间格局与劳动生产率类似，除石家庄市与衡水市外，产业结构较为合理的城市均分布在内“C”字形范围内，而产业结构较不合理的城市则均分布在外“C”字形范围内，尤其是外“C”字形的北部。

（三）综合污染性的时空分异特征

分别计算各地级市单位产值工业废水排放量、单位产值工业二氧化硫排放量与单位产值工业烟（粉）尘排放量并通过矢量分析方法集成为综合污染指数，结果如图 9.17 所示。由图 9.17 可见，2000～2014 年京津冀城市群各地级市产业综合污染指数都有了显著下降，但不同城市之间的差异极为巨大。其中，产业综合污染指数最低的为北京市，2014 年产业综合污染指数仅为 2.58；而产业综合污染指数最高的则为张家口市，其产业综合污染指数达到 102.98，约为北京市的 40 倍。而从产业综合污染指数下降趋势而言，衡水市为这一时期产业综合污染指数下降最快的城市，而秦皇岛市、承德市与廊坊市产业综合污染指数下降趋势则较为缓慢。采用层次分类方法，可将 13 个地级市分为如下四类：第一类包括北京市与天津市，这两个城市的综合污染指数最低；第二类包括保定市、廊坊市、石家庄市、沧州市与衡水市，这五个城市的综合污染指数相对较低；第三类包括唐山市、邢台市、邯郸市、秦皇岛市与承德市，这五个城市的综合污染指数相对较高；第四类为张家口市，其综合污染指数最高，亟需采取相应措施，降低产业综合污染指数，以推动产业转型以及生态环境的可持续发展。从空间格局上看，与劳动生产率和产业结构合理性不同，综合污染指数呈现出南部最重，北部其次，而中部最轻的空间格局，南部的邢台市、邯郸市与衡水市形成了南部污染极，而北部的张家口市、承德市与唐山市则构成了北部污染极，而中部的北京市、天津市与沧州市污染则相对较轻。可见，形成这一格局与各地级市的主导产业密不可分。

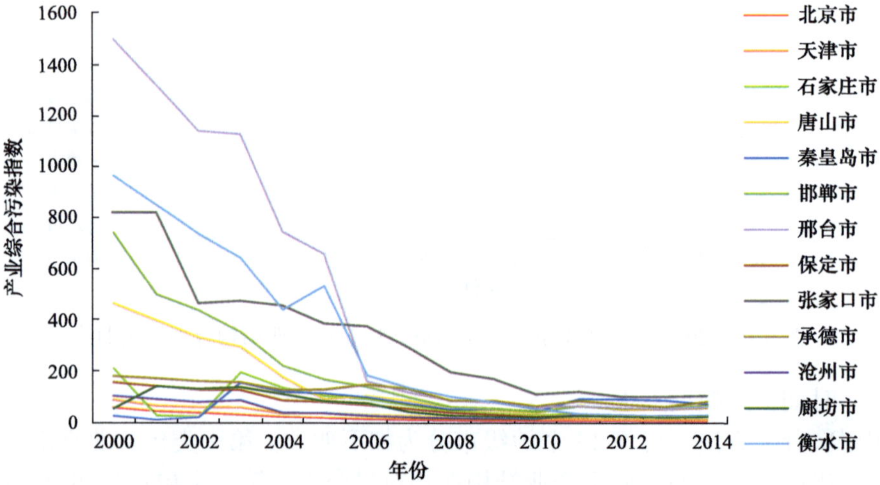

图 9.17　2000～2014 年京津冀城市群各地级市产业综合污染变化曲线图

（四）产业竞争力的时空分异特征

以进出口贸易额表征京津冀城市群各地级市产业竞争力，获得各城市产业竞争力，如图 9.18 所示（由于数据差异巨大，选用对数刻度以反映数据变化趋势）。由图 9.18 可见，2000～2014 年京津冀城市群各地级市产业竞争力都有了显著提升，但不同城市之间的差异同样极为巨大。其中，产业竞争力最强的为北京市，其 2014 年进出口贸易额达到 4157 亿元，占京津冀城市群的 68.24%，排名第二的则为天津市，其 2014 年进出口贸易额为 1339 亿元，占京津冀城市群的 21.98%，二者合计即占京津冀城市群的 90.22%。而产业竞争力最差的即为张家口市，其 2014 年进出口贸易额仅为 5.2 亿元，仅为北京市的 1/800。而从产业竞争力的增长趋势而言，唐山市为这一时期增长速度最快的城市，年

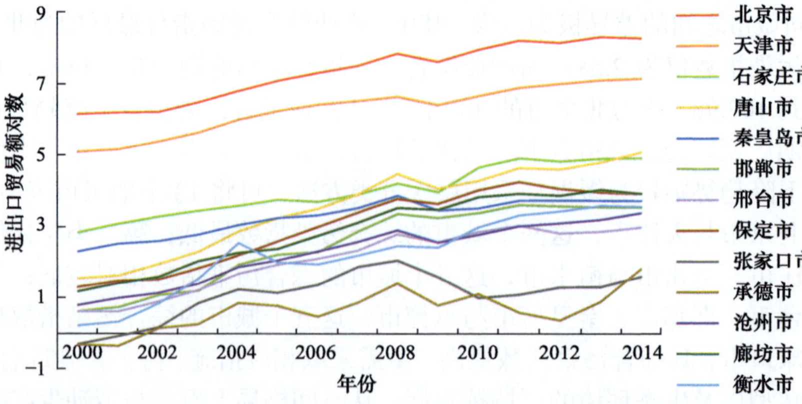

图 9.18　2000～2014 年京津冀城市群各地级市产业竞争力变化曲线图

均增长率达到 28.74%，增长最慢的则为秦皇岛市，其年均增长仅为 10.59%。总体而言，产业竞争力呈现出两极分化的现象，除北京市与天津市外，其余城市产业竞争力都相对较弱；在空间上，则以北京市与天津市为核心，其他地区为外围的格局。

（五）产业转型指数的时空分异特征

采用 TOPSIS 方法集成京津冀城市群 13 个地级市 2000～2014 年产业转型指数，如图 9.19 所示。可见，13 个地级市在产业转型方面形成了明显的梯度。其中北京市在大多数年份均为产业转型最为成功的城市，其产业转型指数遥遥领先于其他城市。排名第二位的则为天津市，其产业转型指数一直稳定在 0.7 左右，落后于北京但同样大幅领先于其他 11 个地级市。石家庄市、唐山市与沧州市则位于第三梯队，三者交替领先；其后为廊坊市、衡水市与保定市。邢台市、邯郸市、秦皇岛市与承德市的产业转型指数均在 0.3 以下，表明其产业转型发展较不理想；而产业转型指数最低的则为张家口市，2014 其产业转型指数仅为 0.10，转型发展不理想，需从多方面入手，加快推进产业转型工作。

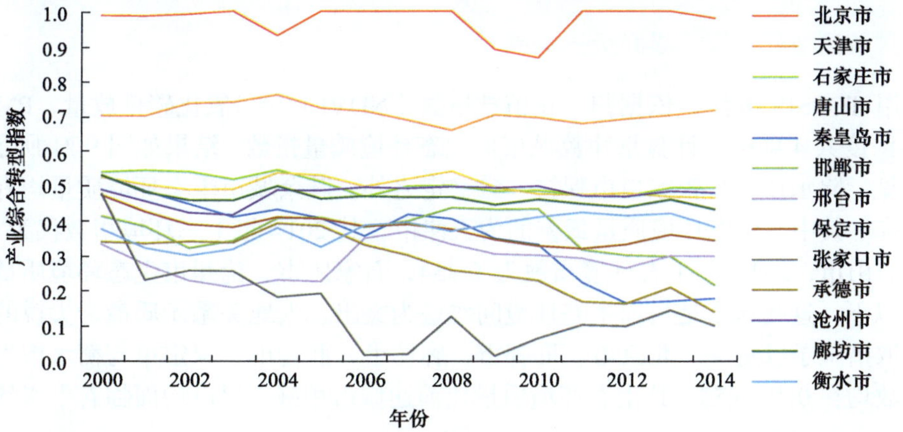

图 9.19　2000～2014 年京津冀城市群各地级市产业综合转型指数变化曲线图

二、京津冀城市群产业转移的时空分异特征

以外商直接投资（FDI）表征京津冀城市群各地级市承接国外产业转移，如图 9.20 所示（由于数据差距巨大，选用对数刻度）。由图 9.20 可见，2000～2014 年，各城市吸纳外商直接投资均有一定程度增长，但不同城市之间差距极为巨大。其中，吸纳外商直接投资最多的为天津市，其 2000～2014 年累积吸纳外商直接投资达到 1177.50 亿元，凸显其作为京津冀城市群对外交流的门户作用；排名第二的为北京市，其累积吸纳外资为 811.68 亿元，二者合计即占京津冀城市群吸纳外资总和的 80.75%。累积吸纳外资最少的为承德市，其吸纳外资总额不及天津市的 1%，显示出京津冀城市群各城市在承接国际产业转移方面差距巨大。采用层次分类方法，可将京津冀城市群 13 个地级市划分为如下三类：第一类为天津市、北京市，其是城市群承接国外产业转移的核心；第二类为唐山市、石家庄市、秦皇岛市、廊坊市、邯郸市与保定市，其承接国外产业转移有了一定成果，但尚具有较大潜力，需进一步强化；第三类为邢台市、沧州市、衡水市、张家口市

与承德市，其承接国外产业转移很不理想，亟需强化国际交流，积极融入国际产业分工体系，以避免在经济全球化中被边缘化。

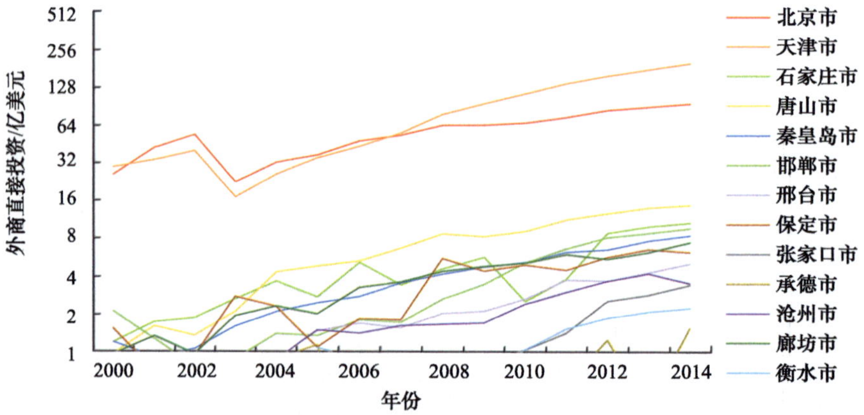

图 9.20　2000～2014 年京津冀城市群各地级市承接国外产业转移情况变化图

三、京津冀城市群生态环境时空分异特征

采用 TOPSIS 方法，依据归一化植被指数（NDVI）、二氧化碳排放量、$PM_{2.5}$ 浓度与 NO_2 浓度共 4 项指标计算京津冀城市群生态环境质量指数，结果如图 9.21 所示。由图 9.21 可见，除承德市与张家口市保持大致稳定之外，其余城市生态环境质量均有不同程度的下降。其中，生态环境质量最差的为天津市，其 2014 年生态环境指数仅为 0.225；其后为唐山市，2014 年生态环境指数为 0.354，石家庄市、沧州市生态环境质量指数也在 0.4 以下，这些城市是目前生态环境问题最为突出、人地关系矛盾最为尖锐的地区，亟需采取措施予以解决。北京市、邯郸市、廊坊市、邢台市、保定市与衡水市生态环境质量指数均在 0.4～0.55，其生态环境质量比前述城市稍好，但也均面临着生态环境质量

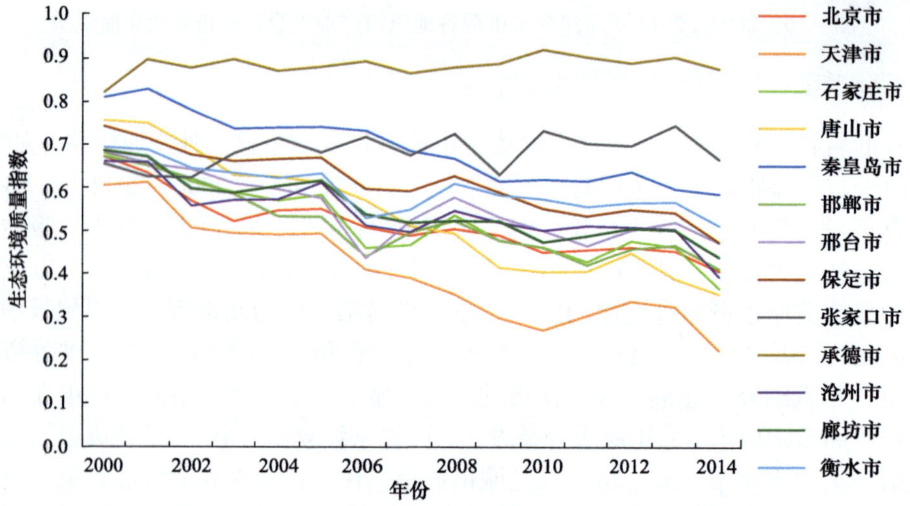

图 9.21　2000～2014 年京津冀城市群各地级市生态环境质量指数变化曲线图

不断下降的问题，同样需采取相应措施，缓解直至扭转生态环境不断恶化的趋势。秦皇岛市、张家口市与承德市是京津冀城市群生态环境质量最好的三个地级市，其中承德市2014年生态环境质量指数达到0.873，在京津冀城市群中排名第一。虽然这三个城市目前生态环境质量较好，但也面临着各自的问题，其中：秦皇岛市近年来生态环境质量不断下降，2014年已经下降到0.584，需尽快采取措施抑制下滑趋势；张家口市与承德市作为京津冀城市群重要的生态屏障，承担着为北京市、天津市及其他城市提供水源涵养和生态服务的重要作用，因而其产业发展受到诸多限制，如何在保障其生态服务价值的同时找到适合自身的产业转型转移途径，是摆在这两个城市面前的现实问题。

四、京津冀城市群产业转型转移与生态环境的耦合模型及规律

（一）产业转型转移与生态环境的耦合模型

IPAT模型（I=PAT）最早由Ehrlich和Holdren在1971年提出，是用于定量测度人类活动对生态环境影响的经典模型。这一公式中，I为人类活动对环境的影响，P为人口总量，A为人均消费（通常用人均GDP衡量），T为技术水平。但这一经典模型存在一定缺陷，即根据这一模型，各影响因素对生态环境的影响为线性关系，而这与实际情况并不相符。因此，Dietz和Rosa于1997年对IPAT模型进行了一定程度的改进，将其拓展为STIRPAT模型，在探讨人类活动对生态环境影响方面得到了广泛应用。基于这一模型，构建了产业转型转移与生态环境耦合模型，如下：

$$I = aP^b A^c T^d e \tag{9.11}$$

对两边取对数后，形式如下：

$$\ln I = \ln a + b\ln P + c\ln A + d\ln T + \ln e \tag{9.12}$$

式中，I为产业转型转移的生态环境影响；P为产业活动强度，以从业人口衡量；A为人均影响，以劳动生产率衡量；T为技术水平，以单位产值污染产出衡量；a、b、c、d为待估系数；e为随机误差。若采用面板数据进行估计，则式（9.12）变化为如下形式：

$$\ln I_{it} = \alpha_{it} + \beta_1 \ln P_{it} + \beta_2 \ln L_{it} + \beta_3 \ln W_{it} + \varepsilon_{it} \tag{9.13}$$

这一模型中，I为生态环境影响强度；P为从业人口；L为人均劳动生产率；W为单位产值工业废水排放量、单位产值工业二氧化硫排放量、单位产值工业烟（粉）尘排放量矢量和的开方值；下标i与t分别代表研究单元与年份。

为充分考虑产业转型对生态环境的影响，产业结构合理性T与产业竞争力指标Tr被引入模型。同时，为进一步探讨产业转移对生态环境的影响，表征国际产业转移的外商直接投资FDI与经平减后的工业固定资产投资Fix也被引入模型，经拓展后的模型如下：

$$\begin{aligned}\ln I_{it} = {} & \alpha_{it} + \beta_1 \ln P_{it} + \beta_2 \ln L_{it} + \beta_3 \ln W_{it} + \beta_4 \ln T_{it} + \beta_5 \ln \mathrm{Tr}_{it} \\ & + \beta_6 \ln \mathrm{FDI}_{it} + \beta_7 \ln \mathrm{Fix}_{it} + \varepsilon_{it}\end{aligned} \tag{9.14}$$

为消除不同计量单位带来的数据不一致问题，对所有数据取自然对数[零值以极小值（1×10^{-10}）替代]，因此，模型所估计的系数为弹性系数，即自变量每变化1%所引发的因

变量的变化。

（二）产业转型转移与生态环境的耦合机理

基于上述耦合模型，选取产业转型的四个指标（劳动生产率、技术水平、产业结构偏离度、综合污染指数与产业竞争力）、产业转移的两个指标（外商直接投资、工业固定资产投资）以及产业规模指标（从业人口），对京津冀城市群 13 个地级市进行实证。由于数据标准化必然带来大量信息损失，这里采用 TOPSIS 思想与矢量分析方法对生态环境质量进行评价。对数据进行预处理后，统一取自然对数值以消除量纲影响，因而，模型所估计的系数均为弹性系数，即自变量每变化 1%所对应的因变量的变化。

为保证面板分析的可靠性，需对数据进行单位根检验与协整检验。检验结果显示所有变量水平平稳且存在长期协整关系，因而基于此数据的面板分析是可靠的。由此进行面板数据分析，显然，产业转型转移是生态环境影响的重要因素，但其余因素可能也会对生态环境产生影响。鉴于此，为消除可能的遗漏变量对回归结果的影响，选用固定效应模型（fixed effect，FE）以消除遗漏变量影响，同时选择 robust 选项以消除异方差的影响。在对产业转型转移对生态环境质量（ecological environment quality，Eq）进行估计的基础上，也对其对生态环境子指标（NDVI、CO_2、$PM_{2.5}$、NO_2）进行估计，估计结果如表 9.11 所示。同时，考虑到产业转型转移与生态环境质量之间可能存在 EKC 关系，因此引入劳动生产率的平方[$(\ln L)^2$]以对这一关系进行检验，从而得到模型 6～10 估计结果（表 9.12）。

表 9.11 面板数据模型实证结果

模型	1（Eq）	2（NDVI）	3（CO_2）	4（$PM_{2.5}$）	5（NO_2）
ln$P$	−1.472***	0.0264	−0.0042	0.1137**	−0.0019
ln$L$	−1.1292***	0.0189	0.928***	0.0739	0.4485***
ln$T$	−0.7358***	−0.0312	−0.1447*	0.1448***	0.0218
ln$W$	−0.0876*	0.0014	−0.0321	0.0329***	0.0366***
lnTr	0.0835	−0.0091	−0.1631***	0.0899***	0.0728***
lnFDI	0.0089	−0.0002	0.0042	0.0037	0.0086***
lnFix	0.3846**	−0.0002	0.1717***	0.0249	0.0821**
Constant	16.0673***	−0.4438***	6.6491***	2.7632***	0.1907
R^2	0.4015	0.0979	0.8978	0.6782	0.9232
F	16.77***	2.71**	219.67***	52.69***	300.61***
obs.	195	195	195	195	195

***表明在 1%水平显著；**表明在 5%水平显著；*表明在 10%水平显著。

由表 9.11 可见，在不考虑 EKC 关系的基础上，所有模型均在 0.05 水平上通过 F 检验，且除模型（2）之外其余模型均在 0.01 水平上通过检验，模型成立。

对模型（1）而言，拟合优度 R^2 为 0.4015，显示产业转型、产业转移对于京津冀城市群生态环境变化具有一定程度的影响。在产业转型方面，从业人口 P、劳动生产率 L 每增加 1%，生态环境距离最劣点距离分别减少 1.472%、1.1292%；产业结构偏离度 T、

产业污染指数 W 每降低 1%，生态环境距离最劣点距离分别增加 0.7358%、0.0876%。在产业转移方面，外商直接投资（FDI）对生态环境的影响不显著，而固定资产投资（Fix）每增加 1%，生态环境距离最劣点距离增加 0.3846%，这显示出在京津冀城市群中，产业承接地在吸纳转入产业之后生态环境反而有所改善，这侧面反映了京津冀城市群目前各城市间产业梯度相差极大，产业转出地（主要为京津）需要转出的产业水平远高于产业承接地既有产业水平。可见，京津冀城市群内产业转移潜力巨大。

对模型（2）而言，尽管模型通过检验，但所有变量除常数项外均不显著，显示产业转型转移对归一化植被指数（NDVI）确有影响，但更为直接的影响可能是温度与降水，未来需在控制这两个变量影响的基础上进行探讨。

对于模型（3）而言，劳动生产率 L 与固定资产投资（Fix）则增加将显著推动二氧化碳排放量的增加，而进出口贸易增加将会减少碳排放，这可为减排政策的制定提供依据。

对于模型（4）而言，从业人口 P、产业综合污染指数 W 与进出口贸易 Tr 的增长都将导致 $PM_{2.5}$ 浓度的增加，但最为重要的影响因素——产业结构偏离度 T 的下降反而会降低 $PM_{2.5}$ 浓度。可见，京津冀城市群的 $PM_{2.5}$ 污染更多的是产业结构问题，即发展模式的问题；通过改善产业结构、降低产业污染可以显著减轻这一区域的 $PM_{2.5}$ 污染问题。

对模型（5）而言，劳动生产率 L、产业综合污染指数 W、进出口贸易 Tr、外商直接投资（FDI）与固定资产投资（Fix）的增长均将推动 NO_2 浓度的增加，而劳动生产率 L 为最重要的影响因素；鉴于此，NO_2 污染可能将成为未来威胁京津冀城市群产业转型转移与生态环境可持续发展的重要因素。

由表 9.12 可见，在考虑 EKC 关系的基础上，所有模型均在 0.01 水平上通过 F 检验，模型成立。其中，由劳动生产率 L 及其平方系数的显著性和符号可以看出，京津冀城市群产业转型转移与归一化植被指数（NDVI）及 $PM_{2.5}$ 之间存在 EKC 关系，而其与生态环境质量、碳排放及 NO_2 之间则不存在 EKC 关系。可见，京津冀城市群产业转型转移与生态环境的关系存在复杂性。其中产业转型转移与某些要素可能存在 EKC 关系，但与其他要素则为其他关系，各不同要素相互影响与合作、相互干扰和制约，在不同的阶段，其主导因素还可能有所差异，种种关系最终复合形成或协同或拮抗的关系。鉴于京津冀城市群现阶段生态环境的现实，有必要采取积极措施，尽早达到协同论所提出的“相变点”，以推动京津冀城市群产业转型转移与生态环境协同发展。

表 9.12 考虑 EKC 关系的面板数据模型实证结果

模型	6（Eq）	7（NDVI）	8（CO_2）	9（$PM_{2.5}$）	10（NO_2）
$\ln P$	−1.207***	0.0374*	0.0191	0.1347***	0.009
$\ln L$	0.618	0.0913**	1.0813***	0.2127**	0.5204***
$(\ln L)^2$	−0.5268***	−0.0218**	−0.0462	−0.0419**	−0.0217
$\ln T$	−0.4707**	−0.0203	−0.1214	0.1658***	0.0327
$\ln W$	0.0621	0.0003	−0.0343*	0.0309***	0.0355***
lnTr	0.0501	−0.0105	−0.166***	0.0872***	0.0715***
lnFDI	−0.0062	−0.0008	0.0029	0.0025	0.008***

续表

模型	6（Eq）	7（NDVI）	8（CO_2）	9（$PM_{2.5}$）	10（NO_2）
lnFix	0.2033	−0.0077	0.1558**	0.0105	0.0746**
Constant	14.944***	−0.4903***	6.5505***	2.6739***	0.1444
R^2	0.509	0.125	0.8987	0.6871	0.9237
F	22.55***	3.11***	192.94***	47.75***	263.23***
obs.	195	195	195	195	195

***表明在 1%水平显著；**表明在 5%水平显著；*表明在 10%水平显著。

（三）产业转型转移与生态环境的耦合规律

总体而言，京津冀城市群在产业转型方面呈现出北京市遥遥领先，天津市紧紧跟随，而其他城市发展相对滞后的情形。

在产业转移方面，则表现出以内“C”字形范围内城市以及外“C”字形上的石家庄市为热点，其余地区相对不活跃的格局。

在生态环境质量方面，整体呈现出由北向南、由西向东逐渐递减的趋势。其中，生态环境质量最差的城市集中在内“C”字形范围内的天津市、唐山市与沧州市以及外“C”字形范围上的石家庄市，这四个城市产业转型指数居中，在产业转型阶段上主要以资本密集型制造业为主导。生态环境质量最好的承德市与张家口市，由于其产业发展受到诸多限制，目前其仍处于起步阶段，产业转型指数最低，在产业转型阶段上主要以劳动密集型制造业为主导。

北京市作为京津冀城市群中产业转型指数最高，以现代服务业与智能产业为主导的城市，其生态环境质量在京津冀城市群中排名中下，究其原因为北京市自身产业污染对生态环境的影响已经相对较小，但由于其处于内“C”字形的顶点，周边天津市、唐山市、沧州市均为重度污染区，同时北京市在产业转移中也倾向于优先将产业迁移至郊区或者近邻地区，在此背景下，污染的跨区域运输成为北京市生态环境质量相对较低的重要原因，也导致北京市没有能够达到其应有的生态环境质量指数。

综合京津冀城市群各地级市与生态环境质量基本情况，城市群产业转型与生态环境质量呈现出不规则的“U”形曲线，如图 9.22 所示。在城市群发展起步期，主导产业由农业与传统手工业转型为劳动密集型制造业，随着产业规模的不断扩大，产业污染逐步加剧，生态环境质量开始下降；随着产业由劳动密集型制造业转型为资本密集型制造业，由于资本密集型制造业单位产值污染通常最高，其对生态环境的破坏程度也最深，生态环境质量不断下降并达到最低值；生态环境质量的下降也催生了环境管制的强化，随着产业由资本密集型制造业转型为技术密集型制造业，产业污染逐步减轻，生态环境质量开始回升；而随着产业由技术密集型制造业转型为现代服务业再进一步转型为智能产业，产业污染进一步减轻，生态环境质量逐步回升至一个较高水平。但由于产业转型中，产业污染导致物种多样性损失，产业空间扩张侵占了生态空间等，生态环境质量无法回升至原有水准，因此形成一个不规则的“U”形曲线。

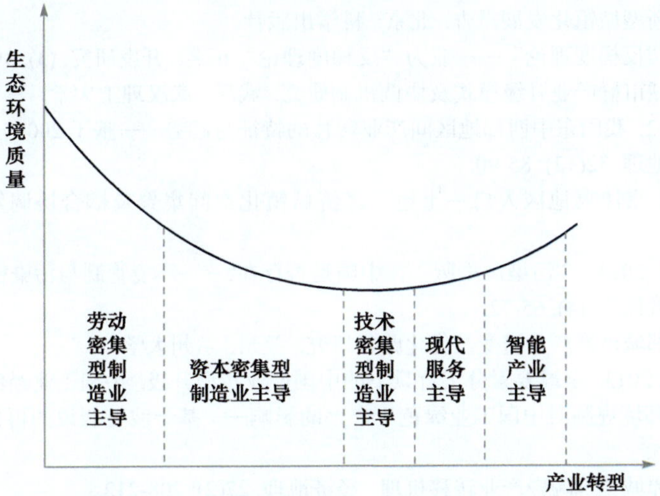

图 9.22 城市群地区产业转型与生态环境"U"形曲线关系曲线图

在城市群产业转型与生态环境质量"U"形曲线的基础上，产业转移则是对这一曲线的局部变形。例如，资本密集型制造业的迁入将导致生态环境质量的加速下降，这将导致这一阶段曲线的下移；而制造业的迁出将加快生态环境质量的恢复，这将加速这一阶段曲线的上升。各地级市也遵循这一不规则的"U"形曲线规律，但由于生态环境的整体性，对特定地级市而言，其曲线形状还受到周边地区的影响。如前文所述的北京市，由于周边地区均为重度污染区，污染的跨区域迁移导致其曲线后半段的下移。

基于上述分析，对于京津冀城市群而言，为推动产业发展与生态环境的协调发展，根本应在于推进产业转型升级，通过进一步强化北京市的引领辐射作用，加快发展技术密集型制造业与现代服务业，方可尽快越过"U"形曲线的最低点，取得产业发展与生态环境的可持续发展。在此基础上，基于京津冀城市群目前仍以资本密集型制造业为主导的现实，应进一步推动技术创新，强化环境管制，尽量减小现有产业对生态环境的破坏。同时，充分考虑产业转移对"U"形曲线的局部变形作用，根据各地区生态环境基本状况及限制因素对产业转移进行调控，以形成科学合理的产业布局，有效缓解部分地区生态环境趋于恶化的现实，切实推动京津冀协同发展进程。

参考文献

白洁. 2013. 工业化中期产业结构转型升级的影响因素分析——来自长江中游城市群的证据.江汉论坛, (7): 89-93.

曹光辉, 汪锋, 张宗益. 2006. 我国经济增长与环境污染关系研究. 中国人口·资源与环境, 16(1): 25-29.

陈明星, 陆大道, 查良松. 2009. 中国城市化与经济发展水平关系的国际比较. 地理研究, 28(2): 464-474.

陈忠祥. 2006. 资源衰退型城市产业结构调整及空间结构优化研究——以宁夏石嘴山市为例. 经济地理, 26(1): 46-49.

成德宁. 2004. 城市化与经济发展-理论、模式与政策. 北京: 科学出版社.

程开明. 2007. 城市化与经济增长的互动机制及理论模型述评. 经济评论, 4: 143-150.

段娟, 文余源. 2018. 特大城市群污染密集型产业转移与决定因素——以京津冀为例. 西南民族大学学报(人文社科版), 39(2): 127-136.

方创琳. 2014. 中国新型城镇化发展报告. 北京: 科学出版社.
郭凡生. 1986. 何为“反梯度理论”——兼为“反梯度理论”正名. 开发研究, (3): 39-40.
郭书山. 2011. 中原城市群产业升级模式及协调机制研究. 武汉: 武汉理工大学.
贺曲夫, 刘友金. 2012. 我国东中西部地区间产业转移的特征与趋势——基于2000—2010年统计数据的实证分析. 经济地理, 32(12): 85-90.
贺三维,邵玺. 2018. 京津冀地区人口—土地—经济城镇化空间集聚及耦合协调发展研究.经济地理, 38(1): 95-102.
侯伟丽, 方浪, 刘硕. 2013. “污染避难所”在中国是否存在?——环境管制与污染密集型产业区际转移的实证研究. 经济评论, (4), 65-72.
贾卓. 2013. 中国西部城市群产业演变及优化路径研究. 兰州: 兰州大学.
金京, 戴翔, 张二震. 2013. 全球要素分工背景下的中国产业转型升级. 中国工业经济, (11): 57-69.
李静, 沈伟. 2012. 环境规制对中国工业绿色生产率的影响——基于波特假说的再检验. 山西财经大学学报, 34(2): 56-65.
李松志. 2007. 佛山禅城建筑陶瓷产业转移机理. 经济地理, 27(2): 208-212.
李学鑫, 苗长虹. 2006. 城市群产业结构与分工的测度研究——以中原城市群为例. 人文地理, (4): 25-28.
李郇. 2005. 中国城市化滞后的经济因素——基于面板数据的国际比较. 地理研究 24(3): 421-431.
刘东勋. 2005. 中原城市群九城市的产业结构特征和比较优势分析. 经济地理, 25(3): 343-347.
刘红光, 刘卫东, 刘志高. 2011. 区域间产业转移定量测度研究——基于区域间投入产出表分析. 中国工业经济, (6): 79-88.
刘荣茂, 张莉侠, 孟令杰. 2006. 经济增长与环境质量:来自中国省际面板数据的证据. 经济地理, 26(3): 374-377.
刘友金, 肖雁飞, 廖双红. 2011. 基于区位视角中部地区承接沿海产业转移空间布局研究. 经济地理, 31(10): 1686-1691.
陆大道, 姚士谋, 刘慧, 等. 2007. 2006中国区域发展报告:城镇化进程及空间扩张. 北京: 商务印书馆.
马树才, 李国柱. 2006. 中国经济增长与环境污染关系的Kuznets曲线. 统计研究, (8): 37-40.
马延吉. 2010. 辽中南城市群产业集聚发展与格局. 经济地理, 30(8): 1294-1298.
孟艳蕊. 2016. 京津冀城市群产业转移及其环境效应研究. 杭州: 浙江财经大学.
沈惊宏, 孟德友, 陆玉麒. 2012. 皖江城市带承接长三角产业转移的空间差异分析. 经济地理, 32(3): 43-49.
苏雪串. 2004. 城市化进程中的要素集聚、产业集群和城市群发展. 中央财经大学学报, (1): 49-52.
王亮, 宋周莺, 余金艳. 2011. 资源型城市产业转型战略研究——以克拉玛依为例. 经济地理, 31(8): 1277-1282.
王文普. 2013. 环境规制、空间溢出与地区产业竞争力. 中国人口·资源与环境, 23(8): 123-130.
魏玮, 毕超. 2011. 环境规制、区际产业转移与污染避难所效应——基于省级面板Poisson模型的实证分析. 山西财经大学学报, 33(8): 69-75.
吴福象, 沈浩平. 2013. 新型城镇化、基础设施空间溢出与地区产业结构升级——基于长三角城市群16个核心城市的实证分析. 财经科学, (7): 89-98.
项本武, 张鸿武. 2013. 城市化与经济增长的长期均衡与短期动态关系——基于省际面板数据的经验证据. 华中师范大学学报(人文社会科学版), (3): 47-53.
徐佳萍, 郑林, 廖传清. 2018. 江西省城镇化效率与经济发展水平的时空耦合关系. 经济地理, 38(5): 93-100.
许学强, 周一星, 宁越敏. 2009. 城市地理学. 北京: 高等教育出版社.
虞依娜, 陈丽丽. 2012. 中国环境库兹涅茨曲线研究进展. 生态环境学报, 21(12): 2018-2023.

张成，于同申，郭路. 2010. 环境规制影响了中国工业的生产率吗——基于DEA与协整分析的实证检验. 经济理论与经济管理, (3): 11-17.

张国俊，邓鸿鹄. 2018. 珠江三角洲地区服务业与城镇化协调关系的时空演变. 地理科学, 38(7): 1118-1128.

张祥建，唐炎华，徐晋. 2003. 长江三角洲城市群空间结构演化的产业机理.经济理论与经济管理, (10): 65-69.

张亚斌，黄吉林，曾铮. 2006. 城市群、"圈层"经济与产业结构升级——基于经济地理学理论视角的分析. 中国工业经济, (12): 45-52.

赵张耀，汪斌. 2005. 网络型国际产业转移模式研究. 中国工业经济, (10): 14-21.

周一星. 1982. 城市化与国民生产总值关系的规律性探讨. 人口与经济, (1): 28-33.

Akamatsu K. 1937. Synthetic dialectics of industrial development in Japan. Higher Commercial School of Nagoya, 15: 179-210.

Berman E, Bui L T. 2001. Environmental regulation and productivity: evidence from oil refineries. Review of Economics and Statistics, 83(3): 498-510.

Bertinelli L, Strobl E. 2003.Urbanization, urban concentration and economic growth in developing countries. Credit Research Paper, 3-14.

Brunnermeier S B, Cohen M A. 2003. Determinants of environmental innovation in US manufacturing industries. Journal of Environmental Economics and Management, 45(2): 278-293.

Copeland B R, Taylor M S. 1994. North-South trade and the environment. The Quarterly Journal of Economics, 109(3): 755-787.

Dixit A K, Stiglitz J E. 1977. Monopolistic competition and optimum product diversity. The American Economic Review, 67(3): 297-308.

Domazlicky B R, Weber W L. 2004. Does environmental protection lead to slower productivity growth in the chemical industry? Environmental and Resource Economics, 28(3): 301-324.

Dunning J H. 1988. The eclectic paradigm of international production: a restatement and some possible extensions. Journal of International Business Studies, 19(1): 1-31.

Dunning J H, Lundan S M. 2008. Multinational enterprises and the global economy. Edward Elgar Publishing.

Eskeland G A, Harrison A E. 2002. Moving to greener pastures? Multinationals and the pollution haven hypothesis. Retrieved from.

Grossman G M, Krueger A B. 1991. Environmental impacts of a North American free trade agreement. Retrieved from.

Henderson V. 2002. Urbanization in developing countries. The World Bank Research Observer, 17: 89-112.

Kojima K A. 1973. Macroeconomic approach to foreign direct investment. Hitotsubashi Journal of Economics, 14(1): 1-21.

Kojima K, Sakai K. 1978. Total synthesis of 9 (O)-methanoprostacyclin and its isomers. Tetrahedron Letters, 19(39): 3743-3746.

Lanjouw J O, Mody A. 1996. Innovation and the international diffusion of environmentally responsive technology. Research Policy, 25(4): 549-571.

Lecraw D J. 1984. Bargaining power, ownership, and profitability of transnational corporations in developing countries. Journal of International Business Studies, 15(1): 27-43.

Ljungwall C, Linde-Rahr M. 2005. Environmental policy and the location of foreign direct investment in China. Governance Working Papers, 22020.

McCoskey S, Kao C A. 1998. Residual-based test of the null of cointegration in panel data. Econometric Reviews, 17(1): 57-84.

Moomaw R L, Shatter A M. 1996. Urbanization and economic development: a bias toward large cities. Journal of Urban Economics, 40: 13-37.

Northam R M. 1975. Urban Geography. NewYork: John Wiley & Sons.

Porter M E, Van der Linde C. 1995. Toward a new conception of the environment-competitiveness relationship. Journal of Economic Perspectives, 9(4): 97-118.

Vernon R. 1992. International investment and international trade in the product cycle. In International Economic Policies and their Theoretical Foundations (Second Edition): Elsevier, 415-435.

Xing Y, Kolstad C D. 2002. Do lax environmental regulations attract foreign investment? Environmental and Resource Economics, 21(1): 1-22.

第十章　城市群地区城镇化与全球化的耦合机理及规律

伴随信息化和经济全球化的发展，城市群已成为世界城镇化的主流趋势和主体形态。理论上城镇化与全球化之间存在着互推关系，城镇化与全球化耦合关系曲线为抛物线。通过构建城镇化与全球化综合评价指标体系，借助耦合协调度模型、地理探测器的因子探测和交互探测等方法，以京津冀城市群为例，综合分析了城镇化与全球化之间的耦合协调关系演变过程及内在机理。研究发现：京津冀城市群城镇化和全球化的综合水平都呈现稳步增长的趋势，京、津两市与河北城市之间存在显著差距是其突出特征；京津冀城市群表现为城镇化领先于全球化水平的特征，并且随着城镇化的进程，城镇化水平与全球化水平的差距不断加大，京津冀城市群中只有北京市、天津市的全球化水平高于城镇化水平，河北省内城市在不同阶段均表现为全球化滞后类型；京津冀城市群城镇化与全球化的交互影响显著，但各因子的决定力存在较大差异，且随着城镇化与全球化水平的提高，全球化与城镇化系统因子的推动能力会发生变化；全球化与城镇化系统内各个因子两两交互后均呈现出大于各自对城镇化与全球化系统的影响，这意味全球化系统与城镇化系统相互间的推动作用并不依赖于某一个单一要素，城镇化的提升需要生产全球化、金融全球化和贸易全球化在内的多个全球化要素联合推动，而全球化的提升则依赖于人口城镇化、经济城镇化、社会城镇化、空间城镇化的均衡发展。加快提高城市群及各城市的全球化综合水平，是未来一段时间京津冀城市群提升城镇化与全球化耦合协调水平的重点方向。

第一节　城镇化与全球化的耦合关系及理论曲线

理论上，城镇化与全球化之间存在着互推关系，在全球化初期城镇化是全球化的内生推力，在全球化中期全球化是城镇化的外生动力，在全球化后期全球化与城镇化互为推动力。城镇化与全球化耦合关系的相关理论包括全球化与城镇化六要素理论、全球化对于世界城市的形成以及世界城市网络构建的影响以及世界上学者对于全球化的流派之争等。在综合相关研究的基础上，认为城镇化与全球化耦合关系曲线为抛物线，即在城市发展的前期，城镇化与全球化水平都较低时，全球化对于城镇化的影响更加显著，此时城市群的发展受全球化外部性影响较大；随着城市的发展，城市群内部的经济发展、职能完善，全球化和城镇化水平的提高，此时城市群经济发展的内生效应为城市发展的主要动力，其城镇化水平的增速较全球化而言更加明显。

一、全球化与城镇化在不同发展阶段的互推关系

狭义的全球化指经济的全球化，广义的全球化还包括政治、文化和社会的全球化（胡

序威，2007）。经济全球化指的是资本、技术、信息等生产要素在全球范围内的自由流动，世界各国经济由相互联系到相互融合，向全球经济一体化发展的过程。在经济全球化的浪潮下，经济活动日益跨越国界，经济活动越来越具有全球性、生产社会化逐渐超越国界的趋势。在 20 世纪 90 年代，时任联合国秘书长加利曾宣布："世界进入了全球化时代"。

（一）全球化初期：城镇化是全球化的内生推力

城镇化是一种复杂的社会、经济、文化现象，城镇化的快速发展既归功于国内社会、经济、文化的发展与进步，又得益于国际政治、经济发展格局的变迁。一些学者对城镇化与全球化的关系进行了探讨，认为从西方国家现代化发展来看，是先有城镇化的发生，然后才有全球化的进程，是城镇化引领全球化进程。城镇化与全球化是现代化的两个过程，都基于资本与产业和市场不断自我扩张的结果，现代经济实际上就是通过经济食物链和市场利基而形成的一个不断扩大的等级化的生态系统和自生秩序。西方国家工业化起步早，并以放射源的形式向其他相对落后的国家输出技术与资本，从而引领者全球化的进程。洛杉矶学派的 Lefebvre、Keil 等探讨了全球化对洛杉矶城镇化的塑造作用（Keil，2001；Rolle and Keil, 2003）。贸易、生产和金融的全球化成为亚太地区加速城市转变的基础（Douglass，2000）。Short 则认为所有城市都以某种形式参与全球联系，经济全球化中的城镇化是值得研究的话题（Short，2010）。

（二）全球化中期：全球化是城镇化的外生动力

发展中国家的现代化道路与西方国家现代化道路不同，在经济一体化的时代，多数发展中国家是在全球化过程中走上城镇化道路的。其原因在于西方现代化是一种内生模式，而发展中国家是一种外生模式。Kentor 等（1981）的分析证明了外资对城镇化有促进作用；Hein 和 Kasarda 认为外资投入、其他国际资本流、国际生产对发展中国家城镇化进程有利（Hein，1992；Kasarda and Crenshaw，1991）。Lo 和 Hutton 等讨论了全球化对城市功能和城镇化的影响（Lo and Marcotullio，2000；Hutton，2004）。早期的依附学派认为外资造成发展中国家依附城镇化。Armstrong 和 Korff 等认为新的全球秩序下发展中国家很难从依附城镇化中逃脱（Korff, 2010；Armstrong and Mcgee, 2007；Marcotullio，2003）。而另一些学者则认为全球化促进了第三世界城镇化，吴缚龙证明了全球化的影响不在于外资投入数量，而在于外资和外贸所带来的乘数效应（Wu，2003）。

全球化视角下中国城镇化动力机制研究也开始萌芽。Song 和 Zhang 描述了中国的外向型和跨国城镇化景观，城市政策变化、经济增长、结构调整、特别是外国直接投资（FDI）的流入是城镇化主要驱动力（Song and Zhang，2011）。还有学者研究全球化对大城市发展的促进作用（Zhao et al., 2002），但是全球力量入侵"不得不从地方特定的条件寻求庇护以扎根社会主义土壤"（Lin，2001），地理分布不均衡，造成"一系列正在全球化城市"的产生（Lin，2004）。

（三）全球化后期：全球化与城镇化互为推动力

在当前全球化加速发展的年代，任何一个国家都嵌入在全球网络中，资本、资源已经跨越了国界的限制，世界各国争相对全球资源进行重新配置，新的全球市场、新的角色、新的准则和规范成为城镇化理论研究的出发点和归宿。城镇化是全球化的重要内容之一，高技术人才等社会精英和高级基础设施、服务业等在城市的集中，使城市成为全球化的主要舞台，经济全球化进程同时也改变了城镇化和城市发展的国内外背景及发展进程。全球化和城镇化的飞速发展交织在一起，在每个时段的成果和特征也成为对方及彼此将来发展的现实背景。

二、城镇化与全球化耦合的相关理论

城镇化与全球化耦合的直接相关理论缺乏，仅在一些相关理论中有所表述，主要包括全球化与城镇化六要素理论、全球化与世界城市理论、世界城市网络理论，以及学者对于全球化的不同流派之争等。

（一）全球化与城镇化要素六边形理论

Eric J. Heikkila 以中国为例，提出全球化视角下城镇化的动力机制，提出中国城镇化（U）的动因主要包括过渡到市场主导的经济（M）、政治权力下放（P）、人口流动（D）、全球化（G）和技术变革（T）五个方面构成的六边形理论（图 10.1）（魏来，2014）。市场有助于全球化的发展，其本身也被全球化所塑造。联合国贸易和发展委员会 2005 年世界投资报告指出，中国在全球外国直接投资（FDI）流入中排名第三。在改革时期国外的直接对内投资、累积股票迅速增长，我国东南沿海的城镇化水平较高，主要是因为这些地区相对更容易获得外国投资。反过来，如果没有外国直接投资流入，我国转型的速度可能会大幅放缓，同时纯粹由国内市场驱动的城镇化进程可能有不同的地域特征，至少沿海地区在利用外资方面的易得性优势不会如此突出。由此看出，全球化对中国的

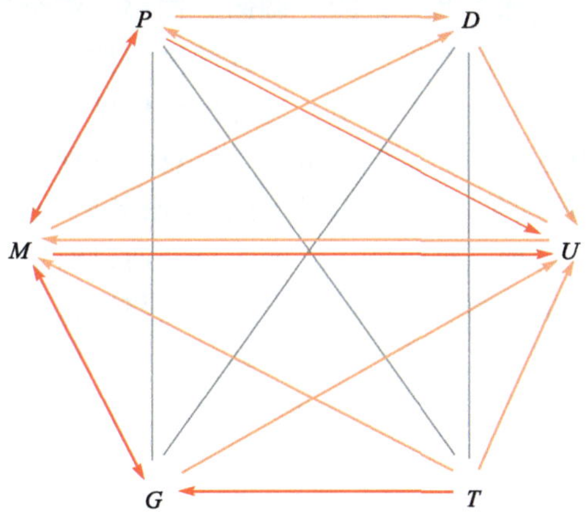

图 10.1　全球化与城镇化发展六边形图

城镇化有一些直接的影响，除此以外的是对市场驱动的影响。此外还完全可能的是，与西方市场机构的互动缺乏也会导致不同的发展路径，“人脑”决策者可能不受西方发展观念的影响。总的来说，全球化和市场力量互相嵌入、相互影响，这以市场和全球化之间强大的双向联系（$M \rightarrow U \leftarrow G$）表现出来。市场是透射全球化影响的一个主要的传播媒介，同样全球化也是市场力量能更加积极有效的影响城镇化的一个手段。

（二）全球化与世界城市理论

全球化时代的城市需要关注全球竞争力。国外学者通过世界城市（world city）或全球城市（global city）的研究关注城市在全球城市系统中的地位和作用（Beaverstock et al., 1999；Smith and Timberlake，1995）。与此同时，全球城市的形成离不开周边城市区域的支撑，随着世界经济的整合发展，以大都市区为核心的城市区域日益成为全球竞争的基本空间单元。流动空间下的城镇化需要关注城市的全球地位与角色。20 世纪 80 年代以来，国际经济联系越来越紧密，国际分工和一体化程度越来越高，生产要素在全球范围内的自由流动和优化配置加速。经济外向程度越来越高，全球范围内资本、技术、信息、劳动力、管理等流动增强，不可避免地刺激了城镇化的飞速发展。信息技术产业增长及其定位模式的空间扩散成为发达国家信息化时代城镇化新的动力机制和发展模式。全球化力量对世界城市体系的塑造，形成了全球城市、国际性城市、区域城市等新的城市等级功能体系。

（三）全球化与世界城市网络理论

经济全球化、信息化使世界城市的联系日益紧密，成为相互依赖、连锁的关系，促进了产业在世界各地的分工，促进了生产的国际化，扩大了世界各国之间生产、交换、流通、消费、服务、技术与产品研发等方面的分工与协作关系。全球经济系统和经济活动把全球城市更加紧密地联系为一体。这个城市体系可以分为四级：世界城市、区域领导和控制中心、专业化生产和服务中心、依附中心（Knox，1995；Jenks et al., 2008）。最高层次是世界城市，是全球生产、采购、调运、销售、资金流动等经济活动的控制中心，每个世界城市又控制一批区域性的城市，区域城市控制专业化生产与服务城市，专业化城市又控制更低层次的配套生产城市，这样使全球城市形成一个有机的城市网络。总的来说，所谓全球城市是全球的金融、资本、信息、流通、航空、通信、新闻机构和文化中心，它聚集了众多跨国公司的总部和国际金融服务机构以及世界上最优秀的人才，具有高度的控制、流通、管理、整合能力。跨国公司通过对资金、技术的控制，借助发达的信息、交通工具，在全球组织产品的生产、流通与销售，使全球形成有机联系的复杂的经济系统，每个城市都是这个体系中的子系统。每个产业、跨国公司也是其中的一个小系统。经济全球化加快了全球的资金流、信息流、技术流和货物流，把全球的城市紧密联系在一起。

（四）新自由主义流派

新自由主义流派以 Ohmae 和 Grieder 为主要代表人物，其认为经济全球化就是全球经济和市场的一体化，其市场不是一方受益的“零和游戏”，而是对双方都有利的“正和游戏”，是世界资源的优化组合，绝大多数国家将在经济全球化过程中得到长远的比较利益。经济全球化是人类进步的先驱，因为它正促使全球市场与全球竞争的一体化的出现。自由贸易有利于发挥各国比较优势，而国际化生产能够实现生产要素的国际间最优配置，形成新的国际劳动分工，从而创造更多的利润，推动经济增长。这些成为城镇化动力机制研究的基本出发点，即全球化极大促进了发展中国家城镇化的快速发展，导致全球新的空间秩序地产生，包括全球产业布局、生产力布局、人类聚落分布以及全球社会和文化空间布局等。这种空间秩序在其形成过程中，将会对全球化进程起加强作用，随着“马太效应”的进程，城镇化空间特征发生巨大变化。

三、城市群城镇化与全球化耦合的理论关系曲线

理论上城镇化与全球化的耦合关系曲线应是一条抛物线（图 10.2），在城镇化初期阶段，城镇化水平与全球化水平均较低及未形成系统，但城市在经济全球化的影响下快速发展，全球化成为城镇化初期的城市发展动力来源，全球化的增速快于城镇化发展；在城镇化后期阶段，随着城镇化的全面发展和提升，城镇化各要素不断完善，全球化成为城镇化发展的内生动力，此时全球化对城镇化发展的影响相对较弱，城镇化的增速相比于全球化更为明显。

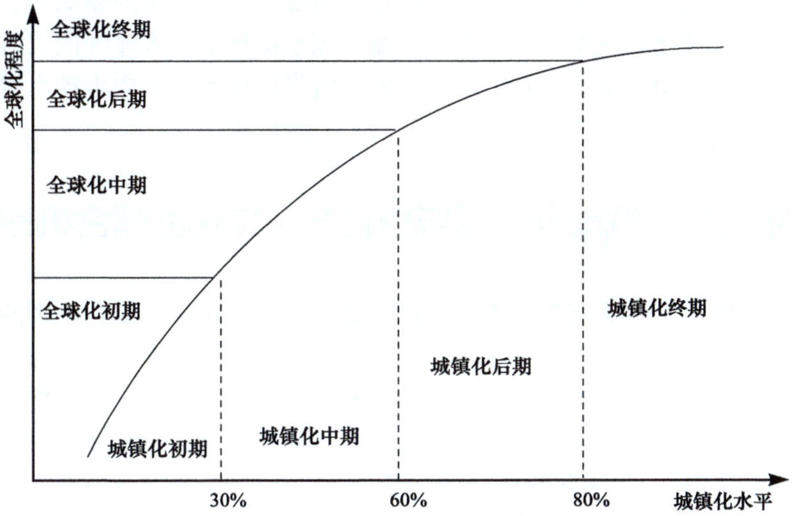

图 10.2 城镇化与全球化耦合的抛物线示意图

（一）城镇化初期与全球化初期阶段的耦合

在城镇化的初期阶段，城镇化水平小于 30%，工业化得到初步发展，相比之下，西方发达国家的技术极大地提升了生产的效率。随着全球化的进程加快，技术、知识、人力等要素的不断交流，落后的手工业生产逐渐被工业机器所替代，农业生产水平、生产效率得到极大提高，大量农村剩余劳动力和生产要素源源不断向城市开始转移，全球化

进程极大地促进了城镇化发展。但是，这个阶段城市发展对资源、技术等具有强烈的依赖性，依靠先进的技术经验，促进城市的快速发展。同时，由于城市处于初级阶段，城镇化相较于全球化的提升发展较为缓慢。

（二）城镇化中期与全球化中期阶段的耦合

在城镇化的中期快速成长阶段，城镇化水平介于 30%～60%，先进技术、资本、人力、知识等要素的流入，使得人口要素、经济要素、社会要素、空间要素开始向城市聚集，全球化进程为城镇化的发展提供了有利条件，推动了城镇化的迅速发展。

（三）城镇化后期与全球化后期阶段的耦合

在城镇化的后期成熟阶段，城镇化水平介于 60%～80%，随着技术，知识、资本等全球化要素的普及，全球化驱动对城市的贡献逐渐低降低，城市内部设施的完善与经济的发展成为推动城镇化的主导力量，城市开始依靠自主发展增加财富，城镇化的发展得到高速提升，全球化的推动力量有所减弱。

（四）城镇化终期与全球化终期阶段的耦合

在城镇化终期阶段，城镇化水平超过 80%，城镇化速度开始减缓，但是城市的综合实力同世界上其他发达国家相差无几。全球化不再成为城市发展的驱动力，甚至出现其逆全球化或者反全球化的现象。城市发展的驱动因素由技术、人才等的引进上升为更高层次的知识和智力驱动，城市拥有系统完善的经济发展体系，其内生动力成为促进城镇化进程的关键。

第二节　城市群地区城镇化与全球化的耦合机理

城镇化和全球化发展的交互作用是探讨城镇化与全球化发展耦合机理的重要内容。通过使用地理探测器的因子探测器和交互探测器、对京津冀地区城镇化与全球化发展的耦合机理进行研究。研究发现：①从主导因素来看，京津冀城市群城镇化与全球化的交互影响显著，但各因子的决定力存在较大差异，且随着城镇化（全球化）水平的提高，全球化（城镇化）因子的推动能力会发生变化。城镇化因子中，城镇人口密度这一指标对全球化影响最大。全球化包括贸易、生产、人才、信息等要素的联通与流动，人作为这些要素的载体，在全球化的过程中起到决定性作用；在全球化指标中，实际利用外资的贡献度最高，说明金融全球化对于城镇化的影响最为明显；②从交互作用来看，全球化（城镇化）各个因子两两交互后均呈现出大于各自对城镇化（全球化）的影响，这意味全球化对城镇化（城镇化对全球化）的推动作用并不依赖于某一个单一要素，城镇化的提升需要生产全球化、金融全球化、贸易全球化在内的多个全球化要素的联合推动，而全球化的提升亦需依赖人口城镇化、经济城镇化、社会城镇化、空间城镇化的均衡发展；③从综合作用力来看，城镇人口始终是影响全球化水平最主要的因素；而影响城镇化水平最主要的因素为实际利用外资和进出口总额。

一、耦合机理研究的地理探测器方法

地理探测器（geographical detectors）由 Wang 等（2010）提出，用来探测空间分异性，以及揭示其背后驱动因子的一种新的统计学方法，此方法无线性假设，具有优雅的形式和明确的物理含义。基本思想是：假设研究区分为若干子区域，如果子区域的方差之和小于区域总方差，则存在空间分异性；如果两变量的空间分布趋于一致，则两者存在统计关联性。地理探测器包含因子探测器、风险探测器、交互探测器、生态探测器等多种方法，这里主要介绍因子探测器和交互探测器。

（一）因子探测器

因子探测器可以探测 Y 的空间分异性，以及探测某因子 X 多大程度上解释了属性 Y 的空间分异，用 q 值度量。公式如下：

$$q = 1 - \frac{1}{N\sigma^2}\sum_{h=1}^{L} N_h \sigma_h^2 \tag{10.1}$$

式中，q 为城镇化影响因素探测力指标；N_h 为次一级区域样本数；N 为整个区域样本数；L 为次级区域个数；整个区域 σ^2 为方差；σ_h^2 为次一级区域的方差。q 的值域为[0，1]。

（二）交互探测器

交互作用探测用于识别不同风险因子 Xi 之间的交互作用，即评估因子 X_1 和 X_2 共同作用时是否会增加或减弱对因变量 Y 的解释力，或这些因子对 Y 的影响是相互独立的。评估的方法是首先分别计算两种因子 X_1 和 X_2 对 Y 的 q 值：q（X_1）和 q（X_2），并且计算它们交互时的 q 值：q（$X_1 \cap X_2$），对 q（X_1）、q（X_2）与 q（$X_1 \cap X_2$）进行比较，并将两个因子之间的交互关系分为以下几类（图 10.3）：

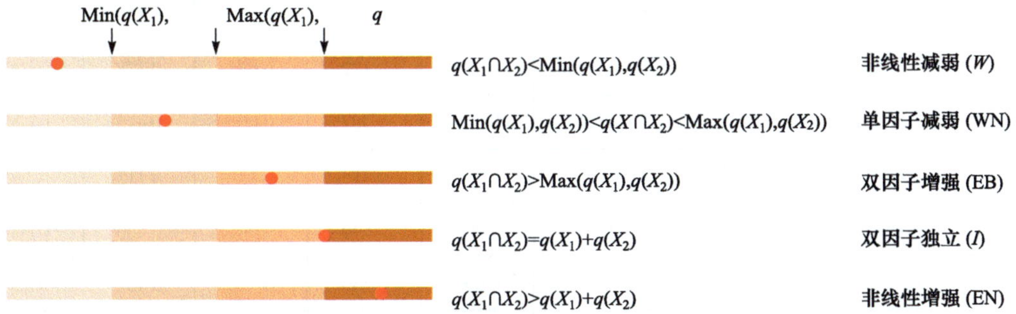

图 10.3　两个自变量对因变量交互作用的类型

Min（q（X_1），q（X_2））：在 q（X_1），q（X_2）两者之中取最小值；Max（q（X_1），q（X_2））：在 q（X_1），q（X_2）两者之中取最大值；q（X_1），q（X_2）：q（X_1），q（X_2）两者求和。

二、城镇化对全球化水平空间分异的影响因子与机理

（一）主导因素分析：城镇化指标对全球化水平具有较强显著性

选取 2001～2005 年、2006～2010 年、2011～2015 年三个时期数据，运用因子探测器分别对这三个时期影响全球化发展的城镇化因子进行分析。城镇化因子包括：城镇化水平，城镇人口密度，第二、第三产业从业人员比重，人均 GDP，第二、第三产业增加值占 GDP 比重，人均全社会固定资产投资，人均地方财政收入，城市建设用地占市区面积比重，人均城市道路面积，人均建设用地面积，人均社会消费总额，城镇居民人均可支配收入，每万人卫生机构床位数和每万人互联网上网数。

从城镇化所有指标对全球化综合指数的探测结果来看表置信水平 p 值（表 10.1），在 2000～2005 年、2006～2010 年、2011～2015 年三个时间段，只有个别指标如 2001～2015 年的城市建设用地占市区面积比重、2006～2010 年的城市建设用地占市区面积比重和第二、第三产业从业人员比重、2011～2015 年的人均全社会固定资产投资和每万人卫生机构床位数未达到 p=0.05 显著水平，其他的城镇化指标的 p 值均达到 0.05 显著水平，表明使用地理探测器拟合京津冀城市群的城镇化对全球化的影响结果较好。

表 10.1　京津冀城市群的城镇化子系统对全球化综合指数贡献度

时期	2001～2005 年		2006～2010 年		2011～2015 年	
城镇化指标	q 值	p 值	q 值	p 值	q 值	p 值
城镇人口密度	0.759	0.000	0.556	0.000	0.521	0.000
城镇化水平	0.484	0.000	0.411	0.000	0.512	0.000
第二、第三产业从业人员比重	0.596	0.000	0.147	0.085	0.288	0.002
人均社会消费总额	0.548	0.000	0.451	0.000	0.588	0.000
人均 GDP	0.666	0.000	0.408	0.000	0.459	0.000
人均全社会固定资产投资	0.514	0.000	0.226	0.013	0.127	0.125
人均地方财政收入	0.183	0.035	0.172	0.047	0.338	0.000
第二、第三产业增加值占 GDP 比重	0.544	0.000	0.387	0.000	0.415	0.000
城市建设用地占市区面积比重	0.066	0.424	0.113	0.176	0.115	0.160
人均建设用地面积	0.543	0.000	0.540	0.000	0.420	0.000
人均城市道路面积	0.451	0.000	0.536	0.000	0.464	0.000
城镇居民人均可支配收入	0.614	0.000	0.215	0.017	0.387	0.000
每万人卫生机构床位数	0.400	0.000	0.278	0.003	0.105	0.196
每万人互联网上网数	0.593	0.000	0.412	0.000	0.417	0.000

具体指标来看，2000～2005 年京津冀城市群对城镇化综合指数贡献度最高的 5 个指标依次是城镇人口密度（0.759）、人均 GDP（0.666）、城镇居民人均可支配收入（0.614）、第二、第三产从业人员比重（0.596）、每万人互联网上网数（0.593）；贡献度最低的 5 个指标依次是城市建设用地占市区面积比重（0.066）、人均地方财政收入（0.183）、每万人卫生机构床位数（0.400）、人均城市道路面积（0.451）、城镇化水平（0.484）。

2006～2010 年京津冀城市群对全球化综合指数贡献度最高的 5 个指标依次是城镇人口密度（0.556）、人均建设用地面积（0.540）、人均城市道路面积（0.536）、人均社会消费总额（0.451）、每万人互联网上网数（0.412）；贡献度最低的 5 个指标依次是城市建设用地占市区面积比重（0.113）、第二、第三产业从业人员比重（0.147）、人均地方财政收入（0.172）、城镇居民人均可支配收入（0.215）、人均全社会固定资产投资（0.226）。

2011～2015 年京津冀城市群对全球化综合指数贡献度最高的 5 个指标依次是人均社会消费总额（0.588）、城镇人口密度（0.521）、城镇化水平（0.512）、人均城市道路面积（0.464）、人均 GDP（0.459）；贡献度最低的 5 个指标依次是每万人卫生机构床位数（0.105）、城市建设用地占市区面积比重（0.115）、人均全社会固定资产投资（0.127）、第二、第三产业从业人员比重（0.288）、人均地方财政收入（0.338）。

对比三个时间段发现，2001～2005 年城镇化对于全球化的贡献度最高，在 2001～2015 年这十五年间，城镇化指标的贡献度整体上呈下降趋势，表明 2001～2005 年这五年城镇化对全球化的影响最大，且随着城市发展，城镇化的各个指标对全球化的影响逐渐减弱。

在这三个时间段内，第一，城镇人口密度的贡献度始终位于前 5 位，表明城市人口集聚对于城市的全球化进程起着至关重要作用。全球化包括贸易、生产、人才、信息等要素的联通与流动，人作为这些要素的载体，在全球化过程中起到决定性作用。第二，城镇化水平这一狭义指标过去五年对京津冀城市群全球化的决定力逐年上升，说明城镇化对于全球化的作用随着城镇化的发展愈加明显。随着城市的发展，京津冀城市群内的城市同世界发达国家的联系逐渐密切，资金和技术的流入正逐渐缩减京津冀城市群同发的国家的差距，其区域内的经济增长模式从外生模式，即全球化主导转向为内生模式，由此城镇化将成为城市群经济再增长的动力。第三，每万人互联网上网数快速上升，2000～2005 年其决定力仅排在第 8 位，2011～2015 年上升至第 3 位，表明通信技术广泛应用对全球化能力的提升程度加强。第四，人均社会消费总额始终保持在第 1 位，表明社会消费需求对全球化具有强推动作用。

（二）交互作用机理：空间-经济-人口城镇化交互促进全球化水平的提升

选取“十五”（2001～2005 年）、“十一五”（2006～2010 年）、“十二五”（2011～2015 年）年三个五年规划时期的数据，运用交互探测器分别对影响全球化发展的城镇化因子的交互作用进行分析，探讨城镇化因子两两之间的交互共同作用是否大于、小于或等于这两个因素各自对城镇化的影响。结果如表 10.2～表 10.4 所示。

表 10.2　2001～2005 年京津冀城市群的城镇化指标对全球化的决定力以及交互效应

城镇化指标	人均社会消费总额	城镇人口密度	城镇化水平	第二、第三产业人员比重	人均 GDP	人均社会固定资产投资	人均地方财政收入	第二、第三产业增加值占 GDP 比重	城市建设用地面积比重	人均建设用地面积	人均城市道路面积	城镇居民人均可支配收入	每万人卫生机构床位数	每万人上网数
人均社会消费总额	0.548													
城镇人口密度	0.807^{EB}	0.759												
城镇化水平	0.668^{EB}	0.841^{EB}	0.484											
第二、第三产业人员比重	0.732^{EB}	0.860^{EB}	0.744^{EB}	0.596										
人均 GDP	0.745^{EB}	0.825^{EB}	0.756^{EB}	0.743^{EB}	0.666									
人均社会固定资产投资	0.652^{EB}	0.849^{EB}	0.629^{EB}	0.676^{EB}	0.741^{EB}	0.514								
人均地方财政收入	0.770^{EN}	**0.905^{EN}**	0.750^{EN}	0.807^{EN}	0.826^{EN}	0.699^{EN}	0.183							
第二、第三产业增加值占 GDP 比重	0.656^{EB}	**0.803^{EB}**	0.725^{EB}	0.749^{EB}	0.760^{EB}	0.691^{EB}	0.774^{EN}	0.544						
城市建设用地面积比重	0.675^{EN}	**0.900^{EN}**	0.748^{EN}	0.828^{EN}	0.788^{EN}	0.658^{EN}	0.605^{EN}	0.748^{EN}	0.066					
人均建设用地面积	0.686^{EB}	0.893^{EB}	0.691^{EB}	0.794^{EB}	0.885^{EB}	0.793^{EB}	0.663^{EB}	0.767^{EB}	0.698^{EN}	0.543				
人均城市道路面积	0.725^{EB}	0.878^{EB}	0.752^{EB}	0.834^{EB}	0.825^{EB}	0.782^{EB}	0.677^{EN}	0.809^{EB}	0.782^{EN}	0.637^{EB}	0.451			
城镇居民人均可支配收入	0.770^{EB}	0.801^{EB}	0.741^{EB}	0.741^{EB}	0.700^{EB}	0.696^{EB}	0.799^{EN}	0.731^{EB}	0.733^{EN}	0.822^{EB}	0.796^{EB}	0.614		
每万人卫生机构床位数	0.733^{EB}	0.864^{EB}	0.668^{EB}	0.780^{EB}	0.838^{EB}	0.695^{EB}	0.614^{EN}	0.708^{EB}	0.710^{EN}	0.744^{EB}	0.678^{EB}	0.784^{EB}	0.400	
每万人互联网上网数	0.772^{EB}	0.886^{EB}	0.795^{EB}	0.781^{EB}	0.774^{EB}	0.761^{EB}	0.768^{EN}	0.738^{EB}	0.782^{EN}	0.779^{EB}	0.768^{EB}	0.761^{EB}	0.780^{EB}	0.593

注：EB：双因子增强；EN：非线性增强。

表 10.3 2006～2010 年京津冀城市群的城镇化指标对全球化的决定力以及交互效应

城镇化指标	人均社会消费总额	城镇人口密度	城镇化水平	第二、第三产业人员比重	人均 GDP	人均社会固定资产投资	人均地方财政收入	第二、第三产业增加值占 GDP 比重	城市建设用地面积比重	人均建设用地面积	人均城市道路面积	城镇居民人均可支配收入	每万人卫生机构床位数	每万人上网数
人均社会消费总额	0.451													
城镇人口密度	0.658^{EB}	0.556												
城镇化水平	0.507^{EB}	0.684^{EB}	0.411											
第二、第三产业人员比重	0.605^{EN}	0.783^{EN}	0.679^{EN}	0.147										
人均 GDP	0.528^{EB}	0.727^{EB}	0.552^{EB}	0.600^{EN}	0.408									
人均社会固定资产投资	0.677^{EB}	0.660^{EB}	0.556^{EB}	0.404^{EN}	0.503^{EB}	0.226								
人均地方财政收入	0.771^{EN}	0.743^{EN}	0.727^{EN}	0.688^{EN}	0.774^{EN}	0.453^{EN}	0.172							
第二、第三产业增加值占 GDP 比重	0.624^{EB}	0.750^{EB}	0.577^{EB}	0.570^{EN}	0.584^{EB}	0.551^{EB}	0.654^{EN}	0.387						
城市建设用地面积比重	0.675^{EN}	0.795^{EN}	0.639^{EN}	0.728^{EN}	0.649^{EN}	0.547^{EN}	0.489^{EN}	0.668^{EN}	0.113					
人均建设用地面积	0.750^{EB}	0.734^{EB}	0.660^{EB}	**0.862^{EN}**	**0.805^{EB}**	0.773^{EN}	0.691^{EB}	0.669^{EB}	0.844^{EN}	0.540				
人均城市道路面积	0.694^{EB}	0.776^{EB}	0.716^{EB}	**0.809^{EN}**	0.778^{EB}	0.796^{EN}	0.710^{EN}	0.669^{EB}	0.759^{EN}	0.659^{EB}	0.536			
城镇居民人均可支配收入	0.627^{EB}	0.642^{EB}	0.527^{EB}	0.370^{EN}	0.485^{EB}	0.336^{EB}	0.580^{EN}	0.550^{EN}	0.511^{EN}	0.686^{EB}	0.667^{EB}	0.215		
每万人卫生机构床位数	0.626^{EB}	0.689^{EB}	0.555^{EB}	0.607^{EN}	0.557^{EB}	0.500^{EN}	0.431^{EB}	0.698^{EN}	0.465^{EN}	0.654^{EB}	0.708^{EB}	0.433^{EB}	0.278	
每万人互联网上网数	0.646^{EB}	0.708^{EB}	0.559^{EB}	0.515^{EB}	0.653^{EB}	0.571^{EB}	0.578^{EB}	0.633^{EB}	0.582^{EN}	0.688^{EB}	0.693^{EB}	0.554^{EB}	0.601^{EB}	0.412

注：EB 为双因子增强；EN 为非线性增强。

表 10.4　2011～2015 年京津冀城市群的城镇化指标对全球化的决定力以及交互效应

城镇化指标	人均社会消费总额	城镇人口密度	城镇化水平	第二、第三产业人员比重	人均 GDP	人均社会固定资产投资	人均地方财政收入	第二、第三产业增加值占 GDP 比重	城市建设用地面积比重	人均建设用地面积	人均城市道路面积	城镇居民人均可支配收入	每万人卫生机构床位数	每万人上网数
人均社会消费总额	0.588													
城镇人口密度	0.749 ^{EB}	0.521												
城镇化水平	0.631 ^{EB}	0.785 ^{EB}	0.512											
第二、第三产业人员比重	0.708 ^{EB}	0.786 ^{EB}	0.719 ^{EB}	0.288										
人均 GDP	0.689 ^{EB}	0.794 ^{EB}	0.772 ^{EB}	0.611 ^{EB}	0.459									
人均社会固定资产投资	0.774 ^{EN}	0.711 ^{EN}	0.684 ^{EN}	0.526 ^{EN}	0.626 ^{EN}	0.127								
人均地方财政收入	0.726 ^{EB}	0.703 ^{EB}	0.658 ^{EB}	0.524 ^{EB}	0.627 ^{EB}	0.548 ^{EN}	0.338							
第二、第三产业增加值占 GDP 比重	0.741 ^{EB}	0.690 ^{EB}	0.737 ^{EB}	0.649 ^{EB}	0.649 ^{EB}	0.551 ^{EN}	0.618 ^{EB}	0.415						
城市建设用地面积比重	0.819 ^{EN}	0.867 ^{EN}	**0.819 ^{EN}**	0.834 ^{EN}	0.756 ^{EN}	0.512 ^{EN}	0.739 ^{EN}	0.728 ^{EN}	0.115					
人均建设用地面积	**0.828 ^{EB}**	0.814 ^{EB}	0.767 ^{EB}	0.593 ^{EB}	**0.894 ^{EN}**	0.676 ^{EN}	0.617 ^{EB}	0.727 ^{EB}	0.834 ^{EN}	0.420				
人均城市道路面积	0.695 ^{EB}	0.693 ^{EB}	0.744 ^{EB}	0.621 ^{EB}	0.817 ^{EB}	0.700 ^{EN}	0.686 ^{EB}	0.686 ^{EB}	0.821 ^{EN}	0.621 ^{EB}	0.464			
城镇居民人均可支配收入	0.616 ^{EB}	0.648 ^{EB}	0.608 ^{EB}	0.586 ^{EB}	0.558 ^{EB}	0.573 ^{EN}	0.595 ^{EB}	0.544 ^{EB}	0.766 ^{EN}	0.715 ^{EB}	0.613 ^{EB}	0.387		
每万人卫生机构床位数	0.734 ^{EN}	0.824 ^{EN}	0.748 ^{EN}	0.570 ^{EN}	0.783 ^{EN}	0.375 ^{EN}	0.470 ^{EB}	0.652 ^{EN}	0.752 ^{EN}	0.683 ^{EN}	0.738 ^{EN}	0.609 ^{EN}	0.105	
每万人互联网上网数	0.711 ^{EB}	0.642 ^{EB}	0.808 ^{EB}	0.700 ^{EN}	0.678 ^{EB}	0.628 ^{EN}	0.715 ^{EB}	0.637 ^{EB}	0.558 ^{EN}	0.851 ^{EB}	0.747 ^{EB}	0.597 ^{EB}	0.757 ^{EN}	0.417

注：EB 为双因子增强；EN 为非线性增强。

地理探测器交互探测器探测结果表明，2001～2005 年，城镇化指标对于全球化的影响中，绝大部分的指标间呈现出双变量增强的效果，部分指标间呈现出非线性增强的效果。表现为非线性增强的指标主要为人均地方财政收入和城市建设用地面积比重这两个指标同其他指标的交互作用。首先是城镇人口密度和人均地方财政收入交互作用的决定力最大，高达 0.905，且表现出非线性增强的效果。其次是城镇人口密度与城市建设用地面积比重（0.900）、城镇人口密度与人均建设用地面积（0.893）。表明人口数量与地方政府的投资建设对于推动全球化建设起到关键作用。值得注意的是，城市建设用地面积比重和人均地方财政收入这两个指标的单指标决定力都很低，分别是 0.066 和 0.183，但是在同其他指标交互作用是，均体现出了非线性增强的效果，且在和城镇人口密度这一指标的交互作用时表现为极强的交互效果，说明这两项指标单独对全球化的影响较弱，但是同其他指标交互作用时，可以表现出更强的影响效果。

2006～2010 年，城镇化对于全球化的影响中，城镇化指标间两两作用均表现出增强的效果。其中大部分的指标间呈现出双变量增强的效果，部分指标间呈现出非线性增强的效果。表现为非线性增强的指标主要为第二、第三产业人员比重，人均地方财政收入和城市建设用地面积比重这三个指标同其他指标的交互作用。首先是第二、第三产业从业人员比重和人均建设用地面积交互作用的决定力最大，高达 0.809，且表现出非线性增强的效果。其次是第二、第三产业从业人员比重与人均城市道路面积（0.809，非线性增强）、人均 GDP 与人均建设用地面积（0.805，双因子增强）。在交互作用表中，第二、第三产业人员比重，人均地方财政收入和城市建设用地面积比重这三个指标各自的影响力都很低，但是在同其他指标的交互作用时则表现出相当强的影响力，其中第二、第三产业人员比重同人均建设用地面积和人均城市道路面积的交互作用力为所有指标两两交互作用力排名的前两位。

2011～2015 年，城镇化对于全球化的影响中，城镇化指标间两两作用均表现出增强的效果。其中大部分的指标间呈现出双变量增强的效果，部分指标间呈现出非线性增强的效果。首先是人均 GDP 和人均建设用地面积交互作用的决定力最大，高达 0.894，且表现出非线性增强的效果。其次是人均社会消费总额与人均建设用地面积（0.828，双因子增强）、城镇化水平与城市建设用地面积比重（0.819，非线性增强）。值得注意的是，在三个时间段内的因子交互作用中，城镇人口密度同其他指标交互作用决定力的值都很高，说明城镇人口密度在对城市全球化的影响起着至关重要的作用。作为贸易、生产、人才、信息等全球化要素的载体，城市规模决定了全球化联通与流动的范围，故人口数量、质量与城市规模在全球化的过程中起到决定性作用。

上升到城镇化的目标层来看，空间城镇化始终对全球化水平的提升起到了强有力推动作用，但随时间推进，四个目标层（空间城镇化、人口城镇化、经济城镇化、社会城镇化）联合推动全球化发展的趋势明显。具体来看，首先，2001～2015 年，交互作用最强的几个因子对主要来自于空间城镇化与经济城镇化目标层，如 2001～2005 年排名前三的交互对是城镇人口密度和人均地方财政收入、城镇人口密度与城市建设用地面积比重和城镇人口密度与人均建设用地面积，2006～2010 年第二、第三产业从业人员比重和人均建设用地面积，第二、第三产业从业人员比重与人均城市道路面积和人均 GDP 与人均建设用地面积影响最大，2011～2015 年人均 GDP 和人均建设用地面积、人均社会消费总额与人均建设用地面积和城镇化水平与城市建设用地面积比重影响最大。上述 6 对指标均为空间城镇化与经济城镇化、空间城镇化与人口城镇化交互作用的结果。表明空间城镇化、经济城镇化和人口城镇化的交互共同促进了全球化水平的提升，城市基础设施的建设、社会消费的繁荣、人口的增多、经济的发展综合推动了城市全球化的发展。

（三）综合作用分析：空间-经济-人口城镇化综合推动了城市全球化发展

因子探测器和交互探测器分别探测了城镇化单因子和城镇化因子交互对全球化的影响，证明了城镇化因子对全球化发展的影响不仅取决于因子本身，也同样取决于该因子与其他因子的交互作用。将城镇化单因子的决定力加上该因子与其他所有指标交互作用之和可以得到城镇化因子对于全球化的综合作用力，即城镇化因子对全球化发展的综合影响力。

从各个时间段城镇化因子对全球化发展的综合作用力来看，影响全球化发展的最主要的因素始终是城镇人口密度这一指标（表 10.5）。具体来看，2001～2005 年对全球化综合作用力最大三个城镇化因子依次为城镇人口密度（11.912）、人均 GDP（10.872）、第二、第三产业从业人员比重（10.665）；2006～2010 年对全球化综合作用力最大的三个城镇化因子依次为城镇人口密度（10.905）、人均建设用地面积（10.016）、人均城市道路面积（9.969）；2011～2015 年对全球化发展综合作用力最大的三个城镇化因子依次为城镇人口密度（10.225）、人均建设用地面积（10.041）、人均消费总额（10.010）。

表 10.5　2001～2015 年京津冀城市群城镇化指标对全球化发展的综合作用力

城镇化子系统	城镇化因子	2001～2005 年	2006～2010 年	2011～2015 年
人口城镇化	城镇人口密度	11.912	10.905	10.225
	城镇化水平	9.992	8.349	9.993
	第二、第三产业从业人员比重	10.665	8.367	8.714
经济城镇化	人均 GDP	10.872	8.603	9.714
	人均全社会固定资产投资	9.834	7.552	8.011
	人均地方财政收入	9.841	8.461	8.565
	第二、第三产业增加值占 GDP 比重	10.202	8.583	9.025
空间城镇化	城市建设用地占市区面积比重	9.764	8.463	9.918
	人均建设用地面积	10.395	10.016	10.041
	人均城市道路面积	10.394	9.969	9.646
社会城镇化	城镇居民人均可支配收入	10.488	7.183	8.417
	人均社会消费总额	9.939	8.839	10.010
	每万人卫生机构床位数	9.995	7.802	8.800
	每万人互联网上网数	9.546	11.118	10.766

对比三个时间段来看，城镇化因子对全球化水平的综合作用力整体呈现先下降后上

升的趋势。2001～2005 年城镇化因子综合作用力的平均值达到 9.418、高于 2006～2010 年的 8.872 和 2011～2016 年的 9.418，这表明 2001～2005 年城镇化对全球化发展的影响程度最深。具体到指标来看，多数指标对全球化发展的综合作用力整体呈现下降趋势，其中下降幅度对大的指标为城镇居民人均可支配收入，其次依次是第二、第三产业从业人员比重，人均全社会固定资产投资，城镇人口密度，人均地方财政收入，每万人卫生机构床位数，第二、第三产业增加值占 GDP 比重，人均 GDP，人均城市道路面积，人均建设用地面积；少数城镇化因子对全球化发展整体的综合作用力呈现上升趋势，如每万人互联网上网数，城镇化水平、人均社会消费总额、城市建设用地占市区面积比重，其中每万人互联网上网数对全球化发展的综合作用力上升最多。从城镇化目标层的综合作用力来看，计算四个城镇化子系统三个五年规划时期的平均值（图 10.4）。从图 10.4 中看出，人口城镇化子系统在“十五”时期是作用力最高的，在“十一五”时期和“十二五”时期被空间城镇化子系统超过，位列第二。三个五年规划总体来看，人口城镇化子系统对全球化的影响较大，因为全球化是一个包括贸易、生产、人才、信息等要素的联通与流动在内的过程，而人作为这些要素的载体，在全球化的过程中起到决定性作用。空间城镇化在“十五”期间位于第二位，但是在“十一五”时期和“十二五”时期都是位于第一的位置。城市的建设与规模决定了城市的影响力与吸引力，城市的空间规模对于城市吸引外资、对外合作等都有着很强的影响作用。经济城镇化和社会城镇化的排名靠后，说明经济城镇化与社会城镇化在对于全球化的推动方面的作用不及人口城镇化和空间城镇化。但是这两个指标从“十五”时期到“十二五”时期呈现了先下降后上升的过程，表明经济城镇化和社会城镇化对于全球化的推动作用正在显现出来。空间城镇化、经济城镇化和人口城镇化的交互共同促进了全球化水平的提升，综合推动了城市全球化的发展。

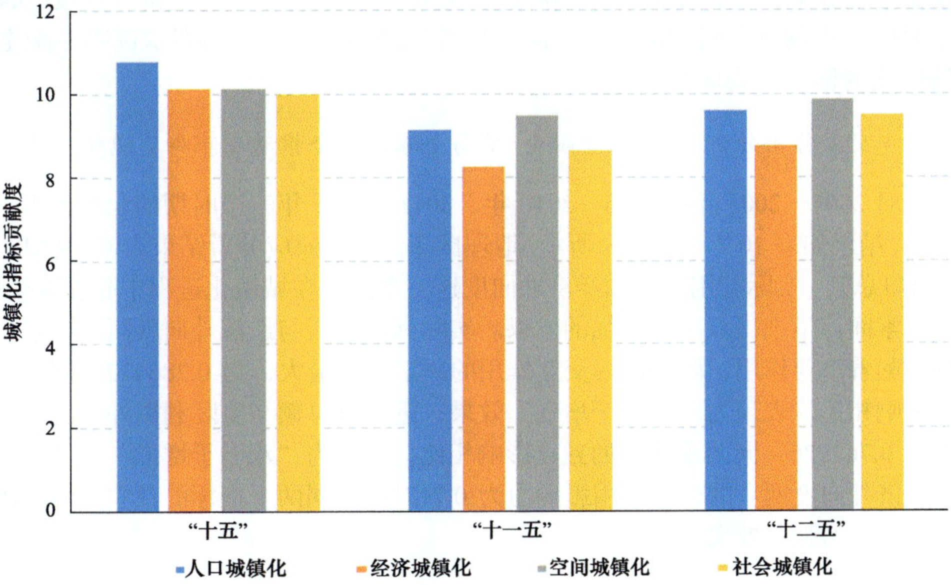

图 10.4 京津冀城市群城镇化子系统综合贡献度演变图

三、全球化对城镇化水平空间分异的影响因子与机理

（一）主导因素分析：所有全球化指标对城镇化具有强显著性

选取2001～2005年、2006～2010年、2011～2015年三个时期的数据，运用因子探测器分别对这三个时期的影响城镇化水平的全球化因子进行分析。全球化因子包括：进出口总额、经济外向度和实际利用外资。

从全球化所有指标对城镇化综合指数的探测结果看（表10.6），在2001～2005年、2006～2010年、2011～2015年三个时间段，所有指标的p值均达到0.05显著水平，表明京津冀城市群的全球化发展对城镇化的影响具有强显著性。

表10.6 京津冀城市群的全球化子系统对城镇化综合指数贡献度

名称	2001～2005年		2006～2010年		2011～2015年	
全球化指标	q值	p值	q值	p值	q值	p值
进出口总额	0.548	0.000	0.451	0.000	0.521	0.000
实际利用外资	0.759	0.000	0.556	0.000	0.588	0.000
经济外向度	0.593	0.000	0.412	0.000	0.417	0.000

从具体指标来看，2001～2005年京津冀城市群中，全球化指标对综合城镇化水平贡献度排名为实际利用外资（0.759）、经济外向度（0.593）、进出口总额（0.548）；2006～2010年全球化指标对综合城镇化水平贡献度排名为实际利用外资（0.556）、进出口总额（0.451）、经济外向度（0.412）；2011～2015年全球化指标对综合城镇化水平贡献度排名为实际利用外资（0.588）、进出口总额（0.521）、经济外向度（0.417）。从三个时间段内的排名可以看出，实际利用外资的贡献度是最高的，说明金融全球化对于城镇化的影响最为明显。

（二）交互作用分析：生产-金融全-贸易全球化联合推动城市群城镇化发展

分别对2001～2005年、2006～2010年、2011～2015年三个时期的全球化因子进行交互探测，结果如表10.7～表10.9所示。地理探测器交互效应分析结果表明，2001～2005年，进出口总额、实际利用外资和经济外向度这三个因素在城镇化进程中起着重要作用，且两两要素间均呈现出双因子增强的效果。实际利用外资与经济外向度两个因素在城镇化进程中起着重要作用，两个因素交互作用的决定力量最大，为0.786472，同两个指标的独立影响相比，表现为“双因子增强”效果；进出口总额与实际利用外资交互作用的决定力为0.767726，同两个指标的独立影响相比，表现为“双因子增强”效果；进出口总额与经济外向度两者的交互作用影响力为0.717112，同两个指标的独立影响相比，表现为“双因子增强”效果。

表 10.7 2001～2005 年京津冀城市群全球化指标对城镇化的决定力以及交互效应

名称	进出口总额	实际利用外资	经济外向度
进出口总额	0.624852		
实际利用外资	0.767726[EB]	0.727811	
经济外向度	0.717112[EB]	0.786472[EB]	0.476923

注：EB 为双因子增强。

2006～2010 年，进出口总额、实际利用外资和经济外向度这三个因素中两两要素间均呈现出双因子增强的效果。进出口总额与经济外向度两者的交互作用影响力最大，为 0.79663，同两个指标的独立影响相比，表现为“双因子增强”效果；进出口总额与实际利用外资交互作用的决定力为 0.78437，同两个指标的独立影响相比，表现为“双因子增强”效果；实际利用外资与经济外向度两个因素在城镇化进程中起着重要作用，两个因素交互作用的决定力量为 0.725291，同两个指标的独立影响相比，表现为“双因子增强”效果。

表 10.8 2006～2010 年京津冀城市群全球化指标对城镇化的决定力以及交互效应

名称	进出口总额	实际利用外资	经济外向度
进出口总额	0.705325		
实际利用外资	0.78437[EB]	0.648521	
经济外向度	0.79663[EB]	0.725291[EB]	0.382249

注：EB 为双因子增强。

2011～2015 年，进出口总额、实际利用外资和经济外向度这三个因素中两两要素间均呈现出双因子增强的效果。进出口总额与实际利用外资交互作用的决定力最大，为 0.801546，同两个指标的独立影响相比，表现为“双因子增强”效果；实际利用外资与经济外向度两个因素交互作用的决定力量为 0.800047，同两个指标的独立影响相比，表现为“双因子增强”效果；进出口总额与经济外向度两者的交互作用影响力为 0.778353，同两个指标的独立影响相比，表现为“双因子增强”效果。

表 10.9 2011～2015 年京津冀城市群全球化指标对城镇化的决定力以及交互效应

名称	进出口总额	实际利用外资	经济外向度
进出口总额	0.652071		
实际利用外资	0.80461[EB]	0.666272	
经济外向度	0.778353[EB]	0.800047[EB]	0.375148

注：EB 为双因子增强。

“十五”期间实际利用外资与经济外向度的交互作用对城镇化子系统的影响决定力更强（非线性增强），“十一五”期间经济外向度与进出口总额的交互作用对城镇化子系统的影响作用更强（非线性增强），“十二五”期间进出口总额与实际利用外资的交互作用最城镇化子系统的影响作用更强（非线性增强）。全球化子系统三个指标间两两的交互作用均表现为非线性增强效果，说明生产全球化、金融全球化和贸易全球化的联合推动对京津冀城市群城镇化的发展起到强劲的促进作用。

（三）综合作用分析：城镇化对全球化的综合作用力呈先下降后上升趋势

因子探测器和交互探测器分别探测了全球化单因子和全球化因子交互对城镇化的影响。证明了全球化因子对城镇化发展的影响不仅取决于因子本身，也同样取决于该因子与其他因子的交互作用。将全球化单因子的决定力加上该因子与其他所有指标交互作用之和可以得到全球化因子对于城镇化的综合作用力，即全球化因子对城镇化发展的综合影响力。计算结果如表 10.10 所示。

表 10.10　2001～2015 年京津冀城市群全球化指标对城镇化发展的综合作用力

城镇化因子	2001～2005 年	2006～2010 年	2011～2015 年
进出口总额	2.110	2.286	2.235
实际利用外资	2.282	2.158	2.271
经济外向度	1.981	1.904	1.954

从各个时间段全球化因子对城镇化发展的综合作用力来看。影响全球化发展的最主要因素主要是进出口总额和实际利用外资。具体来看，2001～2005 年全球化因子对城镇化综合作用力排序依次为实际利用外资（2.282）、进出口总额（2.110）、经济外向度（1.981）；2006～2010 年全球化因子对城镇化综合作用力排序依次为进出口总额（2.286）、实际利用外资（2.158）、经济外向度（1.904）；2011～2015 年全球化因子对城镇化综合作用力排序依次为实际利用外资（2.271）、进出口总额（2.235）、经济外向度（1.954）。

对比三个时间段来看，城镇化因子对全球化水平的综合作用力整体呈现先下降后上升的趋势。2001～2005 年全球化因子综合作用力的平均值达到 2.124、高于 2006～2010 年的 2.116，但是在 2011～2016 年上升为 2.153，这表明 2006～2010 年城镇化对全球化发展的影响程度最弱。由于在 2006～2010 年全球遭遇世界金融风暴，各个国家均承受着经济危机的冲击，在这段时间内，城市群同世界的联系也受到影响，期间城市群的主要经济增长动力来自于城市群内部的相互联系与经济产出，因此在这段时间内全球化对城镇化的影响较弱。在之后世界经济趋于稳定后，全球化对于城镇化的影响逐渐明显。

四、全球化与城镇化互动机理的总体分析

通过使用地理探测器的因子探测器和交互探测器对京津冀地区城镇化与全球化发展的耦合机理进行了实证研究，证实了京津冀城市群城镇化与全球化交互作用关系的存在，发现了京津冀城市群区域的城镇化子系统与全球化子系统呈现二次函数的耦合协调发展关系。京津冀城市群的城镇化系统和全球化系统间的交互作用错综复杂，认为人口城镇化、经济城镇化、社会城镇化和空间城镇化以及贸易全球化、金融全球化和生产全球化

各个要素都会对城镇化系统和全球化系统产生不同程度的影响，发现单要素对于系统而言的作用力有限，要素间交互作用时会对系统产生更大的影响。城镇化与全球化之间通过不同因子交互促进，使得京津冀城市群的城镇化综合指数与全球化综合指数在过去一段时间均呈现出上升态势，也推动京津冀城市群城镇化与全球化的耦合协调度不断向更高级协调类型转变。

在城市群全球化发展方面，早期阶段空间城镇化扮演了重要的角色，空间城镇化的多个因子对全球化发展占据了主导作用；随着时间的推进，人口城镇化、经济城镇化、社会城镇化、空间城镇化出现联合推动的趋势，四者中均有对全球化发展作用较强的因子。而全球化对城镇化的影响中，贸易全球化和金融全球化对城镇化的影响较为明显，生产全球化则相对影响较弱。从京津冀城市群城镇化与全球化的交互作用的响应过程来看，不同阶段城镇化与全球化的具体交互关系及决定力程度不同。由于城市基础和城市定位的差异，不同的城市中城镇化与全球化发展水平同样存在偏差。如北京是国家首都，国内外经济机构云集，天津有着国际影响的大型港口，二者定位都是国际化城市，其全球化的水平明显高于城市群内的其他城市。不仅如此，由于定位的特殊性，这两座城市的全球化水平也高于自身的城镇化水平。相比之下，河北省的城市同国外城市直接联系仍较弱，同京津两市的联系较强，其城镇化的发展主要来自于经济的内推效应。因此对于整个京津冀城市群而言，全球化滞后是京津冀城市群全球化与城镇化耦合协调的主要类型。因此在之后的发展过程中应注重河北省内城市的全球化水平提升，以北京、天津为桥梁，加强同国外其他城市的经济、贸易等的联系，以实现城市群地区城镇化与全球化的高水平协调发展。

第三节　城市群地区城镇化与全球化的耦合演变规律

京津冀城市群是重点建设的国家级城市群之一（方创琳，2014），是国内乃至国际核心经济区的重要组成部分，也是对东亚、对世界经济有明显影响的全球性城市群（陆大道，2015）。然而，目前京津冀城市群各城市的全球化能力差异显著，北京、天津两座核心城市具有极高的全球化水平，但是相比之下河北省内城市的全球化水平则较弱，其要素流动受到束缚，这些问题越来越成为城市群均衡发展的阻碍。因此探讨京津冀城市群全球化与城镇化的耦合关系具有重要现实意义。为了探索京津冀城市群地区城镇化全球化新发展之间的演变规律，分别从两者之间的综合水平演变关系、拟合关系、耦合协调关系三个方面进行研究。研究发现：①城镇化和全球化的综合水平呈现稳步增长的趋势，北京、天津两市同河北之间的城镇化差距不断缩小，但全球化之间的差距变化不大；②北京、天津两座城市的全球化水平高于城镇化水平，且两者差距逐渐变小，河北省内城市均为城镇化水平高于全球化水平，且差距加大；③城镇化水平与全球化综合水平之间呈现正相关关系，随着城镇化水平的上升，全球化水平会随之提高，与城镇化与全球化的理论曲线趋势相符；④京津冀城市群城镇化和全球化发展之间的耦合关系存在波动现象，但从长期来看两者关系趋势较好，城镇化和全球化的耦合协调度同步增长；

⑤全球化滞后是京津冀城市群城镇化与全球化耦合协调水平提升的关键阻力，全球化水平对城镇化的支撑相对不足，从而影响京津冀城市群耦合协调水平。

一、京津冀城市群城镇化与全球化综合水平的综合评价

（一）综合评价指数

1. 构建评价指标体系

城市群城镇化水平从人口城镇化、经济城镇化、空间城镇化和社会城镇化这四个方面测度，遵循指标选择的科学性原则，构建了由4个一级指标和14个二级指标的城镇化综合评价指标体系（表10.11）。

表 10.11　京津冀城市群城镇化子系统的评价指标体系

准则层	目标层	指标层
城镇化	人口城镇化	城镇化水平/%
		城镇化人口密度/（万人/km²）
		第二、第三产业从业人员比重/%
	经济城镇化	人均 GDP/元
		第二、第三产业增加值占 GDP 比重/%
		人均全社会固定资产投资/（元/人）
		人均地方财政收入/（元/人）
	空间城镇化	城市建设用地占市区面积比重/%
		人均城市道路面积/（m²/人）
		人均建设用地面积/（m²/人）
	社会城镇化	人均社会消费总额/（元/人）
		城镇居民人均可支配收入/元
		每万人卫生机构床位数/（张/万人）
		每万人互联网上网数/人

全球化子系统包括贸易全球化、金融全球化和生产全球化等方面，考虑到数据的可获取性，选出进出口总额、实际利用外资和经济外向度三个指标分别代表贸易、金融、生产全球化的水平（表10.12）。

表 10.12　京津冀城市群全球化子系统的评价指标体系

准则层	目标层	指标层
全球化	贸易全球化	进出口总额/亿元
	金融全球化	实际利用外资/亿元
	生产全球化	经济外向度/%

2. 数据标准化处理

为了消除全球化子系统与城镇化子系统指标之间不同量纲可能造成的影响，对各指标数据进行标准化处理。公式如下：

$$r_{ij}=\begin{cases}x_{ij}-\min\left(x_{ij}\right)/\max\left(x_{ij}\right)-\min\left(x_{ij}\right),\ r_{ij}\text{为正向指标}\\ \max\left(x_{ij}\right)-x_{ij}/\min\left(x_{ij}\right)-\min\left(x_{ij}\right),\ r_{ij}\text{为负向指标}\end{cases}\tag{10.2}$$

式中，x_{ij} 为指标数据原始值；r_{ij} 为第 i 个系统的第 j 个指标；max（x_{ij}）和 min（x_{ij}）分别为第 j 个指标的最大值和最小值。经过标准化处理，所有的指标值都会在[0，1]范围内。

3. 指标权重赋值

在赋权时，为降低多种赋权法所带来的差异性，本研究综合选择了主观赋权法（AHP）和客观赋权法（熵值法）确定各指标的权重，然后通过计算权重的均值得到综合权重，这在一定程度上缩小了单一指标赋权法的局限性。处理结果如表 10.13 所示。

表 10.13 京津冀城市群城镇化子系统的评价指标权重

目标层（权重）	指标层	熵值法	AHP	综合权重
人口城镇化（0.18）	城镇化水平/%	0.09	0.07	0.08
	城镇人口密度/万人/km²	0.06	0.04	0.05
	第二、第三产业从业人员比重/%	0.05	0.05	0.05
经济城镇化（0.31）	人均 GDP/元	0.03	0.07	0.05
	第二、第三产业增加值占 GDP 比重/%	0.09	0.05	0.07
	人均全社会固定资产投资/（元/人）	0.08	0.06	0.07
	人均地方财政收入/（元/人）	0.1	0.14	0.12
空间城镇化（0.25）	城市建设用地占市区面积比重/%	0.09	0.07	0.08
	人均城市道路面积/（m²/人）	0.1	0.06	0.08
	人均建设用地面积/（m²/人）	0.06	0.12	0.09
社会城镇化（0.26）	人均社会消费总额/（元/人）	0.05	0.09	0.07
	城镇居民人均可支配收入/元	0.05	0.03	0.04
	每万人卫生机构床位数/（张/万人）	0.07	0.05	0.06
	每万人互联网上网数/人	0.08	0.1	0.09

从指标的权重排序看，前三位分别是人均地方财政收入（0.12）、人均建设用地面积（0.09）和每万人互联网上网数（0.09），这说明 2000～2015 年，经济增长、城市建设和社会发展是京津冀城市群城镇化进程的主要因素。其余指标的权重值从高到低依次是城镇化水平，城市建设用地占市区面积比重，人均城市道路面积，第二、第三产业增加值占 GDP 比重，人均全社会固定资产投资，人均社会消费总额，每万人卫生机构床位

数，城镇人口密度，第二、第三产业从业人员比重，人均 GDP 和城镇居民人均可支配收入。由此看出，2000 年以来京津冀城市群城镇化进程中，以空间城镇化和经济城镇化发展为主要方面，其次是人口城镇化，最后是社会城镇化进程。

表 10.4 给出了全球化子系统的 3 项指标的权重值。从指标的权重排序来看，进出口总额、实际利用外资和经济外向度的权重分别为 0.50、0.35、0.15，这说明 2000～2015 年，进出口总额是京津冀城市群全球化发展的主要特征，其次是实际利用外资和经济外向度。

表 10.14　京津冀城市群全球化子系统的评价指标权重

目标层	指标层	熵值法	AHP	综合权重
贸易全球化	进出口总额/亿元	0.50	0.50	0.50
金融全球化	实际利用外资/亿元	0.39	0.30	0.35
生产全球化	经济外向度/%	0.11	0.20	0.15

4. 综合值计算

城镇化综合评价指数由人口城镇化、经济城镇化、空间城镇化和社会城镇化组成，其计算公式为

$$U=\sum_{i=1}^{n}a_iX_{ij} \tag{10.3}$$

式中，U 为城镇化综合水平；X_{ij} 为城镇化指标数据标准化后的值；a_i 为指标权重。

全球化水平由贸易全球化、金融全球化和生产全球化组成，其计算公式为

$$G=\sum_{i=1}^{n}a_iX_{ij} \tag{10.4}$$

式中，G 为经济综合水平；X_{ij} 为全球化数据标准化后的值；a_i 为指标权重。

5. 数据来源

本研究的案例区域为京津冀城市群，包括北京、天津两个直辖市和河北省 11 个地级市。城市群区域及各城市的统计数据主要来源于《中国统计年鉴》（2001～2016 年）、《中国城市统计年鉴》（2001～2016 年），部分数据来自京津冀各地市统计年鉴（2001～2016 年）以及统计公报及城市官方网站。基于以上数据构建 2000～2015 年京津冀城市群城镇化和全球化两个子系统的数据库。

（二）时空格局演变

1. 京津冀城市群城镇化和全球化综合水平总体呈上升趋势

2000～2015 年京津冀城市群的城镇化综合水平和全球化综合水平总体保持上升态势。城市群的城镇化综合指数平均值由 2000 年的 0.144 提升到 2015 年的 0.372，16 年间

城镇化综合指数平均值提高了 0.228；全球化综合指数平均值由 2000 年的 0.074 提升到 2015 年的 0.198，16 年间全球化综合指数平均值提高了 0.125。

从各城市综合城镇化水平来看（图 10.5），京津冀城市群 13 个城市的综合城镇化水平均呈现出逐年上升的趋势，且增长速度较为接近。其中，北京市和天津市两座城市的综合城镇化水平高于整个河北省，北京市的综合城镇化水平由 2000 的 0.335 增长到 2015 年的 0.703，16 年间城镇化综合指数增长了 0.368，年均提升 0.025；天津市的综合城镇化水平由 2000 年的 0.371 增长到 2015 年的 0.574，16 年间城镇化综合指数增长了 0.203，年均提升 0.0127。河北省内的城市则以石家庄市、唐山市、廊坊市的综合城镇化指数为最高，其 2015 年的综合城镇化数分别为 0.416、0.412、0.409。河北省其他城市均呈稳速正常态势，年均提升 0.0187。

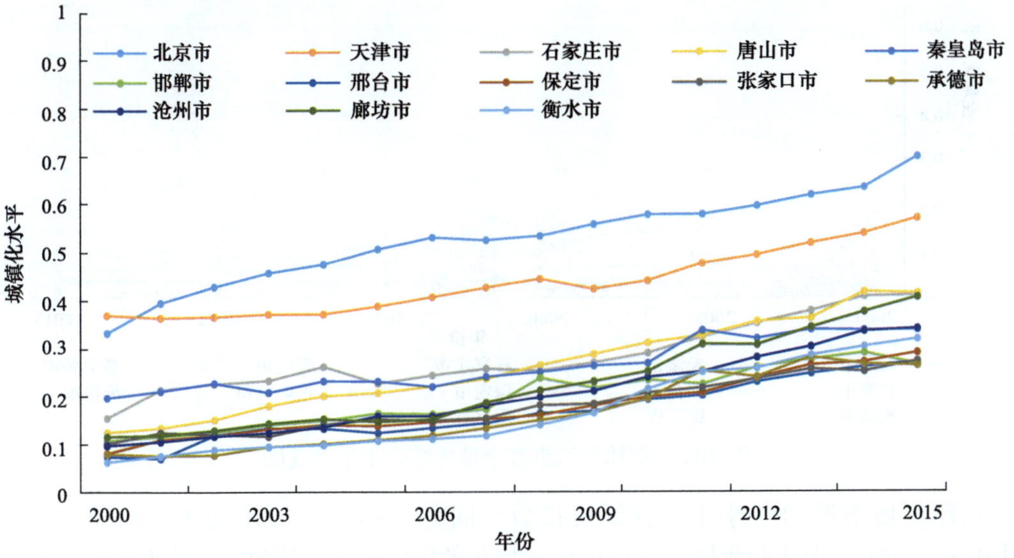

图 10.5　京津冀城市群城镇化综合水平演变图

从全球化综合评价指数来看（图 10.6），京津冀城市群内城市全球化综合指数呈现出整体平稳、局部波动的态势。其中北京市、天津市的全球化水平明显高于河北省各城市的全球化水平，北京市的全球化综合指数呈现出先下降后上升的趋势，其他城市的全球化指数相对平稳。

2. 京津冀城市群城镇化和全球化综合水平空间演变格局

从空间格局演变上看（图 10.7），京津冀 13 个城市的城镇化水平有着显著增长的特征，但是河北省内城市同北京、天津两市始终存在较大的差距。京津冀城市群的城镇化综合水平总体增长明显。2000 年仅有北京和天津的城镇化综合评价指数超过 0.2，分别达到 0.335 和 0.371，而河北省城镇化水平则相对较低，河北 11 个城市的城镇化综合评价指数均值只有 0.110，最高的石家庄市也仅为 0.156，最低的衡水市更是仅有 0.064；2015 年京津冀 13 个城市的城镇化综合水平总体增长明显，全部超过 0.2。其中，北京市达到了 0.703，成为城镇化水平最高的城市；天津市紧随其后综合评价指数为 0.574；河北 11 个城市仍然落后于京津，唐山市城镇化综合评价指数为 0.416、石家庄市城镇化综合评价指数为 0.412、廊坊市城镇化综合评价指数为 0.409、沧州市城镇化综合评价指数为 0.343、秦皇岛市城镇化综合评价指数为 0.341、衡水市城镇化综合评价指数为 0.321、保定市城镇化综合评价指数为 0.292、张家口市城镇化综合评价指数为 0.274、邢台市城镇化综合评价指数为 0.274、邯郸市城镇化综合评价指数为 0.268、承德市城镇化综合评价指数为 0.265。

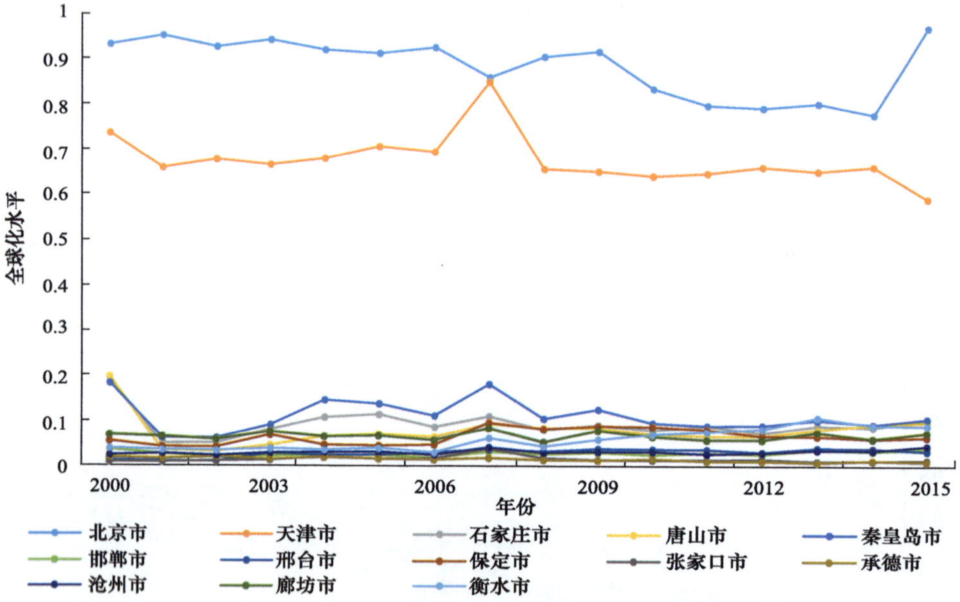

图 10.6　京津冀城市群全球化综合水平演变图

京津冀城市群的全球化综合评价指数空间分异明显，但是随年份的变化不明显（图 10.8）。北京、天津两座城市的全球化指数在各年度都是遥遥领先，其中北京市由 2000

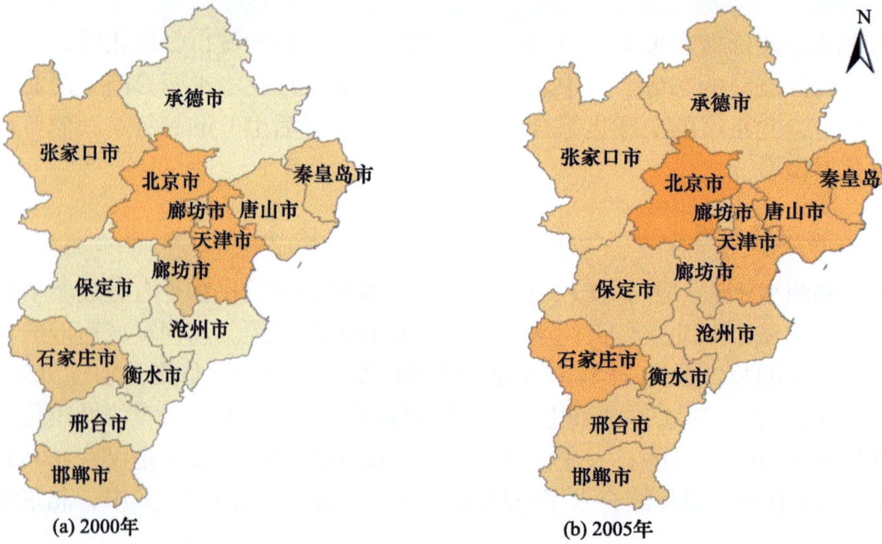

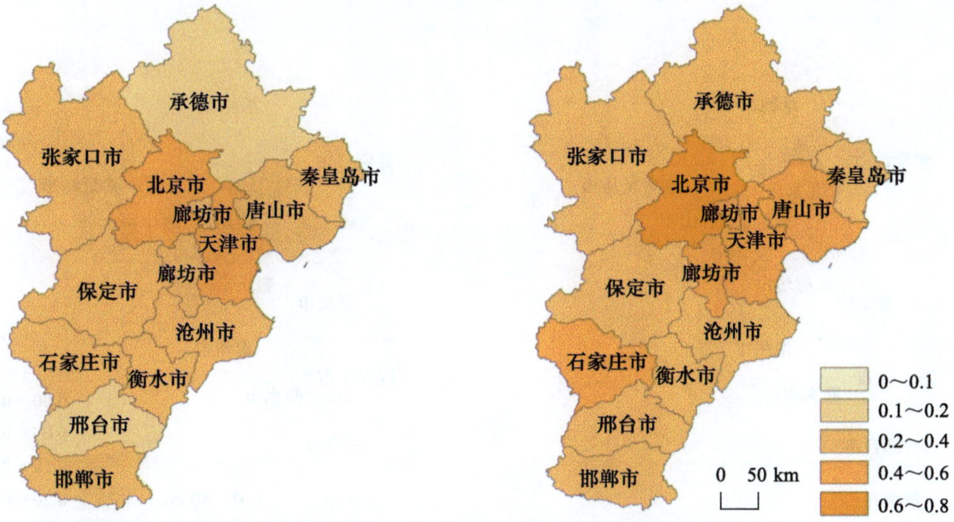

(c) 2010年　　(d) 2015年

图 10.7　京津冀城市群城镇化综合评价指数空间分布图

年的 0.934 增长至 2015 年的 0.973，天津市由 2000 年的 0.736 下降到至 2015 年的 0.588；而河北省各地级市全球化指数相对较低，且大部分城市的全球化指数变化不明显。河北省唐山市、秦皇岛市等沿海城市的全球化指数相对较高，同北京市、天津市联系较为密切的保定市的全球化水平也在逐年增高。其他内陆城市如张家口市、承德市、衡水市等由于地理位置、交通不便等因素，其全球化综合指数则较低。

（三）关系类型演变

从城镇化与全球化发展综合水平的关系变化来看，可以划分为四个类型：关系反超型、关系保持型、差距缩小型和差距扩大型（表 10.15，图 10.9）。

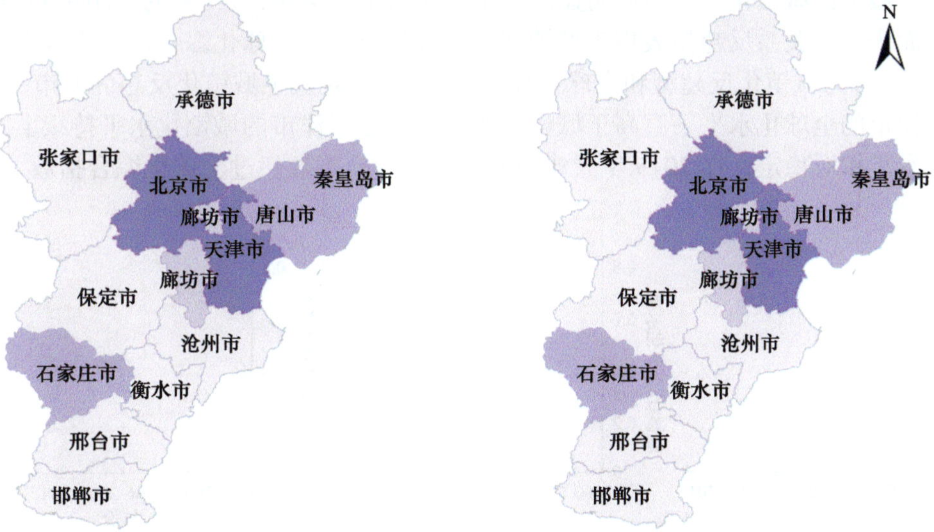

(a) 2000年　　(b) 2005年

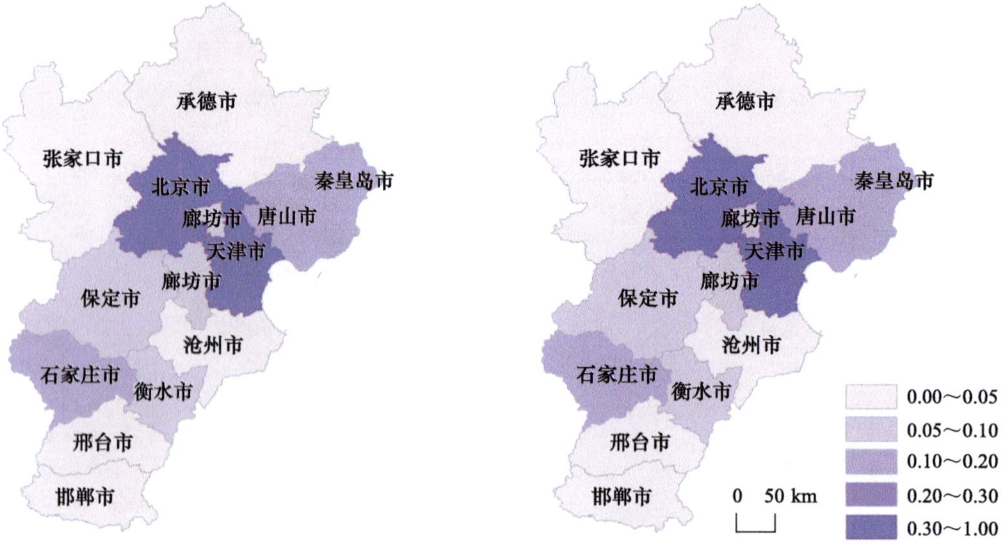

(c) 2010年　　(d) 2015年

图 10.8　京津冀城市群全球化综合评价指数空间分布图

表 10.15　京津冀城市群城镇化与全球化演变关系类型划分

类型		差距	增速|Ur–Er|	城市
关系反超型	城镇化反超型	$U–G<0$ 后 $U–G>0$	—	天津
	全球化反超型	$U–G>0$ 后 $U–G<0$	—	—
关系保持型	城镇化领先型	$U–G\to a$（常数）	$\|Ur–Gr\|\to b$（常数）	—
	全球化领先型	$U–G\to -a$（常数）	$\|Ur–Gr\|\to b$（常数）	—
差距缩小型		$U–E\to 0$	—	北京
差距扩大型		$U–E\to +\infty$	—	石家庄、唐山、邢台、保定、承德等

京津冀城市群城镇化水平增速明显高于全球化水平的增速，且二者的差距不断增大。从城市层面来看，关系反超型表现为城镇化综合评价指数与全球化综合评价指数发生反超的现象，又分为城镇化反超型和全球化反超型。天津市是发生城镇化反超的城市。2000 年之后天津市的全球化水平一直高于城镇化水平，但是天津市的城镇化水平持续上升，而全球化水平相对稳定，在 2015 年天津市的城镇化综合指数超过全球化综合指数。

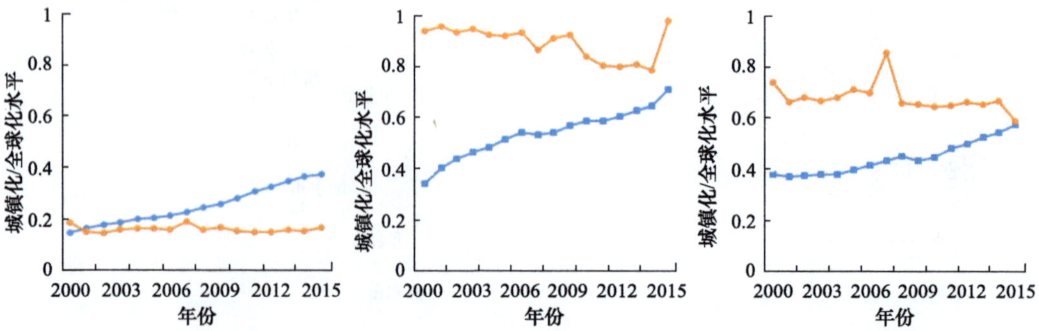

(a) 京津冀城市群　　(b) 北京市　　(c) 天津市

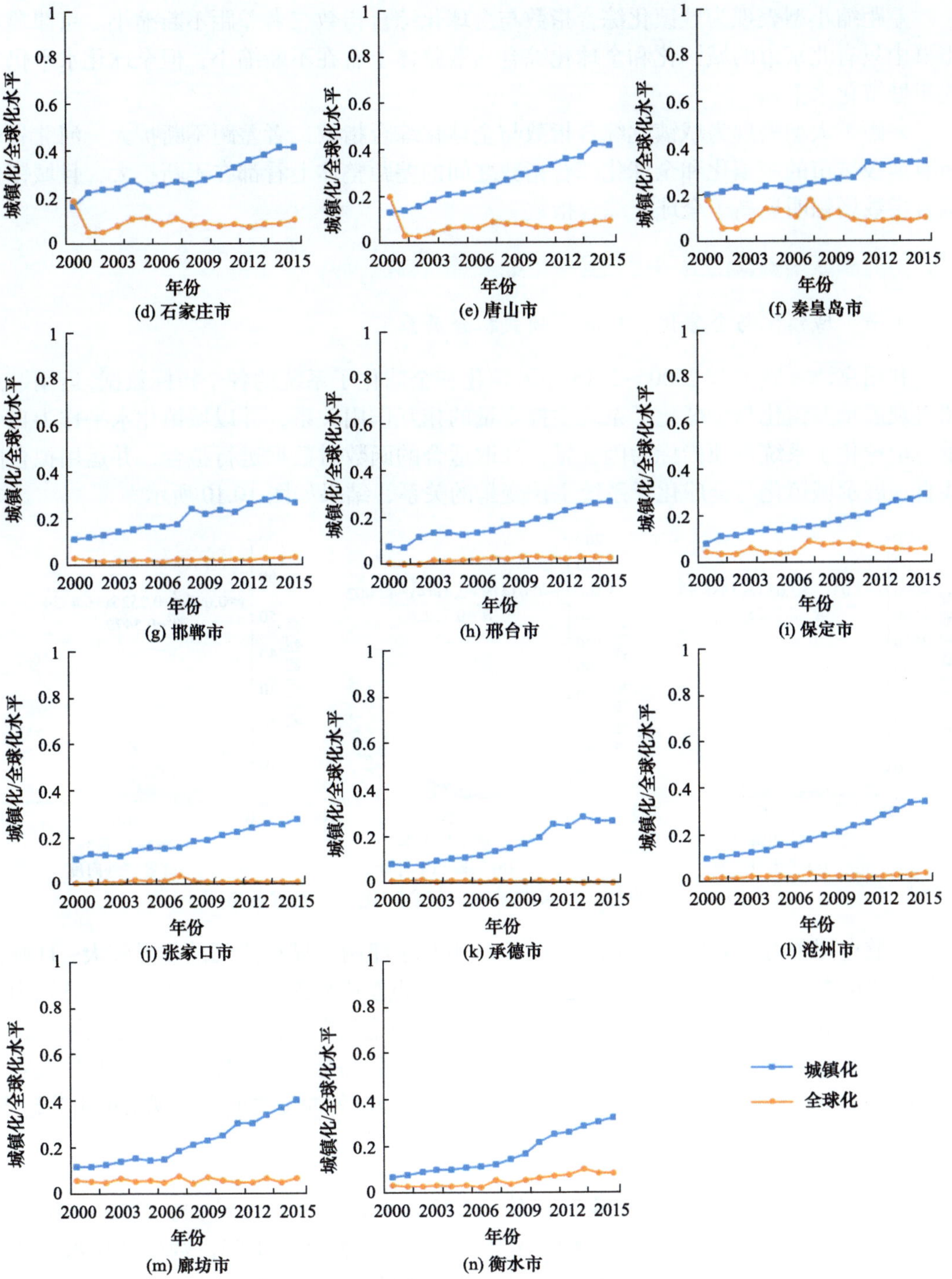

图 10.9 2000～2015 京津冀城市群城镇化与全球化综合水平演变趋势

关系保持型表现为城镇化综合评价指数与全球化综合评价指数始终保持一种关系发展，差距和增速都很一致，又分为城镇化领先型和全球化领先型。京津冀城市群内部的 13 个城市中，城镇化与全球化水平的变化不存在这种情况。

差距缩小型表现为城镇化综合指数与全球化综合指数二者差距不断缩小。京津冀城市群中只有北京市的城镇化和全球化综合指数整体上看在不断缩小，但全球化水平仍领先于城镇化水平。

差距扩大型表现为城镇化综合指数与全球化综合指数二者差距不断扩大。河北省内所有地级城市的城镇化和全球化综合指数之间的差距整体上看都在不断扩大，且城镇化综合指数增幅明显高于全球化综合指数。

二、京津冀城市群人口城镇化与全球化的多项式耦合关系

（一）城镇化与全球化指标的多项式拟合关系

利用京津冀城市群 2000～2015 年城镇化和全球化子系统的各个指标数据，运用散点图直观展示城镇化与全球化子系统主控变量的相互作用关系，并以城镇化水平作为自变量，全球化子系统各项指标为因变量，选取适合的函数对数据进行拟合，并运用拟合曲线直观展示城镇化与全球化子系统主控变量的关系，结果如图 10.10 所示。

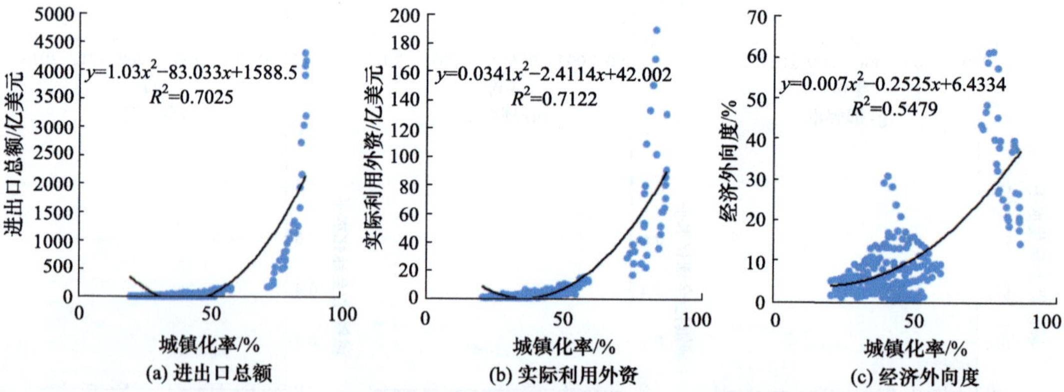

图 10.10　京津冀城市群城镇化与全球化主控要素散点图

从散点图中可以看出，河北省的 11 个城市与京津两个城市之间的差异较大，且城镇化与全球化指标间呈现不同的发展趋势。第一，散点图中始终存在两组离群值，分别为北京市和天津市的指标值，这意味着北京市和天津市不论是在城镇化发展水平还是全球化发展水平都遥遥领先于河北省 11 个城市。第二，城镇化与全球化指标之间存在数量关联趋势，其中城镇化水平与实际利用外资、进出口总额、经济外向度之间均呈现出正相关趋势。

1. 城镇化水平与进出口总额

城镇化水平与进出口总额的关系函数为多项式函数，$y = 1.03x^2 - 83.033x + 1588.5$，$R^2$ 达 0.7025。表明随着城镇化水平的提升，进出口总额随之下降。当城镇化水平超过 47.89%的阈值之后，进出口总额将随着城镇化水平的提升而增长。

2. 城镇化水平与实际利用外资

城镇化水平与实际利用外资的关系为多项式函数，$y = 0.0341x^2 - 2.4114x + 42.002$，$R^2$ 达 0.7122。表明随着城镇化水平的提升，实际利用外资额随之下降，在城镇化水平达

到39.62%的阈值后，实际利用外资额将随着城镇化水平的提升而增长。

3. 城镇化水平与经济外向度

城镇化水平与经济外向度的关系为指数函数，$y = 0.007x^2 - 0.2525x + 6.4334$，$R^2 = 0.5479$。表明随着城镇化水平的提升，经济外向度随着城镇化水平的提升而增长。

（二）城镇化与全球化综合值的二次项函数拟合关系

利用京津冀城市群内各城市的城镇化水平和全球化综合值绘制散点图，并且以城镇化水平作为自变量，全球化水平为因变量进行拟合，结果如图所示（图10.11）。拟合方程为 $y = 0.0003x^2 - 0.0235x + 0.4172$，$R^2 = 0.9248$，方程拟合度较高。

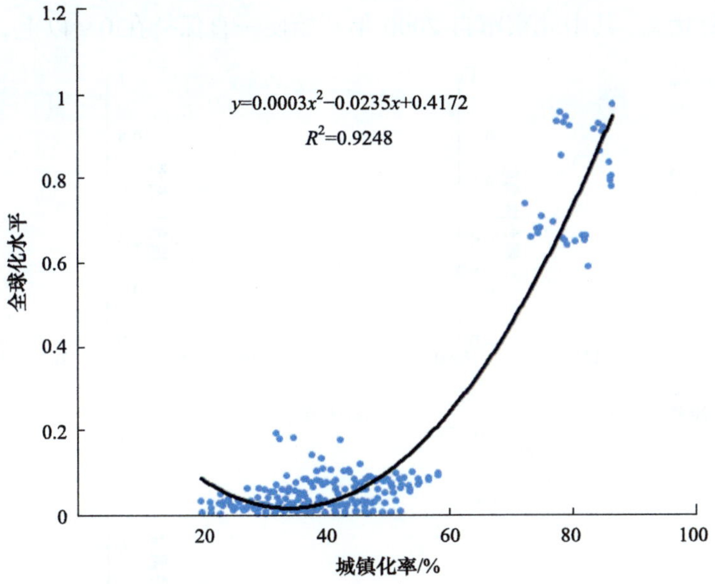

图10.11　京津冀城市群城镇化与全球化的二次项函数拟合关系曲线图

从京津冀城市群城镇化与全球化的拟合关系曲线可以看出，对京津冀城市群而言，城镇化水平与全球化综合水平之间呈现正相关趋势，两者之间存在二次项函数关系。京津冀城市群地区城镇化与全球化发展的拟合关系曲线不同于城镇化和全球化发展的理论曲线，不同之处表现在城市群城镇化中期的全球化水平偏低。在城镇化起始阶段，京津冀城市群全球化水平较弱，同世界的经济联系较弱，随着城镇化水平的不断提升，京津冀城市群同世界经济联系更加密切。在全球化的背景下，京津冀城市群同世界其他国家的技术、人才、金融、贸易等要素的不断流通，其全球化水平得到快速发展。

三、京津冀城市群城镇化与全球化耦合程度的演变规律

（一）耦合度的演变规律

耦合度是一个物理学概念，是指两个（或两个以上的）系统通过受自身和外界的各种相互作用而彼此影响的现象。由于系统之间的耦合关系存在相似性，耦合现在被广泛

地应用到研究城镇化与其他系统的交互胁迫关系之中，其表示式为

$$C=\left[\frac{f(x)\times g(y)}{\left(\dfrac{f(x)+g(y)}{2}\right)^{2}}\right]^{1/k} \tag{10.5}$$

式中，C 为城镇化与全球化系统的耦合度，且 $0<C\leqslant 1$，$f(x)$ 为城镇化系统综合评价值；$g(y)$ 为全球化系统综合评价值；k 为调节系数，且 $k\geqslant 2$，常取 $k=2$。

总体上看，京津冀城市群城镇化与全球化的耦合度较为平稳，耦合协调度呈现出稳步上升态势（图 10.12）。

从京津冀城市群 13 个城市耦合度曲线对比来看，北京市、天津市的耦合度长期处于高度耦合的平稳状态，其中北京市自 2000 年开始便一直保持在 0.9 以上，天津市在 2008

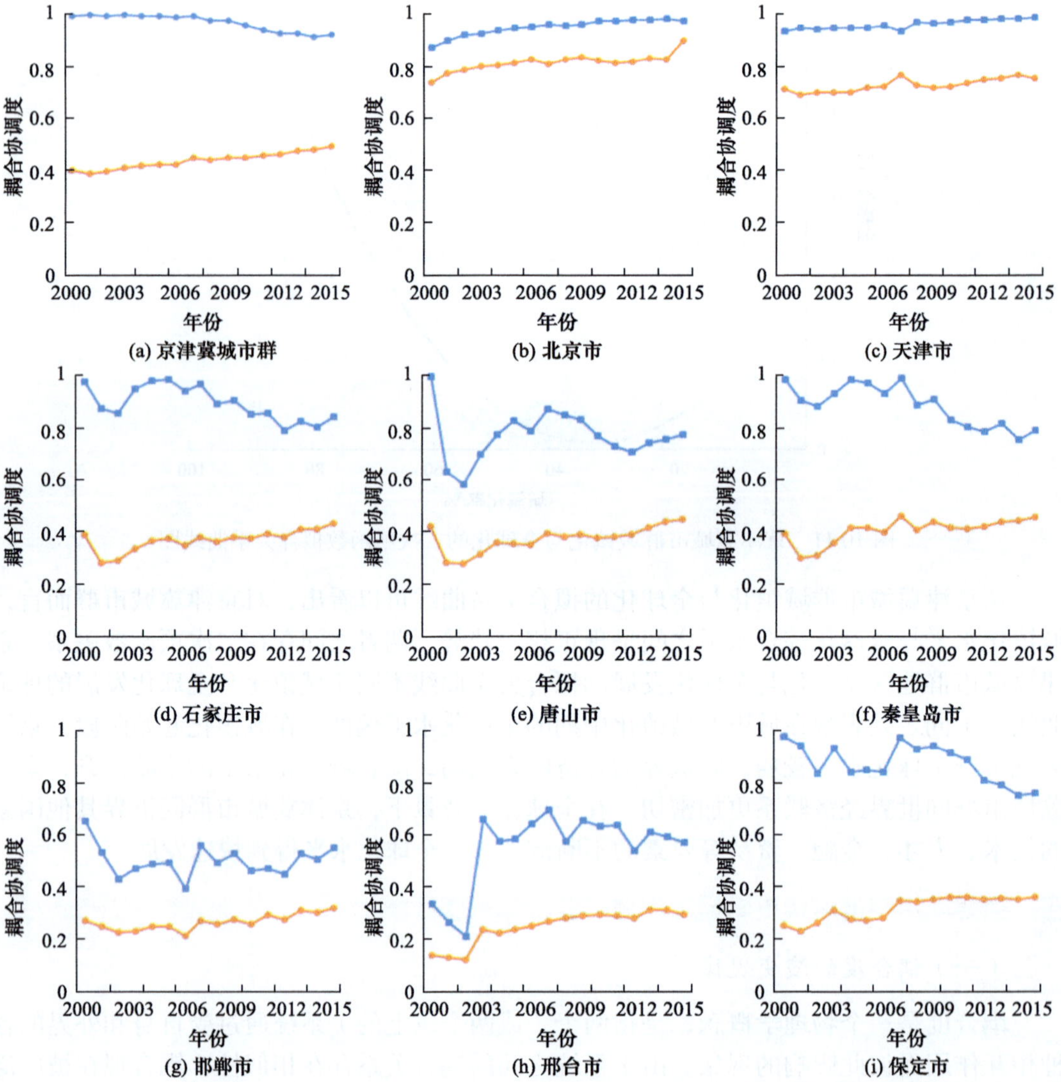

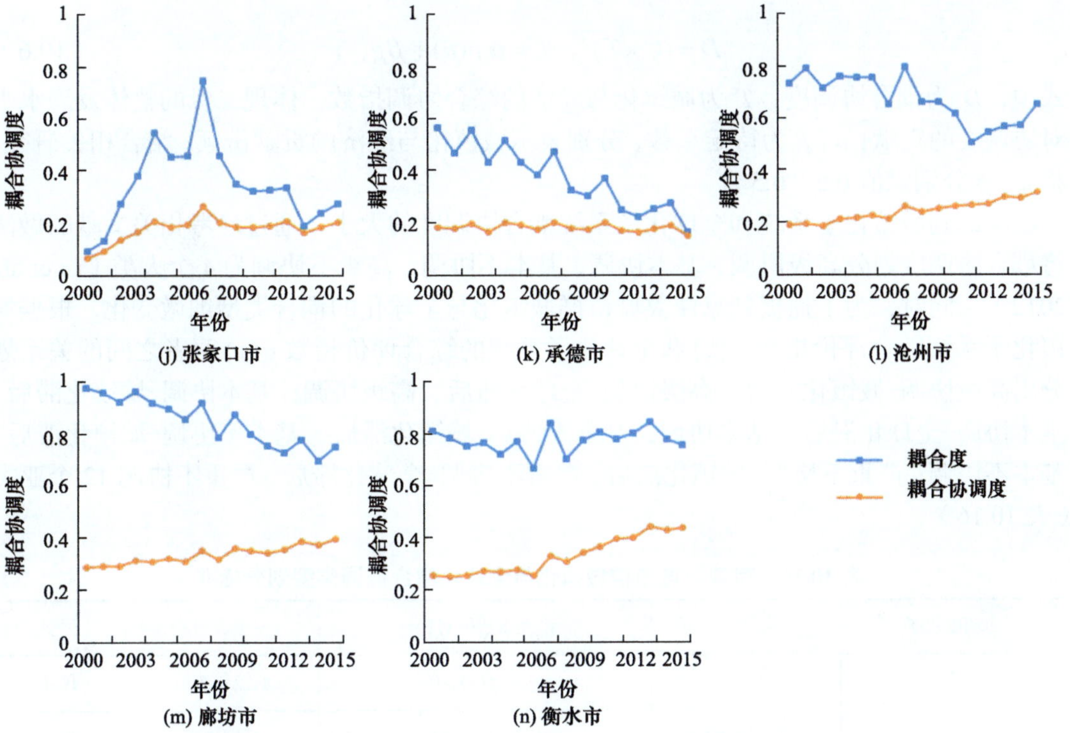

图 10.12 京津冀城市群城镇化与全球化耦合协调度演变趋势图

年后同样也长期维持在 0.9 以上；而河北省 11 个地级市波动较大。石家庄市、秦皇岛市、邯郸市耦合度上升明显，是河北省耦合度增长最快的三个城市，其中石家庄市的耦合度由 2000 年的 0.941 增长为 2015 年的 0.979，秦皇岛市由 2000 年的 0.881 增长为 2015 年的 0.986，邯郸市由 2000 年的 0.707 增长为 2015 年的 0.804；承德市、廊坊市、衡水市和唐山市在波动均有不同程度的下滑，其中承德市的耦合度由 2000 年的 0.851 则下降为 2015 年的 0.791，廊坊市由 2000 年的 0.913 下降为 2015 年的 0.857，衡水市由 2000 年的 0.8138 增长为 2015 年的 0.766；邢台市、沧州市和张家口市与城市群的趋势较为一致，呈现先增后降态势，其中邢台市、沧州市在 2005 年达到峰值，张家口市在 2007 年达到峰值。从耦合协调度曲线对比来看，在考虑了子系统本身的变化之后（耦合度仅关注两个子系统间得分的差异程度），所有城市耦合协调度均呈现上升态势。由于京津冀城市群及其 13 个城市的城镇化综合协调指数与全球化综合协调指数均呈现上升趋势，对耦合协调度的发展产生了正向影响。

（二）耦合协调度的演变规律

耦合度模型能够反映城镇化与全球化耦合的程度（系统间相互影响程度），但难以体现系统各自的发展水平；比如当全球化水平和城镇化水平均很低时，两者的耦合度也很高。因此，构建了城镇化子系统与全球化子系统的耦合协调度模型来反映两个子系统实际发展中的协调发展水平，公式如下：

$$D=(C\times T)^{\frac{1}{2}},\ T=\alpha f(u)+\beta g(e) \tag{10.6}$$

式中，D 为耦合协调度；T 为城镇化与经济的综合协调指数，体现二者的整体发展水平对协调度的贡献；α、β 为待定系数，分别表示城镇化与经济的贡献份额。结合相关研究，将 α、β 分别赋值 0.5、0.5。

考虑到城镇化子系统和全球化子系统耦合协调度的大小，通过参考相关文献的做法将耦合协调度划分高级协调、基本协调、基本不协调、高级不协调为 4 个大类（Li et al., 2012）。同时，为了捕捉到京津冀城市群城镇化与全球化的耦合类型细微变化，根据城镇化子系统综合评价指数 $f(x)$ 和全球化子系统的综合评价指数 $g(y)$ 两者之间的关系划分出高级协调-城镇化滞后、高级协调-全球化滞后、高级协调；基本协调-城镇化滞后、基本协调-全球化滞后、基本协调；基本不协调-城镇化滞后、基本不协调-城镇化滞后、基本不协调；严重不协调-城镇化滞后、严重不协调-全球化滞后、严重不协调 12 个亚类（表 10.16）。

表 10.16 京津冀城市群城镇化与全球化耦合协调类型划分标准

协调度水平	亚类别	系统指数值对比	子类别	类型
$0.8<D\leqslant 1$	高级协调	$g(y)-f(x)>0.1$	城镇化滞后	Ⅳ-1
		$\lvert g(y)-f(x)\rvert\leqslant 0.1$	系统均衡	Ⅳ-2
		$g(y)-f(x)<0.1$	全球化滞后	Ⅳ-3
$0.5<D\leqslant 0.8$	基本协调	$g(y)-f(x)>0.1$	城镇化滞后	Ⅲ-1
		$\lvert g(y)-f(x)\rvert\leqslant 0.1$	系统均衡	Ⅲ-2
		$g(y)-f(x)<0.1$	全球化滞后	Ⅲ-3
$0.3<D\leqslant 0.5$	濒临失调	$g(y)-f(x)>0.1$	城镇化滞后	Ⅱ-1
		$\lvert g(y)-f(x)\rvert\leqslant 0.1$	系统均衡	Ⅱ-2
		$g(y)-f(x)<0.1$	全球化滞后	Ⅱ-3
$0<D\leqslant 0.3$	严重失调	$g(y)-f(x)>0.1$	城镇化滞后	Ⅰ-1
		$\lvert g(y)-f(x)\rvert\leqslant 0.1$	系统均衡	Ⅰ-2
		$g(y)-f(x)<0.1$	全球化滞后	Ⅰ-3

依据城镇化与全球化的耦合协调类型划分标准（表 10.16），将 2000～2015 年京津冀城市群及 13 个城市的城镇化与全球化的耦合协调程度划分成 4 大类和 12 小类（表 10.17），展示耦合协调水平所属类型和所处阶段。

表 10.17　2000～2015 年京津冀城市群城镇化与全球化耦合协调类型演进表

地区	2000 年	2001 年	2002 年	2003 年	2004 年	2005 年	2006 年	2007 年	2008 年	2009 年	2010 年	2011 年	2012 年	2013 年	2014 年	2015 年
北京市	Ⅲ-1	Ⅲ-1	Ⅳ-1	Ⅳ-1	Ⅳ-1	Ⅳ-1	Ⅳ-1	Ⅳ-1	Ⅳ-1	Ⅳ-1	Ⅳ-1	Ⅳ-1	Ⅳ-1	Ⅳ-1	Ⅳ-1	Ⅳ-3
天津市	Ⅲ-1	Ⅲ-1	Ⅲ-1	Ⅲ-1	Ⅲ-1	Ⅲ-1	Ⅲ-1	Ⅲ-1	Ⅲ-1	Ⅲ-1	Ⅲ-1	Ⅲ-1	Ⅲ-1	Ⅲ-1	Ⅲ-1	Ⅲ-1
石家庄市	Ⅰ-2	Ⅰ-2	Ⅱ-2	Ⅱ-2	Ⅱ-2	Ⅱ-2	Ⅱ-2	Ⅱ-2	Ⅱ-2	Ⅱ-2	Ⅱ-2	Ⅱ-2	Ⅱ-2	Ⅱ-2	Ⅱ-2	Ⅱ-2
秦皇岛市	Ⅰ-2	Ⅰ-2	Ⅱ-2	Ⅱ-2	Ⅱ-2	Ⅱ-2	Ⅱ-2	Ⅱ-2	Ⅱ-2	Ⅱ-2	Ⅱ-2	Ⅱ-2	Ⅱ-2	Ⅱ-2	Ⅱ-2	Ⅱ-2
廊坊市	Ⅰ-2	Ⅰ-2	Ⅰ-2	Ⅱ-2	Ⅱ-2	Ⅱ-2	Ⅱ-2	Ⅱ-2	Ⅱ-2	Ⅱ-2	Ⅱ-2	Ⅱ-2	Ⅱ-2	Ⅱ-2	Ⅱ-2	Ⅱ-2
邯郸市	Ⅰ-2	Ⅰ-2	Ⅰ-2	Ⅰ-2	Ⅰ-2	Ⅰ-2	Ⅰ-2	Ⅱ-2	Ⅱ-2	Ⅱ-2	Ⅱ-2	Ⅱ-2	Ⅱ-2	Ⅱ-2	Ⅱ-2	Ⅱ-2
衡水市	Ⅰ-2	Ⅰ-2	Ⅰ-2	Ⅰ-2	Ⅰ-2	Ⅰ-2	Ⅰ-2	Ⅰ-2	Ⅰ-2	Ⅰ-2	Ⅱ-2	Ⅱ-2	Ⅱ-2	Ⅱ-2	Ⅱ-2	Ⅱ-2
张家口市	Ⅰ-2	Ⅰ-2	Ⅰ-2	Ⅰ-2	Ⅰ-2	Ⅰ-2	Ⅰ-2	Ⅰ-2	Ⅰ-2	Ⅰ-2	Ⅱ-2	Ⅱ-2	Ⅱ-2	Ⅱ-2	Ⅱ-2	Ⅱ-2
唐山市	Ⅰ-2	Ⅰ-2	Ⅰ-2	Ⅰ-2	Ⅰ-2	Ⅰ-2	Ⅰ-2	Ⅰ-2	Ⅰ-2	Ⅰ-2	Ⅰ-2	Ⅰ-2	Ⅰ-2	Ⅱ-2	Ⅱ-2	Ⅱ-2
保定市	Ⅰ-2	Ⅰ-2	Ⅰ-2	Ⅰ-2	Ⅰ-2	Ⅰ-2	Ⅰ-2	Ⅰ-2	Ⅰ-2	Ⅰ-2	Ⅰ-2	Ⅰ-2	Ⅰ-2	Ⅱ-2	Ⅱ-2	Ⅱ-2
邢台市	Ⅰ-2	Ⅰ-2	Ⅰ-2	Ⅰ-2	Ⅰ-2	Ⅰ-2	Ⅰ-2	Ⅰ-2	Ⅰ-2	Ⅰ-2	Ⅰ-2	Ⅰ-2	Ⅰ-2	Ⅱ-2	Ⅱ-2	Ⅱ-2
沧州市	Ⅰ-2	Ⅰ-2	Ⅰ-2	Ⅰ-2	Ⅰ-2	Ⅰ-2	Ⅰ-2	Ⅰ-2	Ⅰ-2	Ⅰ-2	Ⅰ-2	Ⅰ-2	Ⅰ-2	Ⅰ-2	Ⅰ-2	Ⅰ-2
承德市	Ⅰ-2	Ⅰ-2	Ⅰ-2	Ⅰ-2	Ⅰ-2	Ⅰ-2	Ⅰ-2	Ⅰ-2	Ⅰ-2	Ⅰ-2	Ⅰ-2	Ⅰ-2	Ⅰ-2	Ⅰ-2	Ⅰ-2	Ⅰ-2
京津冀城市群	Ⅰ-2	Ⅰ-2	Ⅰ-2	Ⅱ-2	Ⅱ-2	Ⅱ-2	Ⅱ-2	Ⅱ-2	Ⅱ-2	Ⅱ-2	Ⅱ-2	Ⅱ-2	Ⅱ-2	Ⅲ-1	Ⅲ-1	Ⅲ-1

注：Ⅰ为严重不协调、Ⅱ为基本不协调、Ⅲ为基本协调、Ⅳ为高级协调。亚类为：Ⅰ-1 为严重不协调-城镇化滞后、Ⅰ-2 为严重不协调-全球化滞后、Ⅰ-3 为严重不协调；Ⅱ-1 为基本不协调-城镇化滞后、Ⅱ-2 为基本不协调-全球化滞后、Ⅱ-3 为基本不协调；Ⅲ-1 为基本协调-城镇化滞后、Ⅲ-2 为基本协调-全球化滞后、Ⅲ-3 为基本协调；Ⅳ-1 为高级协调-城镇化滞后、Ⅳ-2 为高级协调-全球化滞后、Ⅳ-3 为高级协调。

从大类的类型变化上看，在京津冀城市群整体方面，城市群较早地脱离了严重不协调类型，于 2005 年达到基本不协调类型，在 2013 年达到基本协调类型。在京津冀各城市方面，除了天津市始终处于基本协调类型外，其余 12 个城市的耦合协调关系类型都经历了协调类型升级。北京市在 2000～2001 年为基本协调类型，2001 年后升级到高级协调类型并保持至今；廊坊在 2000～2002 年处于基本不协调阶段，2003 年以后转为基本协调类型；邯郸市、衡水市、张家口市、唐山市、保定市、邢台市从基本不协调类型进入基本协调类型，其中邯郸市在 2000～2006 年处于严重不协调阶段，2001～2006 年为基本不协调类型，2007 年之后为基本协调类型；衡水市在 2000 年处于严重不协调阶段，在 2001～2009 年为基本不协调类型，2010 年步入基本协调类型；唐山市和保定市在 2000～2001 年处于严重不协调阶段，在 2002～2012 年转为基本不协调阶段，并于 2013 年步入基本协调阶段。邢台市在 2000～2006 年处于严重不协调阶段，在 2007～2012 年转为基本不协调阶段，并于 2013 年步入基本协调阶段；沧州市和承德市在 2000～2010 年处于严重不协调阶段，在 2010 年之后转为基本不协调阶段，未进入基本协调阶段（图 10.12）。

从类型格局的演变上看，虽然类型差异始终存在，所有年份均存在不同耦合协调类型；但出现了类型的总体升级。例如在，2009 年以后，所有城市耦合协调度超过 0.3，脱离了严重不协调类型，其中北京市、天津市为基本协调类型，河北省 11 个城市为基本不协调类型；在 2012 年以后，北京市耦合协调度超过 0.8，京津冀城市群内出现高级协调类型；在 2015 年城市群内基本协调类型以上的城市增加到 4 个，其中北京依然为高级协调类型，天津市、石家庄市、秦皇岛市为基本协调行列。河北省与京津的差距非常明显，除省会石家庄市和沿海城市秦皇岛市之外，其余 9 个城市都属于严重不协调类型（前期）和基本不协调类型（后期）。

从耦合协调度小类类型的演化路径看，全球化滞后特征明显。京津冀城市群经历了“基本不协调-全球化滞后→基本不协调→基本不协调-全球化滞后→基本协调→高级协调-城镇化滞后”不同类型阶段，协调程度逐渐升级；其全球化滞后的特征凸显。从各城市来看，只有北京和天津两座大型城市是城镇化滞后的类型，河北省的城市均表现为全球化滞后；可见，全球化滞后不仅是拉低大部分城市城镇化与全球化化耦合协调水平的原因，也是拉低京津冀城市群城镇化与全球化耦合协调水平的原因（表 10.17）。

参考文献

方创琳. 2014. 中国城市群研究取得的重要进展与未来发展方向. 地理学报, 69(8): 1130-1144.

胡序威. 2007. 经济全球化与中国城镇化. 城市规划学刊, (4): 53-55.

凌筱舒, 王立, 薛德升. 2014. 江西省县域城镇化水平测度及其分异研究. 人文地理, 29(3): 89-94.

陆大道. 2015. 京津冀城市群功能定位及协同发展. 地理科学进展, 34(3): 265-270.

汪丽, 李九全. 2014. 新型城镇化背景下的西北省会城镇化质量评价及其动力机制. 经济地理, 34(12): 55-61.

王劲峰, 徐成东. 2017. 地理探测器: 原理与展望. 地理学报, 72(1): 116-134.

魏来. 2014. 中国城镇化受何影响、有何结果、如何优化?——以《关于中国城镇化的三个问题》为分析基点. 湖南城市学院学报, 35(2): 15-23.

中国社科院世界经济与政治研究所学术动态课题组. 1998-08-22. 世界经济全球化研究现状. 人民日报, 第 5 版.

Armstrong W, Mcgee T G. 2007. Theatres of accumulation: studies in Asian and Latin American urbanization. London: Methuen.

Beaverstock J V, Smith R G, Taylor P J. 1999. A roster of world cities. Cities, 16(6): 445-458.

Douglass M. 2000. Mega-urban regions and world city formation: Globalisation, the economic crisis and urban policy issues in pacific Asia. Urban Studies, 37(12): 2315-2335.

Hein S. 1992. Trade strategy and the dependency hypothesis. Economic Development and Cultural Change, 40(3): 495-521.

Hutton T A. 2004. Service industries, globalization, and urban restructuring within the Asia-Pacific: new development trajectories and planning responses. Progress in Planning, 61(1): 1-74.

Jenks M, Kozak D, Takkanon P. 2008. World Cities and Urban Form. London: Rouledge.

Kasarda J D, Crenshaw E M. 1991. Third world urbanization: dimensions, theories, and determinants. Annual Review of Sociology, 17(17): 467.

Keil R. 2001. Consolidation and secession in los angeles: The dialectics of urban governance reform at the end of the twentieth century. European Journal of American Culture, 20(1): 22-35.

Kentor J. 1981. Structural determinants of peripheral urbanization: The effects of international dependence.

American Sociological Review, 46(2): 201-211.

Knox P L. 1995. World cities in a world-system. Cambridge: Cambridge University Press.

Korff R. 2010. The world city hypothesis: a critique. Development & Change, 18(3): 483-493.

Li Y F, Li Y, Zhou Y, et al. 2012. Investigation of a coupling model of coordination between urbanization and the environment. Journal of Environmental Management, 98: 127-133.

Lin G C S. 2001. Metropolitan development in a transitional socialist economy: Spatial restructuring in the pearl river delta, China. Urban Studies, 38(3): 383-406.

Lin G C S. 2004. The Chinese globalizing cities: national centers of globalization and urban transformation. Progress in Planning, 61(3): 143-157.

Liya W U, Chaolin G U. 2005. Globalization, foreign investment and urbanization in developing countries: A case study of Jiangsu. City Planning Review.

Lo F C, Marcotullio P J. 2000. Globalisation and urban transformations in the Asia-Pacific region: A review. Urban Studies, 37(1): 77-111.

Marcotullio P J. 2003. Globalisation, urban form and environmental conditions in Asia-Pacific cities. Urban Studies, 40(2): 219-247.

Rolle A, Keil R. 2003. Los angeles: globalization, urbanization, and social struggles. American Journal of Sociology, 78(4): 291.

Short J R. 2010. Black holes and loose connections in a global urban network. Professional Geographer, 56(2): 295-302.

Smith D A, Timberlake M. 1995. World Cities in a World-system: cities in Global Matrices: Toward Mapping the World-System's City System. Cambridge: Cambridge University Press.

Song S, Zhang K H. 2011. Urbanization and city-size distribution in China// Lu D. The Great Urbanization Of China. Singapone: World Scientific Publishing Company: 11-28.

Wang J F, Li X H, Christakos G, et al. 2010. Geographical detectors based health risk assessment and it's application in the neural tube defects study of the Heshun region, China. International Journal of Geographical Information Science, 24(1): 107-127.

Wu F. 2003. Globalization, place promotion and urban development in Shanghai. Journal of Urban Affairs, 25(1): 55-78.

Zhao S X B, Chan R C K, Sit K T O. 2002. Globalization and the dominance of large cities in contemporary China. Cities, 20(4): 265-278.

